특별사법경찰론

[제 2 판]

신 현 기

法 文 社

Special Judicial Police

by

Prof. Dr. phil. Hyun Ki Shin

2022

Bobmunsa

Pajubookcity, Korea

Mein ganz besonderer Dank gilt meinem verehrten Doktorvater Herrn Prof. Dr. Peter J. Opitz, der nicht nur zu meiner Doktorarbeit anregte, sondern sie mit fachlichem Rat unterstützte und mich außerdem mit viel Verständnis und Geduld betreute.

1999년 2월 저자에게 철학박사 학위(Dr. phil. / 정책학 전공 / 사회학, 일본학 부전공)를 수여해 주시고 오늘날 경찰학계에서 학문의 길을 걸어갈 수 있도록 항상 염려를 아끼지 않으시는 독일 바이에른(Bayern)주립 루드빅 막스밀리안스 뮌헨대학교(Ludwig-Maximilians-Universität München)의 페터 요하임 오피츠(Prof. Dr. Peter J. Opitz) 지도교수님에게 본 저서를 바칩니다.

Am 27 Juli 2016 (Dienstag) im Untersuchungsbüro von Herrn Prof. Dr. Peter J. Opitz an der Universität München Deutschland/Germany

이 저서는 2013년 정부(교육부)의 재원으로 한국연구재단의 지원을 받아 수행된
연구임(NRF-2013S1A6A4013941).
This work was supported by the National Research Foundation of Korea
Grant funded by the Korean Government(NRF-2013S1A6A4013941).

제2판 머리말

우리나라 국가기관 중 교육부, 외교부, 통일부를 제외하고 거의 모든 부서에서 특별사법경찰제도를 운영하고 있다. 특히 시군구의 기초자치단체에서는 아주 오래전부터 특별사법경찰제도를 정착시켜 왔다. 2008년 이명박 정부부터 2013년 박근혜 정부로 이어지는 동안 17개 광역시도에서도 특별사법경찰제를 민생사법경찰이라는 이름으로 발족시켜 활발하게 운영하고 있다. 이곳 광역시도의 경우 아주 작은 민생사법경찰은 4명 팀조직 형태로 운영되는 광역자치단체가 있는가 하면 경기도의 경우는 수백명에 이르는 거대 조직을 갖추고 있기도 하다.

우리나라 특별사법경찰은 이미 2018년경에 20,000여명으로 거대조직을 갖추게 되었다. 이는 적은 수가 아니다. 국가조직과 지방자치단체인 226개 시군구 및 17개 광역단위에서 관할 지방검찰청 검사장으로부터 특별사법경찰로 지명을 받거나 또는 아예 사법경찰직무법에 따라서 특별사법경찰이라는 신분이 자동으로 자격을 유지하는 경우도 있다. 철도특별사법경찰 같은 경우는 애초부터 인사혁신처에서 공안직렬로 매년 직접 공개모집하기도 한다. 물론 선발자는 국토교통부 산하 철도특별사법경찰대에 소속되어 만 60세 정년 퇴직 때까지 철도 내부와 철도 부속 건물 내에서 철도 범죄 관련 수사관으로서 평생을 근무하게 된다.

금번 본 저서 제2판에서는 중앙정부의 특별사법경찰과 지방정부 소속의 특별사법경찰 중 대표적인 조직을 선정하여 정보공개청구를 통해 받은 최신 통계자료를 담아냈다. 중앙정부 기관에서 환경부 특별사법경찰, 국토교통부 철도특별사법경찰, 농림축산식품부 특별사법경찰, 국무총리 산하 식품의약품안전처 특별사법경찰, 고용노동부 근로감독관(특별사법경찰), 국방부 병무청 특별사법경찰, 산업통상자원부 특허청 특별사법경찰, 기획재정부 관세청 특별사법경찰, 문화체육관광부 저작권보호과 특별사법경찰 이외에 추가로 금융감독원과 금융위원회의 자본시장특별사법경찰과 산림청 산림특별사법경찰을 금번에 새로 추가하였다. 한편 지방자치단체 소속 특별사법경찰(민생특별사법경찰)의 경우 서울시 민생특별사법경찰, 제주자치경찰단 민생특별사법경찰, 충청남도 민생특별사법경찰, 경기도 민생특별사법경찰, 인천광역시 민생특별사법경찰, 대구광역시 민생특별사법경찰 이외에 추가로 부산광역시 민생특별사법경찰, 광주광역시 민생특별사법경찰, 대전광역시 민생특별사법경찰을 다루었다.

　본 저서가 향후 우리나라 특별사법경찰제도가 보다 더 심층적으로 연구되는데 있어서 작으나마 기여를 하길 기대한다. 끝으로 여러 가지 경제적 환경으로 인해 어려움이 많은 데도 불구하고 본 저서 제2판이 세상의 빛을 볼 수 있도록 흔쾌히 출판을 결정해 준 법문사에 감사한다. 그리고 꼼꼼한 교정에 많은 수고를 해주신 법문사 편집부 김제원 이사님과 항상 궂은일들을 마다하지 않고 개정 출판작업에 많은 도움을 주신 영업부 정해찬 과장님에게도 이 자리를 빌려 심심한 감사를 전한다.

2022년 5월

신산본 한세대학교 특별사법경찰연구소에서

신 현 기

머 리 말

우리나라에 특별사법경찰제도가 도입된 것은 1950년대 중반으로 적지 않은 역사를 지니고 있다. 일반사법경찰은 형법위반자인 형법범을 수사하여 검찰에 송치하는데 반해, 특별사법경찰은 국가기관과 지방자치단체의 장이 해당 부서의 공무원 중에서 관할 지방검찰청 검사장에게 요청하면 검사장이 지명하게 된다. 특별사법경찰은 자기 관할업무 영역에 한정하여 행정법 위반자인 행정범을 수사하는 행정공무원을 의미한다. 대표적인 예를 들어 보면 환경, 식품, 위생, 건축, 산림 등이며 오늘날에 와서는 2차산업 분야를 넘어서 3차산업 분야까지 지속적으로 확대되고 있다. 이는 협의의 행정경찰이라는 용어로도 불리어진다. 본 제도가 만들어진 것은 일반사법경찰이 전문영역이라서 잘 알 수 없기 때문이라는데 기인하고 있다. 특별사법경찰제도는 국가기관 중 교육부, 통일부, 외무부를 제외한 나머지 모든 부처산하에서 운영될 정도로 확대되었다. 동시에 전국의 17개 광역시도와 226개 시·군·구 기초자치단체에서도 특별사법경찰제도가 초창기부터 운영되고 있으며, 오늘날 행정직공무원 중에서 특별사법경찰로 지명되어 직무를 수행 중인 인원이 2013년 기준으로 무려 16,244명에 달한 바 있다. 그 이후에도 특별사법경찰 지명자 수는 해마다 경우에 따라서 다소 줄거나 늘어나는 추세를 반복하고 있다.

한편 국가경찰기관의 경우, 전국 251개 경찰서와 17개 지방경찰청은 자체 수사경찰관을 대략 16,000여명 정도 운영하고 있다. 이렇게 볼 때, 일반사법경찰과 특별사법경찰은 거의 비슷할 정도로 각각 수사인력을 유지하고 있으며, 특히 특별사법경찰의 경우는 행정범의 증가로 인해 자신들의 업무영역을 점차 확대해 나가는 추세다.

이와 같이 특별사법경찰제도는 전국의 중앙 행정부처들과 지방자치단체에서 수행하고 있고 국민의 인권을 다루는 중요한 영역인 만큼, 학문적으로도 광범위하고 집중적으로 연구가 필요한 중요 영역이다.

오늘날 우리나라 특별사법경찰에 관한 연구가 매우 중요하고 긴요함에도 불구하고 지금까지의 연구는 매우 미약한 실정이었다. 특히 형사법 학자들로부터도 특별사법경찰 연구분야는 여전히 소외학문 영역으로 밀려나 있었던 것이 사실이다.

저자는 이러한 배경에 주목하면서 그 중요성에 비해 그동안 완전히 소외되어 있었던 특별사법경찰제도에 대해 체계적인 학술연구를 진행할 필요성을 느껴오던 중에 교육부 한국연구재단의 재정적 지원을 받아 국내 최초로 특별사법경찰론 -특별사법경찰학의 체계적 접근- 이라는 저서를 세상에 내놓게 되었다.

본 저서는 우리나라 특별사법경찰제도의 개념, 역사, 특징, 주요 핵심 내용, 각 부처에서 특별사법경찰 직무를 수행하고 있는 지명자들의 인사, 조직, 예산, 업무성과, 통일한국의 특별사법경찰, 제도적 개선방안 등에 관해 폭넓게 다루었다. 특히 각 해당 기관에 직접 정보공개청구를 통해 최신 자료를 받아 활용함으로써 본 연구에 사용된 내용과 자료의 신뢰도를 높이는 노력에도 심혈을 기울였다. 특히 본 저서는 단순 대학교재의 집필방식이 아니라 논문형 전문 학술연구서 성격을 지닌 것으로 국내 최초의 특별사법경찰론이라는 점에서 그 의미와 가치가 크다고 본다. 향후 본 학술연구서는 특별사법경찰과 관련된 후속연구들을 위해 하나의 중요한 연구토대를 제공할 수 있을 것이다. 하지만 본 저서는 국내 처음으로 시도된 학술연구서인 만큼, 다른 한편에서는 내용면에서 비교적 미약하고 부족할 수밖에 없다는 한계점을 동시에 지니고 있음도 고백한다. 저자는 이러한 문제점들을 여기서 머무르지 않고 연구를 거듭하면서 지속적으로 보완해 나갈 것을 약속한다. 본 저서가 더 좋은 학술적 가치를 지닌 특별사법경찰론이 되도록 독자들의 따가운 비판을 기대한다.

다시 한번 꼭 연구되어야 할 소외학문 분야인데도 불구하고 그동안 불모지로 남아있던 특별사법경찰학적 연구영역을 심층 연구하여 한 권의 학술연구 저서가 세상의 빛을 볼 수 있도록 3년간의 재정적 지원을 아끼지 않은 교육부 한국연구재단에 대해 이 자리를 빌려 진심으로 감사와 경의를 표한다.

끝으로 국내외적으로 어려운 여건임에도 불구하고 본 저서가 세상의 빛을 볼 수 있도록 흔쾌히 출판을 결정해 준 법문사에 감사한다. 그리고 본 저서가 출판되는데 있어서 교정을 위해 많은 수고를 아끼지 않으신 법문사 편집부 최문용 차장님, 그리고 여러 가지 어려운 일을 마다하지 않고 힘을 보태주신 영업부 정해찬 선생에게도 이 자리를 빌려 감사를 전한다.

2017년 2월
신산본 연구실에서
신 현 기

차 례

제 3 장   선진 외국의 특별사법경찰

제 1 장   특별사법경찰로의 접근

| 제 1 절 |
>>> **연구의 목적과 범위 및 방법**

1. 연구의 목적

특별사법경찰행정에 대한 체계적 연구가 나날이 중요시되고 있음에도 불구하고 지금까지 이에 대한 학문적 접근이 매우 미흡했던 것이 사실이다. 따라서 특별사법경찰행정의 학문적 연구를 위해 체계적 접근을 시도하는 것은 그 자체만으로도 큰 의미와 가치를 지니는 시도라고 할 수 있다. 현재 전국 130여개 대학과 대학교에 경찰행정 관련 학과가 설치 · 운영되고 있으며 로스쿨 실시 이전까지만 해도 법학과도 대부분의 대학에 설치 · 운영되고 있었다. 특히 특별사법경찰 분야가 이들 학문과 매우 밀접하게 관련되어 있는 학문영역임에도 불구하고 이들 학과들에서 특별사법경찰과 관련해 커리큘럼으로 개설되지 못하고 있으며 심지어는 대학의 교양과목 개설 차원에서조차도 특별사법경찰행정 관련 과목들을 강좌로 개설하지 않고 있는 것 또한 보편적인 현상이다. 그만큼 특별사법경찰은 소외된 학문인 것이다. 이를 담당할 교수진이나 적절한 이론서적의 부재도 하나의 원인이었다.

일반적으로 특별사법경찰은 행정법위반자인 행정범을 적발하는 임무를 수행하고 있다. 형법범을 담당하는 경찰서의 일반사법경찰과 함께 검사의 지휘를 받으며 수사상의 양대 축을 형성하고 있다. 국민의 생명과 재산을 지키는 매우 중요한 행정경찰

업무를 수행하는 제도이다. 이처럼 특별사법경찰행정도 중요한 학문영역임에도 불구하고 현재 그 연구가 상당히 미진한 채로 머물러 있다. 특별사법경찰은 행정직공무원 중에서 지명되거나 법적 토대에 근거해 사법경찰권을 행사하는 특수분야로서 국민의 생명과 재산을 지켜주는 행정 분야의 특수경찰이다. 반대로 잘못 적용할 경우 이는 오히려 국민의 인권을 해할 수 있는 양날의 검이 될 수 있다.

2013년 말 기준으로 특별사법경찰의 지명 인원만도 16,244명 그리고 2022년 초 기준으로 20,000여명이 훨씬 넘어갈 만큼 증가하였다. 특별사법경찰이 전국 국가부처들과 광역 및 기초지방자치단체에 지명되어 직무를 수행한다는 점에서 볼 때, 이는 대단히 광범위하고 집중적인 연구의 가치가 있다고 평가된다. 이러한 특별사법경찰관(리)의 지명 인력은 매년 기관들의 조직개편에 따라서 늘어나거나 줄기를 반복했으나 최근에는 약간씩 증가 추세를 보여주고 있다. 특별사법경찰의 중요성이 지속적으로 증가하기 때문에 본 저서를 통해서 이 분야의 학술적 체계를 세우는 일은 적지 않은 가치가 있다고 본다. 이러한 연구가 구축되면 체계적이고 현실감 있는 교육, 추상적·이론적 체계화를 통해 구체적으로 특별사법경찰의 이론과 실제라는 현실상황에 접목시켜 관련 문제들에 대한 해결점을 찾고자 하는 직무교육이 실현되도록 함은 매우 중요하고 이 분야의 연구 토대를 구축하는 데도 크게 기여하게 될 것이다. 무엇보다 지금까지 특별사법경찰이라는 연구 분야가 그 중요성이 가진 가치에 비해 미지의 상태에 머물러 있었던 것은 아마도 특별사법경찰이 사회과학 및 행정법학의 학제적 연구로서의 성격을 가지기 때문으로 본다. 계륵이라고 할까? 매우 중요하지만 연구하는 데 힘만 들고 해서 경찰행정학, 법학을 전공하는 학자들의 관심영역에서조차도 사뭇 벗어나 있는게 현실이다. 특히 경찰학자들에게도 쉽게 다루어지거나 접근하기 어려운 테마로 인식되어 온 점에 기인하는 것으로 평가된다.

현재 우리나라에서 특별사법경찰의 범위를 어디까지로 정할 것인가를 고민해 보았다. 이와 관련해서 아직도 특별사법경찰 분야는 초보단계에 머물러 있다고 해도 과언이 아니다. 같은 맥락에서 또한 특별사법경찰의 범위에 대한 학문적 체계를 세우는 연구가 우리사회의 국민생활 속에서 매우 중요한 영역이다. 그럼에도 불구하고 아직까지 이 분야의 학술연구서가 출판되지 못한 것은 큰 아쉬움이었고 본 저서가 유일했으며 금번 개정판을 내놓게 되었다. 학술논문조차도 소수의 석사학위논문 및 극소수의 학술논문 정도에서만 미미하게 다루어진 정도다. 최근에 와서 한세대학교에 특별사법경찰연구소가 설립되어 「특별사법경찰연구」라는 학술지를 통해 전문적 인 연구가 진행되고 있다.

한편 특별사법경찰(Special Judicial Police Officer)의 운영목적은 넓은 의미에서 볼 때 일반사법경찰의 경우처럼 공공의 질서유지로 표현될 수 있다. 구체적으로 공 공의 안녕과 질서를 유지하면서, 동시에 범죄수사의 수단을 활용한 사후적 대응을 통해 국가적 정의를 실현하고자 하는 것이 그 본질이다. 이를 위해 법에 근거한 강 력한 국가권력의 힘을 활용하게 된다. 국민에게는 가장 근접해 있는 국가권력의 실 체를 느끼게 하며, 다른 한편으로는 근대사회의 형성과정에서 정립된 인권의 확대·실현이라는 이상적 목표를 구현함에 있어서 가장 경계해야 할 대상이 되기도 한다.

일반행정직 공무원 중에서 관할 지방검찰청 검사장으로부터 특별사법경찰들이 지 명을 받게 되며, 이들은 특정 범위 내에서 단속계획과 함께 관련 소관 업무를 비롯 해 단속, 조사, 수사 및 송치업무 등을 담당한다. 그리고 직무범위 내에서 일반사법 경찰과 전혀 차이가 없는 동등한 권한을 가지는 것이 큰 특징이다. 다만 지역적·사 항적 범위 내에서만 자신들의 업무를 수행할 수 있다는 조건이 일반사법경찰과 크 게 구별된다.

특별사법경찰제도는 왜 만들어졌을까? 그 이유는 오늘날 산업사회의 급속한 변화 와 함께 형법범 이외에 행정범이 급속히 증가하는 현상이 나타났다. 따라서 그 해당 특수분야를 내용적으로 가장 잘 알고 있는 행정공무원에게 특별사법경찰이라는 수 사권한을 부여해 신속성과 전문성의 토대 위에서 사법경찰권을 행사할 수 있도록 한 제도이다. 무엇보다 관할 지방검찰청 검사장을 통해 수사관으로 지명된 특별사법 경찰들은 관련 범죄에 대한 수사권을 유지하고 형사소송법에 규정된 수사뿐만 아니 라, 이와 관련된 일반사법경찰활동을 수행할 수가 있기 때문에 긴급체포 처리절차, 일반사건 수사절차, 피의자출석 불응시 처리절차, 그리고 사전영장에 의한 구속사건 처리절차 등을 실질적으로 수행하게 된다.

우리나라에 1956년 「특별사법경찰관리의 직무를 행할 자와 그 직무범위에 관한 법률」이 제정되었다. 그 후 2022년 기준으로 교육부, 외무부, 통일부를 제외한 나머 지 14개 부처와 병무청 등 부속청들, 국립학교, 17개 광역시도자치단체 및 226개 기 초자치단체 등에 약 20,000명이 넘는 특별사법경찰관(리)이 지명되어 행정범 대상 의 수사업무를 수행하고 있다. 동시에 행정의 전문화에 힘입어 2000년대 들어와 본격적으로 3차산업 분야로까지 급속하게 확대되고 있다. 머지 않아 4차산업 분야로까지 확대될 것으로 예측해 볼 수 있다.

우리나라에서 특별사법경찰(일명, 특사경)이란 형사소송법 제245조의10에 따라서 일반사법경찰관리가 일정한 특수분야에 대한 그 전문성의 한계로 인해 직무를 수행해 나가기가 어렵다. 바로 이와 같은 이유 때문에 관할 검사장이 전문적 지식에 상당히 정통한 관련 행정공무원을 대상으로 사법경찰권을 부여한 후 수사활동을 수행하도록 권한을 부여한 것이다.[1]

바로 행정부처의 공공조직에서 나타나는 행정범죄로 인해 국민에게 위해를 끼치는 경우를 일반사법경찰은 인지하기가 매우 곤란하며 설사 쉽게 인지한다고 해도 그 세세한 행정법 위반 내용을 자세하게 파악하는 데는 큰 한계가 있어 이러한 특별사법경찰 제도를 도입하게 되었다.

이처럼 특별사법경찰제도가 도입된 근본적인 배경은 다음과 같이 정리가 가능하다. 즉 일반사법경찰관리의 수사권이 미치기 어려운 산림, 해사, 전매, 세무, 환경, 위생, 건축, 철도, 교도소와 같은 특정지역이나 시설에 대한 수사나 조세, 마약, 그리고 관세사범 수사 시에 관련 전문가에게 수사권을 위임하여 업무를 수행해 나가도록 권한을 직접 부여해 줄 필요성이 대두되었던 것이다.

무엇보다 특별사법경찰관(리) 제도는 일반사법경찰관(리) 제도와 직접적으로 비교해 볼 때, 형사소송법상의 권한면에 있어서는 근본적인 차이가 없다는 것이다. 단지 그 권한의 범위면에서는 사항적·지역적으로 어느 정도 제한되어 있는 점이 큰 차이라고 보면 된다. 그러나 이와는 약간 달리 극히 예외적으로 근로기준법 제108조에 따른 근로감독관(특별사법경찰)과 관세법 제200조 제2항에 따른 세관공무원(특별사법경찰)에게는 관련된 범죄의 특수성을 심층 고려하여 전속적 수사권을 특별하게 부여하고 있다. 이 밖에도 특별사법경찰의 경우는 수사권을 일반사법경찰과 경합적으로 유지하고 있다. 같은 맥락에서 볼 때, 특히 특별사법경찰의 높은 가치라고 하는 것은 특수한 행정영역에서 요구되어지고 있는 전문지식과 수사상의 특별한 기술을 요하는 전문화된 각종 범죄들에 대해 신속하게 단속하며 행정범죄들에 대처하기 위

---

1) 신현기(b), 서울특별시 특별사법경찰제의 실태 분석과 개선방안에 관한 연구, 한국민간경비학회, 「한국민간경비학회보」, 11(3), 2012, pp. 117-142; 이상원·이승철, 환경특별사법경찰제도의 개선 방안, 치안정책연구소, 「치안정책연구」, (23), 2009, p. 237; 이재상, 『형사소송법』(서울: 박영사, 2003), p. 169.

해 만들어진 일련의 수사제도라는 데서 찾을 수 있다.[2]

위에서 언급했듯이 모든 중앙행정부처들은 교육부, 외교부, 통일부만 제외하고 특별사법경찰을 운영하고 있다. 기획재정부(관세청, 국세청), 국토교통부(국토관리청, 철도경찰), 해양수산부(어업지도사무소, 해양정책국, 수산물품질관리원), 고용노동부(노동사무소), 문화체육관광부(문화재청, 저작권보호과), 환경부(환경청, 공원관리청), 국방부(기무사, 군사경찰, 병무청), 농림축산식품부(농촌진흥청, 어업지도사무소, 국립농산물품질관리원, 식물검역과, 산림청, 역학조사과, 수의과학검역원), 소방청(소방본부), 산업통상자원부(특허청), 국무총리 산하(식품의약품안전처), 법무부(구치소, 교정청, 소년원, 교도소 등), 미래창조과학부(광산보안사무소), 여성가족부(아동청소년), 금융위원회(금융감독원의 자본시장 특별사법경찰) 등을 의미한다.

또한 우리나라 정부조직법상 정부부처가 아닌 경우에도 특별사법경찰을 운영하고 있는 곳도 있다. 대통령경호처와 국무총리실을 비롯해 국립학교(서울대학교, 강원대학교)와 방송통신위원회(전파관리소) 등이 바로 이에 해당한다. 이 중에서 방송통신위원회와 국립학교 정도에서만 특별사법경찰이 어느 정도의 업무성과를 내고 있고 그 밖에 나머지 부처는 사실상 그 성과가 상당히 미미한 실정이다.[3]

한편 우리나라의 특별사법경찰 중 중앙부처 특별사법경찰관리의 지명대상자와 그 직무에 관련된 곳은 무려 17곳이다.

표 1-1 | 중앙부처 특별사법경찰관리 지명 대상자 및 직무

	행정 각부	소속 기관	지명 대상자	직무 범위
1	기획재정부	국세청	세무공무원	조세에 관한 범칙사건
		관세청	관세범 조사업무 종사 세관공무원	관세법, 대외무역법, 외국환거래법, 범죄수익은닉의규제및처벌등에관한법률, 특정경제범죄가중처벌등에관한법률상 재산국외도피관련 규정 위반 범죄 등
2	법무부	교정청, 교도소, 구치소, 소년원 등	교정시설 근무 공무원	관할 교정시설 내의 범죄

---

2) 서울시정개발연구원, 특별사법경찰제도의 장기발전방안, 2009, p. 15.
3) 대검찰청, 2010년 특별사법경찰 업무처리 현황 및 성과지표 분석 보고서, 2010, p. 3.

3	국방부	기무사, 군사경찰, 군수품단속위원회	군사법경찰관리	군용물등범죄에관한특별조치법, 군사기밀법 위반 범죄
4	안전행정부	소방청	소방공무원	소방기본법, 소방시설설치유지및안전관리에관한법률, 위험물안전관리법 위반 범죄
5	문화체육관광부	문화재청	문화재 보호사무 종사 공무원	문화재보호법 위반 현행범
		저작권 보호과	프로그램저작권 침해에 관한 단속 사무 종사 공무원	컴퓨터프로그램보호법, 저작권법 위반 범죄
6	농림축산식품부	국립농산물품질관리원	원산지등 표시 또는 유전자변형농산물 표시에 관한 단속 및 인삼, 양곡에 관한 단속 사무 종사 공무원	농산물관리법상 원산지 및 유전자변형농산물 표시 관련 규정, 인삼사업법, 양곡관리법 위반 범죄
		농촌진흥청	농약 및 비료단속 사무 종사 공무원	농약관리법, 비료관리법 위반 범죄
		산림청	산림보호, 경영 사무 종사 공무원	관할 임야에서 발생하는 산림, 임산물과 수렵에 관한 범죄
		역학조사과	가축방역관이나 검역관	가축전염병예방법 위반 범죄
		식물검역과	식물방역관	식물방역법 위반 범죄
7	미래창조과학부	광산보안사무소	광산보안관	광산보안법 위반 범죄
		(구, 체신청: 이 분야는 다음장의 방송통신위원회로 통합 되었음)	무선설비·전자파장해기기·전기통신설비·전기통신기자재·감청설비 및 영리목적의 광고성 정보에 관한 단속 사무 종사 공무원	전파법, 전기통신기본법, 통신비밀보호법, 정보통신망 이용촉진 및 정보보호 등에 관한 법률 위반 범죄
8	보건복지부	아동청소년정책실	청소년보호 업무 종사 공무원	청소년보호법 위반 범죄
		식품의약품안전청	식품단속 사무 및 의약품단속 사무 종사 공무원	식품위생법, 건강기능식품에관한법률, 약사법, 보건범죄단속에 관한특별조치법상 식품위생 및 약사에 관한 규정 위반 범죄
9	환경부	공원관리청	공원관리 업무 종사 공무원	자연공원법, 경범죄처벌법 규정 위반 현행범
		환경청	환경 관계 단속 사무 종사 공무원	대기환경보전법, 수질및수생태계보전에관한법률, 소음진동규제법, 유해화물질관리법, 폐기물관리법 등 위반 범죄

10	고용 노동부	노동사무소	근로감독관 (특별사법경찰)	근로기준법, 최저임금법, 남녀고용평등법, 임금채권보장법 등 위반 범죄
11	국토 교통부	국토관리청	차량운행제한 단속 사무 및 도로시설 관리사무 종사 공무원	도로법 위반 범죄
		철도경찰	철도경찰 사무 종사 공무원	철도안전법 위반 및 관할 내 열차안의 범죄
		해양정책국	해양환경 관련 단속 사무 종사 공무원	해양환경관리법, 해양생태계의보전및관리에관한법률, 공유수면관리법, 습지보전법 등 위반 범죄
12	해양 수산부	어업지도사무소	어업감독공무원	수산업법, 어업자원보호법, 배타적경제수역에서의외국인어업등에대한주권적권리의행사에관한법률 위반 범죄
		수산물 검역과	원산지 또는 유전자변형수산물 표시에 관한 단속 사무 종사 공무원	수산물품질관리법 및 대외무역법상 원산지 표시 관련 규정 위반 범죄
13	산업통상 자원부	특허청	특허 관련 공무원	특허침해 범죄
14	여성 가족부	아동청소년	여성아동청소년 범죄 관련 단속 공무원	여성아동청소년 관련 범죄
15	방송통신 위원회	전파관리소	무선설비, 전자파장해기기, 전기통신설비, 전기통신기자재, 감청설비에 관한 단속 사무 종사 공무원	전파법, 전기통신기본법, 통신비밀보호법, 정보통신망 이용촉진 및 정보보호 등에 관한 법률 위반 범죄
16	국립학교	서울대, 강원대	학교의 실습림 및 관리림의 보호사무 종사 공무원	소관 임야에서 발생하는 산림, 그 임산물과 수렵에 관한 범죄
17	대통령	경호처	경호공무원	경호직무수행중 인지하는 소관에 속하는 범죄
18	교육부		없음	없음
19	통일부		없음	없음
20	외무부		없음	없음

출처: 박경래·승재현, 특별사법경찰의 운영실태와 현황 및 문제점, 한국특별사법경찰학회, 제1회 학술세미나 자료, 2012, pp. 59-89; 한국형사정책연구원(박경래·승재현·신현기·김도우), 「특사경 전담조직 활성화 방안에 관한 연구」, 연구총서 12-AB-05, pp. 42-43을 참고하여 재작성.

한편 특별사법경찰 운영의 필요성과 확대의 경우 환경부·대검찰청(2005)의 자료에 따르면 1956년 우리나라에 특별사법경찰제가 시행되면서 검찰, 형무소, 소년원, 농림부, 전매청, 농림부 산림국·임업시험장·특별시·도 및 시·군 산림보호 담당, 전매청, 보사부 마약, 등대, 선장 및 선원 등 10여개 부처에 공무원과 민간인으로 구성되어 업무를 시작했다. 2003년에는 정보통신부에도 그 필요성에 따라 특별사법경찰권이 전격 부여되었다. 이뿐만 아니라 예를 들어 철도특별사법경찰은 1961년 열차 승무원 중 공안직에 특별사법경찰권을 부여하게 되었으며, 그 이후 2008년 국토해양부의 조직개편과 통합에 따라 명칭변경이 있었다. 즉 철도공안공무원이라는 명칭을 사용하다가 2009년 12월을 기해 철도특별사법경찰로 개명하게 되었다.[4]

2013년 2월 25일 박근혜 정부가 출범해 정부부처 중 국토해양부가 재편되었고, 2015년에 또 한번 정부조직 개편에 따라 국토해양부가 국토교통부와 해양수산부로 분리되었으며 철도특별사법경찰은 기존의 철도공안직렬에서 철도경찰직으로 또다시 변경되어 오늘에 이르고 있다.

우리나라에서 특별사법경찰을 위한 사법경찰권은 1961년 중앙정보부 정보수사요원에게도 부여되었고, 나아가서 1999년 변경된 국가정보원 요원에게도 계승되었다.

민형동의 연구에 따르면 2006년 특별사법경찰의 수는 13,114명에 달했다. 이것은 2009년에 무려 4,499명이나 증가하게 되었다.[5] 2006년에는 식품의약품안전처, 국가보훈처 등에게까지 특별사법경찰이 신설되었으며 2010년 9월에는 특허청에 상표권 단속을 위한 특별사법경찰이, 그리고 2012년에는 병무청에도 특별사법경찰대가 설치되었다. 이는 우리나라의 경제규모가 커지고 특히 행정부처에서 각종 행정범죄로 인한 위해가 점차 늘어나고 있다는 증거이고, 이를 적극적으로 대처하기 위한 노력의 일환을 방증하는 것으로 평가된다.

이 밖에 지방자치단체의 경우는 기존의 시·군·구 차원에서만 특별사법경찰이 지명되어 직무를 수행해 왔다. 이와는 별도로 전국 17개 광역시도 차원에서도 2008년부터 특별사법경찰과(단)를 만들어 업무수행을 본격화 했다. 사실상 기존에 미비했고 특별한 활동을 진행하지 못했던 각 부처나 기초자치단체들에 존재하던 조직을

---

4) 신현기(a), 철도특별사법경찰제의 실태분석과 개선방안에 관한 연구, 한국민간경비학회, 「한국민간경비학회보」, 11(1), 2012, pp. 45-70.
5) 민형동, 특별사법경찰의 현황 및 개선방안, 한국민간경비학회, 「한국민간경비학회보」, (10), 2007, p. 40.

재정비하고 활성화시킨 것이다.

특히 지방자치단체 차원에서 볼 때, 제주특별자치도 자치경찰단 자치경찰과(2006. 7.1),6) 서울특별시(2008.1.1), 인천광역시(2009), 대전광역시(2009.1.1), 대구광역시(2008. 8.5), 부산광역시(2009), 경기도(2009), 충청남도(2008.9.1), 경상남도(2012.7.18), 강원도(2012.7.27) 등 모든 광역시도들도 특별사법경찰제를 대부분 도입하여 운영 중이다. 이들 광역자치단체들은 특별사법경찰제를 시행하면서 식품, 공중위생, 환경보전, 원산지표시, 의약, 청소년보호, 자동차, 청소년보호 분야에 주로 수사력을 집중시키고 있다. 지역별로 그 업무의 성과면에서 적지 않은 차이는 나고 있지만 많은 제도적 뒷받침과 전문 교육훈련에 힘입어 이전보다 많은 실적을 도출해 내고 있다.

특별사법경찰의 필요성 차원에서 볼 때, 1990년대와 2000년대를 지나오면서 우리나라 특별사법경찰은 많은 발전적 변화들을 보여주었다. 산업의 급속한 발달로 인해 각종 행정범죄들이 급격히 증가하게 되었으며 동시에 그 중요성에 입각하여 정부의 대부분의 각 부처들이 특별사법경찰업무를 수행하면서 전문화를 꾀하고 많은 발전을 가져오게 되었다. 같은 맥락에서 최근에는 금융위원회 공무원에게도 특별사법경찰을 지명 및 추진하기도 했는데, 국가 경제규모의 증대로 각종 금융범죄에 전문 특별사법경찰 지명자가 전문성을 살려 다루겠다는 계산으로 풀이된다.

한편 2012년 2월 1일 법률 제11267호로 환경분쟁조정법이 추가되어 같은 해 6월부터 시행에 들어갔다. 이어서 2012년 3월 21일을 기해 경범죄 처벌법이, 2012년 6월 1일에는 이른바 종자산업법, 그리고 2012년 6월 1일에 가서는 친환경농어업 육성 및 유기식품 등의 관리·지원에 관한 법률 등이 새로 추가되었다. 이 분야의 중요성은 2013년 7월까지 무려 총 77차례나 법률이 개정되었을 정도로 날로 증가하게 되었다. 그 이후에도 2021년 1월 4일까지 본 법률의 개정이 총 29회나 더 개정됨으로써 총 106회나 개정되는 역사를 보여주었다.7)

일반사법경찰과 특별사법경찰은 우선 업무의 영역에서 큰 차이점을 보여준다. 일

---

6) 제주특별자치도의 경우는 2006년 7월 1일 제주도지사 소속의 자치경찰단장이 특별사법경찰팀을 운영해 오다가 2012년 1월 9일 조직개편으로 인해 공식적으로 특별사법경찰과로 변경하였다. 이는 엄밀한 의미에서 볼 때 광역자치단체장인 제주특별자치도지사 산하에서 이루어지는 것이므로 기타 광역시도의 특별사법경찰과 동일한 수준으로 이해될 수 있다고 본다. 이어서 2017년 1월 제주자치경찰은 정책과 소속에 2개의 특별사법경찰팀을 두는 것으로 조직개편을 단행했다.

7) 사법경찰관리의 직무를 수행할 자와 그 직무범위에 관한 법률(약칭: 사법경찰직무법) 참조(2022. 3. 5).

반적으로 특별사법경찰은 일반사법경찰에 비해 결코 우월적 지위를 가지는 것은 아니며 단지 그들이 담당하는 업무가 특수한 영역이라는 것이 큰 차이점이다. 우리나라의 특별사법경찰제도가 지니고 있는 본래의 취지가 잘 나타내 주고 있듯이 특별사법경찰들의 경우는 특정 행정부처 내지는 기관들에 근무하는 일반행정직공무원들로 지명 및 구성되어 있기 때문에 그들이 취급하고 있는 특정한 업무와 관련해 발생하는 각종 행정범죄들을 비교적 쉽게 발견할 기회가 많을 수밖에 없다는 일반적 특징들을 지니고 있다.

한마디로 그들 업무의 범위 내에서 발생하고 있는 여러 가지 범죄들은 일반사법경찰들의 경우에서 보다 더 많은 전문지식을 가지고 있다고 평가받고 있다. 이처럼 일반행정공무원들이 자신들의 업무범위에서 발생하는 각종 범죄들을 신속하고 쉽게 관련 범죄들을 적발하는 동시에 수사의 효율성을 극대화 할 수 있다는 장점을 가진다. 이러한 장점들 때문에 특정업무를 수행하는 행정직공무원들에게 직접 특별사법경찰권을 부여할 필요성이 있으며 관련 사건들을 직접 수사하여 관할 검사의 지휘를 받아 독자적 수사권을 행사하는 것이다. 이러한 예는 우리나라에 국한된 것이 아니고 선진외국에서도 도입 및 활성화되어 왔다.

특히 본 저술은 특별사법경찰활동에서 발생하는 다양한 갈등상황들을 직무교육훈련적, 윤리적, 사회적, 행정법적 관점을 망라하여 학제적 관점에서 문제점을 제시하고 다룸으로써 특별사법경찰 분야의 체계를 정립하고 경찰학 연구자들과 실무자들이 특별사법경찰행정의 체계적 구축 문제에 대해 고민해 볼 수 있는 단초를 제공하고자 했다. 위의 고민들을 해결해 나가는데 본 저서의 연구목적과 출판목적을 두었다.

2. 연구의 범위

본 저서의 기본방침은 다음과 같다.

첫째, 특별사법경찰은 수사학, 범죄학, 경찰학, 법학(형사법, 행정법)의 한 부분으로서의 응용학의 성격을 가지므로 본 저서도 실제 생활에서 일어나는 행정법 위반적 상황의 해결에 도움을 주고자 하는 관점에서 집필되었다. 특별사법경찰활동의 특수성으로 인해 발생할 수 있는 지역적·사항적 갈등상황들을 검토하고 그 해답을 형사범적·행정범적 기본원리의 정신에서 찾아 보았다.

둘째, 학제적 접근(간학문적 연구)을 시도했다. 어디까지나 특별사법경찰업무는 법과 제도에 근거하여 실행되며 이 과정에서 적지 않은 사회적 파장을 낳게 된다. 현실에 대한 문제를 해결하기 위해서는 무엇보다 현실의 문제에 대한 정확한 진단이 전제되어야 한다. 또 현재의 제도적 틀 안에서 어떤 대안이나 선택이 가능한지를 검토하였다. 사회과학적 문제 진단에서 출발하여 형사법적, 행정법학적, 법철학, 도덕철학적 그리고 사회 및 정치철학적 접근이 시도되었다.

셋째, 사례연구를 통해 현실과의 접목을 시도할 것이다. 예를 들어 2013년 현재 우리나라 특별사법경찰 직무 분야로 지명된 46개 분야 90여 종류의 정부부처들과 지방자치단체들에서 운영현황 및 교육훈련과정까지 총 망라하여 구체적인 사례들을 분석하고 연구했다.

끝으로 본 저서는 중간차원의 탐구(middle level inquires)를 중심으로 연구했다. 즉 특별사법경찰에 관련한 주제별 탐구로서, 특별사법경찰의 문화와 정치로부터의 특별사법경찰 중립의 문제, 경찰활동의 본질과 관련한 특별사법경찰의 역할 및 그 한계, 특별사법경찰 개인의 사생활, 특별사법경찰의 상징성과 실용성, 특별사법경찰 수사에서의 법적 미비행위, 물리력 행사의 한계, 직무교육과 재교육의 새로운 가치 등이 주된 본 저술의 주제가 되었다.

특별사법경찰론이라는 본 저서의 기본체계는 다음과 같다. 먼저 특별사법경찰론에 대한 기본적인 이해를 위해 최소한의 분량으로 특별사법경찰과 관련된 이론적 배경을 기술하였다. 여기에서 우려되는 과도한 추상성을 지양하고 현재 법적 토대 위에서 운영 중인 제도를 실증적으로 분석하고 특별사법경찰론이라는 학문적 연구 토대를 구축하는 차원에서 체계화를 중심으로 전개하였다.

주제별 탐구는 크게 '중앙정부 차원의 특별사법경찰', '지방정부 차원의 특별사법경찰', 사회와 개별적인 '특별사법경찰' 등 세 가지 차원에서 접근하였다. 각 주제를 접근함에 있어서 먼저 주제를 함축할 수 있는 사례나 물음을 던지고서 이에 대한 해답을 이론적으로 접근하고 풀어나가는 방식을 사용하였다. 또한 개별 주제를 전개함에 있어서 관련된 제도적 체계, 예를 들어 「형사소송법」, 「행정법」, 「검찰청법」, 「특별사법경찰 직무내규」, 「특별사법경찰공무원 행동강령」의 내용 등을 검토하고 반영하였다.

3. 연구의 방법

본 저서의 연구범위는 서론에 이어서 제2장에서 특별사법경찰론의 체계적 연구를 위한 기본토대를 구축하는데 집중했다. 그리고 특별사법경찰의 개념, 연혁, 법률토대, 집무규칙, 종류, 업무, 수사절차 및 특징 등을 정리하였다. 제3장에서는 선진외국인 미국, 영국, 프랑스, 독일, 일본 특별사법경찰을 살펴보고자 한다. 물론 어떤 의미에서 보면 우리나라만큼 특별사법경찰제도가 발달한 국가는 없는 것으로 보여진다. 제4장에서는 국가와 특별사법경찰의 관계를 알아보았다. 제5장에서는 사회와 특별사법경찰의 관계를 살펴보았다. 제6장은 행정공무원으로서 특별사법경찰을 다루었다. 그리고 제7장에서는 중앙정부와 지방자치단체 특별사법경찰의 운영 실태를 집중적으로 분석하였다. 이와 관련해 중앙행정기관 소속의 환경부, 철도특별사법경찰대, 농수산식품부, 농림축산식품부, 농림축산검역본부와 국립농산물품질관리원, 식품의약품안전처 산하 위해사범중앙수사단, 고용노동부 소속 노동사무소 근로감독관, 병무청, 특허청, 관세청, 산림청, 문화체육관광부 저작권보호과, 금융감독원 자본시장 특별사법경찰을 추가로 살펴보았다. 이어서 광역시·도의 특별사법경찰 중 서울특별시, 부산광역시, 인천광역시, 대구광역시, 광주광역시, 대전광역시, 경기도, 충청남도, 제주자치경찰단의 특별사법경찰을 분석했다. 제8장에서는 미래 남북한 특별사법경찰조직의 설계방향을 위한 미래지향적 접근에 대해 알아본 후, 미래 남북한 특별사법경찰의 통합방향, 조직화, 현황, 조직설계, 제9장에서는 우리나라 특별사법경찰의 직무교육훈련 등을 분석했다. 제10장에서는 우리나라 특별사법경찰제도상 운영체계의 개선방안을 제시하였다. 특히 문제점, 전문성 강화 등을 정리하였다. 그리고 마지막으로 제11장에서는 마지막 결론을 도출하였다.

본 저술의 연구방법은 기존의 연구논문, 신문, 인터넷, 저서, 특별사법경찰 전문가들과 나눈 개인적인 인터뷰 내용, 각종 특별사법경찰 관련 회의자료 등을 활용했고 특별사법경찰 관련기관들에게 행정정보공개청구를 시도하여 가장 최신자료와 통계를 활용했다. 그리고 문헌자료조사방법과 기술적 접근방법을 활용하여 완성되었다.

제2절
≫ 선행연구의 검토

1. 특별사법경찰제도 관련 선행연구

특별사법경찰행정 분야는 분명 형사법학자들이 많이 연구해 주어야 할 영역이다. 무엇보다 특별사법경찰제도의 법적 근거는 형사소송법 제245조의10(특별사법경찰관리)에 근거해 시행되고 있기 때문이다. 그러나 이 분야는 아쉽게도 형사법학자들로부터 오래전부터 철저히 소외된 분야로 남아 있다. 전국에 특별사법경찰이 이미 20,000명 이상 지명되어 관련 수사활동을 펼치고 있는 매우 중요한 영역인데도 말이다.

이처럼 형소법 학자들로부터 현재까지 특별사법경찰 연구가 제대로 정립되도록 하는 연구 노력들이 미미했던 것이다. 그럼에도 불구하고 거시적 차원에서 볼 때, 특별사법경찰제를 보다더 체계화하는데 있어서 그 토대들이 될 수 있는 비교적 적은 학술논문들과 극소수의 보고서가 소개되었다. 물론 대부분이 특별사법경찰 분야의 제도와 관련된 연구들이다.

안영훈(2005)은 법무부에 제출한 "우리나라 특별사법경찰제도의 개선방안 연구"에서 우리나라 특별사법경찰제도 운영의 여러 가지 문제점을 검토하기 위해 환경부, 노동부, 식약청과 같은 주요부처 및 청 소속 관련 특별사법경찰의 조사 실태, 인사교류 실태, 일반 행정업무와의 구분 등을 심층 분석하였다. 우리나라 특별사법경찰제의 실태를 비교해보기 위해 미국과 프랑스의 특별사법경찰제도 운영에 근거가 되는 관련 법과 제도 및 사례분석을 시도하였다. 이것을 토대로 하여 우리나라 특별사법경찰제도에 대한 합리적인 개선방안을 도출하는 연구를 진행하였다.

오병두(2008)는 "특별사법경찰관리제도에 관한 소고"에서 사법경찰관리의 직무를 수행할 자와 그 직무범위에 관한 법률을 중심으로 2008년 6월 개정된 내용에서 주로 쟁점사항들을 정리했다. 특히 특별사법경찰을 바라보는 시각에 대해 특별행정범(행정법 위반행위)에 적극적인 대응방안을 강화하기 위해 특별사법경찰제도가 필요하다고 진단했다. 그리고 행정수요의 증대와 더불어 특별사법경찰 영역도 향후 지속적으로 확충 및 확대되어야 한다는 점도 강조했다. 그 밖에 특별사법경찰이란 수사권이라는 권한을 보유한다는 데에 초점을 두어야 함에도 불구하고 특별한 근거가 없는 한 특별사법경찰의 신설이나 그 권한확대는 될 수 있는 한 억제되어야 한다고 지적하였다.

무엇보다 특별사법경찰은 해당 행정분야에서는 전문가들이지만 사실 수사 그 자체에 대해서는 아이러니컬하게도 비전문가라는 모순적 상황을 제시하였다. 특히 검찰이 일반사법경찰과 그동안 지속적으로 각 행정부처나 지방자치단체에서 증가해온 특별사법경찰을 진두지휘하면서 정보와 수사의 집중화 현상이 본격화될 것을 예고 및 우려하기도 했다. 이에 대한 개선방안으로는 각 기관이 이기주의적 주장보다는 수사와 관련된 국민의 기본권을 존중하면서 형사법체제의 전반적인 관점에서 권한을 배분하는 시각이 중요하다고 지적했다.

민형동(2007)은 "특별사법경찰의 현황 및 개선방안"이라는 연구에서 우리나라 16개 중앙정부 중심의 특별사법경찰제도의 현황과 직무내용 및 운용실태에 관해 집중 분석했다. 우선 문제점으로 일반사법경찰이나 특별사법경찰이 검사의 지휘를 받아 수사를 진행하여야 하지만 일부 특별사법경찰의 경우 일반사법경찰에게 고발만 하고 그 권한을 사실상 행사하지 않는다는 점을 지적했다. 이는 일반사법경찰과 검찰이 1차 수사기관이 되는 상황이 되고 수사력의 낭비라고 지적했다. 사실 특별사법경찰이 행정직공무원으로서 특별사법경찰 업무까지 겸하여 수행하다보니 이러한 문제의 발생은 결국 나타날 수밖에 없는 것이다. 특히 행정기관이 일반 국민을 대상으로 수사하다보니 필요 이상의 국민 인권을 침해하는 등의 사례도 나타날 수 있다는 것이다. 지방자치단체의 경우도 자치단체장이 선거를 의식해 산하 특별사법경찰들에게 적극적인 단속이나 수사를 지시하기보다는 행정범이 발견되는 경우 일반사법경찰에게 고발하고 뒤로 빠지는 것을 선호한다는 것이다. 지방에는 학연, 지연, 혈연 등으로 얽혀 있어 특별사법경찰이 강력한 단속이나 사법권을 행사하는데 어려움이 상존하고 있다고 지적하였다. 또 하나는 특별사법경찰들의 전문적 지식의 결여뿐만 아니라 특별사법경찰업무의 연속성 결여, 그리고 수사교육의 미비와 부실 등의 문제점도 지적하였다. 이에 대한 개선방안으로는 일반사법경찰에 버금가는 특별사법경찰에 대한 인사상의 혜택, 특별사법경찰을 위한 내실 있는 전문수사교육 프로그램의 강화는 물론이고 나아가서 특별사법경찰에 대한 종합적인 운영 관리 시스템의 도입을 주문하고 있다.

백창현(2007)은 "특별사법경찰의 현황 및 개선방안"에서 환경부와 국가보훈처를 중심으로 특별사법경찰의 현황을 분석하고 개선방안을 제시했다. 우리나라 특별사법경찰은 50여 종류가 넘는 것으로 보여진다. 이는 선진국에 비해 과다하게 많다고 지적했다. 그 원인은 한국이 인구 증가, 경제규모의 확대에서 찾을 수 있으며 급속한 경제발전 과정에서 특별사법경찰권이 그 취지와 원칙이 무시된 채 무분별하게 운영되어 왔다고 지적했다. 그는 특별사법경찰권 부여의 제도적 취지와 원칙, 직무범위, 현실적인 수사권 행사, 업무처리실적 등의 측면에서 현황과 문제점을 분석하고 개선점을 제시했다. 그 개선방안으로는 사법경찰권 일부를 폐기하는 방안, 긴급성 원칙에 따른 완전한 사법경찰권을 부여하는 방안을 제시하고 있다. 이는 사법경찰관리의 직무를 행할 자와 그 직무범위에 관한 법률 등 그와 관련 법률의 개정을 통해 가능하다고 지적했다.

김찬동·이세구(2009)는 "특별사법경찰제도의 장기발전방안"이라는 보고서를 통해 지방자치경찰시대를 대비해 특별사법경찰의 역할을 분석하였다. 특별사법경찰제도에 대한 서울시민의 의식조사를 통해 관계분석을 시도하고 서울시 특별사법경찰(현 민생사법경찰)의 중·장기발전방안을 수사 관련 직무교육강화, 수사활동의 직무수당 확대, 수사장비의 보강, 수사직렬 신설, 인사평가권한의 이관, 인센티브제도 도입, 권역별 특별사법경찰 활동의 강화, 서울시 특별사법경찰 관련 조례의 제정 등을 제시했다.

이상원·이승철(2009)은 "환경특별사법경찰제도의 개선방안"이라는 연구에서 환경특별사법경찰의 법적근거를 살펴본 후, 우리나라와 미국 및 프랑스 환경 관련 특별사법경찰의 문제점을 분석했다. 특히 우리나라 환경특별사법경찰제도의 문제점으로 전문수사 인력의 부족 및 기본환경 미비, 수사업무에 대한 전문성 결여, 특별사법경찰업무의 연속성 결여, 환경 관련기관 간 유기적인 협조체제의 미흡 등을 지적하였다. 이에 대한 개선방안으로 전문성의 확보, 전문수사 인력의 강화 및 기본환경의 지원, 환경 관련 기관과 유기적인 협력관계 강화가 시급함을 대안으로 제시했다.

김종오·김태진(2011)은 "특별사법경찰의 교육훈련 효율성 제고 방안에 관한 연구"에서 그동안 미비했던 특별사법경찰의 교육훈련에 대한 실태를 분석하였다. 특히 특별사법경찰 교육훈련의 문제점으로 특별사법경찰의 수사관련 전문지식의 함양

요구, 특별사법경찰에 대한 교육훈련 시간 부족, 특별사법경찰에 대한 교육기관 부족을 제시하였다. 이에 대한 개선방안으로는 수사관련 전문성의 함양 프로그램 개발 및 운영, 특별사법경찰에 대한 교육훈련의 확대, 특별사법경찰 교육기관의 지정 및 운영이 시급함을 제안하였다.

박경래·승재현·신현기·김도우(2012)는 "특별사법경찰 전담조직 활성화 방안에 관한 연구" 보고서를 통해 우리나라 특별사법경찰을 대상으로 설문조사를 진행하여 외부기관과의 관계, 조직업무량 및 내부관리, 인사행정, 시설과 장비 및 업무수행 방법, 특별사법경찰 업무의 조직화 및 지원, 교육훈련 등을 분석하였다. 그런 후 특별사법경찰의 활성화 대안으로 단기적 대안과 장기적 대안을 제시하였다. 전자로는 특별사법경찰 업무의 전문성 강화, 특별사법경찰 업무의 연속성 확보, 특별사법경찰 업무의 활성화 전략을, 그리고 후자의 경우는 특별사법경찰에 대한 홍보 및 위상 강화, 지자체장의 의식변화 및 법률적 근거 마련 등을 다루었다.

신현기(2013)는 "특별사법경찰 교육훈련제도의 개선방안에 관한 연구"에서 연구의 이론적 논의를 전개한 후 특별사법경찰 교육훈련의 실태분석을 시도하였다. 본실태분석의 대상은 법무부 법무연수원, 지방검찰청, 농수산식품부 산하 농수산식품연수원 수산인력개발센터, 고용노동부, 국토해양부, 문화체육관광부 저작권보호과, 광역지방자치단체, 기초자치단체에서의 사례들을 집중 분석하였다. 그리고 실질적인 우리나라 특별사법경찰 교육훈련의 문제점으로 대검찰청 형사2과 특별사법경찰팀의 인력부족문제, 대검찰청과 특별사법경찰 운영기관 간의 교육관련 공감대 활성화 문제, 특별사법경찰의 수사교육과 지식 및 경험의 부족문제, 특별사법경찰의 교육과 재교육 시간의 절대부족 문제, 특별사법경찰의 교육과 재교육을 위한 교육기관의 부족문제, 특별사법경찰의 부대 시설의 미비문제 등을 분석하였다. 이러한 문제에 대한 개선방안으로는 특별사법경찰 운영기관에서 자체 교육 훈련 프로그램 개발의 확대, 전체 특별사법경찰 교육훈련의 의무화, 법무연수원 소속의 특별사법경찰을 위한 일련의 교육훈련 시설 및 전문인력의 지속적 확대, 지방검찰청별 교육훈련 기회의 확대 등을 주장하였다.

승재현·전현욱(2015)은 "특별사법경찰 역량강화 및 지휘체계 개선방안"이라는 대검찰청 연구용역보고서에서 미국과 일본의 특별사법경찰제도의 현황과 개선방안을 참고로 우리나라 특별사법경찰의 역량강화 방안을 찾아내기 위한 연구를 진행하였다.

신현기(2016)는 "식품의약품안전처 특별사법경찰 운영에 관한 실태분석"에서 관련부서의 특별사법경찰에 관한 현황을 분석하고 이들의 제도적 발전을 위한 미래지향적 제언을 시도하였다.

신현기(2020)는 "자치경찰제를 대비한 경기도 특별사법경찰단의 조직과 성과에 대한 고찰"을 통해 전국 17개 광역시도의 특별사법경찰 중 가장 활발하게 수사활동을 펼치는 구체적인 실례들을 집중 분석하였다. 경기도 특사경은 2020년 6월 수사기능의 직무범위를 기존 87개에서 무려 108개로 대폭 늘렸다.

신현기(2022)는 "병무청 특별사법경찰제의 운영에 관한 실태 분석"이라는 연구에서 2012년 4월 18일부터 시행한 병무청 특별사법경찰제의 문제점과 개선방안을 제시하였다. 우리나라 병무청 특별사법경찰의 수사범위는 병역법 제86조와 제87조에 근거하여 주어진 권한을 행사하고 있다.[8]

2. 특별사법경찰제도의 역사와 학문적 위치

1945년 해방 이후 우리나라에 특별사법경찰제도가 본격적으로 시행된 것은 1956년도 부터였다. 2016년 기준으로 장장 60여 년의 역사를 가지고 있다. 이러한 긴 역사에도 불구하고 그동안 특별사법경찰에 관한 연구는 별로 깊이 있게 다루어지거나 연구되지 못한 것이 사실이다. 앞에서 지적하였듯이 불과 수년 전까지만 해도 특별사법경찰들은 행정업무 중 범죄행위를 발견하면 법적지식의 불충분으로 인해 일반사법경찰에게 고발하는 정도에 그치는 경우가 대부분이었다는 지적이 많았다. 이러한 문제가 발생한 근본 원인은 사실상 특별사법경찰들이 특별사법경찰로 지명된 후 행정업무 수행과 특사경 수사업무를 동시에 수행해야 하는 복합적 어려움에 기인한다.

더구나 특별사법경찰로 지명된 후 충분한 법적인 교육훈련도 없이 바로 행정업무와 현장업무에 투입되는 상황에 직면했고, 또한 잠시 근무하다가 일반행정 업무 부서로 또다시 발령을 받고 떠남으로써 전문가로 자리 잡지 못했던 한계점도 노출시켰다. 또 하나는 우리나라 특별사법경찰의 역사가 적지 않음에도 불구하고 법학이나

---

8) 신현기, 병무청 특별사법경찰제의 운영에 관한 실태 분석, 한세대 특별사법경찰연구소, 「특별사법경찰연구」, 제2권 제1호(통권 제2호), 2022, pp. 3-17.

경찰행정 관련학과에서 장시간 연구해 온 학자들조차도 특별사법경찰 영역에 관해 별로 깊이 있는 연구를 진행해 오지 못했다는 큰 아쉬움을 남기고 있다. 사실상 연구의 진행은 고사하고 위의 관련 학과 학자들 중 특별사법경찰이 무엇인지 조차 깊이 있는 개념파악도 제대로 하지 못하고 있는 경우가 상당히 많은 것이 사실이다. 따라서 우리나라 특별사법경찰이 하나의 학문영역으로 체계화를 이루기 위해서는 한국특별사법경찰학회(회장: 최진욱) 등이 활발하게 지속적으로 학술회의를 개최하면서 집중적인 연구를 본격화 해나가야 할 것이다. 그리고 전국 17개 광역시도의 특별사법경찰 및 국가기관의 특별사법경찰들이 회원으로 가입하여 우리나라 특별사법경찰제를 연구해나간다면 많은 발전이 기대된다. 특히 우리나라 전체 특별사법경찰에 대한 총감독 기관인 대검찰청 형사2과(과장: 부장검사) 산하의 특별사법경찰팀에서 한국형사정책연구원 및 관련 한국특별사법경찰학회 및 한세대학교 특별사법경찰연구소와 공동으로 공동학술세미나 등을 주기적으로 개최하면서 국민들에게 홍보해 나가는 노력이 활성화 된다면 우리나라 특별사법경찰 분야는 많은 발전을 가져올 것으로 확신한다.

왜냐하면 특별사법경찰의 업무 역시 우리 국민의 안위와 직결되는 매우 중요한 역할을 수행하고 있기 때문이다. 하나의 예를 들어보면 경찰행정학과의 경우 1963년에 처음 동국대학의 정식학과로서 신설된 후 1990년대에 접어들어서는 본격적으로 전국 130여개의 대학에 독자적인 학과로서 자리 잡은지 오래되었다. 하지만 특별사법경찰의 경우 대학에 학과로 자리잡는 데는 아직도 요원한 것으로 보여진다. 우선 학자들이 이에 대한 연구를 지속적으로 진행하며 많은 노하우를 축적할 때, 이것이 향후 더 업그레이드될 수 있다고 본다. 특사경은 향후 무궁무진한 연구영역임에 틀림없다.

본 연구는 위의 선행연구들을 기본 토대로 이미 법으로 정해져 있거나 혹은 관할 지방검찰청 검사장으로부터 특별사법경찰로 지명되어 국민의 생명과 재산에 위해를 발생시키는 이른바 행정범들을 인지 및 적발하고 검사의 지휘를 받아 처벌하는 특별사법경찰의 고유영역을 집중 연구하고자 한다. 동시에 이것이 경찰행정학처럼 하나의 독자적인 학문체계를 형성할 수 있도록 하는데 기본토대가 될 특별사법경찰론이라는 저서를 시도하게 된 것은 나름대로 큰 의미를 지닐 수 있다고 본다. 특히 특별사법경찰제도가 국민생활의 안전을 위해 매우 중요한 연구영역임에도 불구하고 아직까지 대학의 교양과목이나 특수대학원 등에서 커리큘럼조차도 개설되지 못하고 있다는 점은 큰 아쉬움으로 남는다. 현재 우리나라 전역에 약 20,000여명이 넘는 특별사법경찰들 활발하게 활동하고 있음에도 불구하고 국내에서는 유일하게 한세대 경찰법무대학원에서만 특별사법경찰학연구라는 커리큘럼이 유일하게 개설된 정도에 그치고 있다.

본 저서는 우리나라 특별사법경찰 분야의 연구가 본격화되는데 있어서 하나의 단초를 제공하게 되는 역할을 할 것으로 확신한다. 나아가서 특히 본 연구 결과는 미래에 많은 대학에서 교양과목, 각 행정대학원, 경찰법무대학원 및 법무대학원들과 같은 특수대학원들에서 커리큘럼으로 개설되는데 일정한 기여가 가능하길 기대한다. 이제는 특별사법경찰의 인력 수가 국가경찰의 국가수사본부 수사관들의 인력 수와 거의 비슷하게 성장한 만큼 이 특사경 분야의 활발한 연구가 필요한 시점이다.

1. 개념정의

우리나라 특별사법경찰은 「형사소송법」 제245조의10에 법적근거를 두고 있는데, 본 형사소송법 제245조의10은 특별사법경찰관리는 "삼림, 해사, 전매, 세무, 군수사 기관 기타 특별한 사항에 관하여 사법경찰관리의 직무를 행할 자와 그 직무의 범위는 법률로써 정한다"라고 규정하고 있다. 부언하면 특별사법경찰(Special Judicial Police Officer)제도라고 하는 것은 형사소송법 제245조의10(특별사법경찰관리)에 따라 관할 지방검찰청 검사장이 필요시에 지명하는 일반행정직공무원이 그 대상이 된다. 행정공무원 자신이 취급하는 특정한 공공직무의 범위 내에서 단독 혹은 팀별로 단속계획을 수립해 신속하게 단속과 조사를 진행한 다음 검사에게 송치업무를 수행하는 제도를 말한다. 이 제도가 생겨나게 된 배경이 중요한데, 이는 급격히 변화하는 사회구조에 기인하고 있다. 행정범죄가 날로 증가하고 있음은 물론 점차 행정범죄들이 지능화되고 있다. 이러한 문제들 때문에 과학적이고 전문화된 능력을 갖추고 있는 수사요원의 확보가 시급해졌고 오늘날에도 여전히 마찬가지이다. 기능별로 전문성이 부족한 일반사법경찰관리로서는 행정법을 어기면서 행정범죄를 저지르는 행정범들을 시속하게 적발해 내는데 있어서 일정한 한계가 있다. 이러한 맹점 때문에 그 효율성을 극대화해야 한다는 필요성이 점차 확대되고 있다. 이러한 차원에서 특별사법경찰제도의 존재 가치가 지속적으로 부각되고 있는 것이다.[1]

2. 특별사법경찰제도의 도입배경

오늘날 특별사법경찰제도가 도입되어 자리 잡게 된 것은 다음과 같은 이유에 기인하고 있다. 즉 현대국가로 급속하게 발전해 오면서 공공질서 유지를 책임지는 행정경찰의 개념이 점차적으로 확대되어 나오게 되었기 때문이다. 특히 사회의 공공질서 유지를 위한 기능들이 지속적으로 세분화되면서 일반적인 분야와 전문적이고 특수한 분야를 세분하여 전담하는 일반행정경찰과 특별행정경찰로 구분하게 되었다. 결국에는 일반행정기관에 대해서도 일반행정경찰 사무 이외에 특정한 분야에서 행정경찰기능을 수행하도록 법률적으로 권한을 부여하게 되면서 이것이 점차적으로 전문화되어 전문적인 행정경찰기능의 집행체제가 구축된 것이다. 이와 같은 전문행정경찰의 기능을 특정분야를 담당하는 전문직 공무원이 법률에 근거하여 수행하도록 하는 동시에 사무의 수행 단계에서 조사나 수사와 같은 사법경찰기능을 부여할 필요성이 생겨나게 되었다. 그리고 형사작용을 포함하게 됨으로써 이것을 특별사법경찰작용이라고 부르게 된 것이다.[2]

엄밀한 의미에서 볼 때, 사실상 정규직 경찰공무원이 아닌 일반 행정공무원에게 사법경찰권을 부여하는 특별사법경찰제는 사법제도 차원에서 볼때 바람직한 일은 아니다. 그럼에도 불구하고 우리에게 특별사법경찰제도가 생겨나게 된 배경은 다음과 같다. 즉 우리사회가 고도로 발달하면서 교도소, 선박, 항공기, 달리는 철도 등과 같은 곳에서 범죄가 발생하는 경우 일반사법경찰권이 미치기 어렵다. 이 때문에 그 업무를 직접 담당하고 있는 해당 행정공무원들에게 수사권을 부여할 필요성이 증가한 것이 바로 특별사법경찰이 생겨나게 된 직접적인 배경이라고 볼 수 있다. 오늘날

---

1) 신현기(a), 철도특별사법경찰제의 실태분석과 개선방안에 관한 연구, 한국민간경비학회, 「한국민간경비학회보」, 11(1), 2012, p. 48; 이상원·이승철, 환경특별사법경찰제도의 개선 방안, 치안정책연구소, 「치안정책연구」, (23), 2009, p. 237; 이재상, 『형사소송법』(서울: 박영사, 2000), p. 171.

2) 안영훈, 특별사법경찰의 업무전문성 강화 방안. 한국특별사법경찰학회, 제1회 춘계학술세미나 발표자료, 2012, p. 6.

특별사법경찰은 일반사법경찰과 함께 중요한 두개의 축을 형성하게 되었다. 이해를 돕기 위해 일반사법경찰과 특별사법경찰의 근본적 차이를 살펴보면 다음과 같다.

3. 일반사법경찰과 특별사법경찰의 근본적 차이

무엇보다 일반사법경찰관리의 수사권이 신속하게 미치기 어려운 환경, 위생, 해사, 교도소 산림, 세무, 전매, 철도 등 특정지역과 시설에 대한 수사나 조세, 마약, 그리고 관세사범을 수사할 때, 전문가에게 수사권을 전적으로 위임하여 해당 업무를 수행하도록 일정한 권한을 부여해 줄 필요성이 높아졌다. 이에 따라 특별사법경찰제도가 도입 및 발전하게 된 것이다.

물론 특별사법경찰관(리) 제도는 일반사법경찰관(리)제도와 단순 비교해 볼 때, 형사소송법상 주어진 권한면에서 어떠한 차이도 없다. 다만 특별사법경찰은 그 권한의 범위가 사항적·지역적으로 제한되어 있는 점이 다소 다르다는 특징을 지닌다.

그러나 위에서 소개한 경우와는 조금 달리 근로기준법 제108조에 따른 근로감독관과 관세법 제200조 제2항에 따른 세관공무원에게는 예외적으로 관련 범죄의 특수성을 심층 고려하여 고유의 전속적 수사권을 애초부터 부여해 주고 있다. 그 외의 경우 특별사법경찰은 일반사법경찰과의 관계에서 경합적으로 수사권을 가진다는 특징을 보여주고 있다. 특별사법경찰제도의 발전은 일반사법경찰의 전문성이 미치지 못하는 영역을 커버해 주기 위해서 생겨난 제도다. 하지만 특별사법경찰은 자기 고유의 행정업무를 수행하면서 동시에 행정법을 위반한 행정범들을 수사하고 검찰에 송치해야 하는 두 가지 직무를 수행한다. 이 점에서 그 업무의 효율성이 많이 떨어지고 있는 만큼, 행정업무는 제외하고 전문적으로 행정범들을 수사만 하는 이른바 전문수사관제도로 전환 시켜 나가는 일이 매우 중요하다고 본다. 이러한 제도개선 없이는 현재 특별사법경찰이 처한 근본 문제점들을 극복하기 어렵다고 본다. 이러한 근본 문제에 대해서는 뒤에서 후술하고자 한다.3)

한편 일반사법경찰과 특별사법경찰의 차이점을 정리해 보면 〈표 2-1〉과 같다.

---

3) 서울시정개발연구원, 「특별사법경찰제도의 장기발전방안」, 2009, p. 15.

표 2-1 | 일반사법경찰과 특별사법경찰의 구분

구 분		일반사법경찰	특별사법경찰
공통점	검사의 지휘감독	받음	받음
	형사소송법 적용	받음	받음
차이점	직무범위의 제한	없음	받음
	수사관할의 제한	없음	받음
	분야별 예시	방범, 수사, 경비 등	환경, 산림, 철도경찰 등

위의 〈표 2-1〉에서 보는 바와 같이 이제 우리나라에서 특별사법경찰은 일반사법경찰과의 비교 차원에서 볼 때, 중요한 두 개의 축 중에 하나로 확고하게 자리잡았다고 판단된다. 사법경찰관리집무규칙 제8조는 위 양자가 업무를 원활하게 수행할 수 있도록 직무범위에 있어서 서로 성실하게 협조하여야 한다고 규정하고 있다. 그럼에도 불구하고 재미있는 사실 하나는 경우에 따라서 위의 양자 간에 수사권이 상호 경합하는 경우가 발생하기도 한다는 점이다. 이런 경우 특별사법경찰이 법에 따라 수사의 책임과 의무를 우선 1차적으로 부담하도록 명시되어 있다. 한편 위의 양자 중에 해당 범죄의 수사에 있어서 먼저 착수한 기관이 계속해서 수사를 진행하는 것이 사실상 부적합할 경우에 상호 협조는 물론이고 신속하게 관할 검사의 조정과 지휘에 따르도록 그 한계를 명확히 규정해 놓고 있다.

4. 초창기의 특별사법경찰제

우리나라에 특별사법경찰제도가 도입되는데 있어서 그 역사적 토대가 되었던 것은 1910년 한일합방 이후다. 이는 1924년 5월 31일로 거슬러 올라간다. 일제 강점기 당시 조선총독부령 제33호로 제정된 이른바 「사법경찰관리의 직무를 행할 자 및 그 직무의 범위」였다. 이는 20년 후인 1944년 7월 1일 조선총독부령 제265호로 최종 개정된 바 있다. 여기에는 18개 분야의 공무원들이 해당되었다.[4]

---

4) 이 당시 총독부령에 의거해 사법경찰관리의 직무를 행할 자는 다음과 같은 사람들이었다.
  ① 조선의 감옥 또는 분감의 장이 아닌 조선총독부 전옥보 및 간수장
  ② 조선총독부 임업시험장의 시험림보호의 사무에 종사하는 조선총독부 임업시험장 기사·속 및 기수

역사적인 맥락에서 볼 때, 1945년 8월 15일 우리나라는 일제 강점기 시대에서 해방되어 대략 3년간의 미군정기를 거쳤다. 그 후 이승만 초대정부가 1948년 8월 15일 수립되었다. 그 후 약 12년이 흐른 뒤인 1956년 1월 12일 법률 제380호로 우리나라에서 특별사법경찰제도가 본격적으로 시행되게 된 것이다.5)

이것이 바로 「사법경찰관리의 직무를 행할 자와 그 직무범위에 관한 법률」의 제정이었으며 오늘에 이르기까지 많은 발전이 있었다. 우리나라 특별사법경찰제도의 초창기라고 명명할 수 있는 이 당시에는 본 제도가 그렇게 활발하지 않았다. 사실상 약 10여개 부처의 3급에서 5급 행정공무원들에게 특별사법경찰권한을 부여해 주었다. 구체적으로 그 해당 부처들은 형무소, 소년원, 검찰, 농림부 산림국·임업시험장·특별시도 및 시·군 산림보호 담당, 영림서·보사부 마약, 전매청, 등대, 선장

---

③ 도에 근무하는 국유임야의 보호 및 경영사무에 종사하는 이사관·기사·속·기수 및 삼림주사

④ 영림서에 근무하고 국유임야의 보호 및 경영 사무에 종사하는 이사관·기사·속·기수 및 삼림주사

⑤ 조선총독부 부군도 삼림주사

⑥ 부군도에 근무하고 임업에 관한 기술에 종사하는 기수

⑦ 도로 소유하는 임야의 소재지에 근무하고 임업에 관한 기술에 종사하는 기수

⑧ 전매국·전매국 지국 또는 전매국 출장소에 근무하며 아편에 관한 사무에 종사하는 조선총독부 전매국 사무관·기사·속 및 기수

⑨ 지방교통국 부두국·지방교통국 부두국 분국·지방교통국 부두국 출장소 또는 지방교통국 부두국 감시서에 근무하고 관세경찰 및 범칙처분에 관한 사무에 종사하는 조선총독부 교통국 사무관 및 서기

⑩ 조선총독부 간수

⑪ 조선총독부 임업시험장의 시험림보호의 사무에 종사하는 고원

⑫ 조선총독부도 삼림주사보

⑬ 조선총독부 부군도 삼림주사보

⑭ 도 또는 영림서에 근무하고 국유임야의 보호 및 경영의 사무에 종사하는 고원

⑮ 부군도에 근무하고 공유 또는 사유의 임야의 보호에 종사하는 도 이원

⑯ 부군도에 근무하고 임야사무에 종사하는 고원

⑰ 전매국·전매국 지국 또는 전매국 출장소에 근무하며 아편에 관한 사무에 종사하는 조선총독부 전매국 구원

⑱ 지방교통국 부두국·지방교통국 부두국 분국·지방교통국 부두국 출장소 또는 지방교통국 부두국 감시서에 근무하고 관세경찰 및 범칙처분에 관한 사무에 종사하는 조선총독부 교통국 고원

5) 우리나라의 특별사법경찰제도는 1956년 도입 초기에 1차 산업분야의 일부에 있어 범칙사건만을 다루었는데, 그 분야도 초창기에 10여 종류였으나 사회환경의 변화와 인구 및 경제 규모의 확대, 정부조직의 거대화 및 분화에 따라 다양한 분야의 관련 행정공무원들에게 특별사법경찰권을 부여하게 되면서 증가해 나왔다.

및 선원들이었다.

이러한 해당부처들은 오늘날까지 대부분 그대로 존재하고 있다. 이 당시 제정된 「사법경찰관리의 직무를 행할 자와 그 직무범위에 관한 법률」(약칭: 사법경찰직무법)과 본 규정에 근거하여 지명된 사법경찰관리를 세세하게 살펴보면 아래와 같다.

제5조(검사장의 지명에 의한 사법경찰관리) 그 소속관서의 장의 제청에 의하여 그 근무지를 관할하는 지방검찰청검사장이 지명한자 중 4급 이상의 국가공무원과 3급 이상의 지방공무원은 사법경찰관의 직무를, 5급 국가공무원과 4급 지방공무원은 사법경찰리의 직무를 행한다.

1. 형무소 또는 그 지소의 장이 아닌 간수장, 간수
2. 소년원 또는 그 분원의 장이 아닌 3급 내지 5급 국가공무원
3. 영림서에 근무하며 국유임야의 보호경영사무에 종사하는 3급 내지 5급 국가공무원
4. 중앙임업시험장, 그 출장소에 근무하며 시험림보호사무에 종사하는 4급, 5급 국가공무원
5. 농림부산림국에 근무하며 산림보호사무에 종사하는 3급 내지 5급 국가공무원
6. 특별시(특별시 유림사업소를 포함), 도(도유림사업소, 도소방관리소, 도임업시험장을 포함)에 근무하며 산림보호와 국유임야경영사무소에 종사하는 3급 내지 5급 국가공무원과 3급, 4급 지방공무원
7. 시·군에 근무하며 산림보호사무에 종사하는 4급, 5급 국가공무원과 3급, 4급 지방공무원
8. 지방전매청, 그 지청, 전매서에 근무하며 전매단속사무에 종사하는 3급 내지 5급 국가공무원
9. 보건사회부, 특별시, 도, 군에 근무하며 마약 또는 아편단속사무에 종사하는 3급 내지 5급 국가공무원과 3급, 4급 지방공무원
10. 등대에서 근무하며 등대사무에 종사하는 4급, 5급 국가공무원 등이다.

5. 특별사법경찰제의 다양성

우리나라 특별사법경찰제도는 상황과 시대적 변화에 따라 매우 복잡하고 다양하게 변화 및 발전되어 나왔다. 특별사법경찰제도의 모법인 「사법경찰관리의 직무를 수행할 자와 그 직무범위에 관한 법률」은 지금까지 수많은 개정이 이루어지면서 특별사법경찰 및 그 직무범위가 지속적으로 확대되었다. 앞에서 언급했듯이 우리나라

에 1956년 「사법경찰관리의 직무를 행할 자와 그직무범위에 관한 법률」이 제정됨으로써 특별사법경찰사에 중요한 토대를 구축하게 된 것이다. 이 법률에 근거해 특별사법경찰의 업무는 지속적으로 확대·발전되어 나왔다. 그리고 2011년을 기준으로 볼 때 무려 62회나 개정되었다. 또한 2012년 2월 1일에는 법률 제11267호로 「환경분쟁조정법」이 추가되어 6월부터 시행에 들어갔다. 이어서 2012년 3월 21일 법률 제11401호 「경범죄 처벌법」이, 2012년 6월 1일 법률 제11458호로 「종자산업법」, 2012년 6월 1일 법률 제11459호로 「친환경농어업 육성 및 유기식품 등의 관리·지원에 관한 법률」 등이 새로이 추가되기도 했다. 이어서 2012년 9월까지 무려 총 74차례나 관련 법률이 지속적으로 개정되는 역사를 가지게 되었다.6) 또한 2013년에도 3차례의 변화가 있었고 2022년 1월까지 무려 97차례나 개정의 변화는 계속되고 있다.

여기서 한가지 짚고 넘어갈 것은 지금까지 우리나라 특별사법경찰제도가 과연 원래 법률 취지와 목적에 맞도록 운영되었는가 하는 점이다. 아직까지 특별사법경찰들이 수행해 온 수많은 수사업무들이 얼마만큼 효율적이었는가에 대한 총체적 평가가 이루어지지 않은 상태로 남아 있다는 사실이다.7) 이에 대한 후속연구가 반드시 필요한 상황이다.

---

6) 개정일자는 다음과 같다. 제1차 개정은 1961. 5. 5 법률 제608호를 시작으로 제54차 개정은 2008. 6. 13 법률 제9109호였다. 55차 2008. 12. 31 법률 제9313호(자연공원법), 56차 2009. 4. 22 법률 제9625호(저작권법), 57차 2009. 6. 9 제9770호(소음·진동관리법/항만법), 58차 2010. 1. 1 제9918호(자유무역협정의 이행을 위한 관세법의 특례에 관한 법률), 59차 2010. 1. 18 제9932호(정부조직법), 60차 2010. 2. 4 제10001호(매장문화재 보호 및 조사에 관한 법률), 61차 2010. 6. 4 제10339호(정부조직법), 62차 2010. 6. 8 제10361호(근로복지기본법), 63차 2011. 4. 28 제10615호(환경기술 및 환경산업 지원법), 64차 2011.4.28 제10616호(환경범죄 등의 단속 및 가중처벌에 관한 법률), 2011. 5. 19 제10629호(지식재산 기본법), 65차 2011. 5. 30 제10763호(지하수법), 66차 2011. 7. 14 제10839호(식물방역법), 67차 2011. 7. 21 제10885호(농수산물 품질관리법), 68차 2011. 7. 28 제10977호(야생생물 보호 및 관리에 관한 법률), 69차 2011. 8. 4 제11037호(소방시설 설치·유지 및 안전관리에 관한 법률), 70차 2011. 9. 15 제11041호(국가유공자 등 예우 및 지원에 관한 법률/청소년 보호법), 71차 2012.1.17 제11161호, 72차 2012. 2. 1 제11267호(환경분쟁 조정법), 73차 2012. 3. 21 제11401호(경범죄 처벌법), 74차 2012. 6. 1 제11458호(종자산업법/친환경농어업 육성 및 유기식품 등의 관리·지원에 관한 법률) 등이다.

7) 부언하면 특별사법경찰에서 이와 관련해 연구용역을 발주해 평가작업을 시도할 필요가 있다고 본다.

6. 특별사법경찰제의 법적토대로서 형사소송법 제245조

1) 현 황

특별사법경찰을 큰 그림에서 보면 법률이 직접 사법경찰권을 부여해 준 특별사법경찰관(리)가 있고 관할 지검장의 지명을 요하지는 않는다 할지라도 차후에 반드시 해당자의 명단을 보고하는 국가공무원으로서의 특별사법경찰관(리)가 존재하고 있다. 그리고 또 하나는 관할 검사장의 지명에 의한 특별사법경찰관(리) 등 3가지로 나누어진다. 가장 넓은 영역은 검사장의 지명에 의한 특별사법경찰관리인데, 이는 국가보훈, 산림보호, 공중위생, 소방, 환경, 문화재보호, 철도공안, 교도소, 구치소, 소년원, 보호·치료감호소 등 상당히 많다.

2) 법적 근거

특별사법경찰의 법적 근거는 다음과 같다.

형사소송법 제245조의10(특별사법경찰관리)에 따르면 산림, 해사, 전매, 세무, 군 수사기관, 기타 특별한 사항에 관하여 사법경찰관리의 직무를 행할 자와 직무의 범위를 법률로 정한다라고 명시하고 있고, 이에 따라 특별사법경찰업무가 이루어지고 있다.
특히 사법경찰관리의 직무를 수행할 자와 그 직무범위에 관한 법률
• 제5조: 소속 기관장 제청으로 관할 지방검찰청 검사장이 지명
• 제6조: 소속 관서 관할 구역과 지명 직무에 대한 위법상의 단속과 수사

특별사법경찰제는 「형사소송법」 제245조의10(특별사법경찰관리)에 따라 관할 검사장이 지명하는 일반직 공무원이 특정한 직무의 범위 내에서 단속계획을 수립해 단속과 조사, 송치 등의 업무를 수행하는 제도이다. 특별사법경찰제의 시행을 위한 법적·제도적 토대를 살펴보면 다음과 같다. 즉 특별사법경찰제는 기능별로 전문성이 상당히 부족한 일반사법경찰관리로서는 행정법 위반자를 잡아내는데 있어 수사상의 직무수행이 불충분하다. 이러한 문제점을 적극 보완하고 나아가서 그 효율성을 극대화하기 위해 전문적 지식이 풍부한 행정공무원에게 사법경찰권을 부여함으로써

본 제도의 효율성을 높이고 동시에 그 도입취지도 극대화하는 것으로 정의된다.8) 예를 들어 환경분야의 경우 환경범죄가 지속적으로 발생하는데, 이를 일반사법경찰은 전문성 부족으로 인해 행정범 수사에 난항을 겪을 수밖에 없는 것이다. 환경용어라든가 화학지식에 능통한 환경공무원만이 위반 내용을 분석하고 범죄행위를 판단할 수 있을 것이다.

한편 특별사법경찰관은 법상 4급~7급 행정공무원에게 부여하고 있고, 이에 반해 특별사법경찰리는 8급~9급에게 부여해 주어 수사업무를 수행해 나가고 있다.

무엇보다 일반사법경찰관리의 수사권이 미치기에 쉽지 않은 환경, 위생, 철도, 산림, 해사, 세무, 교도소, 전매 등 특정지역과 시설에 대한 수사나 마약, 조세, 관세사범 관련 수사시에 전문가에게 해당 수사권을 위임하여 위반 사항에 대한 수사업무를 신속하게 수행하도록 위임된 권한을 부여하고 있다. 그럼에도 불구하고 이것은 하나의 예시적 규정에 불과하다고 볼 수 있다. 그 이유는 2009년 3월 기준으로 중앙행정부처와 지방자치단체 932개 기관에 17,613명이 특별사법경찰관리로 임명되어 임무를 수행한 바 있다.9) 이러한 수치는 2013년 말 기준으로 16,244명에 달했으며, 이는 향후 지속적으로 증가하였다. 2015년 여름에는 항공기 내에서도 특별사법경찰제를 도입해야 한다는 주장이 나왔으며10) 문화체육관광부의 사행성 분야에도 특별

---

8) 신현기(a), 철도특별사법경찰제의 실태분석과 개선방안에 관한 연구, 한국민간경비학회, 「한국민간경비학회보」, 11(1), 2012, pp. 48-49; 이상원·이승철, 환경특별사법경찰제도의 개선 방안, 「치안정책연구」, (23), 2009, 237; 이재상, 「형사소송법」(서울: 박영사, 2000), p. 171.

9) 김종오·김태진, 특별사법경찰의 교육훈련 효율성 제고 방안에 관한 연구, 한국고안행정학회, 「한국공안행정학회보」, 20(4), 2011, pp. 41-73; 법률신문, 2009. 3. 23.

10) (세종=연합뉴스) 성혜미 기자 = 하태경 "항공 특별사법 경찰 만들자"…국토부 장관 '공감'〈송고시간 | 2015/09/11 20:24〉. 국회 국토교통위원회 하태경 새누리당 의원이 11일 국토교통부 국정감사에서 "철도사법경찰·해양경찰처럼 항공분야에도 특별사법경찰제도를 도입하자"고 제안했다. 이에 유일호 국토부 장관이 "공감한다"고 밝혀 앞으로 별도의 항공경찰이 탄생할지 귀추가 주목된다. 현재는 항공기내 보안요원은 2년 이상 경력을 가진 '객실 승무원' 가운데 정신적으로 안정되고 성숙된 자를 지정해 필요시 전자충격기 등 무기를 지급하게 돼 있다. 기내소란 등 문제가 발생하면 착륙 후 인천국제공항 경찰대 등에 인계하는 상황이다. 예컨대 지난달 미국에서 인천으로 오는 항공기 안에서 싱가포르인 승객 A씨가 승무원 뺨을 때리고 앞 좌석에 와인을 붓는 등 난동을 피우자 승무원들이 A씨를 결박해 일등석 빈 공간에 격리한 바 있다. 하 의원은 "작년 12월 5일 땅콩회항사건이 발생했지만 같은달 8일 최초 언론보도가 나오고 나서야 국토부가 허둥지둥 조사에 나섰고 공정성 논란이 불붙었다"며 "항공분야 사법경찰이 없기 때문에 수사가 지연된 것"이라고 지적했다. 이어 "공항이나 항공기에서의 테러나 불법행위 발생을 방지하고 전문적이고 공정한 수사와 신속한 사법처리를 위해 항공분야 전문 경찰을 신설해야 한다"고 강조했다. 앞서 하 의원은 지난 7월 항공기내 소란행위 처벌을 강화하고 항공기 안에서 죄를 범한 범인을 반드시

사법경찰제를 도입해야 한다며 연구용역이 발주되기도 했다.

또한 2015년 7월에는 불법대부업, 가짜석유 제조 등 서민생활침해사범에 적극 대처하기 위해 법무부의 사법경찰관리의 직무를 수행할 자와 그 직무범위에 관한 법률 개정안이 국회를 통과했다. 오늘날 사회가 급속히 발전하면서 행정법규 위반범죄는 복잡하고 다양하게 증가하고 있으나 일반 형사범 위주로 인력을 운용하여 행정법규 위반 사범에 대해 상시적으로 단속하기 어려운 게 사실이다. 따라서 행정범죄에 대한 전문성과 정보력 그리고 접근성이 큰 해당분야의 관리와 감독공무원에게 특별사법경찰권을 부여하면 범죄행위를 발견하는 즉시 신속한 수사가 가능해 단속의 효율성과 전문성이 높아질 수 있어 효율성이 기대된다.

특히 최근에 개정된 시·군·구의 공무원들이 특별사법경찰권을 부여받아 불법대부업, 가짜석유제조 판매 등 특별법 위반행위를 직접단속할 수 있게 되었고, 나아가서 불법 다단계 방문판매, 무허가 의료기기 판매, 규격이나 품질검사를 받지 않은 목재제품의 유통, 119구조와 구급대의 구조활동 방해행위, 감염 수산생물의 수입 및 금지된 수산생물용 약품 사용행위 등을 단속하는 사무에 종사하는 행정공무원들에게도 특별사법경찰권을 부여하게 되었다는 점은 매우 고무적이다. 이 밖에 자본시장의 불공정거래행위에 대한 조사와 단속사무에 종사하는 금융위원회 소속공무원과 금융위원회 위원장의 추천을 받은 금융감독원 직원에게도 특별사법경찰권이 2019년 7월 1일을 기해 부여되었다. 이른바 자본시장특별사법경찰이다.

서울특별시의 경우는 2015년 말부터 기존의 특별사법경찰(민생사법경찰)의 수를 대폭 늘리고 단장(3급) 산하에 4급 과장 2명으로 수사1과와 수사2과로 운영하였다. 서울특사경은 2022년부터 조직개편해 기존의 수사1과와 2과를 각각 경제수사대(대장, 4급)와 안전수사대(대장, 4급)로 개명하였다. 그리고 3~4년전부터 10여명의 변호사를 전문수사관으로 채용하기도 했다. 이처럼 민생침해형 행정법규의 위반사범들을 신속하게 효율적으로 단속하고 처벌할 수 있게 되어 국민들이 안정된 삶을 영위하는 데 크게 기여할 것으로 보여진다.[11]

한편 우리나라 전체 정부기관에 특별사법경찰제가 운영되고 있을 뿐 아니라 특별

경찰에 넘기도록 하는 내용의 항공보안법 개정안, 일명 '조현아법'을 발했다. 하 의원은 항공 특별사법 경찰제 도입을 위한 법안을 마련하고자 입법조사처 문의와 공청회 등을 준비할 계획이다 (noanoa@yna.co.kr).

11) http://mail2.daum.net/hanmaillex/ViewMail.daum(검색일: 2015. 12. 27).

사법경찰공무원으로 지명되는 행정공무원들은 대부분이 1~2년을 주기로 보직이 변경되는 경우가 많았기 때문에 그들이 특별사법경찰관리로 지명되었다가 인사이동으로 인해 여지없이 특별사법경찰관(리)의 지명이 철회되는 과정 속에 전체의 특별사법경찰관리에 대한 정확한 숫자조차 파악하기가 쉽지 않다. 이처럼 중앙행정부처와 지방자치단체를 대상으로 광범위하게 운영되고 있으며 그 관리상에 있어서 행정인력의 부족으로 인해 그 대상을 파악하는 것조차 어려울 정도다.

이에 대한 해결방안은 주무부서인 대검찰청 형사2과 산하 특별사법경찰팀에 특별사법경찰업무 담당 인력을 대폭 증원하여 이에 관한 업무의 효율화를 기하는 것이다. 하지만 이러한 개선안은 이미 오래전부터 지적되어 왔음에도 불구하고 공무원 인력을 관리하는 인사혁신처(처장: 차관급, 2014)에서 부정적 견해를 나타냈다.12) 그 이유는 타 부처 조직이 보유하고 있는 공무원 정원과 비교해 형평성에 어긋나기 때문이라는 것이다.

7. 사법경찰관리의 직무를 수행할 자와 그 직무범위에 관한 개정 법률 (법률 제11459호)

본 법률은 사법경찰관리의 직무를 수행할 자와 그 직무범위를 정함을 목적으로 하고 있다. 여기서 직무수행자란 법률에서 소년원, 교도소, 보호감호소의 장, 출입국관리공무원, 지방산림관리청 등에서 산림보호 단속전담자 등의 항목을 직접규정 한 것과 검사장의 지명에 의한 경우(소년원, 교도소, 식품의약품안전청, 산림청 등의 관련 항목들 내에서 그 소속 관서 장의 제청에 따라서 그 해당하는 근무지를 관할하고 있는 지방검찰청 검사장이 지명한 자) 등이다. 그리고 본 법률의 직무범위는 여기서 직접 규정한 항목들과 검사장 지명에 의한 경우 등 모두 그 소속 관서의 관할 구역 내에서 발생하는 각종 범죄들, 그리고 소속 관서에 관한 법률에 규정된 범죄들을 의미한다. 위에서 언급한 항목들에 관해서는 다음 절에서 자세하게 분석하고자 한다.

---

12) 인사혁신처의 처장은 차관급 정무직공무원이다. 산하 기관으로 국가공무원인재개발원과 소청심사위원회가 있다. 2014년 11월 19일 안전행정부의 인사기능을 분리하여 인사혁신처로 발족했다.

8. 특별사법경찰관리 집무규칙

법무부령 제752호로 만들어져 있는 본 집무규칙은 사법경찰관리의 직무를 수행하는 자의 범죄수사에 관한 집무상의 준칙을 명시하여 행해지는 수사의 효율성을 극대화하는 동시에 인권침해까지도 함께 방지하는 것을 목적으로 하고 있다. 그리고 본 집무규칙에서는 특별사법경찰의 수사보고, 수사서류, 출석요구와 조사, 피의자의 체포와 구속 등, 현행범인, 고소사건 처리, 변사자 검시 등 범죄수사상의 전반에 관한 집무상의 준칙까지도 명시하고 있다. 따라서 이는 실제로 특별사법경찰이 운영되는데 있어서 매우 중요한 지침으로써 가치가 높다.

본 지침의 경우 총칙, 수사, 장부와 비치서류 등의 항목으로 규정되어 있는데, 첫째 총칙에는 목적, 특별사법경찰관리의 직무, 특별사법경찰관리의 신조 및 민간정보와 관련된 처리 항목들로 이루어져 있다. 둘째, 수사부분에서는 통칙, 수사사무 보고, 수사서류, 출석요구와 조사, 피의자의 체포와 구속, 현행범인, 변사자 검시, 고소사건의 처리, 소년사건에 대한 특칙, 각종 증거, 그리고 사건송치 등이 핵심사항이다. 셋째, 장부와 비치서류에는 수사관계예규철, 수사종결사건철, 내사종결사건철, 수사미제사건기록철, 통계철, 처분결과 통지서철, 잡서류철, 서류철의 색인목록, 임의장부, 장부의 갱신, 장부와 서류의 보존기간, 보존기간의 기산, 지방검찰청별 수사지휘지침의 시행 및 문서의 서식 등으로 이루어져 기능하고 있다.[13]

9. 특별사법경찰관리 지명 절차 등에 관한 지침

특별사법경찰관리 지명 절차 등에 관한 지침은 법무부예규 제993호로 마련되어 있다. 본 지침은 사법경찰관리의 직무를 수행할 자와 그 직무범위에 관한 법률 제5조, 제6조의2 제2항, 제7조의2, 제9조 제2항에 따라 지방검찰청 검사장이 사법경찰관리를 지명하는데 있어서 그 지명방법을 비롯하여 세부절차까지도 규정하는 것을 목적으로 제정된 것이다.[14] 따라서 이는 실제로 특별사법경찰이 운영되는데 있어서

---

13) 안정진, 특별사법경찰제도의 효율적인 운영방안에 관한 연구, 연세대법무대학원석사학위논문, 2012, p. 15.

매우 중요한 지침으로 인정받고 있다.

10. 대검찰청 특별사법경찰 운영팀의 운영규정(대검훈령 제143호, 2009. 11)

현재 위의 운영규정에 따른 대검찰청의 특별사법경찰 운영팀은 고검 검사급 검사 1명(형사2과장), 사무관 1명과 일반직 2명, 그리고 기능직 1명으로 구성하도록 되어 있다(제2조). 이들 특별사법경찰 운영팀의 기본임무는 각 특별사법경찰의 권한을 부여받은 기관들로 하여금 전년도의 업무성과를 취합하고 그 성과를 평가한 후, 지속적으로 특별사법경찰권을 부여할지 여부 등을 결정하고 있다.

주요 임무로는(동 규정 제4조) "① 특별사법경찰 성과관리 및 평가, ② 특별사법경찰 관련 법령정비 및 제도 개선, ③ 일선청 특별사법경찰 지휘지원 및 특별사법경찰 전담검사 · 부서관리, ④ 특별사법경찰 지휘 관련 매뉴얼 개발, ⑤ 특별사법경찰에 대한 교육 및 교육지원, 교육시스템 및 교육자원 개발, ⑥ 특별사법경찰 지휘 관련 일선청의 건의 및 애로사항 검토, ⑦ 유관기관과의 연락 · 협조" 등의 임무 수행에 초점을 두고 있다. 이와 같은 임무수행을 통해서 특별사법경찰의 지명 관리, 특별사법경찰에 대한 교육, 수사 일반에 관한 자문 현황, 각 분야별 특별사법경찰 기관을 검찰청 전담과 연계한 지정 현황 및 해당 분야에 관한 합동 수사 전개, 자문 · 지휘 업무 담당 현황 등을 관리하게 되었다.

┌ 제2절 ├
└ ≫ **특별사법경찰의 종류와 업무**

1. 법령에 따른 구분

오늘날 우리나라에 법적으로 규정되어 시행 중인 특별사법경찰의 자격부여방법은

---

14) 특별사법경찰관리 집무규칙은 2011년 10월 6일 법무부령 제752호로 일부 개정되어 시행 중에 있다(안정진, 특별사법경찰제도의 효율적인 운영방안에 관한 연구, 연세대법무대학원석사학위논문, 2012, pp. 76-87).

크게 4가지로 분류되고 있다. 이는 「사법경찰관리의 직무를 수행할 자와 그 직무범위에 관한 법률」에 근거하고 있다. 본 법률에 근거해서 다음의 4가지 자격부여방법을 세부적으로 분석해 보면 다음과 같다.[15]

1) 현행법상 법률에서 직접 사법경찰권을 부여하는 방법

우선 첫째 방법은 현행법상 법률에서 직접 사법경찰권을 부여하는 방법으로 이는 자동적으로 직무를 수행할 수 있는 특별사법경찰이다. 이들은 지명을 요하지 않는 자들이다. 다음의 특수한 기관에 근무하고 있는 공무원들이 바로 여기에 해당된다. 다시 말해 이들은 법률이 직접적으로 특별사법경찰권을 부여한 특별사법경찰리이다. 특히 이러한 방법의 경우는 다음의 직무내용과 관련해서 볼 때, 교도소와 같은 특수영역이며 고유의 권한을 부여해 직무를 수행하지 않으면 곤란한 특수영역인 경우에 해당한다는 특성을 지니고 있다.

표 2-2 | 법률에서 직접 사법경찰권을 부여하는 방법에 따른 내용

조 문	내 용
제3조 제1항 내지 제4항 (교도소장 등)	교도소(소년교도소·구치소 또는 그 지소(支所))의 장, 소년원(소년분류심사원의 분원 또는 지원), 보호감호소·치료감호시설(또는 그 지소)의 장, 보호감호소와 치료감호시설 또는 그 지소의 장 및 형의 집행 및 수용자의 처우에 관한 법률 제8조에 따른 교정시설 순회점검 업무에 종사하는 국가공무원은 그 범죄에 관하여 사법경찰관리의 직무를 수행.
제3조 제5항 (교도소장 등)	출입국관리업무에 종사하는 국가공무원(4급부터 9급)은 1. 출입국관리에 관한 범죄와 경합범 관계에 있는 형법 제225조까지의 규정에 해당하는 범죄, 2. 출입국관리에 관한 범죄와 경합범 관계에 있는 밀항단속법 위반 범죄에 대하여 사법경찰관리의 직무를 수행.
제4조 (산림 보호에 종사하는 공무원)	산림청과 그 소속 기관(산림항공관리소는 제외한다), 특별시·광역시·도(특별자치도를 포함한다. 이하 같다) 및 시·군·구(자치구를 말한다. 이하 같다)에서 산림 보호를 위한 단속 사무를 전담할 자로서 그 소속 기관의 장이 관할 지방검찰청검사장에게 보고한 공무원(임업주사·주사보·서기·서기보)은 사법경찰관리의 직무를 수행.

---

15) 신현기, 특별사법경찰제의 발전과정과 성과에 대한 고찰, 한국특별사법경찰학회, 제1회 춘계학술세미나 발표 자료집, 2012, pp. 102-104.

제6조의2 (근로감독관 등)	「근로기준법」에 따른 근로감독관 및 지방노동청, 지방노동청 지청 및 그 출장소에 근무하며 근로감독, 노사협력, 산업안전, 근로여성 보호 등의 업무에 종사하는 8급, 9급의 국가공무원 중 그 소속 관서의 장의 추천에 의하여 그 근무지를 관할하는 지방검찰청검사장이 지명한 국가 공무원은 그의 관할 구역에서 발생하는 1. 근로기준법, 2. 최저임금법, 3. 남녀평등고용법, 4. 임금채권보장법, 5. 산업안전보건법, 6. 진폐의 예방과 진폐근로자의 보호 등에 관한 법률, 7. 노동조합 및 노동관계조정법, 8. 교원의 노동조합 설립 및 운영에 관한 법률, 9. 근로자 참여 및 협력증진에 관한 법률, 10. 사내근로복지기금법, 11. 건설근로자의 고용개선 등에 관한 법률, 12. 파견근로자보호 등에 관한 법률, 13. 근로자 퇴직급여 보장법, 14. 공무원의 노동조합 설립 및 운영 등에 관한 법률, 15. 기간제 및 단시간근로자보호 등에 관한 법률에 규정된 범죄에 관한 사법경찰관의 직무를 수행하며, 선원법에 따른 선원근로감독관은 그의 관할 구역에서 발생하는 선박소유자와 선원의 선원법 또는 근로기준법에서 규정한 범죄에 관한 사법경찰관의 직무를 수행.
제7조 (선장과 해원 등)	① 해선(海船)[연해항로(沿海航路) 이상의 항로를 항행구역으로 하는 총톤수 20톤 이상 또는 적석수(積石數) 2백 석 이상의 것] 안에서 발생하는 범죄에 관하여는 선장은 사법경찰관의 직무를, 사무장 또는 갑판부, 기관부, 사무부의 해원(海員) 중 선장의 지명을 받은 자는 사법경찰리의 직무를 수행 ② 항공기 안에서 발생하는 범죄에 관하여는 기장과 승무원이 제1항에 준하여 사법경찰관 및 사법경찰리의 직무를 수행

출처: 사법경찰관리의 직무를 수행할 자와 그 직무범위에 관한 법률.

2) 소속 관서장이 지명 후 관할 검사장이 보고만 받는 방법

둘째 방법은 소속 관서의 장이 관할 지방검찰청 검사장에게 보고하여 사법경찰권을 부여하는 방법이다. 이 방법은 관할 지검장의 지명을 요하지 않으나 반드시 명단을 보고하는 국가공무원이 바로 여기에 해당된다. 이 유형의 경우는 극히 일부 영역에 해당하는 경우로 그 범위가 넓지는 않으며 산림보호와 임업분야에 해당하는 경우이다.

표 2-3	관할 지검장의 지명을 요하지 않지만 명단보고를 요하는 특별사법경찰
관할 검사장에게 명단만 보고하는 특별사법경찰
산림청과 그 소속기관, 특별시·광역시·도 및 시·군·구에서 산림보호를 위한 단속 사무를 전담할 자로서 그 소속기관의 장이 관할 지방검찰청검사장에게 보고한 임업주사(6급)부터 임업서기보(9급)까지의 공무원임.

출처: 사법경찰관리의 직무를 수행할 자와 그 직무범위에 관한 법률.

3) 소속 관서장의 지명에 의한 사법경찰권 부여 방법

소속 관서 장의 지명에 의하여 사법경찰권 부여 방법에 의해 사법경찰권을 부여 받는 경우에는 국가정보원 직원으로서 국가정보원장의 지명을 받은 직원, 사무장, 또는 갑판부, 사무부의 해원 중 선장의 지명을 받은 자, 항공기 승무원 중 기장의 지명을 받은 자 등이다.

표 2-4 l 소속 관서 장의 지명에 의해 사법경찰권을 받는 방법의 내용

조 문	내 용
제8조 (국가정보원 직원)	국가정보원 직원으로서 국가정보원장이 지명하는 자는 「국가정보원법」 제3조 제1항 제3호 및 제4호에 규정된 범죄에 관하여 사법경찰관리의 직무를 수행

또 하나는 해당 관서 장의 제청에 의해 그 근무지를 관할하는 지방검찰청검사장이 지명하는 자로서 위에서 기술한 3가지 방법을 제외한 대부분이 여기에 해당한다. 이 유형이 가장 범위가 넓은 동시에 20,000명의 특별사법경찰 중에서 대부분이 여기에 해당하고 있다. 예를 들어 식품의약품안전청, 철도특별사법경찰, 교도소, 국립학교, 산림청, 지방자치단체, 국가보훈처 등에서 관련 업무를 담당하는 4~9급까지의 공무 원이다. 이는 〈표 2-5〉에서 보여주는 바와 같이 무려 42개 종류에 달한다.

표 2-5 l 관할 검사장의 지명에 의한 특별사법경찰

제5조 관할 검사장의 지명에 의한 특별사법경찰리〈사법경찰관 4~7급〉, 사법경찰리 8~9급

1. 교도소·소년교도소·구치소 또는 그 지소의 장이 아닌 4급부터 9급까지의 국가공무원
2. 지방교정청에 근무하는 4급부터 9급까지의 국가공무원
3. 소년원 또는 그 분원의 장이나 소년분류심사원 또는 그 지원의 장이 아닌 4급부터 9급까지의 국가공무원
4. 보호감호소·치료감호시설 또는 그 지소의 장이 아닌 4급부터 9급까지의 국가공무원
5. 산림청과 그 소속 기관(산림항공관리소는 제외한다)에 근무하며 산림보호·경영 사무에 종사하는 4급부터 9급까지의 국가공무원
6. 특별시·광역시·도에 근무하며 산림 보호와 국유림 경영 사무에 종사하는 4급부터 9급까지의 국가공무원 또는 지방공무원
7. 시·군·구 또는 읍·면에 근무하며 산림 보호 사무에 종사하는 6급부터 9급까지의 국가공무원 및 4급부터 9급까지의 지방공무원

8. 식품의약품안전청, 특별시·광역시·도 및 시·군·구에 근무하며 식품 단속 사무에 종사하는 4급부터 9급까지의 국가공무원 및 지방공무원
9. 식품의약품안전청, 특별시·광역시·도 및 시·군·구에 근무하며 의약품 단속 사무에 종사하는 4급부터 9급까지의 국가공무원 및 지방공무원
10. 등대에서 근무하며 등대 사무에 종사하는 6급부터 9급까지의 국가공무원
11. 국토해양부와 그 소속 기관에 근무하며 철도공안 사무에 종사하는 4급부터 9급까지의 국가공무원
12. 소방준감이나 지방소방준감 이하의 소방공무원
13. 국립학교에 근무하며 그 학교의 실습림 및 관리림의 보호 사무에 종사하는 6급부터 9급까지의 국가공무원
14. 문화재청과 그 사무소·지구관리사무소와 출장소·현충사관리소·칠백의총(七百義塚)관리소·세종대왕유적관리소 또는 특별시·광역시·도 및 시·군·구에 근무하며 문화재의 보호 사무에 종사하는 4급부터 9급까지의 국가공무원 및 지방공무원
15. 「계량에 관한 법률」에 따른 계량검사공무원
16. 「자연공원법」 제34조에 따라 공원관리청에 근무하며 같은 법에 따른 공원관리 업무에 종사하는 4급부터 9급까지의 국가공무원 및 지방공무원
17. 「관세법」에 따라 관세범(關稅犯)의 조사 업무에 종사하는 세관공무원
18. 「수산업법」에 따른 어업감독 공무원
19. 「광산보안법」에 따른 광산보안관
20. 국가보훈처와 그 소속 기관의 공무원
21. 보건복지부, 특별시·광역시·도 및 시·군·구에 근무하며 공중위생 단속 사무에 종사하는 4급부터 9급까지의 국가공무원 및 지방공무원
22. 환경부, 특별시·광역시·도 및 시·군·구에 근무하며 환경 관계 단속 사무에 종사하는 4급부터 9급까지의 국가공무원 및 지방공무원
23. 방송통신위원회, 중앙전파관리소 및 체신청에 근무하며 무선설비·전자파장해기기·전기통신설비·전기통신기자재·감청설비 및 영리목적의 광고성 정보에 관한 단속 사무에 종사하는 4급부터 9급까지의 국가공무원
23의2. 삭제 〈2009.4.22.〉
24. 지방국토관리청·국도관리사무소, 특별시·광역시·도 및 그 산하 건설사업소 또는 도로관리사업소 및 시·군·구에 근무하며 차량운행제한 단속 사무 및 도로시설 관리 사무에 종사하는 4급부터 9급까지의 국가공무원 및 지방공무원
25. 문화체육관광부, 특별시·광역시·도 및 시·군·구에 근무하며 관광지도(觀光指導) 업무에 종사하는 4급부터 9급까지의 국가공무원 및 지방공무원
26. 문화체육관광부, 특별시·광역시·도 및 시·군·구에 근무하며 저작권 침해에 관한 단속 사무에 종사하는 4급부터 9급까지의 국가공무원 및 지방공무원
27. 여성가족부, 특별시·광역시·도 및 시·군·구에 근무하며 청소년보호 업무에 종사하는 4급부터 9급까지의 국가공무원 및 지방공무원 등이다.
28. 농림수산식품부와 그 소속 기관, 특별시·광역시·도 및 시·군·구에 근무하며 다음 각 목에 규정된 사무에 종사하는 4급부터 9급까지의 국가공무원 및 지방공무원
　　가. 「농수산물의 원산지 표시에 관한 법률」에 규정된 원산지 표시 등에 관한 단속 사무
　　나. 「농수산물 품질관리법」에 규정된 농수산물에 관한 단속 사무
　　다. 「친환경농어업 육성 및 유기식품 등의 관리·지원에 관한 법률」에 규정된 친환경농산물에 관한 단속 사무
　　라. 「축산물위생관리법」에 규정된 축산물에 관한 단속 사무

　　마. 「인삼산업법」에 규정된 인삼에 관한 단속 사무
　　바. 「양곡관리법」에 규정된 양곡에 관한 단속 사무
29. 지식경제부, 특별시·광역시·도 및 시·군·구에 근무하며 「대외무역법」에 규정된 원산지 표시에 관한 단속 사무에 종사하는 4급부터 9급까지의 국가공무원 및 지방공무원
30. 지식경제부, 특별시·광역시·도에 근무하며 외화 획득용 원료·기재의 수입 및 사용목적 변경승인 업무에 종사하는 4급부터 9급까지의 국가공무원 및 지방공무원
31. 농촌진흥청, 농업과학기술원, 특별시·광역시·도 및 시·군·구에 근무하며 농약 및 비료 단속 사무에 종사하는 4급부터 9급까지의 국가공무원 및 지방공무원
32. 국토해양부, 특별시·광역시·도 및 시·군·구에 근무하며 하천 감시 사무에 종사하는 4급부터 9급까지의 국가공무원 및 지방공무원
33. 국토해양부, 특별시·광역시·도 및 시·군·구에 근무하며 개발제한구역 단속 사무에 종사하는 4급부터 9급까지의 국가공무원 및 지방공무원
34. 농림수산식품부, 국립수의과학검역원과 그 지원, 특별시·광역시·도 및 시·군·구에 근무하며 「가축전염병예방법」에 따라 가축방역관이나 검역관으로 임명된 4급부터 9급까지의 국가공무원 및 지방공무원
35. 시·군·구에 근무하며 무등록자동차정비업, 자동차 무단방치 및 강제보험 미가입 자동차 운행에 관한 단속 사무에 종사하는 5급부터 9급까지의 지방공무원
36. 국립식물검역소에 근무하며 「식물방역법」 제7조의2에 따라 식물검역관으로 임명된 4급부터 9급까지의 국가공무원
37. 국토해양부와 그 소속 기관, 광역시·도 및 시·군·구에 근무하며 해양환경 관련 단속 사무에 종사하는 4급부터 9급까지의 국가공무원 및 지방공무원
38. 특허청, 특별시·광역시·도 및 시·군·구에 근무하며 부정경쟁행위, 상표권 및 전용사용권 침해에 관한 단속 사무에 종사하는 4급부터 9급까지의 국가공무원 및 지방공무원
39. 특별시·광역시·도 및 시·군·구에 근무하며 여객자동차 운수사업 및 화물자동차 운수사업의 단속 사무에 종사하는 4급부터 9급까지의 지방공무원
40. 「도시공원 및 녹지 등에 관한 법률」 제20조에 따른 공원관리청에 근무하며 같은 법에 따라 도시공원 관리업무에 종사하는 4급부터 9급까지의 지방공무원
41. 병무청과 그 소속 기관에 근무하며 「병역법」에 규정된 병역 기피·감면 목적의 신체손상이나 속임수를 쓴 행위에 관한 단속 사무와 징병검사 또는 신체검사 사무에 종사하는 4급부터 9급까지의 국가공무원
42. 농림수산식품부와 그 소속 기관, 산림청, 특별시·광역시·도 및 시·군·구에 근무하며 「종자산업법」 및 「식물신품종 보호법」에 규정된 품종보호권 침해행위의 조사 사무 및 종자의 유통 조사 등에 관한 사무에 종사하는 4급부터 9급까지의 국가공무원 및 지방공무원 등이다.
42의2. 「동물보호법」 제40조제1항에 따른 동물보호감시원
43. 행정안전부와 그 소속 기관, 특별시·광역시·도 및 시·군·구에 근무하며 「재난 및 안전관리 기본법」 제30조에 따른 긴급안전점검 업무에 종사하는 4급부터 9급까지의 국가공무원 및 지방공무원
44. 산업통상자원부, 특별시·광역시·도 및 시·군·구에 근무하며 석유 및 석유대체연료 관련 검사·단속 등에 관한 사무에 종사하는 4급부터 9급까지의 국가공무원 및 지방공무원
45. 특별시·광역시·도 및 시·군·구에 근무하며 대부업 및 대부중개업의 검사·단속 등에 관한 사무에 종사하는 4급부터 9급까지의 지방공무원
46. 특별시·광역시·도 및 시·군·구에 근무하며 방문판매, 전화권유판매, 다단계판매, 후원방문판매, 계속거래 및 사업권유거래 관련 조사·단속 등에 관한 사무에 종사하는 4급부터 9급까지의 지방공무원

47. 특별시·광역시·도 및 시·군·구에 근무하며 선불식 할부거래업의 조사·단속 등에 관한 사무에 종사하는 4급부터 9급까지의 지방공무원
48. 「수산생물질병 관리법」 제7조제1항에 따른 수산생물방역관 및 같은 법 제22조제1항에 따른 수산생물검역관
49. 금융위원회에 근무하며 자본시장 불공정거래 조사·단속 등에 관한 사무에 종사하는 4급부터 9급까지의 국가공무원
50. 원자력안전위원회와 그 소속기관에 근무하며 원자력안전관리와 관련된 조사·단속 등에 관한 사무에 종사하는 4급부터 9급까지의 국가공무원
51. 고용노동부와 그 소속 기관에 근무하며 「고용보험법」에 따른 실업급여, 육아휴직 급여, 출산 전후휴가 급여등의 부정수급에 관한 사무에 종사하거나 「국민 평생 직업능력 개발법」에 따른 직업능력개발 훈련비용·훈련수당 등의 부정수급에 관한 사무에 종사하는 4급부터 9급까지의 국가공무원
52. 국토교통부와 그 소속 기관, 특별시·광역시·도 및 시·군·구에 근무하며 「시설물의 안전 및 유지관리에 관한 특별법」 제13조에 따른 긴급안전점검 업무에 종사하는 4급부터 9급까지의 국가공무원 및 지방공무원
53. 국토교통부, 특별시·광역시·도 및 시·군·구에 근무하며 부동산 관련 불법행위 조사·단속 등에 관한 사무에 종사하는 4급부터 9급까지의 국가공무원 및 지방공무원
    [전문개정 2008. 6. 13.]/[시행일: 2022. 2. 18.] 제5조

출처: 사법경찰관리의 직무를 수행할 자와 그 직무범위에 관한 법률 제5조 참조.

4) 제주특별자치도 자치경찰공무원

제주특별자치도 자치경찰공무원인 경우는 위에서 첫 번째로 서명한 경우다. 즉 법률에서 직접 사법경찰권을 부여하는 방법에 해당하는 케이스다. 이 케이스는 특별한 경우에 해당되기 때문에 본 절에서 별도로 상세하게 다루고자 한다. 다시 말해 이 방법은 제주자치경찰단 특별사법경찰과(현 관광경찰과, 2016년 2월 1일 이후) 소속의 특별사법경찰팀에서 운영 중인 특별사법경찰 종류인데, 이는 제주특별법에 근거하여 운영되는 하나의 특별사법경찰제도이다. 2006년 7월 1일 제주자치경찰단이 발족되었다. 이는 초창기에 특별사법경찰팀이라는 이름으로 법에 따라 특별사법경찰 업무를 시작했다. 2022년 2월 현재 제주자치경찰단의 수사과는 수사관리팀(특사경 수사활동 계획 수립 및 활동성과 홍보), 민원수사팀(환경, 식품위생 사건처리 업무 총괄/자손, 자관법 사건처리 업무 총괄), 기획수사팀(기획수사: 산림훼손, 관광질서, 청소년위해 사범 수사, 총괄서부출장소 관리운영 총괄)으로 운영 중이다.

제주자치경찰은 초창기에 17종의 특별사법경찰업무를 부여받았다. 이외에도 법률 상 고유사무인 교통안전시설에 관한 사무도 수행하게 되었다. 그리고 도지사와 제주 지방경찰청장간 업무협약 체결사무들도 수행하게 되었다.

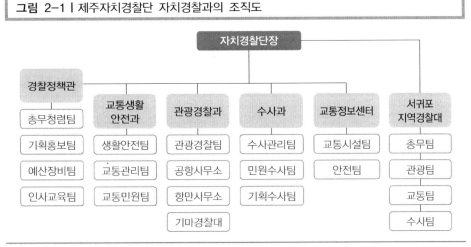

그림 2-1 │ 제주자치경찰단 자치경찰과의 조직도

출처: 제주자치경찰단 홈페이지 참조, 2022.

다음에서 살펴보는 바와 같이 제주자치경찰단 특별사법경찰의 법적토대도 위와 같은 맥락에서 이해된다. 2006년 7월 출범 시부터 지금까지 아래의 법률에 근거해서 그 직무를 수행하고 있다. 즉 식품단속, 의약품단속, 문화재의 보호, 산림보호·국유림경영, 어업감독, 공중위생단속, 차량운행제한단속 및 도로시설관리, 공원관리, 청소년보호업무, 관광지도, 농·수산물 원산지·유전자변형 농수산물표시, 환경단속, 하천감시, 농약 및 비료단속, 가축방역·검역, 대외무역법상 원산지표시 단속, 자동차 무단방치 및 강제보험 미가입 자동차운행 단속, 무등록자동차정비업 등이 그 핵심업무들에 해당된다. 이어서 축산물위생관리법과 친환경농업육성법이 2012년 4월 18일 제주특별사법경찰 업무에 연이어 추가되었다. 이는 제주특별자치도의 경우 도 차원의 특별사법경찰 업무를 제주자치경찰단이 가져다가 집중적으로 수행하면서 업무의 전문성과 효율성을 높인다는 차원에서 그 의미가 크다고 평가된다.

이상을 종합해 볼 때, 제주자치경찰단 소속 특별사법경찰의 수사권한은 법률상의 고유사무라고 할 수 있는 환경, 산림, 관광 등 17종 59개 법률 분야에 달했으나 최근 더 확대되어 19개분야 86개 법률을 다루고 있다. 그러나 이 특별사법경찰업무는 일반사법경찰업무 못지않게 그 난이도가 상당히 높은 분야이기 때문에 주무관청은 검찰과 기타 자치단체들과도 지속적으로 밀접한 유기적인 협조체제가 필요함을 요구받고 있다.[16)]

| 표 2-6 | 제주자치경찰단 특별사법경찰이 수행중인 17개 사무 분야 |

특사경 직무수행자	직무 범위
산림보호・국유림경영	산림, 그 임산물과 수렵에 관한 범죄
식품단속	식품위생법・보건범죄단속에관한특별조치법 중 식품위생에 관한 범죄
의약품단속	약사법・보건범죄단속에관한특별조치법 중 약사에 관한 범죄
문화재의 보호	문화재보호법에 규정된 범죄, 동법 상 지정구역 내 경범죄처벌법에 규정한 범죄의 현행범
공원관리	자연공원법에 규정된 범죄, 경범죄처벌법에 규정된 범죄의 현행범
어업감독	수산업에 관한 범죄 및 어업자원보호법 위반 범죄
공중위생단속	공중위생관리법에 규정된 범죄
환경단속	대기환경보전법, 수질환경보전법, 소음・진동규제법, 유해화학물질관리법, 폐기물관리법, 오수・분뇨및축산폐수의처리에관한법률, 환경분쟁조정법, 환경범죄의단속에관한특별조치법, 자연환경보전법, 환경・교통・재해등에관한영향평가법(환경영향평가에 관한 범죄에 한정), 폐기물의국가간이동및그처리에관한법률, 하수도법, 환경기술개발및지원에관한법률, 먹는물관리법, 토양환경보전법, 폐기물처리시설설치촉진및주변지역지원등에관한법률, 자원의절약과재활용촉진에관한법률, 다중이용시설등의실내공기질관리법, 수도법(제61조 제1호), 지하수법(제37조 제7호), 보건범죄단속에관한특별조치법(제4조), 야생동・식물보호법, 악취방지법에 규정된 범죄
차량운행제한단속 및 도로시설관리	도로법(40, 47, 50, 50의4, 53, 54, 54의4, 54의6) 위반범죄
관광지도	관광진흥법에 규정된 범죄
청소년보호업무	청소년보호법에 규정된 범죄
농・수산물 원산지・유전자변형 농수산물표시	농산물품질관리법여・수산물품질관리법에 규정된 원산지표시・유전자변형농수산물표시에 관한 범죄
대외무역법 상 원산지표시 단속	대외무역법에 규정된 원산지표시에 관한 범죄
농약 및 비료단속	농약관리법, 비료관리법에 규정된 범죄
하천감시	하천법에 규정된 범죄
가축방역・검역	가축전염병예방법에 규정된 범죄
무등록자동차정비업, 자동차 무단방치 및 강제보험 미가입 자동차운행 단속	자동차관리법에 규정된 무등록자동차정비업, 자동차무단방치에 관한 범죄, 자동차손해배상보장법에 규정된 강제보험미가입자동차운행에관한 범죄

---

16) 신현기(c), 제주자치경찰단 특별사법경찰제의 실태분석과 개선방안에 관한 연구, 한국경찰연구학회, 「한국경찰연구」, 11(3), 2012, p. 149.

축산물위생관리단속, 친환경농업육성단속	축산물위생관리범죄, 친환경농업육성범죄
석유및석유대체연료사업	석유및석유대체연료사업법
대부업등의등록및금융 이용자보호에관한단속	대부업등의등록및금융이용자보호에관한법률
방문판매등에관한사업	방문판매등에관한법률
할부거래에관한사업	할부거래에관한법률
자본시장과금융투자업에 관한사업	자본시장과금융투자업에관한법률

출처: 신현기, 「자치경찰 -제주자치경찰제도의 체계적 접근-」, 파주: 법문사, 2021, p. 486 참조.

제주자치경찰단 특별사법경찰과에 근무하는 정식 직원은 순경부터 경정(과장)까지 총 31명으로 구성되어 있다. 과장 1명과 수사담당으로 근무 중인 직원이 15명(서귀포 지역사무소 4명 포함)이며 특별사법경찰과 소속으로 제주공항에 나가 근무 중인 이른바 공항안전담당 소속 직원이 12명이 근무했다. 여기에다가 출입국관리업무를 수행하는 무기계약직 4명을 포함하여 총 31명이 업무를 수행하고 있었지만 무기계약직은 모두다 제주도청으로 복귀하였다. 수많은 행정법 위반자들, 즉 행정범을 적발하고 관할 검사의 지휘하에 많은 성과를 이루어 내고 있다.

이전에 비해서 2022년 2월 현재 인원은 〈표 2-7〉에서 보듯이 약간 변화가 있었다. 과장은 그대로 경정이 1명, 그리고 기존에는 경감이 2명이었으나 2022년 2월에는 4명으로 늘어났다. 경위도 3명에서 6명으로 증가했고 경사 역시 2명에서 8명으로 그리고 경장이 8명에서 6명으로 2명 감소했으며 순경은 11명에서 0명이 되었다. 무기계약직 4명도 도청으로 복귀하여 0명이 됨으로써 기존의 총 31명에서 2022년 2월 기준 총 25명이 근무하고 있다.

표 2-7 | 제주자치경찰단 특별사법경찰 인원

구분	경정(과장)	경감	경위	경사	경장	순경
인원	1	4	6	8	6	–
총원	25					

출처: 신현기, 제주자치경찰단 특별사법경찰제의 실태분석과 개선방안에 관한 연구, 한국경찰연구, 제11권 제3호, 2012, p. 152; 제주자치경찰단 내부자료(2022. 2).

그럼에도 불구하고 그동안 진행된 각종 연구들을 통해 확인되고 있듯이 제주특별자치도의 경우 항공기뿐 아니라 여객선을 통하여 입출국하는 관광객의 숫자가 지속적으로 증가하고 있으며, 단속해야 하는 업무도 급속히 증가하고 있다. 하지만 사실상 자치경찰공무원의 인력부족으로 인해 제주자치경찰단 특별사법경찰과의 고유업무로 법정화되어 있는 제주항의 특별사법경업무를 제대로 수행하지 못하고 있다. 제주특별자치도는 이에 대한 문제해결을 위해노력을 기울이고 있지만 예산상의 이유로 어려움을 겪고 있다. 예산보다는 시민의 안위가 더 중요한 만큼 근본적인 해결책이 나와야 하리라고 본다.17)

또 하나의 문제점은 예산과 인원의 부족으로 인해 수산업에 관련된 단속은 원천적으로 불가능하며 5~6개 법률범위 내에서만 활동해 왔는데 최근에 그 직무영역이 다소 증가하였다. 예를 들어서 제주자치경찰 특별사법경찰과는 해양쓰레기 등의 무단투기에 관한 단속권한도 주어져 있으나 그 업무수행을 위한 순시선조차도 준비되어 있지 않고 인원도 절대적으로 부족해 현장에 투입하는 것이 불가능한 상태다.

2. 기능에 의한 구분

1) 철도특별사법경찰

국토교통부 산하 철도특별사법경찰제는 1961년 5월 5일 철도청 시절에 법률 제608호에 근거하여 여객전무·차장에게 열차 현행범을 제압하도록 하는 사법권을 부여한 것이 그 효시가 되었다. 2005년 1월 15일 국토부장관과 철도공사사장은 철도공안 운영에 관한 업무협약의 체결했다. 그리고 1월 28일 국토부장관과 경찰청간에 추가로 수사업무한계협정의 체결이 이루어졌다. 2008년 2월 29일 건설교통부가 국토해양부로 명칭이 변경되고 6월 13일 법률 제9109호에 따라 「사법경찰관리의 직무를 수행할 자와 그 직무범위에 관한 법률」 개정(철도안전법에 규정된 범죄와 그 소속관할구역 및 열차 안에서의 범죄로 직무범위와 수사관할 개정)이 있었다. 2009년 12월 31일에는 대통령령 제21909호에 따라 국토해양부와 그 소속기관 직제 개정으로 기관 명칭의 개정(철도공안사무소 ⇒ 철도특별사법경찰대)이 이루어지는 발전이 있었다.18)

---

17) 신현기(c), 제주자치경찰단 특별사법경찰제의 실태분석과 개선방안에 관한 연구, 한국경찰연구
학회, 「한국경찰연구」, 11(3), 2012, p. 153.

한편 철도특별사법경찰 직무취급(특별사법경찰권)의 근거는 첫째, 형법이다. 이에 따라 강·절도, 사기·공갈, 횡령, 폭행, 상해, 재물손괴, 방화·실화, 공무집행방해, 업무방해 등의 내용을 규율하고 있다. 전장에서도 언급했듯이 둘째, 형사소송법 제 245조의10(특별사법경찰관리)에서 찾을 수 있다.19) 이와 관련해서는 수사(조사), 현행범 체포, 구속영장신청, 압수수색, 압수물환부·가환부 신청, 검증·감정, 사건송 치 등을 다루고 있다. 셋째, 사법경찰관리의 직무를 수행할 자와 그 직무범위에 관한 법률도 중요한 근거가 된다. 즉 제5조(검사장의 지명에 의한 사법경찰관리)에는 그 소속관서장의 제청에 따라 그 근무지를 관할하는 지방검찰청검사장이 지명한자 중 7 급 국가공무원은 사법경찰관의 직무를, 8급·9급 국가공무원은 사법경찰리의 직무를 행한다고 명시되어 있고, 제5조 제11호(직무를 행할 자)에는 국토해양부와 그 소속기관에 근무하며 철도경찰사무에 종사하는 4급 내지 9급의 국가공무원에 대해 규정하고 있다. 제6조 제9호(직무범위와 수사관할)는 소속관서 관할구역인 철도시설 및 열차 속에서 발생하는 각종 범죄로서 철도안전법에 규정된 범죄와 그 소속관할구역 내 및 열차 안에서의 범죄에 관해 관리하는 것을 규정하고 있다. 넷째, 철도안전법인데 철도안전법위반(폭행·협박으로 철도종사자의 업무를 방해한자, 철도시설 및 차량손괴, 돌맹이 등 위험한 물건을 던지는 행위, 선로장애 등)에 관해 직무를 수행하고 있다. 다섯째 경범죄처벌법을 수행한다. 주로 경범(흡연, 인근소란·음주소란, 구걸부당이득 등)과 관련된 내용을 집중적으로 다루고 있다.20)

2) 정보기관의 특별사법경찰

우리나라 정보기관에도 특별사법경찰권이 부여되었다. 이들에게 처음으로 특별 사법경찰권이 부여된 것은 1961년경이다. 즉 1960년 박정희 소장으로부터 단행된 5·16군사혁명 후인 1961년 12월이며, 이 당시 중앙정보부 정보수사요원에게도 특별사법경찰권이 전격 부여되었다. 중앙정보부는 1981년 전두환 정부에서 국가안전

---

18) 신현기(a), 철도특별사법경찰제의 실태분석과 개선방안에 관한 연구, 한국민간경비학회, 「한국민간경비학회보」, 11(1), 2012, pp. 50-51.

19) 산림, 해사, 전매, 세무, 군수사기관 기타 특별한 사항에 관하여 사법경찰관리의 직무를 행할 자와 그 직무의 범위는 법률로서 정하는 것으로 되어 있다.

20) 신현기(a), 철도특별사법경찰제의 실태분석과 개선방안에 관한 연구, 한국민간경비학회, 「한국민간경비학회보」, 11(1), 2012, p. 51.

기획부로 명칭이 변경되었다. 그 후 1999년 김대중 정부는 그 명칭을 국가정보원으로 변경하였고, 그 소속 요원들에게 특별사법경찰권이 부여되어 오늘에 이르고 있다. 2008년 이명박 정부에서는 특히 16개 시·도차원의 특별사법경찰제도가 상당히 활성화되는 변화를 보여주었다. 특히 2013년 2월 출범한 박근혜 정부에서 4대악(학교폭력, 가정폭력, 성폭력, 불량식품)을 뿌리뽑겠다는 실천과제를 천명하였다.21) 이러한 과제를 해결하기 위해서 그 당시 안전행정부에서도 각 시·도 차원에서 특별사법경찰을 활성화해 줄 것을 권고하였으며 이러한 실천과제에 따라 그동안 적지 않은 가시효과도 나타내었다.

3) 특별사법경찰의 3차 산업분야까지 확대

우리나라 산업분야에서 처음으로 특별사법경찰권이 부여된 것은 1995년 체신부 소속의 무선설비 전기통신산업분야였다. 그 후 급속한 2차산업이 발달하고 여기에서 발생하는 각종 전문범죄에 대해 신속하게 대처하도록 하기 위해 2001년에는 시·군·구에도 무등록 자동차 정비 및 강제보험 미가입자동차 운행 단속 분야까지 확대하였다.22)

곧이어 2003년에는 3차산업 분야까지 특별사법경찰이 지명됨으로써 각종 관련 범죄행위를 적발하게 되었다. 여기서 말하는 제3차 산업분야란 예를 들어서 정보통신부의 컴퓨터 프로그램 저작권 관련 침해 단속 분야 등이 그 대표적인 좋은 사례에 해당된다.

4) 환경분야의 특별사법경찰

무엇보다 정부는 1980년대까지만 해도 기업의 생산성 향상을 통한 수출확대와 수입의 증가에 무게를 두고 있었다. 따라서 어느 정도의 환경파괴는 경제발전을 위해 필수불가결한 시각이 지배적이었다. 하지만 1990년대 접어들면서 국내외적으로 환경법규 위반이라는 차원을 넘어서게 되었다. 즉 환경침해 문제에 대해 국민들이 심각하게 받아들이는 상황으로 급변하게 된 것이다. 특히 환경오염과 파괴는 곧바로

---

21) 신현기, 식품의약품안전처 특별사법경찰 운영에 관한 실태 분석, 한국민간경비학회, 「한국민간경비학회보」, 제5권 제3호, 2016, p. 30.

22) 서울시정개발연구원, 「특별사법경찰제도의 장기발전방안」, 2009, p. 20.

국민들의 건강과 신체를 파괴하는 주범이라는 인식이 강하게 나타났다. 마침내 우리 사회에 환경범죄라는 개념이 자리잡게 된 것이다.[23)]

이와 같은 환경에 대한 중요성이 급속하게 강조되면서 마침내 1990년 환경처가 발족되었다. 나아가서 시·도 환경담당 공무원들에게도 환경단속 관련 환경특별사법경찰제도까지 전격 도입되었다. 이 당시 전매청 공무원에게 주어졌던 특별사법경찰권은 폐지되었다. 즉 기구개편으로 인해 전매청이 없어졌기 때문이었다. 한편 환경특별사법경찰은 환경단속 사무에 종사하는 4~9급 공무원을 대상으로 소속기관장의 제청에 의해 근무지를 관할하는 지방검찰청 검사장이 지명한 특별사법경찰들이 환경 관계 법률을 위반한 각종 범죄행위들에 대해서 인지, 조사, 압수수색, 심문, 긴급체포, 송치를 수행하도록 했다. 1997년에는 단속범위가 환경분쟁조정법 등 22개 법률의 위반사범에까지 대폭적으로 확대되었다.[24)]

2003년 5월에는 조수보호 및 수렵에 관한 법률 위반사범, 2008년 6월에는 건설폐기물의 재활용촉진에 관한 법률 및 4대강법 등 31개 법률의 위반사범들을 단속하게 됨으로써 그 권한과 영역이 상당히 확대되었다.

5) 보건분야의 특별사법경찰

보건복지부의 경우를 예를 들어 보면 이전에 식품의약품안전청에서 식품분야 51명과 의약품 분야 8명 등 59명의 식의약품 특별사법경찰관리가 지명되어 운영되었었다. 그러나 전담조직의 부재 등으로 인해 그 성과는 별로 크지 못했다. 이러한 과제들을 개선하기 위해 2009년 2월 9일 식품의약품안전청 차장 직속의 '위해사범중앙수사단'이 출범했다. 2012년 3월 기준 본청 중앙수사단 24명 그리고 지방청인 서울 6명, 경인 5명, 대구 7명, 광주 4명, 대전 4명 등 총 60명의 특별사법경찰관(리)가 건강기능식품에 관한 법률, 약사법, 식품위생법, 규정범죄 및 보건범죄에 관한 특별조치법상 식품위생과 약사에 관한 범죄 관련 직무들을 담당하고 있다.[25)]

2008년 1월 광역지방자치단체인 서울특별시의 경우도 행정국 산하에 기존 25개 구청들에서 근무하고 있던 특별사법경찰과(特別司法警察課)와 협조하에 시청내에 별

23) 환경부, 「환경특별사법경찰제도 개선방안에 관한 연구」, 최종보고서, 2009, p. 24.
24) 서울시정개발연구원, 「특별사법경찰제도의 장기발전방안」, 2009, p. 19.
25) http://www.healthmedia.co.kr/news/articleView.html?idxno=18160(검색: 2016. 11. 10).

도의 수사만을 전담하는 이른바 특별사법경찰과를 창설하였다. 서울특별시 특별사법경찰(민생사법경찰과)과 소속의 수사팀에서 보건(공중위생·의약)분야를 담당하면서 수많은 범법행위들을 저지르는 행정범들을 지속적으로 적발해 내고 있다. 기존의 서울특별사법경찰단은 행정국장에게 소속을 두었다가 2022년 현재는 서울시 행정제1부시장 산하에서 운영 중이다.

6) 다양한 분야의 특별사법경찰

건축과 건설분야에서도 발생하고 있는 수많은 위해사범들을 예방하고 적발하기 위해 많은 노력을 기울이고 있다. 이와 관련된 분야의 행정공무원들에게 특별사법경찰권을 부여하고 있다. 주지하는 바와 같이 최근 수년간 특별사법경찰분야가 점차 확대되고 있는 추세에 있다. 예를 들어 증권거래법에 따라 금융감독원도 2019년 7월 1일 자본시장 특별사법경찰제를 16명으로 출범했다. 2021년 12월 말 금감원 특사경은 31명으로 대폭 증원되는 변화가 있었고 동시에 금융위원회도 직접 특별사법경찰제를 운영하게 되었다. 증권범죄 같은 경우는 워낙에 거래수법이 지능적이다. 특히 검사나 일반사법경찰관(리)들은 그 정확하고 신속하게 조사를 진행하는 것이 매우 어려운 실정이다. 이러한 문제들을 개선하고자 최근 감독기관인 금융감독원에 특사경이 도입된 것이다.

7) 2000년대 이후 특별사법경찰제도의 확대

2000년 4월 20일 법무부의 검찰2과와 대검찰청 주관으로 사법경찰관리직무집행법 제5조에 근거해 「특별사법경찰관리 지명절차 등에 관한 지침」이 만들어졌다. 2003년 6월에는 일반사법경찰의 사법경찰관리집무규칙의 준용 대신 「특별사법경찰관리집무규칙」과 「특별사법경찰관리 지명절차 등에 관한 지침」 및 「대검찰청 특별사법경찰 운영팀의 운영규정」 등을 제정하여 시행 중이다. 추가적으로 대검찰청 형사2과 내에 특별사법경찰팀 5명인 조직에 대해 대통령령을 개정해 가급적이면 독립된 특별사법경찰과로 개편되거나 승격되어야 한다는 주장이 꾸준히 제기되어 나왔다. 그러나 아쉽게도 이러한 연구와 주장들은 결과를 도출하지 못한 채로 남아 있다.

현재 우리나라에서 교육부, 통일부, 외교부만 제외하고 나머지 각 부처들은 특별사법경찰제를 운영하고 있다. 기존의 시·군·구에서 특별사법경찰제를 시행하던 것을 뛰어넘어 2006년 7월 제주특별자치도에서 그리고 2008년 1월부터는 광역시도인 서울특별시에서 시청내에 전문적으로 특별사법경찰단을 창설하였다. 그 후 계속해서 경기도, 충남, 대구광역시, 부산광역시, 인천광역시, 대전광역시, 경남, 강원도에서도 특별사법경찰과 혹은 담당이라는 명칭을 가진 조직을 창설하여 운영하기 시작하였다. 이로 인해 우리나라 특별사법경찰 분야는 점차 확대일로에 있음을 잘 보여주고 있다.26) 그리고 행정자치부의 지침을 통해 2013년 나머지 광역자치단체인 경북, 울산, 전북, 전남, 광주, 충북에서도 특별사법경찰과가 출범하여 전국 17개 광역시도 전체가 특별사법경찰제를 시행하게 되었다.

표 2-8 | 시·도별 광역특별사법경찰 운영현황

구 분	경기	서울	부산	인천	대구	대전	충남	경남	강원
신설일	'09.3.14	'08.1.1	'08.7.7	'08.8.26	'08.3.5	'09.1.1	'08.9.1	'12.7.18	'12.7.27
조직	1단 4담당	1과 6담당	1과 3담당	1과 3담당	1담당 3반	1담당	1담당	1담당	1담당
인력	83명 (도15, 시·군 68)	116명 (시34, 구82)	25명 (시25)	26명 (시15, 구11)	13명 (시5, 구8)	8명 (시3, 구5)	62명 (도8, 시·군 54)	2명 (시군 520)	4명 (시군 370)
직무 분야	6개분야	7개분야	7개분야	9개분야	10개 분야	6개분야	5개분야	5개분야	5개분야
	식품위생, 공중위생, 환경, 의약, 원산지, 청소년보호	식품위생, 원산지. 환경, 청소년보호 공중위생 의약, 개발제한구역보호	식품위생, 공중위생, 환경, 보건, 원산지, 청소년보호 대외무역	식품위생, 공중위생, 보건, 환경 수산업, 원산지, 도로, 청소년보호, 그린벨트	식품위생, 공중위생, 약사, 보건, 환경, 도로, 청소년, 자동차, 자연공원, 원산지	식품위생, 공중위생, 환경, 원산지, 의약, 청소년보호	식품위생, 공중위생, 환경, 원산지, 청소년보호	식품위생, 공중위생, 환경, 원산지, 청소년보호	식품위생, 공중위생, 환경, 원산지, 청소년보호

---

26) 신현기, 특별사법경찰제의 발전과정과 성과에 대한 고찰, 한국특별사법경찰학회, 제1회 춘계학술세미나 발표 자료집, 2012, p. 115.

┌─┤제3절├────────────────────────────────────
│ >>> **특별사법경찰의 업무와 수사절차의 과정**
└──

1. 일반현황

외국이나 국내에서 특별사법경찰은 일반적으로 일반행정직 공무원 중 관할 지방 검찰청 검사장에 의해 정식으로 지명을 받는다.[27] 특정한 영역의 범위 내에서 단속 계획은 물론이고 소관 업무와 관련된 단속을 포함해 수사와 조사 및 송치업무 등을 담당하는 것이라는 점에서 공통점을 가진다.[28] 그리고 자신들의 행정업무를 수행하는 직무의 범위 내에서 일반사법경찰과 사실상 동등한 권한을 유지한 채 업무를 수행해 나가고 있다. 무엇보다 지방검찰청 검사장에 의해 정식으로 지명된 특별사법경찰들은 직접적으로 관련된 범죄에 대한 수사권을 보유하고 형사소송법에 규정된 수사와 관련하여 일반사법경찰활동을 수행할 수가 있다. 이 때문에 일반사건의 수사절차, 피의자가 출석을 불응할 경우에 대한 처리절차, 긴급체포 관련 처리절차, 사전영장에 따른 구속사건 처리절차를 직접적으로 수행하게 된다. 또한 「특별사법경찰 집무규칙」상의 일반적인 수사업무를 심층적으로 살펴보면 범죄와 관련된 특정범죄정보, 수사사무, 단속계획, 범죄통계, 직무범위 외의 범죄발생, 범죄사건 관련자의 출석요구, 범죄인지 보고 실시, 참고인 진술, 피의자신문조서, 긴급체포·현행범체포, 검시조서, 영장신청 및 통지, 수사과정 기록 및 영상녹화, 증거보전, 고소사건처리, 실황조사, 통신제한조치, 검찰송치업무, 압수조서, 각종 수사서류 작성 및 보존 법정증언준비 등의 업무를 담당하고 있다는 특징을 보여주고 있다.[29]

---

27) 특별사법경찰 지명절차: 특별사법경찰 소속관서 장의 지명제청서 제출〈지명(갱신)제청서, 인사기록요약서〉 → 지방검찰청 검사장 또는 지청장(범죄경력조회, 적격여부 판단 후 의견서 작성) → 특별사법경찰관리 지명심의회 심의(위원장은 부장검사, 위원은 검사 및 5급 이상 검찰공무원 4명) → 검사장(지명 및 결과통보 관할구역이 2개 이상의 경우 모든 관할 지검에 통보) → 지명제청 관서장.

28) 홍의표, 「한국적 자치경찰제 실시방안 연구」, 한국법제연구원 수행 제3차 중간보고서, 2012, pp. 47-49.

29) 상게보고서, p. 56.

2. 특별사법경찰의 직무범위

　무엇보다 특별사법경찰은 극히 한정된 직무의 범위(지역적, 사항적)에서 구체적이고 개별적인 경찰권 발동의 규정을 유지하고 있다. 따라서 일반사법경찰은 보충적·종국적으로 권한을 행사하여야 하는 경우도 있다. 그리고 배타적 수사관할의 규정이 없는 경우라고 할지라도 일반경찰이 해당 사건을 인지한 경우에 그 사안별로 담당 특별사법경찰을 판단한 후 그 관련 사건을 바로 이첩할 수 있어야 한다. 개별 행정 영역에 대한 경찰법상의 위험이나 위해가 발생하는 경우에는 비록 일반경찰이라도 특별사법경찰에게 사건을 즉시 인계하여야 한다. 그리고 특별사법경찰도 다루고 있는 현재 사건이 법률에 부여된 특별사법경찰의 권한을 벗어나는 이외의 사건이라면 일반경찰에게 곧바로 인계해서 그 관련범죄를 해결하는데 적극적이어야 한다.30)

　경찰법상 위험·위해 방지의 상당 부분은 사실 일반경찰도 수행해야 하는 것들이다. 특히 법률에 의해 부여된 권한 이외의 사건들에 대해서는 수사권이 없기 때문에 당연히 경찰서의 일반사법경찰에게 고발해 줄 의무가 있다. 나아가서 사건의 성격에 따라 어떠한 기관에서도 권한을 행사하거나 혹은 아무도 그 권한을 행사하지 않을 경우에는 관할 검사의 수사지휘에 따라서 최종적으로 관련 사건을 해결해야 한다.

　결론적으로 특별사법경찰의 직무범위는 사법경찰관리의 직무를 수행할 자와 그 직무범위에 관한 법률 제6조에 따라 총 53개 분야인데, 산림보호·국유림경영, 식품단속, 의약품단속, 문화재의 보호, 공원관리, 어업감독, 공중위생단속 등 각 직무분야에 따른 관련 법령에 따라 수사를 진행하고 있다. 여기서 대부분 단속권한은 광역시장, 도지사, 시장, 군수 등이 가지고 있다.

표 2-9 | 특별사법경찰 직무범위(28개 분야)

특사경 직무수행자	관련법률	직무 범위
산림보호·국유림경영	제6조 5호	산림, 그 임산물과 수렵에 관한 범죄

---

30) 상계보고서, 같은 곳.

식품단속	제6조 6호	식품위생법·보건범죄단속에관한특별조치법 중 식품위생에 관한 범죄
의약품단속	제6조 7호	약사법·보건범죄단속에관한특별조치법 중 약사에 관한 범죄
소방에 관한 업무	제6조 10호	소방기본법, 소방시설설치유지 및 안전에관한법률, 소방시설공사업법, 위험물안전관리법
문화재의 보호	제6조 11호	문화재보호법에 규정된 범죄, 동법 상 지정구역 내 경범죄처벌법에 규정한 범죄의 현행범
계량기 검사	제6조 12호	계량에 관한 법률
공원관리	제6조 13호	자연공원법에 규정된 범죄, 경범죄처벌법에 규정된 범죄의 현행범
수산업관리	제6조 15호	수산업에 관한 범죄 및 어업자원보호법 위반 범죄
공중위생단속	제6조 18호	공중위생관리법에 규정된 범죄
환경단속	제6조 19호	대기환경보전법, 수질환경보전법, 소음·진동규제법, 유해화학물질관리법, 폐기물관리법, 오수·분뇨및축산폐수의처리에관한법률, 환경분쟁조정법, 환경범죄의단속에관한특별조치법, 자연환경보전법, 환경·교통·재해등에관한영향평가법(환경영향평가에 관한 범죄에 한정), 폐기물의국가간이동및그처리에관한법률, 하수도법, 환경기술개발및지원에관한법률, 먹는물관리법, 토양환경보전법, 폐기물처리시설설치촉진및주변지역지원등에관한법률, 자원의절약과재활용촉진에관한법률, 다중이용시설등의실내공기질관리법, 수도법(제61조제1호), 지하수법(제37조제7호), 보건범죄단속에관한특별조치법(제4조), 야생동·식물보호법, 악취방지법에 규정된 범죄
차량운행제한단속 및 도로시설관리	제6조 21호	도로법(40, 47, 50, 50의4, 53, 54, 54의4, 54의6) 위반 범죄
관광지도	제6조 22호	관광진흥법에 규정된 범죄
저작권침해	제6조 23호	저작권법 제133호
청소년보호업무	제6조 24호	청소년보호법에 규정된 범죄
농·수산물 원산지·유전자변형 농수산물표시	제6조 25호	농산물품질관리법여·수산물품질관리법에 규정된 원산지표시·유전자변형농수산물표시에 관한 범죄
대외무역법 상 원산지표시 단속	제6조 26호	대외무역법 제33조에 규정된 원산지표시에 관한 범죄
외화획득용 원료 기재수입 및 변경승인	제6조 27호	대외무역법 제54조 제2호-제4호, 제57조
농약 및 비료단속	제6조 28호	농약관리법, 비료관리법에 규정된 범죄
하천감시	제6조 29호	하천법에 규정된 범죄

개발제한구역 관리	제6조 30호	개발제한구역의 지정 및 관리에 관한 특별조치법
가축방역 · 검역	제6조 31호	가축전염병예방법에 규정된 범죄
무등록자동차정비업, 자동차 무단방치 및 강제보험 미가입 자동차운행 단속	제6조 32호	자동차관리법에 규정된 무등록자동차정비업, 자동차무단방치에 관한 범죄, 자동차손해배상보장법에 규정된 강제보험미가입자동차운행에관한 범죄
해양환경관련단속	제6조 34호	해양환경관리법 등 9개 법률
부정경쟁행위단속	제6조 35호	부정경쟁방지 및 영업비밀보호에관한법률 제2조 1호, 상표법 제93조
여객 및 화물자동차 운수사법자 단속	제6조 36호	여객자동차운수사업법 제90조 등
도시공원 및 녹지관리	제6조 37호	도시공원 및 녹지 등에 관한 법률 제54조에 규정된 현행범
종자관리	제6조 39호	종자사업법 제169조, 제171조 및 제173조 등

출처: 신현기, 「경찰조직관리론」, 파주: 법문사, 2016, p. 15; 경기개발연구원, 광역자치단체 특별사법경찰의 운영 개선 방안, 2013-13 보고서, 2013, p. 8을 참고로 재작성.

위의 제6조는 추가로 40호부터 늘어나서 현재 50호까지 되었다.

3. 주요 부서별 특별사법경찰의 지명 현황

우리나라 특별사법경찰의 주요 부서별 특별사법경찰관리의 지명 현황은 매년 조금씩 다른데, 2010년의 경우는 14,482명이었으나 2011년에 와서는 13,796명으로 다소 감소되었다. 이에 대한 근본 원인은 특별사법경찰로 지명 받았던 특별사법경찰들이 행정 부처의 조직개편 등으로 인해 폐지되었거나 혹은 특별사법경찰로 지명되는데 일정한 시간이 걸려 공석으로 남아 있던 경우의 수들로 분석된다. 2011년 말 기준으로 중앙과 지방의 특별사법경찰 지명자 수는 13,796명으로 나타났던 것이 2012년에는 14,558명으로 증가하였다.

그러나 이러한 수치는 2013년에 와서 무려 16,244명 가량으로 급속히 증가하였으며 해가 거듭할수록 늘어나고 있다. 그 증가 원인은 17개 광역시 · 도 차원에서 특별사법경찰의 지명자가 꾸준히 늘어나는데 기인한다. 지방자치단체 외에도 중앙정부 차원에서도 지속적으로 지명인원이 증가하고 있다. 2014년에 와서는 우리나라 특별사법경찰관(리)의 지명인력이 15,422명으로 전년도에 비해서 약 3,930명 가량 감소하였다.31) 2017년에 19,469명이었고 2018년에 이미 20,000여명을 넘었다.

한편 일반사법경찰처럼 특별사법경찰의 경우도 똑같이 수사권을 가지고 관할 검사의 지휘를 받으며 수사를 진행하고 있기 때문에 다음과 같이 4가지의 수사절차에 따라 위해사범에 대한 처벌활동을 진행하고 있다. 즉 일반사건 수사절차, 피의자 출석 불응 시 처리절차, 긴급체포 처리 절차, 사전영장에 의한 구속사건 처리 절차에 따르고 있는 것이 바로 그것이다.

표 2-10 | 중앙부처의 특별사법경찰 지명직 현황32)**(2017년 12월 31일 현재)**

연번	기관명	업무분야
1	기획재정부(관세청)	관세법 등 위반 범죄
2	기획재정부(국세청)	조세 관련 범죄
3	법무부(교소도 등)	교도소, 구치소 등 내에서 발생한 범죄
4	국방부(기무사 등)	군용물, 군사기밀보호법 등 위반 범죄
5	병무청	병역법 위반 범죄
6	소방청	소방기본법 등 위반 사범
7	문화체육관관부(문화재청)	문화재보호법 위반 사범
8	문화체육관광부(저작권보호과)	저작권 침해에 관한 범죄
9	농림축산식품부(국립농산물품질관리원)	원산지 허위 표시 등 위반 사범
10	농림축산식품부(국립종자원)	종자사업법 위반 범죄
11	농림축산식품부(농림축산검역본부)	가축전염병예방법, 식품방역법 위반 범죄
12	농림축산식품부(산림청)	산림, 임산물, 수렵 관련 범죄
13	산업통상자원부(광산보안사무소)	광산보안법위반범죄
14	산업통상자원부(특허청)	부정경쟁행위, 상표법 등 위반 범죄
15	국립공원관리공단	경범죄 처벌법 위반 범죄
16	환경부(환경청)	환경 관련 위반 범죄
17	고용노동부	근로기준법 위반 범죄
18	국토교통부(지방국토관리청)	도로법 등 위반 범죄
19	국토교통부(철도특별사법경찰대)	철도시설 및 열차 안에서 발생하는 범죄
20	과학기술정보통신부(중앙전파관리소)	전파법 등 위반 범죄
21	해양수산부(국립수산물품질관리원)	수산물 원산지 허위 표시 등 위반 사범
22	해양수산부(어업관리단)	어업자원보호법 위반 범죄

---

31) 대검찰청(승재현·전현욱), 특별사법경찰 역량강화 및 지휘체계 개선 방안, 2015, p. 29.
32) 2010년, 2012년 특별사법경찰업무처리현황 및 성과지표 분석 참조.

23	원자력안전위원회	방사성폐기물 안전규제 범죄
24	해양수산부(지방해양수산청)	해양환경관리법 등 위반 범죄
25	식품의약품안전처	식품, 약사, 보건범죄 위반 사범
26	금융감독원	자본시장법률 위반 사범

출처: 〈특허청 공무원에게 특허·디자인 등 침해범죄 사법경찰권 부여〉, ■ 홍의락 의원 대표발의(의안번호 제12040호), 국회 의안자료: 검색일: 2018. 10. 5 및 특허청〈신현기·안영훈 외 2인〉, 2018: 13 참조.

광역시도의 경우 특사경인원은 다음과 같다.

표 2-11 ┃ 특별사법경찰 지명직 현황(2017년 12월 31일 기준)

연번	기관명	업무분야	인원	송치실적	
				건	명
1	서울특별시	식품, 공중위생 등 관련 범죄	858	5,384	5,727
2	부산광역시	〃	428	2,259	2,568
3	인천광역시	〃	379	3,351	3,587
4	대구광역시	〃	210	1,454	1,657
5	대전광역시	〃	253	809	873
6	광주광역시	〃	215	1,425	1,561
7	울산광역시	〃	240	839	970
8	세종특별자치시	〃	35	52	55
9	경기도	〃	1,345	10,354	11,363
10	경상남도	〃	684	2,338	2,592
11	경상북도	〃	788	3,021	3,305
12	충청남도	〃	702	3,420	3,608
13	충청북도	〃	499	1,775	1,955
14	전라남도	〃	695	1,932	2,107
15	전라북도	〃	361	1,630	1,770
16	강원도	〃	603	1,175	1,295
17	제주도	〃	96	825	998
합 계			8,391	42,043	45,991

출처: 〈특허청 공무원에게 특허·디자인 등 침해범죄 사법경찰권 부여〉, ■ 홍의락 의원 대표발의(의안번호 제12040호), 국회 의안자료: 검색일: 2018. 10. 5 및 특허청〈신현기·안영훈 외 2인〉, 2018: 13 참조.

4. 일반사건의 수사 절차

아래의 [그림 2-2]에서 보는 바와 같이 일반사건에 대해 수사를 진행하는 수사
절차는 수사기관으로부터 하나는 자율적 수사단서(자체정보 수집, 행정단속, 현행범인
발견, 언론기사, 풍설, 정기 지도점검 등) 그리고 또 하나는 피해자의 신고와 같은 타율
적 수사단서(고소, 고발, 진정서, 자수, 익명의 신고 등)에 의해 수사단서를 파악하게 된
다. 그 후 입건을 통해 수사개입이 시작된다. 이 경우 사안을 범죄사건부에 등재한
다. 이어서 수사의 실행이 시작되는데, 임의수사(참고인 소환 및 조사, 피의자 출석요구

그림 2-2 | 특별사법경찰의 일반사건에 대한 수사 처리 과정

| 수사 단서 파악 | 자율적 수사단서
(수사기관의 인지) | • 자체정보 수집
• 현행범인 발견 | • 행정 단속
• 언론기사 풍설 등 |
| | 타율적 수사단서
(피해자의 신고 등) | • 고소, 고발
• 자수 | • 진정, 피해신고
• 익명의 신고 등 |

| 수사 개입
(입건) | 범죄사건부 등재 |

| 수사의 실행 | 임의 수사 | • 피의자 출석요구 및 신문
• 참고인 소환 및 조사
• 감정, 통역, 번역의 위촉 |
| | 강제 수사 | • 체포, 구속, 압수, 수색, 검증,
증거 보전, 통신시설확인 요청 등 |

| 수사의 종결(사건 송치) |

| 검사
(사건 송치 이후) | 기소 | 정식재판 청구(구공판), 약식명령(구약식) |
| | 불기소 | 혐의 없음, 죄가 안됨, 공소권 없음,
기소유예(검찰사건사무규칙 제69조 3항),
기소중지(동 규칙 제73조) |

출처: 신현기, "금융감독원 특별사법경찰제도 운용 방안", 금융감독원, 「금융감독연구」, 제6권 제1호,
2019, p. 106.

및 신문, 감정과 통역 및 번역의 위촉)와 강제수사(체포, 구속, 압수, 수색, 검증, 증거보전, 통신사실 확인 요청 등)가 사안에 따라 이루어지게 된다. 이러한 절차가 끝나면 사건을 송치하여 특별사법경찰로부터 수사가 마무리 되고 관할 검사에게 사건을 송치하게 된다. 마지막으로 검사는 기소할 것인가 불기소할 것인가를 최종적으로 결정하게 되며 마침내 사건은 종결되는 일련의 과정을 거친다.

5. 피의자 출석 불응시 처리절차 과정

만일 피의자가 특별사법경찰의 수사에 불응하는 경우가 있을 수 있는데, 우선 지명수배(통보)하거나 관할 경찰서에 의뢰해 전산입력을 통하여 수사를 진행하는 과정이 이루어진다. 즉 소재수사 → 소재불명 → 수사결과보고서 작성 → 기소중지 처분으로 검사지휘 → 지명수배(통보)전산입력 요구서 작성 → 전산입력(경찰서 의뢰) → 원표 및 의견서와 송치서 작성 → 종결 → 검찰 송치 등으로 이루어진다.

표 2-12	피의자 출석 불응 시 수사처리 절차
절 차	**내 용**
소재수사	거주지 조사(거주지 출석종용), 미거주로 소재불명 시 절차대로 처리하여 기소중지 의견으로 송치, 수사결과 보고서 작성, 지명통보(범죄사안이 경미하여 각 경찰 불신검문 시 지명통보한 기관에 통보하도록 전산입력), 지명수배(체포영장을 발부받아 지명수배 전산 입력).
지명수배(통보), 전산입력 요구서 작성	관할 경찰서장에게 의뢰하여 전산입력 요구
원표 및 의견서와 송치서 작성	통계원표 작성, 사법경찰관의 의견서 및 송치서 작성
종결	범죄사건부 정리, 수사종결(의견서, 송치서) 사건철
검찰송치	

출처: 서울시정개발연구원, 「특별사법경찰제도의 장기발전방안」, 2009, p. 26.

6. 긴급체포시 처리절차 과정

일반경찰이나 특별사법경찰의 경우 수사를 진행하다 보면 긴급체포를 필요로 하는 경우가 나타날 수 있다. 이는 수사를 진행하는 중에 시급한 경우 영장판사로부터 영장을 발부받아 체포하여야 하겠지만 경우에 따라서는 사안이 시급하여 그렇게 할 시간적 여유가 없는 경우 우선적으로 체포를 한 후 추후에 영장을 발부받는 제도를 의미하는 것이다.33)

형사소송법 제200조의3에 보면 다음과 같다. 즉 "① 검사 또는 사법경찰관은 피의자가 사형·무기 또는 장기 3년 이상의 징역이나 금고에 해당하는 죄를 범하였다고 의심할 만한 상당한 이유가 있고, 다음 각 호의 어느 하나에 해당하는 사유가 있는 경우에 긴급을 요하여 지방법원판사의 체포영장을 받을 수 없는 때에는 그 사유를 알리고 영장 없이 피의자를 체포할 수 있다. 이 경우 긴급을 요한다 함은 피의자를 우연히 발견한 경우 등과 같이 체포영장을 받을 시간적 여유가 없는 때를 말한다. 피의자가 증거를 인멸할 염려가 있는 때, 피의자가 도망하거나 도망할 우려가 있는 때 등이다. 그리고 사법경찰관이 제1항의 규정에 의하여 피의자를 체포한 경우에는 즉시 검사의 승인을 얻어야 한다. 그리고 검사 또는 사법경찰관은 제1항의 규정에 의하여 피의자를 체포한 경우에는 즉시 긴급체포서를 작성하여야 한다. 마지막으로 제3항의 규정에 의한 긴급체포서에는 범죄사실의 요지, 긴급체포의 사유 등을 기재하여야 한다"고 명시하고 있다.

결국 긴급체포의 처리절차에서는 일반적인 수사절차와 더불어 긴급체포와 관련된 통지 및 건의와 관련된 사항만이 추가되는 것이 조금 다른 점이다.

7. 사전영장에 의한 구속사건 처리절차 과정

범법행위를 행한 피의자가 도망 중이어서 특별사법경찰이 당장 구속하는 것이 불가능한 경우에 검찰이 구속영장을 청구하는 것을 사전(구속)영장제도라고 한다. 본제도의 근본 취지는 법원으로부터 별도로 구속영장을 발부받지 않고 언제든지 피의자를 구속할 수 있도록 한 제도이며 사전영장의 효력과 발부절차는 구속영장과 동일하고 그 유효기간은 영장판사가 임의로 정하게 되어 있다. 사전영장에 의한 구속사건의 처리절차도는 피의자 검거 → 피의자 조사 → 영장신청 전 절차 → 구속영

---

33) 서울시정개발연구원, 2009, p. 26; 경기개발연구원, 2013, p. 9.

장 신청 → 검사기록 검토 → 구속영장 청구 → 영장발부(구인장) → 법원심사(영장실질 심사) → 영장발부 → 기록수령 및 영장집행 → 경찰유치장 수감 → 원표 및 송치서 작성 → 송치(기록 및 피의자) → 보강조사 후 법원에 기소하는 방식으로 이루어진다.

| 제4절 |
≫ 특별사법경찰체계의 특징과 필요성 및 특별사법경찰행정의 구축

1. 특별사법경찰체계의 특징

일반사법경찰에 비해 특별사법경찰이 특별하게 높은 기관으로서 법적 지위를 가지고 있는 것은 결코 아니다. 엄밀한 의미에서 특별사법경찰들이 담당하는 업무가 다만 지역적·사항적으로 특수한 경우에 해당한다는 것이 가장 큰 특징에 해당한다. 일반사법경찰의 경우는 그 업무의 범위를 전국적 단위를 관할로 하고 있고 고발이나 고소 및 경찰의 인지에 의해 주로 수사가 이루어지고 있다. 이에 반해 특별사법경찰의 경우에서 특정행정청 소속의 공무원은 자기 소속 업무 내에서 특정한 직무와 관련된 각종 범죄들을 발견할 기회가 많은 것이다. 그리고 특별사법경찰은 특수한 지식과 경험을 활용하게 될 때 수사의 실효성을 극대화 할 수 있기 때문에 이들 특별사법경찰들에게 사법경찰권을 부여하여 행정범들을 단속하게 한 사법제도이다.[34]

국외 국가들뿐만 아니라 우리나라에서도 특별사법경찰제가 필요한 이유는 크게 3가지인데, 바로 전문성, 격리성, 현장성, 고도의 보안성 때문이다. 이를 하나씩 분석해 보면 다음과 같다.

---

34) 환경부, 「환경특별사법경찰제도 개선방안에 관한 연구」, 최종보고서, 2009, pp. 5-20; 김찬동·이세구, 특별사법경찰제도의 장기발전방안, 2009, p. 27.

1) 전문성

전문성은 한마디로 해당 관련기관에서 업무를 행하고 있는 공무원들의 경우 그 분야에서 발생하는 범죄사건에 대해 그 내용을 가장 잘 알고 있다는 장점을 가지고 있다.[35] 특히 이러한 관계 때문에 이들에게 특별사법경찰권을 부여하고 있다. 다시 말해 공공업무를 수행하고 있는 해당 공무원들이 자기가 수행하고 있는 업무 중 행정법을 위반하는 일련의 행정범들이 저지르는 관련 범죄를 직접 수사하는 것이 가장 효율적일 수 있다는 것에 기인했고, 나아가서 행정적으로 전문지식이 필요한데, 예를 들어 그 분야의 전문지식을 가지고 있지 않고서는 관련 범죄의 내용조차도 정확히 파악하기 어렵다는 특징 때문에 일반사법경찰관은 이런 분야에 수사를 진행하기가 어렵다는 것이다. 소방 관련 화재사건의 경우를 예로 들어 보면 소방분야의 경우는 소방공무원이 가장 정확한 지식을 가지고 있으며, 그 화재의 원인을 일반사법경찰보다 훨씬 정확하게 파악하고 수사할 수 있다는 데에 착안해 특별사법경찰제도가 생겨나게 된 것에 재론의 여지가 없다.

여기서 특별사법경찰의 전문성과 관련해 가장 좋은 예가 되는 것은 출입국 관리, 근로감독, 식품, 의약품, 공중위생, 환경, 관세, 원산지 표시, 가축, 식물방역, 전기통신, 외화획득용 원자재 수입, 청소년 보호 등이 그 대표적이다.

2) 격리성

일반적으로 수용시설이나 운송수단을 비롯하여 격리된 장소에서 발행하는 범죄단속을 위해 필요한 경우 이러한 필요성에 부응하여 특별사법경찰권을 부여해 주고 있다.[36] 이에 대한 대표적인 사례는 지역적 및 지리적인 차원에서 볼 때 교도소, 소년원, 보호치료감호소 등 수용시설 종사자, 교정시설, 항공기 기장, 해양선박의 선장, 외딴섬의 등대공무원, 철도경찰들이 자기의 업무영역에서 발생하는 범죄 관련 수사들이 바로 이에 해당한다.[37] 이런 지리적 조건을 가진 곳은 사법경찰기관에서 신속

---

35) 안영훈, 특별사법경찰의 업무전문성 강화 방안, 한국특별사법경찰학회, 제1회 춘계학술세미나 발표자료, 2012, p. 26.

36) 서울시정개발연구원, 2009, p. 28; 경기개발연구원, 2013, p. 4.

37) 신현기(e), 특별사법경찰제의 발전과정과 성과에 관한 고찰, 한국자치경찰학회, 「자치경찰연구」, 5(2), 2012, pp. 8-10.

히 대처할 수 없는 특수성으로 인해 특별사법경찰권을 부여해 주어야만 그 목적을
제대로 달성할 수 있는 그야말로 긴급성을 요하는 분야다.

3) 현장성

공공기관의 행정공무원들이 행정업무를 수행하는 과정에서 행정법의 위반사범들
로부터 범법행위가 이루어지는 이른바 행정범들에 대한 1차적 적발이 쉬우며 동시
에 현장단속 적발이 필요하다고 인정되는 경우 특별사법경찰권을 부여해 주고 있는
바, 예를 들어 산림보호, 문화재 보호, 소방, 공원 관리, 어업 감독, 계량 검사, 차량
운행, 관광 지도, 광산 보안, 농약과 비료, 국가보훈, 자동차 정비 하천감시 등이 이
에 해당되고 있다.38)

4) 고도의 보안성

특별사법경찰은 일반사법경찰이 수행하기 어려운 고도의 보안성을 요하는 영역을
담당하고 있다. 이른바 국가안보와 같은 특정한 국가정책이나 특수분야의 수사업무
를 수행할 경우 일반사법경찰권을 가지고는 수행하기가 어렵기 때문에 해당 행정공
무원들에게 특별사법경찰권을 부여해 주고 있다. 예를 들어 국가정보원 직원, 헌병
수사관, 그리고 대통령 경호처의 경호원과 같은 군사법경찰관리 등이 이에 해당된다.

2. 특별사법경찰체계의 필요성

우리나라 국가경찰은 1945년 8월 15일 일제 식민지로부터 해방되어 1945년 10월
미군정하에서 국가경찰이 창설되어 오늘에 이르고 있으며 2022년 10월에 77주년을
맞는다. 외국의 여러 나라에서처럼 우리나라의 일반사법경찰의 경우도 민사문제는
예외로 하고 다만 형사사건에 대해서만 관여할 수 있도록 국가경찰체계가 구축되었
다. 그러나 국가의 공공기관에서 행하는 공무원들의 업무 수행 중 사회가 점차 고도
화·복잡화되면서 경제적 차원의 신종 지능범죄가 증가하게 되었다. 특히 우리의 산
업사회가 고도로 전문화되어 가는 상황에서 지능범죄가 증가하게 되었는데, 일반사

---

38) 서울시정개발연구원, 「특별사법경찰제도의 장기발전방안」, 2009, p. 28; 신현기(e), 특별사법경찰
제의 발전과정과 성과에 관한 고찰, 한국자치경찰학회, 「자치경찰연구」, 5(2), 2012, pp. 13-15.

법경찰이 행정범죄를 저지르는 위해사범들에 대해 단속이나 증거를 정확하게 찾아내는 데 있어 전문분야가 아니기 때문에 이러한 한계점에 노출되게 되었다. 이러한 필요성 때문에 특별사법경찰제도가 생겨나게 된 것이다. 이처럼 본 특별사법경찰체계가 구축되는데 중요한 원인이 되었던 것은 우리 사회의 시대적 요구에 따라 필연적이었던 것으로 해석된다. 최근에는 1차와 2차 산업 분야를 넘어 3차 산업 분야(특허, 컴퓨터 프로그램 저작권 침해단속 등)에까지 특별사법경찰제가 확대되기에 이르렀다. 특별사법경찰들의 지명자 수도 점차 지속적으로 증가되어 왔고 제도정착도 시간이 지나면서 점차적으로 체계화되어 가고 있다. 이와 같이 이제는 우리나라의 복잡한 사회 구조 속에서 끊임없이 전문적 영역에서 발생되는 첨단범죄에 대해 일반사법경찰만으로는 대처가 불가능한 만큼 특별사법경찰의 존재 가치와 중요성은 더욱 커지게 되었다. 이에 따라 향후 특별사법경찰제도가 차지하는 비중이 증가함은 물론이고 본 제도 자체가 더욱 체계화되어야 한다는 주장이 설득력을 얻고 있다.

3. 특별사법경찰행정의 구축

1) 일반현황

일제식민지 시절에도 특별사법경찰업무가 시행되기는 했지만 1945년 해방 이후 11년간은 중단되었다가 우리 정부하에서 독자적으로 특별사법경찰이 1956년에 와서 재개되었다. 이처럼 우리나라에서 시행 중인 특별사법경찰제의 역사가 짧지 않지만 본 제도에서 보여준 성과들은 사실상 그렇게 크지 않았다고 해도 과언이 아니다. 그 근본적인 원인은 여러 가지가 있는데, 특별사법경찰이란 관할 검찰청 검사장이 일반행정직 공무원 중 일부를 특별사법경찰로 지명하여 경찰권을 부여한 것이다.39) 특히 행정공무원들이 자기의 행정업무를 수행하는 과정에서 행정법에 저촉되는 행정범들을 쉽게 발견할 수 있다는 장점에 의거한 좋은 제도에서 착안된 것이다. 이들 행정공무원들은 최소한 행정업무를 수행하면서 많은 노하우를 지니고 있고 그 해당 분야에서만큼은 거의 전문가라고 할 수 있다. 이들이 행정범들을 신속히 인지할 수 있다는 점은 재언을 요하지 않는다. 따라서 이들에게 경찰수사권을 부여하고 위해

---

39) 서울시정개발연구원, 「특별사법경찰제도의 장기발전방안」, 2009, p. 17.

사범 적발에 신속히 대처하자는 취지에서 시작된 것인데, 행정공무원들이 원래 주어진 행정업무의 과다에다가 수사권까지 행사해야 하는 두 가지 임무를 수행하는 데서 오는 부담도 적지 않았다. 더욱이 특별사법경찰들에게 형사소송법이나 행정법에 관한 법률지식의 불충분 문제에 노정되어 있어 그들의 업무 수행 중 발견된 대부분의 사건들을 자기가 직접 수사하여 관할 검사의 지휘하에 처벌을 진행하기보다는 자기 지역내 경찰서의 일반사법경찰에게 고발하는 수준에 머물러 왔던 것이 사실이었다. 이러한 문제점들은 국가기관의 각 부처들이나 지방자치단체들 모두에게 공히 해당되는 것들이었다.

다행히 2000년대 들어서 정부부처 각 국가기관 소속의 특별사법경찰들도 이전보다는 적극적으로 활동에 나서게 되었다. 더욱이 2008년에 와서는 서울특별시, 경기도, 인천, 충남 등의 광역시도에서 특별사법경찰과(단)를 출범시켜 특별사법경찰 교육훈련을 다소 강화하였다. 동시에 지방검찰청에서 부장검사나 차장검사들을 초청하여 상주시키면서 법률적 자문을 구하는 노력을 기울인 결과 많은 제도적 발전을 가져오기도 했다.

하지만 우리나라 특별사법경찰의 발전과 관련해 아직도 교육훈련 프로그램들이 너무나 열악한 실정이다. 이에 대한 개선방안이 상당히 이루어져야 한다는 과제를 안고 있다. 교육훈련 없이도 행정공무원으로 근무 중 갑자기 지명이나 발령을 받고 특별사법경찰 업무를 수행해야 하는 경우도 적지 않은 실정이며 교육에 참여했다고 해도 1~2주일 정도의 비교적 짧은 기간만 이루어지다보니 큰 실효를 기대하기 어려웠던 것이 사실이다. 이는 비단 지방자치단체뿐만 아니라 특별사법경찰제를 운영 중인 국가기관의 특별사법경찰도 예외는 아니다. 가장 큰 문제는 행정공무원이 특별사법경찰로 갑자기 지명되다보니 일정 기간만 근무하다가 본래 자기의 직장으로 되돌아가면 된다는 심리가 발동해 업무의 효율화도 크게 기대하기 어렵다는 시각도 존재했었다. 이러한 문제가 해결되려면 독자적인 특별사법직렬을 신설해 모집이 되어야 한다는 과제가 시급한 실정이며 가장 합리적인 방법이 될 것이다. 이러한 예는 국토해양부 산하의 철도경찰이 좋은 예가 된다. 철도경찰은 처음부터 안전행정부에서 철도경찰직렬이 철도공안이라는 명칭으로 오래전부터 시행 중이다. 이들은 애초부터 철도경찰로 입직했기 때문에 오직 본업에 전념할 수 있는 장점을 가지고 있다. 비록 승진이 4급까지만 가능하다는 일정한 한계가 있지만 9급부터 4급까지는 승진

할 수 있으며 오직 철도경찰로서 특별사법경찰업무에만 전념하면 된다는 장점도 지니고 있다.40)

한편 주지하는 바와 같이 특별사법경찰은 일반사법경찰에 비해 절대로 우월적 지위는 특별하게 없다. 다만 사항적·지역적으로 한정된 특수한 영역이라는 점이 가장 큰 차이라고 정의된다. 특히 우리나라 특별사법경찰제도상 하나의 문제점은 그동안 특별사법경찰이 20,000여명이 넘어갔음에도 불구하고 그 관리기관의 규모는 크지 않다는 것이다. 이들을 통제하는 대표기관이 대검찰청 형사2과이며 이곳에는 특별사법경찰팀(팀장 사무관)이 있고 전체 담당공무원이 팀장을 포함하여 5명 정도다. 물론 전국의 각 지방경찰청별로 지역별 특별사법경찰을 지명 및 관리하는 방식이고 대검 형사2과에서는 기획과 통계 및 교육과 재교육업무를 담당한다. 그럼에도 불구하고 이는 중앙정부의 각 부처와 수많은 지방자치단체에서 지명받은 특별사법경찰이 20,000명이 넘는데, 이들을 5명 가량의 관리인력만으로 관할하고 있다는 사실은 큰 문제가 아닐 수 없다. 따라서 이에 대한 검토가 시급하며 대검찰청 특별사법경찰팀의 업무조차도 대검찰청 훈령(제130호)으로 국한되어 있기 때문에 외부적 효력을 발휘하는 것도 녹록지 않다는 문제점에 직면해 있다.41)

현재는 지방검찰청별로 일반적인 소식이나 지침 정도를 내려 보내는 정도이며 지방검찰청별로 특강형식의 교육이 이루어지는 정도에 머물러 있다고 볼 수 있다. 이에 대한 개선 연구가 매우 시급하게 필요한데, 향후에는 전국의 특별사법경찰을 통일적이고 보다 효율적으로 지휘 및 감독할 수 있는 제도개선이 요구되고 있다. 왜냐하면 특별사법경찰은 민생사법경찰로서 그 역할이 지속적으로 커지고 있으며 민생사범으로부터 국민들의 생명과 재산이 지켜져야 하기 때문이다. 특히 불량식품 단속도 특별사법경찰에게 있어서 매우 중요한 업무 중 하나인데, 불량의약품이라든가 또는 원산지 표시도 없어 어떤 불량식품인지도 모르게 시민들이 섭취하게 되는데서 오는 위험 등을 특별사법경찰 차원에서 철저히 막아야 할 것이다.

한편 이러한 의미에서 볼 때, 향후 특별사법경찰을 집중적으로 연구하여 여타 학문처럼 독자적인 학문체계로 정립·발전시키는 일은 미래에 큰 의미가 있을 것이다.

---

40) 신현기, 철도특별사법경찰제의 실태분석과 개선방안에 관한 연구, 한국민간경비학회, 「한국민간경비학회보」, 제11권, 제1호, 2012, p. 51.

41) 정병하·임정호, 특별사법경찰조직의 전문화 방안에 관한 연구, 한국형사정책연구원, 2009년도 대검찰청 연구용역보고서, 2009, pp. 192-199.

2) 학문적 접근

본 특별사법경찰론 저서의 구체적인 범위를 정하는 것은 하루아침에 이루어지기 어려운 일이다. 무엇보다 특별사법경찰이 하나의 독자적인 학문으로 정립되기 위해서는 특별사법경찰론의 범위를 위한 이론의 정립, 대학에 독자적 학과 설치, 관련 분야 학자들의 끊임없는 학술논문 발표 및 지식의 전달, 그리고 졸업생이 진출할 수 있는 취업 시장이 필수조건이 될 것이다. 우선 이론적 토대는 오늘날 학문연구의 조류인 간학문적 연구에 토대를 두고 진행된다. 어느 학문이든 간에 오늘날에는 독자적으로 연구가 이루어지기 어려울 만큼 시대적 변화를 가져왔다. 이전의 학문연구가 세분화되어 독자적으로 연구하고 독자적인 독립학과를 구축하는 학문연구 조류가 지배했었다면 오늘날에는 학문과 학문이 공동연구를 이루어 공동 결과를 도출해 내며 사회발전에 기여하고자 하는 연구 경향이 주류를 이루고 있다. 특별사법경찰행정이 독자적인 학과로 대학에 설치된다면 하나의 독자적인 학문영역으로 정립되는데 있어서 그 속도가 상당히 빠를 수 있을 것이다. 그러나 대학에서 학과로 설치되기 위해서는 졸업생에 대한 취업시장이 어느 정도의 규모를 확보하고 있어야 한다. 예를 들어 경찰행정학과는 국가가 경찰공무원을 매년 2,000여명 이상 선발하기 때문에 전국 130여개 대학과 전문대학에 설치되어 있을 만큼 활발하다.

이에 대해 검찰공무원은 소수 선발에 그치고 있어 대학에 독자적인 학과 설치가 쉽지 않은 상황이다. 특별사법행정의 경우도 시장 수요가 없어 학과로 설치되기에는 그 가능성이 희박하다고 본다. 역시 특별사법경찰의 경우도 일반행정직공무원 중에서 지명에 의해 특별사법경찰이 되는 관계로 대학에 별도의 특별사법경찰학과가 설치될 가능성은 거의 없는 실정이다. 예를 들어 행정학과의 경우는 일반행정공무원 진출이라는 시장이 적지 않으며, 경찰행정학과의 경우도 매년 수천명의 경찰관을 모집하는 큰 취업시장이 기다리고 있는 관계로 대학에서 독자적인 학과설치가 가능하다. 정리해 보면 특별사법경찰 분야의 경우는 우리 사회에서 매우 중요한 영역임에도 불구하고 일반행정직 공무원 중에서 지명되는 관계로 신진인력들에게 취업시장을 제공하지 못하는 특수성을 지니고 있다. 그럼에도 불구하고 날로 중요시되어 가고 있는 특별사법경찰제도에 대한 지속적인 학문정립과 관련 연구는 지속되어 나가야 할 가치가 매우 크다고 본다. 본 저서에서 다루고 있는 특별사법경찰행정의 체계를 구축하는 것도 바로 간학문적 차원에서 시도되고 있는바, 무엇보다 특별사법경찰 행정이 하나의 학문으로 정립되기 위한 이론적 토대는 형법, 형사소송법, 행정법, 행정학, 경찰학, 범죄학, 범죄심리학, 정치학, 경제학 등이며, 나아가서 이들 학문분야가 상호 복합적으로 간학문적 연구를 진행하며 구축해 나가야 할 영역이라는 정리가 가능하다.42)

결론적으로 특별사법경찰행정은 일반행정공무원들 중에 특별사법경찰관(리)로 지명된 사람들이 일반사법경찰관(리)들이 특정한 영역이나 사항적 전문지식의 한계로 인해 접근하기 어려운 철도, 교도소, 구치소, 소년원, 보호관찰치료감호소, 산림보호, 공중위생, 환경, 국가보훈, 문화재보호, 특허분야, 소방, 불량식품, 대부업, 청소년유해 등의 영역에서 발생하는 일련의 광범한 행정범죄들을 집중적으로 연구하는 영역이라고 정의하고자 한다.

3) 경찰행정과 특별사법경찰행정의 비교

1945년 8월 15일 일본식민지에서 해방된 우리나라에 국가경찰이 창설된 것은 1945년 10월 21일 미군정하에서였다. 우리나라 초대 정부가 설립된 것이 1948년이었으니까 정부 창설의 역사보다도 국가경찰의 창설 역사는 무려 3년이나 길다고 할 수 있다.

1963년 3월에 국내에서 처음으로 동국대학에 경찰행정학과가 하나의 독자적인 학과로 설치되어 본격적으로 경찰행정학이 연구되기 시작한 것은 큰 의미를 지니고 있다. 이어서 1982년 경기도 용인에 4년제 국립경찰대학이 설치되었으며, 1992년에는 관동대학에, 1995년에는 원광대학에, 1996년에는 계명대학에 그리고 1997년 이후 한세대학교를 비롯하여 전국의 대학들이 계속해서 경찰행정학과를 설치했다. 이러한 노력의 결과에 따라서 오늘날 전국 130여개 대학과 전문대학에 경찰행정학과가 설치·운영되고 있다.

무엇보다 이것이 가능했던 것은 경찰공무원으로 진출할 수 있는 큰 취업시장이 존재했었기 때문으로 평가된다. 오늘날 경찰공무원은 13만여명에 가까운 대규모 조직으로 비대해졌으며, 이에 비례하여 1년에 2,000~3,000여명의 고정적인 경찰관 모집이 이루어져 왔다.43) 오늘날 국가경찰조직은 행정조직에서 가장 큰 조직을 자랑

---

42) 독일 등에서는 간학문적 연구방식을 생명으로 하며 학문연구방식에 깊이 정착되어 있다.

한다. 의무경찰인력을 포함하면 우리나라 경찰은 약 14만여명에 달한다.

이러한 취업시장의 확대에 따라 경찰행정학과 교수들은 수많은 관련 학회들을 창설시켜 왔으며 많은 학술논문과 저서들이 발표되고 출판되어 나왔다. 나아가서 행정학, 법학, 범죄심리학 분야 등에 학문연구의 토대를 두고 독자적인 학문으로 독립해 나감으로써 이제는 어느 정도 학문적 뿌리를 구축했다고 볼 수 있다. 경찰행정학이 행정학 이론에 바탕을 두고 범죄심리학 및 법학과와 함께 간학문적 연구의 틀을 상당히 구축하게 된 것은 향후 특별사법경찰학을 구축해 나가는데 있어서도 많은 도움과 기회를 제공할 것으로 본다.

이러한 의미에서 볼 때, 나날이 중요시 되고 있는 특별사법경찰 분야를 본 저서를 통해 집대성하여 하나의 분과학문으로 체계화하는 것은 큰 가치가 있다고 본다.

---

43) 2013년 2월 25일 출범한 박근혜 정부에서는 18,800여명의 신규 신임경찰관(순경)을 본격적으로 2016년에도 증원하는 작업에 착수하여 순조롭게 진행되고 있다. 2013년에 7,000여명을 그리고 2014년에 7,060명 또한 2015년에 수천명을 신규 경찰공무원을 선발하게 되었다. 이러한 모집계획은 2017년까지 계속될 예정인데 특히 베이비 부머들에 해당하는 경찰관들이 매년 퇴직하게 되는 상황에 직면하게 된 데에 하나의 원인이 있다.

제3장   선진 외국의 특별사법경찰

>>> **미국과 영국의 특별사법경찰**

1. 미국 특별사법경찰권의 현황

익히 알려진 바와 같이 우리의 시각에서 특별사법경찰이라고 해석해 볼 수 있는 특정한 용어는 미국의 경우 존재하지 않는다. 다시 말해 미국에서 사람들은 딱히 특별사법경찰이라는 용어를 사용하지 않고 있다. 따라서 본 연구보고서에서는 미국에서 특정분야 기관에서 행하는 일련의 업무집행자들을 특별사법경찰이라고 정의하고 그 법적권한과 특징을 소개하고자 한다. 분명 미국에도 주정부, 시정부 등 이른바 제복경찰과는 달리 특정분야에서 매우 제한적인 경찰권 및 수사권을 가진 법집행공무원들이 있다. 특히 미국의 연방행정기관을 중심으로 법집행을 행사하고 있는데, 본 저서에서 이들을 특별사법경찰이라고 정의하고자 한다.

다시 말해 미국에서는 연방기관 차원에서 순수경찰이 아니지만 법집행기관의 소속공무원들이 사법경찰권을 행사할 수 있는 권한을 가지고 수사권을 행사하고 있는 바, 이러한 제도들은 바로 우리나라 특별사법경찰의 개념과 정확하게 일치하고 있다. 우리는 일반경찰관이나 보안관과 같은 정복경찰관을 제외한 나머지 일반법집행기관의 특정한 법집행공무원을 특별사법경찰리로 이해하고 있다.

2. 미국 특별사법경찰의 집행수단

1) 조사 및 집행권

미국 연방정부의 법집행기관은 역시 국법이 부여해 준 법적권한의 범위 내에서 일반적인 조사권의 행사가 부여되어 있다. 특히 이들은 자신들에게 주어진 법적 조사권의 집행을 위해 증인심문을 수행한다. 그리고 자신들에게 주어진 강제권을 발동할 수 있을 뿐 아니라, 나아가서 이러한 법집행 권한은 대륙법계 국가와는 달리 영·미법계 국가의 특성상 어디까지나 개별법에 기초하고 있다. 또한 그들에게 주어진 조사권 발동을 위한 권한은 수사, 감사, 탐문, 체포 등이며 또한 규제행위에 관한 위법사항들에 대해서도 법적인 제재를 가할 수도 있다.[1]

2) 행정처벌권

오늘날 미국의 경우 행정법상 행정처벌을 가할 수 있는 수단으로는 여러 가지가 있을 수 있다. 특히 정지, 금지, 허가취소, 형사고발, 민사, 선취권, 재산압류 징발, 출두명령 등이 그 대표적이다.[2]

3) 법원출두명령 및 소환장

미국의 법원출두명령 및 소환장 경우를 들여다보면 다음과 같다. 즉 그들의 행정절차법 제555조c,d에 따라서 행정기관의 법집행자들에게는 규제행위의 집행을 위해 강제권이 부여되고 있다. 그리고 그 강제권으로 법원출두명령권이나 소환장의 발부 권한을 부여하고 있다.

3. 미국 뉴욕시 경찰청과 시정부 수준의 대학경찰

이해를 돕기 위해 또 하나의 예로 미국 뉴욕시 경찰청의 경우를 보면 다음과 같

---

1) 안영훈, 특별사법경찰의 업무전문성 강화 방안, 한국특별사법경찰학회, 제1회 춘계학술세미나 발표자료, 2012, p. 40.
2) 서울시정개발연구원, 특별사법경찰제도의 장기발전방안, 2009, p. 33.

다. 즉 지역수사대의 수사지원이나 지도를 전적으로 책임지고 있는 형사국이 있다. 이 형사국 내에 법과학수사실, 범인추적실, 중앙수사정보부, 특수수사부 등을 설치하여 운영하고 있다. 특히 중앙수사정보부 산하에 설치되어 있는 범죄피해자보호팀의 경우는 독특하다. 즉 여자형사들이 중심이 되어 하루 24시간 동안 특히 성범죄 관련 상담을 진행해 나가고 있다. 나아가서 성폭력예방교육도 실시하고 있다. 특히 이곳의 특수수사부에는 특수사기수사팀, 중범죄수사팀, 폭발물수사팀, 방화수사팀, 실종자수사팀, 마약수사팀, 자동차범죄수사팀, 컴퓨터범죄수사팀 등을 통하여 범죄분야별로 수사조직을 확대하여 운영하고 있다.3) 위와 같은 수사기관들의 역할이 바로 우리나라 기준으로 특별사법경찰로 볼 수 있는 것들이다.

한편 미국에서 시정부 수준의 대학경찰(University Police)도 관심의 대상이다. 대학경찰은 특별지역경찰의 특성과 성격을 상당히 강하게 지니고 있다. 특히 미국의 대학경찰은 대부분 시정부의 자치법규(조례)에 근거하고 있다. 이에 따라 활동하고 있는 이른바 특별사법경찰이라고 부를 수 있는 법집행기관으로 매우 유명하다. 일반적인 체포권을 행사하면서 특히 해당 대학 내에서 각종 범죄의 예방과 범죄수사를 진행하고 있다. 미국에서 대부분의 대학경찰은 해당 대학의 캠퍼스 내에서만 한정해 직무를 수행하고 있다. 하지만 모두 다 그런 것은 아니다. 즉 미국의 일부 주에서는 전체 지역에서 특정한 관할권을 인정하는 경우도 있다. 미국의 대학경찰 역시 우리나라의 기준에서 볼 때 특별사법경찰에 해당한다.

4. 주정부 특별사법경찰

미국은 전체 50개 주로 이루어진 연방국가이다. 특히 미국의 50개 주들 중 여러 주정부들이 보안관을 두고 있는데, 이들로 하여금 일반경찰의 업무를 대신하도록 하고 있다. 이것도 엄밀한 의미에서 보면 특별사법경찰관리제도를 운영하고 있는 것이다. 그 좋은 예들을 하나씩 들여다 보면 첫째, 셰리프(Deputy Sheriff)이다. 이 셰리프는 농촌지역은 물론이고 나아가서 경찰이 없는 지역들에서 근무하면서 시민의 재

---

3) 안영훈, 특별사법경찰의 업무전문성 강화 방안, 한국특별사법경찰학회, 제1회 춘계학술세미나 발표자료, 2012, p. 41; 이영돈, 미국의 수사제도, in 박창호 외, 『비교수사제도론』(서울: 박영사, 2005), p. 529.

산은 물론이고 지역의 평화까지도 지키고 있다. 이는 법령의 준수 업무를 수행하는 이른바 보안관을 의미하는 것이다. 둘째, 철도공안을 들 수 있다. 여기서 말하는 철도공안은 해당주의 주지사가 선임하는 철도회사의 모든 철도를 보호하고 지키는 철도공안들을 의미한다. 셋째, 세무조사원도 좋은 예가 된다. 즉 세무조사원은 세금 관련 수사권을 가지고 세금포탈 업무와 관련된 직무들을 수행하고 있다. 넷째, 마약조사원이다. 이들은 공공안전부에 근무하면서 각종 마약 관련 업무들을 수행하고 있다. 다섯째, 공원보안관이 있다. 이들은 자연광물을 보존하기 위해 만들어진 제도속에서 자연자원부 소속의 공원보안관으로 직무를 수행하고 있다. 여섯째, 병원보안관, 공공재단 보안관, 삼림보안관, 주립대학교 보안관, 회계감사 조사관, 환경보호관 및 고속도로순찰대 등을 운영하고 있다.[4]

5. 법집행기관으로서 연방정부 특별사법경찰

이 밖에도 미국의 경우 법집행기관으로서 연방정부 특별사법경찰은 상당히 많은 편이다. 연방수사국, 관세국, 이민귀화국, 국세청, 우정국, 연방교도국, 비밀정보국, 법원사무국, 연방보안관실, 마약수사국, ATF, 의회경찰, 야생동물보호국, 국립공원관리국, 산림국 등의 법집행공무원들의 경우도 특별사법경찰관리의 업무들을 집행해 나가고 있다. 또한 미국의 청사경비담당, 직원의 비행적발 담당, 수사전문기관들도 연방헌법의 범위 내에서 제정된 연방법을 집행하는 특별사법경찰관리의 역할을 적극적으로 수행해 나가고 있다.

1) 미국 국세청

미국 재무부 소속의 국세청도 대표적인 특별사법경찰 기관 중 하나이다. 이들 국세청 직원들도 특별사법경찰 기능을 담당하는 공무원으로서 미국 연방세금의 과세를 비롯해 징세와 탈세에 관한 단속을 주요 임무로 수행해 나가고 있다. 오늘날 미국의 경우 자진납세신고제도를 운영 중이다. 그러나 이러한 제도를 제대로 지키지 않는 사람은 곧바로 국세청으로부터 감사를 받든지 아니면 탈세조사 대상자로 몰리게 된다. 미국도 역시 탈세수사를 위해 약 4,500여명의 특별수사관과 500명의 감찰

---

4) 서울시정개발연구원, 특별사법경찰제도의 장기발전방안, 2009, p. 33.

관을 임명하여 특별사법경찰관리의 직무를 수행하고 있다. 그리고 특별히 재정분야의 수사는 그 특수성 때문에 고도의 최신 IT기술을 활발하게 활용하고 있는 추세다.5)

2) 미국 환경부 특별사법경찰

미국에서 환경부 산하 법집행국은 효과적 집행여부 확인과 추진, 환경법과 환경규제의 합법적 위법사항에 대한 사건을 적발하면 바로 행정적 책임을 물을 수도 있는 법적 권한을 부여받고 있다. 특별히 직접적 환경오염행위에 대한 고발 혹은 법률적 지원, 환경법 집행에 대한 행정적·경제적 유인의 제공을 비롯하여 여러 가지 업무들을 수행하고 있다.

3) 연방공원경찰(U.S. Park Police)

미국에서 특별사법경찰에 해당하는 연방공원경찰은 일찍이 1919년부터 워싱턴 D.C.에서 내무부에 소속되어 공원감시원이라는 임무를 수행해 왔다. 연방공원경찰은 주로 연방정부 소유재산을 감시하는 역할을 해왔고, 1929년 이후에는 연방공원경찰이라는 신분으로 뉴욕, 샌프란시스코를 비롯한 대도시권의 연방정부 소속의 공원이나 국립공원에서 재산보호, 안전보호 등의 임무를 수행하면서 오늘에 이르고 있다.

4) 연방의회경찰

미국에서 1828년 연방의회경찰이 창설되었다. 이들은 연방정부의 건물이나 의회 의사당의 경비, 상하원 및 정치인 가족들에 대한 요인보호, 연방재산의 확보와 보호를 위한 범죄퇴치 그리고 수사활동, 교통정리를 비롯해 의사당 주변에서 개별적인 안전보호 활동도 펼치면서 오늘에 이르고 있다.6)

5) 연방수사국(FBI)

미국의 연방수사국(FBI)은 1908년에 법무부 소속의 검찰국 수사관 9명으로 시작

---

5) 안영훈, 특별사법경찰의 업무전문성 강화 방안, 한국특별사법경찰학회, 제1회 춘계학술세미나 발표자료, 2012, p. 42.
6) http://ww.uscapitalpolice.gov.(2016. 9. 20 검색); 서울시정개발연구원, 특별사법경찰제도의 장기발전방안, 2009, p. 34.

되었다. 초창기에 BI로 운영되다가 그후 1935년에 기구의 확대에 따라 오늘날의 FBI로 자리잡았다. 이 기구는 워싱턴 D.C.에 본부를 두고 약 56개 지국과 400개의 주재현장사무소 및 40여개의 해외사무소를 11,400여명의 특수요원과 일반직원으로 운영하고 있는 거대조직이다. 이들의 핵심 임무는 미국내 국내공안정보수집, 범죄감식, 연방범죄수사, 범인체포, 주정부와 중앙정부의 경찰관들에 대한 교육훈련 등을 수행하는 것이다.

6) 미국 법집행관의 교육제도

우리나라의 특별사법경찰에 대한 직무교육이 법무부 산하 법무연수원의 특별사법경찰센터를 통해서 끊임없이 이루어지고 있기는 하지만, 사뭇 아쉬운 점은 강제로 시행하는 의무가 주어진 것이 아니고 자율적인 참여제도이다 보니 교육 참여도가 매우 낮다는 것이 큰 단점으로 지적되고 있다. 한편 미국의 특별사법경찰 기관들을 위해 직무교육에 관한 시스템들이 마련되어 있다. 수사업무 담당자들과 사법집행관을 위한 직무교육 과정들이 州차원이나 중앙기관 차원에서 진행되고 있다. 익히 알려진 대로 미국의 경우 연방법집행훈련센터, 뉴욕주, 로스앤젤레스 미시시피주 공공안전과 등에서는 사법집행관 교육아카데미 프로그램이 설치되어 운영 중이다. 그 밖에도 테네시주 상업 및 보험부서 법집행훈련부 프로그램, 전문적 법집행훈련기관 프로그램과 미연방 FBI 교육프로그램 등 다양하다. 흥미로운 사실은 위에서 소개된 법집행관들을 위한 교육의 핵심 목적이 법집행 중에 안전을 보장함은 물론, 나아가서 나날이 급변하고 있는 수사기법에 대한 정보의 습득을 비롯해 혹시 수사상에서 나타날 수 있는 인권침해 등을 예방 및 방지한다는데 초점을 두고 있다.[7]

위의 여러 가지 프로그램 중 대표적인 연방법집행훈련센터를 소개하면 다음과 같다. 이곳은 1970년에 설립되어 미국내 최고의 대표적인 법집행교육 기관으로 알려져 있다. 특히 법집행관의 기초교육과 재교육(직무교육)을 담당하고 있다. 미국의 연방범죄수사국(FBI)과 마약수사국(DEA)의 경우는 독자적으로 법집행 훈련프로그램을 가지고 있다. 그러나 자체 법집행프로그램을 가지고 있지 못해 이곳 연방법집행훈련센터에서 피의자 수사기법, 전략적 운전방법, 총기사용법, 수사관련 법률규정 등의 교육을 진행해 주고 있다. 특히 연방법집행훈련센터는 미국내 조지아, 뉴멕시코,

---

7) 승재현 외, 특별사법경찰 역량강화 및 지휘체계 개선 방안, 대검찰청 연구용역보고서, 2015, p. 76.

매릴렌드, 사우스 캐롤라이나, 워싱턴 D.C., 플로리다, 로스앤젤레스 등 8개 주에 설치되어 운영 중이다. 주로 수사관의 관련 수사지식과 기술, 압수수색영장의 집행과 관련된 훈련, 수사관에게 필요한 법정진술 및 증거제출 관련 지식들을 익혀주고 있다.[8]

6. 영국 특별사법경찰로서 철도경찰과 민간핵 경찰

한국의 특별사법경찰은 일률적으로 규율하는 법이 체계적으로 마련되어 있다는 점에서 영국의 특별사법경찰보다는 독특한 특징을 보여주고 있다. 즉 영국의 특별사법경찰은 한국에서처럼 따로 규율하는 법이 마련되어 있지 않고 각기 관련법에서 개별적으로 규정하고 있다. 말하자면 영국에는 특별사법경찰이라는 하나로 통일된 용어조차도 존재하지 않으며 단지 무거운 중조직범죄 및 경찰에 관한 법률 2005를 통해 철도경찰(British Transport Police), 헌병(Ministry of Defence Police), 민간핵 경찰(Civil Nuclear Constabulary) 등을 특수경찰로 유형화하여 해당 법의 적용을 하는 경우 일반경찰과 거의 동일하게 적용하고 있다. 특히 영국의 경우 군이 한국의 특별사법경찰과 크게 관련이 있다고 이해되는 것은 바로 철도경찰과 민간핵 경찰이라고 할 수 있다. 왜냐하면 영국의 경우 위와 같은 영역에서 사법경찰권과 기소권을 행사하는 대표적인 곳은 보건안전부, 국세청, 통상산업부, 환경부, 지방자치단체 등의 행정기관들이기 때문이다.[9] 영국의 특별사법경찰제도는 한국에서 운영하고 있는 특별사법경찰제도와는 그 법적 토대나 운영차원에서 사뭇 다른 특징을 보여주고 있음을 알 수 있다.

7. 자치경찰로서 영국경찰의 수사권

익히 알려진 바와 같이 자치경찰제의 종주국이라고 할 수 있는 영국경찰은 법과 질서를 유지해 나가는데 있어서 한국처럼 행정경찰과 사법경찰을 구분하지 않고 오직 법과 질서를 유지하면서 국민의 재산과 생명을 보호하는 동시에 질서를 유지해

---

8) 승재현 외, 같은 곳.
9) 서울시정개발연구원, 특별사법경찰제도의 장기발전방안, 2009, p. 36.

나가고 있다. 그리고 영국경찰은 각종 범죄로부터 국민을 보호하는 업무 이외에 범인을 추적하며 검거함은 물론, 피의자에 대해서 기소를 할 것인지 아닌지에 대해 결정하는 임무를 수행하고 있다. 자치경찰로서 영국경찰의 수사는 각 52개 지방경찰청장의 권한과 책임하에 독자적으로 수행되고 있다는 점이 한국의 경찰과 사뭇 다르다. 또한 영국경찰은 불심검문, 체포, 압수, 참조인 조사권, 구금권, 피의자 신문권, 그 밖에 증거조사권 등을 가지고 있으며 경찰이 직접 법관에게 영장을 청구할 수 있도록 하는 점이 특이하다. 한국에서는 대륙법계 경찰제도를 수용하고 있기 때문에 경찰은 수사권만 있고 기소권은 행사하지 못하고 있다.10)

8. 영국검찰과 특별사법경찰

한국의 경우 형사소송법에 따라 검사가 기소를 독점하는데 반해 영국에서는 오직 일반사법경찰과의 관계에서만 검사가 기소를 전담하고 있을 뿐, 다른 특별행정분야에서는 그 해당하는 담당공무원들이 수사와 기소업무를 수행하고 있다. 특히 영국검사는 일반사법경찰 분야에서조차도 경찰에 대한 법적조언을 비롯해 수사단계에서 혐의(Charge)의 종류와 내용의 결정에만 관여하고 있을 뿐 그 밖에 수사의 방법이나 내용에 대해서는 전혀 지시나 관여를 할 수 없다. 이는 특별사법경찰도 기소권을 가지고 있기 때문이다. 그리고 영국에는 검찰 이외에 16개 기소기관들이 존재하고 있는데, 이들은 상호 협정을 체결하고 관련 업무들에 대해 효율적인 처리를 도모하고 있기도 하다.11)

9. 영국의 특별사법경찰 기관

1) 국세청(HM Revenue and Customs)

영국의 국세청은 2005년 4월을 기해 기존에 있던 국세청과 관세청을 통합하여 설립되었다. 이는 영어로 'Commissioners for Revenue and Customs Act 2005'라는

---

10) 안영훈, 「우리나라 특별사법경찰제도의 개선방안연구」(과천: 법무부, 2005), p. 30; 서울시정개발연구원, 「특별사법경찰제도의 장기발전방안」, 2009, p. 37.
11) 서울시정개발연구원, 「특별사법경찰제도의 장기발전방안」, 2009, p. 37.

근거규정을 마련하였다. 이 특별사법경찰 직원들은 물론 국세청장이 임명하며 탈세, 마약밀수, 돈세탁 등을 범죄대상으로 삼아 직무를 수행하고 있다. 2005년 4월에 동시에 설립된 영국 국세검찰청(Revenue and Customs Prosecutions Office)에서 전담하고 있으며 직원들은 2009년을 기준으로 변호사 80명을 포함하여 대략 290여명을 확보하고 있다.12) 검찰과 이들 국세청의 특별사법경찰 간의 관계도 검사가 특별사법경찰인 국세청 직원들에 대해 구체적인 지휘는 하지 않고 법적인 조언정도의 차원에서 유지되고 있다.

2) 보건안전부(HSE, Health and Safety Executive)

영국에서 보건안전부의 경우는 한국의 노동사무소와 비슷한 성격을 띠고 있는데, 이들의 근거규정으로는 'Health and Safety at Work etc 1974'의 제3조에 근거하고 있다. 특이한 점은 여기 보건안전부 행정공무원들이 직접 수사와 기소업무를 모두 담당하고 있기 때문에 검찰과도 어떠한 직접적인 관계는 없다는 점이다.

3) 철도경찰(British Transport Police)

영국 철도경찰의 근거규정은 'Railways and Transport Safety Act 2003'에 근거를 두고 있으며 본법의 제32조에 따라서 수사권과 기소권을 동시에 보유하고 있다.13) 위에서 살펴본 것처럼 영국의 특별사법경찰은 위의 기관들이 대표적이며 한국과는 달리 기소권까지 보유하고 있는 점이 매우 특이하다.

┌─| 제2절 |
└─≫ **프랑스와 독일의 특별사법경찰**

1. 프랑스 특별사법경찰에 관한 법률 현황과 법적근거

전세계적으로 볼 때, 한국을 비롯해서 대부분의 국가들은 특별사법경찰제도를 운

---

12) 서울시정개발연구원, 「특별사법경찰제도의 장기발전방안」, 2009, p. 38.
13) 서울시정개발연구원, 상게보고서, 2009, p. 39.

영하고 있다. 프랑스에서도 특별사법경찰제도를 활발하게 활용하고 있으며 그 범위
도 매우 넓은 편이다. 본 절에서는 프랑스의 특별사법경찰제에 관한 법률 현황과 법
적근거에 대해 분석하고자 한다.

1) 프랑스 특별사법경찰에 관한 법률 현황

한국과는 달리 프랑스 형사소송법에는 특별사법경찰에 관해 독립된 법률로 정할
수 있다는 규정을 마련해 놓고 있지 않다. 그럼에도 불구하고 특별사법경찰에 관한
근거를 찾을 수 있는데, 프랑스 형사소송법 제1권에는 수사를, 제1편은 수사기관을
명시했다. 제1장(사법경찰) 그리고 제1절(총칙) 제15조에서 사법경찰을 명시해 놓았
다. 이어서 제4절에서는 사법경찰의 특정종류의 직무를 맡고 있는 공무원이나 직원
을 명시해 놓고 있다. 특히 본 조문에서 특별사법경찰에 해당하는 사람은 ① 산림기
사, 지방산림주사 및 산림기술직원과 전원감시원, ② 행정기관 및 공공기관의 공무
원과 직원, ③ 선서를 표명한 특별감시원 등이라고 명시해 놓고 있다. 이곳 프랑스
에서는 특별사법경찰관리로서의 권한과 범위도 한국의 특별사법경찰과의 비교에서
매우 상이한 것으로 알려져 있다. 위의 법조문에서도 쉽게 인식할 수 있듯이 프랑스
의 특별사법경찰은 한국의 특별사법경찰제도와 달리 강제처분권한도 지니지 못한
채, 다만 조서작성 및 그 조서를 검찰에 송부하는 것만으로 그 임무를 끝내게 된다.
이뿐만 아니라 한국에서는 특별사법경찰이 인지하여 수사하고 있는 경우 사법경찰
이 관여하지 않는데 반해, 프랑스의 사법경찰은 특별사법경찰의 모든 활동영역 내에
서 수사를 행할 수 있는 권한을 부여받고 있다는 점이 한국과 크게 다른 점이다.[14]

2) 프랑스 특별사법경찰에 관한 법적근거

프랑스에서 특별사법경찰의 운영에 관한 법적근거는 형사소송법 제22조부터 제
29조까지의 법조문에서 어렵지 않게 찾아 볼 수 있다.[15]

① 프랑스 형사소송법 제22조부터 제27조(산림기사, 지방산림주사 및 산림기술직원
과 전원감시원),

② 프랑스 형사소송법 제28조에 특별법에 따른 행정기관과 공공기관의 공무원 및

---

14) 서울시정개발연구원, 「특별사법경찰제도의 장기발전방안」, 2009, p. 39.
15) 서울시정개발연구원, 상게보고서, p. 40.

직원의 경우 그 법률이 정하는 범위 내에서 권한을 행사할 수 있다고 명시하고 있는데, 이것이 바로 특별사법경찰의 권한행사를 위한 범위에 해당한다.

③ 프랑스 형사소송법 제28-1조에 세관원을 특별사법경찰로 지명하고 있다.

④ 프랑스 형사소송법 제29조에도 선서를 한 특별감시원을 명시하고 있는데, 이들에 해당되는 사람들이 바로 특별사법경찰들이다.

⑤ 마지막으로 해당 특별법과 하위법령(소비자보호법, 환경법, 산림법, 행정법, 공중보건법, 상법, 노동법, 관세법, 국토방위법, 통화재정법, 스포츠법, 농지법) 들이 특별사법경찰로서 직무를 수행하는데 있어서 좋은 법적근거가 된다.

2. 프랑스 특별사법경찰관

프랑스의 경우 경찰조직에 속하지 않는 행정공무원의 경우도 해당 분야의 행정과 관련되는 범죄에 관해 사실상 사법경찰권을 보유하고 있다. 이러한 이유로 특별사법경찰관리는 엄연하게 사법경찰조직의 구성원으로 분류된다. 프랑스 형소법 제22조 농업부의 수도, 산림감시원, 세무공무원, 산림공무원, 체신공무원, 철도공무원, 근로감독관, 증권거래위원회 공무원, 시청각 통제공무원, 공정거래 및 소비자 보호국공무원, 고고학 발굴공무원, 세관공무원 산림국 공무원, 수상낚시통제 공무원 등은 법률이 정한 제한된 조건하에서 권한을 행사하고 있다. 또한 세관공무원이 사법조사(즉 수사)를 진행하기 위해서는 사법경찰관의 경우와 똑같이 검사에 의한 개별적인 자격부여가 필요하며 역시 검사나 기소부의 통제를 받고 있다.[16]

3. 프랑스 특별사법경찰제도의 직무범위

흔히 프랑스 특별사법경찰제도의 특징은 역시 전문성인 것으로 알려져 있다. 프랑스 형사소송법 제28조에서 특별사법경찰관리에 대해 명시하고 있다. 즉 특정법에 따라서 사법경찰로 부터 권한을 직접 부여받은 공무원에게 사법경찰권을 인정하고 있다. 특히 프랑스에서 이 특별사법경찰관리들의 중요 임무는 한국뿐 아니라 기타

---

16) 신현기 외 8인, 『비교경찰제도론』(파주: 법문사, 2012), p. 487.

여러 국가들에서처럼 일련의 범죄사실에 대한 정확한 인지는 물론이고 나아가서 범인색출과 관련된 내용들까지도 주요 임무로 하고 있다. 이와 같이 프랑스의 특별사법경찰리의 경우 수행하는 직무의 범위가 어느 정도는 제한적이다. 프랑스의 특별법에서 볼때 때에 따라서는 특정한 조사권 정도만 부여하는 경우가 있다.[17]

이러한 법적인 근거에 의거하여 프랑스 특별사법경찰은 특정한 권한을 부여받게 되는 동시에 어디까지나 법률이 정하는 범위 내에서 어느 정도 제한적인 절차를 준수하면서 수사와 조사 등을 진행해 나가야 하는 의무를 가지게 된다. 부언하면 프랑스 특별사법경찰의 경우 형사소송법 제28조에 따라서 특정수사절차를 법률적으로 제한할 수 있다. 이와 관련된 하나의 좋은 예를 보면 특별히 제한된 장소의 방문 혹은 판사나 검사의 수색영장을 의무적으로 지참하고 수색이 가능한 제한적 수색권, 그리고 사법경찰관의 입회하에서만 수색활동이 가능하다는 것 등이 그 대표적이다.

이와는 별도로 프랑스에서 특별사법경찰관들 중 세관공무원의 경우는 약간 특이하다. 만약 세관공무원들이 특별사법경찰권을 부여받기 위해서는 하나의 특별법이 아니라 경우에 따라서는 여러 법률들과 중첩된 관련 근거들을 통해서 이루어지기도 한다. 이와는 별도로 특정 법률에 근거해 일반사법경찰관에게 하나의 특정한 임무를 부여해 줌으로써 어떤 특정한 분야에 대한 특별사법경찰리의 지위를 부여해 주는 사례들도 있다. 이처럼 프랑스에서는 다양한 여러 가지 사안들에도 불구하고 특별사법경찰관리는 통상적으로 특별사법경찰업무를 포함하여 상당히 광범위한 사법경찰권을 행사해 나갈 수 있는 법적 지위가 주어져 있기도 하다. 그리고 하나 더 살펴보면 프랑스 관세공무원의 경우는 전문직렬에 따른 특별사법경찰로서의 지위를 유지하고 있다.

프랑스 관세국(services des douanes)은 관세법 제323-3조 등에 따라 중요한 경찰권의 일부를 부여받고 있다. 관세국 직원들은 형법범들의 범죄행위를 조사하고 확인하는 임무를 수행하고 있다.[18]

한 가지 예를 들어 보면 프랑스의 경쟁소비사기퇴치총국 소속의 공무원에 대해 상법 제L.450-1조 및 소비법 제L.215-1조 등에 근거하여 특별사법경찰권을 부여하

---

17) 안영훈, 특별사법경찰의 업무전문성 강화 방안, 한국특별사법경찰학회, 제1회 춘계학술세미나 발표자료, 2012, p. 37.
18) 안영훈, 상계발표자료, p. 37.

고 있다. 이에 따라서 특별사법경찰권을 부여받은 일반공무원들은 불법경쟁체제유지, 기업의 경쟁, 재정운영 등에 관련된 범죄행위를 예방하고 퇴치하는 임무, 소비자 보호 및 안전규정 위반, 불공정 거래 등에 대한 범법행위를 전국적으로 단속하고 고발하는 업무까지도 수행한다.

이 밖에 프랑스 도청의 농업임업행정국 내에 근무하는 산림공무원의 경우는 전국 산림관리 및 보호원에 대한 권한을 행사하고 있다. 이뿐만 아니라 프랑스 재경부 경쟁가격 및 경제사범단속국 관리공무원의 경우 경쟁·가격통제국에서는 재경부에 속한 A직급의 공무원 중에서 특별히 권한을 부여 받은 공무원으로서 1심 법원의 부장판사 허가서에 의한 사법권의 허락과 사법경찰관의 도움을 받아 모든 장소를 방문하고 수색할 수 있도록 하고 있다. 1986년 12월 1일 프랑스 대통령령 제86-1243호 제45조 및 48조가 그 권한을 부여해 주고 있다.[19]

또한 프랑스의 대표적인 특별사법경찰관인 근로감독행정관을 소개하면 다음과 같다. 프랑스의 근로감독 공무원의 경우도 적지 않은 권한을 보유하고 있다. 이들 공무원은 노동법제 관련 감독업무들을 비롯해 상대적으로 상당히 강한 사법권을 지니고 있는 점이 큰 특징이다. 프랑스에서 예를 들어 어떤 사안에 대해 어떠한 문제가 발생하는 경우에 근로감독행정관은 우선적으로 자기가 가지고 있는 고유의 감독권을 행사하게 된다. 그런 다음 그 관련 사안에 따라서 약식기소라든지 혹은 근로 현장 폐쇄 등과 같은 상응하는 조치들을 즉시 취할 수 있다고 한다.[20]

문제는 이러한 일련의 과정들 속에서 특권의 남용이 발생할 수도 있는바, 이를 사전에 방지하기 위한 방안으로 피고발자에게 상급기관에 이의를 신청할 수 있도록 하는 제도적 장치가 잘 마련되어 있다. 아무튼 프랑스 근로감독행정관들에게는 이처럼 독립성을 유지하는 동시에 산업기밀을 보호하는 등과 같은 상당히 강한 의무가 부과되어 있다. 특히 프랑스 근로감독행정관의 특권은 계고권, 독립권, 업무방해로부터 보호, 감독권 등을 핵심 내용으로 하고 있다. 예를 들어 계고권에 대해 살펴보면, 즉 계고권은 사용자들에게 있어서 하나의 일정한 규칙을 준수하도록 요구하는 권고에서 약식기소, 작업중지명령 및 사업장 폐쇄와 같은 강제적 조치를 취할 수 있는 등 아주 다양한 수준으로 이루어져 있다.

---

19) 안영훈, 상계발표자료, p. 38.
20) 안영훈, 상계발표자료, p. 38.

프랑스의 경우도 국제화, 중소기업의 지속적 증가, 신기술 개발 등으로 인해 여러 가지 문제들이 파생되고 있는데 이러한 문제들을 해결하기 위해 근로감독행정관들은 많은 도전과 과제에 직면해 있다.

이 밖에 프랑스의 시장과 지방공무원 중 특별사법경찰관리의 지위를 부여받은 전문직렬도 있다. 시장의 경우는 프랑스 형사소송법에 근거하여 행정경찰과 사법경찰권을 가진다. 즉 시장은 지방자치단체의 책임자로서 사법경찰권을 부여받고 있으며 자치경찰에게 명령하여 사법경찰 관련 임무도 수행하도록 할 수 있다. 그리고 도로법 제259-1조에 따라 특별사법경찰권을 부여받은 주정차단속 지방공무원도 있다.[21] 또한 주차위반 범죄, 공용도로상에서 일련의 범죄행위를 단속할 수 있는 공용도로에서 감시공무원 겸 교통통제 담당공무원도 특별사법경찰 업무를 수행하고 있다. 지방세무관청의 지방공무원들도 특별사법경찰권을 부여받고 있는 등 프랑스에서 특별사법경찰제도가 활발하게 이루어지고 있다.

4. 독일 사법경찰제도의 현황

특이하게도 독일의 경우는 특별사법경찰제가 거의 발달되지 않은 대표적 국가이다. 즉 사법경찰 이외에는 특별히 별도의 법률이나 규정을 통해 특별사법경찰을 임명하지 않는 것으로 보여진다.

다시 말해 오늘날 독일 국가에는 다방면에서 특별사법경찰을 운영하는 제도를 취하지 않고 있는 것으로 보여지는데, 사실상 독일은 형사소송법상으로 특별사법경찰제도를 공공기관의 다방면에서 활발하게 활용 및 시행하고 있지 않는 나라로 이해하면 거의 틀림이 없다. 동서독은 1990년 10월 3일 재통일되어 오늘에 이르고 있다. 이처럼 동서독 양국이 통일된 이후에도 역시 특별사법경찰제도가 새로이 만들어지거나 좀처럼 활성화되지도 않았다. 이와 같이 독일은 전통적으로 특별사법경찰관제도 자체가 활성화되지 않은 특이한 국가 중에 하나 정리된다. 독일의 경우 이러한 이유는 뚜렷하게 알려져 있지는 않지만 범죄에 대한 일반적인 수사는 검찰과 경찰에서만 담당하고 있는 정도이고 한국의 경우에서처럼 일반행정공무원에게 별도

---

21) 서울시정개발연구원, 특별사법경찰제도의 장기발전방안, 2009, pp. 41-42 참조.

로 특별사법경찰권을 적극적으로 부여할 필요성을 느끼지 않은 것으로 보여진다. 이것은 독일에서 만일 범죄가 발생할 경우 검찰수사요원(Ermittlungspersonen der Staatsanwaltschaft)만이 수사를 독자적으로 진행할 수 있다는 것을 의미한다. 특히 독일에서는 일반행정 분야에서도 공무원들이 자신들의 업무와 관련해 범죄를 인지하면 즉시 경찰이나 검찰에 고발조치하고 있다. 궁극적으로는 검찰수사관이나 경찰만이 관련 수사를 진행할 수 있도록 규정하고 있는 것이다. 이러한 근본 이유는 아마도 독일 고유의 전통적 법체계에 그 뿌리를 두고 있는 것으로 이해된다. 그러나 독일에서도 아주 예외적으로 관세분야 만큼은 특별법이 제정되어 있어 관련 공무원들의 일부는 기소권을 보유하고 있는 것으로 알려져 있다. 그러나 이와 관련해서도 극히 예외인 상태기 때문에 이에 관해 진행된 그동안 연구 자료들을 찾는 일도 그렇게 쉽지는 않은 실정이다.

5. 독일 법원조직법 제152조

독일의 경우 검사는 형사소송법 제152조에 근거하여 공소제기권한과 법률에 별도로 다르게 규정되어 있지 않는 한 충분한 것으로 이해된다. 독일 검사는 사실적 근거가 있는 모든 소추 가능한 범죄행위들과 관련해 전부다 공소를 제기할 의무가 있다. 나아가서 동법 제170조 제1항에 근거하여 독일검사는 수사결과 후 공소제기에 필요한 충분한 이유가 있다고 인정되는 경우에는 관할법원에 공소장을 제출해 공소를 제기하게 된다. 하지만 만일 그렇지 않은 때에는 수사절차를 바로 중지한다고 명시하는 절차에 따르고 있다. 또한 독일 검사는 동 형사소송법 제161조 제1항에 근거하여 다른 법률에서 검찰의 권한에 대해 특별하게 어떠한 규정을 하지 않는 한 모든 종류의 수사에 대해 스스로 행하거나 경찰관청과 경찰공무원이 맡아서 수행하게 할 수도 있다. 독일의 경찰관청과 경찰공무원은 통상적으로 검사의 촉탁이나 위임에 따를 의무를 지고 있으며 역시 검사의 수사요원(Ermittlungspersonen der Staatsanwaltschaft)도 관할 검사와 그 직속 상관의 명령에 따를 의무가 부여되어 있다(동법 제152조 제1항). 이에 따라 독일 검사는 원칙적으로 경찰관청에 대해 위임을 하지만 독일 법원조직법 제152조에 근거하여 관할 수사요원의 개인적인 실행도 물론 요구할 수 있다.

1) 경찰의 초동수사(Erster Zugriff)

(1) 독일의 검찰과 경찰은 범죄행위의 수사임무를 공유

독일의 경찰은 독일 형사소송법의 규정에 근거해 수사를 진행하고 있다. 원칙적으로 수사경찰이나 보안경찰이라는 특별한 구분 없이 모든 경찰은 기본적으로 수사를 행할 수 있다.22) 이러한 규정에 따라 수사경찰(Kriminalpolizei)과 보안경찰(Schutz-polizei)은 범죄투쟁과 형사소추의 공동담당자가 된다. 특히 독일 16개주 중 다수의 주들에서 보안경찰의 경우는 중간적인 범죄까지의 경죄 및 질서위반범죄를 다루고 있다. 이에 반해 수사경찰은 그 특별한 인지와 가능성이 대단히 중요한 형사사건을 주로 다룬다.23)

(2) 초동수사는 경찰의 형사소추활동에 있어서의 의무

독일에서 모든 경찰공무원과 경찰관청은 특별히 형사소송법 제163조 제2항에 따라 모든 종류의 수사를 직접 진행할 수 있다. 그리고 이 양자는 수사기록을 지체없이 해당 검사에게 송부해야 한다. 하지만 법관의 신속한 조사행위가 필요하다고 이해되는 경우에는 구(區)법원에 직접 송부할 수 있도록 하고 있다.

2) 검사의 수사요원(Ermittlungspersonen der Staatsanwaltschaft)

(1) 독일 검사는 집행기관 없이 존재

흔히 독일의 검사는 '손없는 머리(Kopf ohne Hände)'라고 표현되어지곤 한다. 이는 집행기관이 존재하지 않기 때문에 다른 기관의 지원이 필요하다는 것을 의미한다. 독일에서 법률은 16개 주법무부 소속의 검사가 자율적으로 나서서 수사를 진행하든지 아니면 경찰공무원과 경찰관청이 수사를 진행하게 할 수 있는 권한을 부여하고 있다. 동시에 법률은 경찰에게 검사의 위임이나 촉탁에 따를 의무들을 부과하고 있다. 그리고 관련 법률은 기능적으로 경찰을 검사에게 귀속시키고 있다. 무엇보다 중요한 것은 특별한 강제권한이 부여되어 있는 검사의 수사요원과 그 밖의 관련 경찰공무원을 구별한다는 사실이다. 독일법원조직법 제152조 제2항에 따라서 어떠

---

22) 박노섭, "독일의 수사경찰", 『비교경찰론』(서울: 수사연구서, 2006), p. 247.

23) Lutz Meyer-Gossner, Strafprozessordnung, 51. Aufl., 2008, p. 20.

한 경찰구성원이 검사의 수사요원이 되는가는 16개 주의 법규명령에 의해 각각 확정되고 있다.24)

(2) 검사의 수사요원은 임명에 의한 경우와 법률에 의한 경우

독일법원조직법 제152조 제2항 제1문에 근거해서 볼때 임명에 의한 경우 검사의 수사요원은 어디까지나 개별적으로 임명되는 것이 아니고 각 주의 법규명령에 따라서 그룹단위로 임명되고 있다. 또한 각 주정부는 법규명령으로 위와 같은 권한을 주 법무부에 위임하는 것이 가능하다(제152조 제2항 제1문). 법률에 따른 경우, 그 근거 법률로는 연방범죄수사청법(BKAG), 대외경제법(AWG), 조세기본법(AO), 연방수렵법(BJagdG), 공동시장조직의 시행을 위한 법률(MOG), 질서위반법(OWiG), 연방산악법(BBergG), 심해광산법(TiefseebergbauG), 그리고 경제형법의 간소화를 위한 법률(WiStG 1954) 등이 있다.25)

한편 독일연방과 16개 주의 집행공무원은 형사소추(제4조 제1항, 제2항) 및 형사소추에서 조정(제18조 제1항)의 경우 연방범죄수사청법의 효력이 미치는 범위 내에서 직무행위를 행하고, 4년 이상 경찰집행기관에 소속된 때에는 관할 검찰의 수사요원이 된다고 명시되어 있다(독일 연방범죄수사청법 제19조 제1항).

재무행정의 경우(조세기본법 제404조, 대외경제법 제37조 제3항, 공동시장조직을 위한 법률 제37조 제3항 제2문), 산림행정 및 수렵행정의 경우(연방수렵법 제25조 제2항) 그리고 연방산악법 제148조 제2항 및 심해광산의 임시규율에 관한 법률 제18조 제3항에 의해서도 검사의 수사요원이 된다고 규정하고 있다. 또한 독일에서 몇몇 주법률의 규정과 질서위반법 제63조 제1항 제2문, 경제형법의 간소화를 위한 법률 제13조 제2항과 결합하여 적용되는 질서위반법 제63조 제1항 제2문에 의해서도 검사의 수사요원이 된다.26)

3) 독일남부 바이에른(Bayern)주의 사례

사실상 독일의 경우 검찰수사관 만이 수사권을 보유하고 있음을 특징으로 하고

---

24) 환경부, 「환경특별사법경찰제도 개선방안에 관한 연구」, 최종보고서, 2009, p. 55.
25) 환경부, 상게보고서, p. 57.
26) 환경부, 상게보고서, pp. 5-20.

있는데, 이에 대한 법적근거는 법원조직법 제152조에서 찾아 볼 수 있다.27) 독일의 각 16개 주들 중 가장 부유하고 개성이 독특한 바이에른(Bayern)주의 검찰수사관에 관한 자료를 분석해보면 다음과 같다. 즉 독일 바이에른주 법무부는 1995년 6월 20일 관련 규정을 다음과 같이 개정 공포했다. 이는 1995년 5월 9일을 기해 공고되었던 본문에서 법원조직법(Gerichtsverfassungsgesetz) 152조에 근거하여 다음의 행정공무원들을 검찰의 수사요원(Ermittlungspersonen der Staatsanwaltschaft)들로 확정했다. 이들의 영역은 상당히 다양하다. 즉 연방재정행정직 중에서 산림직(Forst-dienst) 공무원들, 국경감시직과 국경세관직 공무원들, 그리고 바이에른州 공공관청에서 근무중인 바이에른州 공법조합과 게마인데(시읍면)의 산림·사냥 및 어업협정 관련 공무원들과 어업행정 공무원들, 제복경찰(Uniformierte Polizei), 수사경찰(Kriminalpolizei), 그리고 주정부의 광산감독국 등지에서 근무하고 있는 행정공무원들이 법적 근거에 의해 검찰수사요원들로 지명되어 있다. 그럼에도 불구하고 독일에는 검찰수사요원만이 수사를 진행할 수 있도록 오랫동안 제도화되어 있다.

독일에서는 우리나라에서와 같은 개념을 지닌 특별사법경찰제도를 시행하고 있지 않다는 점이 매우 흥미롭다. 다시 말해 독일의 경우는 행정직공무원이 특별사법경찰로 지명되어 행정영역에서 발생하는 각종 행정범죄사건을 다루는 제도가 존재하지 않는다는 점에서 볼 때, 궁극적으로 특별사법경찰제도 자체가 제도적·법적인 차원에서 애초에 존재하지 않는다고 볼 수 있다.

정리해 보면 독일에서는 검사를 가리켜 흔히 손발이 없이 머리만 있다고 이야기되어 지는데, 이는 검찰이 수사를 할 수 있는 인력이나 체계를 갖추지 못하고 있음을 의미한다. 결국 독일에서는 경찰(Polizei)이 수사인력은 물론이고 장비 및 조직을 모두 갖추고 있기 때문에 대부분의 수사를 담당하지만, 그럼에도 불구하고 검사의 지휘를 직접적으로 받고 있다. 이에 반해 한국에서는 조금 다르다. 즉 검사들이 자체적으로 수사인력과 장비를 확보하고 있어 상당 부분에서 경찰의 손을 빌리지 않고 때로는 주요사건에 대해 전적으로 직접 수사를 진행하고 있다.

---

27) 이에 대한 자세한 내용은 독일법원조직법 제152조를 참조할 것.

1. 일반현황

일반사법경찰의 경우 경찰청 장관에서부터 순사(순경)까지 총 9개 계급을 유지하고 있다. 이는 한국의 11개 경찰계급에 비해 2개의 계급이 적은 체제이다. 익히 알려진 바와 같이 일본의 광역지방자치단체는 총 47개가 존재한다. 광역단위로 도도부현(都道府縣)으로 구성되어 있는데, 첫번째 都는 수도부인 도쿄도(東京都)를 의미하며, 둘째 道는 홋가이도(北海道)를 말한다. 그리고 셋째 府는 교토부(京都府)와 오사카부(大阪府)를 의미한다.28) 넷째, 일본에서 현(縣)은 전국에 총 43개가 존재한다. 특히 첫번째 도(都)인 도쿄를 빼고 나머지 도부현은 오래전 역사적 연혁에 따라 명칭만 다를 뿐이지 도·부·현 간에 제도적인 차이는 전혀 없는 동등한 광역자치단체에 해당한다. 또한 이들은 모두 동격의 광역지방자치단체에 해당한다.

일본의 경찰도 여러 가지 종류가 있지만 크게 일반사법경찰과 특별사법경찰로 구분해 볼 수 있다. 일본 역시 한국처럼 특별사법경찰 제도가 운영되고 있다. 한국 형사사법시스템이 대부분 일본에서 유래된 만큼 권한이나 역할이 한국과 상당히 비슷하다. 한일 양국 모두 특별사법경찰에 해당하는 직렬을 가지고 있다.

일본의 특별사법경찰은 경찰청 황궁경찰본부 황궁호위관(한국의 대통령경호처)도 좋은 예이며 체포가 가능함은 물론, 무기 사용도 가능하다는 권한을 가지고 있다. 법무성 교정국 형무관(교정직 공무원)도 특별사법경찰권을 가지고 있으며 체포가 가능하며 무기 사용도 역시 가능하다. 후생노동성의 노동기준감독관(근로감독관)도 특별사법경찰로서 체포가 가능하다. 그리고 농림수산성 어업감독관(어업관리단 직원)도 특별사법경찰로서 체포도 가능하다.

한편 일본만 특별사법경찰에 해당하는 직렬도 있는데, 예를 들어 국토교통성 해상보안청 해상보안관(대한민국 해양경찰청 경찰관)이다. 한국 해양경찰관은 경찰공무

---

28) 신현기, 『비교경찰제도론』(서울: 우공출판사, 2014), pp. 44-45.

원으로, 일반사법경찰이다. 양국 모두 체포 및 무기 사용이 가능하다.

후생노동성 마약취체부 마약취체관(마약수사직공무원)도 특사경으로서 한일 모두 체포가 가능가능하다. 하지만 무기는 일본만 사용이 가능하다. 일본 방위성 자위대 경무관(군사경찰)도 특별사법경찰로서 체포가 가능하며, 역시 무기 사용도 물론 가능하다. 이에 반해 한국만 특별사법경찰에 해당하는 직렬도 존재한다. 예를 들어 법무성 출입국재류관리청 입국경비관 및 입국심사관(출입국관리직 공무원)도 특별사법경찰인데 체포는 한국만, 그리고 무기 휴대 및 사용은 일본만 가능 한 것이 차이점이다. 또한 법무성 공안조사청 공안조사관(국가정보원 직원)도 특별사법경찰권을 가지고 있는데 한국은 무기 사용과 체포 모두 가능하지만 일본은 둘 다 불가능하다. 그리고 재무성 세관원(관세청 직원)도 역시 한국은 체포가 가능하지만 반대로 일본은 불가능한 실정이다. 특이한 점으로 무기는 일본만 휴대가 가능하다.[29]

2. 일본 특별사법경찰원제도의 법적근거

우리나라 시도경찰청에 해당하는 경시청과 광역자치단체인 도·도·부·현 소속의 경찰공무원들 이외에 삼림이나 기타의 특별한 사항에 대해 특별사법경찰로 지명해 한국처럼 소위 특별사법경찰(원)제도를 운영하고 있다. 일본의 경우 특별사법경찰(원)직원들에게 주어진 수사권은 특별한 사항에 국한되어 수행된다. 나아가서 수사권의 행사에 있어서도 일반사법경찰과 다르게 규정된 형태를 보여준다.[30] 예를 들어서 일본의 우정감찰관(郵政監察官)은 자기네 우정업무 관련 범죄에 관해 사법경찰의 업무를 수행하고 있음에도 불구하고 일반사법경찰직원과는 달리 실제로 체포할 수 없도록 되어 있다(우정사업청설치법 제14조). 이 우정감찰관의 경우 특별사법경찰직원 중 누구를 사법경찰직원이나 사법순사로 지정할 것인가에 관해서는 이른바 사법경찰직원지정응급조치법 등 기타의 법령에서 정할 수 있도록 위임되어 있다는 점이 특이하다. 부언하면 일본의 특별사법경찰원제도를 운영하는데 있어서 물론 기본적으로 개별법에 근거해 운영하고 있을 뿐 아니라 직접적으로는 소화23년 법률 제234호로 발효된 사법경찰직원등지정응급조치법과 대정12년 칙령 제528호 사법경

---

29) https://namu.wiki/w/%ED%8A%B9%EB%B3%84%EC%82%95 (검색일: 2022. 2. 20).
30) 서울시정개발연구원, 특별사법경찰제도의 장기발전방안, 2009, p. 42.

찰관리 및 사법경찰관리의 직무를 행하는 자 지정에 관한 건, 그리고 형사소송법 제190조 등이 그 법적 토대가 되고 있다.

이어서 일본의 특별사법경찰직원은 어떤 종류가 있고 그 운영을 위한 근거 법규는 무엇이며 나아가서 직무의 범위는 어디까지인지에 관해 선행연구 관련 자료들을 통해 살펴보면 다음과 같다. 일본의 경우 이전에 특별사법경찰원제도는 15개 종류였으나 오늘날에는 13개로 줄어들었다. 이는 국가기관 및 시설의 민영화 정책에 따라 이루어진데 기인하고 있다. 그 폐지된 3개 종류는 바로 일본국유철도직원(역장, 기관장), 우정감찰관 및 철도공안직원에게[31] 부여되었던 지명제도 등이다. 이러한 폐지는 그 당시 국가기관 및 시설의 민영화 정책에 기인했던 것이다.

표 3-1 | 일본 특별사법경찰직원의 종류와 각 근거법규 및 직무범위

순번	관명	근거법규	직무의 범위
1	감옥 또는 분감의 장, 기타 감옥 직원	사법경찰직원등지정응급조치법 §1 사법경찰관리및사법경찰관리의 직무를 행해야 하는 자의 지정 등에 관한 건(大正12년칙령제528호)	감옥 또는 분감에 있어서의 범죄
2	森林管理局署의 직원	상동	국유임야, 부분림, 공유임야 또는 그 임야 혹은 國營獵區에 있어서 수렵에 관한 죄
3	공유임야의 사무를 담당하는 北海道吏員	상동	북해도에 있어서 공유임야, 그 임야의 산물 또는 그 임야에 있어서 수렵에 관한 죄
4	선장 기타 선원	상동	선박 내에 있어서의 범죄
5	황관호위관	경찰법 §69	천황 및 황후, 황태자 기타 황족의 생명, 신체 혹은 재산에 대한 죄, 황실용재산에 대한 죄 또는 황궁 기타 황실용재산인 시설 혹은 천황 및 황후, 황태자 기타 황족의 숙박용으로 제공된 시설에 있어서의 범죄
6	수렵단속의 사무를 담당하는 都道府縣 吏員	조수의보호및수렵의적정화에관한법률 §76	조수의보호및수렵의적정화에관한법률 또는 위법에 근거한 명령의 규정에 위반한 죄

---

31) 폐지된 철도공안직원의 경우 그들이 맡고 있던 관할과 임무는 일반사법경찰에게 이관되었다. 그 후 변화를 거쳐 현재는 각 지방경찰서 소속의 철도경찰대로 활동하고 있다고 알려져 있다.

7	노동기준감독관	노동기준법 §102 노동안전위생법 §92 진폐법 §43 가내노동법 §31 탄광재해에의한일산화탄소중독증에 관한특별조치법 §14 최저임금법 §39 임금의지불확보등에관한법률 §11	좌측 각 법률에 위반한 죄
8	선원노무관	선원법 §108	선원법, 노동기준법, 최저임금법, 임금의지불확보등에관한법률 및 선원법에 근거하여 생긴 명령에 위반한 죄
9	해상보안관 해상보안관보	해상보안청법 §31	해상에 있어서의 범죄
10	마약취체관 마약취체관보	마약및향정신약취체법 §54	마약및향정신약취체법, 대마취체법, 아편법, 각성제취체법 혹은 마약특례법에 위반한 죄, 형법 제2편 제14장에서 정하는 죄 또는 마약·아편 혹은 각성제의 중독에 의하여 범하여진 죄
11	鑛務감찰관	광산보안법 §49	광산보안법에 위반하는 죄
12	어업감독관 어업감독吏員	어업법 §74⑤	어업에 관한 죄
13	자위대의 경무관 및 경무관보	자위대법 §96 동법시행령 §109-§113	대원이 범한 범죄 또는 직무에 종사 중인 대원에 대한 범죄, 기타 대원의 직무에 관해 대원 이외의 자가 범한 범죄, 자위대가 사용하는 선박, 청사, 영사 기타 시설 내에 있어서의 범죄, 자위대가 소유하거나 사용하는 시설 또는 물건에 대한 범죄

출처: 서울시정개발연구원, 「특별사법경찰제도의 장기발전방안」, 2009 연구보고서, 2009, p. 44에서 재인용 및 재작성.

한편 현재 일본에서 시행중인 특별사법경찰제도 중 주요 13개종의 특별사법경찰 관리제도는 다음과 같다.[32] 즉 ① 육·해·공군 경무관(일본 자위대법 제96조 제1항) 이다. 이들은 수사 및 체포권한을 부여받고 있으며 권총 등 무기 휴대권한도 가지고 있다. ② 해상보안관(일본 해상보안청법 제31조)이다. 그는 수사 및 체포권한이 있으며 권총 등 무기휴대권을 지니고 있다. ③ 마약단속관과 마약단속관리(일본 마약 및

---

32) 승재현 외, 특별사법경찰 역량강화 및 지휘체계 개선 방안, 대검찰청 연구용역보고서, 2015, p. 68.

향정신성의약품단속법 제54조 제5항)이다. 이들은 역시 수사 및 체포권한을 부여받고 권총 등 무기휴대 권한이 부여되었으며 동시에 무기휴대와 함정수사권한도 인정받고 있다. ④ 노동기준감독관(일본 근로기준법 제102조)이다. 이들에게는 수사권과 체포권한만 부여하였고 무기휴대는 인정하지 않고 있다. 다만 수갑이나 포승줄 정도는 무기가 아니므로 인정하고 있다. ⑤ 황궁호위관(일본경찰법 제69조)인데, 이들에게는 무기를 휴대하고 수사와 체포권한이 부여되어 있다. ⑥ 선원노무관(일본 선원법 제108조, 선원재해방지활동 촉진에 관한 법률 제62조)이다. 이들에게는 수사 및 체포권한만 주어지고 있다. ⑦ 어업감독관 및 어업감독관리(일본 어업법 제74조 제5항)이다. 이들에게는 무기휴대권이 없으며 다만 특수경찰봉과 수갑만 휴대가 가능하다. 사실 수사권과 체포권만이 주어져 있는 셈이다. ⑧ 광산감독관(일본 관산업법 제49조)이다. 이들에게는 수사와 체포권만 허용되고 있다. ⑨ 조류 및 동물보호 또는 수렵의 적정화에 관한 단속의 사무를 담당하는 지방자치단체의 직원(일본 조류·동물보호 및 수렵의 적정화에 관한 법률 제76조)이다. 이들에게는 수사 및 체포권한만 주어져 있다. ⑩ 교도소장 및 교도관(일본 형사수사시설 및 피수용자 등의 피수용자 등의 처우에 관한 법률 제290조)인데, 이들에게는 권총 소지와 수사 및 체포권한이 부여되어 있다. ⑪ 삼림관리국 관리소 농림수산사무관 및 농림수산서기관(일본 삼림청 산림관리국 직원〈사법경찰관리 및 사법경찰관리의 직무를 행하는자 지정에 관한 건 제3조 및 제4호〉)이다. 이들에게는 다만 수사권과 체포권만 인정되고 있다. ⑫ 선장, 기관장, 통신장, 사무장(원양구역, 근해구역 또는 연안구역을 항해하는 총톤수 20톤 이상인 선박의 선장 및 해당 선박의 갑판부, 기관부 및 사무부의 선원 중 그 각부에 있어서 상급자〈사법경찰관리 및 사법경찰관리의 직무를 행하는자 지정에 관한 건 제6조 제1호 및 제2호〉)이다. 이들에게는 수사 및 체포권한만 주어져 있다. ⑬ 국세청 감찰관(일본 대장성 설치법 제37조 제1항·제2항)인데, 이들에게도 수사 및 체포권만 주어져 있다.[33]

3. 특별사법경찰과 일반사법경찰과의 상호협력 관계

일본에서 일반사법경찰의 경우 특별사법경찰직원의 직무범위에 속하는 사항에 대

---

33) 일본에서 일반사법경찰에게는 함정수사권한을 인정하지 않고 있지만 특별사법경찰에게는 예외이다.

해서도 수사를 진행할 수 있도록 제도화되어 있다. 결국 이는 일반사법경찰직원과 특별사법경찰직원의 수사권한이 경합적으로 인정된다는 것을 의미한다. 특이한 것은 일본 형사소송법상 일반사법경찰직원과 특별사법경찰직원 또는 특별사법경찰직원 간의 상호 협력관계에 있는 것으로 해석하는 것이 일반적이다. 특히 일본의 특별사법경찰직원 중에서 황궁호위관, 해상보안관, 마약취체관, 자위대의 경무관 등에 대해 각각의 근거법규에서 다른 사법경찰직원과의 협력관계가 명시되어 있음에도 불구하고, 오늘날 일본의 법조계와 학계에서는 이 규정에 의해 상호간 협력관계가 발생하는 것이 아니다. 다만 위 규정들이 상호간 협력관계를 확인한 것으로 해석하는 경향이 강하다.[34] 이 밖에 일본의 경찰청과 방위성, 우정성, 해상보안청 등은 상호 범죄수사의 공조에 관한 협정을 체결하여 일반사법경찰과 특별사법경찰 간에 긴밀히 협력하고 있다는 특징을 보여주고 있다.

4. 일본 특별사법경찰직원의 실무상 문제점 검토

일본의 특별사법경찰에서도 한국에서와 같이 여러 가지 문제점들이 지적되고 있는데, 이에 대해 몇 가지만 살펴보면 다음과 같다.

1) 수사능력의 한계

일본의 특별사법경찰도 한국의 특별사법경찰제도에서 지적되고 있듯이 역시 직원들의 수사능력이 부족하며 수사분야에 관심이 적은 기관들이 있음은 물론이다. 나아가서 실적도 저조하다는 비판 사례들이 적지 않게 지적되곤 한다.[35]

2) 특별사법경찰과 일반사법경찰 간의 협조문제

일본에서는 한국특별사법경찰과는 달리 일반사법경찰이 특별사법경찰의 수사권한 사항에 대해 관여가 가능하고 양자간에 협정도 체결하고 있는 사례들도 있음을 보여준다. 그럼에도 불구하고 실제상에서 직접적으로 관여하는 것은 비교적 소극적이라고 알려져 있다. 역시 특별사법경찰도 자기 직무상 적발된 사건을 수사하는 과

---

34) 서울시정개발연구원, 특별사법경찰제도의 장기발전방안, 2009, p. 44.
35) 서울시정개발연구원, 상게보고서, p. 45.

정에 권한을 넘는 사항이 발견되어도 일반사법경찰에 인계하는 경우가 드물며 또한 매우 소극적이라고 알려져 있다. 이 경우는 검사의 조율이 필요한 중요한 사안이다.

3) 수사권한의 일관성 미비문제

일본의 특별사법경찰제도에서 일관성이 결여되어 있는 모습이 나타나고 있는데, 예를 들어 일본 국세청 감찰관처럼 특별사법경찰직원도 아니면서 수사권을 부여받고 있는 경우도 있다. 우정감찰관의 경우는 전장에서 살펴보았듯이 특별사법경찰직원임에도 불구하고 정작 수사권한이 매우 축소되어 운영되는 것 등이 바로 그 좋은 예에 해당한다.

4) 행정관청의 방침에 휘둘림

일본 특별사법경찰의 경우 감독행정관청의 방침에 의해 특별사법경찰 활동이 강하게 영향을 받고 있는 등 자유롭고 독자적인 수사활동을 펼치는데 있어서 제약이 많다는 문제점을 지니고 있다. 특히 일본 특별사법경찰의 경우 한국의 특별사법경찰제도와 비교해 볼 때, 한국의 경우보다 다소 미약한 제도로 운영하고 있는 것으로 평가된다.

5) 일본 돗토리현 특별사법경찰제도상 나타난 문제점

일본 돗토리현 특별사법경찰제도의 운영상에서 나타난 문제점들을 하나의 실례로 살펴보면 다음과 같다. 즉 위 지역에서 위법행위에 대해 그냥 구두지도만 하고 신고를 접수한 경우에도 사실조사를 행하지 않았으며 수년 동안 특별사법경찰원들이 아예 송치한 사건실적이 없었던 경우가 있었다. 나아가서 특별사법경찰원들에 대해 직무교육도 실시하지 않았다. 승재현의 공동연구에 따르면 일본 전국의 특별사법경찰원은 야생동물보호법에 근거해 전국에 무려 1,127명이나 지명되어 있었음에도 불구하고 실제 사건을 적발하여 검사에게 송치한 것이 1998년부터 2003년까지 5년간 단지 4건에 그쳐 1년에 평균 1건도 안된다는 결과를 보여주었다.[36)]

위의 돗토리현의 경우 이러한 문제점을 해결하기 위해 사건 관련 신고가 접수된

---

36) 승재현 외, 특별사법경찰 역량강화 및 지휘체계 개선 방안, 대검찰청 연구용역보고서, 2015, p. 73 참조.

경우 어떤 서식에 기록을 하며 누가 어떤 조사를 실시하고 누구의 결재를 받아 행정처분을 행할 것인지 등에 관한 조치를 취하는 방안이 보완되었다.

5. 시 사 점

지금까지 살펴본 선진 외국의 특별사법경찰들을 통해 몇가지 시사점을 얻을 수 있다. 지방자치단체에서 특별사법경찰직무의 수행은 행정경찰 작용의 연속선상에 있다고 볼 수 있다. 프랑스의 경우도 행정경찰의 직무수행은 기본적으로 자치경찰을 통해 수행되고 있음을 알 수 있다. 오늘날 특별사법경찰권의 직무수행 분야가 점차 확대되는 경향이 있다. 그 이유는 현대 산업사회가 매우 복잡하게 전개되면서 행정경찰권의 활동범위를 비롯해, 이에 대한 예방과 사후처리 등의 긴급성 및 공공성의 확대로 인해 제한적인 사법경찰 작용을 행사하는 과정으로 연장되는데 따른 결과로 인식된다. 특히 자치단체에서 시장은 단독으로 행정경찰명령권인 자치단체의 경찰권을 행사하고 있다.

시장이 단독으로 보유하고 있는 경찰권은 질서유지, 안전, 공중위생, 길거리 조명, 거리청결, 쓰레기 및 장애물 제거, 붕괴위험이 보이는 건물의 철거와 보수 등을 책임지고 있다. 나아가서 생활상 적용되는 경찰권도 있는데, 시민들의 평온을 방해하는 갈등문제들의 해결, 공공장소에서 소요와 소란, 이웃의 소음 문제 해소, 전통시장, 영화관, 축제장소 등에서 질서유지, 판매용 화장품류의 위생검사에 대해 책임지는 것 이외에 사고, 재난, 오염, 화재, 홍수, 둑파손, 산사태, 전염병 따위를 해결하는 동시에 재난발생 시 필요한 응급과 구조를 수행해야 하며 소속되어 지명받은 특별사법경찰공무원으로 하여금 해당 자치단체 관할구역 내의 해변지역, 스키가능 지역, 수영이 가능한 지역에 대해 경찰권으로 관리한다. 도심지 내에서 주차규제를 수행하는 동시에 소형자동차, 중형차 등에 대해 필요시 통행을 금지할 수 있는 등의 폭넓은 특별사법경찰권을 행사해 나가고 있다.

한편 자치경찰에 의한 특별사법경찰권이 행사되는데, 예를 들어 시장이 자치경찰을 설치해 경찰업무를 감당하며 국가경찰도 범죄수사 이외의 일상생활과 연계된 자치경찰의 기능을 책임지고 특별사법경찰 업무 등을 대리 수행하기도 한다.[37]

또한 프랑스, 미국, 영국 등에서 수행하고 있는 자치경찰권과 연계된 특별사법경찰업무는 대부분 도로교통법규 위반과 관련이 많은 편이다. 대부분이 음주운전자에 대한 위반행위를 적발할 수 있지만, 그 적발 후의 처벌수준에 있어서는 각기 나라마다 약간씩 다른 모습을 보여주고 있음을 알 수 있다.

한국의 특별사법경찰제도를 분석해 볼 때, 최근 특별사법경찰제도를 적극적으로 극대화하는 모습을 강하게 보여주고 있다. 한국은 특별사법경찰 수를 2018년 기준으로 이미 20,000여명 이상 지명하고 있으며 그 특사경 인원도 계속 늘려가고 있는 추세에 있다. 특히 일본은 한국에 비해 특별사법경찰에 의존하는 비율이 크지 않아 보이는데, 이는 일본에서 범죄발생률이 낮은 편이며, 반대로 범죄검거율은 높은 편일 뿐 아니라 나아가서 경찰관의 수도 30만명 이상에 달하고 있다. 이처럼 일본에서는 비교적 안정된 치안율 등도 특별사법경찰제도의 활성화를 위한 필요성을 요하지 않는 것으로 평가된다.38)

전장에서 살펴보았듯이 프랑스의 경우도 특별사법경찰제도를 활발하게 활용 및 운영하고 있다. 그리고 특이한 것은 일반사법경찰이 특별사법경찰의 모든 활동영역 내에서 수사를 행할 수 있는 권한을 활짝 열어놓고 있다는 점이다.

---

37) 한국지방행정연구원, 지방자치단체 특별사법경찰 운영실태 및 발전지원방안 연구, 2013, p. 58.
38) 승재현 외, 전게보고서, p. 69.

제4장 국가와 특별사법경찰

제1절

국가의 강제력 독점과 국가권력의 적법성 및 정당성

1. 국가란 무엇인가

막스 베버(Max Weber)는 직업으로서의 정치라는 저서를 통해 근대국가를 그것이 원천적으로 지니고 있는 특수한 수단을 준거로 해서 정의해야 한다는 점을 강조했다. 여기서 말하는 수단이라고 하는 것은 바로 물리적 강제력을 의미하는 것이다.[1] 무엇보다 중요한 것은 물리적 강제력이란 신체에 위협을 가하는 것을 의미하는 것이 아니라 바로 우리의 행위를 구속하는 것을 뜻하는 것이다. 다시 말해 모든 사람들은 도로상에서 신호등에 도착한 후 빨간 신호등을 만났을 경우 멈추어 서야만 한다. 바로 이 빨간 신호등이 우리 모두의 행위를 구속하는 것이다. 위 구속력이 곧 강제력이라고 이해하면 된다. 오늘날의 근대국가는 위와 같은 강제력을 법에 근거하여 모든 국민을 대상으로 행사해 나가고 있는 것이다.[2]

어떻게 보면 국가란 오늘날 일정한 국가영토 내에서 정당한 물리적 강제력의 독점을 관철시킨 유일한 인간공동체로 정의되고 있다. 이처럼 일정한 영토 내에서 정당한 물리적 강제력의 독점을 관철시켜 자리잡은 유일한 인간공동체인 국가는 시민

---

1) Max Weber, 「직업으로서의 정치」, 전성우 옮김, 서울: 나남, 2007.
2) http://cafe.daum.net/glogis/cqoi/88(검색일: 2015. 2. 20).

과의 사이에서 애국심이라고 하는 단어와 충돌이 올 수도 있는 것이다. 이러한 근거는 막스 베버가 정의한 국가개념에서도 쉽게 찾아볼 수 있는데, 그는 국가개념을 정의할 때, 정서적이고 도덕적인 것을 포함시키지 않았을 정도였다.3)

2. 국가의 강제력 독점

국가의 강제력 독점과 관련해서 볼 때, 카야노 도시히토는 국가란 무엇인가라는 정의를 통해 "국가는 부를 사유화하기 위해서 그리고 그 사유화한 부를 이용해서 폭력을 조직화하는 과정이다"라고 지적한 바 있다. 바로 이 국가가 어느 일정지역에서 유일하게 폭력을 행사할 수 있는 주체로 활동한다는 점이 또 다른 정치단체와 크게 다른 점이라고 볼 수 있다. 또한 카야노 도시히토는 위와 같은 이유 때문에 국가를 생각한다는 것은 바로 폭력이 조직화되고 집단적으로 행사되는 구조를 살펴보는 것이라고 지적한다.4)

그 밖에 강유원도 자신의 인문고전강의에서 국가의 폭력독점권을 잘 정의하고 있는데, 그는 과거 조선시대에 양반이 노비에게 폭력을 자유롭게 행사했던 것은 국가가 이른바 강제력을 독점하지 못했던 시대였다는 것이다. 사실 선진국들을 비롯해 우리나라에서도 가정폭력이 발생할 경우 곧바로 경찰이 개입하는데, 이는 폭력을 개인이 행사해서는 안되고 오직 국가만 개입할 수 있다는 것이다. 이것이 바로 근대국가가 가지고 있는 국가의 강제력독점이라는 것이다.5)

위에서 살펴본 국가의 강제력 독점이란 정의에서 볼 때, 오늘날 한국에서 활발하게 시행되고 있는 특별사법경찰제도의 경우, 그 탄생과 본 업무를 수행해 나가는 특별사법경찰관(리)들도 국가의 강제력독점이라는 기본토대 위에서 그 정당성을 찾게 되는 것이다.

---

3) 강유원, 「인문고전강의」, 막스 베버, 직업으로서의 정치(폭력으로 다스려지는 세계), 제31강 참조 (http://cafe.daum.net/glogis: 검색일 2015. 10. 20).
4) 카야노 도시히토, 「국가란 무엇인가」, 김은주 옮김, 제2장 폭력의 조직화, 2010.
5) 강유원, 「인문고전강의」, 막스 베버, 직업으로서의 정치(폭력으로 다스려지는 세계), 제31강 참조 (http://cafe.daum.net/glogis: 검색일 2015. 10. 20).

3. 국가권력의 적법성

우리가 흔히 적법성이라고 할 때, 이는 법에 어긋남이 없이 맞는 것이라고 정의되곤 한다. 법적용어로 적법성은 합법성이라고도 불리어지기도 한다. 무엇보다 국가권력이 지나치게 강할 경우, 어느 국가를 막론하고 그 국가의 민주주의는 위기를 맞이할 수 있는 것이다. 따라서 국가권력이 지나치게 강한 반면 만일 시민사회가 지나치게 약한 불균형이 나타나는 경우에 민주주의는 큰 위기에 봉착하는 것이다. 따라서 이러한 문제가 발생하지 않도록 하기 위한 방안으로 그 국가의 정당역할이 강화되어야 하는 동시에 시민참여보장 제도가 반드시 정착되어야 한다는 것이다.[6]

그러므로 절대적인 권력을 가진 국가가 그 권력을 사용하는데 있어서 위법성을 배제하고 오직 적법성의 토대 위에서 국민을 지배해 나간다는 것은 민주주의의 기본 잣대가 되는 것이다. 특히 사법을 하나의 예로 들어보자. 즉 국가의 권력작용 중 사법은 어떤 문제에 대해 법을 적용해 그 적법성과 위법성, 권리관계 등을 확정해 선언하는 기능을 담당하고 있다. 이러한 의미에서 볼 때, 특별사법경찰관의 경우 특별사법경찰 관련 업무의 수행이란 바로 국가권력을 수행하는 것인 만큼 적법성 내지는 합법성의 토대 위에서 이루어져야 하는 것이다. 같은 맥락에서 다음의 대법원 판결사례는 적법성을 이해하는데 있어 하나의 좋은 예가 될 수 있다.

대법원 "4대강 살리기 사업 적법"

임지은 기자 | 승인 2015.12.10. 15:54

▲ 대법원이 4대강 살리기 사업이 적법하다는 최종 판결을 내렸다.

[리포트]

대법원 3부는 오늘 오후 4대강 살리기 사업 중 한강과 영산강, 낙동강 사업을 취소하라며 '국민소송단'이 낸 소송 3건의 상고심에서 원고 패소로 판결한 원심을 확정했습니다. 특히, 낙동강 사업의 경우, 국가재정법 위반이지만 공익에 반하는 사태가 우려된다며 사업을 취소하지 않은 2심 판결을 깨고 전부 적법하다는 취지의 1심 판결을 확정했습니다. 재판부는 "홍수 예방과 수질 개선 등을 위한 공익적 목적으로 추진된 사업은 정당하

---

6) http://www.newsis.com/ar_detail/view.html(검색: 2015. 10. 20).

다"면서 "일부 환경 피해가 있더라도 공익을 능가한다고 보기 어렵다"고 판단했습니다. 대법원 2부도 오늘 오전 금강 살리기 사업 취소소송에서 원고 패소로 판결함에 따라 국민소송단이 제기한 4건의 행정소송이 모두 마무리됐습니다. 앞서 야당과 시민단체로 꾸려진 국민소송단은 지난 2009년 11월 "정부가 4대강 사업을 일방적으로 추진했다"며 사업 중단을 요구하는 행정소송을 4대강 유역별로 법원에 제기했습니다. 1, 2심 재판부는 "사업 목적과 내용, 부작용 등을 모두 고려할 때 4대강 사업이 정부 재량권을 넘어 위법하다고 보기 어렵다"면서 이들의 청구를 대부분 받아들이지 않았습니다. 대법원은 이번 판결이 4대강 사업의 적법성에 관한 종래의 법적 논란을 최종적으로 종식시켰다고 평가했습니다.

판결 직후 국민소송단은 대법원 앞에서 기자회견을 열고 "대법원의 판결은 사법적 정의를 실현하지 못한 잘못된 판결"이라면서 "사법부가 정부와 거대 권력들의 불법행위를 봐주는 판결을 하고 있다"고 비판했습니다. 대법원에서 BBS뉴스 임지은입니다.

출처: http://news.bbsi.co.kr/news/articleView.html?idxno=711732(검색: 2015. 12. 16).

4. 국가권력의 정당성

오늘날 입헌민주주의 국가의 철학적 기반은 국가들이 정당한 물리력 사용을 독점한다는 사실에서 찾고 있다. 다시 말해 오직 국가만이 공공의 안녕을 유지하고 국민 개개인의 생명 및 자유를 보호하기 위해 공식적으로 권력 및 힘과 위력을 사용할 수 있다는 이른바 사회적 합의가 국가와 국민 간에 이루어져 있다는 것이다. 그러나 국가와 국민 간에 사회적 합의가 이루어져 있다는 공권력은 반드시 그 정당성을 확보하지 않으면 안 된다는 사실이다. 결국 공권력의 정당성은 정당한 목적, 법과 절차의 철저한 준수, 대화와 설득, 최후의 수단을 갖추어야만 인정받을 수 있는 것이다.[7]

더 중요한 것은 국가의 공권력 행사는 무엇보다 필요 최소한도 내에 그쳐야만 한다는 점이다. 특히 위에서 지적된 조건들을 하나라도 충족하지 못할 때는 국가의 공권력은 상실될 수밖에 없으며, 나아가서 이는 국가폭력으로 평가 받게 되는 것이다. 따라서 위에서 언급한 국가권력의 정당성이 지닌 정의를 바탕으로 특별사법경찰관들도 헌법과 법률이 보장한 범위 내에서 직무를 수행해 나가야 할 것이다.

---

7) 표창원, '권력의 정당성'이 답이다, 「경향신문」, 2015. 11. 18.

| 제2절 |
>>> **특별사법경찰권 행사의 제한과 한계**

1. 권한 행사의 제한

특별사법경찰권 행사의 제한과 한계와 관련해서는 권한행사의 제한과 특별사법경
찰공무원의 지위와 권한을 생각해 볼 수 있다. 첫째, 권한 행사의 제한이다. 즉 특별
사법경찰의 직무범위는 법률에서 직접 규정한 8개 항목, 검사장 지명에 의한 경우
39개 항목 그리고 모두 그 소속 관서의 관할 구역 안에서 발생하는 범죄, 소속 관서
에 관한 법률에 규정된 범죄 등을 포함하고 있다. 특별사법경찰권 행사의 제한이나
한계와 관련해서 볼 때, 특별사법경찰이란 일반행정공무원들이 근무하고 있는 기관
에 사법경찰권을 부여하는 것으로 이해하면 된다. 다시 말해 일반행정기관의 소속직
원(예, 일반사법경찰공무원이 아닌 일반공무원)이 특별사법경찰관리의 법적지위를 갖는
것을 의미한다.

특별사법경찰관리 혹은 특별사법경찰공무원이란 삼림, 해사, 전매, 세무, 군수사
기관 기타 특별한 사항이나 분야에 관하여 사법경찰관리의 직무를 행할 자를 의미
한다. 그리고 특별사법경찰공무원은 그 권한의 범위가 법률에 근거하여 부여받은 사
항적(예, 특정업무) 또는 지역적으로 극히 제한되어 있는 특색을 가지고 있다. 다시
말해 특별사법경찰은 그 권한을 행사하는데 있어서 사항적이며 지역적으로 일정한
제한과 한계를 지니고 있다는 점이 하나의 특징이다.

둘째는 특별사법경찰공무원의 지위와 권한문제이다. 특별사법경찰이라고 해서 일
반사법경찰보다 어떠한 특별한 지위를 갖는 것은 결코 아니다. 다시 말해 업무를 수
행하는데 있어서 특수하거나 전문적인 경우로써 경찰청 소속의 일반사법경찰관이
아닌 일반 또는 특정 행정기관의 소속직원으로 하여금 특정한 직무와 관련해 범죄
를 발견할 기회가 일반사법경찰공무원보다 훨씬 많고, 또 나아가서 그 직무를 수행
하는데 있어서 특수한 지식과 경험을 활용하게 되면 일반사법경찰관보다 수사의 실
효성을 발휘할 수 있기 때문에 특정직 직원에게 일정한 '제한적인' 사법경찰권을 부

여하는 것을 말한다.

한편 중앙-지방자치단체와 특별지방행정기관 등과 같은 일반행정기관의 소속 공무원이 주로 특정한 분야와 특별사법경찰사무를 수행한다. 결국 일반사법경찰관이나 특별사법경찰관은 상호간 당연히 관련분야의 범죄수사를 중복적으로 수행하고 있다. 다만 이들 간의 큰 차이점이라면 일반사법경찰관은 모든 범죄를 그 대상으로 수사권을 행사하지만, 특별사법경찰관리는 특정한 분야에서만 발생한 범죄를 대상으로 수사하는 일반적이 아닌 특수한 경우(분야와 역할)에 대한 수사권 행사를 의미한다.

2. 정치와 특별사법경찰의 중립

일반사법경찰의 경우처럼 특별사법경찰의 경우도 정치로부터 독립성을 유지하여야 함은 재론의 여지가 없다. 특별사법경찰은 검사의 지휘를 받아 일반사법경찰처럼 똑같이 자기의 업무범위 내에서 행정범들을 적발하여 조사하고 검사의 지휘하에 영장을 청구할 수 있도록 법률이 그 권한을 부여해 주고 있다. 따라서 어떠한 정치적인 영향으로 부터도 독립성을 유지하는 일은 매우 중요하다고 본다. 문제는 전국적으로 중앙부처나 지방자치단체에 광범위하게 특별사법경찰이 지명되어 있는데, 특히 지방자치단체장은 정치가 출신이 선거에 의해 자기 행정조직을 이끌고 있다. 그러나 단체장은 소속 특별사법경찰이 단속을 많이 하면 할수록 유권자인 시민들의 원성이 늘어날 가능성 때문에 마냥 기뻐만 하지 않을 수도 있다.[8] 그럼에도 불구하고 특별사법경찰 지명자들은 정치적인 중립성을 유지한 채 관할지검의 검사로부터 지휘를 받으며 위법행위를 자행한 행정범들을 철저히 단속해야 하는 과제들을 수행해 나가야 한다.

3. 행정공무원으로서 수사권 행사

앞에서 언급한 바와 같이 수사의 주체로서 특별사법경찰관은 실체적인 진실의 발

---

8) 한국자치경찰연구원, 자치경찰의 특별사법경찰 사무수행 범위에 관한 연구, 2015, pp. 6-7.

견을 위해 적극적이며 능동적으로 범죄를 수사해야 한다. 이 과정에서 특히 국민의
자유와 권리를 보호해야 함은 물론, 적법한 절차에 따라서 엄정하게 수사해야 한다.
비록 이들이 행정공무원으로 행정업무를 수행하면서 행정범을 적발하고 수사업무까
지도 수행해야 한다는 심적 부담을 크게 지니고 있겠지만 늘상 수사과정에서 국민
의 권리를 침해하는 일이 없도록 노력하는 일이 중요하다고 본다. 특히 항상 소관업
무의 전문지식을 함양하며 사회현상의 여러 변화들과 직무와 관련해 여러 가지 범
죄의 동향을 심층적으로 연구하여 가장 합리적이고 적정한 수사를 수행할 수 있도
록 노력하는 데 주의해야 한다.9)

   무엇보다 특별사법경찰공무원들도 해당 법령에 따라서 소관 업무와 직접적으로
관련된 범죄를 수사하는 것을 가장 기본적이며 중요한 사명으로 하기 때문에 항상
관련 법령들을 연구하며 준수해 나가는 일이 중요하다.

4. 인권과 특별사법경찰

   우리시대에서 인권이란 흔히 인간이라면 누구나 누릴 수 있는 당연한 권리 또는
사람이기 때문에 당연히 가지는 권리를 의미하는 것으로 이해되고 있다. 사실 18세
기와 20세기를 거쳐 21세기로 들어오면서 인권의 의미는 시대상황에 따라 변천되어
나왔다. 그럼에도 불구하고 어떠한 시대나 어느 장소에서건 변하지 않는 원칙이 있
는데, 바로 성별, 인종, 신체적 특징 등 어떠한 차이에도 불구하고 모든 인간에게는
동등한 존엄성과 가치, 자유와 권리가 부여되며 어느 누구도, 어떠한 명분으로도 함
부로 인간의 존엄성과 가치, 자유와 권리를 침해하거나 훼손해서는 안 된다는 것이
다.10)

   특별사법경찰공무원들은 항상 엄정하고 엄격하게 그리고 공명정대한 자세로 직무
를 수행하고 있다. 특히 수사과정에서 혹시라도 국민들의 인권을 조금이라도 침해하
는 일이 발생하지 않도록 주의해 나가야 한다. 공권력을 수행하는 사람들은 법을 집
행하는 과정에서 자칫하면 시민의 인권을 침해하는 일이 발생할 수 있음은 물론, 언
제든지 인권침해 문제에 휘말릴 수 있는 사각지대에 놓여 있음을 명심하고 직무에

---

9) 경기개발연구원, 광역자치단체 특별사법경찰의 운영 개선 방안, 2013, p. 4.
10) 김상호·신현기 외 7인, 『경찰학개론』(서울: 법문사, 2006), pp. 310-311.

전념해 나가는 일 또한 중요하다고 본다. 또한 특별사법경찰공무원들은 범법행위를 행하였거나 행하고 있는 행정범들을 단속하고 수사하다보면 그들로부터 인권을 유린당했다는 억울한 주장이 제기될 수도 있다. 특히 행정범들을 조사하다보면 피의자의 방어권 인정을 위해 노력하기도 해야 하는 과제를 동시에 지니고 있다. 무엇보다 특별사법경찰의 업무도 상당부분은 법집행과 인권침해 사이의 매우 위태로운 외줄타기와 같다고 이야기되곤 한다.11) 이러한 특별사법경찰업무의 특성상 특별사법경찰공무원은 그 어느 누구보다 인권에 대한 감수성은 물론이고 법률지식들도 상당히 높아야 하고 시민의 인권을 침해하지 않고도 효과적으로 업무를 집행할 수 있도록 고도의 전문성과 기술을 갖출 필요가 있다.

5. 행정범과 특별사법경찰의 개입

1) 사건에 대한 개입

행정범은 한마디로 행정법을 위반하여 범법행위를 발생시킨 사람을 말하며, 이 경우에 그 관련 분야를 가장 잘 알고 있는 행정공무원으로서 특별사법경찰공무원이 바로 개입하게 되는 것이다.

우선 사법경찰관리의 유형을 보면 다음과 같이 3가지이다. 첫째, 경찰청 소속의 형사소송법 제196조에 따른 경무관, 총경, 경정, 경감, 경위, 경사, 경장, 순경이 있다. 둘째, 검찰청 소속(검찰청법 제47조)의 검찰수사서기관, 수사사무관, 검찰주사, 검찰주사보, 검찰서기, 검찰서기보 등이 있다. 셋째, 특별사법경찰관리(사법경찰관리의 직무를 수행할 자와 그 직무범위에 관한 법률 제5조)인 관할 지검 검사장의 지명을 받은 4~7급 공무원 및 관할 지검 검사장의 지명을 받은 8~9급 공무원이 바로 그것이다.

2) 특별사법경찰의 수사절차

(1) 특별사법경찰의 일반사건 관련 수사절차

일반사건 수사절차의 경우에는 우선 진정서 혹은 점검의 방식을 통해 사건이 접수되고 이것이 범죄사건부에 등재됨으로써 입건이 된다. 그런 후 인지된 사건에 대

---

11) 상게서, 같은 곳.

해 현장조사 등의 수사에 착수하게 되며, 이어서 피의자 신문조서 작성을 하고 그 사안에 따라 기소 혹은 불기소의 여부가 판단되도록 검찰로 송치를 하는 과정이 이어진다.12)

(2) 피의자가 출석을 불응할시 처리절차

특별사법경찰이 직무를 행하는 과정에서 종종 피의자가 출석에 불응하는 경우가 나올 수 있다. 이 경우 지명수배(통보)하는 방법이 있으며 혹은 관할경찰서장에게 의뢰해 전산입력을 통하여 수사를 진행하는 과정을 하게 된다.

(3) 긴급체포 시 처리절차

여기서 긴급체포란 이미 중대한 범죄가 발생되어 있고 시간 관계상 법관의 체포영장을 발부받을 여유가 없을 시에 우선 체포를 한 후 사후에 법원으로부터 영장을 발부받는 제도를 말한다.

(4) 사전영장에 의한 구속사건 처리 절차

사전구속영장제도란 범죄를 발생시킨 피의자가 수사에 응하지 않은 채 도망 중이어서 당장 구속하는 것이 불가능할 경우 그 대응책으로 검찰이 영장을 청구하는 것을 의미한다. 이 제도는 일정기간 동안 법원으로부터 별도로 구속영장을 발부받지 않은 상태로 언제든지 피의자를 긴급 체포하여 구속할 수 있게 하기 위한 것이다. 물론 사전영장의 효력이나 발부절차는 구속영장과 같을 뿐 아니라 유효기간은 판사가 임의로 신청할 수 있도록 하고 있다.13)

(5) 특별사법경찰의 사무집행방식
① 특별사법경찰공무원의 수사권

일반적으로 수사란 범죄가 발생한 이후 사후적으로 국가형벌권의 존부를 확인하고 확정하는 절차이다. 그 본질이 바로 사법작용이다. 우리는 이것을 사법경찰기능이라고 통칭하고 있다. 특히 이 수사기능은 삼권분립의 원칙상 사법부에 속하기 때

---

12) 경기개발연구원, 광역자치단체 특별사법경찰의 운영 개선방안, 2013, p. 9.
13) 서울시정개발연구원, 「특별사법경찰제도의 장기발전 방안」, 2009, p. 27.

문에 검사에게 귀속되는 권한임에도 불구하고 각국에서는 편의상 행정경찰에게 예심판사나 검사의 지휘를 받아 수사를 하도록 사법경찰권을 부여하고 있다. 현실적으로는 일반(행정)경찰이 사법경찰권(작용)에 근거하여 수사경찰 또는 사법경찰의 중복적 지위를 가지면서 법원과 검찰의 지휘하에 형법위반자의 수색(범인색출), 증거수집, 피의자 검거 등의 임무를 수행하고 있다.

② 특별사법경찰권의 집행근거

특별사법경찰(행정)권은 질서유지를 위한 행정작용을 목적으로 하는 경찰권(작용)이다. 일반적으로 특별사법경찰권은 법률에 의한 수권으로 경찰작용이 행사되고 있는데, 이때 수권은 우선 조직법에 의한 수권이 필요하고(정부조직법), 법률에 의한 행정의 원칙에 따라 법률로 규정하고 있다(헌법 제37조 제2항). 이에 대한 좋은 예로 경찰관직무집행법 제3조 이하 및 식품위생법 등은 경찰의 개별적인 작용법적 근거를 정한 것이라 할 수 있다. 법률에 의한 위임명령과 법률의 집행을 위한 집행명령에 의해 행정기관에 경찰작용이 인정되고 있다. 따라서 법률에서 경찰권 발동근거를 명령에서 정할 수 있도록 위임함에 있어서 구체적으로 범위(헌법 제75조)를 정하여 시행해야 한다. 또한 조약에서 경찰권의 근거를 정하는 경우도 있다. 그리고 검사의 지휘하에 공무원에게도 사법경찰기능을 부여하기도 한다. 검찰청은 검사를 통해 사법경찰관에게 명령을 발할 수 있는데, 이에 대한 명령은 주로 형사소송법에 근거하고 있다.[14]

한편 일반공무원에게 특별법에 의해 특별사법경찰권을 부여하고 있지만 특정직공무원으로서 직렬을 구성하고 있지 않다고 해도 기능적인 차원에서 검사의 지휘하에 사법경찰관에게 일반적이 아닌 특별사법경찰기능을 부여할 수 있다.

③ 특별사법경찰공무원의 업무집행 수단

특별사법경찰공무원의 집행수단은 일반적으로 사법경찰공무원과 같이 「사법경찰관리의 직무를 수행할 자와 그 직무범위에 관한 법률」 및 「사법경찰관리집무규칙」에 따른 활동수단 그리고 「특별사법경찰관리집무규칙」에 근거한 활동수단을 가지고 있다. 또한 특별사법경찰공무원은 일반사법경찰공무원처럼 '경찰강제권'을 소지하고

---

14) 한국자치경찰연구원(신현기, 안영훈), 자치경찰의 특별사법경찰 사무수행 범위에 관한 연구, 2015, p. 12.

있는데, 즉 그들은 경찰목적을 위하여 개인의 의사를 무시하고 그의 신체나 재산에 실력을 가하여 질서유지에 필요한 사실상의 상태를 실현하는 일련의 작용을 행할 수 있다.

표 4-1 | 특별사법경찰관리집무규칙(법무부령)상 특별사법경찰관리의 집행수단

제2조 직무의 범위 안에서 범인과 범죄사실을 수사하고 그에 관한 증거를 수집함을 그 직무로 한다. 특별사법경찰관. 특별사법경찰관리는 범죄수사 시 검사의 지휘를 받아야 한다: 제11조 (수사사무 보고); 제12조 (정보보고); 제14조 (단속계획 등 보고); 제18조 (출석요구)(출석 요구서 발부); 제19조 (피의자에 대한 조사사항); 제20조 (참고인의 진술); 제22조 (범죄의 내사); 제23조 (범죄인지보고서); 제24조 (구속영장의 신청); 제26조 (영장의 집행); 제32 조 (긴급체포) 등.

한편 경찰강제권에는 경찰상강제집행, 경찰상즉시강제, 경찰상조사 등이 있으며 '경찰상강제집행'은 사인이 경찰상의 의무를 이행하지 아니한 경우에 경찰기관이 실 력을 행사하여 의무가 이행된 것과 동일한 상태를 실현시키는 경찰강제로써 그 근 거는 일반법상으로는 행정대집행법에 근거하거나, 개별법의 경우는 건축법 등에 근 거하고 있다.

제3절
≫ 특별사법경찰부처와 특별사법경찰(관)리

1. 특별사법경찰 부처

우리나라 특별사법경찰을 총괄 관리하는 대검찰청 형사2과 특사경계의 내부자료 에 따르면 26개 중앙부처에 특별사법경찰이 지명되어 직무를 수행하고 있다. 즉 중 앙부처의 특별사법경찰은 2014년 12월 31일 기준으로 7,566명 정도였다. 중앙부처 의 특별사법경찰 관련 기관 중 가장 많은 인원을 보유하고 있는 곳은 바로 기획재정 부 국세청으로 무려 2,041명 이상이나 보유하고 있었다. 그리고 두 번째로 많은 곳 은 농림축산식품부 국립농산물품질관리원(농관원)이다. 이곳에서는 원산지 허위표시 등 위반사범에 대해 집중적으로 단속하고 있는데, 단속인원이 1,068명이나 되었다. 이에 반해 대통령 경호실의 경우는 단지 4명 정도에 그치고 있다.[15]

본 자료에서 보는 바와 같이 교육부, 통일부, 외교부의 경우는 특별사법경찰을 운영하지 않는 중앙부처들이지만, 그 밖의 부처들도 대부분 운영하고 있으며 점차 확대되는 추세에 있다.

표 4-2 | 중앙부처의 특별사법경찰관리 지명 인원(2014년 12월 31일 현재)

연번	중앙부처 특사경기관	업무분야	인원(명)
1	기획재정부 관세청	관세법 등 위반범죄	456
2	기획재정부 국세청	조세 관련범죄	2041
3	법무부 교도소 등	교도소, 구치소 등 내의 발생범죄	782
4	국방부 기무사 등	군용물, 군사기밀보호법, 병역법 등 위반범죄	326
5	국민안전처	소방기본법 등 위반사범	27
6	문화체육관광부 문화재청	문화재보호법 위반범죄	5
7	문화체육관광부 저작권 보호	저작권 침해에 관한 범죄	32
8	농림축산식품부 농관원	원산지 허위표시 등 위반사범	1,068
9	농림축산식품부 국립종자원	종자사업법 위반범죄	24
10	농림축산식품부 농림축산검역	가축전염병예방법, 식품방역법 위반범죄	163
11	농림축산식품부 농촌진흥청	농약관리법 등 위반범죄	11
12	농림축산식품부 산림청	산림, 임산물, 수렵 관련범죄	264
13	산업통상자원부 광산보안	광산보안법 위반범죄	8
14	산업통상자원부 특허청	부정경쟁행위, 상표법 등 위반범죄	22
15	여성가족부	청소년보호법 위반범죄	15
16	환경부 공원관리	경범죄 처벌법 위반범죄	248
17	환경부 환경청	환경 관련 위반범죄	70
18	고용노동부 노동사무소	근로기준법 위반범죄	890
19	국토교통부 국토관리사무소	도로법 등 위반범죄	68
20	국토교통부 철도공안	철도시설 및 열차 안에서 발생한 범죄	403
21	미래창조과학부 전파관리소	전파법 등 위반범죄	166
22	해양수산부 수관원	수산물 원산지 허위표시 등 위반범죄	104

---

15) 이는 본 연구자가 농림축산식품부 국립농산물품질관리원의 특별사법경찰 관계자와 전화인터뷰를 통해 정리한 자료이다.

23	해양수산부 어업관리단	어업자원보호법 위반범죄	255
24	해양수산부 지방해양항만청	해양환경관리법 등 위반범죄	72
25	식품의약품안전처	식품, 약사, 보건범죄 위반사범	45
26	대통령경호실	경호임무 수행 관련 범죄	4
	합 계		7,566

출처: 대검찰청, 정보공개청구자료(2015년 5월 기준).

2008년 2월 출범했던 이명박 정부는 전국 17개 광역시도에서 모두 특별사법경찰
제를 도입하였으며 활발하게 제도 정착을 위해 노력해 왔다. 그리고 이러한 제도는
2013년 2월 출범한 박근혜 정부와 2017년 5월 출범한 문재인 정부에서도 지속적으
로 강화해 나가고 있다.

표 4-3 | 타 시·도 광역특별사법경찰의 설치 현황(2022. 3. 1)

시도명	신설일자	조 직	인 력	주요업무	직무분야	비고
경기	2009. 3.24	공정국 민생특별사법 경찰단 및 공정특별사법 경찰단 (1국·2과·2단, 33팀)	정원 165명(일반직160, 소방직5)/ 시군 파견인력(정원) 93명 별도(민생특사경 72, 공정특사경 21)/정원 外 인력 현황: 35명(시간선택제 27명, 무기계약 8명)	• 직접 수사 및 송치 • 교육, 특사경 지명 철회 • 각종 단속계획 수립	청소년보호, 식품, 공중, 환경, 의약, 원산지(민생특사경 14개 분야), 공정특사경(15개 분야)	법률 자문 검사 파견
서울	2008. 1. 1	경제수사대/ 안전수사대 (1단 2대 10팀)	85명(시 65명, 자치구 20명)	• 직접 수사 및 송치 • 교육, 특사경 지명 철회 • 각종 단속계획 수립	청소년보호, 식품, 공중, 환경, 원산지, 보건, 개발제한구역, 상표권침해 (16개), 72개 법률	법률 자문 검사 파견
부산	2009. 7. 8	특별사법경찰과 (1과 3팀)	26명 (시 26)	• 직접 수사 및 송치 • 교육, 특사경 지명 철회 • 각종 단속계획 수립	청소년보호, 식품, 공중, 환경, 의약, 원산지(2), 「대외무역법」 원산지표시 (7개)	법률 자문 검사 파견

대구	2008. 3. 5	민생사법경찰과 (1과 2팀)	15명 (시 15)	• 직접 수사 및 송치 • 교육, 특사경 지명 철회 • 각종 단속계획 수립	청소년보호, 식품, 공중, 환경, 약사, 원산지, 자연공원, 개발제한구역, 자동차보험 (9개)	
인천	2008. 8.26	특별사법경찰과 (1과 3팀)	23명 (시 20)	• 직접 수사 및 송치, • 교육, 특사경 지명 철회 • 각종 단속계획 수립	개발제한구역 및 청소년보호 분야 수사, 수산(원산지) 분야 수사, 식품, 공중위생, 의약품, 의료분야 수사 • 농·축산물(원산지) 분야 수사 (9개)	법률 자문 검사 파견
광주	2013. 8. 1	민생사법경찰단 (1과 3팀)	14명 (시 14)	• 직접 수사 및 송치 • 교육, 특사경 지명 철회 • 각종 단속계획 수립	청소년보호, 식품, 공중, 환경, 원산지, 의약 (6개)	법률 자문 검사 파견
대전	2009. 1. 1	민생사법경찰과	15명 (시 15)	• 직접 수사 및 송치 • 교육, 특사경 지명 철회 • 각종 단속계획 수립	청소년보호, 식품, 공중, 환경, 의약, 원산지, 축산물위생 (7개)	
울산	2013. 1. 1	민생사법경찰과	15명 (시 15)	• 직접 수사 및 송치 • 교육, 특사경 지명 철회 • 각종 단속계획 수립	청소년보호, 식품, 공중, 환경, 원산지 (5개)	
강원	2012. 7.27	재난예방과 (민생사법팀)	4명 (도 4)		청소년보호, 식품, 공중, 환경, 원산지 (5개)	
충북	2013. 7.17	사회재난과 (민생사법경찰팀)	5명 (도 5)		청소년보호, 식품, 공중, 환경, 원산지 (5개)	
충남	2008. 9. 1	사회재난과 (민생사법경찰팀)	6명 (도 6)		청소년보호, 식품, 공중, 환경, 원산지, 의약 (6개)	법률 자문 검사 파견

전북	2013.10. 4	특별사법경찰과 (1과 3팀)	13명 (도 13)		청소년보호, 식품, 환경, 의약, 원산지, 축산물 (6개)	
전남	2013. 7.19	안전정책과 (민생사법경찰팀)	4명 (도 4)		청소년보호, 식품, 공중, 환경, 원산지 (5개)	
경북	2013. 7.11	사회재난과 (특별사법경찰팀)	4명 (도 4)		청소년보호, 식품, 공중, 환경, 원산지 (5개)	
경남	2012. 7.17	사회재난관 (민생사법경찰1 담당 민생사법경찰2 담당)	8명 (도 8)		청소년보호, 식품, 공중, 환경, 원산지 (5개)	
제주	2006. 7. 1.	수사과 (1과 3팀)	사법경찰 직무법상 169명 (자치경찰)+도 보건직과 환경직 2명		청소년보호, 식품, 공중, 환경, 의약, 원산지, 수산업법, 어업자원보호법 등 (17개)	
세종	2008. 9. 6	안전정책과 (민생사법경찰 담당	3명 (시 4)		청소년보호, 식품, 공중, 환경, 원산지 (5개)	

※ 제주특별자치도의 경우는 제주자치경찰단 수사과에서 특별사법경찰업무를 담당하고 있음. 제주자치경찰 169명 모두가 법적으로 미리 특별사법경찰 자격을 부여받아 놓고 언제든 전보되어 특사경 직무를 수행할 수 있음.

2. 특별사법경찰(관)리

특별사법경찰(관)리는 「사법경찰관리의 직무를 수행할 자와 그 직무범위에 관한 법률」 제5조에 따라 두 가지로 나누어지는데, 하나는 특별사법경찰관이고 다른 하나는 특별사법경찰리이다. 전자의 경우는 관할 지검 검사장의 지명을 받은 4~7급 공무원이다. 이에 반해 후자인 경우는 관할 지검 검사장의 지명을 받은 8~9급 공무원을 말한다.

3. 특별사법경찰 지명의 의미(상징성과 실용성)

앞 부분에서 언급한 바와 같이 특별사법경찰제는 사회가 급변하면서 초창기의 1차산업 분야뿐 아니라 오늘날에는 3차산업 분야에 까지 범죄행위가 빈번하게 발생하는 관계로 특별사법경찰제의 확대 의미가 날로 커지고 있다. 즉 산업사회가 급격하게 확대 발전되면서 행정법규 위반자들이 날로 증가하고 있는데, 이러한 행정범들을 일반사법경찰이 수사하는 데 있어서 어려움이 많을 수밖에 없다. 즉 행정법 분야의 특수영역들을 일반사법경찰이 담당하는 데는 영역과 사안에 따라 전문성이 부족하여 단속이 어려울 수 있다. 이 때문에 이러한 분야에 정통한 담당행정공무원이 특별사법경찰을 지명받아 행정법규 위반자들을 검사의 지휘를 받아 신속히 체포할 수 있도록 하자는 좋은 제도인 것이다.

이들의 경우 재교육훈련제도의 미비로 인해 수사능력이 상당히 부족한 실정이다. 따라서 서울시 경우에는 아직 미비하기는 하지만 그래도 전담특별사법경찰제도를 실시하는 노력이 나타나고 있다. 즉 특별사법경찰 자리에는 임시적으로 발령받고 특별사법경찰 업무를 수행했는데, 행정업무 수행 겸 특별사법경찰업무까지 2중으로 수행하다 보니 특별사법경찰로 지명되는 것을 꺼리거나 혹은 가급적 빨리 원래 근무하던 자리로 돌아가려는 경향이 심하게 나타나기도 했다. 이러한 문제를 해소하고자 그동안 전담특별사법경찰 담당제도를 시행하자는 의견이 많았다. 이에 서울시는 전담특별사법경찰을 임명하는 제도를 도입하기에 이르렀고 이러한 인원을 점차 늘려 나감으로써 효율성을 높이고자 노력 중이다.[16] 병무청 특사경의 경우는 특사경 업무를 수행하는 직원에게 인사상 승진가산점의 혜택을 주고 있는데, 이는 매우 바람직한 제도로 평가된다. 특사경 업무는 곧 시민들의 안전을 담보하는 일이기 때문이다.

---

16) 신현기, 자치경찰제 시행을 대비한 서울시 특별사법경찰단의 운영실태와 발전방안에 관한 연구, 한국자치경찰학회, 「자치경찰연구」, 제9권 제1호, 2016, pp. 3-8.

제5장 사회와 특별사법경찰

제1절

>>> 시민사회와 특별사법경찰

흔히 시민사회는 이익집단으로 불리어지고 있다. 특별사법경찰과 시민사회인 NGO
는 상호간에 중요한 정보들이 노출될 수 있다는 차원에서 가급적이면 접촉을 꺼리
는 경향이 있다고 알려져 있다.

1. 특별사법경찰로서 여성의 어려움

특별사법경찰제도에서 여성의 역할은 매우 중요하다고 평가되고 있다. 특별사법
경찰로 지명되는 여성의 숫자는 그렇게 많지 않은 편이다. 국가경찰의 경우 일반사
법경찰로서 여성경찰은 중앙경찰학교에서 체력단련 등을 비롯해 8개월간의 강도 높
은 교육훈련을 받고 배치되는데 반해, 특별사법경찰의 경우는 행정공무원으로 근무
하던 중에 갑자기 발령을 받고 특별사법경찰의 직무를 겸하는 경우가 일반적이기
때문에 두 가지의 역할을 수행해야 하는 이중적 부담도 적지 않은 실정이다. 특별사
법경찰의 경우는 교육훈련이 부족한 상태에서 투입되는 경우와 충돌하여 어려움이
적지 않고 어떤 의미에서 보면 적합하지 않을 수도 있다. 특히 행정범들도 이권개입
과 연계된 상태에서 불법행위를 저지른다. 이러한 차원에서 볼 때 경우에 따라서는
잠복근무와 수사를 진행해야 한다는 차원에서 여성이 담당하기에 남성에 비해 어려

움이 상당히 많을 수밖에 없다고 본다. 그럼에도 불구하고 여성의 역할은 또한 매우 중요하며 그 가치가 크게 인정되고 있다.

2. 특별사법경찰로서 여성의 역할과 중요성

우리나라에 1950년대 중반 특별사법경찰제도가 설치되어 본격적으로 발전해오고 있는 동안 대부분의 특별사법경찰은 남성위주로 지명되어 왔다. 그러나 최근 들어 여성 특별사법경찰의 역할이 급속하게 증가하고 있다. 그 이유는 식품분야에서 여성이 많은 회사를 운영하고 있고 이들로부터 불량식품 등 행정범법자들이 다수 발생하고 있다. 이처럼 여성범죄자들이 다수 발생하고 있는데, 남성 특별사법경찰들이 인지 혹은 고발에 의해 수사를 진행하는 경우 인권문제 등 여러 가지 차원에서 녹록지가 않은 경우가 비일비재한 실정이다. 이런 경우 여성 특별사법경찰의 역할이 중요한데, 즉 여성 특유의 섬세성과 부드러움이라는 특수성을 최대한 살려서 체포된 범죄자들로부터 섬세함이라는 특징 때문에 자백을 받아내고 관련 증거를 수집하는 데 있어서 상당히 유리하다는 평가들이 나와 있다.

3. 특별사법경찰내부 의사소통의 문화적 특성

1) 계급제 차원

일반사법경찰은 순경(9급)부터 치안총감(차관)까지 11개의 계급을 유지하고 있다. 이에 반해 특별사법경찰은 법에 따라 9급부터 4급까지 6개의 계급을 유지하고 있다. 2008년부터 서울특별시의 경우 민생사법과(특별사법경찰과)를 출범시킨 후 4급을 과장으로 운영해 왔는데, 2016년부터 단장 시스템으로 확대하고 단장을 3급(단장은 특사경이 아니고 행정책임자임)으로 격상시키게 되었다.[1] 그리고 2명의 4급 과장을 경제수사대장과 경제수사대장으로 각각 임명하여 업무를 추진하고 있다.

---

1) 신현기, 상게논문, p. 11.

2) 수사차원

한편 특별사법경찰의 경우는 국가일반사법경찰보다 직무상에 있어서 훨씬 여유가 있다고 알려져 있다. 특별사법경찰은 행정공무원이라는 신분 때문에 일반사법경찰보다 계급상 차원에서 독립성이 매우 강한 편이다. 특별사법경찰은 때묻지 않았으며 소신 있게 행정범들을 수사하는 특성을 지니고 있다는 것이다. 과거 특별사법경찰의 수사자료들을 보면 기소율도 매우 높았던 것을 볼 수 있다.

제2절
≫ 특별사법경찰의 기강, 복종, 책임성 및 서비스 헌장

1. 특별사법경찰의 기강

전장에서 언급한 바와 같이 특별사법경찰은 일반공무원의 신분을 유지하고 있는 관계로 4급~9급까지[2] 계급별로 직무를 수행하고 있으며 직무상에 있어서 부서의 상관에 대한 명령에 철저하게 따라야 하고 동시에 공무원의 윤리강령 등을 철저히 따라야만 한다. 특히 특별사법경찰의 경우 기강이 바로서지 않을 경우 공직의 기강이 무너지게 되고 징계문제가 발생하게 된다.

2. 특별사법경찰의 복종

일반공무원의 신분을 가지고 특별사법경찰관(리)들이 자신들의 직무와 의무를 다하며 동시에 권리를 행사하고 있다. 또한 특별사법경찰관리의 집무규칙이 마련되어

---

2) 법에서는 4급을 최고위직으로 한정하고 있지만 경우에 따라서는 약간 차이를 보여주고 있는데, 예를 들어 제주자치경찰단장의 경우는 3급 경무관급으로 승격되었고, 또한 2016년부터 서울시 민생사법경찰단의 경우도 기존의 4급을 과장으로 최고위직에 두었으나 최근 3급 부이사관급으로 단장을 승격시켰다. 그러나 이는 행정적 관리자 차원이지 원래 특별사법경찰의 장은 4급으로 보하고 있다는 점을 분명히 할 필요가 있다.

있기 때문에 이 규칙을 잘 따르면서 그 매뉴얼에 따라 직무를 수행하면 아무 문제가 없을 것이다. 그리고 특별사법경찰을 이끌고 있는 단장, 과장, 혹은 대장의 지시에 따라 의무에 전념하는 일이 매우 중요하다.

3. 특별사법경찰의 책임성

특별사법경찰관(리)들도 일반사법경찰과 직무수행상 별반 다르지 않은데, 예를 들어 환경사범을 조사할 경우 관련법을 토대로 환경부 지침 등에 따라 소신 있게 수사하는 매뉴얼에 따르고 있다. 또한 수사준칙의 경우도 일반사법경찰의 수사절차 등과 같은 방식을 취하고 있다. 특히 지방자치단체들의 경우는 검찰청 산하에서 부장검사가 파견 나와 있기 때문에 특별사법경찰이 수사한 내용을 바로 스크린해 준 후 검찰에 송치하는 프로세스에 따르고 있다. 이 때문에 기소율이 높은 편이다. 특별사법경찰은 자기 업무영역에서 발생하는 행정범죄에 대해 가장 잘 적발해 낼 수 있는 능력을 지니고 있다. 특히 평상시에 다루고 있는 업무이므로 그 내용도 신속하게 파악할 수 있는 위치에 서 있다. 더욱이 일반공무원의 신분을 유지하고 있기 때문에 공무원의 청렴성을 요구받고 있다는 차원에서 책임성도 매우 강하다는 큰 장점을 지니고 있다.

4. 철도특별사법경찰의 서비스 헌장

철도특별사법경찰대의 경우는 고객을 섬기면서 철도공간에서 발생하는 각종 범죄에 대해 철저하게 대비한다는 차원에서 철도특별사법경찰대 서비스 헌장을 강조하고 있다. 이는 모든 공직에서 공무원들에게 요구되는 필수요소로서 아무리 강조해도 부족함이 없는 것이다.

1) 철도특별사법경찰대 서비스 헌장

철도특별사법경찰의 경우는 다음과 같이 서비스 헌장을 강조하면서 공직을 수행하는 철도특별사법경찰로서 자신의 직분에 충실하고 있는 것으로 평가된다.[3]

---

3) 본 자료는 본 연구자가 한국철도공사를 방문하여 구한 홍보자료를 참조한 것임(2015).

철도특별사법경찰대(이하 "철도경찰대"라 함)의 서비스 헌장을 개정하여 철도교통을 이용하는 모든 국민이 안전하고 쾌적한 여행을 할 수 있도록 다음과 같이 실천하겠습니다. 그 내용은 다음과 같다.

"하나. 모든 민원은 친절하고, 신속·공정하게 처리하겠습니다.

하나. 국민감동 수준의 철도치안 서비스를 제공하겠습니다.

하나. 철도시설 및 역구내, 열차 안의 사건·사고를 예방하고 불법행위는 단호하고 엄정하게 처리하겠습니다.

하나. 잘못된 업무처리는 즉시 확인하여 바로잡겠습니다.

하나. 국민과 함께하는 철도치안 파수꾼이 되겠습니다.

우리는 이와 같이 최상의 철도치안 서비스 제공을 위하여 서비스 이행표준을 정하고 전체 직원이 성실히 실천할 것을 약속드립니다"라는 내용이다.

위와 같이 철도특별사법경찰은 400명이 훨씬 넘는 거대 특별사법경찰조직을 운영하는 기관답게 서비스 헌장을 공표하고 시민들을 섬기며 동시에 시민의 안전을 위해 최상의 서비스를 제공하겠다는 의지를 강하게 내보이고 있다.

2) 서울시 민생사법경찰단의 서비스 헌장

서울시 민생사법경찰의 경우 전국 광역시·도자치단체 중에서 민생사법경찰(특별사법경찰)을 120~130여명으로 운영하고 있다. 이는 전국 광역지방자치단체 중 가장 큰 조직인 동시에 그 활동도 가장 활발한 곳이다. 특히 2015년과 2016년에 걸쳐 변호사 자격증 소지자 10명(6급 행정직 부여)과 경위급 이상의 국가경찰 수사관이나 검찰수사관 출신의 수사경력자 10명 등 총 20명을 선발하기도 했다. 그럼에도 불구하고 서울시 민생사법경찰은 아직까지 철도특별사법경찰대에 버금가는 국민을 위한 서비스헌장을 가지고 있지 못한 상태이다. 이제라도 서울시 민생사법경찰(단장 3급)은 그 위상에 걸맞도록 (가칭)서울시 민생사법경찰 서비스 헌장을 마련하는 것도 나쁘지 않다고 본다. 이들의 수행업무는 시민들의 인권을 다루는 직무이기 때문에 더욱 서비스 헌장을 마련해야 한다는 당위성을 요구받고 있다.

5. 매스미디어와 특별사법경찰

2008년 서울특별시 차원에서 전문직 특별사법경찰단이 탄생하기 전에도 물론 시청과 각 25개 구청에는 특별사법경찰관(리)들이 지명되어 있었다. 그러나 활동은 매우 미미하였다. 2008년부터 2014년까지 전국의 17개 광역시도에도 모두 특별사법경찰단이나 과(課) 혹은 센터 아니면 최소한 팀형태로 라도 모두 설치 완료하고 본격적인 단속활동에 들어가 많은 단속실적들을 산출해 내었다. 그동안 매스컴을 통해 전국의 각 지방자치단체 별로 단속된 사건들이 무수히 알려지고 있다.

한편 대검찰청에서 종합한 광역자치단체 중심의 특별사법경찰공무원들이 업무수행 결과 송치된 실적 통계는 2014년 말 기준으로 46,400여건에 달했다. 이러한 사건들에 대한 대부분의 특별사법경찰의 단속실적들은 중앙 혹은 지역방송 TV와 지역신문들에 의해 보도되고 있다. 특히 지역별로 특별사법경찰이 단속하는 대상들에 대해 매스컴이 먼저 인지하고 보도한 경우에도 특별사법경찰이 바로 단속에 들어가 적발하는 등 상호간에 밀접한 협력 공조 관계도 이루어지고 있다.

표 5-1 | 시·도의 특별사법경찰관리 업무이행 실적(2017. 12. 31 대검찰청)

연번	기관명	업무분야	인원	송치실적	
				건	명
1	서울특별시	식품, 공중위생 등 관련 범죄	858	5,384	5,727
2	부산광역시	〃	428	2,259	2,568
3	인천광역시	〃	379	3,351	3,587
4	대구광역시	〃	210	1,454	1,657
5	대전광역시	〃	253	809	873
6	광주광역시	〃	215	1,425	1,561
7	울산광역시	〃	240	839	970
8	세종특별자치시	〃	35	52	55
9	경기도	〃	1,345	10,354	11,363
10	경상남도	〃	684	2,338	2,592
11	경상북도	〃	788	3,021	3,305
12	충청남도	〃	702	3,420	3,608
13	충청북도	〃	499	1,775	1,955

14	전라남도	〃	695	1,932	2,107
15	전라북도	〃	361	1,630	1,770
16	강원도	〃	603	1,175	1,295
17	제주도	〃	96	825	998
합 계			8,391	42,043	45,991

출처: 〈특허청 공무원에게 특허 · 디자인 등 침해범죄 사법경찰권 부여〉, ■ 홍의락 의원 대표발의(의안번호 제12040호), 국회 의안자료: 검색일: 2018. 10. 5 및 특허청〈신현기 · 안영훈 외 2인〉, 2018: 13 참조.

경기도 특별사법경찰의 경우 관할 지역이 매우 광범위 하며 지역거주 인구도 1,200만명에 달한 관계로 사건이 많을 수밖에 없는 특징도 지니고 있다. 두 번째는 서울특별시인데, 2016년을 기해 조직의 경우도 기존의 과에서 단으로 격상시키고 하부에 2개의 과를 새로 설치하는 것을 비롯해 특별사법경찰공무원의 인력도 대폭 증원

표 5-2 | 경기도 특사경의 2020년 민생범죄 분야별 범죄자 처분결과

(2020년 사건~2021.4.30. 검찰 송치 기준/단위: 건 수)

처분결과 \ 분야		합계	가축방역	개발제한구역	계량기	공원관리	공중위생	과적도로	관광	농약비료	대부업	대외무역	동물보호	문화재	방문판매	부동산	부정경쟁	사회복지	산림보호	석유대체	소방	수산	식품	안전	운수산업	원산지표시등	의약	자동차	저작권	종자관리	청소년보호	하천	할부거래	해양	환경
불기소		531	0	20	0	0	14	0	1	15	3	0	23	0	5	15	0	3	0	29	0	120	0	37	53	20	0	0	4	1	5	0	1	162	
기소	자유형 징역	12	0	1	0	0	0	0	0	0	7	0	0	0	0	0	0	0	0	0	0	1	0	0	0	0	0	0	0	0	0	0	1	2	
	자유형 금고	0	0	0	0	0	0	0	0	0	0	0	0	0	0	0	0	0	0	0	0	0	0	0	0	0	0	0	0	0	0	0	0	0	
	자유형 구류	0	0	0	0	0	0	0	0	0	0	0	0	0	0	0	0	0	0	0	0	0	0	0	0	0	0	0	0	0	0	0	0	0	
	재산형 벌금	635	0	45	0	0	17	0	7	16	3	0	9	0	2	20	0	0	0	68	1	100	0	14	48	32	0	0	0	1	21	0	21	210	
	재산형 과료	0	0	0	0	0	0	0	0	0	0	0	0	0	0	0	0	0	0	0	0	0	0	0	0	0	0	0	0	0	0	0	0	0	
	재산형 몰수	0	0	0	0	0	0	0	0	0	0	0	0	0	0	0	0	0	0	0	0	0	0	0	0	0	0	0	0	0	0	0	0	0	
	자격형 자격상실	0	0	0	0	0	0	0	0	0	0	0	0	0	0	0	0	0	0	0	0	0	0	0	0	0	0	0	0	0	0	0	0	0	
	자격형 자격정지	0	0	0	0	0	0	0	0	0	0	0	0	0	0	0	0	0	0	0	0	0	0	0	0	0	0	0	0	0	0	0	0	0	
	기타 무죄	3	0	0	0	0	0	0	0	0	0	0	0	0	0	0	0	0	0	0	0	0	0	0	0	0	0	0	0	0	0	0	0	3	
	기타 기타판결	4	0	0	0	0	0	0	0	0	0	0	0	0	0	0	0	0	0	0	0	0	0	0	0	0	0	0	0	0	0	0	0	2	
합계		1,185	0	66	0	0	31	0	8	31	13	0	32	0	7	35	0	3	0	97	1	222	0	51	102	52	0	0	4	2	26	0	23	379	

출처: https://www.gg.go.kr/gg_special_cop/gg_special_cop_information?v_mode=detail&ggd_p_id=4163831 (검색일: 2021.12.15.); 최미옥, 특별사법경찰의 조직현황과 성과분석: 경기도 특별사법경찰단을 중심으로, 「특별사법경찰연구」, 제2권 제1호(2002년 2월 통권 제2호), p. 29.

하면서 단속을 강화하였다. 전장에서 소개했듯이 2021년 8월에는 수사1과와 수사2 과를 수사대로 명칭변경하였다. 즉 수사과장도 수사대장으로 명칭을 변경했다.

경기도 특별사법경찰의 경우 가장 큰 지역을 관할하는 특징을 가지고 있으며 식품, 공중, 환경, 의약, 원산지, 청소년 분야에서 활발한 특별사법경찰업무를 수행해 나가고 있다. 예산의 경우 당연히 전액 도비를 투입하고 있는데, 시행 첫해인 2009 년에 8억 7,000만원이었다. 또한 2015년의 경우 9억 9,600만원으로 점차 증액되었다. 경기도 특별사법경찰의 경우 2022년도 예산 규모는 171억원이다. 지난해인 2021 년 본예산(216억원) 대비 44.4억원이 감소하였다. 하지만 이 171억 예산은 공정국 의 공정경제과와 조세정의과의 예산을 모두 합친 예산이다. 따라서 순수 경기도 특별사법경찰의 예산은 24억 5,000만원이다.

한편 서울시의 특사경은 2008년에 설치되어 활발하게 활동을 펼쳐 나가고 있다. 서울시 특사경의 예산은 매년 증액되는 추세를 보여준다. 2002년 2월 현재 10억원 이 넘어가는 예산이 책정되었다. 2022년 예산은 다음에서 보는 바와 같이 10억 9,000 만원을 약간 넘어가고 있다.

표 5-3 | 서울시 특별사법경찰의 재원별 및 연도별 예산 현황

(단위: 천원)

정책/단위/세부사업별	2022 예산	2021 예산	비 고	
			증감	비율(%)
총 계	1,090,394	1,233,207	△142,813	△11.6
민생사법경찰 활동강화를 통한 안전도시 서울	939,126	1,087,945	△148,819	△13.7
민생사법경찰 업무활성화	939,126	1,087,945	△148,819	△13.7
특별사법경찰 직무역량강화	28,648	27,285	1,363	5.0
특별사법경찰 활동 활성화 지원	813,492	896,877	△83,385	△9.3
특별사법경찰 수사 전산 시스템 구축 및 운영	96,986	163,783	△66,797	△40.8
행정운영경비	151,268	145,262	6,006	4.1
기본경비	151,268	145,262	6,006	4.1

출처: 서울시 특별사법경찰단, 내부자료(서울시 의회 자료실, 2022년 2월).

6. 일반사법경찰과 특별사법경찰의 관계

1) 일반범죄를 수사하는 일반사법경찰과 특정분야를 수사하는 특별사법경찰

전장에서도 언급하였듯이 특별사법경찰이란 일반사법경찰의 경우처럼 사법경찰이라는 점에서 양자간에 원칙적으로 차이가 없다. 따라서 특별사법경찰의 경우도 피의자 조사, 압수, 수색, 영장신청 등 일반사법경찰로서의 모든 권한을 행사한다는 점에서 큰 의미를 지니고 있다. 특별사법경찰의 직무는 법에 근거한 직무범위 내에서 그리고 행정업무의 범위 내에서 범인을 인지하고 수사하여 체포하며 증거를 수집하는 것이 주요 직무이다. 무엇보다 형사소송법에 근거하여 담당 검사로부터 수사상의 지휘를 받아 수사를 종결할 때에는 관할 지방검찰청 검사장 혹은 검찰에 사건을 송치해야 하기 때문에 일반사법경찰의 직무수행과 완전히 동일하다. 물론 형사소송법이 개정되어 2021년부터는 사건이 경미한 경우에 한해 경찰에서 수사를 종결하기도 한다. 부언하면 형사소송법 상 수사에 관한 업무영역은 일반사법경찰뿐만 아니라 특별사법경찰에게도 동일하게 적용된다는 점에서 큰 의미를 지니고 있다. 이는 곧 특별사법경찰이 행정업무를 수행하면서 피의자 신문, 체포, 구속, 압수, 수색, 검증 등과 같은 수사상 강제처분을 행할 수 있는 법률상의 주체가 된다.

다만 일반사법경찰은 한마디로 모든 범죄에 대해서 수사권을 행사하는데 반해 특별사법경찰은 일부 정해진 범죄에 대해서만 수사권을 행사하는 것으로 그 직무와 범위가 사항적·지역적으로 제한되는데 그치는 것이 큰 차이점이다. 여기서 주목할 것은 극히 예외적으로 근로감독관(근로기준법 제108조)과 관세공무원(관세법 제200조 제2항)에게는 그 범죄의 특수성을 고려해 전속적 수사권을 부여해 주고 있다. 그 밖의 특별사법경찰은 일반사법경찰과 경합적으로 수사권을 가지는 경우가 대부분이다.[4] 또한 특별사법경찰은 직무를 수행하면서 인권침해를 방지하고 범죄수사에 관한 직무상의 준칙을 명시하여 수사의 효율성을 높이기 위해 이른바「특별사법경찰관리 집무규칙」이 별도로 적용되고 있다. 그럼에도 불구하고 특별사법경찰에게는 범죄수사시 각 소속 행정관서에서 제정한 훈련, 예규 등의 행정규칙이 있을 경우「특별사법경찰관리 집무규칙」보다 우선적으로 적용되고 있다.

---

4) 경기개발연구원, 광역자치단체 특별사법경찰의 운영개선 방안, 정책연구 2013-13, p. 10.

본 연구의 전장에서도 언급했듯이 특별사법경찰은 삼림, 해사, 전매, 세무, 군수사 기관, 기타 특별한 사항에 관해 사법경찰관리의 직무를 수행할 자를 말하는데, 그 직무의 범위는 법률로 정하고 있으며, 「사법경찰관리의 직무를 수행할 자와 그 직무범위에 관한 법률」이 바로 그것이다. 특별히 이 법은 형사소송법 제245조의10(특별사법경찰)에 규정하고 있는 사법경찰관리의 직무를 수행할 자와 그 직무범위를 구체화하는 것을 목적으로 하고 있다. 동시에 50여 종류의 특별사법경찰을 규정하고 있고 대부분의 특별사법경찰은 위 법률에 근거를 두고 행해지고 있다.

2) 일반사법경찰과 특별사법경찰 간 역할 분담의 전문성과 효율성

여기서 주목할 것은 일반사법경찰의 경우 일반 형사범죄에 집중해야 하는 관계로 인력이 매우 부족한 실정이며 행정법규 위반의 수사를 위한 별도의 조직이 마련되어 있지 않은 실정이다.

우리나라 전국을 단위로 해서 볼 때, 일반사법경찰의 수사권이 미치기 어려운 특정지역과 시설, 특정범죄 수사시에 전문지식과 특정분야의 업무처리에 특별한 경험을 축적하고 있는 특별사법경찰과 역할을 분담하는 것이 업무의 전문성, 효율성, 그리고 사무의 집중도 차원에서 큰 장점이 된다. 이러한 차원에서 우리나라는 위 법률에서 일반사법경찰의 경우 각종 범죄에 전문성과 조직을 집중시키고 특별사법경찰은 행정법규 위반에 대해 지방자치단체의 조직력과 전문성을 집중시키고 있는 것이다.

제6장

행정공무원으로서의 특별사법경찰

》》 일반행정공무원의 전문직으로서 특별사법경찰과 부패 및 일탈

1. 전문직으로서 특별사법경찰

우리나라 인사혁신처(처장: 차관급)에서는 공무원들을 모집·선발 관리하는 역할을 수행하고 있다. 모든 공무원들은 이곳에서 직렬별로 각각 모집하고 있다. 그러나 특별사법경찰의 경우는 그 직위가 아직까지 공식적인 직렬에 들어가 있지 않기 때문에 이른바 전문직으로서 특별사법경찰관(리)를 모집하는 제도는 존재하고 있지 않다. 그동안 일반행정직공무원이 특별사법경찰관(리)로 갑자기 지명을 받아 근무하다보니 적응이 잘 안되고 기회만 되면 다시 자기가 소속되어 있는 원래의 부서로 되돌아 가기를 원하고 있다. 이러한 문제로 인해 업무가 제대로 기능하지 못한다는 비판이 많았다. 이 문제에 대한 해결방안으로 특별사법경찰도 인사혁신처를 통해 전문직으로 선발 임용해야 한다는 주장들이 끊임없이 제기되어 왔다.

유일하게 국토교통부에서 운영하고 있는 철도특별사법경찰관(리)의 경우만 인사혁신처의 주관하에 공안직렬로 모집할 수 있도록 제도화되어 있다. 여기서 선발된 후 국토교통부 산하 한국철도공사에 근무하도록 하고 있다. 이곳 한국철도공사에 근무하는 특별사법경찰관(리)만이 인사혁신처의 공안직렬로 임명되는 공무원에 해당하고 나머지 중앙정부기관이나 지방정부기관에서 근무하는 특별사법경찰공무원들은 모두 기존의 일반행정직공무원 중에서 특별사법경찰공무원으로 지명되어 근무하다가 일정기간 후 다시 평상시 행정공무원의 보직을 받아 복귀하게 되는 제도로 운영 중에 있으므로 이를 개선하는 방법은 인사상에 승진 가점제도를 만드는 것이 필요하다고 본다.

2. 지명직으로서의 특별사법경찰

전장에서 살펴본 바와 같이 특별사법경찰은 원래부터 법률에 의해 당연히 특별사법경찰업무를 수행하는 형태가 있고 지방검찰청 검사장의 지명에 의해 특별사법경찰의 직무를 수행하는 행정직공무원이 있다. 그럼에도 불구하고 지명 방법에 있어서만 단순 차이가 있을 뿐, 그 밖의 자격이나 직무상에 있어서 그들은 상호간 거의 차이가 없다. 다시 말해 일반사법경찰이든 특별사법경찰이든 검사의 지휘를 받아 사법경찰 업무를 수행한다는 차원에서 서로 그 어떠한 차이는 없다. 특별사법경찰은 단지 직무의 범위와 사항이 일반사법경찰에 비해 일정한 제한이 있다는 점만 다소 차이가 있을 뿐이다. 향후 정부기관이든 지방자치단체에서 기능하고 있는 특별사법경찰제도상에서 특별사법경찰관리의 숫자는 지속적으로 증가할 가능성이 매우 높아지고 있다.

3. 중앙정부기관 특별사법경찰의 일탈행위

박근혜 정부는 2016년 초에 17개부, 3처 및 18청을 유지하고 있었다.[1] 이 부처 중에 교육부, 통일부, 외무부만 특별사법경찰을 운영하지 않고 나머지 모두는 특별사법경찰을 운영하고 있다. 2017년 5월 10일 취임한 문재인 정부에서도 똑같다. 전장에서도 언급했듯이 우리나라에 특별사법경찰제가 도입된 것은 1956년이며 지금까지 중앙부처 소속의 특별사법경찰들이 부패나 일탈행위를 발생시켜 언론에 등장한 경우는 거의 없었다는 점이 특이하다. 이는 특별사법경찰들에게 내부적으로 윤리규정을 마련하고 그 윤리강령에 따라 교육이 진행되어 왔던 결과에 기인한 것으로 보

---

1) 신현기, 『경찰조직관리론』(파주: 법문사, 2016), p. 115.

여진다. 물론 특별사법경찰이라서 일탈행위가 없다는 이야기는 아니고 일반적 상황과 시각에서 볼 때 일탈행위가 별로 없었다는 이야기이다.

4. 지방정부기관 특별사법경찰의 일탈행위

우리나라 전국에는 세종특별자치시를 포함하여 17개 광역시·도가 존재하는데, 특히 시·군·구 단위에서 특별사법경찰관(리)를 지명해 온 역사가 매우 오래되었다. 그럼에도 불구하고 일반행정직공무원들이 특별사법경찰 업무를 수행해 왔으며 아직까지 지방정부기관 특별사법경찰관(리)들의 일탈행위는 언론 등에 노출되거나 뉴스화 된 경우가 거의 없음을 알 수 있다. 이는 국가경찰로서 일반사법경찰관들이 일탈행위로 인해 언론에 자주 등장하는 모습과는 사뭇 다른 모습이라고 할 수 있다.

┌─│제2절│────────────────────────────
│ ≫ **특별사법경찰직무에서의 스트레스와 갈등해결**
└─────────────────────────────────

특별사법경찰의 경우도 일반행정공무원으로서 직무를 수행하다 보니 자기고유의 행정업무와 특별사법경찰업무를 동시에 수행해 나가야 하는 특징을 지니고 있다. 이러한 직무수행 과정에서 스트레스를 적지 않게 받고 있는 실정이다. 또한 직원들 간의 상호 직무상 스트레스도 빈번하게 발생하고 있다고 인식된다. 특히 특별사법경찰이란 일반행정직공무원으로 입직하여 직무 중에 갑자기 특별사법경찰로 발령을 받게 되는 데서 오는 스트레스도 만만치 않을 것이다.

일반사법경찰의 경우는 제도상 스트레스 해소방안을 위해 직장내 동아리 활동이라든가 혹은 스트레스에 시달리는 경우 트라우마 상담센터 등이 설치되어 있어 상담서비스를 받을 수 있다. 따라서 향후 국가기관의 특별사법경찰이나 지방자치단체의 특별사법경찰관(들)에게도 이와 관련된 시설과 기회를 함께 제공하는 노력이 요구되고 있다.

1. 특별사법경찰공무원의 사생활

특별사법경찰관(리)들의 경우도 다른 행정직공무원들처럼 사생활이 보호되어야 하며 인간으로서 기본권리를 향유하여야 한다. 이와 반대로 특별사법경찰공무원들은 자기 부서의 행정법 위반자들을 적발하여 수사하고 검사의 지휘를 받아 사건을 처리하는 과정에서 사건 관련 시민들의 사생활을 적극적으로 보호해 주는 임무도 중요한 과제 중 하나다. 특히 수사상 공무원들은 자신의 수사직무상 취득하게 된 비밀에 대해 절대로 누설해서는 아니 되는 의무를 지켜야 한다.

2. 특별사법경찰공무원의 영리행위와 겸업금지

어느 공무원을 막론하고 모든 공무원들은 본연의 의무사항으로 영리행위와 겸업금지 의무를 철저하게 지켜야 한다. 행정공무원으로서 특별사법경찰들은 자기의 직무에만 전념해야 하는 중요한 의무를 지고 있기 때문에 절대로 영리행위를 행해서는 아니 되며 동시에 자기 공직상의 근무에만 전념해야 하는 의무를 지고 있어 겸업금지를 요구받고 있다. 특별사법경찰공무원들은 본의 아니게 일탈행위를 행한 경우 징계규정에 따라 처벌받게 됨은 당연하다.

3. 특별사법경찰공무원의 인권보호

1) 인권보호 노력

서울시 특별사법경찰공무원들의 경우도 행정범들의 적발과정에서 행정범법자들의 인권보호를 위해 윤리강령을 마련하고 지속적인 재교육을 받고 있다. 그리고 특별사법경찰의 주요 업무가 일반사법경찰들처럼 범법자들을 적발하여 수사하는 임무를 핵심으로 하다보니 다른 한편에서 관련 범법을 저지른 시민들의 인권보호에도 게을리해서는 안된다.

2) 인권침해 소지의 차단

법무부는 2000년 4월 20일 사법경찰관리직무집행법 제5조에 따라「특별사법경찰관리 지명절차 등에 관한 지침」을 마련했다. 이뿐만 아니라 곧 이어서 2003년 6월에는 일반사법경찰의「사법경찰관리집무규칙」을 준용하는 대신 이른바「특별사법경찰관리집무규칙」을 제정 및 운영하고 있다. 더 나아가서 법무부는 지검검사장이나 지청장에게 특별사법경찰의 지명 제청방법, 지명기간, 지명심의기준, 지명철회, 직무교육의 실시 등에 대한 내용들을 시달하면서 관리해 오고 있다.

한편 법무부와 검찰청은 특별사법경찰 업무의 효율적인 수행을 위해 특별사법경찰의 업무처리 실적, 수사 적정여부를 분석하여 지명을 철회하거나 인원을 조정하는 등 특별사법경찰관리에 대한 지명을 재조정하였는데, 즉 1년에서 "사법경찰관리로 지명 받아 그 직무를 수행하는 기간"이라고 개정함은 물론 빈번한 지명갱신의 불편을 해소하기 위한 수사경험의 축적과 전문화의 가능성을 제고하자는 차원에서 관련 정책을 시행해 왔다.[2]

또한 특별사법경찰관리를 지명하는데 있어 부적격자의 심의기준들을 만들고 200만원 이상의 벌금형이 확정된 고의범과 직무관련 범죄로 기소유예 이상의 처분을 받은 자 등은 지명부적격자로 정하는 대안도 마련했다. 그리고 벌금 200만원 미만의 형사처벌을 받은자와 징계처분을 받아 3년을 경과하지 않은 자 등은 직무취급 관련 부적격자로 분류하는 대안도 마련했다. 특별사법경찰 지명서에는 직무범위를 명시하게 했으며 월권행위의 방지, 직무집행과 관련된 부당행위에 대한 징계 등 부당행위를 저지른 특별사법경찰은 지명철회시 재차 특별사법경찰로 지명될 수 없도록 명기했는데, 이는 특별사법경찰의 높은 도덕적·윤리적 차원을 강화한 것으로 인식된다.

또한 적정한 지명인원을 조정하기 위해 기관별 특별사법경찰의 사건처리실적을 고려하기도 하는 동시에 특별사법경찰의 직무교육향상을 위해서 관할 지검장에게 매년 1회 이상 특별사법경찰의 직무교육을 의무적으로 실시하도록 했다. 특히 관할 지역 내의 특별사법경찰관리에 관한 체계적인 효율성을 높이고자 전담검사의 적극적인 수사지휘, 합동단속반 운용과 교육, 감독체계의 강화정책을 추진하는 동시에

---

2) 안영훈, 특사경의 전문성 강화와 발전방향 모색, 한국특별사법경찰학회 창설기념 세미나 자료집, 2012, p. 46.

특별사법경찰의 수사직무 지휘감독 과정에서 그리고 인권침해 요소 측면에서 집중적인 감찰을 수행함으로써 인권침해 사례가 발생하지 않도록 집중하고 있다.

무엇보다 2003년 6월 제정된 「특별사법경찰관리집무규칙」은 특별사법경찰이 직무수행 중인 수사과정에서 반드시 지켜야 할 집무상 준칙을 명시한 것이며, 동시에 가장 중요한 것은 특별사법경찰의 직무범위 및 한계를 정해 인권침해의 소지를 원천적으로 차단하기 위해 제정했다는 점에서 큰 의미를 찾을 수 있다. 본 규칙의 주요 내용은 국민자유 존중, 인권침해 방지 등의 의무가 명시되었다는 점이다. 이상을 정리해 볼 때, 특별사법경찰의 경우 수사상에서 시민들에 대한 인권침해를 사전에 방지해야 하다는 기본규칙을 확고하게 유지하고 있음을 알 수 있다.

제 7 장

중앙정부와 지방자치단체 특별사법경찰의 운영 실태 분석

1. 중앙행정기관 소속 특별사법경찰

아래에서는 중앙행정기관에서 설치 운영하고 있는 특별사법경찰 중 타 기관에 비해서 비교적 지명인원이 많으면서 동시에 행정범들에 대한 사건의 적발과 조사 및 처리 건수가 많은 특별사법경찰 현황과 운영 실태를 심층적으로 검토해 보는데 초점을 두었다.

2. 지방자치단체 소속 특별사법경찰

2013년 2월에 출범한 박근혜 정부는 우리 사회의 안전 기조를 4대악 척결에 두었다. 특히 가정폭력, 성폭력, 학교폭력, 불량식품이 바로 그것이다. 박근혜 정부는 반드시 위의 4대악을 뿌리 뽑겠다는 것이었다. 다시 말해 한국사회를 병들게 하는 위의 4대악을 반드시 잡고 사회의 안전을 유지하여 국민 모두가 편안하게 삶을 영위할 수 있도록 하겠다는 것이다. 이에 따라 박근혜 정부는 당시 안전행정부를 중심으로 2014년까지 전국의 17개 광역시·도 차원에서 특별사법경찰단 혹은 사법경찰과를 출범시키도록 적극적으로 지원한 결과 100% 완료하게 되었다. 물론 노무현 정부인 2006년 제주자치경찰단 민생사법경찰과가 출범했다. 이어서 이명박 정부인 2008년부터 2012년까지 서울시(08. 1), 대구시(08. 3), 경기도(09. 3), 부산시(08. 7), 인천시(08. 8), 충청남도(08. 9), 세종시(08. 10), 대전시(09. 1), 강원도(12. 7), 경상남도(12. 7) 등이 특별사법경찰 조직을 광역시도단위에서 전격적으로 출범시켰다. 이어서 박근혜 정부가 출범한 2013년에 울산시(13. 1), 충청북도(13. 7), 경상북도(13. 7), 광주시(13. 8), 전라남도(13. 9), 전라북도(13. 9) 등 전국의 모든 17개 광역시·도가 특별사법경찰 조직을 직접 운영하게 되었다.[1]

그 이유는 이미 1956년 우리나라에 최초로 특별사법경찰 조직이 출범한 이후, 특히 지방자치단체 차원에서는 기초 시·군·구 단위의 산림, 건축, 환경, 위생 분야 등에서 이미 특별사법경찰들이 지명되어 활동해 오고 있었다. 하지만 이들은 행정공무원으로서 자기 본연의 직무 이외에 특별사법경찰업무까지 동시에 수행해야 하는 부담이 컸다. 나아가서 법률적 지식이나 특별사법경찰 관련 직무교육 시설 및 프로그램 등이 부족하여 업무추진 결과에서 볼 때, 그다지 효율적이지 못했다. 주로 국가경찰이나 검찰에 고발하는 경우가 많았다는 비판이 적지 않았다. 이를 극복하고자 시·도는 일정수의 광역시·도공무원과 기초시·군·구 공무원을 특별사법경찰관(리)로 지명해 업무를 활성화시키게 된 것이다. 일반사법경찰은 형법범을, 그리고 특별사법경찰은 행정공무원이면서 수사권을 부여받아 행정법 위반자들을 적발하여 처벌하는 업무를 수행하고 있다. 2008년부터 2015년까지 광역시·도 차원의 특별사법경찰들이 적발한 행정범죄 적발 및 검찰송치 건수는 눈에 띠게 높은 편이다.

이러한 배경에 주목하면서 아래에서는 국가기관과 지방자치단체에서 운영하는 특별사법경찰제에 관한 사례들을 심층 분석한다.

3. 환경부 특별사법경찰

1) 환경부 특별사법경찰권

1990년에는 우리나라 환경처(현, 환경부)와 각 시도의 환경담당공무원들에게 환경

---

1) 한국형사정책연구원(박경래, 승재현, 신현기, 김도우), 특사경 전담조직 활성화 방안에 관한 연구, 2012, p. 45; 한국지방행정연구원, 지방자치단체 특별사법경찰 운영실태 및 발전 지원방안 연구, 2013, pp. 34-35.

단속에 집중하도록 이른바 특별사법경찰권을 처음으로 부여하였다. 이들에게 주어진 수사업무가 본격화된 것은 1996년에 와서부터다. 초창기에는 환경보전법과 폐기물관리법 위반 사범 등 2개의 법률을 통해서 환경단속의 직무범위가 이루어졌다. 이것이 점차 분화되는 발전이 있었는데 1991년 대기환경보전법, 수질환경보전법, 소음·진동규제법, 유해화학물질관리법, 폐기물관리법, 오수·분뇨 및 축산폐수의 처리에 관한 법률 위반사범 등 6개가 바로 그것이다. 환경 관련 법률들은 여기에 그치지 않고 1997년에 와서 환경과 관련된 새로운 법률이 22개로 대폭 확대되었는데, 환경분쟁조정법, 환경범죄의 단속에 관한 특별조치법, 자연환경보전법, 환경·교통·재해 등에 관한 영향평가법, 수도법, 지하수법, 하수도법, 다중이용시설 등의 실내공기질관리법, 보건범죄의 단속에 관한 특별조치법, 폐기물의 국가간 이동 및 그 처리에 관한 법률, 환경기술개발 및 지원에 관한 법률, 먹는물관리법, 토양환경보전법, 자원의 절약과 재활용촉진에 관한 법률, 폐기물처리시설설치촉진 및 주변자연자원에 관한 법률, 야생 동·식물보호법, 악취방지법 위반사범 등이다.[2]

이어서 2003년 5월 조수보호 및 수렵에 관한 법률 위반사범까지 단속하는 근거를 마련했다. 2008년 6월에는 건설폐기물의 재활용촉진에 관한 법률, 습지보전법, 독도 등 도서지역의 생태계보전에 관한 특별법, 수도권 대기환경개선에 관한 특별법, 한강수계 상수원수질개선 및 주민지원 등에 관한 법률 등 4대강법 등 무려 32개 법률 위반사범을 단속하는 권한을 보유하는 데까지 확대되었다. 특히 유독물 분야에서 환경보건법이 추가되어 환경특별사법경찰의 직무범위는 32개 법률로 대폭 늘어났다. 본 환경보건법은 법률 제12524호로 2008년에 총 33조로 제정되어 2009년에 시행되었으며 일부개정은 2014년 3월 24일에 있었다.[3]

위의 법률들을 분야별로 재정리하면 〈표 7-1〉과 같다.

표 7-1 | 환경특별사법경찰의 직무범위(32개 법률)

분 야	법 률
대기분야(5)	대기환경보전법, 소음·진동관리법, 악취방지법, 다중이용시설 등의 실내공기질 관리법, 수도권 대기환경개선에 관한 특별법

---

2) 환경부, 환경특별사법경찰제도 개선방안에 관한 연구, 연구보고서, 2009, p. 15.
3) http://www.lawnb.com/lawinfo/contents_view.asp?(검색일: 2016. 1. 2).

물 분야(11)	수질 및 수생태계 보전에 관한 법률 가축분뇨의 관리 및 이용에 관한 법률 하수도법, 먹는물 관리법, 토양환경보전법, 수도법(제83조 제1호), 지하수법 (제37조제3호) 한강수계 상수원 수질개선 및 주민지원 등에 관한 법률 낙동강수계 물관리 및 주민지원 등에 관한 법률 금강수계 물관리 및 주민지원 등에 관한 법률 영산강·섬진강수계 물관리 및 주민지원 등에 관한 법률
유독물 분야(3)	화학물질관리법, 보건범죄 단속에 관한 특별조치법(제4조), 환경보건법
폐기물 분야(5)	폐기물관리법, 폐기물의 국가 간 이동 및 그 처리에 관한 법률, 폐기물 처리시설 설치 촉진 및 주변지역 지원 등에 관한 법률 자원의 절약과 재활용 촉진에 관한 법률 건설폐기물의 재활용 촉진에 관한 법률
자연분야(5)	자연환경보전법, 야생 생물 보호 및 관리에 관한 법률, 습지보전법, 환경영향평가법, 독도 등 도서지역의 생태계보전에 관한 특별법
기타(3)	환경분쟁조정법, 환경범죄 등의 단속 및 가중처벌에 관한 법률 환경기술 및 환경산업 지원법

출처: 환경부 감사관실 산하 환경감시팀, 행정정보공개자료(2015. 12. 31).

급속한 사업화의 발달로 인해 인류의 삶이 상상을 초월할 정도로 풍요로워졌지만, 그에 반해 역시 인류의 삶을 위협하는 환경파괴 문제도 심각하게 대두되었다. 환경파괴로 인해 발생하는 문제 또한 광범위하게 증가하고 있어 국가별로 그 중요성을 강조하고 관련 법률들을 끊임없이 제정하며 예방과 단속에 집중하고 있지만 아직도 미비한 사각지대가 많아 이에 대한 법률적 보완 노력이 시급한 실정이다.

2) 환경특별사법경찰관리 집무규정

환경부는 날로 파괴되고 있는 환경문제를 단속하기 위해 관련법 제정에 집중함과 동시에 이를 단속하기 위한 환경부 특별사법경찰관(리)들의 단속근거가 되는 이른바 환경특별사법경찰관리 집무규정(환경부훈령 제896호, 2010.1.8) 중의 일부를 개정했다(2012년 7월 23일 환경부장관). 환경특별사법경찰관리 집무규정은 총 55조로 이루어져 있다. 본 규정의 목적은 「사법경찰관리의 직무를 수행할 자와 그 직무범위에 관한 법률」(이하 "법"이라 한다) 제5조 제16호·제22호 및 제6조 제13호·제19호의 규정에 따른 사법경찰관리가 직무를 집행함에 있어 필요한 사항을 정하는 것으로 하고 있다. "환경특별사법경찰관"은 법에 규정된 직무의 범위 안에서 환경범죄를 수사하고 그에 관한 증거를 수집함을 그 직무로 하며 사법경찰리의 직무를 행하는 자 (이하 "환경특별사법경찰리"라 한다)는 검사와 환경특별사법경찰관의 수사를 보조함을 그 직무로 한다. 이들 환경특별사법경찰관 및 환경특별사법경찰리(이하 "환경특별사 법경찰관리"라 한다)는 범죄를 수사하거나 그 수사를 보조하는 때에는 소속관서의 장 및 검사의 지휘를 받아야 한다. 환경특별사법경찰관리는 ① 환경범죄의 수사 및 예 방을 통하여 환경을 보전하고 국민의 환경권을 확보한다는 사명감을 가지고 환경범 죄의 추방에 최선을 다하여야 한다. ② 환경범죄를 수사함에 있어서는 항상 공명정 대한 자세로 직무를 수행하고 「형사소송법」 및 「특별사법경찰관리 집무규칙」 등 관 계법령을 준수하여 수사과정에서 국민의 인권을 침해하는 일이 없도록 하여야 한다. 그리고 ③ 직무와 관련된 법령과 수사요령을 숙지하여야 하며 평소 환경범죄의 유 형 및 동향 등에 대한 연구를 통하여 수사의 전문성을 확보하도록 노력하여야 한다 (규정 제3조). 환경특별사법경찰관리로 지정된 자는 특별한 사유가 없는 한 2년 이내 에 변경하지 못하도록 강제하고 있다.

본 규정은 직무교육적인 측면에서 ① 소속관서의 장은 환경특별사법경찰관리의 업무수행능력과 자질향상을 위하여 국립환경인력개발원 등 전문교육기관에서 실시 하는 환경관계법령, 환경범죄수사요령 등 수사에 관한 직무교육을 정기적으로 받도 록 하며, ② 소속관서의 장은 초임 환경특별사법경찰관리에 대하여는 직무수행에 앞 서 반드시 수사에 관한 기본교육을 받게 하여야 한다(규정 제5조)고 규정하여 재교 육이 중요하다고 강조하고 있다. 이는 매우 바람직한 것으로 평가된다. 환경범죄도 날로 지능화되고 있고 새로운 신종범죄에 대한 신속한 대처가 시급하기 때문이다.

(1) 내 사

환경특별사법경찰이 내사를 하는 경우 청탁이나 사적 목적에 의하지 않아야 하며 항상 법령을 준수하고 업무편의에 앞서 관계인의 인권보호에 유의하여야 한다. 내사 를 빙자하여 막연히 관계인의 출석을 요구하거나 물건을 압수하는 일을 해서는 안 되고 내사혐의 및 내사관련자 등의 정보가 외부로 유출되거나 공표되는 일이 없도 록 주의하는 일이 매우 중요하다(규정 제6조).

한편 환경특별사법경찰이 내사를 진행하는데 있어서 첫째, 기획내사가 있다. 이는 신종 환경범죄 및 환경오염 취약지역·시기 등 환경범죄가 예상되는 사항에 대한 내사를 말한다. 둘째, 제보사항 내사가 있는데, 이는 환경오염행위 신고 등 환경범죄의 제보사항에 대한 내사를 의미한다. 그리고 셋째, 기타 사항 내사가 있는바, 이는 신문·방송 등 보도매체의 기사, 익명의 신고, 풍문 등 위의 첫째와 둘째 사항을 제외한 내사를 가리킨다(규정 제7조).

(2) 수 사

환경특별사법경찰관리는 소속관서의 관할구역 안에서 직무를 행하여야 한다. 다만, 관할구역안의 사건과 관련이 있는 사실을 발견하기 위하여 필요한 경우에는 관할구역 밖에서도 그 직무를 행할 수 있다. 동시에 관할구역 밖에서 수사하는 때에는 수사를 진행하는 지역을 관할하는 지방검찰청 검사장 또는 지청장에게 보고하여야 함은 물론이고 환경범죄를 수사하는 때에는 기밀을 엄수하여 수사에 지장을 초래하지 아니하도록 하여야 하며, 피의자 및 사건관계인의 명예를 훼손하지 아니하도록 하여야 한다(규정 제14조 비밀의 엄수).

환경특별사법경찰관리가 수사를 진행할 때에는 개인의 인권을 존중하고 공정·성실하게 하여야 하며 「형사소송법」 등 관계법령과 규정을 엄수하여 개인의 자유와 권리를 부당하게 침해하는 일이 없도록 주의하는 일이 중요하다.

(3) 고소 및 고발

환경특별사법경찰리가 고소·고발 등을 수리할 때에는 수리한 후 신속히 환경특별사법경찰관에게 보고하여야 하며 고소·고발 등을 접수한 경우에는 즉시 사실여부를 확인하여 수사개시여부를 결정하여야 한다. 그리고 수사개시의 경우에는 소속관서의 장에게 보고함과 동시에 범죄사건부에 등재하여야 한다. 환경특별사법경찰관리가 범죄를 수사하는 경우에 있어서 그 수사가 일반사법경찰관리가 행하는 수사와 경합할 때에는 소속관서의 장에게 보고하여 그 지휘를 받아 당해 일반사법경찰관리와 그 수사에 관하여 필요한 사항을 협의하여야 한다(규정 제27조)고 규정함으로써 수사의 효율성을 높이기 위한 법적토대를 마련해 놓고 있다.

(4) 체포·구속

체포영장을 신청하는 경우는 다음과 같다. 즉 「형사소송법」 제200조의2의 규정에

따른 체포영장의 신청은 체포영장신청서 [별지 제19호 서식]에 따라 환경특별사법
경찰관이 수행하여야 한다. 그리고 환경특별사법경찰관은 피의자가 법 제6조 제13
호 및 제19호 각 목에 규정된 범죄를 범하였다고 의심할 만한 상당한 이유가 있고
다음 각 호의 어느 하나에 해당하는 경우에는 관할지방법원 판사의 구속영장을 발
부받아 구속수사 할 수 있다. 즉 피의자가 일정한 주거가 없는 때, 피의자가 증거를
인멸할 염려가 있는 때, 피의자가 도망 또는 도망할 염려가 있는 때 등이다(규정 제
36조와 제37조).

3) 환경부 산하 환경특별사법경찰의 지명 인원

환경부 감사관실 산하 환경감시팀에서 환경특별사법경찰의 지명자에 관한 통계를
취합하여 관리하고 있다. 그러나 전국 17개 광역시·도(세종특별자치도 포함)들의 지
방자치단체 산하 환경과 공무원들 중 관할지방검찰청장으로 부터 특별사법경찰관
(리)라는 지명을 받은 행정공무원들이 지역별로 단속업무를 수행하고 있다. 환경부
감시팀의 자료에 따르면 2015년도의 특별사법경찰관(리)의 총인원은 환경청 산하
한강청(9명), 낙동강청(12), 금강청(7), 영산강(11), 대구청(4), 새만금청(6) 등 49
명이 그리고 17개 시·도에 1,086명이 지명되어 직무를 수행 중인데 총 1,135명에
달한다. 가장 넓은 지역을 차지하고 있는 경기도의 경우 가장 많은 256명, 충남이

표 7-2 | 환경특별사법경찰의 지명 인원(2015년)

(단위: 명, 건)

구 분		환경특별사법경찰관(리) 수			수사 실적
		계	특별사법경찰관	특별사법경찰리	
총 계		1,135	815	320	2,668
환경청	소 계	49	34	15	806
	한강청	9	6	3	293
	낙동강청	12	9	3	181
	금강청	7	3	4	110
	영산강	11	10	1	57
	대구청	4	3	1	110
	새만금청	6	3	3	55

	소 계	1,086	781	305	1,862
시·도	서 울	45	33	12	166
	부 산	47	37	10	92
	대 구	22	22	0	127
	인 천	85	60	25	114
	광 주	26	22	4	59
	대 전	29	26	3	53
	울 산	40	22	18	90
	경 기	256	180	76	425
	강 원	50	45	5	57
	충 북	74	52	22	184
	충 남	105	75	30	165
	전 북	73	53	20	99
	전 남	69	55	14	62
	경 북	78	45	33	40
	경 남	53	46	7	39
	제 주	24	2	22	59
	세 종	10	6	4	31

출처: 환경부 감사관실 산하 환경감시팀, 행정정보공개자료(2015. 12. 31).

105명 그리고 그 뒤를 이어 인천이 85명을 차지하고 있다.4)

　　문제는 전국의 광활한 지역에서 벌어지는 환경파괴 행위들을 집중적으로 단속해야 하는데, 위에서 소개한 환경특별사법경찰인력 가지고는 역부족일 수밖에 없으며 보다 강력하게 법적 처벌규정을 강화할 필요가 있다. "2019년 국회 환경노동위원회 소속 이용득 더불어민주당 의원이 10월 10일 환경부로부터 제출받은 자료에 따르면 지난해 기준으로 지방·유역환경청의 점검대상 업체는 58만5천16곳에 달하지만 이를 관리할 환경 특별사법경찰관은 59명에 불과하다고 밝혔다. 한강유역환경청은 14명이 약 29만곳, 낙동강유역환경청은 10명이 약 4만곳, 금강유역환경청은 9명이 약 4만곳, 영산강유역환경청은 7명이 약 7만곳, 원주지방환경청은 5명이 약 5만곳의 업체를 관리하는 것으로 나타났다."5) 특히 "환경특별사법경찰의 인력이 많이 부족하

---

4) 환경부 감사관실 산하 환경감시팀, 행정정보공개자료(2015. 12. 31).
5) 연합뉴스, 김승욱 기자, https://www.yna.co.kr/view/AKR20191010059000004?

여 59명이 환경업체 58만곳을 관리"하는 문제에 직면해 있다.

문제는 예산을 확보해 환경특별사법경찰인력을 대폭 늘려나가야 하는 과제에 직면해 있다는 점이다. 아래에서 소개하는 이석현 의원의 공개자료가 잘 보여주듯이 환경단속문제가 심각하게 대두되어 있다.

4) 환경특별사법경찰의 인력 부족

환경특별사법경찰관 한 명당 담당 업체수가 6천여 곳에 이르는 것으로 나타났는데, 날로 증가하는 환경파괴문제의 심각성을 잘 보여주는 대목이다. 국회 환경노동위원회 소속 새정치민주연합 이석현 의원이 공개한 자료에 따르면, 환경특별사법경찰관 한 명당 담당 업체 수는 지난 2012년 3천여 곳이던 것이 2015년 8월 현재 6천여 곳으로 급증했다. 특히, 한강유역환경청의 경우 한 명당 담당 업체 수가 9천 9백여 곳, 대구지방환경청은 7천 8백여 곳에 달했다. 특히 지난해 환경 점검대상 업체 29만여 곳 중 실제 점검 받은 업체는 7천 곳으로 점검률이 2.6%에 불과하므로 환경경찰관 증원이 시급한 실정이다.6)

환경부 자료에 따르면, 환경특별사법경찰 1인당 담당 업체 수는 2012년 3,030곳에서 2013년 3,395곳, 2014년 3,937곳, 2015년(8월) 6,162곳으로 매년 증가하고 있다.

표 7-3 | 1인당 담당 업체 수 현황

구분	2012		2013		2014		2015. 8	
	인원	1인당 담당업체수	인원	1인당 담당업체수	인원	1인당 담당업체수	인원	1인당 담당업체수
계	98(32)	3,030	86(31)	3,395	74(28)	3,937	47(5)	6,162
한강	57(32)	2,591	50(31)	2,738	41(28)	3,236	13(5)	9,957
낙동강	12	2,176	9	3,350	6	5,642	8	4,311
금강	8	4,072	8	3,982	8	4,066	6	5,161
영산강	11	3,755	10	4,084	9	4,466	10	4,305
대구	5	6,115	4	8,164	4	8,138	4	7,887
새만금	5	3,739	5	3,912	6	3,255	6	3,356

( )는 지방자치단체 파견인원.

---

6) 이석현, 환경특별사법경찰 1인당 담당업체 6,162곳(http://blog.naver.com/PostView.nhn/ 검색일: 2015. 12. 3).

특히, 한강유역환경청의 경우 2015년 8월기준 9,957곳으로 2012년 2,591곳에 비해 4배 가까이 증가하였는데, 이는 한강청의 환경특별사법경찰의 수가 57명에서 13명으로 77%나 감소했기 때문이다. 이어서 대구지방환경청의 경우는 사법경찰 1인당 7,887곳의 업체를, 금강유역환경청 5,161곳, 낙동강유역환경청 4,311곳, 영산강유역환경청 4,305곳, 새만금지방환경청은 3,356곳의 업체를 담당하고 있다.

이에 따라 업체 점검률도 매년 하락하고 있으며 2014년의 경우 점검 대상 업체 29만 1,328곳 중 점검한 업체는 7,674곳으로 점검률이 2.6%에 불과했다.

표 7-4 I 환경특별사법경찰 점검률

구분	2012			2013			2014		
	대상	점검	점검률	대상	점검	점검률	대상	점검	점검률
계	296,947	8,943	3.0%	291,933	8,434	2.9%	291,328	7,674	2.6%

이석현 위원이 환경부로부터 넘겨받은 자료에 따르면 "환경특별사법경찰의 위반업체 적발률이 31.3%에 달할 정도다. 이처럼 환경오염 방지를 위한 특별사법경찰의 역할이 큰데도 불구하고 그 특별사법경찰의 인력수가 너무 적다."고 지적한 것은 의미가 매우 깊다고 본다. 특히 이석현 의원은 "연간 점검률이 2.6%라는 것은 담당 업체를 한번 돌아보는데 38년이 걸린다는 뜻"이라고 지적하고 있다. 나아가서 환경당국은 환경특별사법경찰의 증원 방안을 마련하는 일이 시급하다고 지적하고 있다.[7]

2019년 10월 환경부가 국회 환경노동위원회 소속 이용득 더불어민주당 의원에게 제출한 자료에 따르면 2018년 기준으로 지방·유역환경청의 점검대상 업체는 58만 5천16곳에 달할 만큼 방대했다. 그런데 이를 관리할 환경특별사법경찰관은 단지 59명에 불과하다고 지적했다.[8]

더욱이 한강유역환경청은 약 29만 곳을 단지 14명이 담당, 낙동강유역환경청은 약 4만 곳을 단지 10명이, 금강유역환경청은 약 4만 곳을 9명이, 영산강유역환경청은 약 7만 곳을 단지 7명이, 원주지방환경청은 약 5만 곳의 업체를 단지 5명이 관리

---

7) 이석현, 환경특별사법경찰 1인당 담당업체 6,162곳(http://blog.naver.com/PostView.nhn/ 검색일: 2015. 12. 3).

8) 김승욱 기자, "환경특별사법경찰 인력 부족…59명이 업체 58만곳 관리"(2019. 10. 10), https://m.yna.co.kr/view/AKR20191010059000004?section=society/index(검색일: 2022. 2. 20).

하고 있었다. 이러한 단속인원의 절대 부족으로 인해 지역 환경범죄가 지속적으로 발생하고 있는 실정이다. 더 큰 문제는 환경특별사법경찰이 전체 점검해야 할 업체는 약 1% 안팎의 범위에 불과한 것으로 나타났다. 지역마다 마찬가지인데, 특히 한강유역환경청은 2018년에 전체 관할 사업장 중 겨우 0.4%(1천 212개)를 점검하는 데 그칠 정도로 미미했다는 열악성을 드러냈다.

그림 7-1 | 환경부 감사관 환경조사담당관 산하의 특별사법경찰관(리)

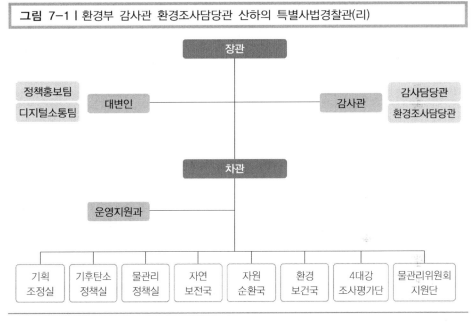

출처: 환경부 홈페이지, http://me.go.kr/home/web/index.do?menuId=10427(검색일: 2022. 3. 10).

감사관실 산하에 환경조사업무를 담당하는 환경조사 직원들이 다음 〈표 7-5〉와 같이 8명 정도가 근무하고 있다.

한편 환경부 산하에는 외청 소속기관으로 8개의 환경청이 있는데, 한강유역환경청, 낙동강유역환경청, 금강유역환경청, 영산강유역환경청, 원주지방환경청, 대구지방환경청, 전북지방환경청, 수도권대기환경청이 바로 그것이다. 이곳 8개 환경청에 2022년 2월 기준으로 75명의 특별사법경찰이 지명되어 환경범죄를 수사하고 있다.

표 7-5 | 환경부 감사관실 산하 환경조사담당관 부서내 직원과 업무

소 속	이름	직위/직급	업 무
환경조사담당관	-	담당관	환경조사담당
환경조사담당관	-	환경사무관	환경범죄단속법 등
환경조사담당관	-	행정사무관	정부합동감사
환경조사담당관	-	환경사무관	중앙환경단속반 운영, 환경감시단(과) 평가 등
환경조사담당관	-	주무관	중앙환경단속업무 등(6층 619호)
환경조사담당관	-	주무관	정부합동감사 등
환경조사담당관	-	주무관	서무, 지자체 배출업소 환경관리실태 평가 등
환경조사담당관	-	실무관	배출시설단속조치현황

출처: 환경부 홈페이지, http://me.go.kr/home/web/staff/list.do?menuId=10433&condition.upper DeptCd=1480920(검색일: 2022. 3. 15).

(1) 환경부 특별사법경찰의 인력수와 환경청 특별사법경찰 인력 수

한편 환경부에 정보공개청구를 통해 받은 환경특별사법경찰의 인력은 2020년 환경부 감사관 환경조사담당관 산하에 특별사법경찰관(리) 18명과 환경청 소속 특별사법경찰관(리) 50명이다. 2021년에 환경부는 17명으로 1명이 줄었으며 환경청은 75명으로 2020년에 비해 16명이 순증가하였다. 그리고 2022년 2월 기준 환경부는 15명, 환경청은 전년도처럼 75명을 보여주고 있다.

표 7-6 | 환경부 환경특별사법경찰 인력(지명) 현황(2020~2022. 2)

(단위: 명)

연 도	환경부	환경청
2020	18	59
2021	17	75
2022년 2월 기준	15	75

출처: 환경부 특별사법경찰, 정보공개청구에 따른 내부문서(2022. 2).

(2) 환경부 특별사법경찰의 연도별 단속실적

환경부와 환경청 산하 특별사법경찰 수사과에서 2019년부터 2021년 12월까지 단속한 실적을 정보공개를 통해 받은 자료를 분석해 보면 〈표 7-7〉과 같다.

2020년의 경우 폐기물 분야에서 구속 6건, 불구속 21건 그리고 불기소 6건이었다. 유해화학물질 분야에서는 불구속 10건이었다. 대기분야에서는 불구속이 37건을 보여준다. 2021년 실적은 아직 법적 진행 사안이라서 기록이 없다.

표 7-7 | 환경범죄(위반사범) 수사실적 현황(2019~2021)

연 도	위반 범죄	처리결과			비고
		구속	불구속	불기소	
2019	대기 분야	4	14	–	
	폐기물 분야	10	57	6	
	유해화학물질 분야	–	20	–	
	계	14	91	6	
2020	폐기물 분야	6	21	6	
	유해화학물질 분야	–	10	–	
	대기 분야	–	37	–	
	계	6	68	6	
2021	공소 제기전 사건으로 제외				

※ 수사팀에서 단속현황은 관리하지 않음.

5) 환경특별사법경찰제의 운영상 문제점과 개선안

(1) 문제점

무엇보다 중앙부처에서 특별사법경찰을 운영하는 경우는 행정법을 위반하는 이른바 행정범들에 대해 비교적 강력하게 단속할 수 있는 여지가 있지만, 반대로 지방자치단체 소속의 특별사법경찰들의 경우는 문제가 달라진다. 다시 말해 지방자치단체들의 입장에서는 관내에 상주하고 있는 공장 등 업체들을 강력하게 처벌하는 경우 자신들의 조세수입에 막대한 효자역할을 하고 있다는 지적에 고민도 있을 것이다. 이들을 강력하게 단속하거나 감시한다는 것은 현실적으로 쉽지 않은 일이다. 그 이유는 이러한 단속활동이 바로 선거에 의해 당선되는 선출직 단체장들이 부딪히는

것이다. 즉 이것을 우리는 '유권자 표와 조세의 원천 및 단속의 딜레마'라고 부를 수
있는 것이다.

그럼에도 불구하고 환경파괴와 관련하여 국민 모두가 깨끗하고 쾌적한 환경에서
삶을 영위해야 하는 일은 당연하기 때문에 강력하게 단속하는 일은 역시 이론의 여
지가 없다고 본다.

① 환경특별사법경찰의 수사전문교육의 미비

일반적으로 환경특별사법경찰들은 대부분이 환경분야에 있어서 상당한 지식이라
든가 전문성을 잘 유지하고 있는 것이 사실이지만, 이에 반해 이들은 형사소송법상
수사절차나 수사기법 부분에서는 다소 전문성이 부족하다는 지적이 적지 않다. 이러
한 이유는 아직까지 제도적으로 환경특별사법경찰들에게 충분한 법지식 관련 교육
훈련의 기회를 제공하지 못하고 있다는 데에서도 그 원인을 찾아볼 수 있다. 또한
단속범위는 넓고 단속인력은 부족한 실정이라 환경범죄자들에 대해 기획수사 등을
집중적으로 펼쳐야 함에도 불구하고 실상은 그렇지 못한데 머물러 있다.[9]

환경부 산하와 지방자치단체 소속의 환경특별사법경찰들은 법무부 산하 법무연수
원과 환경부 소속의 자체 국립환경인력개발원에서 교육이 이루어지기는 하지만, 그
교육기간이 1~2주 정도에 그치고 있음은 물론 직무교육 또한 이론적인 부분에 치
우칠 수밖에 없어 효율성이 크지 않은 것으로 지적되고 있다.

② 환경특별사법경찰의 수사제도의 미비

환경부의 환경특별사법경찰과 광역시도 지방자치단체 내의 환경 관련 영역에서
환경특별사법경찰관(리)로 지명받은 공무원들은 전담부서를 보다 체계적으로 설치
하지 못한채 단속을 진행해 오고 있다. 환경부의 경우뿐만 아니라 이러한 현상은 다
른 모든 조직의 특별사법경찰들에게서 나타나는 공통점이다. 다행히 환경 이외에 광
역시도에서는 2013년까지 특별사법경찰조직을 최소 팀(5급)에서부터 최고 특별사법
경찰단(서울시 3급)급으로 출범시켜 효율성을 기하고자 하는 노력들이 활발하게 나
타나기도 했다. 그러나 단속의 실적이 높지 않고 전문교육의 부족 등으로 인해 여전
히 어려움이 적지 않은 실정이다.

---

9) 환경부, 환경특별사법경찰제도 개선방안에 관한 연구, 연구보고서, 2009, p. 95.

③ 환경특별사법경찰의 근무여건 미비

환경특별사법경찰의 경우도 환경행정범들에 대한 조사실, 대기실 등을 충분하게 갖추지 못하고 있음은 물론, 나아가서 이들에 대한 특별한 우대조치 제도는 거의 전무하다는 지적이 있다. 이러한 이유 때문에 환경 관련 공무원들도 환경특별사법경찰로 지명되는 것을 기피하는 현상이 벌어진 것은 어제 오늘의 이야기가 아니다. 이러한 문제점에 노출되어 있는 관계로 환경특별사법경찰은 전문 수사인력을 확보하는 데 취약한 편이라는 지적도 나온다. 이러한 문제점들은 일반적으로 다른 부처나 지방자치단체들의 특별사법경찰 조직에서도 거의 비슷한 현상을 보여 주고 있다.

④ 배출업소 중심의 특별사법경찰 활동

기초자치단체들의 경우 대부분 환경범죄 수사의 효율성을 극대화하기 위한 전담반을 운영하지 못하고 있으며 환경범죄에 대해 대부분 국가경찰에 고발하는 경우가 많았다. 이러한 문제점을 극복하고자 전국 17개 시·도 차원에서도 최근 전담반을 창설하여 기능하기 시작했는데, 이는 매우 바람직한 결과들로 평가된다.

한편 환경특별사법경찰들의 수사범위는 야생동식물보호법이나 유해화학물질법 등 32개 법률에 걸쳐 광범위한 환경범죄를 다루어야 하지만 실제에 있어서는 수질, 대기, 폐기물배출업소를 중심으로 하는 수사활동 등에 머물고 있는 실정이다.10) 따라서 예산과 인력을 늘리고 본 제도를 지속적으로 개선해 나가는 노력이 시급하다고 본다.

(2) 환경특별사법경찰제의 개선안

환경부에서 설치운영하고 있는 환경특별사법경찰제를 총괄, 조정, 그리고 체계화함은 물론, 효과적이고 효율적으로 추진하기 위해서 전담부서의 신설이 필요하다. 2016년 초 환경부 감사관실의 환경감사팀에서 이러한 기능을 수행하고 있으나 사실상 통계관리 정도의 역할이며 나머지는 광역시도 차원에서 환경범죄 단속을 수행하고 있다. 따라서 이러한 현재의 운영 체계로는 환경특별사법경찰제를 효과적으로 총괄하기 위한 전담부서로서 충분하지가 않다고 본다. 따라서 최소한 실과 국 등 이곳저곳에 산재해 있는 환경감시팀들을 국단위의 조직으로 재정비하는 개편방안도 심

---

10) 환경부, 환경특별사법경찰제도 개선방안에 관한 연구, 연구보고서, 2009, p. 100.

도 있게 검토될 필요가 있다. 2022년 2월 현재까지는 감사관 산하 환경조사담당관 소속으로 특별사법경찰관(리)가 활동하고 있다.

4. 철도특별사법경찰대

본 절에서는 전장에서 개략적으로만 언급했던 국토교통부 소속의 철도특별사법경찰을 살펴본다. 이들은 우리 정부의 총무처 시절과 중앙인사위원회, 행정안전부 등에서 독자적 직렬을 가지고 모집해 왔다. 2015년에 만들어진 대통령 소속 인사혁신처(이전에는 행정자치부가 담당)에서 철도공안직으로 직접 선발되어 발령받아 오고 있다. 이들은 인사혁신처에 만들어져 있는 직렬에서 선발되어 국토교통부 소속 4급~9급 공무원인 철도특별사법경찰이라는 점이 타 부처의 행정직공무원이 겸하고 있는 특별사법경찰과 약간 다르다. 하지만 이 양자 간에 행해지는 특별사법경찰 직무의 속성에 있어서는 같은 성격을 지니고 있다.

한편 다시 한번 정리해 보면 특별사법경찰제도란 「형사소송법」 제245조의10(특별사법경찰)에 근거해서 관할 검사장이 직접 지명하는 일반직 행정공무원이 특정한 직무의 범위 안에서 단속계획을 적절하게 수립한 후 단속과 조사, 송치 등의 해당 업무를 적극적으로 수행하는 것을 의미한다. 이는 전문화된 기능별로 비교적 전문성이 부족한 일반사법경찰관리로서 직무수행이 불충분하기 때문에 그 효율성을 높이기 위해 만들어진 제도이다. 즉 전문적 지식에 정통한 행정공무원에게 사법경찰권을 부여하여 수사활동을 수행하도록 제도화 한 것이다.11)

특히 일반사법경찰관리의 수사권이 쉽게 미치기 어려운 위생, 환경, 산림, 철도, 세무, 교도소, 해사, 전매 등 특정지역을 비롯해 시설에 대한 수사나 조세, 마약, 관세사범의 수사시 전문가에게 해당 수사권을 위임하여 업무를 합리적으로 수행하도록 권한을 부여하고 있다. 특별사법경찰은 일반적으로 크게 법률이 직접적으로 사법경찰권을 부여한 특별사법경찰관리, 그리고 검사장의 직접적인 지명에 의한 특별사법경찰관리로 나누어진다고 전장에서 소개한 바 있다. 다시 말해 검사장의 지명에 의한 특별사법경찰관리는 구치소, 교도소, 보호·치료감호소, 소년원, 공중위생, 환

---

11) 이상원·이승철, 환경특별사법경찰제도의 개선 방안, 경찰대학 치안정책연구소, 「치안정책연구」, (23), 2009, pp. 237-262; 이재상, 『형사소송법』(서울: 박영사, 2007).

경, 산림보호, 국가보훈, 소방, 문화재보호, 철도공안 등 상당히 많다는 점은 익히 알려져 있다.

특별사법경찰제도가 일반사법경찰관리와 직접 비교해 볼 때, 형사소송법상의 권한에는 상호간 차이가 별로 없다. 다만 한 가지 큰 차이라면 그 권한의 범위가 사항적·지역적으로 일정하게 제한되어 있는 점이다. 철도공안직 공무원은 특별사법경찰로서 일반사법경찰과 그 직무범위 및 수사관할 영역에서 어느 정도 구분된다. 첫째, 검사수사지휘 등 형사법을 따르는 것은 일반경찰과 동일하나 직무범위의 경우는 사항적으로, 그리고 수사관할의 경우는 지역적으로 다소 제한된다. 이는 특별사법경찰제도의 특성에서 기인하고 있다고 평가된다. 둘째, 2009년 12월 31일 철도공안사무소의 명칭이 철도특별사법경찰대로 변경되어 오늘에 이르고 있다.[12]

이는 이전에 국가 직영이던 철도청이 김영삼 정부 시절 한국철도공사로 전격 민영화된데 따른 것으로 새로 출범한 철도특별사법경찰대도 그 원래의 특성에 따라서 관할 검사장의 지휘를 받으면서 자신들의 직무를 훌륭하게 수행해 나가고 있다.

특히 본 연구영역의 연구 결과를 도출해 내기 위해 행정정보공개 신청을 통해 자료를 구하고 대전광역시 소재 철도특별사법경찰 본대와 서울지방대를 방문해 관련 공무원들과 전문가들을 상대로 인터뷰를 통하여 철도특별사법경찰대운영상황, 인사, 조직, 운영예산, 수사상황, 직원들의 직무교육 상황 등에 관한 자료를 구했다. 여러 가지 처한 제도적 문제점과 개선되어야 할 향후 과제들을 심층적으로 파악하여 연구결과에 적극 반영했다.

다음은 철도특별사법경찰대를 대상으로 특별사법경찰권 부여의 제도적 취지, 직무범위, 원칙, 철도범죄의 업무처리실적 및 현실적인 수사권 행사 등에 대해 그 현황과 기구, 직무 및 문제점에 대해 살펴본다.

1) 철도특별사법경찰의 제도적 취지

오늘날 산업사회는 급속한 정보통신의 발달로 인해 전문화를 요구하고 있으며 날로 복잡 다양해지고 있다. 이러한 산업사회의 급속한 변화와 함께 전통 사회적으로 유지되던 윤리제도가 점차 무너지고 남을 배려하는 기본질서도 점차적으로 무너지고 있음은 물론, 쉽게 분노하고 사회에 대한 불만이 증가하고 있다. 이러한 일련의

---

12) http://k.daum.net/qna/view.html(2015. 12. 15 검색).

현상들은 우리 사회에서 곧 묻지마 범죄 등으로 이어지고, 결국에는 많은 시민들이 불안을 느끼게 되며 행복한 삶을 영위하는데 있어 불안이 증가하고 있다. 이러한 불안한 사회적 현상들로 인해 범죄의 증가율이 커지게 되고 사회질서를 유지해야 하는 경찰의 역할과 과제는 급속하게 증가하고 있는 추세다. 일부의 사람들은 근면하게 일하고 정직하게 삶을 영위하기보다는 물질만능주의에 빠지게 되고 공갈 사기와 관련된 지능경제범죄들이 지속적으로 증가하고 있다.

또한 형사사법 분야도 예외는 아니다. 수사기관인 일반사법경찰관리가 전문분야에 대한 범죄수사의 경우는 전문지식의 부족 때문에 보다 효과적이고 적정한 수사를 기대하는데 있어서 어느 정도 어렵게 되었다고 볼 수 있다. 이러한 범죄들을 신속하게 해결하고 사회적 안정을 유지해 나가기 위해 특별사법경찰제도가 만들어지게 된 것이다. 다시 말해 각 전문분야의 업무에 종사하고 있는 일반행정직 공무원으로 하여금 자신들의 행정전문분야에서 끊임없이 발생하는 행정범죄에 대해 사법경찰권을 부여받아 수사함으로써 국민에게 질 높은 수준의 치안서비스를 신속하게 제공할 수 있도록 특별사법경찰제도를 도입·운영하게 되었다.13)

한편 우리나라에 50여 종류에 달하는 특별사법경찰은 프랑스, 독일, 일본 등을 비롯해 여러 선진 외국의 특별사법경찰들과 직접적으로 비교해 볼 때, 그 종류들이 상당히 많은 수치를 보여주고 있다. 그 원인은 그동안 특별사법경찰권이 그 본래의 원칙과 취지 등이 사실상 무시된 채 비교적 무분별하게 부여되어온 것으로 보여진다.14) 이러한 현상은 특별사법경찰제도를 제도적으로 충분하게 보완하지 않은 상태

---

13) 특별사법경찰제도는 일반사법경찰권이 미치지 않는 영역에서 운영되어 「사법경찰관리의 직무를 행할 자와 직무범위에 관한 법률」에 그 직무의 범위가 특수한 사항 또는 지역에 한정되어 있다는 점을 규정하고 있는데, 특별사법경찰관리의 유형을 나누어 보면 중앙의 행정부(예컨대, 재정경제부 국세청, 관세청, 문화관광부 문화재청 등)에 소속된 특별사법경찰관리와 지방자치단체(광역시, 시·군·구)에 소속된 특별사법경찰관리로 나눌 수 있다. 특별사법경찰의 종류는 교도소장, 소년원장, 산림청 공무원, 지방교정청 공무원, 식품의약품안전청공무원, 국토해양부 공무원, 문화재청 공무원, 계량검사 공무원, 세관공무원, 어업감독 공무원, 광산보안관, 보건복지부 공무원, 환경부 공무원, 정보통신부 공무원, 지방국토관리청 공무원, 문화체육관광부 공무원, 국가청소년위원회 공무원, 농림수산식품부 공무원, 지식경제부 공무원, 농촌진흥청 공무원, 시군구 공무원, 근로감독관, 선장과 해원, 국립공원관리공단 임직원, 국가정보원직원, 군사법경찰관리 등이 바로 그것이다 (백창현, 특별사법경찰의 현황 및 개선방안 -환경부와 국가보훈처를 중심으로-, 한국형사정책연구원, 한국형사정책연구원, 「형사정책연구」, 18(72), 2007, pp. 277-312; 신승균·김종수, 한국 자치경찰의 특별사법경찰사무 수행에 관한 연구, 한국자치경찰학회, 「자치경찰연구」, 1(1), 2008, pp. 3-38.

14) 백창현, 특별사법경찰의 현황 및 개선방안 -환경부와 국가보훈처를 중심으로-, 한국형사정책연구

에서 지명 인원만 급속도로 증원시키고 있다는 비판에 직면해 있다.

무엇보다 우리나라 특별사법경찰제도를 위한 법령은 「사법경찰관리의 직무를 수행할 자와 그 직무범위에 관한 법률」 제1조(목적) 및 동 법률 제5조(검사장의 지명에 의한 사법경찰관리)에 그 근거를 두고 있다. 우리나라 철도특별사법경찰대는 2009년 12월 31일 대통령령 제21909호에 의해 이전의 철도공안사무소가 명칭이 변경된 것으로 철도치안서비스에 관한 업무를 담당하는 오늘날 국토교통부 소속의 철도공안 직렬에 해당하는 조직이다. 철도특별사법경찰대가 창설되면서 과거 국철구간과 광역철도의 간선철도 구간은 철도특별사법경찰대에서 담당하고 있으며 기타 구간은 각 지방경찰청 소속의 지하철수사대에서 담당하고 있다.15)

2) 철도특별사법경찰의 발전과정

우리나라 철도특별사법경찰이 만들어진 것은 국영이었던 철도청 시절인 1961년 5월 5일 법률 제608호에 근거해 여객전무·차장에게 열차 내에서 발생하는 현행범에 대한 사법권을 부여한데서 시작되었다. 마침내 2005년 1월 15일 국토교통부장관과 철도공사사장 간의 철도공안 운영에 관한 업무협약이 체결되었으며, 마침내 국토교통부장관과 경찰청과의 수사업무한계협정 체결도 이루어졌다.

이어서 2008년 2월 29일에는 기존의 건설교통부가 국토해양부로 그 명칭을 변경하였다. 같은 해 6월 13일에는 법률 제9109호에 따라 「사법경찰관리의 직무를 수행할 자와 그 직무범위에 관한 법률」 개정(철도안전법에 규정된 범죄와 그 소속관할구역 및 열차 안에서의 범죄로 직무범위와 수사관할 개정)이 이루어졌다. 그리고 2009년 12월 31일에는 대통령령 제21909호에 따라 국토해양부와 그 소속기관 직제의 개정에 따라 기관 명칭의 개정(철도공안사무소 ⇒ 철도특별사법경찰대)도 이루어졌다.16)

2015년 7월에는 국토교통부와 경찰청 간 수사업무의 공조협정이 체결되어 상호 수사상의 공조가 가능하게 되었으며, 이미 오래전부터 국토교통부 소속 철도특별사법경찰대의 수사직원들이 경찰청 부속기구인 경찰수사연수원에서 수사기법에 관한

원, 「형사정책연구」, 18(72), 2007, pp. 277-312.

15) http://ko.wikipedia.org/wiki/ (검색일: 2015. 10. 5); 신현기, 철도특별사법경찰제의 실태분석과 개선방안에 관한 연구, 한국민간경비학회, 「한국민간경비학회보」, 2012, p. 50.

16) 신현기, 철도특별사법경찰제의 실태분석과 개선방안에 관한 연구, 한국민간경비학회, 「한국민간경비학회보」, 제11권 제1호, 2012, p. 51.

기술을 배우기 위해 직무교육에 지속적으로 참여하고 있다. 이는 매우 바람직한 협력체계로 이해된다. 또한 열차승객들은 철도특별사법경찰의 고유영역인 열차의 객실이나 철도역내 시설 등에서 비상시에 국가경찰 112 범죄신고를 하는 경우에도 국가경찰과 철도특별사법경찰 간에 항상 공조가 이루어지고 있어 각종 범죄에 적극 대처가 가능한 상태다.

국토교통부 소속의 철도특별사법경찰대의 경우 국가공무원으로 공안직렬(철도경찰)로 독립되어 있으면서 애초부터 행정공무원이 특별사법경찰직을 지명받아 수행하는 방식이 아니라 독립적으로 출범해서 운영하는 독특한 제도로 오늘까지 이어오고 있다. 이것을 이른바 특별사법경찰 조직전담화라고 명명할 수 있다. 이런 경우는 철도특별사법경찰대 이외에 식품의약품안전처 위해사범중앙수사단의 경우에서도 2009년에 조직전담화를 이루었다. 이 두 개 기관 정도가 전부이고 대부분의 중앙부처 소속의 특별사법경찰은 조직전담화가 이루어지지 않은 상태다. 그러나 2008년부터 시작된 전국 17개 광역시・도의 지방자치단체 소속 특별사법경찰은 대부분 특별사법경찰 업무만 직원들이 취급하는 이른바 '조직전담화'17)를 이룬 상태다. 조직전담화가 이루어져야만 행정공무원이 일반행정업무도 수행하면서 동시에 직무상에서 행정범까지 적발해 처벌하는 특별사법경찰 업무까지를 겸하지 않아도 되므로 업무의 효율화를 높일 수 있는 것이다.

한편 철도특별사법경찰대는 우리나라 최초로 특별사법경찰업무만 전담하는 이른바 전담조직화를 이룬 대표적인 기관이라서 그 연혁을 한번 살펴보는 것도 의미가 크다고 평가된다.

표 7-8 | 철도특별사법경찰대 연혁

연월일	근 거	내 용
'63.04.18	교통부 달갑 제3475호	교통부 법무관실에 공안계 설치

---

17) 조직전담화란, 특별사법경찰관(리)들이 행정업무와 행정범들에 대해 수사업무를 겸하는 직무를 수행하는 것이 아니라 오직 수사업무만을 담당하는 특별사법경찰조직을 의미한다. 우리나라 중앙 정부의 각 부처에서 운영 중인 특별사법경찰들은 행정과 수사라는 양자 간의 임무를 모두 수행하고 있어 효율성이 떨어지므로 가급적이면 특별사법경찰의 조직전담화를 실시해 특별사법경찰은 오직 수사업무만을 담당하게 해주어야 하는 과제에 직면해 있다.

'63.05.01	교통부	현직경찰관 4명 전입 경찰요원 18명으로 발족(철도경찰 창설)
'63.09.01	철도청	교통부 철도국이 교통부 외청으로 철도청 발족
'68.07.19	법률 제2033호	사법경찰관리의 직무를 행할자와 그 직무범위에 관한 법률 개정(열차내 및 역구내 현행범과 철도법에 규정된 현행범 추가)
'79.10.13	대통령령 제9842호	공무원임용령 개정 철도공안직렬 신설
'81.11.21	법률 제3492호	사법경찰관리의 직무를 행할자와 그 직무범위에 관한 법률 개정(직무범위 확대: 열차내 및 역구내 현행범과 철도법에 규정된 범죄)
'04.12.31	대통령령 제18649호	건설교통부와 그 소속기관 직제 개정 (조직이관: 철도청 공안담당관실 → 국토부 철도공안사무소)
'04.12.31	법률 제7356호	사법경찰관리의 직무를 행할자와 그 직무범위에 관한 법률 개정(직무범위 개정: 철도안전법에 규정된 범죄와 그 소속 관할구역 및 열차안에서의 현행범)
'05.01.15	건설교통부	국토부장관과 철도공사사장간의 철도공안 운영에 관한 업무협약 체결
'05.01.28	건설교통부	국토부장관과 경찰청과의 수사업무한계협정 체결
'08.02.29	국토해양부	정부조직개편에 따른 기관 명칭 변경(건설교통부 → 국토해양부)
'08.06.13	법률 제9109호	사법경찰관리의 직무를 수행할자와 그 직무범위에 관한 법률 개정 (직무범위 확대: 철도안전법에 규정된 범죄와 그 소속 관할구역 및 열차 안에서의 범죄)
'08.06.16	국토해양부령 제17호	철도공안직공무원 임용시험의 체력검사에 관한 규칙 제정
'09.09.01	국토해양부	국토해양부와 경찰청간 수사업무 협조사항 체결
'09.12.29	대통령령 제21909호	국토해양부와 그 소속기관 직제 개정(기관 명칭 변경: 철도공안사무소 → 철도특별사법경찰대)
'10.04.16		철도경찰 미션·비전 선포
'12.03.21	법률 제11401호	경범죄처벌법 개정(철도특별사법경찰대장 통고처분 권한 부여)
'12.06.01	법률 제11476호	철도안전법 개정(소속기관 장에게 권한위임 규정 신설)
'12.11.30	대통령령 제24212호	철도안전법시행령 개정(철도특별사법경찰대장에게 음주·약물 검사, 과태료 부과·징수 권한 위임)
'13.11.20	대통령령 제24852호	공무원임용령 개정(직렬명칭 변경: 철도공안직 → 철도경찰직)
'14.10.06	국토교통부훈령 제432호	철도특별사법경찰 직무집행 규정 개정(창설기념일 근거규정 신설: 철도경찰의 날)
'14.10.13	국토교통부령 제45호	철도경찰직공무원 임용시험의 체력검사에 관한 규칙 개정 (기준 강화: 미달 3종목이상 불합격 → 미달 2종목이상 불합격)
'15.07.10	국토교통부	국토교통부와 경찰청 간 수사업무 공조협정 체결

출처: http://police.molit.go.kr/USR/BORD0201/m_14045(철도특별사법경찰대 홈페이지 참조).

3) 철도특별사법경찰의 법적근거

일반특별사법경찰이 주로 행정범만을 취급하는 것을 특징으로 하고 있는데 반해, 철도특별사법경찰 직무취급(특별사법경찰권)의 근거는 매우 다양하다. 즉, 첫째 형법의 적용이 가능하다. 이러한 법적 권한에 따라 강도, 절도, 사기, 공갈, 횡령, 폭행, 상해, 재물손괴, 방화·실화, 공무집행방해, 업무방해 등의 내용을 집중적으로 규율하고 있다. 둘째, 형사소송법 제245조의10(특별사법경찰)에서 찾을 수 있다.18) 이와 관련해서는 수사(조사), 현행범인체포, 구속영장신청, 압수수색, 압수물환부·가환부신청, 검증·감정, 사건송치 등을 다루고 있다. 셋째, 사법경찰관리의 직무를 수행할 자와 그 직무범위에 관한 법률도 중요한 근거가 된다. 다시 말해 제5조(검사장의 지명에 의한 사법경찰관리)에는 그 소속관서장의 제청에 의하여 그 근무지를 관할하는 지방검찰청검사장이 지명한자 중 7급 국가공무원은 사법경찰관의 직무를, 8급·9급 국가공무원은 사법경찰리의 직무를 행한다고 명시되어 있고, 제5조 제11호(직무를 행할 자)에는 국토해양부와 그 소속기관에 근무하며 철도경찰사무에 종사하는 4급 내지 9급의 국가공무원에 대해 규정하고 있다. 제6조 제9호(직무범위와 수사관할)는 소속관서 관할구역인 철도시설 및 열차 안에서 발생하는 범죄로서 철도안전법에 규정된 범죄와 그 소속관할 구역내 및 열차 안에서의 범죄에 관해 관리하는 것을 규정하고 있다. 넷째, 철도안전법인데 철도안전법위반(폭행·협박으로 철도종사자의 업무를 방해한자, 철도시설 및 차량손괴, 돌 그 밖의 위험한 물건을 던지는 행위, 선로장애 등)에 관해 직무를 수행하고 있다. 다섯째는 경범죄처벌법을 수행한다. 주로 경범(흡연, 인근소란·음주소란, 구걸부당이득 등)과 관련된 내용을 다루고 있다.19)

4) 철도특별사법경찰제의 운영실태 분석과 개선

(1) 철도특별사법경찰의 기구

철도특별사법경찰대는 국토교통부 소속기관으로 본대(운영지원과, 기획과, 수사과, 4개 센터)가 대전광역시에 소재하면서 주변의 센터를 직접 관리한다.20) 4개의 지방

---

18) 산림, 해사, 전매, 세무, 군수사기관 기타 특별한 사항에 관하여 사법경찰관리의 직무를 행할 자와 그 직무의 범위는 법률로서 정하는 것으로 되어 있다.

19) 신현기, 철도특별사법경찰제의 실태분석과 개선방안에 관한 연구, 한국민간경비학회, 「한국민간경비학회보」, 2012, p. 51.

철도특별사법경찰대(서울, 부산, 광주, 제천) 및 전국 주요 중앙역에 26개의 센터가 설치·운영 중이다. 2012년의 경우 법정정원이 413명으로 19명이 부족한 393명이 근무했으나[21] 2016년 1월 현재 근무자는 418명으로 약 25명이 증원되었다.[22]

그림 7-2 | 철도경찰 기구표

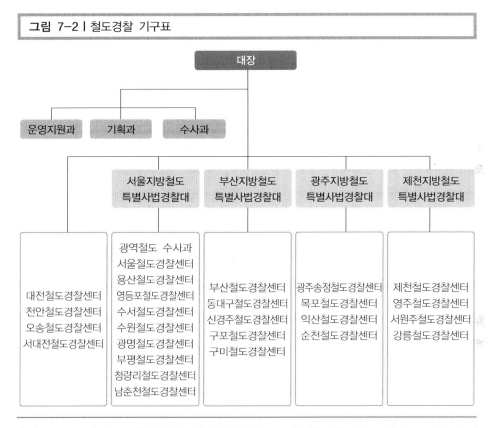

출처: 국토교통부 철도특별사법경찰대 홈페이지 참조(2022년 3월 현재): http://police.molit.go.kr/ USR/WPGE0201/m_23225/DTL.jsp.

---

20) 철도특별사법경찰대장(4급)을 정점으로 관리과장(5급), 계획과장(5급) 및 수사과장(5급)이 위치하고 있고, 서울지방철도 경찰대장(4·5급), 부산지방철도 경찰대장(5급), 광주지방철도(5급), 영주지방철도 경찰대장(5급) 등으로 구성되어 있다. 위의 4개 지방대 하부기구로 23개의 센터가 설치·운영되고 있으며 센터장은 모두 6급으로 보하고 있다.

21) 철도특별사법경찰의 필기시험과목으로는 7급(7과목)의 경우 국어(한문 포함), 영어, 한국사, 헌법, 형사소송법, 형법, 행정법이고, 이에 반해 9급(5과목)의 경우는 국어, 영어, 한국사, 형사소송법개론, 형법총론이다. 특히 철도 관련 공간 내에서 발생하는 범죄에 대해 관할 검사의 지휘를 받으며 직무를 수행하는 만큼 법과목 위주의 시험과목이 주류를 이루고 있다.

22) http://tip.daum.net/question/66000031/82966798?(검색일: 2016. 1. 24).

한편 철도특별사법경찰대는 철도지역 내 범죄예방과 질서유지를 담당하는데 3교대 근무형태로 "철야-비번-휴무" 주기로 이루어진다. 철야는 09:00~다음 날 09:00까지 근무로 2016년 1월 30일 현재 23개 센터와 각 지방대 조사계에서 3교대(철-비-휴) 근무형태를 실시하고 있다.23) 무엇보다 본대 및 4개 지방대 산하 26개 센터의 개편 문제가 시급한 것으로 평가된다. 승·하차인원이 증가하는 곳일수록 철도범죄가 빈번하게 나타나고 있다. 현재는 KTX역을 위주로 대부분의 센터가 설치되어 있는 추세다. 따라서 철도특별사법경찰은 인구의 이동이 많은 곳과 적은 곳을 지속적으로 파악해 센터조직을 새로이 설치 및 개편하여 철도범죄에 적극 대처하기 위한 효율성을 높이는 정책을 수립해 나가야 한다.

(2) 철도특별사법경찰대의 소속별 인원 현황

철도특별사법경찰대의 정원은 2015년 12월 말 기준 429명인데 현원은 418명으로 11명이 결원이었다. 2013년의 경우 결원은 11명, 2014년에는 24명 결원 그리고 2015년은 11명의 결원을 보여주었다. 결국 이러한 부족 인원은 다른 근무자에게 여러모로 근무상의 어려움을 더해 주고 있는바, 향후 충원을 통해 업무의 효율화를 기해야 하며, 결국 단·중기인력수급계획에 만전을 기해야 할 주요과제로 평가되었다. 또한 재직인원 중 8급을 보면 2015년 말 기준으로 정원이 160명인데 현원은 125명으로 35명이나 부족한 상태다. 이에 반해 7급은 정원이 2015년 말 기준 141명인데, 현원은 177명으로 36명이나 과잉현상을 보여주었다. 이는 승진이 상당히 적체되어 있음을 보여주는 대목이었다. 역시 2015년 말 6급의 경우는 72명 정원에 현원은 83명으로 무려 11명이 과잉 현상을 보여주었다.24) 종합적으로 볼 때 2015년 말의 경우 현원 429명 중 무려 421명이 6급에서 9급(운전직 포함)에 몰려있었다. 이는 국가경찰의 경우처럼 전형적인 첨탑형 인사구조로 운영되고 있다는 문제점을 보여준다. 이에 대한 근본적인 대책마련이 시급한 과제였다.

---

23) http://kin.naver.com/qna/detail.nhn?d1id/ (검색일: 2016. 1. 30).
24) 이러한 수치는 철도특별사법경찰대 내부자료로서 행정정보공개청구에 의해 수집된 것이다(2015년 12월 30일 기준임).

표 7-9 | 철도특별사법경찰대 인력운영 현황(2016. 1)

(단위: 명)

연도	계				4급		4.5급		5급		6급		7급		8급		9급		운전직	
	정원	현원	대비	증감	정원	현원	정원	현원	정원	현원	정원	현원	정원	현원	정원	현원	정원	현원	정원	현원
2013	425	414	-11		1	1	0	1	7	5	73	81	134	161	161	130	44	28	5	5
2014	430	406	-24	-8	1	1	0	1	7	6	72	83	139	174	162	127	44	9	5	5
2015	429	418	-11	12	1	1	0	0	7	7	72	83	141	177	160	125	43	20	5	5

출처: 철도특별사법경찰대, 행정정보공개청구 내부자료(2016).

한편 위에서 보는 바와 같이 국토해양부 철도특별사법경찰대의 특별사법경찰 인력은 2015년 말 기준으로 현원 429명이었다. 이 직원 인력은 2022년 2월 기준으로 466명으로 약 37명 정도가 증원되었다.

표 7-10 | 철도특별사법경찰의 인원('20년~'22년 2월 현재)

연 도	인원수	비 고
2020	467명	※ 예산액 (인건비 포함)
2021	468명	
2022년 2월 현재	466명	

출처: 철도특별사법경찰단, 정보공개청구 내부자료(2022. 2).

(3) 철도특별사법경찰의 인력배치 현황

철도경찰대와 서울, 부산, 광주, 영주지방경찰대의 경우는 그 인력배치에 있어서 1~6명까지 결원을 보여 주고 있다. 특히 철도경찰대(대전 본대)와 서울지방대의 경우는 각각 6명의 결원을 보여주고 있어 이곳에서 이직률이 가장 큰 것으로 판단된다. 철도특별사법경찰대의 직급별 인원에 대해 살펴보면 7급이 149명, 8급이 126명, 6급이 73명, 9급이 32명이다. 4급의 경우는 본대장이 1명, 서울지방대에 1명 등 총 2명에 그치고 있다.25)

한편 철도특별사법경찰의 경우 다음과 같은 근무방법상 문제를 안고 있어 이에

25) 신현기, 철도특별사법경찰제의 실태분석과 개선방안에 관한 연구, 한국민간경비학회, 「한국민간경비학회보」, 제11권 제1호, 2012, p. 56.

대한 개선이 시급하다고 평가된다. 즉 철도특별사법경찰의 근무방법은 직원들이 센터별로 자기 소속의 역구내에서 주로 근무하는 것을 원칙으로 한다. 특히 열차의 승·하차역 가운데 우범자와 범죄예방을 위한 순찰근무방법에 집중하고 있는 실정이다. 그러나 이러한 근무방법은 많은 문제점을 안고 있기 때문에, 그로부터 탈피하여 유동인구가 많고 특히 범죄발생이 많은 지역으로 철도특별사법경찰인력을 재배치하는 정책이 요구된다.26)

실제로 본 연구자가 철도승객차량에 승선근무자와 인터뷰한 결과 철도특별사법경찰은 열차 내에서 범죄대처에 큰 도움이 되지 못한다는 지적이 있다. 철도특별사법경찰의 인력이 부족해 열차에 승선하는 인원이 아주 적은 것이 큰 문제다. 주취자들이 승객을 대상으로 행패와 성추행이 벌어지는 곳이 열차 안인데 공안직원들의 근무지가 대부분 역구내에 집중되어 있는 문제들도 개선해야 할 과제다. 따라서 최소한 범죄가 많이 발생하는 저녁시간대라도 활용 가능한 공안인력을 열차에 탑승시키는 재배치가 필요한 실정이다.27)

또한 철도특별사법경찰의 계급장(제3조 관련) 및 직급을 보면 철도특별사법경찰대장은 4급 서기관이며, 철도공안사무관 중에서도 서울지방대장은 4. 5급(2012년 경우), 철도공안사무관 5급(과장, 기타 지방대장), 철도공안주사는 6급(일부 과장, 계장, 센터장, 일부계장), 철도공안주사보는 7급, 철도공안서기는 8급, 철도공안서기보는 9

그림 7-3 | 철도특별사법경찰의 계급 및 직급 명칭(2013)

4급	5급	6급	7급	8급	9급
서기관 	철도공안사무관 	철도공안주사 	철도공안주사보 	철도공안서기 	철도공안서기보 

출처: 철도특별사법경찰대, 내부자료(2013).

---

26) 우지훈, 「철도범죄분석과 철도공안업무 개선에 관한 연구」, 고려대학교 행정대학원 석사학위논문, 2008, p. 47.

27) 이러한 현상은 유럽의 대부분 국가가 제복을 입은 국가경찰은 시민의 치안유지를 위해 지역사회 현장으로 내보내고 경찰기관 내에서 근무자는 행정공무원들로 대처하고 있는 방식이 보편화되어 있음을 볼 수 있다. 우리나라 국가경찰도 이러한 방식을 적극 도입할 필요가 있다. 이러한 논리는 철도특별사법경찰의 근무방식에도 응용할 가치가 있다고 본다.

급으로 구성되어 있다. 그동안 직원들 대부분이 직급이 낮아 사기가 높지 않다는 불만족이 적지 않았다. 마침내 이에 대한 개선 노력이 결실을 보게 되었다. 즉, 2013년에 기존의 정부조직법 개정에 따른 국토교통부 소속기관의 편제 개편에 따라 계급과 직급명칭의 변경이 있었다.

철도특별사법경찰은 계급과 직급의 명칭을 공안이라는 명칭을 사용하다가 이를 2009년 12월 29일 대통령령 제21909호로 철도공안직공무원에서 철도특별사법경찰대라는 용어로 전격 개명하였으며, 기존의 6개 계급에서 3개를 더 늘려 4급 대장(기관장)부터 철도경찰서기보(시보)까지 총 9개로 대폭 늘림으로써 직원들의 사기를 높이는데 더 한층 기여하게 되었다.

그림 7-4 l 변경된 철도특별사법경찰의 계급 및 직급 명칭(2014)

4급	4급	5급	6급
기관장(대장) 	서기관(복수직) 	철도경찰사무관 	철도경찰주사(필수관) 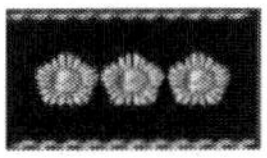

6급	7급	8급	9급	9급
철도경찰주사 	철도경찰주사보 	철도경찰서기 	철도경찰서기보 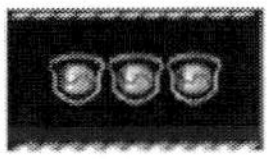	철도경찰서기보(시보) 

출처: 철도특별사법경찰대, 내부자료(2013 이후).

① 본대장의 직급상향 조정 문제

철도특별사법경찰대장은 2015년 기준 총 429명 그리고 2022년 2월 기준으로 총 466명의 특별사법경찰관(리)들을 통솔하고 있다. 그 업무의 영역은 전국 철도망에서 발생하는 대다수의 범죄에 신속히 대처해야 한다. 그러나 날로 철도망이 증가하고 있어 직원들이 담당해야 하는 업무영역도 늘어나고 있다. 그동안 본대장의 직급이 법에 따라 여전히 4급에 위치하고 있다. 사법경찰직무법에 따라 특별사법경찰은 4급부터 9급까지 지명할 수 있도록 되어 있기 때문이다. 승진의 경우도 승진적체현상으로 인해 직원들의 사기가 많이 위축되어 있다. 이는 원래 법제도적으로 4급을 본대장으로 임명하고 있기 때문에 법률의 개정을 통해서만 3급으로 가능한 일이다.28) 많은 정책적 고려가 필요한 문제이기는 하지만 만일 3급(고위직공무원단)으로 승급이 이루어진다면 고위직과 철도특별사법경찰대장 간의 정보공유도 가능해져 철도특별사법경찰의 조직발전에 기여하고 직원의 사기도 충전되는 동시에 시민을 위한 서비스제공 노력도 기대될 수 있을 것이다.29)

② 광범위한 업무영역과 적은 인력 유지 문제

오늘날 전국적으로 철도망이 지속적으로 확장됨으로써 철도특별사법경찰의 업무영역은 점차적으로 확대일로에 있다. 이에 따른 치안수요는 기하급수적으로 늘어나는데 반해 철도특별사법경찰의 전체 인력 충원은 그에 미치지 못하고 있는 것으로 인식된다. 그동안 꾸준히 인력의 증원이 요청되어 왔음에도 불구하고 정원은 2004년에 350여명에서 2011년 12월 말 413명, 2013년에는 425명이었으나 현원은 414명, 그리고 2014년에는 430명 정원 중 현원이 406명으로 24명이나 미충원으로 남아 있었다. 그러나 2015년에도 정원이 429명이었으나 현원은 418명으로 조금 나아지는 듯했으나 그래도 여전히 11명이 부족인원으로 나타나 있다. 전국의 철도망이 증가하고 철도내 범죄가 날로 증가하고 있음을 감안할 때, 최소한 철도특별사법경찰의 정원만이라도 채워주는 것은 매우 긴요한 과제임에 틀림없다. 다행히 2022년 2월 기준으로 철도특별사법경찰이 466명으로 증원된 것은 그나마 다행이라고 본다.

한편 철도특별사법경찰센터 직원들의 근무체계를 보면 큰 곳은 5~6명이 근무하고 적은 곳은 2명 정도가 2교대를 하는 상황이다.

③ 직원의 승진적체 문제

철도특별사법경찰대의 경우 승진이 적체되면서 일반 직원들의 사기가 저하되고 있다. 2015년의 경우 현원 418명인데, 이 중에 6급에서 9급에 무려 410명이 몰려있고 4급과 5급은 고작 8명에 그쳐 승진의 길이 사실상 막혀있는 구조형태다. 특히 4.

---

28) 서울시 특별사법경찰단장은 2015년 기존의 4급에서 3급 국장급으로 승격시켰다. 그러나 단장은 특별사법경찰법에 최고의 계급을 4급 서기관으로 명시해 놓고 있기 때문에 단지 행정가로서의 역할만 수행하는 정도다.

29) 신현기, 철도특별사법경찰제의 실태분석과 개선방안에 관한 연구, 한국민간경비학회, 「한국민간경비학회보」, 2012, p. 57.

5급의 경우는 아예 한명도 없었던 경우도 있었다. 이러한 철도특별사법경찰의 조직은 전형적인 첨탑형 인사구조를 가지고 있는 관계로 사실상 직원들의 승진불가능이라는 비판도 적지 않았다. 이러한 문제는 경우에 따라서 철도특별사법경찰 직원들의 이직률과도 연계될 가능성이 나타날 수 있다.

2022년에도 승진적체 현상은 여전히 이어질 것으로 예상된다. 이는 어느 공공조직이든 모두다 공통점이기도 하다.

5) 철도특별사법경찰의 예산관리

(1) 예산현황

철도특별사법경찰의 총예산은 인건비 포함하여 2013년에 247억원이었고 2014년은 273억원 그리고 2015년에는 291억원이 넘었다. 철도특별사법경찰의 예산도 매년 증가하고 있음을 볼 수 있다.[30]

한편 철도특별사법경찰의 총예산 중 인건비가 차지하는 예산은 2013년에 226억원 2014년에 254억원, 그리고 2015년에는 271억원에 달해 매년 증가하고 있다. 기본경비 중에서는 관서운영비가 높은 비중을 차지하고 있다. 다행히 철도내에서 범죄발생이 증가하고 있는 만큼 이에 대비하여 시스템구축비로 2013년 4억 7천만원, 2014년과 2015년에 각각 2억 9천만원의 예산을 투입하고 있는바, 이는 매우 바람직한 현상으로 평가된다.

표 7-11 | 예산총괄 현황

(단위: 천원)

연도	세부내용				
	계	기본경비(총액)	기본경비(비총액)	시스템 구축	인건비
2013	24,709,538	501,915	1,110,000	470,000	22,627,623
2014	27,333,921	561,000	1,034,000	290,000	25,448,921
2015	29,192,628	566,000	1,194,000	290,000	27,142,628

출처: 철도특별사법경찰대. 정보공개청구 내부자료(2016. 1).

---

30) 2016년 초 철도특별사법경찰대에 행정정보공개를 청구하여 받은 내부자료이다.

2015년도에 철도특별사법경찰대의 총예산은 291억원이었으나 2020년 333억원으로 증액되었고 2022년 2월에는 369억 8,400만원으로 대폭 늘어났다.

표 7-12 | 철도특별사법경찰의 예산('20년~'22년 2월 현재)

(단위: 백만원)

연 도	예산액	비 고
2020	33,330	※ 예산액 (인건비 포함)
2021	36,332	
2022년 현재	36,984	

출처: 철도특별사법경찰단 정보공개청구 내부자료(2022. 2).

(2) 예산상의 문제

국가경찰의 경우 2016년에 국회로부터 약 10조 2,000억원 정도의 예산을 편성받았다. 그 중에서 75~80% 가량이 국가경찰공무원들의 인건비로 지출되고 있으며, 나머지는 시설이나 장비구입에 사용하고 있다. 같은 맥락에서 철도특별사법경찰의 경우도 총예산 중 대부분은 인건비로 지출되는 문제점을 안고 있다. 국가경찰 경우처럼 철도특별사법경찰의 경우도 역시 가장 많은 영역을 인건비가 차지하고 있으며 조직발전을 위한 투자노력이 매우 미약함을 여실히 보여주고 있다. 이에 대한 철저하고 미래지향적인 중·장기계획이 시급해 보인다.

6) 철도특별사법경찰의 범죄수사 분석

(1) 철도지역내 수사통계 현황

철도 관할 구역 내에서 발생하는 형사범과 행정범의 수도 점차 증가하고 있음을 인식할 수 있다. 2013년 형사범의 경우 1,148건, 2014년 1,288건 그리고 2015년 1,458건으로 매년 증가하고 있음을 알 수 있다. 범죄자의 발생률도 매우 높은 것으로 나타났고, 미검거 사건은 경찰에 인계하게 된다. 특히 지난 3년간 폭력행위와 성폭행 수치도 매년 급속도로 증가하고 있는 실정이며 이에 대한 특단의 대책이 필요해 보인다. 검거율의 경우는 다행히 올라가고 있다.

표 7-13 | 최근 3년간 철도 형사범 현황

(단위: 건)

연도	발 생						검 거	
	계	절도	폭력	성폭력	철도안전법 위반	기타	건수	검거율
2013	1,148	319	180	210	154	285	996	87
2014	1,288	322	191	349	112	314	1,143	89
2015	1,458	284	226	404	125	419	1,410	97

출처: 철도특별사법경찰대, 정보공개청구 내부자료(2016. 1).

철도특별사법경찰 관련 행정범의 경우 통고처분 대상자가 가장 높은 수치를 보여주고 있으며, 이는 매년 높아지고 있는 추세다. 이에 반해 즉결심판의 경우는 매년 급속도로 감소하는 현상을 보여주고 있다. 이뿐만 아니라 과태료도 매년 감소하는 추세다.

표 7-14 | 최근 3년간 철도 행정범 현황

(단위: 건)

연도	단속	즉결심판	통고처분	과태료	훈방	인계	퇴거
2013	44,687	177	2,392	6,216	35,831	71	-
2014	44,728	94	3,904	3,768	36,879	61	22
2015	40,964	43	4,457	2,799	33,602	25	38

출처: 철도특별사법경찰대, 정보공개청구 내부자료(2016. 1).

2019년~2021년까지 철도특별사법경찰 위반사범 단속 실적을 보면 형사범 검거와 행정범(즉결심판, 통고처분, 과태료, 훈방 등) 단속의 실적을 보면 지난 3년간 지속적으로 감소한 것으로 나타났다. 일단 형사범 검거를 보면 2019년 2,312건에서 2020년에는 1,994건으로 그리고 2021년에는 1,896건으로 지속적으로 줄었다.

연 도	형사범 검거	행정범(즉결심판, 통고처분, 과태료, 훈방 등)	
		경범죄처벌법	철도안전법
2019	2,312	16,616	3,490
2020	1,994	5,398	1,396
2021	1,896	3,878	677

표 7-15 | 철도특별사법경찰 위반사범 단속 실적('19년~'21년)

(단위: 건)

출처: 철도특별사법경찰단 정보공개청구 내부자료(2022. 2).

(2) 철도범죄종합상황실의 구축 문제

우리나라 철도범죄의 예방과 대처를 위한 중앙전산시스템의 구축문제가 시급한 실정이다. 철도가 대중화되어 많은 인구가 이동하는 특수성에 비추어 볼 때 범죄 또한 많이 발생할 가능성이 높아진 지 오래다. 이에 적극 대처하기 위해 달리는 열차와 역구내 등 주요지역에 CCTV를 설치하는 일은 이제 국제적인 현상이 되었다. 철도특별사법경찰대의 경우도 철도지방대별로 열차와 역구내에 수백대의 CCTV를 설치하여 센터내에서 전체 관할지역을 동시에 들여다보고 범죄에 신속히 대처하는 이른바 철도범죄종합상황실의 설치가 시급한 과제였다.31)

다행히 서울지방대의 경우는 꾸준히 일부 예산을 확보하여 2012년 3월까지 관할전역에 설치한 CCTV를 한곳에서 통제하는 철도범죄종합상황실을 구축하였다. 이는 서울지방대에 그치지 말고 전국 지방대로 확대해야 한다는 지적이 많았는데, 마침내 2015년 말 기준으로 영주지방철도 특별사법경찰대 지역을 제외하고 나머지 서울, 부산, 광주지방철도 특별사법경찰대의 경우는 모두 철도범죄종합상황실을 구축하게 되었다. 이러한 결과는 철도범죄의 발생을 예방하고 동시에 피치 못하게 범죄가 발생한 경우에 신속하게 대처할 수 있는 방안을 강구하게 된 것이다. 바로 이점에서 큰 의의를 찾을 수 있게 되었다.32)

---

31) 우지훈, 「철도범죄분석과 철도공안업무 개선에 관한 연구」, 고려대학교 행정대학원, 석사학위논문, 2008, p. 48.

32) 신현기(a), 철도특별사법경찰제의 실태분석과 개선방안에 관한 연구, 한국민간경비학회, 「한국민간경비학회보」, 11(1), 2012, p. 61.

(3) 수사활동비의 열악 문제

국가경찰에 비해 철도특별사법경찰의 경우 수사활동 지원비가 상당히 열악한 실정이다. 2015년을 기준으로 볼 때, 수사활동요원들에게 매달 5만원 정도 지급해 왔다. 그러나 이마저도 2016년의 경우는 예산이 한정되어 있고 인력은 증원된 관계로 다소 줄어드는 등 어려움이 적지 않다. 수사지원비는 월지원비 이외에 추가로 원거리나 사건의 중요도에 따라서 사건 때마다 약간씩 다르게 책정되기도 하는 특징을 가지고 있다. 이마저도 센터의 직원에게는 지급예산이 별로 없는 상태다. 이러한 상황에서 철도특별사법경찰에게 열차를 이용하는 시민들을 위해 질 좋은 서비스를 제공하라고 요구하는 것은 큰 무리라고 본다. 따라서 이들을 위한 적은 액수라도 수사활동지원비의 예산을 확보하여 지급하는 정책대안이 필요하다고 본다.

(4) 철도특별사법경찰의 지역사회경찰제 도입문제

통상적으로 철도특별사법경찰의 23개 센터는 대도시를 중심으로 한 역세권에 위치하고 있으며, 지역 시민들과 연계하여 합동으로 철도범죄에 대처하는 이른바 지역사회경찰활동 시스템을 도입 및 활성화하는 데 많은 노력을 기울이고 있다. 급변하는 산업화와 정보통신의 발달로 인해 증가하는 철도범죄에 철도특별사법경찰 혼자만으로 대처하는 데는 일정 한계가 있는 만큼 센터별로 지역주민과 연계해 치안자문위원회, 자율방범대, 청소년선도위원회, 녹색어머니회, 기타 지역봉사단체들과 밀접히 연계해 협력체계를 구축하는 것도 나쁘지 않다고 본다. 대부분의 범죄 중 상당수가 주민들의 신고를 통해 체포되고 해결된다는 사실에 주목해야 한다.

(5) 철도범죄신고 전화번호의 간소화 문제

국가경찰의 경우 112, 해양경찰의 경우 122, 소방의 경우 119 등 긴급을 요하는 대중서비스 전화가 매우 간단해 기억하기 좋게 구축되어 있다. 그러나 철도의 경우 범죄신고 전화번호는 1588-7722번으로 너무 긴 나머지 시민들이 신속하게 기억하고 신고하는 데 있어서 상당한 어려움이 있다. 이를 간단히 기억해 내고 신고할 수 있도록 3자리 번호로 구축함이 바람직하다.[33]

---

33) 신현기(a), 철도특별사법경찰제의 실태분석과 개선방안에 관한 연구, 한국민간경비학회, 「한국민간경비학회보」, 11(1), 2012, p. 61.

이러한 철도경찰의 신고체계는 2016년초 현재에도 변함이 없다. 다만 세 자리 번호로 제도개선이 어려운 이유는 영역이 광범위하고 국가경찰인 112나 소방 119에 신고하여도 곧바로 공조관계가 유지되기 때문에 시민들로부터 큰 불편은 없다고 보는것이 철도특별사법경찰대의 입장이다.34)

(6) 국가경찰과의 수사관할 처리문제

기본적으로 철도특별사법경찰의 경우 법률에 따라 수사 관련 업무는 관할지역 지검장의 직접지휘를 받으며 업무를 수행하고 있다. 수사와 관련해 관할 검사의 지휘를 받는 동시에 「국토교통부(구 국토해양부)와 경찰청간 수사업무협조사항」이 전문 및 13개 조문으로 2009년 9월 1일 발효되었으며, 이에 따라 열차 내에서 현행범을 체포한 경우 관할 경찰서의 유치장에 입감을 의뢰하는 등 업무협조가 이루어지고 있다. 철도특별사법경찰은 철도범죄에 대해 검거를 하고 만일 검거하지 못한 사건에 대해서는 국가경찰에 이첩하고 있다. 문제는 달리는 열차 내에서 발생한 범죄사건에 대해 국가경찰이 수사한다는 것이 매우 어렵다는 점이다. 특히 철도특별사법경찰에서 미해결사건을 국가경찰에 이첩하는데 그 수사는 미진한 결과들이 대부분이다.35)

그 이유는 철도구간이 길고 경찰기관간의 관할권 중복문제가 있으며 국가경찰이 예를 들어 오래전 도난사건을 운행 중인 열차에 올라 긴 거리를 다니며 수사하는 것이 특성상 철도특별사법경찰보다 나을게 없는 실정이다.36) 향후 이러한 사건에 관해 철도특별사법경찰이 계속 수사할 수 있는 법률개정을 통해 권한의 위임을 위한 연구도 필요하다고 본다.

(7) 철도사법경찰의 수사 및 감식장비 부족 문제

일선 기관의 특별사법경찰들이 행정범을 다루는 것과는 달리 철도특별사법경찰의

---

34) 이러한 입장은 연구자가 2016년 1월 철도특별사법경찰대 관계자와 나눈 인터뷰를 통해 이해할 수 있었다.

35) 상게논문, p. 62.

36) 한편 서울시 지하철공사와 도시철도공사 및 부산교통공단의 경우를 보면 지하철내의 치안유지기능을 각기 지방경찰청 소속의 지하철수사대에서 수행하고 있고 시설경비에 대해서는 청원경찰이 맡고 있으며, 서울도시철도공사의 경우는 공익근무요원이 안내와 질서계도업무를 수행하고 있다 (김정욱, 2002: 141). 항공이나 항만의 경우는 국가경찰에서 치안유지 업무를 수행하고, 각기 기장과 선장은 사법경찰관리의 직무를 행할자와 그 직무범위에 관한 법률에 의거해 사법경찰관과 사법경찰리의 직무를 행하고 있다.

경우는 달리는 철도차량 내에서 행정범보다는 오히려 형법범의 문제가 언제든지 발생할 수 있는 위험에 노출되어 있고 갇힌 공간상에서 발생하는 범죄이다 보니 지상에서보다 더 긴급성을 요하는 곳이다. 열차공간에서 주취자, 마약사범, 성추행 등이 일어날 개연성이 높으며, 이에 신속하게 대처하기 위해서는 수사 장비를 고르게 그리고 충분하게 갖추는 것이 중요한 과제 중 하나이다.

표 7-16 | 수사 · 감식 장비 현황(2014)

구 분	계	철도경찰대	서울지방경찰대	부산지방철도경찰대	광주지방철도경찰대	영주지방철도경찰대
지문채취기(라이브스캐너)	7	1	3	1	1	1
지문 · 족흔적 감식장비 세트	34	7	13	5	5	4
다기능 증거물검색기	5	1	1	1	1	1
수갑	447	97	176	72	55	47
포승	58	16	25	6	6	5
야간투시경	5	1	1	1	1	1
PMP저장장치	4	1	1	1		1
음주측정기	62	14	20	11	9	8
약물측정기	5	1	1	1	1	1
증거사진촬영표	28	6	8	5	5	4
진술녹화시스템	5	1	1	1	1	1
고성능디지털카메라	8	2	3	1	1	1
상용디지털카메라	44	11	15	8	6	4

출처: 철도특별사법경찰대, 2014 철도경찰 통계연보, 2014, p. 66.

무엇보다 열차라고 하는 밀폐된 좁은 공간에서 범죄자들로부터 공격을 받을 시 신속하게 대처하기 위해서는 가스분사기도 필수적인데, 이를 철도경찰대가 82개, 서울지방철도경찰대 149개, 부산지방철도경찰대 64개, 광주지방철도경찰대 55개, 영주지방철도경찰대 45개 등 총 395개를 보유하고 직무에 응하고 있다. 본대의 경우는 가스분사용 스프레이도 4개를 보유하고 있고 여기에다가 업무 호신용으로 방검복도 필요하다고 보여지는데, 아쉽게도 아직 철도특별사법경찰의 경우는 이를 보유하고 있지 못한 상태다.

구 분	계	철도 경찰대	서울지방 경찰대	부산지방 철도경찰대	광주지방 철도경찰대	영주지방 철도경찰대
표 7-17	철도특별사법경찰의 방범용 장비 현황					
금속탐지기	100	27	32	18	13	10
방폭담요	5	1	2	1	1	0
가시분사기	395	82	149	64	55	45
가스분사용 스프레이	4	4	0	0	0	0
경비봉	466	124	175	67	56	44

출처: 철도특별사법경찰대, 2014 철도경찰 통계연보, 2014, p. 67.

7) 철도특별사법경찰의 직무교육(재교육)

(1) 직무교육 현황

철도특별사법경찰대의 경우 자체 교육훈련연수원 확보가 어렵기 때문에 경찰교육원, 법무연수원, 경찰수사연수원 등에서 직무교육을 진행하고 있다. 2011년도의 경우 국토해양인재개발원 산하 대인관계능력향상과정 등에 86명, 경찰청 산하 경찰수사연수원에 26명, 경찰학교에 3명, 법무연수원 산하 특별사법경찰 수사실무과정 등에 63명, 코레일 인재개발원 산하 철도차량운전면허 취득과정에 67명 등 19개의 다양한 교육프로그램에 참여하여 직무교육훈련의 효율성을 기했다.

철도특별사법경찰의 직무교육(재교육)은 2013년 약 6~7개 과정에 연인원 121명의 직원이 참여하여 직무교육(재교육) 향상에 크게 기여했다. 2014년 141명 그리고 2015년에 271명이 참여함으로써 직무교육의 질을 높이는데 기여했다.[37] 특별사법경찰을 위해 법무연수원에 여러 가지 프로그램들이 마련되어 있는데 이곳을 많이 활용하고 있으며, 나아가서 국가경찰 소속의 경찰교육원에도 매년 18명에서 20명까지 참여하여 수사기법을 익힌 바 있다. 철도특별사법경찰은 기타 위탁교육기관에도 2015년의 경우 186명이나 참여하였고 매년 직무교육에도 많은 노력을 기울이고 있다.

---

37) 국토교통부 철도특별사법경찰대, 행정정보공개청구 자료(2016. 1. 31).

| 표 7-18 | 철도특별사법경찰 직원의 직무교육 이수 현황 |

연도	계	교육기관			
		국토교통인재개발원	법무연수원	경찰교육원	기타위탁교육기관 (사이버교육 포함)
2013	121	22	73	18	210
2014	141	27	78	18	18
2015	271	37	28	20	186

출처: 철도특별사법경찰대, 행정정보공개청구 내부자료(2016. 1. 31).

2019년 12월 중국에서 코로나19가 발생한 후 우리나라에도 2020년 본격적으로 발생하여 전국으로 확대된 관계로 2020년과 2021년에는 국가 모든 기관과 지방자치단체 특별사법경찰들이 특사경 직무교육을 각각 온라인 방식을 통해 진행되었다. 철도특별사법경찰대의 경우도 예외는 아니었다고 본다. 직무교육은 직접 교육기관에 모여서 질의와 답변 및 토론방식으로 이루어져야 하지만 그렇지 못한 관계로 아쉬움을 많이 남겼다. 그리고 2022년 상반기에도 여전히 오미크론 바이러스가 맹위를 떨치고 있는 관계로 직무교육은 큰 어려움을 겪고 있다.

(2) 철도특별사법경찰의 교육 훈련상의 문제

그러나 철도특별사법경찰은 직무교육을 실시하면서 영어와 같은 어학연수 과정 프로그램에는 거의 참여한 바 없다. 철도특별사법경찰의 경우 역내나 열차 내에서 근무 중 외국인들과 관련된 범죄 등이 발생할 가능성이 점차 증가하고 있다. 더욱이 우리나라에 비자를 받고 온 외국인 수가 200만명이 넘어섰고, 2016년 초 기준으로 외국인 불법체류자도 약 23만여명에 달하고 있다. 특히 외국인 범죄도 지속적으로 증가하고 있는 추세이므로 열차 내에서 외국인 범죄에 적극 대처하는 역량을 기르기 위해 중장기적 차원에서 철도특별사법경찰 직원들에게 외국어 실력을 향상 시켜주기 위한 정부기관이 지정한 영어교육 프로그램 등에도 참여시키는 것도 나쁘지 않다고 본다.

5. 농림축산식품부 특별사법경찰

1) 농림축산식품부 농림축산검역본부

중앙부처 중 농림축산식품부 농림축산검역본부의 경우도 특별사법경찰을 지명받아 단속업무를 진행하고 있다.

그림 7-5 | 농림축산검역본부 조직도

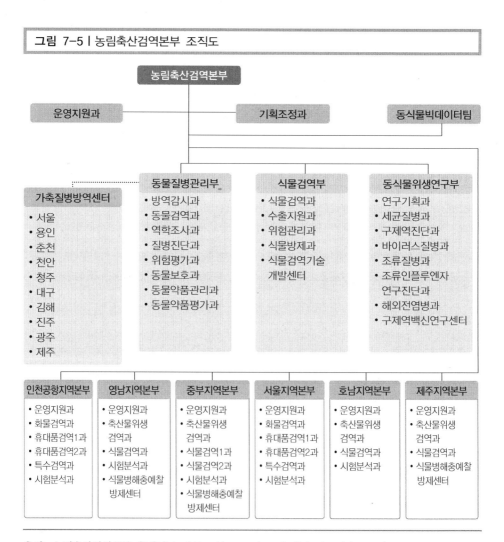

출처: 농림축산검역본부 홈페이지: http://www.qia.go.kr/intro/org/qia_org.jsp

농림축산식품부의 경우는 전국적으로 인천, 영남, 중부, 서울, 호남, 제주지역에 6개의 지역본부를 두고 있다. 농림축산검역본부에는 동물질병관리부의 (동물)역학조사과와 식물검역부의 (식물)검역과 두 곳에 특별사법경찰이 지명되어 운영 중이다.

(1) 농림축산식품부 농림축산검역본부 특별사법경찰의 인력 현황

2001년 당시에는 국립식물검역원에서 「사법경찰관리의 직무를 수행할 자와 그 직무범위에 관한 법률」 제6조 제33호에 따라 특별사법경찰제도를 도입하였는데, 특별사법경찰들은 「식물방역법」에 규정된 식물방역범죄에 관련된 수사를 담당하게 되었다. 2009년의 경우 특별사법경찰로 지명된 자는 69명에 달했으며, 역시 수사만 담당하는 전담인력은 없었고 수출입에 있어서 식물검역 업무와 병행하여 특별사법경찰업무를 모두 수행하는 체계로 운영되었다.

그 후 조직개편이 있었으며 오늘날 농림축산검역본부 특별사법경찰의 인력은 2013~2015년까지 3년간 계속해서 77명을 유지하였다. 2009년에 비해 다소 증가하였으며, 4급 1명이 특별사법경찰의 총책임자로 업무를 총괄하고 있으며 5급의 경우도 2015년 기준 3명에 불과하며 6급 주무관과 7급에 가장 많은 인력이 몰려있었다.

표 7-19 | 농림축산검역본부 특별사법경찰의 인력

직렬구분	연도	특별사법경찰 현황						
		총정원	직급					
			4급이상	5급	6급	7급	8급	9급
식물방역	2013	77	0	4	34	37	1	1
	2014	77	0	4	39	33	1	0
	2015	77	1	3	37	32	3	1

출처: 농림축산검역본부 식물검역본부, 정보공개청구자료(2016. 1).

농림축산검역본부 특별사법경찰의 인력 수는 가축방역 분야에 2020년 118명, 2021년 122명 그리고 2022년 2월 121명이 근무 중이다. 축산물 위생관리 분야는 2020년 32명, 2021년 32명 그리고 2022년 2월 기준 30명이다. 또한 식물검역 분야에서 2020년 77명, 2021년 77명, 그리고 2022년 2월 77명이다. 종합해 보면 2022년 2월 기준 가축방역 분야에 121명, 축산물관리 분야에 30명, 식물검역 분야에 77명 등 총 228명에 달한다. 이는 다음에서 가축방역/식물검역 분야로 세분하여 살펴보기로 한다.

(2) 농림축산식품부 농림축산검역본부 특별사법경찰의 예산 현황

특별사법경찰들의 경우 봉급 이외에 순수 운영비로서 총액은 특별사법경찰의 인력 수 77명에 비해 그다지 높지 않은 액수이다. 즉 나가고 들어오는 검역활동을 앞아서 진행하기 때문인지는 몰라도 운영예산은 77명에 비해 상당히 낮은 예산이 책정된 것으로 평가되었다. 예산에 대해서는 뒤에서 영역별로 자세히 후술하기로 한다.

표 7-20 | 농림축산검역본부 특별사법경찰의 예산

(단위: 천원)

연 도	예산액	기 타
2013	46,200	
2014	46,200	
2015	46,200	

출처: 농림축산검역본부 식물검역본부, 정보공개청구자료(2016. 1).

(3) 농림축산식품부 농림축산검역본부 특별사법경찰의 직무교육 참여자

농림축산식품부 농림축산검역본부 산하 특별사법경찰은 법무부 소속 법무연수원에 설치되어 있는 특별사법경찰센터에서 제공하는 직무교육에 2013년 11명, 2014년에 14명, 2015년에 17명이 참여하였는데, 다행히 매년 증가하는 수치를 보여주고 있다. 이 밖에 자체적으로도 기획하여 행하고 있는 특별사법경찰의 직무교육에도 2013년 28명, 2014년 32명 그리고 2015년에 29명이 참여하는 등 많은 관심을 기울이고 있다.

표 7-21 | 농림축산검역본부 특별사법경찰의 직무교육

연 도	합 계	법무연수원 교육참여자 수	자체교육 참여자 수
2013	39	11	28
2014	46	14	32
2015	46	17	29

출처: 농림축산검역본부 식물검역과, 정보공개청구자료(2016. 1).

2019년 코로나19가 발생하여 농림축산검역본부 특별사법경찰은 다른 공공기관들처럼 직무교육 면에서 많은 어려움을 겪고 있다. 2020년 1월 우리나라에도 세계적 펜데믹의 영향으로 인해 오프라인 직무교육은 온라인 교육으로 전면 개편되어 운영되고 있는 실정이다. 2022년 전반기에도 오미크론 바이러스의 대유행으로 인해 온라인 교육으로 진행되고 있다. 하지만 향후 바이러스 문제가 해결된다면 이전처럼 교육원에 모여 오프라인 교육으로 이루어지게 될 것이다.

(4) 농림축산검역본부 특별사법경찰의 위반사항 처리

농림축산검역본부에서 근무하는 특별사법경찰이 행정범들을 적발하여 처리한 실적을 보면, 고발사건의 경우 2013년에 18건, 2014년에 27건 그리고 2015년에 21건에 달했다. 이 처리실적 자료를 통해서 볼 때, 특이한 점은 대부분의 사건이 소속 특별사법경찰들의 기획수사에 의한 것이라기보다는 거의가 고발에 의한 사건임을 알 수 있다. 따라서 이처럼 고발사건에만 의존할 것이 아니라 기획수사를 통해서 적극적으로 단속에 나서는 기획수사가 요구되고 있다.

표 7-22 | 농림축산검역본부 특별사법경찰의 처리실적 현황

(단위: 건)

연 도	고발사건	송치실적	기 타
2013	18	27	
2014	27	26	
2015	21	25	

출처: 농림축산검역본부 식물검역본부, 정보공개청구자료(2016. 1).

농림축산검역본부 특별사법경찰의 위반사범 단속실적 현황(2019~2021년)은 다음과 같다. 즉 가축방역 분야에서 2021년 송치 4건, 축산물 위생관리 분야에서는 없다. 식물검역 분야에서 2021년 입건 및 송치 35건이었는데, 이를 뒤에서 세부적으로 살펴보게 될 것이다.

2) 농림축산식품부 농림축산검역본부(축산물위생) 부문

농림축산식품부 농림축산검역본부 축산물위생 부문에서 운영하는 특별사법경찰의 경우는 2013년에 총정원이 26명이었다가 2014년에 23명으로 감소했으나 2015년에 다시 26명으로 증가했다. 특이한 것은 2013년부터 2015년까지 3년 동안 4급은 한명도 없으며 5급의 경우 2013년~2014년 사이의 경우 5급이 각각 1명씩이었고 2015년에는 3명으로 대폭 늘어났다. 나머지 특별사법경찰은 대부분 6급과 7급에 몰려 있음을 알 수 있다.

표 7-23 | 농림축산검역본부 축산물위생 특별사법경찰의 인력

(단위: 명)

직렬구분	연도	축산물위생 부문의 특별사법경찰 현황						
		총정원	직급					
			4급이상	5급	6급	7급	8급	9급
축산물위생	2013	26	0	1	16	9	0	0
	2014	23	0	1	15	7	0	0
	2015	26	0	3	15	8	0	0

출처: 농림축산검역본부 식물검역본부 축산물위생 부문, 정보공개청구자료(2016. 1).

농림축산검역본부 식물검역본부 축산물위생 부문의 예산은 2013~2014년까지 2년간은 0원이었으며 2015년에 와서야 1,800만원의 운영예산이 확보되었다. 직원 수 26명에 달하는데도 불구하고 연간 운영비 예산이 상당히 적은 편이다(〈표 7-24〉 참조).

또한 2020~2022년까지 3년간의 예산은 〈표 7-25〉와 같이 공히 900만원 정도를 보여준다.

표 7-24 | 농림축산검역본부 축산물위생 특별사법경찰의 예산

(단위: 만원)

연 도	예산액	기 타
2013	0	
2014	0	
2015	1,800	

출처: 농림축산검역본부 식물검역본부 축산물위생 부문, 정보공개청구자료(2016. 1).

표 7-25 | 농림축산검역본부 축산물위생 특별사법경찰의 예산(2020~2022. 2)

(단위: 만원)

구 분	2020	2021	2022	기 타
축산물 위생관리 분야 특사경 예산액	900	900	900	변동 없음

출처: 농림축산검역본부 식물검역본부 축산물위생 부문, 정보공개청구자료(2022. 2).

농림축산검역본부 축산물위생 특별사법경찰의 인력(2020~2022. 2)은 2015년 26 명에서 2022년 2월에는 30명으로 약 4명 정도가 증가하였다.

표 7-26 | 농림축산검역본부 축산물위생 특별사법경찰의 인력(2020~2022. 2)

(단위: 명)

구 분	2020	2021	2022.2월
축산물 위생관리 분야	32	32	30

출처: 농림축산검역본부 식물검역본부 축산물위생 부문, 정보공개청구자료(2022. 2).

한편 2013~2015년에 농림축산검역본부 축산물위생부문 특별사법경찰의 처리실 적은 확인서징구 부문에서 약간 있었을 뿐이다.

표 7-27 | 농림축산검역본부 축산물위생부문 특별사법경찰의 처리실적 현황(2013~2015)

(단위: 건)

연도	위반사항 처리실적						
	위반자 적발	확인서징구	과태료처분	고발	입건	송치	이송
2013		9					
2014		2					
2015		12					

출처: 농림축산검역본부 식물검역본부 축산물위생 부문, 정보공개청구자료(2016. 1).

〈표 7-28〉과 같이 농림축산검역본부 식물검역본부 축산물위생 부문에서는 2019 년부터 2021년 12월 말까지 처리실적이 전혀 없었다.

표 7-28 | 농림축산검역본부 축산물위생부문 특별사법경찰의 처리실적 현황(2019~2021)

구 분	2019	2020	2021
축산물 위생관리 분야	없음	없음	없음

출처: 농림축산검역본부 식물검역본부 축산물위생 부문, 정보공개청구자료(2022. 2).

3) 농림축산식품부 농림축산검역본부(가축방역/식물검역) 부문

농림축산식품부 농림축산검역본부(가축방역/식물검역) 부문에 소속된 특별사법경찰에 대해 살펴보면 다음과 같다. 즉 가축방역 부문의 경우 인력은 2015년에 105명이 지명되어 직무를 수행했다. 그리고 식물방역 부문에서 특별사법경찰의 인력은 2013~2015년까지 각각 77명을 보여주었다. 이들 특별사법경찰공무원의 직급은 역시 대부분이 6급과 7급에 몰려있는 실정이다.

표 7-29 | 농림축산검역본부(가축방역/식물방역) 부문의 인력 현황

(단위: 명)

직렬구분	연도	총정원(명)	특별사법경찰의 인력 현황					
			4급 이상	5급	6급	7급	8급	9급
가축방역	2013	104	1	14	57	32	0	0
	2014	99	1	12	54	32	0	0
	2015	105	1	8	65	31	0	0
식물방역	2013	77	0	4	34	37	1	1
	2014	77	0	4	39	33	1	0
	2015	77	1	3	37	32	3	1

출처: 농림축산검역본부 식물검역본부(가축방역/식물방역)부문, 정보공개청구자료(2016. 1).

〈표 7-30〉에서 보는 바와 같이 농림축산검역본부(가축방역/식물검역) 부문의 인력 현황을 보면 2022년 2월 현재 가축방역 분야에 121명 그리고 식물검역 분야에 77명이다.

표 7-30 | 농림축산검역본부(가축방역/식물검역) 부문의 인력 현황

(단위: 명)

구 분	2020	2021	2022.2월
가축방역 분야	118	122	121
식물검역 분야	77	77	77

출처: 농림축산검역본부 식물검역본부(가축방역/식물검역)부문, 정보공개청구자료(2022. 2).

한편 가축방역 부문과 식물방역 부문 특별사법경찰의 예산은 전자의 경우 5,520 만원이었으며 2015년에는 6,240만원으로 다소 증가했다. 이에 반해 후자인 식물방역 부문은 2013~2015년까지 모두 각각 4,620만원이었다.

표 7-31 | 가축방역 부문과 식물방역 부문 특별사법경찰의 예산 현황

(단위: 원)

직렬구분	연 도	예산(천원)
가축방역	2013	55,200
	2014	55,200
	2015	62,400
식물방역	2013	46,200
	2014	46,200
	2015	46,200

출처: 농림축산검역본부 식물검역본부(가축방역/식물방역)부문, 정보공개청구자료(2016. 1).

다음은 농림축산검역본부 특별사법경찰의 예산액(2020~2022)을 보여준다. 가축 방역 분야 특사경 예산액은 2020년부터 2022년 2월까지 동일하게 6,720만원이다. 축산물 위생관리 분야 특사경 예산액은 2020년부터 2022년 2월까지 900만원이다. 그리고 식물검역 분야 특사경 예산액은 2020년부터 2022년 2월까지 동일하게 4,620만원이다.

표 7-32 | 농림축산검역본부 특별사법경찰의 예산(2019~2021)

(단위: 만원)

구 분	2020	2021	2022	기 타
가축방역 분야 특사경 예산액	6,720	6,720	6,720	변동 없음
축산물위생관리 분야 특사경 예산액	900	900	900	변동 없음
식물검역 분야 특사경 예산액	4,620	4,620	4,620	변동 없음

출처: 농림축산검역본부 식물검역본부, 정보공개청구자료(2022. 2).

한편 가축방역과 식물방역 및 축산물위생 등 3가지 부문에서 특별사법경찰의 직무교육 현황을 보면 2013~2015년 사이에 3년간 대부분이 법무부 법무연수원의 대검 특별사법경찰교육센터에서 제공하는 직무교육에 참여하고 있는 것으로 나타났다. 특이한 것은 식물방역의 경우 자체 직무교육이 2013년에 28명, 2014년 32명 그리고 2015년에 29명이 참여하는 특이점을 보여주었다. 한편 아래의 직무교육 실적은 축산물위생 부문 특별사법경찰들의 직무교육을 포함하고 있는 수치다.

표 7-33 | 가축방역/식물방역/축산물위생 부문 특별사법경찰의 직무교육 현황

직 렬	연 도	직무교육참여 실적(축산물 위생 포함)				
		합계(명)	법무연수원	경찰교육원 경찰수사연수원	자체	기타
가축방역/ 식물방역/ 축산물위생	2013	0	15	0	1	
	2014	0	24	0	1	
	2015	0	15	0	1	
	2013	39	11	0	28	
	2014	46	14	0	32	
	2015	46	17	0	29	

출처: 농림축산검역본부 식물검역본부(가축방역/식물방역/축산물위생)부문, 정보공개청구자료(2016. 1).

특별사법경찰들의 직무교육이 코로나19로 인해 제대로 이루어지지 않고 있다. 하지만 향후 코로나 바이러스가 사라지면 이전과 같이 체계적인 직무교육이 이루어질 것으로 본다.

한편 가축방역과 식물방역 부문에서 위반사항들을 보면 〈표 7-34〉와 같았다. 2015

년의 경우 고발 21건, 검찰에 송치 25건 등 46건의 위반사항에 대한 처리 실적이 있었다.

표 7-34 | 가축방역/식물방역/축산물위생 부문의 위반사항 처리실적

직 렬	연 도	실 적				
		합계(명)	고발	입건	송치	기타
가축방역/ 식물방역/ 축산물위생	2013	2	0	0	2	
	2014	2	0	0	2	
	2015	2	0	0	2	
	2013	45	18	0	27	
	2014	53	27	0	26	
	2015	46	21	0	25	

출처: 농림축산검역본부 식물검역본부(가축방역/식물방역/축산물위생)부문, 정보공개청구자료(2016. 1).

농림축산검역본부 식물검역본부 특별사법경찰(가축방역, 식물검역)의 단속실적을 보면 다음과 같이 2021년도의 경우 가축방역분야에서 입건 및 송치에 4건 그리고 식물검역 분야에서 입건 및 송치에 35건을 보여주었다.

표 7-35 | 특별사법경찰(가축방역, 식물검역)의 위반사범 단속실적 현황(2019~2021년)

구 분	2019	2020	2021
가축방역 분야	입건 및 송치 3건	입건 및 송치 16건	입건 및 송치 4건
식물검역 분야	입건 및 송치 26건	입건 및 송치 39건	입건 및 송치 35건

출처: 농림축산검역본부 식물검역본부(가축방역/식물방역/축산물위생)부문, 정보공개청구자료(2022. 2).

4) 농림축산식품부 국립농산물품질관리원

국립농산물품질관리원은 농림축산식품부 소속기관으로서 본원, 시험연구소, 지원(9개), 사무소(121개)로 구성되어 있다. 국립농산물품질관리원의 특별사법경찰 인력은 〈표 7-36〉과 같다. 국립농산물품질관리원의 경우는 전국에 1,110여명의 특별사법경찰을 지명받아 활동하고 있다. 그러나 본부에는 250명이 근무하고 있고, 이 중에서 150명은 행정범죄자 단속에 전담화 요원으로서 행정업무는 아예 처리하지 않고 오직 특별사법경찰의 단속수사 업무만 수행하는 체계만 갖추고 있는 실정이다.

그림 7-6 | 국립농산물품질관리원의 조직도

국립농산물품질관리원

본원
- 운영지원과
- 기획조정과
- 소비안전과
- 품질검사과
- 원산지관리과
- 인증관리과
- 농업경영체과
- 농업정보과
- 직불관리과

시험연구소
- 품질조사과
- 안전성분석과
- 성분검정과
- 원산지검정과

경기지원
- 유통관리과
- 품질관리과
- 경영직불팀
- 서울사무소
- 인천사무소
- 수원사무소
- 화성·오산사무소
- 의정부·동두천·양주사무소
- 평택사무소
- 안성사무소
- 남양주·구리사무소
- 가평사무소
- 광주·성남·하남사무소
- 이천사무소
- 용인사무소
- 파주·고양사무소
- 포천·연천사무소
- 여주사무소
- 양평사무소
- 강화사무소
- 김포사무소

강원지원
- 유통관리과
- 품질관리과
- 경영직불팀
- 원주사무소
- 횡성사무소
- 강릉사무소
- 삼척·동해사무소
- 속초·양양사무소
- 고성사무소
- 홍천사무소
- 영월사무소
- 평창사무소
- 정선·태백사무소
- 철원사무소
- 인제사무소
- 양구사무소

충북지원
- 유통관리과
- 품질관리과
- 경영직불팀
- 충주사무소
- 제천·단양사무소
- 옥천사무소
- 영동사무소
- 괴산·증평사무소
- 보은사무소
- 음성사무소
- 진천사무소

충남지원
- 유통관리과
- 품질관리과
- 경영직불팀
- 천안사무소
- 아산사무소
- 공주사무소
- 세종사무소
- 서산·태안사무소
- 논산사무소
- 금산사무소
- 부여사무소
- 보령사무소
- 서천사무소
- 홍성사무소
- 청양사무소
- 예산사무소
- 당진사무소

전북지원
- 유통관리과
- 품질관리과
- 경영직불팀
- 익산사무소
- 군산사무소
- 남원사무소
- 순창사무소
- 임실사무소
- 정읍사무소
- 김제사무소
- 부안사무소
- 진안사무소
- 장수사무소
- 무주사무소
- 고창사무소

전남지원
- 유통관리과
- 품질관리과
- 경영직불팀
- 목포·신안사무소
- 무안사무소
- 여수사무소
- 순천·광양사무소
- 나주사무소
- 화순사무소
- 담양사무소
- 장성사무소
- 곡성·구례사무소
- 고흥사무소
- 보성사무소
- 장흥사무소
- 강진사무소
- 완도사무소
- 해남사무소
- 진도사무소
- 영암사무소
- 영광사무소
- 함평사무소

경북지원
- 유통관리과
- 품질관리과
- 경영직불팀
- 포항·울릉사무소
- 경주사무소
- 김천사무소
- 안동사무소
- 영천사무소
- 경산사무소
- 청도사무소
- 구미·칠곡사무소
- 사주사무소
- 의성·군위사무소
- 영덕사무소
- 청송·영양사무수
- 성주사무소
- 고령사무소
- 문경사무소
- 예천사무소
- 영주사무소
- 봉화사무소
- 울진사무소

경남지원
- 유통관리과
- 품질관리과
- 경영직불팀
- 부산사무소
- 울산사무소
- 진주사무소
- 사천사무소
- 통영·거제사무소
- 고성사무소
- 밀양사무소
- 김해·양산사무소
- 함안사무소
- 의령사무소
- 창녕사무소
- 하동사무수
- 남해사무소
- 함양사무소
- 산청사무소
- 합천사무소
- 거창사무소

제주지원
- 유통관리과
- 품질관리과
- 경영직불팀
- 서귀포사무소

출처: https://www.naqs.go.kr/contents/contents.do(검색일: 2022. 3. 1).

표 7-36 | 국립농산물품질관리원 특별사법경찰의 인원, 예산 및 적발현황

연 도	총 인원	예 산	입건 및 고발현황(건)		
			계	입건	고발
2013	총 1,110명 4급 11명, 5급/116, 6급/316, 7급/385, 8급/172, 9급/110 *수시 변동	13억 3,800만원	2,902	2,701	201
2014			2,822	2,725	97
2015			2,776	2,656	120

출처: 국립농산물품질관리원. 정보공개청구자료(2016. 1).

또한 2020~2022년 사이 국립농산물품질관리원 특별사법경찰의 인력 수는 동일하게 1,110명으로 동일 수를 보여주고 있다. 이는 이미 2013년부터 2022년 2월까지 1명도 변동이 없이 동일한 수치인데 무려 9년간 동일한 수치로 자료는 보여주고 있다.[38]

표 7-37 | 국립농산물품질관리원 특별사법경찰의 인력 수(2020~2022)

구 분	2020	2021	2022년 2월
특별사법경찰 지명자 수	1,110	1,110	1,110

출처: 국립농산물품질관리원. 정보공개청구자료(2022. 2).

2020~2022년까지 국립농산물품질관리원 특별사법경찰의 예산액(수사활동비, 부서 활동비 포함)은 〈표 7-38〉과 같이 책정되어 있다. 2015년도 예산이 13억 3,800만원이었는데, 2022년 2월 기준으로도 13억 3,880만원으로 겨우 80만원 증액되는 데 그쳤다.

표 7-38 | 국립농산물품질관리원 특별사법경찰의 예산액(2020~2022)

(단위: 천원)

구 분	2020	2021	2022년 2월
특정업무경비	1,338,800	1,338,800	1,338,800

출처: 국립농산물품질관리원. 정보공개청구자료(2022. 2).

---

38) 국립농산물품질관리원. 정보공개청구자료(2022. 2).

　2020∼2022년 국립농산물품질관리원 특별사법경찰의 수사 실적은 2019년 2,477 개소, 2020년 1,774개소, 2021년 1,759개소였다. 2019년에 비해 2021년은 많이 줄어 들었음을 볼 수 있다.

표 7-39 | 국립농산물품질관리원 특별사법경찰의 수사실적(2020∼2022)

(단위: 개소)

구 분	2019	2020	2021
거짓표시(형사입건)	2,477	1,774	1,759

출처: 국립농산물품질관리원. 정보공개청구자료(2022. 2).

　한편 국립농산물품질관리원 특별사법경찰 직무교육의 참여 현황을 보면 다음과 같다. 즉 자체적으로 농업연수원에 2013∼2015년은 각각 30명씩 직무교육에 참여하 였고, 법무연수원에도 2013년에 77명, 2014년에 82명, 그리고 2015년에 53명이 참 여하였다. 또한 특별사법경찰 직무교육에서 사이버교육 과정에도 상당히 많은 수가 참여했는데, 2013년 508명, 2014년 472명 그리고 2015년에 275명이 각각 참여했다. 이는 매년 감소하였음을 보여준다. 특별사법경찰에서 직무교육은 새로운 신종범죄 에 대비하는 차원에서 매우 중요시되고 있음에도 불구하고 오히려 줄어들은 것은 바람직하지 않다고 본다. 오히려 늘려야 하고 장려해야 할 중요한 사안이므로 적극 적인 홍보도 긴요하다고 평가된다.

표 7-40 | 국립농산물품질관리원 특별사법경찰 직무교육의 참여 현황

(단위: 명)

연 도	농업연수원 (원산지표시 교육)	법무연수원 (특사경실무)	특별사법경찰 (사이버교육)	식육원산지 식별 전문가 교육
2013	30	77	508	90
2014	30	82	472	60
2015	30	53	275	60

출처: 국립농산물품질관리원, 정보공개청구자료(2016. 1).

6. 국무총리 산하 식품의약품안전처

1) 위해사범중앙수사단 특별사법경찰의 조직과 업무

이전에 보건복지부 소속 식품의약품안전청에서 식품분야 51명과 의약품 8명 등 총 59명의 식의약품 특별사법경찰관(리)가 임명되어 있었지만 아쉽게도 이들을 관리 할 전담조직이 부재하였다. 원래 식품의약품 관련 범죄는 방법의 기술성, 전문성, 위험의 현저성 및 긴급성이라는 특징을 지니고 있는 관계로 매우 체계적인 관리가 긴요한 분야인데도 불구하고 전담관리 조직이 없어, 이 문제를 해결하기 위한 대안으로 2009년 2월 9일 식품의약품안전청 차장 직속의 위해사범중앙조사단이 발족되었다.

식품의약품안전처 특별사법경찰 전담조직의 본부에는 위해사범중앙조사단과 6개 지방청에는 위해사범조사 TFT를 구성·운영('09. 4. 30)하게 되었다. 즉 식약처 및 그 소속기관의 특별사법경찰 전담부서 설치 관련 연혁을 보면 다음과 같다. 이미 2008년 3월 25일에 대통령으로부터 고의적 식품사범 엄단조치 지시가 있었으며, 차장 직속의 위해사범중앙수사단 T/F가 출범('09. 2. 9)하여 기획을 세우게 되었다. 이어서 「위해사범중앙조사단」을 정규직제화('09. 4. 30)하였다. 그리고 6개 지방청 「위해사범조사팀(T/F)」을 신설('09. 4. 30)하게 되었다. 나아가서 정부조직 개편에 따른 직무범위(축산물, 농축수산물)를 확대('13. 3. 23)하였다. 한편 사직법 개정에 따른 직무범위(화장품, 의료기기)가 확대('15. 8. 11)되기에 이르렀다.

2015년 말 현재 박근혜 정부에서 정부조직개편(2014)으로 위해사범중앙수사단은 보건복지부에서 국무총리 소속의 식품의약품안전처 소속으로 이관되어 업무를 수행하고 있다.

한편 이 위해사범중앙수사단 특별사법경찰들은 식품과 의약품의 위해사범 수사를 비롯해 상습적이며 고의적인 범죄행위를 발굴하는 동시에 수사를 진행하기 위한 설립목적을 가지고 있다. 이들이 단속하는 위해사범중앙조사단의 주요업무는 다음과 같이 식·의약품 등 위해사범 수사, 식·의약품 등 위해사범 수사정보 수집 및 분석, 특별사법경찰관리 지휘 총괄 및 역량 강화 지도·교육 등이다.[39]

---

39) 식품의약품안전처, https://www.mfds.go.kr/wpge/m_271/de010705l0001.do(검색일: 2022. 3. 1).

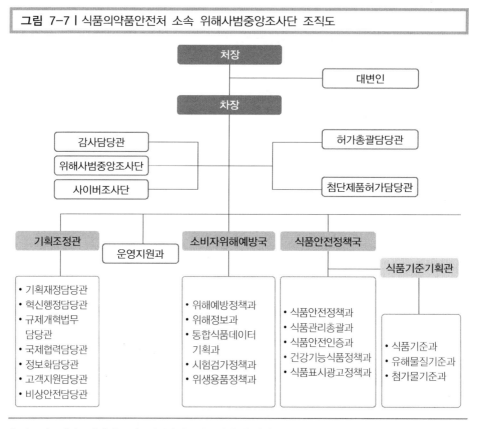

그림 7-7 | 식품의약품안전처 소속 위해사범중앙조사단 조직도

출처: 식품의약품안전처 소속 위해사범중앙조사단 홈페이지.

식품의약품안전처는 서울식약청, 부산식약청, 경인식약청, 대구식약청, 광주식약청, 대전식약청 등 전국 6개의 지방식약청을 두고 국민의 건강을 지킴으로써 역할을 다하고 있다. 여전히 인력부족으로 어려움을 겪고 있다.

2) 위해사범중앙수사단 특별사법경찰의 인력구조와 법적토대

2009년 2월 위해사범중앙수사단 특별사법경찰이 출범할 때, 본청에 20명, 지방청에 60명 등 총 80명의 특별사법경찰인력이 지명되었다. 이것이 2015년 말 현재 대한민국 식품의약품안전처 소속기관으로 위해사범중앙조사단의 단장(3~4급)은 부이사관·서기관 혹은 기술서기관으로 보하고 있다.40)

---

40) 수사권, 기소권 등 사법권을 지니고 의약품, 식품, 의료기기 관련 위해사범을 처단하는 '위해사범

한편 위해사범중앙조사단의 근무인력은 수사 및 법률 자문을 위해서 특별수사기획관과 위해사범중앙조사단장(3~4급) 및 3명의 사무관 그리고 18명의 주무관들이 근무하고 있다.

식품의약품안전처 소속 특별사법경찰의 지명자 수(2013~2015)는 다음과 같이 2013년에 47명, 2014년에 44명, 그리고 2015년에 45명이었는데, 매년마다 지명자 수가 약간씩 증감을 보여주었다(〈표 7-41〉 참조).

이들은 식·의약 위해사범 정보수집 및 관리, 식품 위해사범 수사, 의약품 위해사범 수사 분야에서 위해사범들을 단속하고 수사하여 검찰에 송치하는 특별사법경찰의 직무를 수행하고 있다.[41]

표 7-41 ㅣ 식품의약품안전처 자체의 특별사법경찰 수

(단위: 명)

연 도	합 계	위해사범중앙조사단	지방청
2013	47	25	22
2014	44	21	23
2015	45	23	22

출처: 식품의약품안전처 내부자료, 행정정보공개청구자료(2016. 1).

위해사범중앙수사단 특별사법경찰들은 식품위생법, 건강기능식품에 관한 법률, 약사법 관련 규정 범죄 및 보건범죄에 관한 특별조치법상의 식품위생 및 약사에 관한 범죄들이다(사법경찰관리의 직무를 수행할 자와 그 직무범위에 관한 법률 제6조 제6호).[42]

3) 식품의약품안전처 특별사법경찰 운영 예산(2013~2015)

본 기관의 예산은 2013년에 7억 8,700만원이었고, 2014년에는 약 5,000만원이 증가하여 8억 3,700만원에 달했다. 2015년에도 전년대비 3,700만원이 증가하여 8억

중앙수사단'이 전격 출범한 것이다.
41) 식품의약품안전처 홈페이지(http://www.mfds.go.kr/index.do?mid/검색일: 2015. 11. 20).
42) 정병하·임정호(한국형사정책연구원), 특별사법경찰 조직의 전문화 방안에 관한 연구, 2009, p. 43.

7,400만원으로 매년 증가하였는데, 직무의 효율성을 기하기 위해서는 충분한 예산의 확보가 필요하다. 이러한 차원에서 볼 때, 예산의 증가는 매우 바람직한 결과로 평가된다.

표 7-42 | 최근 3년간 위해사범중앙조사단운영 예산 현황

(단위: 백만원)

연 도	예 산	세부내역
2013	787	직무수행경비: 94, 운영기본경비 693
2014	837	직무수행경비: 94, 운영기본경비 743
2015	874	직무수행경비: 94, 운영기본경비 780
2016	1,184백만원으로 증액	화장품, 의료기기 직무범위 확대가 주된 원인임

출처: 식품의약품안전처 내부자료, 행정정보공개청구자료(2016. 1).

4) 식품의약품안전처 특별사법경찰의 행정범 송치 건수

식품의약품안전처 특별사법경찰은 식품과 의약품 분야에서 가장 많은 행정범을 적발해 내고 있다. 물론 건기나 축산물 분야에서 적발해 내는 건수도 적지 않다. 2015년도에는 특별히 의료기기 분야에서도 44명 중 44건의 적발실적을 올렸다. 특히 눈에 띄는 것은 식품의약품안전처 특별사법경찰이 검찰과 함께 합동으로 43건에 무려 119명을 적발해 내기도 했다. 종합적으로 볼 때 2013년에 8명, 2014년에 15명 그리고 2015년에 16명을 구속하여 지난 3년간 총 39명의 식품과 의약품 관련 행정범들을 구속하는 실적을 올리기도 했다.

표 7-43 | 최근 3년간 위해사범 송치 실적('15.12.31. 기준)

(단위: 건/명)

연도	합계	식품	건기	축산물	의약품	화장품	의료기기	검찰 합동	구속
2013	240/374	114/183	26/41	5/7	95/143	-	-	-	8명
2014	268/437	114/191	23/41	40/60	74/118	-	-	17/27	15명
2015	368/670	146/243	18/37	28/46	98/195	12/13	40/44	26/92	16명
합계	876/1,481	374/617	67/119	73/113	267/456	12/13	40/44	43/119	39명

출처: 식품의약품안전처 내부자료, 행정정보공개청구자료(2016. 1).

한편 식품의약품안전처 특별사법경찰들의 경우도 지속적으로 자체 또는 법무연수원 직무교육에 참석하고 있는데, 지난 3년간의 현황(2013~2015)을 살펴보면 〈표 7-44〉와 같다. 즉 보건복지인력개발원에서 2013년 7명, 2014년 6명 그리고 2015년 15명 등이 직무교육에 참여하였고, 법무연수원에서도 2013년부터 2015년까지 3년 동안 총 36명이 꾸준하게 직무교육을 받아왔다.

표 7-44 | 보건복지인력개발원, 법무부 법무연수원 수사실무과정 수료자 현황

(단위: 명)

연 도	소 계	보건복지인력개발원	법무연수원
2013	19	7	12
2014	16	6	10
2015	29	15	14

출처: 식품의약품안전처 내부자료, 행정정보공개청구자료(2016. 1).

이 밖에도 식품의약품안전처 특별사법경찰들은 부서내 수사기법연구회(월 1회)를 통해 수사관의 수사역량 강화를 자체적으로 도모해 나가고 있다.

7. 고용노동부 소속 노동사무소 근로감독관

1) 근로감독관의 특별사법경찰권

우리나라 고용노동부 소속 노동사무소의 근로감독관은 「특별사법경찰관리의 직무를 수행할 자와 그 직무범위에 관한 법」(약칭: 사법경찰직무법) 제6조의2를 통해 직접적으로 사법경찰권을 부여받은 특별사법경찰권자에 해당한다. 이들의 직무범위에 관해서는 노동부 훈령 「산업안전보건 업무담당 근로감독관 집무규정」으로 산업안전보건관계법령의 집행업무를 담당하는 근로감독관의 사법경찰직무(위 집무규정 제4조 제2항)에 근거를 가지고 있다. 고용노동부는 특별사법경찰제도를 운영하면서 특별사법경찰 혹은 민생사법경찰이라는 용어 대신 근로감독관이라는 명칭을 사용하고 있다. 근로감독관이 곧 특별사법경찰이라는 뜻으로 이해하면 된다.

2) 근로감독관 특별사법경찰제도의 연혁

근로감독행정은 1953년 10월에 법률 제286호로 근로기준법이 제정 시행(같은 해 8월 8일)됨에 따라 본격적으로 근로기준업무가 수행되었다. 이에 근거하여 1957년 6월에는 55명의 근로감독 사무촉탁이 전국 각 시도에 주재하였으며 동시에 근로기준업무를 직접적으로 수행하는 일선기관으로서 잠정적인 근로감독사무를 진행하여 오늘에 이르고 있다. 1961년 2월 20일 국무원령 제205호로 「근로감독관 규정」이 공포되고 같은 해 6월 25일 특별사법경찰관의 지위를 갖는 55명의 근로감독관이 각 시도에 상주하면서 근로감독행정을 수행하게 되었다. 1981년 4월 8일 노동청이 노동부로 승격하면서 근로기준국을 신설하여 노정국에 노사협의과를 신설하게 되었다. 마침내 1995년 5월 각 지방노동청에 근로여성과를 신설하였으며 1998년 12월 31일 근로감독관규정을 개정하여 근로감독관의 업무를 직접적으로 행하는 사람만이 근로감독관의 직무를 수행할 수 있게 하는 등 그 자격이나 임면에 대해 기준을 대폭적으로 현실화하는 제도가 정착되었다. 실제로 한국산업안전공단 등지에서 수사실무교육(1주, 40명), 신규(1개월, 30명), 보수교육(2주, 150명)을 실시하고 있다.43)

3) 근로감독관의 직무

고용노동부 소속 노동사무소 근로감독관은 특별사법경찰권이 부여되어 있다. 2015년 현재 총 890여명의 특별사법경찰이 지명되어 운용되었다. 이들은 '근로기준법 위반범죄'를 업무분야로 하고 노사간의 관계에서 범죄행위를 저지르는 행정범들을 단속 및 수사하여 신문하고 검찰에 송치하는 직무를 수행하고 있다.

특별사법경찰로서 근로감독관의 주된 행정업무는 노동자들의 법정근로조건을 보장해 주기 위한 직무와 근로기준법과 기타 노동관계법령을 어긴 사람에 대해 수사하는 직무를 수행한다. 이들은 근로기준법, 최저임금법, 남녀고용평등법, 산업안전보건법 등의 개별근로관계법과 함께 그 하위법령의 집행을 담당하고 있다. 노동부의 근로감독관은 산업안전보건 업무담당 근로감독관 집무규정에 따라 직무를 행하고 있다.

---

43) 한국지방행정연구원, 지방자치단체 특별사법경찰 운영실태 및 발전지원방안 연구, 2013, p. 40.

| 표 7-45 | 산업안전보건 업무담당 근로감독관 집무규정 |

제3장 사법경찰관의 집무

제16조(범죄인지기준) ① 감독관은 재해발생 원인 등에 대한 조사(이하 "재해조사"라 한다), 감독, 신고사건처리 기타 제4조에 정한 직무수행결과 적출된 위법사항이 별표 2의 위반사항 조치기준 또는 제13조 제2항에서 정한 기준에 의하여 "범죄인지 보고 후 수사에 착수"에 해당하는 경우에는 즉시 수사에 착수하여야 하며, 제17조의 규정에 해당될 경우에는 구속수사하여야 한다.

② 제1항의 법 위반사실이 별표 2의 위반사항 조치기준 중 "시정지시"에 해당하는 경우에는 이의 시정을 서면으로 지시하고 불이행시에는 즉시 범죄인지 보고 후 수사에 착수하여야 한다.

③ 제2항의 규정에 불구하고 제28조의 규정에 의한 중대재해가 발생한 경우 재해조사 결과 위법사항에 대하여는 즉시 범죄인지 보고 후 수사에 착수하여야 한다.

제17조(구속영장신청기준) ① 감독관은 피의자가 다음 각호의 1에 해당하는 죄를 범하였다고 의심할 만한 상당한 이유가 있고, 집무규정 제40조 제1항 각호의 1에 해당하는 사유가 있는 경우에는 검사에게 구속영장을 신청하여야 한다.

1. 재해가 예견되는 충분한 징후가 있음에도 사업주가 산안법 제26조의 규정에 의한 작업중지 등 필요한 조치를 취하지 아니하여 중대재해가 발생한 때

2. 산안법 제23조·제24조 또는 제29조 제2항의 규정에 의한 안전·보건상의 조치미비로 동시에 2인 이상이 사망하거나 1년 동안 3건 이상의 사망재해가 발생한 때

3. 산안법 제48조 제4항의 규정에 의한 공사의 착공중지나 계획변경명령을 위반하거나 동법 제49조의2 제3항의 규정에 의한 공정안전보고서의 변경명령을 위반하여 동시에 2명이상이 사망한 재해가 발생한 때

4. 다음 각 목의 1에 해당하는 법위반사항으로서 별표 2의 위반사항에 대한 조치에도 불구하고 이를 이행하지 아니함으로써 중대재해가 발생한 때
   가. 산안법 제34조 제4항, 동법 제43조 제4항, 제49조의2 제3항
   나. 산안법 제38조 제4항 및 제5항, 동법 제48조 제4항, 동법 제51조 제6항 및 제7항

5. 산안법 제33조 제1항의 규정에 의한 유해위험기계·기구등에 대한 방호조치를 하지 아니하여 동일 기계·기구등에 의하여 의사의 최초소견서상 치료예상기간이 2개월 이상의 치료를 요하는 재해가 1년 동안에 3건 이상 발생한 때

6. 산안법 제24조의 규정에 위반하거나 산안법 제43조 및 규칙의 규정에 의한 특수건강진단을 2회 이상 미실시하여 근로자가 당해 작업과 관련된 직업병에 이환(진폐, 소음성 난청제외)되어 사회적 물의를 야기한 때

② 제1항의 규정중 "동시에 2인 이상의 근로자가 사망한 재해"라 함은 당해 재해발생시부터 그 사고가 주원인이 되어 72시간내에 2인 이상이 사망한 재해를 말한다. 이 경

우 의사의 초진소견서에 의한 진단이 전치 3월 이상인 부상자 2인은 이를 사망자 1인으로 본다.

제18조(법인에 대한 양벌규정 적용요령) ① 감독관은 산안법 제71조 또는 진폐법 제49조의 규정에 의한 양벌규정 적용시 사업주가 법인인 경우에는 일반적으로 법인의 범죄행위 능력이 부정되고 있음을 특히 유념하여 그 법인의 대표자 또는 대리인·사용인(산안법의 적용에 있어서는 관리감독자 포함)·기타 종업원을 처벌하여야 한다.

② 법인의 경우에는 특별한 사유가 없는 한 법인의 대표자(대표자가 2인 이상인 경우 당해업무 관장자)를 제1항에 의한 행위자로 본다. 다만, 사업주 또는 법인의 대표자로부터 권한의 위임이 있는 경우에는 그 내용, 지위 및 책임 기타 필요한 사항을 확인하여 행위자를 판단하여야 한다.

제19조(수사공조) 감독관은 재해조사결과 위법행위가 형법 등 다른 법 위반행위와 경합(형법 제40조의 상상적 경합 포함)될 때에는 집무규정 제42조의 규정을 준용하여 공조수사하되 특히 수사 및 송치를 신속히 진행하여 법령 위반의 죄가 형법 등 다른법 위반의 죄와 반드시 병합되어 공소가 제기되도록 하여야 한다.

제20조(구속결과 보고) 감독관이 법령 위반으로 구속영장을 신청하여 피의자를 구속하였을 때에는 다음 각호의 사항을 장관(참조: 산업안전국장)에게 보고하여야 한다.

1. 피의자 인적사항
2. 범죄사실(수사결과보고서 사본)
3. 담당검사 및 판사
4. 구속영장 발부 및 집행일시

제21조(피의자 출국금지 요청 등) 감독관은 피의자가 국외로 도피할 우려가 있는 경우 집무규정 제44조 내지 제47조의 규정을 준용한다.

첫째, 근로감독관은 우선 근로자들의 기본적인 근로조건 보호를 위한 권리구제업무를 수행한다. 본 업무에는 정기감독, 특별감독, 수시감독 관련 사업장 감독업무, 고발 등의 신고사건의 처리업무, 진정이나 고소, 근로조건의 개선관련 업무, 체불임금의 청산과 예방 관련 업무, 노동 관계법령 위반에 대한 사법처리업무 등을 그 핵심으로 하고 있다.

둘째, 근로감독관은 노사분규의 예방과 조정업무, 임금교섭지도업무, 노동동향 파악과 지도업무 관련 집단적인 노사관계의 원활함을 위한 노사분규의 조정과 수습지도업무도 담당하고 있다.

셋째, 사내의 복지기금 설립과 운영에 관한 지도, 새로운 노사문화 정착사업에 대한 적극적인 추진을 비롯해 근로감독행정분야 및 각종 통계자료의 조정업무 등을 비롯해 매우 다양하다.

4) 운영현황 분석

노동부는 전속고발권한을 가지고 있다. 사실 행정조사를 하는 기구와 수사기구가 엄격하게 분리되어 있지 않다. 즉 수사를 위해서 조사실을 운영하는 것이 바람직하겠지만 실제로 조사실을 운영하고 있지 않다. 이 때문에 수사절차를 관장하는 수사조직을 따로 분리하여 운영할 필요가 제기되고 있다. 중앙의 경우를 보면 근로감독과에서 근로기준법 위반사범을 그리고 산업안전과에서 산업안전보건법 위반사범을 수사하고 있다. 이에 반해 지방노동청의 경우는 근로감독과 같은 행정지도 중에 위법사항을 발견하면 지방사무소장에게 인지보고를 해주어야 한다. 동시에 범죄사건부에 등재하며 사건번호를 부여받은 후 입건하는 방식에 따르고 있다. 이어서 조사는 특별사법경찰이 수행하고 있다.44) 특히 행정조사과정에서 위법사항을 발견하는 경우, 이를 인지하여 입건한 후 조사하는 것이므로 잘못하면 부당한 수사를 행할 가능성도 배제할 수 없다는 문제점이 상존하고 있다.

5) 우리나라 근로감독관의 인력 확대

고용노동부에서도 오래전부터 근로감독관제도(특별사법경찰제)를 실시하고 있다. 그러나 특별사법경찰이라는 용어를 사용하지 않고 근로감독관이라는 용어를 사용하고 있다. 고용노동부는 전국의 수많은 사업장에서 특별사법경찰인 근로감독관을 통해 각종 근로감독 활동을 펼치고 있다. 고용노동부의 근로감독관(특별사법경찰관)의 정원은 증가추세에 있다. 이미 2016년에 1,694명이었으며 2019년 6월 말 기준으로 2,894명으로 급증했다.45)

이는 거의 2배에 가까운 수치를 보여주었다. 우리나라 전역에 회사 등 사업장이 지속적으로 늘어나고 있으나 이들 근로 현장에서 사각지대를 없애기 위해서 향후에도 근로감독관(특별사법경찰)의 정원은 늘어날 것으로 본다.

---

44) 한국지방행정연구원, 지방자치단체 특별사법경찰 운영실태 및 발전지원방안 연구, 2013, p. 42.
45) 이덕조 노무사(더원이엔씨 노무법인), 건설경제신문, 2020. 1. 8.

6) 고용노동부의 고용보험수사관제 도입

고용노동부는 2018년 4월부터 47개 지방고용노동관서에 소속된 200여명의 특별사법경찰관인 이른바 "고용보험수사관" 제도를 전격 시행하였다. 고용노동 분야에서 특별사법경찰관은 이미 1953년 근로감독관제도를 그리고 1987년 산업안전감독관 제도의 도입 이후 3번째로 "고용보험수사관" 제도를 도입하였다.46) 2017년 12월 관련 법령의 개정을 통해 고용보험 부정수급 관련 특별사법경찰관 도입을 위한 법적 근거를 마련한 결과에 기인한다.

그동안 고용보험 부정수급이 지속적으로 확대되는 등 사회적으로 큰 이슈가 되었다. 이 문제를 근절하기 위한 대안으로 고용노동부 내에 특별사법경찰관제를 도입해야 한다는 주장이 제기되어 온 것이다. 고용보험 지원금은 2017년 실업급여 5.2조원을 비롯해 총 8.1조원에 달했다. 그리고 부정수급액도 엄청나서 전체 지원금의 약 0.5%인 388억원에 달했다. 특히 부정수급 행위자도 실업급여 3.3만명 등 총 3.5만명이나 되었다. 무엇보다 사업주와 노동자가 공모하거나 브로커가 개입하여 부정수급이 매년 증가했기 때문에 수사권이 요구되었다.47)

고용노동부는 2018년 1월부터 TF를 구성해 고용보험수사관의 육성교육과 수사 전산시스템을 개발해 4월부터 본격적으로 고용보험수사관을 운영하게 되었다. 이처럼 독자적인 수사행위가 가능해져 마침내 부정수급 적발률이 대폭 향상이 기대된다.

한편 고용노동부는 지속적으로 사업장이 증가하고 있고 임금 등과 관련된 사건들이 많이 발생하고 있어 이를 해결하기 위한 근로감독관(특별사법경찰관(리))의 인력 증원이 필요했다.

〈표 7-46〉은 최근 3년간 고용 노동부 근로감독관(특별사법경찰)의 인력에 대한 분포도이다. 고용노동부 근로감독관(특사경)의 인력수(2020년, 2021년, 2022년 현재)는 2020년 정원이 2,290명이었으나 현원은 1,874명에 그쳤다. 2021년에도 정원은 2,307명으로 확대되었지만 현원은 단지 2001명에 그쳤다. 그리고 2022년 1월 기준으로 정원은 2,307명으로 전년과 동일했으나 현원은 오히려 감소해 1,963명에 머물렀다. 왜 300~400여명의 근로감독관이 정원에 미치지 못하는지에 대한 원인은 공

---

46) 비즈아카데미, https://story.kakao.com/_EZChv7/JHJm2KmfCIA(검색일: 2018. 4. 8).
47) 비즈아카데미, https://story.kakao.com/_EZChv7/JHJm2Kmf(검색일: 2018. 4. 8).

무원 인력 수의 급속한 증가가 쉽지 않은 데 따른 것으로 보여진다.

표 7-46 | 2020년~2022년 현재 근로감독관(특사경) 인력 현황

(단위: 명)

구 분		2020년	2021년	2022.1월
근로기준 분야 근로감독관 수	정원	2,290	2,307	2,307
	현원	1,874	2,001	1,963

출처: 고용노동부 정보공개청구 자료(2022. 3).

7) 고용노동부 근로감독관(특사경)의 예산액

2020년, 2021년, 2022년의 고용노동부 근로감독관 직무역량 강화, 노동관계법 위반혐의 수사 및 사업장 감독 등 근로감독관 업무수행에 필요한 관련 예산 현황은 〈표 7-47〉에서 살펴볼 수 있다.

표 7-47 | 고용노동부 근로감독관의 예산

(단위: 백만원)

구 분	2020년	2021년	2022년
예산액	9,919	11,033	11,059

출처: 고용노동부 정보공개청구 자료(2022. 3).

8) 고용노동부 근로감독관(특사경)의 위반사범 단속실적 현황

2019년, 2020년, 2021년도 고용노동부 근로감독관(특사경)의 위반사범 단속실적은 다음과 같이 보여주고 있다. 여기서 특히 우리가 주목할 대목이 하나 있다. 그것은 다름이 아니고 근로감독관의 경우 단속실적을 많이 보여주어야 하기보다는 임금체불 문제 등과 관련해 처벌보다는 양자를 설득하여 분쟁을 원활하게 해결해 주도록 하는 업무가 더 많다는 점이다. 따라서 처벌 수위를 높이기보다는 분쟁을 사전에 해결해 주는 직무를 수행함으로써 사회발전에 기여하는 성격이 더 강하다는 점을 우선적으로 이해할 필요가 있다고 본다.

❖ 고용노동부는 '19.4월 근로감독 업무를 기획·총괄하는 「근로감독정책단」을 신설
 - 근로감독관 정원을 확충하는 등 인력·조직을 보강하고 노동법 위반에 대한 사전예
  방 근로감독 시스템을 구축*
  * 영세사업장 노무관리지도 강화, 근로조건 자율개선 사업 확대, 취약 사업장 노동법 교
   육 도입, 빅데이터 분석을 통한 체불예방 감독 강화, 디지털 증거분석 적극 활용 등
 - 이에 따라 '20~'21년 신고사건의 처리기한은 단축되고 체불임금 청산율(해결률)은
  높아지는 등 노동자 권익 보호 향상

2019년~2021년까지의 사업장 근로감독 현황(사전예방)을 살펴보면 다음과 같다.
2021년 감독사업장 수는 22,252개였다. 위반자 수는 35,703명이었다. 시정지시는
35,039건이었으며 과태료는 307건이었다. 사법처리는 338건이었으며 행정처분은 19
건이었다.

표 7-48 | 사업장 근로감독 현황(사전예방)

(단위: 개소, 건)

연도	감독 사업장수	위반건수	시정지시	과태료	사법처리	행정처분
2019	25,415	89,668	87,936	1,072	568	92
2020	15,797	15,425	14,814	232	355	24
2021	22,252	35,703	35,039	307	338	19

* '20년, '21년은 코로나19 방역상황을 고려하여 감독 실시.
** '20년, '21년 감독 사업장수는 노무관리지도(근로감독관이 사업장 출장하여 사전 예방지도) 실적
  포함.

■ '19년~'21년 신고사건 업무처리 실적 현황(권리구제 지원)

① (신고사건 접수 및 처리현황) '21년 기준 신고사건 접수건수는 346,486건으로
'19년(448,947건) 대비 22.8%(102,461건) 감소

특히 '21년 기준 신고사건의 접수건수는 다소 감소한 것으로 나타났다.

표 7-49 | 2021년 기준 신고사건 접수건수의 현황

(단위: 건)

연도	접수건수	처리건수			처리중 (연도말 기준)
		처리 계	행정종결 (권리구제 등)	송치종결 (사법처리)	
2019	448,947	417,708	335,764	81,944	40,258
2020	404,613	380,138	313,462	66,676	32,178
2021	346,486	322,994	271,119	51,875	29,761

② (신고사건 평균처리일수) '21년 기준 41.6일로, '19년(47.5일) 대비 12.4%(5.9일) 감소

한편 신고사건 평균처리일수는 상당히 감소한 것으로 나타났다. 2019년 47일에서 2020년 43일로 그리고 2021년은 41일로 2020년에 비해 다음과 같이 2일 정도 단축되었다.

> * (신고사건 평균처리일수) ('19) 47.5일 → ('20) 43.9일 → ('21) 41.6일

③ (체불임금 발생현황) 체불발생은 대폭 감소하고 청산율은 대폭 증가
  ↳ 여기서 청산율은 발생한 체불금액 대비 청산된 체불금액의 비율을 나타내
    주고 있다.

> * 체불액(억원): ('19년) 17,217 → ('20년) 15,830 → ('21년) 13,505
> ↳ '21년 체불액은 '19년 대비 21.6%(3,712억원) 감소
> * 체불인원(명): ('19년) 344,977 → ('20년) 294,312 → ('21년) 247,005
> ↳ '21년 체불인원은 '19년 대비 28.4%(97,972명) 감소
> * 체불사건(건): ('19년) 227,739 → ('20년) 196,547 → ('21년) 160,304
> ↳ '21년 체불사건은 '19년 대비 29.6%(67,435건) 감소
> * 청산율(%): ('19년) 70.3 → ('20년) 79.3 → ('21년) 83.7
> ↳ '21년 청산율은 '19년 대비 13.4%p 증가

고용노동부의 근로감독관의 역할은 날로 커지고 있다. 특히 회사와 사업장은 지속적으로 늘어나고 있기 때문에 임금체불 등 분쟁사건도 이에 비례하여 증가하고 있는 만큼 향후에도 어느 정도는 근로감독관의 인력이 증가하여야 할 것으로 예측된다. 공무원 수의 부족으로 인해 근로감독관 정원이 정해져 있음에도 불구하고 현원은 정원에 사뭇 미치지 못하고 있는 실정이다.

8. 국방부 산하 병무청 특별사법경찰

1) 병무청 조직과 특별사법경찰제 도입 배경

우리나라 병무청의 조직도를 보면 대전정부청사에 위치하면서 청장, 차장, 본청에 기획조정관, 병역자원국, 입영동원국, 사회복무국, 운영지원과가 있다. 그리고 그 산하에 소속기관으로 서울지방병무청, 부산지방병무청, 대구경북지방병무청, 경인지방병무청, 광주전남지방병무청, 대전충남지방병무청, 강원지방병무청, 충북지방병무청, 전북지방병무청, 경남지방병무청, 제주지방병무청 등이 11개가 설치되어 있다. 그리고 그 산하에 인천병무지청, 경기북부병무지청, 강원영동병무지청 등이 그것이다. 이밖에 사회복무연수센터, 병무민원상담소, 중앙신체검사소, 대체역 심사위원회가 운영되고 있다.[48]

무엇보다 병무청에 특별사법경찰제가 도입된 배경에는 여러 가지 이유가 상존했는데 몇 가지만 살펴보면 다음과 같다. 즉 과거 언론을 떠들썩하게 했던 일부 유명 연예인을 비롯하여 특히 운동선수들 중에 병역비리 사건 등이 가끔 발생하여 이슈화된 적이 왕왕 있었다. 병역비리가 종종 발생하는 과정에서 이러한 병역비리 범죄를 일반사법경찰관들이 적발해 낸다는 것이 사실상 극히 어려운 일이다. 결국 전문적인 수사 및 단속활동이 필요하다는 요구가 강하게 대두되었으며 2012년 4월 18일 이른바 병무청 특별사법경찰제가 전격 도입되기에 이르렀다. 병무청 특별사법경찰관(리)는 징병검사 과정의 병역면탈 및 시위행위자에 대한 수사 업무를 관장하는 규정에 따라 직무를 수행하고 있다. 2015년 말부터 2022년 3월 현재까지 병무청의 본청과 산하기관에 총 40명의 특별사법경찰이 병역비리 범죄들을 단속하고 있다. 병

---

48) 신현기, 병무청 특별사법경찰제의 운영에 관한 실태 분석, 한세대 특별사법경찰연구소, 「특별사법경찰연구」, 제2권 제1호(통권 제2호), p. 5.

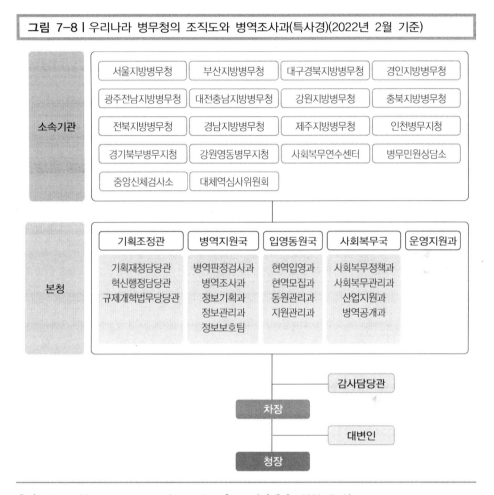

그림 7-8 | 우리나라 병무청의 조직도와 병역조사과(특사경)(2022년 2월 기준)

출처: https://www.mma.go.kr/contents.do?mc=(검색일: 2022. 2. 1).

무청 산하 병역조사과에서 특별사법경찰을 운영하고 있다. 특별사법경찰과나 단으로 명명하지 않고 병역조사과라는 조직으로 특사경 업무를 수행 중이다.

이처럼 병무청은 2012년 4월 18일 일명 병무청 특별사법경찰제를 도입하여 2022년 4월 기준으로 정확하게 10년째를 맞이했다. 병무청의 특별사법경찰제는 약칭 사법경찰직무법 제5조(검사장의 지명에 의한 사법경찰관리) 제41호에 그 근거를 두고 시행에 들어갔는데 제41호에는 다음과 같이 "병무청과 그 소속 기관에 근무하며 「병역법」에 규정된 병역 기피·감면 목적의 신체손상이나 속임수를 쓴 행위에 관한 단속 사무와 병역판정검사 또는 신체검사 사무에 종사하는 4급부터 9급까지의 국가공무원"이라고 명시되어 있다. 이 제41호가 바로 병무청에서 특별사법경찰제를 운영할 수 있는 법적 근거가 된다.[49]

2) 병무청 특사경의 조직과 수사관할

병무청 특별사법경찰은 물론 병무청 본청 산하 1과(병역조사과)가 주무 부서이다. 이곳 병역조사과장(4급)이 책임자로서 특별사법경찰조직을 이끌며 책임지고 있다. 그리고 지방병무청 2곳, 즉 서울지방병무청과 대구지방병무청에 병역 2과(병역조사과)가 역시 특별사법경찰 업무를 수행하고 있다. 대전 소재 병무청(본청)에서는 수사관할이 전국으로 정해 전국수사를 그리고 광역청과 현장청으로 나누었다. 즉 광역청은 중부권(수도권, 강원권)이며 서울지방병무청에 위치하고 있다. 남부권은 그 외의 모든 남부지역을 담당한다. 남부권은 대구지방병무청에 위치하고 있으며 남부권 수사를 담당하고 있다. 그리고 현장청은 지방병무청 관할구역을 수사관할지역으로 하고 있다. 또한 12개 지방병무청은 현장단속 특사경을 운영하는 체제이다.

3) 병무청 특별사법경찰의 수사범위

우리나라 병역법[시행 2021. 12. 7. 법률 제18540호, 2021. 12. 7. 일부개정]은 총 97조와 부칙으로 이루어져 있다. 이 병역법은 대한민국 국민의 병역의무에 관하여 규정함을 목적으로 한다. 병역법을 면탈한 범법자는 본 법률에 의해 특별사법경찰의 수사를 거쳐 검찰에 송치함으로써 처벌을 받는 절차가 이루어진다. 우리나라 병역면탈자는 그 어느 세대를 막론하고 끝임없이 발생하고 있다. 국방의 의무를 다하고 범법자로 처벌받지 않도록 병무청은 홍보와 조사 및 수사권한을 최대한 행사하여야 할 의무를 병무청은 동시에 지니고 있다고 본다.

우리나라 병무청 특사경의 수사범위는 병역법 제86조와 제87조에 근거해 권한을 수행하고 있다. 이 양대 조문의 내용을 보면 다음과 같다.

---

49) 신현기, 병무청 특별사법경찰제의 운영에 관한 실태 분석, 한세대 특별사법경찰연구소, 「특별사법경찰연구」, 제2권 제1호(통권 제2호), p. 3.

제86조(도망 · 신체손상 등) 병역의무를 기피하거나 감면받을 목적으로 도망가거나 행방을 감춘 경우 또는 신체를 손상하거나 속임수를 쓴 사람은 1년 이상 5년 이하의 징역에 처한다.[전문개정 2009. 6. 9.]

제87조(병역판정검사의 기피 등) ① 병역판정검사, 재병역판정검사, 입영판정검사, 신체검사 또는 확인신체검사를 받을 사람을 대리(代理)하여 병역판정검사, 재병역판정검사, 입영판정검사, 신체검사 또는 확인신체검사를 받은 사람은 1년 이상 3년 이하의 징역에 처한다.〈개정 2013. 6. 4., 2016. 5. 29., 2020. 12. 22.〉

② 삭제 〈2017. 3. 21.〉

③ 병역판정검사 통지서, 재병역판정검사 통지서, 입영판정검사 통지서, 신체검사 통지서 또는 확인신체검사 통지서를 받은 사람이 정당한 사유 없이 의무이행일에 병역판정검사, 재병역판정검사, 입영판정검사, 신체검사 또는 확인신체검사를 받지 아니하면 6개월 이하의 징역에 처한다.〈개정 2013. 6. 4., 2016. 5. 29., 2020. 12. 22.〉

[전문개정 2009. 6. 9.] [제목개정 2016. 5. 29.]

병역법 제86조(도망 · 신체손상 등)와 제87조(병역판정검사의 기피 등)에 관한 내용을 위반한 병역의무자를 병무청 특별사법경찰이 수사하여 검찰에 송치하는 역할을 수행한다. 병무청 특별사법경찰은 병역법 제86조는 병역의무자가 병역을 기피할 목적으로 도망가거나 속이기 위해 신체를 손상하는 자를 수사하게 된다. 이 경우 법은 해당자에게 1년 이상 5년 이하의 징역에 처할 수 있다고 규정하고 있다. 그리고 병역법 제87조는 병역판정검사, 재병역판정검사, 입영판정검사, 신체검사 또는 확인신체검사의 해당자가 남을 시켜서, 즉 대리자를 내세워 범법행위를 한 경우 처벌하도록 규정하고 있다. 이 경우는 1년 이상 3년 이하의 징역에 처한다라고 규정하고 있다.

4) 병무청 특별사법경찰의 수사실적

병무청 특별사법경찰제도의 도입 후 총 530명을 검찰에 송치하였다. 2017년 59명에서 2018년에는 69명으로 증가하였다. 그 후 2019년 75명으로 급속 증가하였다. 2020년에는 다시 줄어서 69명을 보여주었고 2021년에는 다소 줄어서 60명이었다. 꾸준히 지난 5년간 연간 평균 66.4명을 적발한 것이다. 2012년부터 2021년까지 총 530명을 검찰에 송치한 실적을 보여준다.

표 7-50 | 병무청 특별사법경찰의 수사실적 현황

구분	총계	2012	2013	2014	2015	2016	2017	2018	2019	2020	2021
송치 (명)	530	9	45	43	47	54	59	69	75	69	60
기소율 (%)							68.6	72.4	79.2	80.0	82.5
병무청 특별사법경찰제도 도입 후 총 530명 송치											

출처: 병무청 내부자료(2022. 2)를 참고로 재작성.

한편 병무청이 특별사법경찰제를 도입하기 이전하고 이후를 비교해 보면 다음과 같다. 특히 전통적 위장 수법이 7종이었는데 특사경 도입 후에 적발한 신종수법을 보면 무려 39종으로 급격히 확대되었음을 알 수 있다. 그 병역면탈 관련 범죄수법이 매우 고도화되고 상당히 지능화되었음을 인식할 수 있다.

표 7-51 | 병무청 특사경의 도입 전과 도입 후 현황

특사경 도입 전	특사경 도입 후
전통적 수법(7종)	신종 수법 등(39종)
• 고의 어깨수술 • 문신 • 고혈압 위장 • 정신질환 위장 등	• 동공장애위장 • 고아 • 학력속임 • 고의손목수술 • 청력장애 등

출처: 병무청 내부자료(2022. 2).

5) 병무청 특별사법경찰의 수사장비

병무청 특별사법경찰은 전국 병무청 소속기관에 15개의 조사실을 가지고 있다. 이 중에서 14개소는 영상녹화장비를 구비하고 있다. 본청과 서울지방병무청에 각각 디지털포렌식 장비 2개를 보유하고 있다. 범죄와 관련해서 정확한 증거를 수집해야 함은 매우 중요하기 때문에 이처럼 과학수사 장비를 구축하는 일은 대단히 중요한 문제인데 첨단 과학수사장비를 갖춘 것은 매우 바람직한 대비책이다.

6) 병무청 특사경 직무범위의 확대

첫째, 병무청 특사경의 직접수사와 일반사법경찰에 고발하는 이원화측면이다. 즉 병무청 특별사법경찰은 신체손상, 속임수(법 제86조) 및 대리수검(법 제87조 제1항)은 직접수사하는 방식으로 이루어진다. 그러나 입영 등의 기피(법 제87조, 제88조)와 사회복무 이탈(법 제89조의2) 등은 병무청 특별사법경찰에서 일선 경찰관서에 고발 조치하고 있다. 왜 입영연기 등의 기피와 사회복무 이탈 등의 병무범죄의 경우는 경찰서와 같은 일반사법경찰관서에 고발하는가. 그 중요한 이유를 보면 이러한 병무범죄가 연간 600여건이나 발생하기 때문이다. 병무범죄 역시 고도화 및 지능화되었기 때문에 전국지방병무청에 나누어져 수사업무를 수행하고 있는 40명의 특법사법경찰관(리)로는 감당하기에 어려움이 너무 크기 때문이다.

표 7-52 | 병무청 특사경 수사와 일반사법경찰에게 고발 현황

직접수사	경찰관서 고발
신체손상, 속임수(법 제86조) 대리수검(법 제87조 제1항)	입영 등의 기피(법 제87조, 제88조) 사회복무 이탈(법 제89조의2) 등

출처: 병무청 내부자료(2022. 2).

둘째, 현장단속 측면이다. 흔히 경찰서에 근무하는 일반사법경찰은 강력사건과 민생치안의 우선적 처리 및 병무사범에 대한 신속한 검거활동에 큰 한계가 있다. 이것이 바로 우리나라에 특별사법경찰제가 도입된 근본 이유이기도 하다. 또 하나는 병역복무 의무를 면탈하고자 하는 이른바 병무사범을 검거하는 데 있어서 그것이 지연되는 경우 그들이 잠익할 수 있으며 특히 소재불명 등 수사가 장기화될 수 있다는 점이다. 이 경우는 기소가 중지될 가능성도 커진다. 이렇게 되면 신속한 병역의무부과의 장애를 초래할 위험이 커진다. 또한 병무사범에 대해 신속한 병역의무부과의 장애 초래를 비롯해서 소재파악 등에 따른 이른바 행정력의 큰 낭비가 발생할 수 있다. 그리고 병무청 특별사법경찰이 병무사범에 관한 수사업무를 담당할 시에 무엇보다 능동적인 수사가 가능하므로 신속하게 병무사범에 대한 소재파악이 가능하다. 그 좋은 예가 병역 기피자가 발생한 경우 일반사법경찰은 보통 60여일 정도의 수사 기간이 요구된다. 이에 반해 병무청 특별사법경찰은 약 30일 가량의 수사기간이 예상되고 있다.50) 셋째, 사회적 비용 측면이다. 무엇보다 우리나라에서 병역의무의 기피자는 개인의 취업, 관·허업 등이 거의다 제한됨은 물론이다. 따라서 그들은 범법자로서 정상적인 경제활동이 곤란하다. 이러한 이유 때문에 절도 등 잠재적 범죄의 고위험군에 들어가게 된다. 경우에 따라서 이들은 2차 범죄를 발생시킬 가능성이 있다. 병무청 특별사법경찰에 따르면 실제로 이와 관련해 범죄로 이어진 경우도 있다. 예를 들어 워커·텔레그램 등으로 성착취물을 유포한 사회복무요원이 있었는데 구속되었다.51)

7) 병무청 특사경 수사조직의 개편 과제

현재 병무청 특별사법경찰의 수사체계는 본청(병역조사과)에 11명으로 정책, 기획수사, 사이버 디지털포렌식, 병무사범 단속과 기피자 공개 업무를 담당하고 있다. 광역수사청(서울, 대구 2개)에는 17명(서울 9명과 대구경북 8명)이 권역내 병역면탈 범죄 광역수사를 담당하고 있다. 그리고 전국 12개의 현장단속청(각 지방병무청)에 12명의 특사경이 병역판정검사장의 현장범죄 단속을 펼치고 있다. 그리고 중요한 점은 12개의 현장단속청 소속 12명의 특사경들이 병무사범을 적발하여 광역수사청(서울, 대구경북 2개)에 수사를 의뢰하는 방식을 취하고 있다.

표 7-53 | 현재 병무청 특별사법경찰의 수사 추진 체계도

본 청	광역수사청(2개)	현장단속청(12개)
11명	17명(서울 9, 대구경북 8)	12명
• 정책, 기획 수사 • 사이버, 디지털포렌식 • 병무사범단속, 기피자 공개	• 권역내 병역면탈 범죄 광역수사	• 병역판정검사장 현장범죄 단속
	현장단속청(12개)에서 광역수사청(2개/서울 9, 대구경북 8)에 수사의뢰함.	

출처: 병무청 내부자료(2022. 2).

한편 병무청 특별사법경찰에서 추진여건은 외부여건과 내부여건으로 나누어서 살

---

50) 이에 대한 자료는 병무청 특별사법경찰의 내부자료를 참조 함(2022년 2월 기준).
51) 2020.04.23. MBC 보도 기사.

펴볼 필요가 있다.

8) 병무청 특사경의 전문 수사관 교육

병무청 특별사법경찰을 위한 직무교육은 매우 중요하다. 아무리 부족한 특별사법
경찰도 직무교육을 통해서 유능한 수사관이 될 수 있고 아무리 유능한 수사관도 교
육 없이 유능해질 수 없었을 것이다(신현기, 2021: 289). 교육이란 그만큼 중요하다
는 이야기이다. 따라서 교육과 직무교육은 아무리 강조해도 부족하지 않은 것이다.
우리나라 특별사법경찰관(리)의 직무교육을 위해 주무책임부서인 대검찰청 형사2과
(특사경과)에서 경기 용인 소재 법무연수원에 특별사법경찰 교육센터를 개설하여 운
영해오고 있다. 이곳 법무연수원의 특별사법경찰 교육센터는 1주일간의 오프라인
교육과정과 온라인 동영상 교육과정을 제공하여 2만여명이 넘는 우리나라 국가 및
지방자치단체 소속의 특별사법경찰 지명자들에게 기초 수사 노하우는 심층 전달해
주고 있다. 매우 짧은 시간이기는 하지만 핵심 수사 노하우는 어느 정도 전달해 주
고 있다(신현기, 2021: 3-18).

표 7-54 | 병무청 외부 전문기관의 교육과정

교육기관	교육내용	교육기간
법무연수원	• 형사법 / 특사경 제도개관 • 피의자 신문 / 참고인 조사 • 영장신청서, 의견서 작성 • 수사사례 분임토의 / 발표	• 기초반: 1~2주(신규과정) • 심화반: 2~5일(기 이수자 또는 수사 경력자)
경찰수사연수원	• 수사면담 김버능력 전문과정 • 의뢰범죄를 이용면탈 전문과정 • 피의자 / 참고인 면담기법 • 디지털포렌식 전문과정	• 수사면담 전문과정: 3주 • 의료범죄수사 전문과정: 3주 • 수사정보분석: 실무과정: 1주 • 디지털포렌식 전문과정: 2주
국립과학수사연구원	• 문서감정 및 위변조 분석 교육 • 수사심리 전문화 과정 • 디지털인증서비스(위변조방지)	• 수사심리 전문과정: 2일 • 문서감정 및 위변조교육: 1일 • 디지털인증서비스교육: 1일

출처: 김학근(병무청 병역자원국 병역조사과 사무관), "특별사법경찰 제도 효률적 운영 관리", 병무
백서 내부자료, 2020, p. 3.

병무청의 특별사법경찰 신규 지명자들도 대부분 이곳 법무연수원의 특별사법경찰
교육센터에 참여하여 1주일간 기초수사교육을 받고 있다. 이 밖에 경찰수사연수원

과 국립과학수사연구원과도 수사교육 관련 교류협력 사업을 펼치고 있다. 그리고 병무청 연수원 교육과정에 특별사법경찰 전문강사를 초청하여 특강형식으로 직무교육을 시행하는 것을 병행하기도 한다.

9) 병무청 특사경의 전문직위제 운영

병무청의 특사경은 매우 독특하게도 우수인력을 확보하기 위해 이른바 특사경 전문직위제를 실시 중이다. 즉 특사경으로 지명된 직원에 대해 인사가점제도를 도입 시행 중이다. 이러한 병무청 특사경 전문직위제는 분명 타 특사경 기관에게 좋은 모델로 기여하게 될 것이다. 이러한 인센티브제 도입은 매우 바람직하고 타 기관의 특사경제에 비해 앞서간 획기적인 개선 방안이다. 병무청은 특사경으로의 우수인력을 유인하기 위해서 특사경 지명자에게 지명 후 1년이 지난 시점부터 월 0.04점씩 최대 1점의 인사가점을 부여해 주고 있는데 큰 관심의 대상이 아닐 수 없다.

병무청 특사경 전문직위제에 따라 지정된 특사경은 4년 이상 장기보직하도록 시행 중이다.

표 7-55 | 병무청 특사경 전문직위 지정 현황(2020년)

연　도	계	병무청(본청)	지방병무청
2014. 12	26명	3명	23명
2015. 1	36명	6명	30명
2016. 8	38명	10명	28명
2020. 2～2020. 12	39명	11명	28명

출처: 김학근(병무청 병역자원국 병역조사과 사무관), "특별사법경찰 제도 효율적 운영 관리", 병무백서 내부자료, 2020, p. 5.

또한 병무청은 2019년 12월부터 이른바 수사정보관리시스템을 구축한 후 이를 통해 특별사법경찰 직원들 간에 수사기법 등 노하우를 서로 공유하고 있는데, 특히 긴급현안 등은 PC 영상회의와 간담회를 수시로 개최하여 서로 소통하는 중이다(김학근, 2020: 5). 이런 점이 타 기관의 특사경이 못하는 영역을 병무청 특사경은 차별화되게 해내고 있는 특징이라고 평가된다.

9. 산업통상자원부 특허청의 특별사법경찰

1) 특허청 특별사법경찰 관련 현황

21세기의 첨단산업화는 하루가 다르게 급변하고 있으며 1차와 2차 산업을 넘어 3차와 4차산업으로까지 급속하게 확대되고 있다. 이것은 지식에 바탕을 둔 경제성장의 원천이 기존의 천연자원과 같은 노동 집약적 자원중심에서 탈피하여 과학기술 디자인 등을 토대로 한 지식재산으로 전환되고 있다. 특히 특허를 통해 한 기업이나 국가가 벌어들일 수 있는 자산은 천문학적 숫자에 이르고 있기 때문에 특허 관련 범죄가 날로 심각한 테마로 떠올라 있다.

무엇보다 특허권 침해를 비롯해 각종 특허기술을 해외에 팔아넘기는 등 엄청난 국부가 해외로 유출되는 것을 망각한 채 나만 돈을 벌고 보자는 이기주의도 팽배하고 있다. 이러한 중요한 시점에서 특허청 특별사법경찰의 역할은 점차 커지고 있음을 인식할 수 있다.

우리가 오늘날 주목할 것은 주요 선진국의 경우, 지식기반 산업이 국내총생산 GDP에서 차지하는 비중을 보면 미국 43.1%, 독일 42.8%, 영국 40.7% 등이며, 이는 산업인프라 중에서 계속 확대되고 있는 추세이다.[52] 또한 이것은 실로 막대한 국부창출이라고 할 수 있다. 한국의 경우도 역시 39.5%에 달할 정도로 막대하다.

만일 위조 상품이 불법으로 유통된다면 어느 나라든지 자유시장경제 질서속에서 건전한 소비문화가 깨지게 될 것이고, 동시에 국가이미지는 급속하게 추락할 수밖에 없을 것이며, 한국으로 들어와야 할 해외 투자금이 위축될 것이다. 또한 국내기업의 국·내외 경제활동들이 악영향을 받게 되고 심각한 문제에 직면하게 될 것이다. 이러한 문제들을 사전에 적발하고 처벌하기 위해 특허청 특별사법경찰이 발족하게 된 것이다. 특허청 특별사법경찰은 앞에서 언급한 위조 상품을 단속함은 물론이고, 지식재산권을 획득한 정품을 보호하기 위해 지속적인 단속의 직무를 수행해 나가고 있다. 한마디로 특허청 특별사법경찰은 위조상품을 단속하는 전문조직으로 정의된다. 범람하는 국내외 위조상품을 집중적으로 단속하여 기업의 경제활동이 활성화되도록 하고 동시에 소비자들에게는 재산상의 손해나 건강과 안전을 위협하지 못하도

---

52) 특허청 산업재산조사과 강현호 사무관, 특허청 홈페이지 특별사법경찰에 관한 동영상 자료 참조.

록 위조상품단속에 대한 필요성에 맞추어 기능하는 특허청 특별사법경찰의 역할은 오늘날 더욱 중요하게 되었다.53)

특허청 특별사법경찰은 2010년 9월 대전과 서울 및 부산지역에 3개의 사무소를 설치한 후 우리나라 최초의 위조상품 전문수사기관으로 시작했다. 2020년 9월 창설 10주년을 맞았다. 특허청 특별사법경찰은 2019년 3월부터는 그 직무영역이 기존의 상표권 영역을 넘어 특허·디자인·영업비밀 침해까지 수사권을 부여받아 확대 강화하게 되었다. 특별사법경찰 수사관도 35명이었다.

특허청은 기존에 상표특별사법경찰만 운영해 왔으나 국회, 법무부, 검찰청 등으로부터 법적 권한을 부여받아 지식재산 침해 단속을 강화할 수 있게 되었으며 특별사법경찰조직과 인력도 대폭 강화되게 된 것이다. 우선 특별사법경찰의 수사·단속 범위가 기존의 위조 상표 단속에서 대폭 확대되어 특허, 디자인, 영업비밀 침해 범죄 수사 분야까지 대폭 확대되는 발전을 가져왔다.54)

2019년 2월까지는 검찰과 경찰만으로 지식재산 침해사건 수사가 이루어졌다면 향후에는 특허청 자체적으로 특별사법경찰제를 확대하여 스스로 전문성을 살려 수사를 전담할 수 있게 되었다. 기존 상표특별사법경찰의 경우 서울, 부산, 대전 사무소에 총24명이 근무하면서 수사활동을 펼쳤는데, 이 중에는 물론 10년 이상 상표권 침해 여부를 엄격히 판정한 이른바 특허심사심판관도 포함되어 있었다.55) 2019년 3월부터 특허사법경찰은 상표권 단속을 뛰어넘어 특허·디자인·영업비밀 업무 수사까지 단속영역을 확대됨으로써 지식재산보호에 크게 기여하게 되었다.

---

53) 상표(위조상품)·특허·영업비밀·디자인 등 산업재산 침해에 관한 범죄사건을 수사하여 검찰에 송치하는 특허청의 특별사법경찰업무이며, 신고 대상은 특허청에 등록된 권리에 대한 침해 특허권 및 전용실시권의 침해(특허법 제225조), 디자인권 및 전용실시권의 침해(디자인보호법 제220조), 상표권 및 전용사용권의 침해(상표법 제230조)이다.
   * 단, 디자인 침해죄는 친고죄로서 침해피해 당사자의 형사고소가 있어야 처벌이 가능함. 영업비밀로서 보유하고 있는 권리에 대한 침해 부정한 이익을 얻거나 영업비밀 보유자에게 손해를 입힐 목적으로 영업비밀을 취득·사용하거나 제3자에게 누설하는 행위(부정경쟁방지 및 영업비밀보호에 관한 법률 제18조제1항 및 제2항), 부정경쟁행위 국내에 널리 인식된 타인의 성명, 상호, 표장, 표지 등과 동일·유사한 사용행위, 타인이 제작한 상품의 형태를 모방한 상품의 양도 등 사용행위(부정경쟁방지 및 영업비밀보호에 관한 법률 제2조제1항가목, 자목 해당 행위) 등이다.
54) 양승민 기자, 전자신문, 2019. 2. 12: https://m.etnews.com/amp/20190212000255.
55) 양승민 기자, 전자신문, 2019. 2. 12: https://m.etnews.com/amp/20190212000255.

2) 특허청 특별사법경찰의 운영 예산[56]

산업통상자원부 산하 특허청 산업재산조사과(특별사법경찰)의 운영예산은 2013년의 경우 23억 1,700만원, 2014년 19억 4,200만원 그리고 2015년에는 21억 4,200만원이었다. 온·오프라인 단속지원에 가장 많은 예산이 지출되었다. 두 번째로 많이 차지하는 예산은 상표권 특별사법경찰 운영 부문이 차지하고 있다.

| 표 7-56 | 특허청 산업재산조사과 운영 예산 |

(단위: 백만원)

구 분	2013년	2014년	2015년
상표권 특별사법경찰 운영	759	531	731
• 일반수용비	70	96	96
• 임차료	493	214	414
• 차량선박비	31	41	41
• 여비 등	165	180	180
위조상품 신고포상금	200	103	103
온·오프라인 단속지원	1,358	1,308	1,308
합 계	2,317	1,942	2,142

2022년 특허청의 특별사법경찰의 예산 현황을 보면 다음과 같다. 특허청 특별사법경찰의 운영비 예산은 특사경(기술특별사법경찰, 상표특별사법경찰) 및 부정경쟁행위 조사업무에 공동으로 사용하는 운영비를 의미한다. 2020년에 34억 8,500만원, 2021년 46억 200만원 그리고 2022년에는 44억 3,900만원이다.

---

56) * 일반수용비: 압수물 운반·폐기, 주로 도용되는 상표자료집 발간, 수사 관련자료 자문 등 지역사무소 운영과 관련 지출되는 일반적 비용
  * 임차료: 지역사무소 사무실(서울/부산), 부산사무소 직원 숙소, 단속차량(8대) 등에 대한 임차비용
  * 차량선박비 및 여비: 단속차량 운영비용(주유비 등) 및 출장 여비(숙박비 등)
  * 온·오프라인 단속지원: (재)한국지식재산보호원을 통해 단속지원 위탁사업으로 운영
    - 온라인 단속지원업무: 온라인 오픈마켓 및 개인 쇼핑몰 대상으로 위조상품 유통정보를 상시 수집하여 게시물 삭제, 쇼핑몰 접속차단/폐쇄 등 판매중지 조치
    - 오프라인 단속지원업무: 지역내 소규모 위조상품 판매업소에 대하여 '부정경쟁방지 및 영업비밀보호에 관한 법률'에 따라 17개 지방자치단체와 합동단속 지원 등이다.

표 7-57 | '특별사법경찰 운영 및 부정경쟁행위 단속지원'사업 예산현황

(단위: 백만원)

구 분	2020	2021	2022
예 산	3,485	4,602	4,439

출처: 특허청, 행정정보공개청구에 의한 내부자료(2022. 2).

3) 특허청 특별사법경찰의 인력과 조직

특허청장(차관급)이 있고 1관 9국, 60과 14팀 및 3개 소속기관(특허심판원, 국제지식재산연수원, 서울사무소)으로 총 1,811명이 근무한다.

그림 7-9 | 특허청 산하 산업재산조사과(특별사법경찰)의 조직도

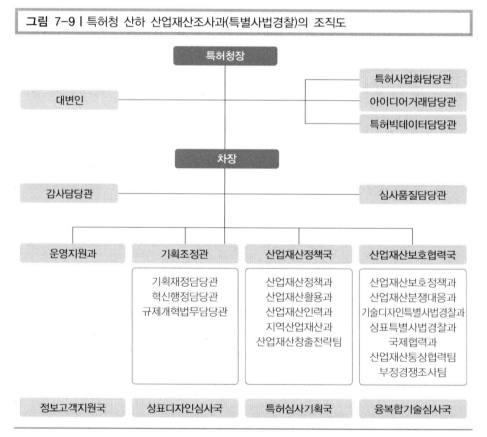

출처: https://www.kipo.go.kr/ko/kpoContentView.do?menuCd=SCD0200443(특허청 홈페이지 내부자료/ 검색일: 2022. 3. 1).

특허청 특별사법경찰 조직의 구성을 살펴보면 다음과 같다. 우선 직무영역이 확대되면서 특허특별사법경찰의 인력도 대폭 증원되었다.

그림 7-10 | 특허청 산업재산보호협력국 특별사법경찰 조직도

출처: 특허청 내부자료(https://www.kipo.go.kr/ko/introduce/dpetInfoMgmtDtl.do?menuCd=SCD 0201147&deptCd=001430594&gbn=Y&selFDeptCd=001430473: 검색일: 2022. 3. 1).

기술디자인특별사법경찰과와 상표특별사법경찰과로 구성되어 특별사법경찰 업무가 이루어지고 있다.

먼저 기술디자인특별사법경찰과는 기술디자인특별사법경찰과는 기술디자인침해범죄 관련 수사계획의 수립·시행, 수사, 국내·외 정보의 수집·분석 및 관리, 수사사건 상담·접수 및 통계 분석·관리, 수사 관련 법령·제도 운영, 수사를 위한 유관기관 협력, 전자적 증거의 수집 및 분석, 수사 관련 정보시스템 개발 및 운영, 기술디자인침해범죄 예방 및 계도를 위한 교육·홍보, 그 밖에 기술디자인침해범죄 수사에 관한 사항을 담당하고 있다.[57)]

[57)] 특허청 내부자료(https://www.kipo.go.kr/ko/introduce/dpetInfoMgmtDtl.do?menuCd=SCD 0201147&deptCd=001430594&gbn=Y&selFDeptCd=001430473: 검색일: 2022. 3. 1).

표 7-58 | 기술디자인특별사법경찰과 소속의 인력

소속/부서	직급	담당업무
기술디자인특별사법경찰과	기술디자인특별사법경찰과장	기술경찰과 업무총괄
기술디자인특별사법경찰과	수사3팀장	특허, 영업비밀, 디자인 침해 수사
기술디자인특별사법경찰과	수사1팀장	수사1팀장(특허, 영업비밀, 디자인 침해 수사)
기술디자인특별사법경찰과	수사기획팀장	특허, 영업비밀, 디자인침해수사
기술디자인특별사법경찰과	수사4팀장	특허, 디자인, 영업비밀 수사
기술디자인특별사법경찰과	수사2팀장	특허, 영업비밀, 디자인 침해 수사
기술디자인특별사법경찰과	수사관	특허, 영업비밀, 디자인 침해 수사, 주무
기술디자인특별사법경찰과	수사관	특허, 영업비밀, 디자인 침해 수사
기술디자인특별사법경찰과	수사관	특허, 영업비밀, 디자인 침해 수사
기술디자인특별사법경찰과	수사관	특허, 영업비밀, 디자인 침해 수사
기술디자인특별사법경찰과	수사관	특허, 영업비밀, 디자인 침해 수사
기술디자인특별사법경찰과	수사관	특허, 영업비밀, 디자인 수사
기술디자인특별사법경찰과	수사관	특허, 영업비밀, 디자인 침해 수사
기술디자인특별사법경찰과	수사관	특허, 영업비밀,디자인 침해 수사
기술디자인특별사법경찰과	주무관	국회, 예산, KPI, 서무 업무
기술디자인특별사법경찰과	수사관	특허, 영업비밀, 디자인 침해 수사, 사건접수, 민원상담
기술디자인특별사법경찰과	수사관	특허, 영업비밀, 디자인 침해수사, 사건통계
기술디자인특별사법경찰과	수사관	특허, 영업비밀, 디자인 침해 수사
기술디자인특별사법경찰과	수사관	특허, 영업비밀, 디자인 침해 수사
기술디자인특별사법경찰과	수사관	특허, 영업비밀, 디자인 침해 수사
기술디자인특별사법경찰과	수사관	특허, 영업비밀, 디자인 침해 수사
기술디자인특별사법경찰과		디지털포렌식 조사 및 분석

출처: 특허청 내부자료(https://www.kipo.go.kr/ko/introduce/dpetInfoMgmtDtl.do?menuCd＝SCD 0201147&deptCd＝001430594&gbn＝Y&selFDeptCd＝001430473: 검색일: 2022. 3. 1).

상표특별사법경찰과는 상표 침해 범죄에 대한 수사, 온라인 위조상품에 대한 감시 및 시정조치, 위조상품 유통 방지를 위한 민관협의체 운영, 위조상품 신고포상금 제도 운영, 상표 침해 범죄 예방 및 계도를 위한 교육 및 홍보 등의 업무를 담당하고 있다.[58]

표 7-59 | 상표특별사법경찰과 소속의 인력

소속/부서	직급	담당업무
상표특별사법경찰과	상표특별사법경찰과장	상표경찰업무
상표특별사법경찰과	서기관	대외협력 및 상표수사업무 총괄
상표특별사법경찰과	행정사무관	과 주무 업무
상표특별사법경찰과	서울사무소장	특사경 사울사무소 업무총괄
상표특별사법경찰과	대전사무소장	대전사무소장(대전사무소 총괄업무)
상표특별사법경찰과	부산사무소장	특사경 부산사무소 업무총괄
상표특별사법경찰과	수사관	수사관(기획수사)
상표특별사법경찰과	수사관	수사관(위조상품단속)
상표특별사법경찰과	주무관	상표법 위반 수사
상표특별사법경찰과	수사관	위조상품단속
상표특별사법경찰과	수사관	수사관(위조상품단속)
상표특별사법경찰과	수사관	국민신문고 등
상표특별사법경찰과	수사관	수사관(위조상품단속)
상표특별사법경찰과	주무관	국회, 예산, KPI, 온오프라인 위조상품 단속 지원사업집행, 서무 업무
상표특별사법경찰과	수사관	수사관(위조상품단속)
상표특별사법경찰과	수사관	수사관(위조상품단속)
상표특별사법경찰과	수사관	수사관(위조상품단속)
상표특별사법경찰과	수사관	수사관(위조상품단속)
상표특별사법경찰과	수사관	수사관(위조상품단속)
상표특별사법경찰과	수사관	수사관(위조상품단속)
상표특별사법경찰과	수사관	수사관(위조상품단속)
상표특별사법경찰과	수사관	상표법위반사범 수사업무
상표특별사법경찰과	수사관	위조상품 단속, 수사 등
상표특별사법경찰과	수사관	수사관(위조상품단속)
상표특별사법경찰과	주무관	국민신문고
상표특별사법경찰과	실무관	서무 및 특사경 업무 지원
상표특별사법경찰과	실무관	서무 및 특사경 업무 지원
상표특별사법경찰과	실무관	서무업무보조 과업무보조

출처: 특허청 내부자료(https://www.kipo.go.kr/ko/introduce/dpetInfoMgmtDtl.do?menuCd=SCD 0201147&deptCd=001430594&gbn=Y&selFDeptCd=001430473: 검색일: 2022. 3. 1).

---

58) 특허청 내부자료(https://www.kipo.go.kr/ko/introduce/dpetInfoMgmtDtl.do?menuCd=SCD 0201147&deptCd=001430594&gbn=Y&selFDeptCd=001430473: 검색일: 2022. 3. 1).

이렇게 볼 때 2022년 3월 기준 특허청에서 운영중인 특별사법경찰은 첫째, 기술디자인특별사법경찰과에 21명 그리고 상표특별사법경찰과에 28명 등 총 49명이 근무하고 있다. 이는 2018년 상표특별사법경찰과 20여명만 존재하던 시절보다 특사경 인력 수가 무려 한배가 증가하였다. 인력차원에서 폭발적인 성장을 가져왔다. 더구나 현재 수행하는 특사경 업무와 단속 차원에서 더많은 특사경 인력이 필요한 상황으로 변화되었다.

한편 특허청은 서울, 대전, 부산에 지역사무소를 두고 있다. 서울지역사무소는 서울, 경기, 인천 및 강원지역을 관할하며, 대전지역사무소는 대전, 충남, 충북, 광주, 전남, 전북 및 제주지역을 관할하고 부산지역사무소는 대구, 경북, 부산, 경남 및 울산지역을 관할하고 있다(제7조). 이들 지역사무소의 업무는 관할 구역 내 자체 위조상품 단속계획 수립·시행, 관할 구역 내 위조상품 관련 정보 수집 및 실태 조사, 기타 상표권 보호와 관련하여 특허청장이 지시하는 사항을 담당하고 있다(제8조).

또한 산업재산특별사법경찰은 2021년 7월부터 이른바 기술특별사법경찰과 부정경쟁조사팀을 확대 개편하여 더욱 촘촘한 수사망을 갖추게 되었다.

4) 특허청 특별사법경찰의 법적토대

국회에서 특허청에 위조 상품 단속 권한을 부여하는 법안이 2010년 8월에 통과되고 그 다음 달인 9월 8일에 특별사법경찰대가 전격 창설되었다. 본 특별사법경찰이 창설된 이후 서울, 대전, 부산 등에 활동 지역을 두고 본격적인 단속활동을 펼치면서 많은 실적을 올리고 있다.

5) 특허청 특별사법경찰의 적발실적 분석과 적발사례

(1) 적발실적 분석

특허청 소속의 상표권 담당 특별사법경찰은 「사법경찰관리의 직무를 수행할 자와 그 직무범위에 관한 법률」 제5조 제38호 및 제6조 제35호에 의거, 상표권 침해 등에 관한 범죄에 대해 검사의 지휘를 받아 수사한 후 사건을 해당 검찰에 송치하고 있다. 따라서 처벌(송치 결과)에 대한 통계자료는 법원(검찰청 등)에서 관리하고 있다. 참고로 특허청의 상표법 단속과 관련한 대표적인 사건은 특허청 홈페이지 보도자료를 통해 확인하는 것도 가능하다. 상표법 위반사범에 대한 형사입건의 경우는 2013

년 376명, 2014년 430명, 2015년에 378명이다. 압수물품은 기하급수적으로 증가하고 있음을 인식할 수 있다.

표 7-60 | 상표법 위반사범 단속건수

(단위: 명, 점)

구 분	2013년	2014년	2015년
형사입건(명)	376	430	378
압수물품(점)	822,370	1,114,192	1,197,662

출처: 특허청, 행정정보공개청구에 의한 내부자료(2016. 1).

특허청은 2018년까지는 상표특별사법경찰만을 운영하였으나 2019년부터는 국회에서 특허와 디자인 및 영업비밀에 관한 단속 권한 법률을 부여받아 기술특별사법경찰도 운영할 수 있게 되었다. 따라서 특허청은 기술특별사법경찰과 상표특별사법경찰을 운영하는 권한을 확보하게 되어 2019년부터 본격 업무를 개시하였다.

한편 2019년~2021년까지의 특허청 기술특별사법경찰과 상표특별사법경찰의 입건 실적을 보면 다음과 같다. 먼저 기술특별사법경찰은 2019년 200건, 2020년 373건, 그리고 2021년에 375건의 불법행위를 입건하였다. 그리고 상표특별사법경찰의 입건 건수는 2019년 376건, 2020년 617건, 2021년 557건을 보여주었다.

표 7-61 | 기술특별사법경찰과 상표특별사법경찰의 입건 실적

(단위: 명)

구 분	2019	2020	2021
기술특별사법경찰의 입건 실적	200	373	375
상표특별사법경찰의 입건 실적	376	617	557

출처: 특허청, 행정정보공개청구에 의한 내부자료(2022. 2).

특허청은 2022년 1월 15일 보도자료를 통해 지난해인 2021년 단속실적을 발표하였다. 특허청(청장 김용래) 상표특별사법경찰은 2021년 상표권 침해와 위조상품 유통 분야에서 상표권 침해사범 557명을 형사입건했다.[59] 이 과정에서 위조상품을 약

---

59) 특허청 산업재산특별사법경찰은 상표, 특허, 영업비밀, 디자인 등 산업재산침해 관련 범죄사건을

8만여점(정품가액 기준 415억원)을 압수했다.[60] 특허청은 2020년 대비 2021년의 형사입건은 9.7%('20년 617명에서 '21년 557명)이며, 압수물품은 89.2%('20년 720,471점, '21년 78,061점)로 감소했으나, 정품가액은 160.1%('20년 159.6억원에서 '21년 415.1억원)로 증가했다고 발표했다. 자세한 내용은 〈표 7-62〉를 통해서 볼 수 있다.

표 7-62 ┃ 연도별 상표특별사법경찰의 단속 실적					
구 분	2017년	2018년	2019년	2020년	2021년
형사입건(명)	362	361	376	617	557
압수물품(점)	691,630	542,505	6,269,797	720,471	78,061
정품가액(억원)	416.5	364.6	633.1	159.6	415.1

출처: 특허청 특사경, 보도자료(2022. 1. 15).

특허청 상표특별사법경찰이 2021년도에 압수한 물품을 브랜드별 정품가액 기준으로 소개하면 다음과 같이 롤렉스 112억원, 샤넬 64억원, 루이비통 43억원, 까르띠에 41억원, 오데마피게 36억원 순으로 나타났다.

그림 7-11 ┃ 특허청 상표특별사법경찰의 2021년도 압수 물품

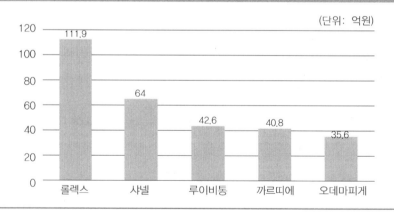

출처: 특허청 특사경, 보도자료, 2022년 1월 15일자.

수사해 2010년부터 2020년까지 약 53,000여건의 상표권 침해신고 건을 처리하고 상표권 침해사범 4,000여명을 형사입건하여 5,200억원 상당과 위조상품 1,200만여점을 압수하는 성과도 내었다 (산업재산권보호원, 2021. 9. 16); https://blog.naver.com..
60) 특허청 보도자료, 2022. 2. 15.

2021년도 압수물품을 품목별 정품가액 기준으로 분류하면, 시계(손목시계 등) 206억원, 장신구(반지, 목걸이, 귀걸이, 팔찌 등) 63억원, 가방(핸드백, 파우치, 지갑 등) 55억원, 의류(상·하의, 장갑, 양말, 모자 등) 47억원, 기타(신발, 안경, 전자기기, 화장품, 완구 등) 45억원 순이다.[61]

그림 7-12 │ 상표특별사법경찰의 품목별 정품가액 순위

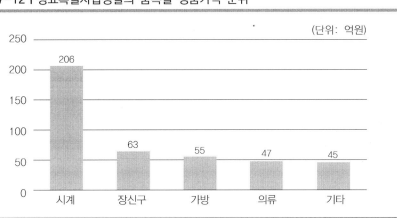

출처: 특허청 특사경, 보도자료, 2022년 1월 15일자.

특허청 특사경의 품목별 압수물품을 브랜드별 정품가액 기준으로 구분할 경우, 시계는 롤렉스 112억원, 오데마피게 36억원, 위블로 12억원, 파텍필립 8.5억원, 샤넬 6.6억원 순이었다. 그리고 장신구는 까르띠에 37억원, 티파니 13억원, 샤넬 5.7억원, 루이비통 3.3억원, 구찌 1.9억원 순으로 나타났다.[62] 그리고 가방은 샤넬 47억원, 루이비통 1.7억원, 생로랑 1억원, 피어오브갓 0.87억원, 고야드 0.86억원 순이었다. 의류의 경우는 버터플라이 5.3억원, 구찌 4.6억원, 샤넬 4.5억원, 폴로 3.3억원, 발렌시아가 3억원 순었다.[63]

특허청(청장 김용래) 상표특별사법경찰은 2021년에 압수된 위조상품의 경우 최근 유명 유튜버가 가품 착용으로 논란이 되고 있는 해외의 고가 명품이 대부분이다. 그러나 소비자의 수요가 많은 중저가 생활용품 관련 위조상품도 있었다고 밝혔다.

---

61) 특허청 특사경, 보도자료, 2022년 1월 15일자.
62) 특허청 특사경, 보도자료, 2022년 1월 15일자.
63) 특허청 특사경, 보도자료, 2022년 1월 15일자.

그 예로서 커피음료 시장의 성장과 TV 골프예능 프로그램 확대 등으로 커피 및 골프를 즐기는 인구가 증가하면서 관련 용품(통컵(텀블러), 머그컵, 골프공 등)을 위조하여 판매한 업자들을 검거한 사례도 있다는 것이다.64)

[사례 1] 위조 '스타벅스' 통컵(텀블러) 및 머그컵을 온라인에서 대량으로 유통한 피의자 A씨를 상표법 위반혐의로 불구속 입건하고, 위조상품 약 3만 3천여점(정품가액 13억원 상당, 1톤 트럭 22대 분량)을 압수했다.

[사례 2] 골프장에서 로스트볼*을 수거해 가공작업**을 거쳐 재생 골프공을 판매할 목적으로 보관한 피의자 B씨(44세) 등 3명을 상표법 위반혐의로 불구속 입건하고, 위조 골프공 5만8천여점(정품가액 3억여원 상당)과 상표 동판(20개)을 압수했다.

 * Lost ball: 라운드 중 잃어버린 공을 뜻하는 골프용어
 ** 제품선별 → 세척 → 표면박피 → 표면 페인팅 및 코팅 → 상표마킹

출처: 특허청 특사경, 보도자료, 2022년 1월 15일자.

(2) 적발사례

특허청 상표특별사법경찰이 2021년도에 적발한 사례를 구체적으로 살펴보면 다음과 같다.

1 특허청 상표특별사법경찰(이하 상표특사경)은 위조 '스타벅스' 텀블러 및 머그컵이 온라인에서 대량으로 유통된다는 정보를 입수하고 단속을 실시한 결과, 상표법 위반 혐의로 피의자 A씨를 불구속 입건하여 검찰에 송치했다.
   o 피의자 A씨(52세)는 '20년 10월부터 '21년 6월까지 오픈마켓 6개 채널(11번가, 네이버스마트스토어, 옥션, 위메프, 인터파크, 지마켓)에서 총 6만여점(판매금액 8억원 상당)의 스타벅스 위조상품을 판매한 혐의를 받고 있다.
   o 이번 단속은 상표권자인 미국 스타벅스 코포레이션의 국내법률 대리인, 주한미국 대사관 국토안보수사국 등과 함께 국제 공조수사를 통해 이례적 규모의 위조 텀블 러와 머그컵을 적발하였고, 판매를 목적으로 보관중이었던 위조상품 약 3만 7천여 점(정품가액 12억원 상당, 1톤 트럭 22대 분량)을 압수했다.
2 상표특사경은 골프장에서 로스트볼을 수거해 가공작업*을 거쳐 재생 골프공을 온·

---

64) 특허청 특사경, 보도자료, 2022년 1월 15일자.

오프라인으로 판매한다는 정보를 입수하고 단속을 실시한 결과, 상표법 위반혐의로 피의자 B씨(44세) 등 3명을 불구속 입건하여 검찰에 송치했다.

* 제품선별 → 세척 → 표면박피 → 표면 페인팅 및 코팅 → 상표마킹

** 수거된 로스트볼을 세척하여 재판매하는 경우 상표권 침해가 되지 않으나, 동일성을 해할 정도로 가공·수선하는 경우 상표권 침해로 볼 수 있다(대법원 2003. 4.11. 선고 2002도3445 판결 참조).

피의자 B씨(44세): 위조 골프공(Titleist: 19천여개, Callaway: 11천여개, 상표동판 6개)

피의자 C씨(59세): 위조 골프공(Titleist: 25천여개, 상표동판 4개)

피의자 D씨(65세): 위조 골프공(Titleist: 3천개, 상표동판 10개)

특허청 상표특별사법경찰의 이번 단속은 기획수사를 통해 2021년 10월경 경기도 일대 가공공장 3곳(인천, 성남, 의정부)을 동시에 실시하여 적발한 사건이다. 판매를 목적으로 보관하고 있는 위조 골프공 5만8천여점(정품가액 3억여원 상당)과 상표 동판(20개)을 압수한 것이다.65)

그림 7-13 | 특허청 상표특별사법경찰의 직무장면

출처: http://www.newsis.com/ar_detail/view.html?(검색일: 2020. 3. 3).

---

65) 특허청 특사경, 보도자료, 2022년 1월 15일자.

6) 특허청 특별사법경찰관리 집무규정

(1) 특허청 특별사법경찰관리 집무규정의 목적

특허청(소관: 산업재산조사과)은 2014년 7월 3일 집무규정을 제정(특허청훈령 제776호)하였는데, 그 목적은 「사법경찰관리의 직무를 수행할 자와 그 직무범위에 관한 법률66)」에 의하여 「상표법」 중 상표권 또는 전용사용권 침해에 관한 범죄와 「부정경쟁방지 및 영업비밀보호에 관한 법률」 중 제2조 제1호 가목67)에 규정된 부정경쟁행위에 관한 범죄를 단속하는 특허청의 특별사법경찰관리(이하 "상표권특별사법경찰"이라 한다)의 업무수행에 필요한 사항을 정하기 위한 것이다. 특허청 특별사법경찰관리 집무규정은 2019년에도 만들어졌는데 특허와 디자인 및 영업비밀 분야도 단속할 수 있는 법률이 부여되었기 때문이다.

(2) 직무범위와 책임

① 특허청 특별사법경찰을 다른 용어로 상표권특별사법경찰이라고 부른다. 이는 「사법경찰관리의 직무를 수행할 자와 그 직무범위에 관한 법률」에서 정한 직무의 범위68) 안에서 범죄사실을 수사하고 그에 관한 증거를 수집함을 그 직무로 하고 있다. ② 상표권 경찰이 범죄조사를 할 때에는 「형사소송법」 및 「특별사법경찰관리 집

---

66) 제5조(검사장의 지명에 의한 사법경찰관리) 다음 각 호에 규정된 자로서 그 소속 관서의 장의 제청에 의하여 그 근무지를 관할하는 지방검찰청검사장이 지명한 자 중 7급 이상의 국가공무원 또는 지방공무원 및 소방위 또는 지방소방위 이상의 소방공무원은 사법경찰관의 직무를, 8급·9급의 국가공무원 또는 지방공무원 및 소방장 또는 지방소방장 이하의 소방공무원은 사법경찰리의 직무를 수행한다.

    38. 특허청, 특별시·광역시·도 및 시·군·구에 근무하며 부정경쟁행위, 상표권 및 전용사용권 침해에 관한 단속 사무에 종사하는 4급부터 9급까지의 국가공무원 및 지방공무원

67) 제2조(정의) 이 법에서 사용하는 용어의 뜻은 다음과 같다.

    1. "부정경쟁행위"란 다음 각 목의 어느 하나에 해당하는 행위를 말한다.

      가. 국내에 널리 인식된 타인의 성명, 상호, 상표, 상품의 용기·포장, 그 밖에 타인의 상품임을 표시한 표지(標識)와 동일하거나 유사한 것을 사용하거나 이러한 것을 사용한 상품을 판매·반포(頒布) 또는 수입·수출하여 타인의 상품과 혼동하게 하는 행위

68) 제6조(직무범위와 수사 관할) 제4조와 제5조에 따라 사법경찰관리의 직무를 수행할 자의 직무범위와 수사 관할은 다음 각 호에 규정된 범죄로 한정한다.

    35. 제5조 제38호에 규정된 자의 경우에는 소속 관서 관할 구역에서 발생하는 「부정경쟁방지 및 영업비밀보호에 관한 법률」에 규정된 같은 법 제2조 제1호 가목의 부정경쟁행위에 관한 범죄와 「상표법」에 규정된 상표권 또는 전용사용권 침해에 관한 범죄

무규칙69)」 등 관계 법령을 엄수하여 국민의 자유와 권리를 부당하게 침해하는 일이 없도록 하여야 한다(제3조). 그리고 ③ 상표권 경찰이 범죄수사를 할 때에는 비밀을 엄수하여 수사에 지장을 초래하지 아니하도록 주의하는 동시에 피의자 등 기타 사건 관계자의 명예를 훼손하는 일이 없도록 주의하여야 한다고 규정하고 있다. ④ 상표권 경찰은 직무상 취득한 범죄정보 제공자 등에 대한 비밀을 누설하여서는 아니되며, 당해 정보의 조사 목적 외에는 성명·연령·주소·직업·용모 등에 의하여 범죄 정보제공자 등임을 미루어 알 수 있을 정도의 사실이나 사진을 제3자에게 제공하지 못한다고 명시함으로써(다만, 범죄정보 제공자 등이 동의한 경우에는 그러하지 아니한다), 자신들의 직무범위와 책임의 한계가 명확하게 법적으로 규정되어 있다.

(3) 특허청 특별사법경찰의 직무교육

특허청의 산업재산조사과장은 상표권 경찰의 직무수행 능력과 자질 향상을 위하여 전문기관에서 실시하는 수사에 관한 직무교육을 정기적으로 받도록 해야 한다(제14조)고 규정하고 있고, 동시에 그는 인사발령 등에 따라 신규로 부임한 상표권 경찰에 대하여 직무수행에 앞서 반드시 수사에 관한 기본교육을 받도록 하여야 한다(다만, 부득이한 사유로 그러하지 못할 경우에는 자체 교육을 실시한 후 집무하게 할 수 있다)라고 법이 규정하고 있으나 사실 이는 제대로 지켜지지 않는 실정이다.

우리나라 중앙정부부처와 17개 시·도광역지방자치단체에서 대다수가 특별사법경찰제를 시행하고 있는데, 학계와 실무계로부터 특별사법경찰 관련 각 기관들이 고작 연간 1~2주 정도 직무교육을 받는 정도에 그치고 있다. 사실 이러한 직무교육으로는 불충분하며 허술하다는 지적이 적지 않다. 따라서 특별사법경찰업무는 국민의 생명과 재산을 지키는 중요한 업무인 만큼, 이를 담당하는 사람들이 충분한 교육과 재교육을 이수하는 것을 법적으로 강제하는 것이 매우 중요하다고 본다.

(4) 특허청 특별사법경찰관리의 수사

사건의 관할은 범죄지, 피의자의 주소·거소를 관할하는 사무소를 기준으로 하되, 다만, 범죄지나 피의자의 주소·거소가 특정되지 않는 사건은 신고자의 주소·거소를 관할하는 사무소 또는 사건을 접수한 사무소를 기준으로 하도록 규정되어 있다.

---

69) 법무부령(법무부 형사기획과 주관).

상표권 경찰은 소속 지역사무소의 관할 내에서 해당 관할내의 사건에 대하여 직무를 수행해야 한다(제18조). 그리고 사건처리 기한도 중요한데 상표권 경찰은 고소나 고발에 의해 범죄를 조사하는 때에는 고소나 고발이 있은 날부터 2월 이내에 조사를 완료해야 한다. 그리고 고소 또는 고발 이외의 사유로 내사 또는 조사에 착수한 사건은 최초 착수일로부터 3월 이내에 완료해주어야 하는 의무를 지고 있다(제21조).

10. 기획재정부 산하 관세청의 특별사법경찰

우리나라 관세청은 2022년 3월 기준 세관관서 34개 세관, 16개 지원센터로 이루어져 있다. 관세청장, 차장 산하에 다음과 같이 조직을 이루고 있고 직할로 평택세관을 두고 있다.

| 그림 7-14 | 관세청 조직도(2022. 3) |

기획조정관	• 기획재정담당관	• 행정관리담당관	• 법무담당관	• 비상안전담당관	
감사관실	• 감사담당관	• 감찰팀			
정보데이터정책관	• 정보데이터기획담당관	• 정보관리담당관	• 연구장비개발팀	• 시스템운영팀	
통관국	• 통관물류정책과	• 관세국경감시과	• 수출입안전검사과	• 전자상거래통관과	• 보세산업지원과
심사국	• 심사정책과	• 세원심사과	• 기업심사과	• 공정무역심사팀	
조사국	• 조사총괄과	• 외환조사과	• 국제조사과		
국제관세협력국	• 국제협력총괄과	• 자유무역협정집행과	• 원산지검증과	• 해외통관지원팀	
본부세관	• 인천세관	• 서울세관	• 부산세관	• 대구세관	• 광주세관
관세인재개발원	• 교육지원과	• 인재개발과	• 탐지견훈련센터담당관		
중앙관세분석소	• 총괄분석과	• 분석1관	• 분석2관	• 분석3관	
관세평가분류원	• 관세평가과 • 수출입안전심사1과	• 품목분류1과 • 수출입안전심사2과	• 품목분류2과	• 품목분류3과	• 품목분류4과
해외관세관	• 미국(워싱턴) • 베트남 • 중국(대련)	• 미국(LA) • 인도네시아 • 중국(청도)	• 일본 • 인도 • 태국	• 홍콩 • 중국(북경)	• EU • 중국(상해)
직할세관	• 평택세관				

출처: 관세청 홈페이지, https://www.customs.go.kr/kcs/cm/cntnts/cntntsView.do?mi=2954& cntntsId=917.

전국의 세관은 인천세관(인천공항세관, 인천공항국제우편세관, 수원세관, 안산세관, 부평지원센터), 서울세관(안양세관, 천안세관, 청주세관, 성남세관, 파주세관, 구로지원센터, 충주지원센터, 의정부지원센터, 도라산지원센터), 부산세관(김해공항세관, 양산세관, 용당세관, 창원세관, 마산세관, 경남남부세관, 경남서부세관, 부산국제지원센터, 진해지원센터, 통영지원센터, 사천지원센터), 대구세관(울산세관, 구미세관, 포항세관, 속초세관, 동해세관, 온산지원센터, 고성지원센터, 원주지원센터), 광주세관(광양세관, 여수세관, 목포세관, 대전세관, 군산세관, 제주세관, 전주세관)으로 이루어져 있다.

1) 직무수행을 위한 법적토대와 예산

독일에서도 관세분야와 산림분야의 범죄는 일반사법경찰이 직무를 수행하기에는 어려움이 상존하는 관계로 그 분야의 직무를 수행하는 행정공무원을 대상으로 별도의 특별사법경찰을 지명하여 범법자를 단속하는 직무를 수행해 나가고 있다.

우리나라의 경우도 관세청 소속의 특별사법경찰관은 「사법경찰관리의 직무를 수행할 자와 그 직무범위에 관한 법률」(약칭: 사법경찰직무법) 제6조 제14호에 따라 직무를 수행하는 법적근거를 가지고 있다. 일명 관세특별사법경찰이라고 부른다. 관세청의 조사국에서 관세특별사법경찰을 운영하고 있다. 특히 이들 특별사법경찰관(리)들은 관세법, 관세사법, 수출용원재료에 대한 관세 등 자유무역협정의 이행을 위한 관세법의 특례에 관한 법률, 환급에 관한 특례법, 대외무역법 등을 위반한 범죄자들과 수출입 물품의 통관 및 환적과 연계된 지적재산권 침해사범, 지급수단과 귀금속 및 증권의 불법수출입사범, 수출입거래 및 이와 관련되는 용역거래와 자본거래에 관한 외국환거래법의 위반사범, 특정경제범죄 가중처벌 등에 관한 법률상의 재산국외도피사범, 범죄수익 은닉의 규제 및 처벌 등에 관한 법률 위반 사범, 국내와 국외를 왕래하는 항공기나 선박이 입·출항하는 공항과 항만 및 보세구역에서 발생하는 마약·향정신성의약품 및 대마사범에 대한 수사 권한을 가지고 있다.[70]

한편 우리나라의 관세청 소속 특별사법경찰의 경우는 예산확보를 하지 못하고 있다. 특별사법경찰 직원들이 공무원으로서 월급을 받으며 근무하고 있기 때문에 별도의 예산은 배정받지 못하고 있으며, 심지어는 운영비조차도 확보하지 못하고 있는 실정이다.

---

70) 정병하·임정호(한국형사정책연구원), 특별사법경찰 조직의 전문화 방안에 관한 연구, 2009, p. 39.

2022년 3월 기준으로도 이전처럼 관세청의 특별사법경찰은 예산을 별도로 편성하여 가지고 있지 않다. 다만 특별사법경찰의 수사 지원 시에 활용하는 밀수단속 사업예산 만을 예외로 확보하고 있다. 그 밀수단속 사업예산은 〈표 7-63〉과 같이 2022년에 96억 8,100만원이다.

표 7-63 | 관세청 특별사법경찰의 예산액(2020~2022. 2)

연 도	예 산
2020	5,003백만원
2021	4,785백만원
2022	9,681백만원

출처: 관세청 내부자료, 행정정보공개청구를 통해 입수(2022. 2).

2) 관세청 특별사법경찰의 인력

기획재정부 산하 관세청의 특별사법경찰 지명 인력은 2009년에 서울, 인천공항, 부산, 인천, 대구, 광주 등지의 각 지역별 본부세관을 중심으로 약 440여명이 직무를 수행하였다. 2015년 12월 기준 관세청의 특별사법경찰관(리)의 지명자 수는 450~400명 선에서 줄었다 늘었다를 반복하고 있는데, 이는 2009년의 지명자 수와 거의 엇비슷한 실정이다.

표 7-64 | 관세청 소속 특별사법경찰의 3년간 인력 현황

구 분	2013년	2014년	2015년
인원수	약 450~400명	약 450~400명	약 450~400명

※ 관세청의 경우 인사이동 등으로 인하여 특별사법경찰 인원이 수시로 변동됨.
출처: 관세청 내부자료(행정정보공개청구를 통해 입수(2016).

관세청의 특별사법경찰은 2015년에 400~450명 사이를 줄었다가 늘었다를 반복했었다. 약 5~6년이 지난 2020년~2022년 2월까지 기준으로 관세청 소속 특별사법경찰의 인력수는 매년 약간씩 증가하였다. 관세청 특별사법경찰은 2020년에 468명, 2021년에 492명 그리고 2022년 2월 495명을 보여준다. 이처럼 관세청의 특별사법경찰은 꾸준히 증원되고 있다.

표 7-65 | 관세청 특별사법경찰의 인력 수(2020~2022. 2)

(단위: 명)

연 도	인 원
2020	468
2021	492
2022년도 2월 현재	495

출처: 관세청 내부자료, 행정정보공개청구를 통해 입수(2022. 2).

3) 관세청 조사감시국 특별사법경찰의 조직

기획재정부 관세청 조사감시국에 조사총괄과, 관세국경감시과, 외환조사과, 국제조사팀이 특별사법경찰로 지명되어 관세 관련 범죄들을 조사하고 검찰에 송치하는 역할을 수행하고 있다.

조사감시국에서는 국내의 산업기반을 취약하게 만드는 것은 물론이고 더 나아가서 국제 경쟁력을 약화시키는 밀수를 비롯해 불공정 무역 및 불법 외환거래를 적발하고 국민의 안전을 위협하는 총기·마약류의 반입을 차단하여 국민건강과 사회안전을 확보하고 동시에 환경까지도 보호하는 기능을 수행하고 있다.

4) 관세청 조사감시국 특별사법경찰의 업무

관세청 조사감시국 산하 특별사법경찰들은 다음과 같은 업무들을 수행하는데, 그 주요대상은 ① 관세법 위반사범(이하 "관세범"이라 한다)에 관한 범칙수사업무의 기획, ② 대외무역법 등 무역관련법규 위반사범(이하 "무역사범"이라 한다)에 관한 범칙수사업무의 기획, ③ 압수물품의 보관·관리에 관한 사항, ④ 범칙조사시스템의 운영과 범칙정보의 수집 및 분석(범칙자 및 우범자에 대한 신원관리를 포함), ⑤ 금수품(국가기밀에 관한 문서 및 물품, 위조화폐, 음란도서 및 물품 등을 말함. 이하 같다), ⑥ 교역제한품(전략물자, 첨단기술에 관한 문서 및 물품 등을 말함. 이하 같다)의 밀수단속의 기획, ⑦ 한미주둔군지위협정(SOFA) 관련 밀수단속에 관한 사항 지적재산권 침해사범 및 멸종위기에 처한 야생동식물종의 국제거래에 관한 협약(CITES) 위반사범에 대한 범칙수사업무의 기획, 관세청장이 특별히 지시한 사항의 조사·수사 및 조정 등을 담당하고 있다.

5) 특별사법경찰의 직무교육

관세청의 경우는 규모가 큰 관계로 자체적으로 교육기관인 관세국경관리연수원을 설치하여 특별사법경찰들의 직무교육이 체계적으로 이루어지고 있다. 2016년 초에도 관세국경관리연수원은 특별사법경찰들을 위해 여러 가지 직무교육을 실시하는 프로그램을 내놓았는데 다음과 같다.71)

2008년의 경우 관세청은 자체 관세국경관리연수원을 통해 전문교육을 실시하는 것 이외에 48명을 법무부 산하 법무연수원에 보냈고, 28명의 조사요원은 한국금융연수원의 외환조사 전문교육 과정에 참여시켰다.

관세청 관세국경관리연수원은 자체적으로 조사분야를 담당하는 직원(특별사법경찰)들을 위해 전문교육 과정 8개를 제공하고 있고, 이와는 별도로 전문교육(특성화)도 하나를 별도로 제공해 줌으로서 전문화를 꾀하고 있다. 관세청 특별사법경찰의 전문교육은 다른 중앙 및 지방기관의 특별사법경찰이 진행하는 전문교육보다 월등히 좋은 자체 전문프로그램을 운영하고 있는 것으로 평가된다.

표 7-66 | 관세청 관세국경관리연수원의 특별사법경찰을 위한 전문교육 과정

과정명	교육대상	인원
전문교육과정		
조사사례연구	조사분야 직원(5급-9급)	20
조사정보수집 및 분석	조사분야 직원(5급-9급)	20
디지털포렌식 조사	조사분야 직원(5급-9급)	20
마약정보 분석	조사분야 직원(5급-9급)	20
외환조사 전문요원 양성	외환조사 직원(5급-9급)	20
우범화물선별 검사	화물정보분석 및 관리화물업무직원(5급-9급)	20
조사실무 역량강화	조사분야조사업무담당자(5급-8급)	40
조사실무기초	조사분야 진입예정자	40
기업심사전입직원 역량향상	관세조사부서 전입자 중 업무무경험자 (6급-9급)	40
전문교육(특성화)		
컨테이너 검색기법 -부산본부	조사분야(5급-9급)	40

출처: 관세청 관세국경관리연수원 홈페이지 참조(2016. 1).

---

71) 관세국경관리연수원 홈페이지, https://ctc.customs.go.kr/(검색일: 2016. 1. 12).

관세청에 행정정보공개청구를 통해 받은 자료에 따르면 관세청 소속 특별사법경찰들은 직무교육에 있어서 두 가지로 나누어져서 이루어진다. 하나는 자체교육으로서 관세국경관리연수원 조사분야 교육과정에 참여하고, 다른 하나는 관련기관을 통해 직무교육이 이루어지는데, 바로 법무연수원의 특별사법경찰 수사실무과정에 참여하는 방식이 그 좋은 예이다.

6) 관세청 특별사법경찰의 적발건수와 금액

관세청 특별사법경찰의 경우 불법 및 부정무역 적발건수는 2013년부터 2015년까지 계속해서 줄어들었는데, 2013년에 4,766건에서 2014년에 4,115건이었다. 2015년에는 더 줄어들어 3,998건을 보여주었다.

이러한 감소추세에 대해서는 어떤 특별한 원인이 존재하기 때문은 아니며 불법을 저지르는 사람들이 적어졌기 때문에 적발건수가 줄어들었다고 인식된다. 세관특별사법경찰은 주요 5대분야(관세사범, 지식재산사범, 대외무역사범, 외환사범, 마약사범)로 크게 구분하여 집중 단속하고 있다.

표 7-67 | 관세청의 불법·부정무역 단속 현황

(단위: 건, 억원)

구 분	2013년	2014년	2015년	2016년	2017년 6월
건 수	4,766	4,115	3,998	3,545	1,723
금 액	·87,375	92,428	71,461	63,048	24,356

출처: 관세청 내부자료, 행정정보공개청구를 통해 입수(2016).

2017년 6월 기준으로 관세청은 1,723건의 불법·부정무역을 단속한바 있다. 약 4년이 지난 2021년 12월 기준으로 관세 654건, 지재권 87건, 대외 117건, 외환 110건, 마약 1,054건, 보건 40건이었다. 이것을 합하면 2,062건이다. 이는 2019년 5,579건에서 2020년에는 2,196건으로 3,383건이 줄어들었다. 그리고 2021년에는 134건이 더 감소하였다. 그 정확한 원인은 알 수 없지만 코로나19도 작은 하나의 원인이 될 수 있지 않을까 라고 평가된다.

표 7-68 | 관세청 특별사법경찰 위반사범 단속실적 현황(2019~2022. 2)

(단위: 건)

연도	관세	지재권	대외	외환	마약	보건	합계
2019	4,087	273	146	365	661	47	5,579
2020	1,023	176	108	130	696	63	2,196
2021	654	87	117	110	1,054	40	2,062

출처: 관세청 내부자료, 행정정보공개청구를 통해 입수(2022. 2).

11. 문화체육관광부 문화콘텐츠산업실 저작권보호과의 특별사법경찰

1) 저작권보호과 특별사법경찰의 조직과 인력

저작권침해사범의 급속한 증가함에 따라 이를 단속하기 위해 2008년 9월 14일 체신부에 저작권보호를 위한 특별사법경찰제를 도입하게 되었다. 그러나 같은 해 이명박 정부의 정부조직개편에 따라 기존 체신부 소속의 컴퓨터프로그램 저작물 담당 특별사법경찰관(리) 인력 32명이 문화체육관광부 제1차관 문화콘텐츠산업실 저작권정책관에 소속되어 있는 저작권보호과로 전격 이전하여 업무를 수행하게 되었다. 2009년 3월 당시에는 기존 32명의 특별사법경찰 전담인력이 33명 그리고 지원인력이 8명으로 대폭 증가하여 총 41명에 달했다.[72] 그러나 이러한 저작권 특별사법경찰 인력은 2015년 말 기준으로 10여명이나 감소하여 31명 정도만을 유지하고 있다.[73]

저작권보호과에서 활동하는 특별사법경찰들은 세종정부청사의 문화체육관광부에 본부를 두고 산하에 세종사무소, 저작권보호센터, 광주사무소, 대구사무소에서 불법저작권 침해자들을 수사하여 검찰에 송치하고 있다.

한편 문화체육관광부 문화콘텐츠산업실 저작권보호과 특별사법경찰은 아직까지 전문수사관제를 갖추지 못하고 하나의 과체제로 저작권침해사범을 단속하고 있다. 특히 인력의 경우도 총정원이 2013년 35명에서 2014년 32명으로 감소하더니 2015년에는 30명으로 대폭 감소하게 되었다. 모두가 과장 4급에서 7급까지 지명되어 있다. 특별사법경찰리는 한명도 없으며 전원이 특별사법경찰관으로 구성되어 있다는

---

72) 정병하·임정호(한국형사정책연구원), 특별사법경찰 조직의 전문화 방안에 관한 연구, 2009, p. 41.
73) 문화체육관광부 홈페이지(http://www.mcst.go.kr/web/s_about/organ/main/mainOrgan.jsp).

점이 특이하다. 2022년 3월 1일 현재 저작권보호 과장을 비롯해서 총 26명이 특사경 업무를 수행하고 있다.

표 7-69 | 문화체육관광부 저작권보호과 특별사법경찰 총인원(직급별 자료)

직렬구분	연도	총정원	특별사법경찰 현황					
			직급					
			4급이상	5급	6급	7급	8급	9급
저작권보호과	2013	35	1	5	21	8	–	–
	2014	32	1	5	19	7	–	–
	2015	30	1	6	19	4	–	–

출처: 문화체육관광부 저작권보호과, 정보공개청구자료(2016. 1).

문화체육관광부 저작권보호과 특별사법경찰의 인력은 2015년 30명에서 2022년 2월 현재 26명을 보여준다. 이는 4명 정도가 감소했음을 보여준다.

표 7-70 | 저작권보호과 특별사법경찰의 인력(2020~2022년)

(단위: 명)

연 도	인력수
2020	총 27명
2021	총 27명
2022(2월 현재)	총 26명

출처: 문화체육관광부 저작권보호과에 의뢰한 정보공개 자료(2022. 2).

2) 저작권보호과 특별사법경찰의 예산

문화체육관광부 저작권보호과 특별사법경찰의 예산은 8억 4,100만원에 달했다. 다행히 예산의 경우는 특별사법경찰의 인원이 35명에서 매년 약간씩 감소하였는데도 불구하고 줄어들지 않았음을 볼 수 있다. 예산이 줄어들면 단속활동이 위축될 가능성도 있다.

표 7-71 l 저작권보호과 특별사법경찰의 예산 Ⅰ(2013～2015년)

(단위: 백만원)

연 도	예산액	기 타
2013	841	
2014	841	
2015	841	

출처: 문화체육관광부 저작권보호과, 정보공개청구자료(2016. 1).

저작권보호과 특별사법경찰의 예산액은 2015년 8억 4,100만원에서 2021년 9억 2,300만원으로 증가했다가 2022년에 다시 8억 1,000만원으로 감소하였다.

표 7-72 l 저작권보호과 특별사법경찰의 예산 Ⅱ(2020～2022년)

(단위: 백만원)

연 도	예산액
2020	833
2021	923
2022	810

출처: 문화체육관광부 저작권보호과에 의뢰한 정보공개 자료(2022. 2).

3) 저작권보호과 특별사법경찰의 주요업무

이들 저작권 특별사법경찰들은 「사법경찰관리의 직무를 수행할 자와 그 직무범위에 관한 법률」 제6조 제23호에 법적근거를 두고 컴퓨터프로그램보호법, 저작권법에 따른 침해사범에 대한 단속업무를 수행하고 있다.

한편 문화체육관광부의 저작권보호과 특별사법경찰들의 주요업무는 다음과 같다.74)

---

① 저작권 보호를 위한 종합계획의 수립 및 시행
② 불법 복제물(불법 컴퓨터프로그램을 포함하며, 이하 이 항에서 같다) 단속에 관한 사항

---

74) 문화체육관광부 홈페이지(http://www.mcst.go.kr/web/s_about/organ/main/mainOrgan.jsp: 검색일: 2022. 3. 1).

③ 저작권의 특별사법경찰권 수행에 관한 사항

④ 불법 복제물 유통실태 조사 및 연구 등에 관한 사항

⑤ 특수한 유형의 온라인서비스제공자 고시 및 과태료 부과에 관한 사항

⑥ 불법 복제물의 수거·폐기·삭제 업무 및 그 업무의 위탁에 관한 사항

⑦ 정보통신망을 통한 불법 복제물 등의 삭제 명령, 전송 중단 명령 및 과태료 부과 등에 관한 사항

⑧ 저작권 보호 및 불법복제 방지기술 개발 지원 등에 관한 사항

⑨ 이용자 보호를 위한 건전한 저작물(컴퓨터프로그램저작물을 포함한다) 이용환경 조성에 관한 사항

⑩ 한국저작권보호원과 관련된 업무

출처: 문화체육관광부 홈페이지: https://www.mcst.go.kr/kor/s_about/organ/staff/staffGuide01.jsp?pDeptCode=0731000000&pTeamCD=1371755.

4) 저작권보호과 특별사법경찰의 직무교육 참여

문화체육관광부 저작권보호과 특별사법경찰이 각종 직무교육에 참여한 현황을 살펴보면 다음과 같다. 주로 법무연수원의 특별사법경찰 교육센터에서 제공하는 사이버교육센터의 동영상 프로그램에 참여하고 있다.

표 7-73 | 저작권보호과 특별사법경찰관(리)들의 직무교육 참여 현황

연도	합계	법무연수원 특별사법경찰 교육참여자 수	참여 시간수	법무연수원 사이버교육 참여자 수	참여 시간수
2013	8	8	287시간	–	–
2014	14	4	174시간	10명	470시간
2015	10	5	280시간	5명	235시간

출처: 문화체육관광부 저작권보호과, 행정정보공개청구자료(2016. 1).

저작권보호과 특별사법경찰관(리)들의 직무교육은 역시 타 기관의 특별사법경찰들처럼 2020년 1월 발생한 코로나19로 인해 법무연수원에서 제공하는 특사경 동영상 직무교육 프로그램을 활용하는데 그친 것으로 나타났다. 향후 코로나19가 사라지면 특사경의 직무교육도 2020년 이전처럼 활발하게 활성화될 것으로 기대된다.

5) 저작권보호 관련 실제 적발 사례

• 사례 A: 유명 캐릭터 불법복제물

문화체육관광부 저작권보호과 소속의 특별사법경찰관(리)들은 저작권보호센터[75]와 합동으로 2016년 초 경기도 화성시 소재 창고에 대한 압수수색을 진행하여 스타워즈, 아이언맨, 키마, 슈퍼히어로, 판타스틱 등 유명 캐릭터 불법복제물 18,315점(시가 약 2억원 상당)을 압수하고 운영자 A씨(45세)를 불구속 입건하였다. 불법 복제 캐릭터 대규모 유통업자를 적발한 사례인데,[76] 이러한 불법복제로 인해 원래 소프트웨어 저작자와 회사는 이러한 저작권 침해로 인해 엄청난 재산상의 손실을 가져오게 되고 자유시장경제 원리가 깨지게 되므로, 이를 철저히 단속해야 한다.

오늘날 급속한 정보통신의 발달로 인해 불법복제물들이 범람하면서 저작권 보호에 비상이 걸렸으며, 이러한 불법행위들을 막아야 하는 특별사법경찰의 단속활동은 더욱 중요시 되고 있다.

문체부 저작권보호과 소속의 특별사법경찰은 향후 불법 복제의 대상이 서적과 음원에서 캐릭터로 확대되고 그 종류도 다양해지고 있기 때문에 불법 복제물을 대규모로 생산·수입·유통하거나 인터넷을 통해 불법 복제물을 상습적으로 판매하는

그림 7-15 | 유명 캐릭터 불법복제물의 사례

출처: 문화체육관광부 저작권보호과 특별사법경찰의 발표자료(2016. 2).

---

75) (사단법인)저작권보호센터는 디지털 기술의 발달과 저작물 이용환경의 변화에 대응하여 효과적인 저작권보호체계를 구축하고 건전한 저작권 이용문화를 조성하여 문화산업 발전의 기반을 마련하기 위해 설치되었다(http://www.cleancopyright.or.kr/introduce/greeting.php).

76) 문화체육관광부 저작권보호과 발표(폴리뉴스, http://www.polinews.co.kr/news).

행위들도 집중적으로 단속한다는 계획을 세우고 있다. 또한 대학가의 불법 서적복제 행위도 문체부 특별사법경찰의 중요한 단속대상이 된다. 대학에서 사용하는 전공서적을 통째로 복사하여 제본해 주고 수익을 올리는 복사 가게들이 존재하고 있는데 이것이 음성적으로 이루어지고 있어서 지속적인 단속이 필요하다.

• 사례 B: 대학가에서 3만원 전공서적이 1만 5천원에 불법복제

문화체육관광부 저작권보호과의 저작권침해 단속 사례에서 전공서적을 복사기업자가 절반가격에 완본으로 복제해 주는 불법행위를 적발하기도 했다. 특히 남의 3만원 짜리 전공서적을 1쪽당 35원(스프링 비용 3,300원 포함)에 전체를 제본해 1만5천원에 판매한다는 것이다. 주로 대학교 주변 복사기 업자에게서 벌어지는 사례들이다. 학생들과 복사기 업자들 간 결탁의 불법행위들이다. 2020년 한국저작권보호원이 발행한 저작권보호연차보고서에 따르면 대학생 58.4%가 불법복제를 이용했다고 조사되었다. 그 이유는 구매비용의 부담때문이라고 응답했다는 것이다. 이러한 문제의 해결을 위해 문체부와 한국저작권보호원이 해마다 단속에 나서지만 워낙 은밀하게 이루어지고 있어서 쉽지 않다는 것이다. 문체부 저작권보호과가 단속을 벌여 지난 2014년 460건에서 2019년 254건으로 무려 44.7% 감소되었다고 발표되었다. 특히 남의 저서를 PDF파일로 만들어 불법으로 판매하기도 한다. 대학의 신입생을 상대로 불법복제에 대한 주의교육이나 공동구매 방법 등을 알리는 것도 하나의 대책이 될 수 있을 것이다. 문체부 저작권보호과 특별사법경찰은 더욱 철저하게 단속에 나서주어야 하는데, 저서는 저자의 창작물이기 때문에 저작권이 철저히 보호되어야 하기 때문이다.[77]

6) 저작권보호과 특별사법경찰의 범죄 입건 수치와 적발건수 등

문화체육관광부 저작권보호과 특별사법경찰이 지난 과거 3년간 적발한 행정범의 총건수는 2013년 1,192명이었고 다음 해인 2014년에는 상당히 많은 적발건수를 기록했다. 그 인원이 총 2,136명에 달했다. 이러한 수치는 무려 944명이나 증가한 수치다. 그리고 2015년의 경우는 다시 과반수로 줄어들어 1,093명을 보여주었다.[78]

---

77) 경기일보, 2022. 3. 8일자, p. 6.
78) 문화체육관광부 저작권보호과는 행정정보공개 답변에서 검찰에 송치된 건수는 입건 건수와 동일하며, 수사관련 상세내용은 수사 자료로서 공개할 수 없음을 밝히고 있다.

표 7-74 | 저작권보호과의 적발건수와 처리실적 현황

연 도	적발 건수	송치 실적	기 타
2013	1,192	1,192명	
2014	2,136	2,136명	
2015	1,093	1,093명	

출처: 문화체육관광부 저작권보호과, 정보공개청구자료(2016. 1).

저작권 특별사법경찰의 적발건수도는 2019년 762건, 2020년 966건 그리고 2021년 329건을 보여주었다. 이 적발 건수는 2013년~2015년에 비해 상당히 줄어들은 것으로 나타났다.

표 7-75 | 저작권 특별사법경찰의 적발건수(2019~2021)

(단위: 건)

연 도	단속실적
2019	762
2020	366
2021	329

출처: 문화체육관광부 저작권보호과에 의뢰한 정보공개 자료(2022. 2).

12. 금융감독원과 금융위원회의 자본시장특별사법경찰

1) 자본시장특별사법경찰의 조직과 수사인력

2019년 7월 우여곡절 끝에 국회에서 법적 권한을 부여받아 민간특수법인 금융감독원에 자본시장특별사법경찰조직이 창설되었다. 금융감독원은 국가기관은 아니고 민간특수법인이다. 금융감독원을 관리하는 국가기관인 금융위원회 위원장의 지명 추천에 의해 서울남부지검 검사장의 지명에 따라 자본시장특별사법경찰이 오랜 노력 끝에 창설된 것이다.

2019년 창설과 함께 금융감독원 부원장 산하에 자본시장특별사법경찰 실장이 특별사법경찰조직을 이끌고 있다. 자본시장특별사법경찰의 주요 업무는 자본시장 불공정거래 사건에 대한 수사를 집중적으로 수행하고 있다. 실장 밑에 2개의 팀이 운영되며 수사1팀의 담당업무는 불공정거래 수사, 수사기획 및 총괄, 불공정거래 수사 및 총괄, 불공정거래 수사, 총무 업무를 팀장 포함 5명이 담당하고 있다. 그리고 수사2팀에서는 팀장 포함 6명의 수사관이 불공정거래 수사 업무를 담당하고 있다.[79]

그동안 금융감독원에는 자본시장에서 범죄가 발생할 경우 조사권만 보유하고 수사권이 없었던 관계로 신속하게 범죄에 개입하여 증거를 확보하는 기회를 놓치는 경우가 비일비재했다. 금융시장을 교란시키는 범죄자들을 신속하게 수사, 체포, 구속으로 이어지도록 자본시장특별사법경찰제 도입이 시급했다. 마침내 2019년 7월 특별사법경찰제 도입의 결실을 보게 된 것이다. 그 결심을 보기에는 시급성에도 불구하고 법적 절차 때문에 수년간의 시간이 소요되었다.

그림 7-16 | 금융감독원 자본시장특별사법경찰의 조직도

* 자본시장특별사법경찰은 자본시장·회계 담당 부원장 직속으로 배치

출처: 금융감독원 홈페이지, https://www.fss.or.kr/fss/intrcn/deptGuid/list.do?menuNo=200245 (검색일: 2022. 3. 1).

---

79) 신현기, "금융감독원 특별사법경찰제도 운용 방안", 「금융감독연구」, 제6권 제1호, 2019, p. 200.

　　자본시장특별사법경찰은 검사의 지휘를 받아 자본시장법에 규정된 범죄를 수사하고 관계기관인 금융위원회, 금융감독원, 법무부, 검찰과 협의로 증권선물위원회 위원장이 패스트트렉으로 검찰에 이첩한 사건 중에서 검사가 지휘하는 사건을 수사하게 되었다.[80] 자본시장특별사법경찰은 금융불공정 거래 행위에 대응하고자 금융감독원 직원을 특별사법경찰관으로 지명하고 자본시장법에 규정된 범죄를 수사하도록 일명 사법경찰직무법 제7조의3 개정(2015. 8. 11 시행)에 따른 것이다. 이에 따라 금융감독원은 2019년 7월 17일 금융감독원 자본시장 담당 부원장 산하에 이른바 자본시장특별사법경찰 전담실을 설치하여 출범한 것이다. 책임자를 실장으로 명명했다.

2) 자본시장특별사법경찰의 수사실적과 향후 조직의 변화

(1) 자본시장특별사법경찰의 수사실적

　　2019년 7월 출범부터 금융감독원 본원 특별사법경찰은 총 11건의 불공정거래 사건을 수사종결하였다. 이 중에서 4건을 검찰에 기소의견을 달아 송치하였다. 이 밖에도 7건에 대해 불기소 5건 그리고 2건을 기소중지의견으로 검찰에 송치하였다.

표 7-76 | 자본시장특별사법경찰의 수사종결 성과(2019. 7~2021. 12)

(단위: 건)

수사종결	기소의견 검찰송치	불기소	기소중지
11	4	5	2

출처: 금융감독원 자본시장특별사법경찰의 내부자료(2021. 12. 27).

　　금융감독원 직원들이 민간인 신분을 가진 특수법인이라는 우려와 제약 및 한계에도 불구하고 처음으로 시도된 자본시장특별사법경찰제 도입에서 소기의 성과가 있었다는 점은 고무적이다. 대표적인 성과는 증권사 애널리스트 부정거래 사건 수사와 대법원의 유죄판결 그리고 리서치센터장 부정거래 사건 구속수사와 유죄판결(2심) 등을 들 수 있다.

　　한편 특법사법경찰 조직과는 별개로 금감원은 2021년 상반기에 불공정거래 등에 대한 금융범죄 사건 76건을 접수하였다. 이는 2020년 같은 기간의 93건보다 18.3%

---

80) 금융감독원/서울남부지방검찰청 보도자료, 2020. 10. 29일자.

감소한 수치에 해당한다. 내용별로 들여다보면 한국거래소가 통보한 사건이 53건에서 46건으로, 그리고 자체인지가 40건에서 30건으로 각각 감소한 것으로 나타났다. 이에 대한 처리 사건은 45건이다. 이는 지난해 상반기와 같은 수치이다. 검찰에 고발·통보한 것은 31건에서 28건으로 줄어들었다. 이에 반해 과징금·과태료·경고·무혐의 건수는 14건에서 무려 17건으로 증가하였다.[81]

(2) 자본시장특별사법경찰제 시행에서 미흡했던 점

이번 금감원 자본시장특별사법경찰제 시행에서 미흡했던 점은 다음과 같다. 즉 자본시장법 시스템에 따라서 금융위원회 증권선물위원회 업무를 위탁받아 수행하는 금감원을 중심으로 특사경을 운영하였다. 이 결과 일정 한계가 발견되었는데, 예를 들어 조사공무원(공무수탁 민간인 포함)의 전문성을 활용한 효율적이며 신속한 수사를 구현하는데 다소 미흡한 부분이 발견되었다. 특히 인원의 경우 금융감독원 본원 내 수사인원은 단지 10명으로 극히 제한되었다는 점이다. 특히 직무범위는 증권선물위원회 위원장이 사건 발생 후 이것을 검찰에 이첩한 긴급조치(Fast-Track)사건 중에서 검사가 지휘하여 배정한 사건에 대한 수사담당으로 한다고 되어 있다. 즉 이 범위에 국한하여 금감원 자본시장특별사법경찰은 업무를 수행하므로 극히 제한적이다. 따라서 개선방안으로 자본시장특사경의 직무범위와 규모를 적극 확대하고 관리를 효율화하여 불공정거래에 대한 대응역량을 강화할 필요가 있다. 이것은 매우 중요한 과제이다.

3) 자본시장특별사법경찰의 향후 조직의 변화

(1) 자본시장특별사법경찰 개편방안

자본시장특별사법경찰은 2018년 하반기에 이른바 불공정거래수사 사건의 적체해소 등을 위하여 금융위원회, 법무부, 대검찰청, 금융감독원 등 관계 기관들이 밀접한 협의를 거쳐 이루어낸 수사기관으로서 2019년 7월 금융위원회 직원 1명, 금융감독원 직원 15명 등 총 16명으로 발족했다. 물론 국회에서 법적 권한을 부여한 것이다.

2021년 12월 27일 금융위원회는 개편방안으로서 금융위원회 공무원 및 금융감독원 직원의 특사경 지명을 확대하고 특사경의 직무범위를 자본시장 불공정거래 사건

---

81) 유희곤 기자, 경향신문, "금감원 특사경 2배로 늘린다…인지수사도 가능해질 듯", 2021. 12. 21.

전반으로 확대하게 되었다. 특히 이를 통해 특사경 제도 운영의 효율성을 제고하고 검찰(남부지검 금융·증권범죄 수사협력단)과의 협력을 강화하여 자본시장 불공정거래 행위에 보다 적극적으로 대응할 수 있게 되었다.[82]

이번 개편방안을 통해 금융위원회와 금융감독원은 양자가 모두 원원하게 되었다. 금융위원회는 이른바 자본시장조사단(자조단) 내 특별사법경찰 조직을 새로 두게 되었으며 금융감독원은 원했던 대로 자본시장특별사법경찰 인원을 대폭 확대하게 되었다는 점이 특징이다. 특히 금융위원회 특별사법경찰 7명(금융위원회 3명, 금융감독원 4명)에게 자체적으로 금융 관련 사건을 인지한 후 수사할 수 있는 인지수사권을 부여하였다.[83]

가. 자본시장특별사법경찰의 규모 확대

자본시장의 불공정거래행위를 수사하는 자본시장특별사법경찰은 2019년 7월 창설시부터 16명(금융위원회 1명, 금융감독원 15명)으로 운영되어 왔는데 2022년 새해부터는 31명(금융위원회 5명, 금융감독원 26명)으로 증원하기로 했다. 그 규모가 무려 2배로 늘어나는 것이다. 무엇보다 이전과는 달리 향후 자본시장특별사법경찰의 업무 범위가 자체적으로 판단한 사건으로까지도 대폭 확대해 그 기능을 더한층 강화하게 되었다. 자본시장특별사법경찰 전반(총 31명, 검찰파견 9명 포함)에 대한 관리·지원 업무 및 특정사건의 수사업무를 수행하게 되었다.

표 7-77 | 자본시장특별사법경찰의 인력현황

	현재 16명		개편안 31명
금융위원회	–	➡	7명(금융위원회 3, 금융감독원 4)
금융감독원	10명		15명
서울남부지검	6명(금융위원회 1, 금융감독원 5)		9명(금융위원회 2, 금융감독원 7)

출처: 정혜윤 기자, 머니투데이, '인지수사'로 한판 했던 금융위·금감원…금융위 특사경 신설로 '원원', 2021. 12. 29.

---

82) https://fsc.go.kr/no010101/77140(검색일: 2022. 3. 1).
83) https://fsc.go.kr/no010101/77140(검색일: 2022. 3. 1).

① 금융위원회 자본시장조사단

이번 개편안에 따라서 2022년 1월부터 금융위원회 자본시장조사단에 자본시장특별사법경찰 조직이 새로 신설되게 되었다. 즉 금융감독원에 이어서 추가로 금융위원회도 7명으로 직접 특별사법경찰제를 운영하게 된 것이다. 특사경으로 지명된 금융위원회 공무원 3명 및 금융감독원 직원 4명이 금융위원회 자본시장조사단에 새로 배치된다. 서울남부지방검찰청에 파견하는 인원도 6명에서 9명(금융위 2명, 금감원 7명)으로 늘어나게 되었다.

금융위원회는 2022년 1월부터 자본시장특별사법경찰 집무규칙(금융위 고시)을 제정해야 한다. 여기서 세부절차를 마련한다. 이를 완성하기 위해 금융위원회 공무원과 금융감독원 자본시장특별사법경찰로 이루어진 이른바 금융위원회 자본시장특별사법경찰 설립 준비 태스크포스(TF)를 설치해 운영한다.[84]

② 금융감독원 본원

현재 10명의 자본시장특별사법경찰에서 15명으로 증원하여 금융감독원 내부의 수사전담인력을 보강하게 되었다. 이에 대한 근거법규는 「사법경찰관리의 직무를 수행할 자와 그 직무범위에 관한 법률」(사법경찰직무법) 제5조와 제6조 및 제7조의3이다.

나. 자본시장특사경 직무범위 확대

기존 금융감독원 자본시장특별사법경찰 직무범위인 Fast-Track 사건[85] 외에 증권선물위원회 의결로 고발·통보한 사건 등에 대해서도 검사 지휘하에 자본시장특별사법경찰이 수사업무를 수행하게 되었다. 추가로 거래소 심리자료에 대한 기초조사 또는 금융위원회 특사경 자체 내사 후 수사가 필요하다고 판단하여 증선위원장에게 보고한 사건도 역시 직무범위로 다르게 되는 등 대폭 확대되었다.

---

84) 최이래 기자, 비즈니스워치, "불법행위 뿌리 뽑겠다. 금융위, 특사경 규모, 권한 확 키운다"(2021. 12. 27).

85) 긴급·신속한 수사가 필요하여 증권선물위원회 심의·의결을 거치지 않고 증선위원장 결정으로 검찰에 이첩한 사건을 말한다.

표 7-78 ㅣ 자본시장특별사법경찰의 직무범위

구분	직무범위
현재	Fast-Track 사건 중 검찰이 특사경에 배정한 사건
개편안 (추가)	① 증선위 의결로 검찰 고발·통보한 사건 중 검찰이 특사경에 배정한 사건 ② 거래소 심리자료에 대한 기초조사 또는 금융위 특사경 자체 내사 후 수사가 　 필요하다고 판단하여 증선위원장에게 보고한 사건

출처: https://fsc.go.kr/no010101/77140(검색일: 2022. 3. 1).

금융위원회는 2022년 1월 이른바 자본시장특별사법경찰 집무규칙을 제정해 세부업무 절차를 마련했다. 그리고 1분기에 신규로 지명된 금융위원회, 금융감독원 직원을 배치해 수사업무를 수행한다.

다. 남부지검 금융·증권범죄 수사협력단 파견

2021년 현재 파견인력은 총 9명이다. 기존에 6명에서 9명(금융위원회 2명, 금융감독원 7명)으로 늘어나는 것이다. 2021년 9월 1일 금융·증권범죄에 대한 수사역량 강화를 위해 남부지검 금융·증권범죄 수사협력단이 출범하였다.

특히 금융위원회·금융감독원은 남부지검 수사협력단의 원활한 운영을 위해 인력 지원(파견)을 확대하였다(기존 6명 ⇒ 9명). 기존에 금융조사부 6명(금융위 1명, 금감원 5명)이었으며 현재는 수사협력단 6명(금융위 2명, 금감원 4명) 그리고 금융조사

그림 7-17 ㅣ 자본시장특사경의 개편방안에 따른 모형

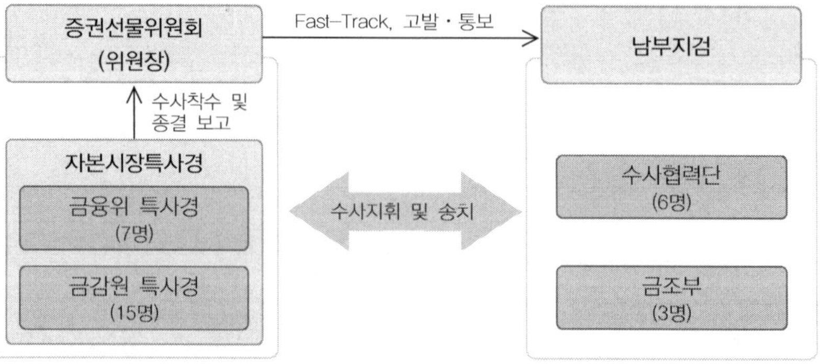

출처: https://fsc.go.kr/no010101/77140(검색일: 2022. 3. 1).

부 3명(금감원 3명) 등이다. 그리고 서울남부지검에 파견된 특사경은 검사의 직접적인 수사지휘 하에 불공정거래 사건의 수사업무를 수행해 오고 있다.

한편 이번 개편방안에 따라서 금융위원회(자조단)에서 자본시장특별사법경찰 전반(금융위, 금감원, 남부지검 총 31명)에 대한 관리·지원 및 특정사건의 수사업무를 수행하게 된다.

〈표 7-79〉와 같이 인력증원은 현재 16명에서 향후 2022년부터 총 31명으로 대폭 증원된다. 그동안 자본시장특별사법경찰은 금융감독원 위주로 운영해 왔는데, 이번에 금융위원회도 직접 특별사법경찰을 7명(금융위 3, 금감원 4)으로 운영하기로 했다. 금융위원회 자본시장특별사법경찰은 총 7명으로 운영하되 자체 3명과 금융감독원에서 4명을 파견받게 되었다. 금융감독원은 기존의 10명(서울남부지검 파견자 포함 16명)에서 15명으로 증원되어 조직을 키우는데 성공했다. 서울남부지검에도 2021년에 6명(금융위 1, 금감원 5)이 파견되었었지만 2022년부터는 9명(금융위 2, 금감원 7)으로 3명이 증가하였다. 2022년부터는 자본시장특별사법경찰이 대폭 증원된 만큼 많은 기대효과가 기대된다.

표 7-79 | 자본시장특별사법경찰의 향후 인력증원 확대(2022년 시행)

	2021년 개편 전		2022년 개편 후
금융위원회	금융위특사경 0명	⇒	금융위 3명과 금감원 4명 증원
금융감독원	금감원특사경 10명		금감원특사경 15명 증원
서울남부지검	서울남부지검특사경 6명		금융위 2명과 금감원 7명 증원

출처: 금융위원회·금융감독원 보도자료, 2021년 12월 28일.

4) 향후 추진계획

위와 같은 양적인 변화에 따라 2022년 1월 「자본시장특사경 집무규칙」(금융위 고시)을 제정하여 세부 업무절차를 마련하기로 했다. 신규 지명된 자본시장특사경을 금융위원회 자본시장조사단 및 금융감독원 특사경실에 배치하여 본격적으로 수사업무를 수행하기로 했다.

그리고 2022. 1분기에는 다음과 같이 '금융위원회 자본시장특사경 설립 준비TF'를 설치·운영하게 되었다. 이는 2022년 1월 금융위원회 공무원, 금융감독원 특사경 등으로 구성되었다. 특히 자본시장특별사법경찰의 확대와는 별도로 금감원 조사인력의 증원(3명)도 병행함으로써 불공정거래에 대한 조사역량도 확충하기로 했다.86)

13. 산림청 산림특별사법경찰

1) 산림청 산림특별사법경찰의 조직

산림청(본청)은 청장 산하 차장이 있고 그 아래에 2관(기획조정관, 국제산림협력관), 3국(산림산업정책국, 산림복지국, 산림보호국) 25과 3팀으로 구성되어 있다. 7개의 소속기관이 있으며 지방산림청이 5개가 있다.

그림 7-18 | 산림청(본청) 조직도(2022년)

출처: 산림청 홈페이지, https://www.forest.go.kr/kfsweb/kfi/kfs/cms/cmsView.do?mn=NKFS_01_02_01&cmsId=FC_000091(2022. 2. 20).

산림청 산하에는 5개의 지방산림청이 있는데, 바로 북부지방산림청, 동부지방산림청, 남부지방산림청, 중부지방산림청, 서부지방산림청이 바로 그것이다. 여기서는

---

86) https://fsc.go.kr/no010101/77140(검색일: 2022. 3. 1).

북부지방산림청을 예로 소개한다. 북부지방산림청은 춘천, 홍천, 서울, 수원, 인제, 민북지역을 관할구역으로 한다.

산림특별사법경찰은 산림청에는 없으며 5개 지방산림청 중에서도 북부지방산림청의 경우 산림재해안전과장을 포함하여 5명의 산림사범수사 주무관들이 근무하고 있다.

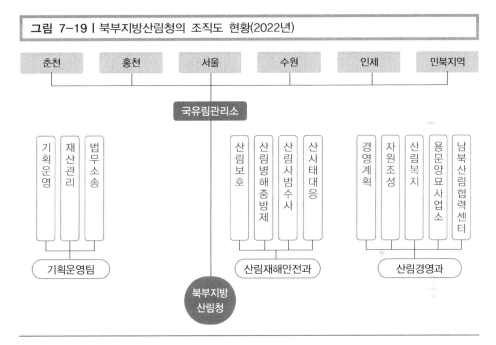

그림 7-19 | 북부지방산림청의 조직도 현황(2022년)

출처: 산림청 홈페이지, https://north.forest.go.kr/kfsweb/kfi/kfs/cms/cmsView.do?mn=UNRT_02_01&cmsId=FC_002175(2022. 2. 20).

2) 산림청 산림특별사법경찰의 발족

(1) 산림청 중앙산림특별사법경찰단 발대식

산림청(청장 신원섭)은 '산림특별사법경찰단' 발대식(2013.10.30. 11시 산림청 대회의실)을 개최했다. 불법 산림훼손과 소나무재선충병 감염목 이동을 집중 단속할 계획이라는 입장을 내놓았다. 각 지역의 관할 검사장의 지명을 받은 행정직 일반공무원들로 구성된 산림특별사법경찰들은, 예를 들어 불법산림형질변경, 무허가 벌채, 임산물 채취 등 각종 산림범죄 수사를 담당해 나왔다. 이들은 그동안 연평균 약 2,400건에서 2,500건 정도의 불법행위를 적발해 왔었는데, 이것을 보다 전문적이고 효율적으로 관리하기 위해 산림청 중앙산림특별사법경찰단이 발족하게 된 것이다.87)

산림특별사법경찰단 조직은 산림청에 중앙산림특별사법경찰단을 둔다. 그 산하에 총5개 지방산림청에 각 지역 광역산림특별사법경찰단을 설치·운영하게 되었다. 각 지역 광역산림특별사법경찰단은 지방산림청에 기획팀을 두고, 소속 국유림관리소와 지역경영팀에 현장 수사를 전담하는 지역 수사팀으로 조직되었다.88)

그림 7-20 | 산림청 중앙산림특별사법경찰단 발대식 장면

출처: https://blog.naver.com/dksrudghk423/(검색일: 2022. 3. 1).

산림청에서는 산림범죄를 단속을 전담하는 산림청 소속 산림특별사법경찰단을 창설하여 산림행정 범죄에 대해 체계적인 대응을 해 나가게 되었다.

(2) 동부지방산림청 광역산림특별사법경찰단 발대식

2013년 11월 8일 산림청 동부지방산림청 광역산림특별사법경찰단이 발족했다. 산림특별사법경찰들은 불법산림형질변경, 무허가벌채, 임산물 불법채취 등 각종 산림범죄의 수사를 관할해 왔으며 2012년에는 동부청 관할구역에서 89,700㎡의 불법행위를 적발하여 처리했다.

---

87) 산림청, 산림특별사법경찰단 발대식 개최!, 작성자: 환경을 사랑하자: 산림청에서는 산림범죄를 단속을 전담하는 산림청 소속 산림특별사법경찰단을 구성, 체계적인 대응을 해 나가기로 하였다.
88) 대한민국 정책브리핑(www.korea.kr) 참조.

동부청은 산림내 주요 불법행위를 근절하고 임산물 불법채취, 불법산림형질변경, 무단입산 등 시기별로 발생되는 주요 불법행위를 집중단속하기 위해 테마 기동단속 계획을 수립·시행할 방침이다.

그림 7-21 | 동부지방산림청 광역산림특별사법경찰단

출처: 동부지방산림청. 광역산림특별사법경찰단 발대식 개최. 작성자: 환경을 사랑하자: https://blog. naver.com/dksrudghk423/100199465478.

(3) 북부지방산림청 광역산림특별사법경찰단 발대식

2013년 11월 8일 북부지방산림청(청장 최준석)은 산림공무원으로 구성된 북부지역 광역산림특별사법경찰단 발대식을 가졌다. 우선 불법 산림훼손과 소나무 재선충병 감염목 이동을 예방하는 데 집중단속할 계획이다.[89]

산림특별사법경찰단은 산림 내에서 발생하는 불법 산림형질변경, 무허가 벌채, 불법 임산물 채취 등 산림범죄에 대한 수사를 펼친다. 북부지방산림청 관계자는 관내 국유림에서 매년 약 36건의 불법행위를 적발하고 있다고 밝혔다.

3) 산림청 산림특별사법경찰의 인력

산림청 산하 산림특별사법경찰이란 산림분야의 범죄행위를 수사하는 경찰이다. 지자체 및 산림청 산하 기관에 근무하는 산림보호 담당자 중 특별사법경찰 지명을

---

89) 산림청. 불법산림훼손, 광역산림특별사법경찰단이 막는다. 대한민국 정책브리핑(www.korea.kr): https://www.korea.kr/news/pressReleaseView.do?newsId(검색일: 2022. 3. 1).

받은 행정공무원을 의미한다.90) 산림청 산림특별사법경찰은 불법산지전용·무허가
벌채·임산물 불법채취 등의 산림 내 위법행위를 단속하는데 2018년 7월 기준 전국
에서 1,315명(지자체 1,089명, 산림청 226명)이 동원되어 활동했다.91) 이러한 단속활동
은 2019년 6월에도 이루어졌다. 즉 불법산지전용·무허가벌채·임산물 불법채취 등
의 산림 내 위법행위를 단속하는 산림특별사법경찰은 전국에서 1,303명(지자체 1,078
명, 산림청 225명)이 활동했다.92)

한편 산림청의 특별사법경찰의 인력에 대해 살펴보면 다음과 같이 2022년 2월 현
재 205명이다. 지자체 인력까지 단속에 동원되기도 한다. 산림청의 특별사법경찰 인
력은 2013년 출범 당시에는 225명이었으나 2022년 2월 현재는 205명으로 약 20여
명이 감소한 것으로 나타났다.

표 7-80 | 산림청의 순수 특별사법경찰의 인력 수(2021. 12. 31 기준)

(단위: 명)

구 분	2019년	2020년	2021년	2022년
인력 수	–	218	205	205

출처: 산림청, 정보공개에 따른 내부자료(2022. 3. 1).

4) 산림청 산림특별사법경찰의 직무 범위

산림특별사법경찰은 산림분야 직무와 불법행위 수사 등 사법경찰의 전문성을 동
시에 필요로 한다.

5) 산림청 산림특별사법경찰의 직무 교육

산림특별사법경찰은 산림분야 직무와 불법행위 관련 수사를 비롯해 사법경찰의
전문성을 동시에 필요로 한다. 이들은 매년 신임 지명 특별사법경찰 직무자들에게

---

90) 산림청은 2015년 7월1일부터 8월 31일까지를 산림사법 특별대책기간으로 정하고, 전국 지방자치
단체와 지방산림청 등 25개 기관의 산림특별사법경찰 1200명을 투입해 불법행위 등을 집중단속
하기도 했다.
91) 강다정 기자, 환경일보(http://www.hkbs.co.kr), 2018. 7. 1.
92) 읽는 산림청/E-숲 news 2019. 6. 13/ https://blog.daum.net/kfs4079/17214374(검색일: 2022.
2. 20); 박민준 기자, 경기뉴스통신, 산림청, 특별사법경찰 역량강화 교육으로 전문성 높인다
(2018.07.02. 06)/http://www.kyungginews.com/news/article.html?(검색일: 2022. 2. 20).

자체실무교육과 법무부 법무연수원에서 제공하는 특사경 교육을 통해 전문성을 제고하고 있다.93)

6) 산림청 산림특별사법경찰의 단속 실적

산림청(청장 최병암)은 2021년 3월 25일부터 5월 31일까지 인천·경기 일원 산림 내 불법행위를 집중 단속한 결과, 총 184건을 적발해 그중 160건에 대한 사법처리를 진행 중이라고 21일 밝혔다.

인천시, 경기도와 함께한 이번 집중 단속은 불법행위로 인한 산지 난개발을 예방함과 동시에 부동산 개발을 목적으로 산림 내에서 자행되는 불법행위를 엄단하고자 추진됐다.

적발 건 중 「산지관리법」 위반이 97%(적발 179건, 사법처리 157건)로 가장 많았고, 현행범 성격인 무단벌채 등 「산림자원의 조성 및 관리에 관한 법률」 위반은 3%(적발 5건, 사법처리 3건)에 그쳤다.

산림청은 허가면적 초과, 산지 전용 연접지 형질변경, 무단전용 등 157건에 대해서는 선처 없이 사법처리를 진행하고, 간단한 물건 적치 등 경미한 사안 22건에 대해서는 훈방 조치했다. 또한, 적발지에 대해서는 산사태 등 산림재해 예방 등을 위해 즉시 원상복구 명령하고, 조기에 복구가 완료되도록 점검 중이다.

아울러 이미 사건처리 등이 이루어진 산림을 재점검해 미복구된 19건에 대해서는 추가 복구 명령을 내렸다. 이와 함께 2021년 7월 1일부터 8월 31일까지 여름철 '산림 사법 특별대책 기간'을 운영, 산림유전자원 보호구역 등 산림 보호구역 집중단속과 더불어 계곡 내 불법 시설물 등을 중점 단속할 계획이다.

한편 현재 산림청 누리집에서는 국민이 직접 설계하고 실시하는 '산림 보호 한 걸음, 푸른 숲의 밑거름' 온라인 캠페인이 진행 중이다.

김용관 산림보호국장은 "산림은 우리가 모두 가꾸어야 할 미래 자산"이라며 "산림생태계 건강성 및 안전한 생활환경 확보를 위해 산림 보호 활동에 국민의 자발적인 참여를 당부한다"고 말했다.94)

---

93) 강다정 기자, 환경일보(http://www.hkbs.co.kr), 2018. 7. 1.
94) 김원준 기자, 파이낸셜뉴스 입력 2021.06.21., "인천·경기 일원 산림 내 불법행위 집중 단속", https://www.fnnews.com/news/202106211328326064(검색일: 2022. 2. 20).

표 7-81 | 산림청 특별사법경찰의 단속실적(2022. 2. 28 현재)

(단위: 건)

구 분	2019년	2020년	2021년	2022년
단속실적	490	521	458	–

출처: 산림청, 내부자료, 정보공개신청에 의해 받음(2022. 2).

7) 산림청 특별사법경찰의 운영 예산

산림청 특별사법경찰의 운영 예산은 2020~2021년에 5억 3,200만원이었으나 2022년에는 5억 4,700만원으로 1,500만원 가량 다소 증가하였다.

표 7-82 | 산림청 특별사법경찰의 운영 예산(2022. 2. 28 현재)

(단위: 백만원)

구 분	2019년	2020년	2021년	2022년
예산	–	532	532	547

출처: 산림청, 내부자료, 정보공개자료(2022. 2).

┌─│제2절│──────────────────────────
└─≫ **지방자치단체 소속의 특별사법경찰**

1. 우리나라 지방자치단체의 특별사법경찰제도

일반적으로 행정벌칙을 적용하는 사건들은 대부분 경찰관서들이 행정기관으로부터 고발을 접수받아 처리해 왔었다. 경찰측에서 경찰의 고유업무인 치안영역과 질서유지에 전념해야 한다는 이유로 행정고발사건들은 행정기관에 지명되어 있는 특별사법경찰이 스스로 처리하도록 조치를 취하게 되었다.

이러한 사유에 근거하여 법무부는 행정기관에서 특별사법경찰을 운영하는 기관장들의 경우 그 고발사건을 원칙적으로 스스로 검사의 지휘를 받아 수사하도록 2004년 5월 1일 법무부 훈령 제550호로「특별사법경찰관리 집무규칙」을 제정하였다. 이 제정을 통하여 지방자치단체가 식품·환경 등 행정법규 위반사범의 경우 지자체 소속 특별사법경찰이 직접 수사·송치토록 규정하였고 중앙이나 지방자치단체에서도 환경특별사법경찰의 인력을 보강하고 정보나 분석능력을 키워주는 수사전문성 노력에도 더많은 관심을 갖게 되었다.

그 후 대검찰청은 이에 2008년 1월 특별사법경찰 운영팀의 운영규정을 제정하게 되었다. 이에 따라 박근혜 정부에서도 2013~2014년에 걸쳐 17개 광역시·도 모두에 특별사법경찰 전담기구를 설치하는 노력이 활발하게 이루어진 바 있다. 그 기초토대는 2015년 말 기준으로 어느 정도 구축된 것으로 평가된다.

1) 지방자치단체의 특별사법경찰 사무 관련 범위

지방자치단체 특별사법경찰권의 근거를 볼 때, 우리나라 지방자치단체의 경우 특별사법경찰권을 부여받은 법적 근거는 구체적으로 「형사소송법」 제197조에 따라 사법경찰관리의 직무를 수행할 자와 그 직무범위를 규정한 「사법경찰관리의 직무를 수행할 자와 그 직무범위에 관한 법률」의 각 조문에 근거하고 있다고 보면 된다.

사법경찰관직무집행법에 근거하여 각 지방자치단체(시·도, 시·군·구별)에 특별사법경찰권이 배분되고, 이에 대해 각 지방검찰청장은 법적 근거에 의해 부여받은 권한을 수행할 이른바 '특별사법경찰권을 소지·행사할 지방자치단체 공무원'(지방자치단체 특별사법경찰공무원)을 지정하여 행사하고 그 업무성과 등을 보고하도록 의무지우고 있다.

한편 '사무배분' 전체 특별사법경찰 사무 46개 중 지방자치단체 소관은 23개에 달한다. 법령에서 특별사법경찰에게 전속관할(예, 근로감독관)을 부여하지 않는 한, 국가·광역·기초 어디서나 업무범위 내에서 수사가 가능하다. 지방자치단체에 부여된 특별사법경찰권 직무분야를 구분하여 정리하면 〈표 7-83〉과 같다. 이 중에서 제주자치경찰단에는 2006년 7월 1일부터 2016년초 현재까지 17개 사무분야만을 수행할 수 있도록 정해놓고 있고, 향후 육지에 전국적으로 자치경찰제가 확대 실시된다면 전체 23개 분야로 확대될 것으로 전망된다.

표 7-83 | 지방자치단체의 특별사법경찰 사무 23개 분야

연번	직무분야	관련 법률	단속 근거법령	단속권한	단속내용	비고
1	산림보호·국유림경영	제6조 5호	• 산지관리법 제47조, 산림자원의 조성 및 관리에 관한 법률 제67조	시·도지사 시장·군수	산림, 임산물, 임목벌채 등	
2	식품 단속	제6조 6호	• 식품위생법, 건강기능식품에 관한법률, • 보건범죄단속에 관한 특별조치법 중 식품위생 분야	시·도지사 시장·군수	식품위생관리 등	
3	의약품 단속	제6조 7호	• 약사법, 보건범죄단속에 관한 특별조치법 중 약사분야	시·도지사 시장·군수	약국, 의료기관 개설자 의약품판매업자 등 관리	
4	문화재 보호	제6조 11호	• 문화재보호법, 매장문화재보호 및 조사에 관한 법률	시·도지사 시장·군수	문화재 무자격자 수리 등	
5	공원관리	제6조 13호	• 자연공원법, 경범죄처벌법의 형행범	시·도지사 시장·군수	자연공원에서 발생하는 현행범	
6	공중위생 단속	제6조 18호	• 공중위생관리법	시·도지사 시장·군수	위생지도 개선명령 등 위반	
7	환경 단속	제6조 19호	• 대기환경보전법, 유해화학물질관리법, 폐기물관리법 등 31개 법률	시·도지사 시장·군수	환경보전 위반 등	
8	차량운행제한 단속 및 도로시설관리	제6조 21호	• 도로법 제38조, 제45조, 제49조, 제52조, 제58조, 제59조, 제62조, 제64조	시·도지사 시장·군수	과적운행단속, 도로시설물 훼손 등	
9	관광지도사무	제6조 22호	• 관광진흥법	시·도지사 시장·군수	무허가영업, 유기기구 안전성 미검사 등	
10	저작권침해 단속	제6조 23호	• 저작권법 제133조	시·도지사 시장·군수	불법복제물 유통 등	미수행 (추가)
11	청소년보호 업무	제6조 24호	• 청소년보호법	시·도지사 시장·군수	청소년유해업소 고용 위반 등	
12	농수산물원산 지표시 및 인삼·양곡 단속	제6조 25호	• 농산물의원산지표시에 관한 법률, 농수산물품질관리법 등7개 법률	시·도지사 시장·군수	농수산물 원산지 표시 위반 등	
13	대외무역법상 원산지표시 단속	제6조 26호	• 대외무역법 제33조	시·도지사 시장·군수	원산지표시 등 위반	

14	외화획득용 원료·기재수입 및 변경승인	제6조 27호	• 대외무역법 제54조 제2호~제4호, 제57조	시·도지사	목적외 원료수입 등	
15	농약·비료 단속	제6조 28호	• 농약관리법, 비료관리법	시·도지사 시장·군수	불법농약판매 등	
16	하천감시	제6조 29호	• 하천법	시·도지사 시장·군수	불법하천부속물 점용 유사사용, 토지점용 등	
17	개발제한구역 관리	제6조 30호	• 개발제한구역의 지정 및 관리에 관한 특별조치법	시·도지사 시장·군수	개발제한구역내 불법건축물 등	미수행 (추가)
18	가축방역·검역	제6조 31호	• 가축전염병예방법	시·도지사 시장·군수	가축전염병예방	
19	자동차의무이행 관련 단속	제6조 32호	• 자동차손해배상보장법 제7조, 제42조 • 자동차관리법 제72조, 제85조	시장·군수	의무보험 미가입 자동차 무단방치 등	
20	해양환경관련 단속	제6조 34호	• 해양환경관리법, 해양생태계의보전및관리에관한 법률, 공유수면관리법, 등 9개 법률	시·도지사 시장·군수	해양오물투기 등 해양환경관련 단속	미수행 (추가)
21	부정경쟁행위 단속	제6조 35호	• 부정경쟁방지 및 영업비밀보호에관한법률 제2조 제1호, 상표법 제93조	시·도지사 시장·군수	부정경쟁행위, 상표권 침해 단속	미수행 (추가)
22	여객 및 화물 자동차 운수사업자 단속	제6조 36호	• 여객자동차운수사업법, 화물자동차운수사업법	시·도지사 시장·군수	무면허 운수사업, 행위 등 단속	미수행 (추가)
23	품종보호권 침해행위	제6조 39호	• 종자산업법, 식물신품종 보호법	시·도지사 시장·군수	품종보호권·전용 실시권 침해 등	미수행 (추가)

출처: 대통령 소속 지방자치발전위원회 자치경찰기획과(2015. 6).

전국 시·도광역자치단체를 중심으로 특별사법경찰관리의 지위를 부여받은 지방공무원은 2014년 말 현재 총 7,985명에 달하고 있다. 광역·기초단체의 특별사법경찰은 해당 자치단체장의 제청에 의하여 관할 지방검찰청 검사장이 지명해준다. 제주특별자치도의 경우는 도지사 직속 자치경찰단의 특별사법경찰과에서 수행하고 있는데, 법적으로 부여된 것은 17개 사무이다. 그러나 이미 지방자치법적으로 지방자치단체에 23개의 특별사법경찰 사무를 부여해 놓고 있음에도 불구하고 현재 제주특별자치도 자치경찰단의 민생사법경찰관(리)들은 23개 전체 사무를 모두 수행하지 않

고, 지역특성에 맞게 중점분야 5~10개 정도만 선정하여 다루고 있는 정도다.95)

이러한 이유는 인력과 예산이 턱없이 부족한 데 기인하고 있다. 한편 수행기관은 특별사법경찰 사무 중 대부분이 현장의 위법행위 단속과 관련되어 있어, 집행기관인 기초자치단체를 중심으로 수행되고 있는 특징을 보여주고 있다.

2) 지방자치단체의 특별사법경찰제 운영

(1) 지방자치단체의 특별사법경찰 사무수행 조직

자치경찰제에 의한 지방자치단체의 특별사법경찰업무 관련 지정을 보면 우선 제주특별자치도가 2006년 7월부터 자치경찰제를 시행하면서 그동안 지방자치단체가 보유하고 있는 식품위생, 원산지, 공중위생, 환경, 청소년 등 인력부족에도 불구하고 무려 17종의 특별사법경찰사무를 수행하게 된 것이다. 아무튼 그 후 전국의 각 시·도지방자치단체들은 각기 운영규정에 근거하여 각 지방검찰청에서는 지방자치단체의 특별사법경찰 업무에 대한 전담조직을 신설하기 시작하였다.96)

일반행정분야 중심의 지방자치단체 특별사법경찰 관련 활동을 보면 우리나라 광역자치단체 중에서 처음으로 서울특별시와 25개 자치구는 2008년 1월 1일부터 공동합의에 따라 서울시가 10명, 25개 자치구가 파견한 71명 등 총 82명이 서울중앙지방검찰청 검사장으로부터 특별사법경찰로 지명받았으며, 이들은 원산지표시, 청소년보호, 식품위생, 보건, 환경 분야에서 직무를 시작했다.97) 특히 서울특별시의 경우 2015년 하반기까지 특별사법경찰을 4급 과장(서기관급)을 책임자로 독자적인 사법경찰과를 만들어 출범하여 운영 중이다.98) 2016년부터는 단장체제로 개편하고 3급

---

95) 한국자치경찰연구원, 자치경찰의 특별사법경찰 사무수행 범위에 관한 연구, 연구보고서, 2015, p. 19.

96) 2013년 2월에 출범한 박근혜 정부에서는 국정기조를 4대악(성폭력, 가정폭력, 학교폭력, 불량식품)근절에 맞추었고, 이에 따라 행정안전부(2015년 다시 행정자치부로 변경)에서는 17개(세종특별자치시 포함) 시·도 차원(오래전부터 시·군·구에는 특사경이 기존재 했음)에 특별사법경찰 기구를 의무적으로 출범(2008~2013년)시키게 되었다.

97) 서울시의 예를 들어 보면 기존에 존재하던 25개 구청 차원의 특별사법경찰 지명자들이 행정범들을 적발하고도 법률상식 부족 등을 이유로 관할 경찰서 일반사법경찰에 고발하여 처리하는 방식이 보통이었으나 2008년부터는 서울시청 차원에 전문특별사법경찰과가 창설되어 이곳에서 직접 특별사법경찰 업무를 전문적으로 처리하게 되어 시속하며 효과성과 효율성이 높아졌다는 평가가 나타나고 있다. 행정범죄의 적발건수가 이전에 비해 기하급수적으로 증가하고 있음이 그 좋은 증거자료로 평가된다.

98) 그러나 서울시 특별사법경찰의 경우는 2016년부터 특별사법경찰과의 조직을 단장체제로 확대해

단장(과장 2명)을 취임시켰다.

(2) 지방자치단체 특별사법경찰 운영조직의 3가지 유형[99]

지방자치단체 특별사법경찰의 운영조직에서는 통상 다음과 같이 3가지 유형이 운영되고 있다.

첫째, 제주특별자치도의 자치경찰단에 의한 주요 분야 전담기구의 운영체계이다. 제주특별자치도의 특별사법경찰과 다른 시·도 간의 조직 및 기능의 차이를 보면 다음과 같다. 즉 비록 제주특별자치도가 2006년 7월 1일 우리나라 광역자치단체 차원에서 가장 먼저 특별사법경찰과(제주자치경찰단에서는 민생사법경찰과라고 지칭함)를 만들어 전문수사팀을 구축해 업무를 개시하였으나, 이의 출범은 어디까지나 제주특별자치도 자치경찰단 산하의 특별사법경찰부서라는 점이다. 따라서 제주도는 제주 자치경찰단이라는 조직을 통해 자치경찰제를 시행하면서 그 일부의 핵심 과제로 시행한 것이다. 현재 광역자치단체 및 일부 기초자치단체에서 시행하고 있는 지방자치단체 일반행정국 중심의 특별사법경찰의 업무 활동은 자치경찰 활동 영역으로 수행하는 것이 아니라 어디까지나 일반행정공무원이 각 소속 검찰청으로부터 특별사법경찰공무원으로 지명을 받아 특정분야에 대한 특별사법경찰업무를 수행하는 제도인 것이다.[100] 특히 제주특별자치도의 특별사법경찰 사무를 담당하는 기구는 제주특별자치도의 자치경찰단 민생사법경찰과에서 주요 17개 분야를 중심으로 운영하는 유형이다.[101] 마침내 제주자치경찰단 민생사법경찰은 이 17종의 사무를 확대하였다. 즉 2022년 2월 기준 19개로 확대되어 직무를 수행하고 있다.

위에서도 간략하게 언급했던 것처럼 원래 지방자치법에는 총 23개 분야를 특별사법경찰에게 위임할 수 있지만, 제주자치경찰에게는 일단 17개 분야만 허용해준 바 있다. 따라서 향후 전국의 지방자치단체에서 자치경찰제를 도입할시에는 소화능력

기존의 과장직급이 4급이었는데, 이를 3급으로 승격시켰고 기존의 과장은 단 아래의 과를 관리하게 되었으며 인원도 110여명에서 수십명을 더 늘리게 되었다.

99) 지방자치단체 특별사법경찰 운영조직 유형 구분 등 관련 내용참조는 안영훈·한부영, 지방자치단체 특별사법경찰 운영 실태 및 발전·지원 방안 연구, 한국지방행정연구원 정책보고서, 2013을 참조.

100) 한국자치경찰연구원, 2015, p. 22.

101) 제주특별자치도 자치경찰단 산하 민생사법경찰과는 2016년 2월 초에 관광경찰과로 명칭변경이 이루어졌고 그 산하에 민생사법경찰팀으로 바뀌게 되었다.

만 있다면 23개 분야 모두를 허용할 수도 있을 것으로 평가된다.

둘째, '광역특별사법경찰 전담기구'로서 이는 서울시와 경기도가 행하고 있는 운영조직이다. 서울시와 경기도의 '광역(합동)특별사법경찰 전담기구'를 구성하여 운영하고 있다.

그림 7-22 | 광역특별사법경찰 전담기구 유형

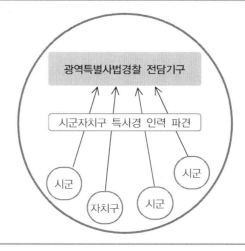

출처: 신현기. (2017). 「특별사법경찰론」, 파주: 법문사, 2017, p. 225.

셋째, '시도·시군구 이원체제의 특별사법경찰 기구'로서 강원도, 충청남도의 운영조직이다. 강원도와 충청남도 등은 서울시와 경기도에서 파견된 인력으로 설치된 상시기구인 '광역특별사법경찰 전담기구'를 운영하기보다는, 도와 시군 간의 개별적 특별사법경찰 조직은 그대로 운영하되, 필요시 권역별로 구분하여 합동업무를 수행하도록 유연한 방식으로 운영되는 체제라는 점이 독특하다.

특별사법경찰을 운영하고 있는 충청남도의 경우 조직 운영상에서 나타나는 문제점을 살펴보면 도의 정원이 행정수요에 대비하여 현저하게 부족한 실정이다. 여기서는 충남도와 대전지방검찰청이 특별사법경찰지원단을 설치하고 있다. 따라서 충남도청 민생사법경찰팀의 경우는 관내 시·군과 합동으로 5권역을 지정했으며 권역별 특별사법경찰 45명을 공동으로 운영하는 방식을 활용했다.[102]

---

102) 출처: 신현기, 「특별사법경찰론」, 파주: 법문사, 2017, p. 226.

그림 7-23 | 시도 · 시군구 이원체제의 특별사법경찰 기구 모형

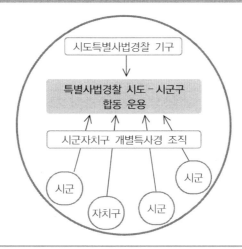

출처: 신현기, 「특별사법경찰론」, 파주: 법문사, 2017, p. 226.

무엇보다 시 · 군 인력을 적극적으로 활용중이나 정부에서는 특별사법경찰 업무에 파견된 시 · 군 결원보충인력을 총액인건비 기준인력에 미반영한 상황이다. 따라서 시도 · 시군구 간 인력지원이 요구되는 상황인 집중적 수사체계의 구축 및 특별사법경찰의 기능 강화를 위하여, 광역-기초가 개별적으로 특별사법경찰 업무를 수행하는 조직을 운영하지만 이와 같이 필요시 협력하기 위하여 합동단속활동 등을 수행하는 방식으로 이원화(도-과 단위, 시 · 군-지원팀)된 체제로 운영하고 있다.

한편 강원도의 특별사법경찰 활동을 보면, 즉 이곳 역시 도 전역/민원발생 및 행정의 사각지대를 중심으로 단속지역을 선정한 후 집중적으로 특별사법경찰 활동을 수행하고 있다.103) 특히 취약분야, 환경오염 등 민원신고 즉시대응 및 상시점검 상태도 유지하고 있다. 강원도의 이러한 활동은 상시단속 시스템을 유지하기 위하여 연중 실시하고 있다. 단속방법으로는 기획수사 활동, 도 · 시 · 군 합동단속 및 수사지원 활동 등의 방식으로 운영됨은 물론, 시기(명절 등)와 계절적 특성과 사회적 이슈 등 합동수사가 필요한 경우에는 효율적으로 단속수사를 추진하는데 집중하고 있다. 무엇보다 운영체계를 보면 [그림 7-24]의 체계도에서처럼 '총괄(도의 안전정책과) + 협력/지원(관련부서, 시군)' 방식으로 이루어지고 있다.

---

103) 한국자치경찰연구원, 상계보고서, p. 24.

그림 7-24 | 강원도의 이원적 특별사법경찰제도 운영 방식

출처: 신현기, 「특별사법경찰론」, 파주: 법문사, 2017, p. 227.

강원도의 특별사법경찰은 2013년 기준으로 447명이 식품, 원산지표시, 공중위생, 환경, 청소년, 산림, 소방, 해양수산, 도로, 자동차 등 14개 분야에서 447명(도 68, 시군 379)이 활발하게 활동하고 있으며, 민생분야에는 134명 정도가 근무한다. 특히 도 차원에서 가장 많은 인원을 확보하고 있는 곳은 소방분야이며, 시·군 단위에서는 산림분야가 다수를 차지하고 있다.

표 7-84 | 강원도의 특별사법경찰 현황(2013. 12 기준)

구분	계	식품	원산지	공중위생	환경	청소년	산림	소방	해양수산	도로	자동차	기타
계	447	26	22	10	52	24	158	40	14	21	71	9
도	68	3	4	1	3	4	8	40	2	3	–	–
시군	379	23	18	9	49	20	150	–	12	18	71	9

출처: 신현기, 「특별사법경찰론」, 파주: 법문사, 2017, p. 227.

(3) 지방자치단체 특별사법경찰 운영조직의 유형 간 비교

위에서 살펴본 바와 같이 제주특별자치도의 경우는 도지사 산하 자치경찰단 내에 특별사법경찰과(민생사법경찰과)를 두고, 이른바 특별사법경찰과(민생사법경찰과) 중심의 사무수행체제를 유지하고 있다. 이에 반해 서울시와 경기도의 경우는 통합형으로서의 '광역특별사법경찰 전담기구'로 운영하는 방식을 취하고 있다. 그 밖의 다른 대부분의 광역자치단체들은 그야말로 자율적으로 운영하는 소위 '시도·시군구 이원체제의 특별사법경찰 기구' 형태로 운영하고 있어 크게 보면 다음의 종류별로 대별된다. 이들 간의 유형을 비교해보면 〈표 7-85〉와 같이 정리가 가능하다.

표 7-85 │ 지방자치단체 특별사법경찰제도의 2가지 운영 모델 비교

구 분	광역특별사법경찰 전담기구 운영	시도 · 시군구 이원체제 운영	검찰 · 경찰과의 관계
사례지역	서울시, 경기도 등	충청남도, 제주특별자치도 자치경찰 및 시도 특별사법경찰	- 관할 검사(검찰수사관)가 지휘 - 관할 경찰서 협조
업무 수행자	특사경으로 지명 받은 자 (4~7급)의 파견부서	시군 특사경으로 지명 받은 자 (6~9급)	
활동지역	도내 전지역	광역자치단체 관할지역 및 시군구 관할지역	
직무범위	지명직무 범위내	지명직무 범위내	법률 전반
주요업무	- 광역 단속 · 수사계획 수립 - 위법행위 첩보 수집 - 기획 수사 및 검찰 송치 - 허가(신고) 관리 - 행정 지도 및 처분 - 위반사항 단속 및 과징금 · 과태료 부과 - 감시원 운영 및 지도 - 시군 특사경 역량 지원 - 유관기관 합동 단속	- 광역 단속 · 수사계획 수립 - 위법행위 첩보 수집 - 기획 수사 및 검찰 송치 - 허가(신고) 관리 - 행정 지도 및 처분 - 위반사항 단속 및 과징금 · 과태료 부과 - 감시원 운영 및 지도 - 시군 특사경 역량 지원 - 유관기관 합동 단속	- 검찰에 수사 및 송치 등 사건 처리 및 합동단속 등의 지휘를 받음 - 경찰에 대하여 고소 · 고발 및 형사사건 처리, 특정사항 수사, 범죄 예방활동 등 협조 요청
활동방법	- 기획수사 및 합동단속 - 시군구에 수사협조 요청	- 일상적 단속 중점 - 시도와 기획수사 시 협조 및 협조 요청 - 필요시 합동단속 협조 및 협조 요청	특정사항 수사 · (합동)단속
처 분	체포, 구속 · 구금, 수사, 검찰 송치, 행정처분(요청)	현장 단속 · 수사, 경찰 이첩, 검찰 송치, 행정처분	- 체포, 구속 · 구금 - 수사, 검찰송치 - 행정처분 요청

출처: 신현기, 「특별사법경찰론」, 파주: 법문사, 2017, p. 228.

　무엇보다 1차적으로 시 · 군 · 구와 같은 기초자치단체의 책임성이나 자율성의 강화를 위해서 자율적인 특별사법경찰 활동을 적극적으로 장려할 필요가 대두되고 있으며, 나아가서 전문성이라든가 광역자치단체와 연계된 시 · 군 · 구자치단체와 관련해 그야말로 총체적인 협력이 필요한 사안들에 대해서는 광역성과 같은 협력요청에 따른 조사와 수사 및 합동단속 활동에 신속하게 참여하는 것이 보다 더 효과적일 가능성이 크다고 할 수 있다.

시·군·구 차원에서 행정범 처리를 위한 특별사법경찰업무를 수행하는 것이 더 바람직할 수 있는데, 그 이유는 광역적 업무처리가 업무분산 차원에서 사뭇 늦어질 가능성이 있고 또한 지역별로 사건의 결과에 대한 효과성을 신속하게 산출해 내기 위해서이다. 이뿐만 아니라 특별사법경찰을 과도하게 단일조직으로 운영하는 데만 집중하지 말고 행정범죄의 사안별로 합동조직화라든지 개별조직화 방식을 통한 이른바 이원체제방식을 활용하는 것도 매우 의미 있는 하나의 방안이 될 수 있다고 본다.

2. 지자체 특별사법경찰의 사무수행과 법률자문 파견검사(2개 유형 사례)

2008년 서울시는 특별사법경찰제 도입 시에 검찰청의 파견검사제도를 도입해 행정범 처벌을 위한 기소신청 전에 법률적 자문을 수행해 주는 이른바 유관기관 간 협력이 활발하였다. 그 대표적인 곳이 서울시뿐 아니라 부산시, 인천시, 경기도, 충남 등도 해당되었는데 법무부에서 부장검사를 파견받는 방식이었다. 그러나 국회의 야당과 시민단체는 무분별한 파견검사제를 폐지해야 한다고 지적하였고 결국 2013년에 인천, 충남, 권익위원회 파견검사제 직위를 전격 폐지하는 변화가 있었다.104) 광주의 경우는 이러한 파견검사제에 대한 여론악화로 인해 직접적인 검사파견제도를 포기하고 이른바 법률자문검사라는 이름으로 행정범의 조사와 송치 시에 자문을 받는 형태로 운영되고 있다.

한편 그동안 법무부로부터 서울시와 인천시 등이 파견부장검사로 부터 받았던 도움은 주로 수사자문에 관한 것이었다. 역시 경기도와 부산시의 경우도 파견된 부장검사로부터 법률자문을 받고 있다. 그렇다고 모든 시도가 파견검사제를 활용한 것은 아니고 경기도, 서울, 인천, 부산, 충남의 경우만 위 제도를 활용하고 있는 정도다.

그 밖에 광역시도는 이러한 제도를 활용하지 않고 역시 특별사법경찰 활동 시에도 경찰청과도 단속 및 수사상 협력관계를 유지하지 않고 단독으로 검사의 지휘를 받아 직무를 수행한 독자성을 보여주었다. 유일하게 경기도, 강원도 등은 합동수사나 단속 또는 수사의뢰 등을 통해서 경찰청과 협력한 바 있다. 이는 특이한 케이스

---

104) 인천시 특사경 관계자와 인터뷰 시 나눈 의견을 참조.

에 해당되었다.

위와 같은 광역자치단체들이 특별사법경찰제를 작동시켜 업무를 수행한 결과 검찰에 송치한 실적들은 2014년 한해만 해도 무려 46,400여 건에 달했다. 이러한 수치는 수사력의 향상을 통해 더 많은 행정범들이 적발됨으로서 점차 증가할 가능성이 많다고 본다. 〈표 7-86〉은 대검찰청이 공표한 시·도 특별사법경찰관(리)의 업무이행 실적을 보여주는 것이다.

표 7-86 | 시·도의 특별사법경찰관리 업무이행 실적(2021년 12월 31일 기준)

연번	기 관	업무분야	송치실적	
			건	명
1	서울특별시	식품, 공중위생, 차량운행제한, 환경 등 관련 범죄	715	830
2	부산광역시	〃	3,247	3,495
3	인천광역시	〃	235	–
4	대구광역시	〃	299	77
5	대전광역시	〃	97	–
6	광주광역시	〃	153	216
7	울산광역시	〃	1,144	1,213
8	세종특별자치시	〃	206	247
9	경기도	〃	1,582	–
10	경상남도	〃	1,980	2,099
11	경상북도	〃	2,759	3,041
12	충청남도	〃	4,226	4,426
13	충청북도	〃	1,688	1,849
14	전라남도	〃	2,090	2,270
15	전라북도	〃	1,937	2,072
16	강원도	〃	1,452	1,520
17	제주도	〃	23	38
합 계			23,833	23,393

출처: 한국자치경찰연구원, 자치경찰의 특별사법경찰 사무수행 범위에 관한 연구, 2015, p. 27; 여기서 서울시, 경기도, 경우는 2020년 기준 자료이다. 인천시, 광주광역시의 경우는 2021년 자료임.

한편 2015년도에 경기도가 가장 많은 11,250건(12,245명)의 송치실적을 올렸는데, 이곳은 지역범위가 워낙 넓으며 특별사법경찰관(들)의 적극적인 적발노력에 기인하고 있는 것으로 평가된다. 두 번째로 많은 업무이행 실적을 보여준 2위는 서울시로 5,349건(5,708명)의 송치실적을 내놓았다.

2020년 12월 기준 경기도 특사경의 검찰송치 건수와 인원을 보면 서울이 715건에 830명이었다. 경기도는 1,582건이었다.

3. 서울특별시 민생사법경찰(특별사법경찰)

1) 서울특별사법경찰의 제도적 취지

우리가 여기서 한가지 짚고 넘어갈 것은 지금까지 우리나라 특별사법경찰제도가 과연 원래 법률 취지와 목적에 맞도록 운영되었는가? 특별사법경찰들이 수행해 온 수많은 수사업무들이 얼마만큼 효율적이었는가에 대한 총체적 평가가 이루어지지 않은 상태로 남아 있다는 사실이다.105)

한편 서울특별시의 경우 특별사법경찰제를 도입한 근본 취지는 다음과 같다. 즉 서울특별시와 그 산하의 25개 자치구에서는 2004년부터 특별사법경찰을 본격적으로 운영해 왔지만, 이는 형식적으로 운영하는데 그치고 있다는 비판을 많이 받아왔던 것이 사실이다. 그 증거로는 특별사법경찰관이나 특별사법경찰리로 지명된 해당 특별사법경찰들이 직무역량이 부족하여 해당 영역별로 행정범들의 범죄행위들을 적발해 내는데 있어 일정한 한계를 드러내게 되었으며 설사 적발을 한 경우에도 자체적으로 법률에 따라 수사를 진행할 수 있는 법적지식이 일반사법경찰에 비해 상대적으로 부족한 관계로 일반사법경찰이나 검찰에게 단지 고발조치하는 정도에 그치는 등 형식적 운영에 머물렀다는 비판이 적지 않았다. 이는 크게 특별사법경찰들이 자기 고유의 행정업무를 진행하면서 동시에 특별사법경찰업무까지 겸해야 하는 부담도 많았다는데 기인한 것으로 이해되며 동시에 충분한 법적지식을 지속적인 직무교육과 직무상 재교육을 통해 보완하지 못했던 점도 하나의 원인이 될 수 있다고 평

---

105) 부언하면 특별사법경찰에서 이와 관련해 연구용역을 발주해 평가작업을 시도할 필요가 있다고 본다(신현기, 특별사법경찰제의 발전과정과 성과에 대한 고찰, 한국특별사법경찰학회, 제1회 세미나 자료집, 2012, pp. 101-102).

가된다. 특히 자체적으로 교육, 장비 등 활동여건의 미흡으로 직접 수사하지 않고 경찰이나 검찰에 고발하는 방식으로 운영된다면, 이는 분명 특별사법경찰제의 본래 취지에 부응하지 못하는 것이다. 이러한 문제점을 극복하기 위해 서울특별시와 25개 자치구는 2008년 1월 1일 일명 '수사전담특별사법경찰' 조직을 시청 차원에서 창설하게 되었는데, 여기서 탄생한 것이 바로 서울특별시 행정국 산하에 '특별사법경찰과'이며 과장은 4급 서기관으로 보하도록 했다.

2) 서울특별사법경찰의 출범

서울특별시에서 특별사법경찰제도가 도입된 연혁을 살펴보면 다음과 같다. 2008년 1월 1일 서울특별시와 25개 구청은 공동합의하에 서울시청 소속 공무원 10명과 25개 자치구가 파견한 71명 등 총 80명의 특별사법경찰 인력이 서울중앙지방검찰청 검사장으로부터 특별사법경찰관(리)로 지명받게 되었다.[106] 이들은 식품위생, 보건, 환경, 원산지표시, 청소년보호 분야에서 본격적인 직무를 시작하게 되었다.

오세훈 서울시장은 출범당시에 대검찰청으로부터 부장검사 1명을 지원받아 특별사법경찰과를 설치했다. 검사의 지원을 통해 특별사법경찰들에게 충분한 법률적 직무교육과 직무재교육 기회를 제공받을 수 있는 기본토대를 구축하였다. 이러한 일련의 노력들은 오늘날 서울특별사법경찰제가 본격적으로 발전해 나오는데 있어서 하나의 중요한 계기로 작용했다. 2008년 1~2월에 서울시특별사법경찰의 직무교육은 서울시 인재개발원에서 이론교육으로 4주간을 진행하였고 동시에 실무수습도 2주간 정도 진행되었다. 이 당시 서울의 5개 지방검찰청에서 검사들은 특별사법경찰로 지명된 교육생들을 대상으로 1:1 지도를 진행하는 등 특별사법경찰을 위한 직무교육의 극대화를 꾀하기도 하였다. 서울중앙지방검찰청 검사장은 2008년 2월 21일 관련 법에 따라 서울특별시 특별사법경찰 82명을 1차로 지명하게 되었는데, 그 출범과 동시에 수행하게 된 직무분야 4개는 식품위생, 환경, 보건, 원산지 표시에 관한 행정범죄들이었다. 2008년 3월 20일에는 법무부의 협조를 받아 지도검사 사법보좌관을 파견 받게 되었다. 이러한 법적 토대를 구축한 후 마침내 2008년 4월 30일을 기해 서울특별사법경찰은 본격적인 현장단속과 수사활동을 시작하게 되었다. 그 후 추가적

---

106) 2022년 2월 기준 서울시 민생사법경찰단의 특별사법경찰 인력은 85명(시 65명, 자치구 20명)이다. 2018년도 경에는 110여명까지 증가하였지만 2022년에는 대폭 감소함.

인 발전들이 뒤따랐다. 즉 2008년 5월 27일에는 기존의 특별사법경찰 직무에 청소년보호법 위반 범죄 분야가 새로 추가되었다.107)

한편 2009년 8월 31일 법무부는 또 다른 지도검사 사법보좌관을 자치단체 특별사법경찰 기관에 파견하였는데, 이 제도는 여론악화로 인해 중단된 2013년까지 서울시 특별사법경찰과에서 송치사건들에 대한 법률자문으로 이어졌다. 초창기에 파견되어 자문하였던 법무부의 파견 부장검사는 분명히 파견이라는 형식을 빌려 상근하면서 행정범들에 대한 수사와 송치자료에 대한 법률적 지도와 자문에 적극적으로 응했었다. 이와 같이 서울특별시 특별사법경찰과가 본격 출범하여 각 지역별로 5개의 전담 수사팀(중앙수사팀, 동부수사팀, 서부수사팀, 남부수사팀, 북부수사팀)을 발족시키게 되었다. 관련 분야의 위법행위자들을 적발 및 처벌하는데 있어서 적지 않은 효과성을 기대할 수 있었다. 이러한 서울시 특별사법경찰의 조직운영 체계는 2013년을 기해 한데 모아 운영하게 되었다. 이렇게 각 동서남북 중앙으로 분산되어 운영되던 특별사법경찰조직이 남산 소재 서울시 별관으로 한곳으로 모임에 따라 시너지 효과가 나타날 수 있었다.108)

한편 서울특별시 특별사법경찰의 경우 첫째, 검사수사지휘 등 형사법을 따르는 것은 일반경찰과 동일하다. 그러나 직무범위는 사항적으로, 그리고 수사관할은 지역적으로 제한다. 이는 특별사법경찰제도의 원천적인 특성에 기인한다고 평가된다. 둘째, 서울특별시는 인천, 대구, 부산 등과 함께 2008년 1월 1일 행정국장 밑에 특별사법경찰과를 17개 광역자치단체 중에서는 처음으로 설치했다는 중요한 의미를 부여

---

107) 김찬동·이세구, 「특별사법경찰제도의 장기발전방안」, 서울시정개발연구원, 연구보고서 2009, viii 참조.

108) 신현기, 서울특별시 특별사법경찰제의 실태 분석과 개선방안에 관한 연구, 한국민간경비학회, 「한국민간경비학회보」, 2012, p. 123; 수사총괄팀은 남산 소재 특별사법경찰과에 소재하면서 전체 특별사법경찰을 총괄 운영하는 직무를 수행하고 있는데 핵심 내용은 인사, 조직, 예산, 정보교육, 사건송치 등을 담당했었고, 중앙수사팀은 시청 을지로 별관에서 직무를 수행하고 있는데 24명이 7개 수사반을 운영하여, 특히 종로, 중구, 성북, 동작, 관악, 서초, 강남 지역을 주요 직무지역으로 식품·원산지표시에 관한 직무를 총괄했다. 그리고 동부수사팀은 보건 분야를 총괄하고 있는데 16명이 4개 수사반을 운영 중이다. 서울 용답동에 위치하고 있으며 성동, 광진, 송파, 강동지역을 담당했으며, 서부수사팀의 경우는 17명으로 4개 수사반을 운영 중인데 용산, 마포, 은평, 서대문 지역을 담당하고, 남부수사팀의 경우는 영등포 당산동에 위치하고 16명으로 5개 수사반을 운영 중인데 양천, 강서, 구로, 금천, 영등포 지역을 맡았다. 마지막으로 북부수사팀의 경우는 19명으로 5개 수사반을 운영 중인데 특히 환경분야를 총괄했는데, 관할지역은 동대문, 중랑, 강북, 도봉, 노원지역을 담당했다. 이러한 지역별 및 팀별 운영제도가 2013년부터는 남산 서울시별관으로 총통합되어 한 곳에서 직무를 수행하게 되었다.

받고 있다.

3) 서울특별시 특별사법경찰의 조직

서울시 특별사법경찰단(2015년 12월까지는 과)은 이미 8년간의 직무수행을 통해 수사상 또는 조직상 차원에서 상당히 정착된 것으로 보여진다. 전장에서 살펴본 바와 같이 서울특별시 특별사법경찰의 조직을 보면 일반 행정업무와 병행하여 특별사법경찰 직무를 수행하는 기존 25개 자치구의 특별사법경찰과는 별도로 오직 서울시청 차원에서 수사를 전담하기 위한 수사조직으로서 이른바 '특별사법경찰과'가 설치·운영되다가 2015년 말에 와서 서울특별시 특별사법경찰단으로 승격(단장, 3급 부이사관급) 되는 획기적인 변화가 있었다. 다시 말해 2016년 초부터는 서울시 특별사법경찰(민생사법경찰) 단장은 제1행정부시장 밑에 위치하여 특별사법경찰단 조직을 이끌게 된 3급 공무원으로서 상당히 높은 직위로 운영되게 되었다. 하지만 원래 법적으로 4급까지만 특별사법경찰관으로 지명받을 수 있기 때문에 서울시 특별사법경찰(민생사법경찰) 단장의 경우는 행정직공무원으로서 단지 행정상의 총괄적 관리

그림 7-25 | 서울특별시 특별사법경찰단의 조직도(20222. 3. 1 현재)

(단위: 명)

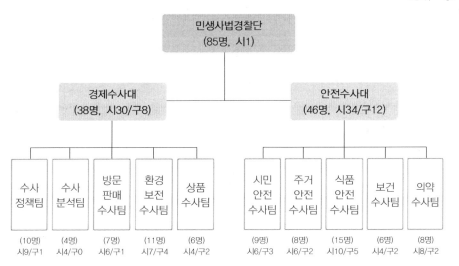

출처: 서울시 특별사법경찰단 내부자료(2022).

만 하는 소위 행정공무원이라고 보면 된다. 부언하면 그는 행정가이지 특별사법경찰관은 아니다.

조직도에서 보는 바와 같이 서울시 특별사법경찰단의 조직은 2021년 8월부터 3급 단장 밑에 2명의 4급 과장(경제수사대와 안전수사대)이 지휘감독하게 되는 조직으로 재탄생하게 되었다. 2015년 11월 30일 기준으로 서울시 특별사법경찰단의 조직 구성은 1단 2대 10팀 85명으로 구성되어 운영 중이다. 서울시 특사경 인력 85명은 시청 65명과 25개 자치구 20명이다. 또한 특사경의 인력 수는 〈표 7-87〉과 같다.

표 7-87 | 서울시 특사경의 인력 수

(단위: 명)

구분	계	행정직군						기술직군				관리운영	임기제
		소계	3급	4급	5급	6급	7급 이하	소계	5급	6급	7급 이하	7급	6급
정원	69	37	1	2	8	14	12	31	9	17	5	-	1
현원	65	35	1	2	8	13	11	29	9	17	3	1	-
과부족	△4	△2	-	-	-	△1	△1	△2	-	-	△2	1	△1

출처: 서울시 특별사법경찰단 내부자료(2020. 2).

〈표 7-88〉에서 보는 바와 같이 행정직군은 총 20명인데, 6급 주무관이 14명, 7급 주무관이 5명, 그리고 8급 주무관이 1명이다.

표 7-88 | 서울시 25개 자치구에서 파견 나온 특사경 인력

(단위: 명)

구분	계	행 정 직 군				기 술 직 군				비고
		소계	6급	7급	8급	소계	6급	7급	8급	
현원	20	20	14	5	1	0	0	0	0	

출처: 서울시 특별사법경찰단 내부자료(2020. 2).

4) 서울시 민생사법경찰단의 경력직 특별사법경찰관 채용

(1) 특별사법경찰의 조직과 기구의 확대

서울시 민생특별사법경찰의 조직 역사를 살펴보면 다음과 같다. 서울시 특별사법경찰의 경우는 2008년도에 특별사법경찰과를 출범시킨 후 인력을 약 110여명으로 확대하여 운영해 왔는데, 이 중에 순수한 서울시 공무원이 1/3을 차지하고 있고, 서울 시내 25개 자치구에서 파견받은 특별사법경찰공무원들이 2/3정도를 차지하고 있다. 서울시는 인력의 한계 때문에 자체 특별사법경찰을 100% 확보한다는 것이 사실상 어렵다. 따라서 서울 시내 25개 구청에서 많은 수를 파견받아 운영해 왔다.

그동안 서울시는 25개 자치구의 특별사법경찰을 포함해 총 110여명의 특별사법경찰을 선도할 수사담당 전문직위 6개를 추가로 선정해 이미 6명의 전문관을 선발했다. 그리고 2014년에 수사담당 전문직위는 2개뿐인데 2015년에는 8명으로 증원되었다.[109]

마침내 서울시 특별사법경찰단의 경우 대대적인 조직 확대로 2016년 2월부터 기존보다 새로운 업무가 상당히 늘어나게 되었다.[110] 특히 2016년 2월에는 「행정기구의 설치조례 및 시행규칙」이 개정되는데 행정1부시장 직속(국 단위)으로 완전 독립되어 기능하게 되었으며, 이러한 변화는 2008년 지자체 최초의 수사 전담부서로 출범한지 8년 만에 가능하게 된 것이다. 서울시장의 민생안정을 위한 관심도를 반영한 것으로 평가된다. 불법 대부업과 다단계 수사를 전담하는 '대부업수사팀'과 '방문판매수사팀'도 전국 최초로 신설하게 되었는데, 이는 새로운 변화이다.

하지만 이러한 직무는 조폭이 관여된 경우가 적지 않기 때문에 민생사법경찰경찰관(리)들의 신상에도 위협이 가해질 수 있다는 차원에서 호신술이나 가스총 등을 소지할 수 있도록 허용하는 후속조치도 시급하다고 보여진다. 우리나라 민생사법경찰들에게는 아직까지 가스총기의 소지가 허용되지 않았는데, 불법 대부업 분야 단속에서는 위험도가 큰 만큼 최소한 가스총을 소지하도록 하는 등의 적절한 대안이 제

---

109) 머니투데이, 서울시, 민생침해사범 전담 독립기구 만든다. '민생사법경찰단' 내년 출범…별도 제복 제작해 소속감 고취, 전문직위 확대, 2014. 7. 25, p. 1(http://media.daum.net/society/others/newsview/ 검색: 2015. 12. 3).

110) 서울시 민생사법경찰은 2016년 2월부터 '민생사법경찰단'으로 조직이 승격된다. 수사인력을 크게 늘리고 변호사와 검찰과 경찰 수사경력자, 식약처와 국세청 근무 경력자 25명도 새로 채용한다.

시될 필요가 있다.

한편 큰 변화 중 하나는 민생사법경찰 수사인력에 대한 변화인데, 특히 2016년까지 변호사(10명), 식약처·국세청 근무경력자(15명), 그리고 현장 경험이 풍부한 검·경찰 수사경력자 등 총 25명을 신규로 채용했다. 특히 한 부서에 장기동안 근무하며 전문성을 키우는 전문수사관을 현재보다 3배로 늘려(8명 → 24명) 수사의 전문성을 강화한다는 계획이 추진되는데, 이는 타 지방자치단체 특별사법경찰의 조직 확대에도 적지 않은 영향을 줄 것으로 보여진다. 사실 그동안 서울시의 경우 대부업과 다단계 등으로 인한 시민들의 피해가 빈번하게 발생했지만 서울시가 가지고 있던 기존의 단속권한만으로는 한계에 부딪혀 있었고, 이를 보완하기 위해 2011년부터 관련 특별사법경찰의 직무범위의 확대를 위한 해당 법령의 개정을 국회 법제사법위원회와 대검찰청에 계속해서 요청해왔는데, 이것이 실현됨으로써 직무영역이 대폭 확대된 것이다.

위에서 언급한 바와 같이 서울시 민생사법경찰 인력은 한때 110여명까지 확대되었던 시절도 있었지만 많은 시간이 흐르면서 2022년 2월 기준 서울시 민생특별사법경찰관 인력수는 85명대로 줄어들었다. 직무분야도 무려 16개 분야에 72개 법률을 다루도록 엄청난 권한이 부여되었다. 자세한 내용은 〈표 7-89〉와 같다.

표 7-89 | 서울시 민생특별사법경찰의 수사직무의 범위(분야와 법률)

지명분야	직무내용	직무관련 법률
방문판매수사팀		
방문판매	▶판매자와 소비자의 공정한 재화와 용역에 대한 거래를 통한 방문판매의 건전한 유통질서 확립	• 방문판매 등에 관한 법률 • 할부거래에 관한 법률
환경보전수사팀		
환경	▶쾌적한 도시환경 조성 및 맑은 환경 보전(대기·수질·폐기물 등 환경보전위반행위 등)	• 대기환경보전법, 물환경보전법 등 31개 법률 • 석면안전관리법 등 7개 법률
석유 및 자동차	▶시민의 안전과 환경오염을 위협하는 불법행위 근절(가짜석유 유통, 무등록 석유판매, 무등록 불법정비 등)	• 석유사업법, 자동차관리법 등 3개 법률
개발제한구역	▶그린벨트 내 불법행위 차단으로 건전 생활공간 조성(무허가 건축, 공작물 설치행위 등)	• 개발제한구역의 지정 및 관리에 관한 특별조치법

시설물안전	▶ 시설물의 안전점검 등을 통한 재해와 재난 예방(3종 시설물 중 민간관리주체 소관 시설물 긴급안전점검을 거부하는 행위 등	• 시설물의 안전 및 유지관리에 관한 특별법
상표수사팀		
상표	▶ 위조상품 제조·판매 근절로 상품신뢰도 제고(상표·상호 도용 등 부정경쟁 및 상표권 침해 등)	• 상표법 • 부정경쟁방지 및 영업비밀보호에 관한 법률
원산지표시 (공산품)	▶ 공산품 원산지 표시에 대한 불신 해소	• 대외무역법(원산지표시)
시민안전수사팀		
대부업	▶ 대부업 등 이용자 보호 및 건전한 사업 육성	• 대부업 등의 등록 및 금융이용자 보호에 관한 법률
사회복지	▶ 사회복지법인, 사회복지시설 및 보조금 관련 수사	• 사회복지사업법
청소년	▶ 청소년의 건전한 정서함양 및 탈선예방(청소년유해매체물·약물, 유해업소 출입·고용위반 등)	• 청소년 보호법
주거안전수사팀		
부동산	▶ 부동산 불법행위 수사를 통한 주거안정 도모(분양권 불법전매, 청약통장 불법거래, 떴다방 단속 등)	• 주택법 • 공인중개사법 • 부동산 거래신고 등에 관한 법률
식품안전수사팀		
식품위생	▶ 부정식품 추방으로 시민체감 먹거리 안전 확보(식품생산 → 제조 → 유통 등 위해여부, 위생관리 등) ▶ 수입식품안전관리 및 식품분야 시험·검사 등에 관한 위반행위 수사	• 식품위생법 • 농수산물 품질관리법 • 건강기능식품에 관한 법률 • 보건범죄단속에 관한 특별조치법 (식품위생 범죄) • 친환경농어업 육성 및 유기식품 등의 관리·지원에 관한 법률 • 축산물위생관리법 • 수입식품안전관리특별법 • 식품·의약품분야 시험·검사 등에 관한 법률
원산지표시 (농·수산물)	▶ 식품·농수산물 등 먹거리에 대한 불신 해소(농·수산물 원산지허위표시, 인삼·양곡 불법판매 등)	• 농수산물의 원산지 표시에 관한 법률 • 인삼산업법 • 양곡관리법 • 대외무역법(원산지표시)

보건수사팀			
공중위생	▶ 다중이용시설에 대한 위생수준 제고 (공중위생업소 미신고 영업행위 및 위생상태 등)	• 공중위생관리법
의료 및 정신시설	▶ 의료관련 개인정보 보호 ▶ 정신건강시설 이용자 보호	• 의료법 • 정신건강증진 및 정신질환자 복지 서비스 지원에 관한 법률
의약수사팀			
의약	▶ 가짜 의약품 등으로부터 시민건강 확보(무자격자 고용 의약품 판매, 의약품 불법유통 등)	• 약사법 • 감염병예방법 • 보건범죄단속에 관한 특별조치법 (약사 범죄)
화장품	▶ 안전한 화장품 보급을 통한 국민보건 향상(가짜 무등록 제품 제조 및 판매행위 등)	• 화장품법
의료기기	▶ 안전한 의료기기 보급을 통한 국민보건 향상(가짜 무등록 제품 제조 및 판매행위 등)	• 의료기기법

(2) 서울시 민생사법경찰단의 수사범위의 권한 확대

기존에는 서울시 민생사법경찰의 수사 권한이 8개 분야였으나 법률개정으로 총 12개 분야로 확대되었다. 서울시 민생사법경찰단은 2022년 2월 기준 16개 분야로 직무범위를 확대하여 운영 중이다. 이에 따라 생활 밀착형 민생침해범죄에 대한 수사가 한층 강화될 수 있는 체제가 구축되었다. 특히 불법 대부업과 다단계 판매에 대한 수사까지 시작하게 된 것은 전국 17개 광역시·도 중에서 처음이며 서울시의 위상에 걸맞는 그 상징성도 부각되었다.[111]

새로 확대된 4개 수사 분야는 불법 대부업·다단계 판매, 가짜 석유·자동차 불법정비, 엉터리 의료기기 및 불법 화장품 제조·판매인데, 첫째, 불법 대부업·다단계 판매는 주로 노인, 주부, 영세상인, 대학생 등을 대상으로 하는 전형적인 서민 대상 범죄이다. 이 때문에 서울시는 외부적으로는 검·경찰, 금융감독원, 공정거래위원회, 소비자보호원, 한국대부금융협회 등 관계기관과 긴밀히 협조하고 내부적으로

---

111) 서울시 민생사법경찰은 서울중앙지방검찰청에서 지명권을 받아 운영되는 '특별사법경찰'로 민생 관련 범죄수사를 담당하며, 기존 8개 수사 분야는 식품, 원산지 표시, 공중위생, 의약, 환경, 상표권, 개발제한구역, 청소년이다.

는 변호사, 검·경 출신 수사관 등 전문 인력을 집중 투입해 기획수사를 진행한다는 계획을 내놓고 있다. 둘째, 불법 화장품 제조·판매의 경우는 이미 화장품 사용 연령대가 점차적으로 낮아지고 외국인 관광객들의 구매가 지속적으로 증가하고 있는 상황에 적극 부응해, 이를 악용하여 정품 화장품보다 상당히 저렴한 가격으로 판매하거나 경우에 따라서는 유명화장품을 위조하여 제조·판매하는 업체 등을 인지해 집중적으로 수사하고 있다. 특히 기능성 및 유기농 화장품의 허위·과대광고 등을 집중적으로 추적하여 수사하겠다는 복안이다. 셋째, 엉터리 의료기기 판매가 늘고 있다. 즉 최근 인구 고령화가 급속하게 증가하면서 건강에 대한 관심이 증가하고 있다. 이에 부응해 어르신들을 대상으로 엉터리 의료기기를 속여서 판매하는 문제들이 계속해서 발생하고 있다. 이른바 떴다방 및 다단계판매 사기사범들을 추적 수사하는 것이다.

특히 의료기기가 아닌 것을 의료기기처럼 사기성이 있는 거짓·과대 광고하는 업체에 대해서도 집중적으로 수사를 진행하여 시민 피해를 줄이겠다는 복안이다.112)

그리고 단기적으로 2016년까지 수사경력직 공무원들의 모집이 완료된다면 서울시 특별사법경찰단(단장: 부이사관급)의 총원은 120~130여명으로 확대될 예정이다.

그림 7-26 | 서울시 특별사법경찰단의 수사전담 조직개편도

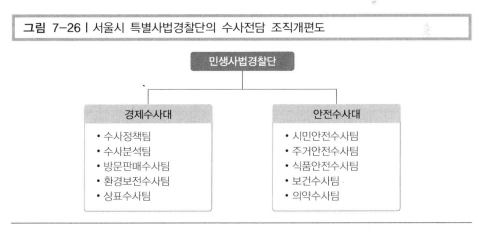

출처: http://media.daum.net/society/others/newsview?(검색: 2022. 3. 2).

---

112) http://www.nocutnews.co.kr/news/4508112(검색일: 2015. 12. 10).

(3) 서울시 민생사법경찰의 제복착용

기존에 우리나라 특별사법경찰 중에는 철도특별사법경찰대 특별사법경찰관(리)와 제주자치경찰단 민생사법경찰관(리)만이 유일하게 제복을 착용하고 특별사법경찰 직무를 수행해 왔다. 고무적인 일은 서울시 특별사법경찰의 경우도 소속감 및 자부심을 고취하기 위해 별도의 제복을 제작하여 착용하게 되었다는 점이다. 이는 전국 17개 광역시·도 차원에서 처음으로 도입되는 제도이며 매우 상징성도 강하게 보여줄 가능성이 있기 때문에 타 시·도 차원에서도 벤치마킹 할 가능성이 클 것으로 보여진다.

특별사법경찰제도의 시행과 관련해 그동안 적지 않게 문제점으로 지적되어 왔던 것은 어느 기관의 특별사법경찰을 막론하고 대부분이 파견 형식으로 운영되었다. 이와 관련해 해당 파견 공무원들의 근무평정상 불이익이 있을 수밖에 없었으며, 이에 따른 사기 저하가 불가피했던 문제가 상존했다. 이러한 문제를 해결하기 위한 방안으로 서울시는 2014년 6명 그리고 2015년 8명의 전문수사관들을 공개모집 및 선발하여 전문적인 수사상 노하우를 축적하고 직원들의 의견을 수렴해 장기근무를 유도할 인센티브를 만들어 냄으로써 본 제도의 정착에 총력을 기울이고 있다.

(4) 서울특별시 특별사법경찰과의 소속별 인원배치 현황

2012년 6월 기준 서울특별시 민생사법경찰과에 근무한 직원은 특별사법경찰 111명과 지원 5명 등 총 116명으로 이루어져 있었다는 역사가 오늘날 남아 있다. 이 중에 여성 특별사법경찰도 14명이 서울시에서 4명, 25개 자치구 중에서 10명이 파견되어 남성들과 똑같이 근무했다. 이 당시 서울특별사법경찰의 직렬별 근무인원을 보면 행정 69명, 보건 16명, 기계 10명, 화공 4명, 환경 6명, 세무 4명, 전산 1명, 녹지 1명, 기능 5명 등으로 구성되어 직무를 수행하였다.

이 당시 서울특별사법경찰과에 파견되어 온 특별사법경찰들의 파견 기간별 내용을 분석해 보면 2012년 6월 현재 3년 이상자가 15명(19%), 3년 미만~2년 이상자가 43명(53%), 그리고 2년 미만이 23명(28%)이었다. 이 중 3년 미만~2년 이상자가 무려 53%의 높은 분포도를 보여주고 있지만 이들 중 3년 이상자를 보면 15명으로 급격히 줄었다. 그 이유는 대부분 자기 소속과로 되돌아가고 있는데 기인하고 있다. 특이한 것은 서울시든 25개 자치구든 7급과 6급에서 가장 많은 인력을 파견시키고 있었기 때문이다.

이러한 현상은 특별사법경찰이라는 직렬이 정식 제도로 생성되기 전에는 반복될 수밖에 없는 문제점으로 남겨져 있다. 따라서 시·도가 하부조직에서 공무원을 파견 받지 말고 자체적으로 인력을 확보해 민생사법경찰제를 운영하지 않는 한 2016년에 도 파견직원들이 하루 속히 원래 자기의 조직으로 복귀하고자 하는 현상이 반복될 수밖에 없을 것이다.

이러한 의미에서 서울시 민생사법경찰단이 경험 있는 전문 변호사와 전문 경력수 사관들을 모집하여 조직을 정비하는 것은 타 시·도의 특별사법경찰 조직에도 신선 한 충격을 줄 것으로 보여진다.

한편 서울시 특별사법경찰의 현원은 2015년에 시 48명과 자치구 63명으로 운영 되었다. 서울시 특별사법경찰과의 경우 2015년 말 기준으로 직렬별 인원은 행정 65, 전산 1, 보건 8, 환경 7, 운전 2, 공업 8, 세무 3, 속기 1, 토목 2, 수의 1, 간호 1, 의 료 1 그리고 관리운영 1명으로 구성되어 운영되었다. 서울시 소속 공무원이 48명, 25개 자치구 소속이 63명으로 여전히 25개 지치구 소속의 공무원이 15명 더 많았다. 그러나 향후 서울시가 계획한 변호사와 전문수사관들을 충원한다면 서울시 소속 민 생사법경찰의 수적인 우위가 점차적으로 확보될 수 있을 것으로 기대되었다. 그러나 2022년 2월 기준 서울시 민생사법경찰단은 1단 2수사대 10팀으로 총 85명(시 65명, 25개 자치구 20명)으로 운영 중이다.

(5) 서울특별시 특별사법경찰의 예산에 대한 분석

① 예산 현황

서울특별시 특별사법경찰의 예산은 2011년의 경우 1,275백만원이었으나 2012년의 경우 1,347백만원에 달해 전년도 대비 7,200만원이 증액되었다. 이는 특별사법경찰의 업 무분야가 꾸준히 확대되고 그에 따른 예산의 증가가 이루어진 것으로 평가된다. 2016년 예산은 1,225백만원으로 확정 고시되었는데, 2015년에 비해 다소 감소되었 다. 아마도 전년도 예산 집행률에서 73%에 그친 것이 다소 영향을 미친 것으로 판 단된다. 특히 2016년에 서울시 민생특별사법경찰단의 인력이 대폭 증가될 예정인데 도 불구하고 오히려 예산은 감소하는 변화가 있었다는 점이 다소 의아하기는 하지 만 민생사법경찰단 스스로 예산절감 차원에서 허리띠를 졸라매는 노력이 있었던 것으로도 보여진다.

〈표 7-90〉에서 보는 바와 같이 2022년 예산의 경우 민생사법경찰 활동의 활성화 지원, 공공운영비, 기본경비, 기관운영업무추진비, 부서운영업무추진비 분야에서 특별히 예산을 축소한 것으로 나타났다. 그래도 여전히 민생(특별)사법경찰 활동의 활성화 지원 예산이 가장 많은 영역을 차지하고 있다.[113)

표 7-90 | 서울특별시 민생사법경찰의 예산 총액

(단위: 천원)

정책/단위/세부사업별	2022 예산	2021 예산	비 고	
			증감	비율(%)
총 계	1,090,394 (10억 9천만원)	1,233,207	△142,813	△11.6
민생사법경찰 활동강화를 통한 안전도시 서울	939,126	1,087,945	△148,819	△13.7
민생사법경찰 업무활성화	939,126	1,087,945	△148,819	△13.7
특별사법경찰 직무역량강화	28,648	27,285	1,363	5.0
특별사법경찰 활동 활성화 지원	813,492	896,877	△83,385	△9.3
특별사법경찰 수사 전산 시스템 구축 및 운영	96,986	163,783	△66,797	△40.8
행정운영경비	151,268	145,262	6,006	4.1
기본경비	151,268	145,262	6,006	4.1

출처: 서울특별시 특별사법경찰단 내부자료(2022. 2).

② 예산상의 문제점

현재의 예산 이외에 과거예산을 살펴보면 앞에서 언급한 예산의 현황을 이해하는데 큰 도움이 된다. 서울시 민생사법경찰의 경우 3분의 2는 25개 자치구에서 인력을 지원 받아 운영 중이기 때문에 서울특별시 민생사법경찰단(구, 특별사법경찰과)에 근무 중인 특별사법경찰공무원들은 모두 자기 소속 부서에서 급여를 받고 있는 관계로 2012년도 총 예산 13억 4,700만원은 다만 직원들의 각종 수당과 운영비성으로만 지출되고 있는 것으로 분석된다. 이러한 예산은 2022년에 특별사법경찰 인력이 축

---

113) 2022년 2월 기준 서울시 민생사법경찰단의 연간 운영비 예산은 10억 9천만원이다. 넉넉하지는 않겠지만 85명의 민생사법경찰을 운영하는데 어려움은 없는 것으로 분석된다.

소되면서 10억 9천만원대로 감소하였다. 이는 2021년에 12억 3,300만원보다 더 감소한 수치를 보여준다.

(6) 서울시 민생사법경찰(특별사법경찰)의 수사장비 분석

서울특별시 특별사법경찰의 수사장비는 16종 257개에 달하는데, 그중에서 활동차량으로는 승합차 12대, 승용차 10대 등 22대 정도를 확보하고 있다. 서울시 특별사법경찰 전체 직원이 활용할 수 있는 차량은 한 대당 5명의 특별사법경찰들이 활용할 수 있다는 계산이 가능하다. 한편 수사장비로 갖추고 있는 물품들은 영상조사녹화장비 7개, 수갑이 34개, 방검복 조끼가 10벌, 카메라 11개, 이동전화기 13개, 다중가스검출기 1개, 수질오염측정기 3개, 식품오염측정기 3개, 카메라 55대, 캠코더 54대, 음성녹취기 19대, 망원경 6대, 무전기 30대, 대용량저장장치 3개, 외장하드 디스크 12개, 차량용 하이패스 4개, 차량용 블랙박스 4대를 보유하고 있는바, 이들 특별사법경찰들이 기본적으로 갖추어야 할 장비는 대부분 보유하고 있는 것으로 분석되었다.114) 이러한 장비들은 2016년에도 거의 비슷한 수치를 보여주고 있다. 특히 2016년부터는 대부업과 다단계 분야도 새로운 업무로 다루게 된 만큼 몸으로 충돌하는 물리적 접촉 가능성도 예상되는 만큼 가스총과 같은 제압장비를 갖추는 대비가 요구되고 있다.

2022년 2월 기준 서울시 민생사법경찰단 수사관들의 장비는 〈표 7-91〉과 같이

표 7-91 | 서울시 민생사법경찰단의 보호장구 보유현황

연번	품 목	수량	사용용도
	계	68	
1	방검복	16	칼 등 예리한 흉기로부터 보호
2	수갑	39	범죄 행위자 도주 및 자해행위 방지
3	삼단봉	3	신변방어용
4	포승줄	5	범죄 행위자 도주 및 자해행위 방지
5	호신스프레이	5	신변방어용

출처: 서울시민생사법경찰단 장비의 서울시의회 업무보고서(2022).

---

114) 신현기, 서울특별시 특별사법경찰제의 실태 분석과 개선방안에 관한 연구, 한국민간경비학회, 「한국민간경비학회보」, 2012, p. 130.

다소 보완이 되었는데, 이는 매우 바람직한 일이다.

(7) 서울시 민생(특별)사법경찰의 직무교육

서울시 민생특별사법경찰의 직무교육과 관련해서 볼 때, 다른 기관의 특별사법경찰조직에서처럼 잦은 인력 교체의 현상들이 발생하고 있다. 즉 잦은 인력교체(년 45%이상)에 따라 재직 연차별·수준별로 차별화 직무교육을 실시했다. 그동안 특별사법경찰의 교육내용과 관련해서 이론식 위주의 직무교육이 주류를 이루고 있어 문제가 많다는 지적들이 적지 않았다. 이러한 문제점들을 개선하기 위한 특단의 보완조치가 나오고 최근에는 주입식 이론교육에서 탈피하여 현장중심의 실무교육으로 전환하게 되었다. 이는 늦었지만 당연한 일이다. 이렇게 현장 위주의 실무교육이 정착될 때만 그야말로 민생사법경찰의 수사역량은 제대로 강화될 수 있다고 본다.

① 기본 직무교육 강화

기본과정(기초과정)과 심화과정(전문화과정)으로 구분하여 실시하고 있다. 하나는 신규 전입자와 1년 이상 근무자를 구분하여 차별화 교육을 실시하는 것이고, 다른 하나는 기존 재직자 경우 직무적응력 향상을 위한 실무교육 위주로 실시하고 있다. 그리고 기본교육(신규 전입자)은 기본법령 및 수사실무 전반에 대한 기초교육을 중심으로 이루어지고 있다. 이에 반해 심화과정(1년 이상)은 모의사건 수사를 통한 수사기록의 작성 등 수사실무 위주로 집중교육을 실시하고 있다.

② 핵심교육 강화

직무적응력 향상을 위한 현장중심의 실무교육에 대한 강화에 집중하고 있다. 첫째, 피의자 신문, 현장단속, 강제수사 등 실습위주의 교육을 실시하고 있다. 둘째, 각종 수사장비의 활용방법, 수사활동 방법 등 기타 상황에 맞는 교육을 강화해 주고 있다. 셋째, 수사경험이 많은 검·경 수사관을 초빙하여 분야별로 사례중심의 수사 노하우를 전수해 주는 위주의 교육을 실시하고 있다.

이 밖에 IP추적, 디지털포렌식 장비 운영방법 등 첨단 수사기법의 습득을 위하여 검찰청에 실무수습을 위한 파견(2~3개월)이 이루어지고 있다. 또한 OJT(on-the job-training)를 통한 상시학습 체계도 구축하고 있다. 이를 통해 기존 경력자를 통한 수사기법의 전수(선배공무원 멘토제 운영) 및 분야별 우수 수사사례 D/B화를 통한 학습체계도 구축해 나가고 있다.

참고로 오래전부터 서울시 민생특별사법경찰들이 서울시인재개발원과 법무연수원 등에서 직무교육을 받아오고 있는데 그 교육일정을 보면 〈표 7-92〉와 같다. 법무연수원의 교육도 이전에는 이론강의 위주였지만 이제는 현장 실무 위주의 강의로 전격 전환되어 이루어지고 있다. 이는 매우 바람직한 결과로 인식된다. 한편 서울시 민생사법경찰단은 매년 직무교육계획을 4가지 방식을 통해 제공하고 있다. 해당 직원들은 자유롭게 원하는 직무교육 프로그램을 활용하도록 하고 있다.

표 7-92 | 서울시 민생사법경찰의 직무교육 추진 일정

구 분	1/4	2/4	3/4	4/4	비고
기본 직무교육(인재개발원, 2.15~2.26)	●				
법무연수원(월 1~2회, 기초·심화)	●	●	●	●	
사이버 직무교육(법무연수원, 수시)	●	●	●	●	
직무워크숍(수사기법 및 사례 발표)		●			

한편 특별사법경찰제를 시행하는 전국 17개 광역시·도 지방자치단체들 중 2008년부터 가장 선구자적 역할을 수행해온 것으로 알려진 서울시 민생사법경찰단은 직원들의 직무교육과 관련하여 전문교육의 극대화를 기하기 위해 관련 프로그램을 진행해 오고 있다.115) 이에 따라 전문교육과 워크숍을 진행하며 동시에 날로 지능화되고 있는 행정범들에 대항해 수사역량을 강화하기 위하여 다방면에서 노력을 경주하고 있다. 무엇보다 서울시 민생사법경찰의 수사상 공정성과 청렴성을 제고시키자는 쪽으로 추진방향을 정하고 실천해 나가고 있는데, 몇 가지를 소개하면 다음과 같다.

첫째, 특별사법경찰 직무교육 및 핵심인재 교육 등 훈련강화로 정예요원을 양성한다는 것이다. 즉 연 1회 2주 동안 법령 등 이론교육 및 분야별 수사실무 위주의 직무교육을 실시한다는 것이다. 동시에 식품, 환경, 보건, 정보관리 등 특화핵심교육을 수시로 실시하고 식약청 및 대검을 통해 교육과 재교육을 진행하고 있다. 서울시

---

115) 또 다른 시각에서 볼 때 사실상 2020년 이후부터는 경기도 공정국 산하 민생특별사법경찰단 및 공정특별사법경찰단이 전국 광역시도의 그 어느 민생특별사법경찰보다 월등히 활발하게 직무를 펼치고 있는 것으로 알려져 있다.

민생사법경찰단은 매년 1월에 모든 민생사법경찰 직원들이 서울시 인재개발원에 가서 1~2주 동안 직무교육을 받고 있다. 수사실무교육과정에서는 민생사법경찰단 전 수사관(수사 중인 정예요원 제외)을 대상으로 2주일간 실시하고 있는데, 주로 본 직무교육 중 다루는 핵심내용은 형법총론, 형사소송법 등 법령 및 이론의 숙지, 피의자 신문기법, 압수수색, 신병확보, 참고인 조사 등 현장수사실무 위주로 진행되고 있다. 본 직무교육에 참여하는 강사들은 주로 검찰청과 법무연수원의 교수요원들이 출장 강의형식으로 적극 참여하고 있다.

둘째, 대검 형사2과는 특별사법경찰의 직무교육(재교육)을 위해 용인 소재 법무연수원에 '특별사법경찰 교육센터'에서 서울시 민생사법경찰들이 1주에 걸쳐 특별사법경찰을 위해 제공되는 심화교육과정에 참여하여 전문성을 강화하고 있다. 이전에는 연간 1주일 과정을 5회 그리고 2주일 과정을 14회 제공하는『특별사법경찰 수사실무 심화과정』이 운영되었으나 최근 몇 년 사이에 1주과정으로 축소되고 동영상 강의로 대체하는 비율을 늘리게 되었다.116) 또한 신규 전입 특별사법경찰 사이버 영상 교육 프로그램이 2개월 과정으로 진행되기 때문에 이러한 기본교육을 병행하여 이수하면서 전문지식을 습득해 나가고 있다. 서울시 민생사법경찰단은 직원 중 자체교육 미이수자들과 갑자기 인사이동으로 인해 하반기에 전입된 자를 대상으로 그에 상응하는 사이버교육을 통해 대신 이수하도록 하기도 한다.

셋째, 특별사법경찰 직무 워크숍을 통해 현장 활동을 위한 역량을 강화하고 있다. 즉 직무분야별 수사활동의 리뷰 및 우수 수사사례의 발굴과 정보를 공유함은 물론, 활동상황에 대해 자체평가하면서 향후 활동과제도 도출하고 그룹별로 토론회도 개최하기도 한다. 서울시 민생사법경찰의 경우 이러한 교육은 상반기 4월과 하반기는 10월에 각각 1박 2일로 전직원을 대상으로 진행되고 있다. 보다 구체적인 교육내용의 중점은 활동상황에 대한 자체평가 및 향후 활동과제의 도출, 그룹별 토론회 개최 그리고 직무분야별 수사활동 리뷰 및 우수 수사사례의 발굴 및 정보공유 등에 두고 있다.

---

116) 저자는 2016년 1월 3일 용인 소재 법무연수원에 설치되어 있는 대검 소속 '특별사법경찰 교육센터'를 방문하여 전임교수들을 만나 전문교육 프로그램들에 대해 인터뷰했다. 2012년에 비해 2015년 특별사법경찰의 심화교육이 크게 달라진 점은 이론교육 위주가 아니고 완전히 실습직무교육 위주로 전환되었음을 확인하였다. 이는 지극히 당연한 개선방안이며 늦었지만 매우 다행스러운 결과로 평가된다.

넷째, 현장훈련(OJT/on the job-training)을 통한 상시 학습체계의 구축이다. 이 과정에서는 직장 및 수사현장에서 경력자로부터 수사기법을 전수 받으면서 실무교육을 강화하고 공명정대한 수사활동과 청렴 및 인권보호의 역량제고를 위한 소양교육도 실시하고 있다. 이 교육과정 역시 전직원을 대상으로 매월 1회 3시간씩 서울시 민생사법경찰 본부의 대강당에서 개최되는데 전반기에는 수사의 기초적인 실무교육과 수사관의 자세확립에 중점을 두고 있으며, 하반기는 분야별 범죄동향 등 심화교육과 소양교육을 병행하여 진행하고 있다.

(8) 서울특별시 특별사법경찰의 수사실적 분석

서울시 민생특별사법경찰의 2021년 수사실적은 식품위생분야에서 가장 많았다. 242건을 입건하여 157건에 164명을 검찰에 송치하였다. 두 번째는 식품위생 분야이다. 242건에 249명을 입건하여 검찰에는 157건에 164명을 송치하였다. 세 번째는 환경에서 156건을 입건하여 검찰에 126건(170명)을 송치하였다. 특이한 것은 화장품 분야에는 한건도 적발된 것이 없다. 대부업 분야는 15건 입건이었고 9명을 검찰에 송치하였다. 방문판매 분야도 16건 입건에 7명을 검찰에 송치하였다. 부동산 분야에서도 40건을 입건해서 24건을 검찰에 송치하였다.

표 7-93 | 2021년 서울시 민생특별사법경찰의 수사실적 715건 / 830명 입건(21. 12. 31. 기준)

구 분	입 건 (A+B+C+D)		수사중 (A)		검찰지휘 (B)		검찰송치 (C)		기타* (D)	
	건	명	건	명	건	명	건	명	건	명
합 계	715	830	134	154	67	73	512	600	2	3
방문판매수사팀	16	30	8	18	-	-	7	10	1	2
방판및다단계	16	30	8	18	-	-	7	10	1	2
환경보전수사팀	192	248	40	45	11	17	140	185	1	1
환경	156	211	20	25	9	15	126	170	1	1
석유및자동차	9	9	-	-	2	2	7	7	-	-
개발제한구역	27	28	20	20	-	-	7	8	-	-
상표수사팀	95	95	1	1	9	9	85	85	-	-
상표	95	95	4	4	6	6	85	85	-	-

시민안전수사팀	26	49	6	7	–	–	20	42	–	–
대부업	15	32	6	7	–	–	9	25	–	–
사회복지	10	16	–	–	–	–	10	16	–	–
청소년보호	1	1	–	–	–	–	1	1	–	–
주거안전수사팀	40	46	3	3	13	13	24	30	–	–
부동산	40	46	3	3	13	13	24	30	–	–
식품안전수사팀	273	282	64	64	29	29	180	189	–	–
식품위생	242	249	60	60	25	25	157	164	–	–
원산지표시	31	33	4	4	4	4	23	25	–	–
보건수사팀	48	51	2	2	5	5	41	44	–	–
의료 및 정신시설	9	11	–	–	–	–	9	11	–	–
공중위생	39	40	2	2	5	5	32	33	–	–
의약수사팀	25	29	10	14	–	–	15	15	–	–
의약	20	24	10	14	–	–	10	10	–	–
화장품	–	–	–	–	–	–	–	–	–	–
의료기기	5	5	–	–	–	–	5	5	–	–

* 타관이첩 1, 반송 1
출처: 서울시 민생사법경찰단 내부자료(2022. 2).

(9) 서울시 민생사법경찰의 운영상 문제점 및 개선방안

① 서울시 민생사법경찰의 잦은 이동 문제

익히 알려진 바와 같이 철도특별사법경찰제의 경우는 인사혁신처(처장: 차관급)에 공안직렬이 마련되어 있는 관계로 정식 공무원 모집을 통하여 선발과 배치가 이루어지고 있다. 이 때문에 철도특별사법경찰의 경우는 일단 직원들이 특별사법경찰 교육을 받고 배치되는 관계로 조직이 비교적 안정적이다. 이 때문에 철도특별사법경찰은 다른 곳으로 이동이나 파견 되는 제도가 아니므로 조직이 안정적일 수밖에 없다. 이와는 반대로 지방자치단체에서 수행하고 있는 특별사법경찰제는 사정이 조금 다르다. 즉 서울시 민생사법경찰의 경우 25개 자치구로부터 직원을 파견받는 형식으로 운영하다보니 2년 이내에 대부분 자기 공조직(자치구 등)으로 복귀하는 일이 잦다. 이러한 잦은 인력교체는 결국 새로이 직무교육과 직무재교육을 통해 베테랑 수사관으로 만들어지더라도 머지않아 특별사법경찰 조직을 떠나 자기 소속으로 복귀하는 일이 빈번하다. 특히 별도로 인사고과에 대한 인센티브 제도가 마련되어 있지 않은 관계로 서울시 특별사법경찰단은 이러한 고질적인 잦은 인력교체문제를 근본적으로 해결하기 위해 특별사법경찰들의 자질향상과 조직의 수사역량을 어떻게 극대화시킬 것인가에 대한 큰 고민을 가지고 있다. 결국 이 문제의 근본적 해결은 파견을 받지 말고 자체적으로 공무원을 확보하고 질 높은 수사직무교육을 시키며 전문수사관제도로 정착시키는 일이다. 문제는 자체인력 확보를 위해 예산을 확보해야 하는 두 가지 과제와 동시에 맞물려 있다. 그럼에도 불구하고 2022년 2월 현재에도 서울시민생사법경찰은 여전히 서울 시내 25개 자치구로부터 20명의 인력을 지원 받고 있다(85명/시 65명, 자치구 20명).

② 사건 수사비 부족 문제

서울시 민생사법경찰들이 행정범을 적발한 후 본격적인 수사를 진행하는 동안 수사비(특수활동비)에 대한 예산과목이 확보되지 않아 예산을 받을 수 없는 관계로 어려움을 겪었었다. 그러나 이러한 문제는 2022년 2월 기준으로 볼 때, 어느 정도 해소가 된 것으로 보인다. 물론 충분하지는 않지만 일단 특사경으로 지명을 받은 직원들에게는 매달 20만원씩 수사비가 지급되고 만일 저녁에 잠복근무를 해야 하는 등의 수사시에는 저녁 식비 등이 실비처리되고 있다.

이 문제는 서울시 민생사법경찰뿐만 아니라 철도특별사법경찰 조직에서도 똑같이 나타나는 시급한 문제점이었다. 물론 기본 운영비에서 실비는 지급되고 있지만 독자적인 수사비가 없어(2022년 현재는 20만원 정도 지급 중) 어려움을 겪었었다. 이는 국가경찰의 경우 매달 수사비가 책정되어 지급되고 있는 것에 크게 대비되었던 대목이다.[117]

다행히 철도특별사법경찰대의 경우는 수년전 수사비가 월 5만원 정도 지급되기는 했다. 그리고 별도로 중대한 열차사고가 발생한 경우 현장으로 출동해야 하는 관계로 그 사건의 중대성에 따라 약간의 수사비가 지급되는 미약한 수사비 지급 개선방안이 마련되었다. 하지만 이것마저도 그당시 직원 수가 다소 늘어나면서 분배하다보니 액수가 높지 않았다. 특별사법경찰들을 위해 적극 지원해 주어야 할 이러한 사

---

117) 신현기, 서울특별시 특별사법경찰제의 실태 분석과 개선방안에 관한 연구, 한국민간경비학회, 한국민간경비학회보, 제11권 제3호, 2012, p. 133.

건 수사비의 부족 문제는 어제 오늘의 이야기가 아니며 행정분야에서도 지능범죄가 꾸준히 증가하고 있다는 점을 감안하여 근본적인 해결방안을 강구해야 할 것이다. 이는 특별사법경찰제를 운영하는데 있어서 주요 과제이면서 문제점이기도 하다.

③ 서울특별사법경찰의 인사상 불이익 문제

2022년 2월 기준 서울시 민생사법경찰과에서 근무하는 직원들 85명 가운데 시 65명, 25개 자치구 20명으로 구성되어 근무 중이다. 이들 중 20명의 인원이 서울시 25개 자치구에서 파견되어 온 인력인데, 이들이 서울중앙지방검찰청 검사장의 지명을 받아 민생사법경찰의 직무를 수행하고 있다. 사실 이들은 파견되어 나온 공무원들로 조직을 이루다 보니 아무래도 그 소속감이 미약할 수밖에 없다고 많은 연구들이 지적하고 있다. 무엇보다 이들은 애초에 파견을 원하지도 않았는 데도 불구하고 타의반 자의반 발령을 받고 자기 소속 근무지를 이동해 민생사법경찰로 자리를 옮겨 근무하다보니, 물론 민생사법경찰 업무가 적성에 맞아 잘 적응하는 사람도 있겠지만, 대부분이 하루 속히 원래 자기 자치구의 소속과로 되돌아가고 싶어 한다는 점이 지적된다. 추측컨대 이들은 파견보다는 원래 자기 소속 부서에서 인사고과를 잘 관리하는 것이 장차 승진하는데 더 유리하기 때문에 큰 고민이 될 수밖에 없을 것이다.

특히 파견근무자가 많은 조직에서는 그 파견 근무로 인한 소속감 결여와 과다한 업무량에도 불구하고 파견근무에 따른 비교적 낮은 인사고과 점수를 받을지도 모른다는, 즉 승진에서 인사상 불이익을 받을 수밖에 없을 것이라는 점이 하나의 고민이다. 따라서 서울시 민생사법경찰제가 발전하기 위해서는 현재 순수 서울시에 소속을 둔 공무원들로 민생사법경찰의 직무를 수행중인 자체 직원 수를 더 늘리는 것 이외에는 특별한 대안이 없다고 평가된다. 이런 의미에서 서울시 특사경의 경우 20명의 자치구 파견인력 수만큼 시공무원으로 채우는 것이 바람직하다고 본다.

④ 자치구 파견 인력의 잦은 교체로 직무역량 제고 문제

서울시 특별사법경찰단에는 25개 자치구에서 파견되어 온 총 인력이 전체 특별사법경찰 85명 중 20명이다. 이처럼 서울시 자체 직원으로 100% 운영되는 것이 아니라 파견을 받아 운영하다 보니 파견기간이 짧게는 1~2년 정도이다. 전장에서 언급했듯이 서울시내 25개 자치구에서 파견되어 온 특별사법경찰 직원 중 그 파견기간

종료 이전일지라도 승진 등 일신상 사유를 대고 자기의 본래 소속으로 복귀하는 사례가 적지 않다는 점이다. 이러한 문제는 비단 서울시 민생특별사법경찰단 혼자만의 사정은 아니고 전국적인 사안일 것으로 본다. 종합적으로 볼 때 이러한 파견인력은 매년 40%가 교체되는 실정이다.[118] 서울시에 따르면 이러한 현상은 최근에도 대동소이한 현상이다.

이와 같은 잦은 인력의 교체로 인해 결국에는 민생특별사법경찰 직무의 연속성 및 전문성 확보가 상당히 곤란한 실정이다.

⑤ 파견 희망자 부재 등 자치구 인력 파견의 어려움 문제

서울시 산하 25개 구청에서 민생사법경찰과에 자치구에서 파견된 공무원의 경우 그들에 대한 근무평정과 승진 등은 서울시 민생사법경찰과의 소관이 아니라 각 자치구의 고유 인사권한에 속하는 사안이다.[119] 따라서 파견되어 온 특별사법경찰들은 자기 소속의 과에서 평가받는 사람들보다 아무래도 고과점수에서 파견으로 인한 불이익을 감수해야 할지도 모르는 어려움에 처해 있다. 따라서 파견된 특별사법경찰들에게 가점을 부여하는 획기적인 대안이 나오도록 적극적인 방안을 강구해야 한다.

⑥ 인력수급의 어려움과 고급인력 파견에 대한 거부감 문제

모두 그런것은 절대로 아니지만 일부 25개 자치구 중에서 서울시 민생사법경찰단에 인력을 파견하면서 비교적 연령이 높거나 혹은 업무수행 능력이 다소 부족한 인력을 파견하는 경향이 있다는 지적이 오래전부터 있었다.[120] 이러한 문제가 실제로 있었는지는 확인된 바 없지만 사실 이러한 문제가 경우에 따라서 발생할 수 있을지라도 서울시 민생사법경찰의 현체제로는 25개 자치구로부터 우수 인력들을 유인해 올 수 있는 뚜렷한 대책이 마땅하지 않은 게 사실이다. 25개 자치구들 차원에서도 가급적이면 우수인재를 파견하지 않으려는 경향을 보일 가능성도 완전히 배제할 수 없다고 본다. 이러한 문제로 인해 서울시 사법경찰단은 민생사법경찰 관련 우수인재를 확보하는 데 어려움을 겪고 있다고 가정할 때, 가급적이면 예산을 확보하여 자체

---

118) 최갑영, 서울특별시 특별사법경찰 추진성과 및 운영현황 보고, 제1회 한국특별사법경찰학회 학술세미나 자료, 2012, pp. 132-133.
119) 최갑영, 상계논문, p. 135.
120) 최갑영, 전게논문, p. 132.

시청공무원을 증원해 민생사법경찰단을 활성화 해 나가는 것이 가장 이상적인 조직 운영이라고 보여진다.

⑦ 자체 전담 시료 분석기관(팀) 부재로 인한 수사의 효율성 문제

서울시 민생사법경찰의 경우 행정범 관련 직무의 수행 시 환경, 위생, 식품 등과 관련된 행정범죄 행위들을 정확하게 확인하기 위해서는 서울시 보건환경연구원 등의 도움을 신속하게 협조 받아야 하지만 실제에서는 아쉽게도 그곳으로부터 일부 정해진 항목(식품별 규격기준)을 제외하고는 큰 도움을 받을 수 없어 곤란을 겪는다는 문제점도 상존한다. 이뿐만 아니라 행정범을 적발하고 그와 관련된 범죄 증거의 입증을 위해 국과수에 의뢰할 때도 약 1개월이 소요되기도 한다. 민생사법경찰의 업무도 빠른 검사 결과를 요하는 시급성이 요구된다. 이러한 문제점들로 인해 수사의 난항에 직면하기도 한다.

⑧ 정책제언

특히 특별사법경찰의 조직과 인력이 점차적으로 늘어나고 있는 추세를 보이고 있는데 반해, 이를 관리해 줄 검찰조직은 미처 따라가 주지 못하고 있는 것 또한 사실이다. 이에 따라 대검찰청에서도 특별사법경찰들의 전문성 강화를 위한 「특별사법경찰법」과 「특별사법경찰 집행부의 직무집행규정이나 규칙」을 제정하기 위해 더 적극적으로 나서주어야 한다.

4. 부산광역시 특별사법경찰

1) 부산광역시 특사경의 조직도

시장과 부시장 산하 시민안전실 속에 특별사법경찰과로 운영하고 있다. 특별사법경찰과장은 4급 서기관이다.

그림 7-27 | 부산광역시 특별사법경찰의 조직 현황

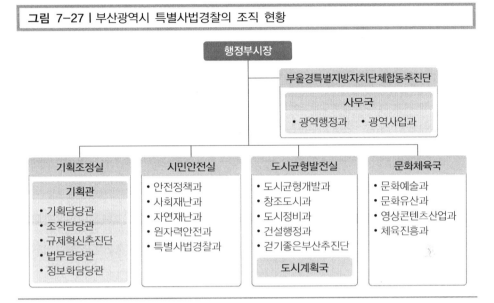

출처: 부산시청 홈페이지: https://www.busan.go.kr/bhinspec01.

2) 부산광역시 특사경 현황

한때 부산광역시는 우리나라에서 두 번째로 인구가 많은 큰 도시였다. 오늘날에는 광역시도 중 경기남북부 지역이 1,390만명으로 가장 많고 두 번째는 서울특별시이다. 그리고 세 번째로 인구가 많은 곳은 부산시이다. 사실 경기도 북부지역을 나누어보면 인구가 350만명이 넘어서 부산광역시보다 더 많은 수치를 보여준다.

부산광역시도 2008년에 시청 차원에서 직접 특별사법경찰제를 도입하였다. 물론 기초단위 차원에서 특사경은 오래전부터 운영되어 왔다.

3) 부산광역시 특사경의 인력

부산광역시 특사경의 인력은 〈표 7-94〉에서 보는 바와 같이 2019년 22명, 2020년 26명, 2021년 26명, 그리고 2022년 2월 현재 26명을 보여준다. 2020년부터 2022년까지 3년간 26명으로 운영하고 있다.

4) 부산광역시 특사경의 예산액

부산광역시 특사경의 예산액은 2019년 2억 3,400만원에서 2020년 1억 9,300만원으로 대폭 감소하였다. 그러다가 2021년에 다시 2억 3,300만원으로 대폭 증가하였다. 2022년에는 500만원이 증가하여 2억 3,800만원으로 확대되었다.

5) 부산광역시 특별사법경찰의 단속실적 현황

부산광역시 특별사법경찰의 위반사범 관련 단속실적은 2019년 294건, 2020년 219건, 2021년 232건, 2022년 2월 현재 48건을 보여준다.

표 7-94 | 부산광역시 특별사법경찰의 인력, 예산, 단속실적 현황(2019~2022. 2)

구 분	2019년	2020년	2021년	2022년(2.28. 현재)
예산액(백만원)	234	193	233	238
위반사범 단속실적(건)	294	219	232	48
인력 수(명)	22	26	26	26

출처: 인천광역시 특별사법경찰과, 행정정보공개청구 자료(2022. 2).

6) 부산시 특별사법경찰의 직무교육

부산시 특별사법경찰의 경우도 특사경으로 지명을 받으면 용인 소재 법무연수원 특사경센터에 가서 기초직무교육을 받게 된다. 그리고 기타 교육원 등과 연계해 보충 교육이 이루어지고 있다. 2020년과 2021년 그리고 2022년은 코로나19의 세계적 펜데믹 때문에 관련 교육 기관이 제공하는 동영상 교육으로 대체하고 있다. 코로나가 꺼진다면 또다시 오프라인 방식으로 이전처럼 직접 모여서 교육이 이루어질 것으로 보여진다.

5. 인천광역시 특별사법경찰

1) 인천시 특별사법경찰과의 현황 분석

관련법에 따라 특별사법경찰관은 검사의 지휘를 받으면서 단속과정에서 적발한 이른바 행정법 관련 위법사항을 직접 수사 또는 인지수사를 할 수 있으며, 수사종료 후 위법한 사건으로 적발된 경우 검찰에 송치하는 수사권을 보유한 행정공무원으로 정의된다.

인천시 특별사법경찰과는 2008년 8월 1과 3팀 13명으로 창설되어 업무를 시작하였으며, 지명분야는 원산지, 환경, 식품, 공중위생, 청소년, 보건, 도로관리, 수산업, 개발제한 구역 등 9개를 지명받았다. 그동안 발전을 거듭하여 인천시 특별사법경찰은 추가로 환경·수산·소방 등을 지명받아 10개 분야로 늘어났다. 인천시 이외에 군·구 소속으로 교통·산림 등 11개 분야에 282명 등 총 349명의 특별사법경찰관이 활동했다.[121]

그림 7-28 | 인천시청 특별사법경찰과 조직도 현황(2022. 3. 2)

출처: 인천시청 홈페이지(2022).

2) 인천시 특별사법경찰과의 인원 현황

2013년 기준으로 인천시 특별사법경찰과의 직급별 특별사법경찰관(리)의 총인원은 4급과장 이외에 42명이었다. 이러한 인력 수는 2014년에는 45명으로 증원되었다가 2015년에 가서 다시 37명으로 감소하는 현상을 보였다. 인천시 특별사법경찰의 인원은 연도마다 증가와 감소를 반복하는 추세를 보여주고 있음을 알 수 있다.[122]

인천광역시 특별사법경찰의 직급별 인원에서 2015년에는 전년도에 비해 가장 크

---

121) http://blog.daum.net/dnswn7/17062315(검색일: 2016. 1. 20).

122) 인천에는 시 소속으로 식품·환경·수산·소방 등 10개 분야에 67명, 군·구 소속으로 교통·산림 등 11개 분야에 282명 등 총 349명의 특별사법경찰관이 활동하고 있다(http://blog.daum.net/dnswn7/17062315(검색일: 2016. 1. 20))고 알려져 있으나 인천시에 행정정보공개청구 자료에 의하면 다소 차이가 나타나고 있다.

게 눈에 띠는 것은 행정 6급인데 2014년 8명에서 2015년에는 3명으로 급속하게 감소했다. 나머지 인원은 대부분 그대로이며 극히 한두 명 정도의 증감이 있었다.

표 7-95 | 인천광역시 특별사법경찰의 직급별 인원(2015년/37명)

구분	공업			농업		보건			사무 운영 8급	시설		운전 8급	해양 수산 6급	행정				환경		
	5급	6급	7급	6급	7급	5급	6급	7급		6급	7급			4급	5급	6급	7급	5급	6급	7급
인원	1	1	2	1	1	1	3	2	1	1	1	1	4	1	2	3	2	1	5	3

출처: 인천광역시 특별사법경찰과, 행정정보공개청구 자료(2016. 1).

2022년 2월 인천특별사법경찰과의 정원은 23명이지만 현원은 20명을 보여주고 있다. 식품위생수사팀이 가장 많은 9명을 차지하고 있다.

표 7-96 | 인천특별사법경찰과의 주요업무와 정원 수(2022. 2)

담당(팀)	주요 업무	정원	현원	비고
합 계		23	20	
수사정책팀	• 특사경 수사역량 강화 • 개발제한구역 및 청소년보호 분야 수사	7	5	
환경수사팀	• 환경분야 수사 • 수산(원산지) 분야 수사	7	7	
식품위생수사팀	• 식품, 공중위생, 의약품, 의료분야 수사 • 농·축산물(원산지) 분야 수사	9	8	

출처: 인천특별사법경찰과, 내부자료(2022. 2).

2021년 7월 1일 문재인 정부에서 자치경찰제 도입으로 민생범죄 접근이 용이한 특사경의 역할과 책임이 커지고 있다. 특히 전국적으로 특사경 조직과 직무분야를 확대하는 추세에 있음은 주지의 사실이다. 예를 들어서 서울은 16개 분야(1단 10팀 87명)이며 경기도특별사법경찰은 33개 분야(2단 21팀 193명)로 확대하여 수행 중이다.

3) 인천시 특별사법경찰과의 연도별 총예산 현황

인천시의 특별사법경찰의 총예산은 특별사법경찰 수사활동비를 포함하여 2013년에 2억 2,300여만원에서 2014년에는 1억 9,000여만원으로 감소하더니 2015년의 경우에는 더 감소추세를 보여 1억 8,100여만원으로 나타났다. 인천시의 경우도 특별사법경찰 인력이 감소하는 추세에 있고 또한 예산규모도 줄어들고 있는 것으로 통계가 보여주고 있다.123)

표 7-97 | 특별사법경찰과의 연도별 예산

(단위: 천원)

연 도	예산액(특별사법경찰 수사활동비 포함)
2013	223,733
2014	190,289
2015	181,008

출처: 인천광역시 특별사법경찰과, 행정정보공개청구 자료(2016. 1).

인천시 특별사법경찰의 예산을 보면 2020년에 1억 2,000만원, 2021년에 1억 1,600만원 그리고 2022년에 1억 1,300만원으로 책정되었다.

표 7-98 | 인천시 특별사법경찰의 예산현황

(단위: 백만원)

2020	2021	2022	2021년 대비 2022년 예산 증감 사유
120	116	113	• 수사차량 전기차 사용으로 인한 차량 유류비 감액 등 6%
6%(7)	3%(△4)	3%(△2)	(수사차량 총 4대 중 전기차 2대 ⇒ 4대)

출처: 인천특별사법경찰과, 내부자료(2022. 2).

4) 인천시 특별사법경찰과의 연도별 범죄 적발 현황

인천시가 특별사법경찰제를 도입한 이후 특별사법경찰은 농축산물 판매업소, 학교 납품 김치제조업체, 청소년 유해업소 등에 대한 지속적인 점검과 단속을 벌여 법을 위반한 업체들을 적발하여 검찰에 송치해오고 있다. 인천시 특별사법경찰의 직무 추진방향은 다른 중앙행정기관이나 지방자치단체에서처럼 이른바 행정사각지대의 행정법규 위반사범을 적극적으로 적발하여 범죄를 사전에 예방함은 물론이고, 더 나

---

123) 본 자료는 연구자가 직접 인천광역시 특별사법경찰과에 행정정보공가청구를 통해 받은 자료이다.

아가서 불편·불쾌·불안요인을 사전에 제거하고자 미리미리 강도 높은 단속활동을
펼치는 것으로 추진하고 있음을 알 수 있다.

  이해를 돕기 위해 인천시 특별사법경찰과의 연도별 범죄 적발건수를 살펴보면
2013년 442건에서 다음 해인 2014년에는 362건 그리고 2015년에는 349건으로 증가
와 감소를 반복하고 있음을 알 수 있다.

표 7-99 | 특별사법경찰과의 연도별 범죄 적발건수

(단위: 건)

연 도	건 수
2013	442
2014	362
2015	349

출처: 인천광역시 특별사법경찰과, 행정정보공개청구 자료(2016. 1).

5) 인천시 특별사법경찰과의 행정범 처분 유형 현황

  2015년에도 행정범 처분은 총 325건에 378명을 적발하여, 이것을 검찰에 송치하
였다. 특히 식품위생 분야에서 가장 많은 132명을 적발하였고 그 다음은 환경과 수
산업 분야에서 각각 58건이었으며 개발제한에서 적발한 건수도 34건에 달했다. 전
체 검찰에 송치한 건수도 20건이며 26명에 달했다. 하지만 이러한 수치는 2014년에
비해 현저하게 낮아진 결과를 보여주고 있다.

표 7-100 | 인천시 특별사법경찰의 행정범 처분유형(2015년)

(단위: 건)

분야별	송치		수사중 (검찰)		처분완료		기 소				불기소			
							구약식		구공판		기소유예		혐의없음	
	건수	인원	건수	인원	건수	인원	건수	인원	건수	인원	건수	인원	건수	인원
총 계	325	378	20	26	305	352	217	247	10	13	69	81	9	11
환 경	58	98	6	12	52	86	37	56	2	3	12	24	1	3
청소년	13	13	0	0	13	13	1	1	0	0	12	12	0	0
개발제한	34	44	0	0	34	44	28	36	2	4	4	4	0	0

식품위생	132	132	10	10	122	122	95	95	3	3	21	21	3	3
공중위생	11	11	0	0	11	11	7	7	2	2	0	0	2	2
원산지표시	7	7	0	0	7	7	5	5	0	0	2	2	0	0
보건의약	1	1	0	0	1	1	0	0	0	0	0	0	1	1
수산업	58	60	0	0	58	60	39	41	0	0	17	17	2	2
축산위생	11	12	4	4	7	8	5	6	1	1	1	1	0	0

출처: 인천광역시 특별사법경찰과, 행정정보공개청구 자료(2016. 1).

2021년 인천시 특별사법경찰의 분야별 행정범의 처분 현황을 살펴보면 〈표 7-101〉 과 같다. 행정범 입건은 235건에 321명이었다. 검찰에 송치는 239건에 335명이었다.

표 7-101 | 인천시 특별사법경찰의 분야별 행정범 처분 현황(2021. 12. 31 기준)

구 분	2021 입건(A=B+C)							송 치						수사중(C)('21사건)		비고
	계		기획수사			고발사건		소계		'21사건(B)		'20사건				
	건수	인원	횟수	건수	인원	건수	인원	건수	인원	건수	인원	건수	인원	건수	인원	
계	235	321	26	120	142	115	179	239	335	165	216	74	119	70	105	
환 경	88	146	6	23	34	65	112	112	182	55	90	57	92	33	56	
개발제한	13	26	2	–	–	13	26	8	13	5	10	3	3	8	16	
청소년 보호	–	–	2	–	–	–	–	–	–	–	–	–	–	–	–	
수 산	23	31	2	14	19	9	12	18	29	16	21	2	8	7	10	
식 품	37	37	4	25	25	12	12	24	25	20	20	4	5	17	17	
공중위생	27	27	2	19	19	8	8	30	30	27	27	3	3	–	–	
의약품	3	4	1	1	2	2	2	4	7	3	4	1	3	–	–	
의 료	5	5	–	3	3	2	2	5	5	5	5	–	–	–	–	
원산지 수산물	14	15	3	11	11	3	4	14	15	14	15	–	–	–	–	
원산지 농·축산물	25	30	4	24	29	1	1	24	29	20	24	4	5	5	6	

출처: 인천시 정보공개신청을 통한 내부 자료임(2022. 2. 28).

그리고 〈표 7-102〉에서 보는 바와 같이 인천시 특별사법경찰의 처분내역을 보면 다음과 같이 환경, 개발제한구역, 청소년 보호, 수산, 식품, 공중위생, 의약품, 의료, 원산지표시 분야에서 165건에 216명이었다. 처분완료는 126건에 162명이었다. 구약식(벌금)은 85건에 105명이었다. 구공판은 1건에 1명이었고, 기소유예는 36건에 50명이었다.

표 7-102 | 인천시 특별사법경찰의 처분내역(2021. 12. 31 기준)

분 야 별		송 치 (B=D+G)		처분완료 (D=E+F)		기 소(E)				불기소(F)				처분중 (G)	
						구약식		구공판		기소유예		기타			
		건수	인원	건수	인원	건수	인원	건수	인원	건수	인원	건수	인원	건수	인원
계		165	216	126	162	85	105	1	1	36	50	4	6	39	54
환 경		55	90	42	72	21	36	–	–	19	32	2	4	13	18
개발제한구역		5	10	1	1	1	1	–	–	–	–	–	–	4	9
청소년 보호		–	–	–	–	–	–	–	–	–	–	–	–	–	–
수 산		16	21	9	11	6	8	–	–	3	3	–	–	7	10
식 품		20	20	17	17	12	12	1	1	4	4	–	–	3	3
공중위생		27	27	23	23	23	23	–	–	–	–	–	–	4	4
의 약 품		3	4	2	2	1	1	–	–	–	–	1	1	1	2
의 료		5	5	3	3	2	2	–	–	1	1	–	–	2	2
원산지	수산물	14	15	14	15	10	11	–	–	3	3	1	1	–	–
	농·축산물	20	24	15	18	9	11	–	–	6	7	–	–	5	6

출처: 인천시 특별사법경찰과, 내부자료(2022).

6) 인천시 특별사법경찰과의 직무교육

다른 광역시·도 특별사법경찰의 경우처럼 인천광역시 민생사법경찰의 경우도 용인 소재 법무부 법무연수원 특별사법경찰교육센터(대검 형사 2과 소속)에 마련된 직무교육에 2013년 9명, 2014년에 10명 그리고 2015년에 14명이 참여하는 등 매년 지속적으로 재교육을 위한 참여자 수가 증가하였다. 이는 매우 바람직한 현상으로 평가된다. 그 이유는 직무와 관련된 교육은 프로그램만 제대로 잘 짜여져 있다면 아무리 많이 참여해도 부족함이 없기 때문이다.

표 7-103 | 인천광역시 특별사법경찰의 직무교육 참여 현황

(단위: 명)

연 도	인 원
2013	9
2014	10
2015	14

출처: 인천광역시 특별사법경찰과, 행정정보공개청구 자료(2016. 1).

특별사법경찰로 지명되는 공무원의 경우 형사소송법 지식과 수사실무에 관한 직무교육이 매우 중요하다. 곧바로 행정범들을 대상으로 형사소송법에 따라서 검사의 지휘를 받으면서 수사를 진행해야 하기 때문이다. 그런데 2019 코로나19로 인한 세계적 펜데믹 때문에 우리나라도 2020년, 2021년, 2022년 등 3년째 집단 오프라인 직무교육이 불가능한 관계로 특별사법경찰 기관의 특사경들이 용인 법무연수원에 설치된 특사경직무교육에 참여하지 못하고 있어 어려움에 직면해 있다. 다만 벌써 3년째 그 대안으로 동영상을 제공하는 학습방식을 통해 대체하고 있다. 그러나 이러한 수사업무는 직접 오프라인 강의에 의해 멘토와 멘티가 토론하며 수사기법 등을 전수해야 하는 방식이 절대적인데 이것이 중단되어 있다.

6. 대구광역시 특별사법경찰

1) 현황 분석

대구광역시의 경우 특별사법경찰은 서울시 특별사법경찰과 함께 2008년에 창설되었다. 소속은 시민안전실 민생사법경찰과로 하며 지명분야는 9개 분야인데 식품보건, 식품, 원산지, 환경, 약사, 농수산물, 자동차, 공원, 청소년, 공중위생, 개발제한구역 등이다.

2) 대구광역시 특별사법경찰의 총인원

대구광역시 특별사법경찰의 2013년~2015년까지 대구지방검찰청으로부터 지명되어 특별사법경찰의 직무를 수행한 인원은 2008년 3월 처음 시작할 때, 정원이 8명이고 현원은 12명이었다. 이것이 2013년도에는 74명이었으나, 다음 해인 2014년에는 58명으로 무려 16명이나 대대적으로 감소했다. 여기에 그치지 않고 2015년에도 역시 4명이나 추가로 줄어들었다. 특히 감소된 분야는 소방인력 중 특별사법경찰 지명철회에서 감소한 인원으로 파악되었다.

표 7-104 | 대구광역시 특별사법경찰의 총인원

(단위: 명)

연 도	특별사법경찰의 대구광역시·군·구의 특별사법경찰 총인원(명)
2013	74(대구시와 군 및 구 포함 인원)
2014	58(대구시와 군 및 구 포함 인원)
2015	54(대구시와 군 및 구 포함 인원)

출처: 대구광역시 특별사법경찰과, 정보공개청구자료(2016. 1).

그러나 이러한 특별사법경찰관(리)의 수는 시·군·구 특별사법경찰을 모두 포함한 인원이다. 즉 대구광역시청 내의 순수 특별사법경찰의 인원은 시청인력이 10명이고 군·구에서 파견 나온 직원은 고작 4명으로 총인원은 14명에 불과하다. 이러한 수치는 2008년 대구광역시가 특별사법경찰제를 도입할 시 총 12명이었는데, 대략 8년이 지난 2016년 1월 기준으로 겨우 2명 증가하는데 그치고 있다. 더구나 행정법 위반 적발 건수가 지속적으로 줄어들고 있는 것으로 파악되고 있는데 인력의 감소로 인한 원인과 무관하지 않아 보인다. 인력을 충원하고 민생사범들, 즉 행정법 위반자들을 체포해 민생분야가 안정되어 시민들이 안정된 삶을 영위하게 해주어야 하는 일은 매우 긴요한 것이므로 원인을 분석하고 본 제도를 활성화하는 데 대구광역시의 적극적인 노력이 필요하다고 본다.

이는 서울시의 민생사법경찰에 대한 인력이 110여명에서 130여명으로 증원시켜 향후 특별사법경찰업무를 더욱 확대 및 활성화시키고 시민들의 민생분야를 안정화시킴은 물론 지명분야까지도 확대하는 것과는 사뭇 대조적이다. 이러한 상황에서 볼 때, 대구광역시 민생사법경찰과의 인원도 확대하는 노력이 필요하다고 본다.

한편 2022년 2월 기준 대구시 특별사법경찰과에서 근무중인 특사경의 인력은 민생사법경찰과장을 비롯하여 총 15명으로 이루어져 근무 중이다. 이것은 대구광역시 산하 시군 소속의 특별사법경찰을 제외하고 순수 대구광역시 소속의 특별사법경찰관 만을 의미하는 인원이다.124)

표 7-105 | 연도별 대구광역시 민생사법경찰과의 인력 수(2022. 2. 28 현재)

연 번	연 도	인 원	비 고
총 계		312	
1	2019	81	
2	2020	77	
3	2021	77	
4	2022	77	

출처: 대구광역시 특별사법경찰과, 정보공개청구자료(2022. 2).

3) 대구광역시 특별사법경찰과의 총예산

대구광역시 특별사법경찰관의 예산은 인원이 많지 않고 직원들의 급료와는 무관한 순수 운영비 명목의 예산뿐이므로 당연히 그 예산규모가 크지는 않다. 2013년에 5,700여만원, 2014년에 7,800여만원 그리고 2015년에는 9,000여만원 정도였다. 2013~2015년 기준으로 이러한 예산 수치는 매년 증가하는 추세를 보여주었다. 그러나 대구광역시 민생사법경찰의 경우 인력은 지속적으로 감소하고 있는데 반해, 의외로 운영비 예산은 지속적으로 증가해 왔다.

표 7-106 | 대구광역시 민생사법경찰과 예산

(단위: 천원)

연 도	특별사법경찰의 예산
2013	57,180
2014	78,733
2015	90,250

출처: 대구광역시 특별사법경찰과, 정보공개청구자료(2016. 1).

2022년 2월 기준 대구광역시 민생사법경찰과의 순수 운영 예산은 8,400만원이다.

---

124) https://www.daegu.go.kr/index.do?searchCondition(검색일: 2022. 3. 2).

2021년 6,900만원에서 2,500만원 정도가 증액되었다.

표 7-107 | 연도별 대구광역시 민생사법경찰과의 순수 운영 예산(2022. 2. 28 현재)

연 번	연 도	예산액(단위: 백만원)	비 고
총 계		311	
1	2019	73	
2	2020	85	
3	2021	69	
4	2022	84	

출처: 대구광역시 특별사법경찰과, 정보공개청구자료(2022. 2).

4) 대구광역시 민생사법경찰과의 행정범 처리 실적 현황

행정정보공개자료에 따르면 대구광역시 민생사법경찰과의 경우 2013년부터 2015
년까지 사건처리 건수가 매년 감소했음을 알 수 있다. 이는 민생사법경찰의 인원이
감소하면서 처리실적도 감소한 것으로 추측해 볼 수 있다. 사실 수사인력이 부족하
면 사건 처리가 증가하리라고 기대하기가 어렵다. 따라서 수사인력이 매년 감소해
오고 있고 단속인력의 손길이 미치지 못하는 사건들에 있어서 수사실적으로 이어지
지 못하고 있는 것으로 보인다. 2013년의 경우 행정범죄 사건 처리는 587건에서 검
찰송치는 518건으로 매우 높은 수치를 보여 준다. 2014년에도 총 442건의 수사에서
438건이나 검찰에 송치했으며 마찬가지로 2015년에도 적발건수 338건 중 무려 336
건이 검찰에 송치되어 높은 비율을 보여주고 있다.

표 7-108 | 대구광역시 민생사법경찰과의 수사 및 사건처리현황

연 도	합계(건)	검찰송치(건)	검찰합동(건)	고발수사(건)	인지수사(건)
2013	587	518	69	513	74
2014	442	438	4	389	53
2015	338	336	2	291	47

출처: 대구광역시 특별사법경찰과, 정보공개청구자료(2016. 1).

그러면 2015년부터 약 7년이 되는 2022년 2월 기준으로는 연도별 수사실적 현황

(입건)이 얼마나 변화되었는지 정보공개자료에 따르면 다음과 같은 변화를 보여준다. 2021년도에는 총 299건을 기록했다.

표 7-109 | 연도별 대구광역시 민생사법경찰과의 수사 및 사건처리(2022. 2. 28. 현재)

연 번	연 도	연도별 수사실적 현황(입건)	비 고
총 계		914	
1	2019	376	
2	2020	239	
3	2021	299	
4	2022	진행 중(미발표)	

출처: 대구광역시 특별사법경찰과, 정보공개청구자료(2022. 2).

5) 대구광역시 특별사법경찰의 직무교육 참여 현황

다른 광역시·도의 특별사법경찰처럼 대구광역시 민생사법경찰의 경우도 용인 소재 법무부 소속의 법무연수원 특별사법경찰교육센터(대검 형사 2과 소속)에 마련된 직무교육에 지속적으로 참여하고 있다.

주로 신규 특별사법경찰 지명자 중심으로 참여하는 경우가 대부분이다. 2013년에는 3명이 참여하는데 그쳤다. 하지만 그 다음 해인 2014년의 경우는 무려 12명으로 직무교육에 대한 참여인원이 대폭 늘어났다. 아쉽게도 2015년에는 다시 절반이나 줄어들어 단지 6명만 참여했다. 이에 대한 원인에는 여러 가지가 있을 수 있다. 즉 하나는 참여대상자가 우연히 없었을 가능성이다. 또 다른 하나는 자체 예산의 부족으로 인해 직무교육을 받고자 하는 대상자를 보낼 수 없었을 수 있다.

표 7-110 | 대구광역시 특별사법경찰 직무교육 현황

(단위: 명)

연 도	특별사법경찰 직무교육 (법무연수원 교육)
2013	3
2014	12
2015	6

출처: 대구광역시 특별사법경찰과, 정보공개청구자료(2016. 1).

대구광역시 특별사법경찰의 경우도 2019년 코로나19로 인해 특별사법경찰들의 직무교육은 동영상 학습방식으로 이루어지고 있다. 따라서 오프라인 직무교육은 벌써 3년째 중단되어 있다. 다만 코로나19가 완전히 사라지면 2023년부터는 다시 2019년 이전처럼 오프라인 방식에 따라 특별사법경찰의 직무교육이 재개될 것으로 기대된다.

7. 광주광역시 특별사법경찰

1) 광주광역시 시민안전실 산하 민생사법경찰의 조직도

광주광역시 시민안전실 산하 민생사법경찰과의 조직은 다음과 같이 구성되어 있다.

그림 7-29 | 광주광역시 특사경 조직도 현황

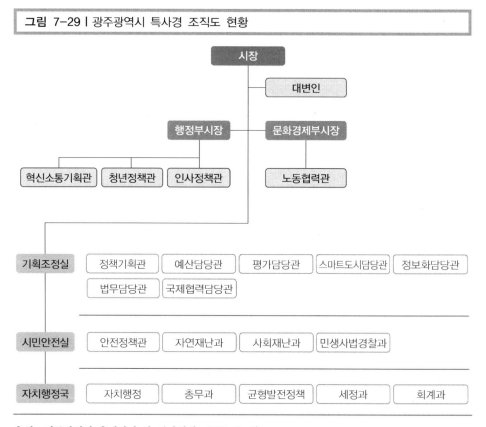

출처: 광주광역시 홈페이지 참조(검색일: 2022. 3. 2).

2) 광주광역시 시민안전실 산하 민생사법경찰의 인력

광주광역시 시민안전실 산하 민생사법경찰의 인력은 2020년, 2021년, 2022년 현재 공히 14명으로 구성되어 활동 중이다. 3년 내내 줄거나 증가 없이 동일하다.

표 7-111 | 광주광역시 특별사법경찰의 인력수

(단위: 명)

연 도	인 원	비 고
2020	14	
2021	14	
2022	14	

출처: 광주광역시 민생사법경찰단, 정보공개청구 내부자료(2022. 2).

3) 광주광역시 시민안전실 산하 민생사법경찰의 예산액

광주광역시 시민안전실 산하 민생사법경찰의 예산액은 매년 증가하였다. 2020년 1억 2,700만원, 2021년 1억 3,100만원, 2022년 1억 4,600만원이다. 인원은 동일함에도 불구하고 예산은 매년 수천만원 가량 증가한 결과를 보여준다.

표 7-112 | 광주광역시 특별사법경찰의 예산액

(단위: 백만원)

연 도	예산액	비 고
2020	127	
2021	131	
2022	146	

출처: 광주광역시 민생사법경찰단, 정보공개청구 내부자료(2022. 2).

4) 광주광역시 시민안전실 산하 민생사법경찰의 단속 실적

2022년 2월 기준 전년도의 입건은 7건에 12명, 송치는 14건에 12명, 수사중인 경우는 11건에 16명이다. 환경분야에서 가장 많은 단속과 수사가 이루어졌고 그 다음은 식품위생 분야가 차지하고 있다.

표 7-113 | 광주광역시 특별사법경찰의 위반 사범 단속실적(2022. 2월 말)

구 분			계	환 경	청소년 보호	원산지 표시	의약·의료	식품위생	공중위생	부동산
2022	입건	건	7	5				2		
		명	12	10				2		
	송치	건	14	12				2		
		명	21	19				2		
	수사중	건	11	6				5		
		명	16	11				5		
2021	입건	건	153	63	1	6	34	22	25	2
		명	216	110	1	8	41	26	28	2
	송치	건	153	64	1	6	34	22	25	1
		명	218	112	1	8	41	26	28	2
	수사중	건	2							2
		명	2							2
2020	입건	건	90	39	1	3	17	22	5	3
		명	120	61	1	4	19	26	5	4
	송치	건	85	35	1	3	17	22	5	2
		명	111	54	1	4	19	26	5	2

출처: 광주광역시 민생사법경찰단, 정보공개청구 내부자료(2022. 2).

8. 대전광역시 특별사법경찰

1) 대전광역시 민생사법경찰의 인력수 현황

2022년 1월 기준으로 대전광역시 민생사법경찰의 현 인원은 총 15명이다. 대전광역시의 자치구인 대덕구, 유성구, 서구, 중구, 동구의 민생사법경찰의 인력은 모두 179명이다. 물론 기초자치단체에서 훨씬 많은 인력을 유지하고 있다.

표 7-114 | 대전광역시 특별사법경찰 인력 수

(단위: 명)

연 도	합계	대전광역시						자치구					
		소계	본청실과	소방본부	건설관리본부	하천관리사업소	차량등록사업소	소계	동구	중구	서구	유성구	대덕구
2022. 1.	275	96	27	59	2	3	5	179	26	33	55	33	32
2021	296	100	29	59	2	5	5	196	28	35	54	45	34
2020	299	103	31	60	2	5	5	196	28	35	54	45	34

* 대전광역시 민생사법경찰과 현 인원: 15명.
출처: 대전광역시 민생사법경찰, 정보공개자료(2022. 3).

2) 대전광역시 민생사법경찰의 예산

대전광역시 민생사법경찰의 예산액은 2022년에 2억 6,400만원으로 대폭 감소되었다. 전년도인 2021년의 경우는 7억 2,900여만원이었다. 이는 무려 4억 6,500여만원이 감소된 것이다. 그 이유는 2021년도 사업이 타과로 이관되면서 예산도 함께 넘어감으로써 2022년도 예산이 대폭 감소하게 된 것이다.

표 7-115 | 대전광역시 민생사법경찰과의 예산액

(단위: 천원)

부서 편성목	예산액	전년도 예산액	비교증감
민생사법경찰과	총액 264,000	729,000	△465,000
생활현장법질서 확립	20,000	320,000	△300,000
민생사법경찰운영	20,000	320,000	△300,000

출처: 대전광역시 민생사법경찰과, 정보공개청구 자료(2022. 3).

3) 대전광역시 특별사법경찰의 단속 실적

2021년 대전광역시 특별사법경찰 단속실적 현황을 보면 다음과 같다. 즉 점검업소가 906개소, 고발인 검찰송치가 97건, 행정처분이 82건이었다.

표 7-116 | 대전광역시 특별사법경찰 단속실적 현황

(단위: 개소, 건)

연도 분야	2019			2020			2021		
	점검 업소	검찰 송치	행정 처분	점검 업소	검찰송치 (고발)	행정 처분	점검 업소	검찰송치 (고발)	행정 처분
계	898	104	92	835	83	64	906	97	82
식품위생	224	28	28	213	16	14	189	26	24
공중위생	54	8	7	106	12	11	140	14	14
의 약 품	50	4	9	31	3	2	50	4	4
환 경	328	37	37	262	36	29	269	29	19
청소년보호	25	3	3	31	4	–	25	2	–
원산지표시	162	11	0	163	4	–	162	14	13
축산물	55	13	8	29	8	8	71	8	8

* 대전광역시 민생사법경찰과 단속실적임.
출처: 대전광역시 민생사법경찰과, 정보공개청구 자료(2022. 3).

9. 경기도 특별사법경찰

1) 경기도 특별사법경찰제도의 역사

경기도청은 2009년 3월 경기도 특별사법경찰과를 신설하고 식생활 및 환경분야 등에서 전문공무원 82명을 엄정 선발하여 사법경찰권을 부여했다. 경기도 특별사법경찰단 초창기에는 1단 3담당으로 구성해 전체 22명(도 14명, 시·군 파견 8명)이 직무를 시작하였다. 2009년 5월에는 광역사법경찰 시·군지원팀(11개 팀, 68명)을 구성해 시·군에 파견하는 진전이 있었다. 2009년 6월 식품위생, 원산지, 청소년보호, 환경, 의약, 공중위생 등 6개분야(78명)로 특별사법경찰 직무지명과 인원 제청이 있었다. 2010년 11월에는 특별사법경찰지원과에서 특별사법경찰단으로 그 명칭을 전격 변경하였다. 그 후 전담조직으로서 '경기도특별사법경찰단'은 조직내 인원증원에 따라 1단 4담당 14명(2012. 3) → 1단 4팀 17명(2012. 7) → 1단 4팀 18명(2013. 1) → 1단 4팀 20명(2013. 5) → 1단 7팀 25명(2013. 7)으로 확대되었다. 경기도는 2013년에 특별사법경찰단의 총괄담당관실을 신설하여 자치행정국 소속을 옮겨서 기존의 1실 1관 6담당관 시스템에서 1실 1관 7담당관 1단 시스템으로 확대 개편하였다.125)

2009. 03. 24. 특별사법경찰지원과 신설 1단, 3담당, 22명(도 14, 시·군 파견 8)

2009. 04. 13. 법률자문검사 파견

2009. 05. 10. 광역특별사법경찰 시·군지원팀 구성 11개팀 68명, 31개 시군 파견

2009. 06. 05. 특별사법경찰관 직무지명 및 인원제청 직무분야 / 6개 분야(환경, 식
　　　　　　　품위생, 공중위생, 원산지표시, 의약, 청소년보호)

2009. 07. 13. 경기도 광역특별사법경찰 발대식

2010. 11. 25. 과명칭 변경(특별사법경찰지원과 → 특별사법경찰단)

2012. 03. 05. 조직증원 1단 3담당 → 1단 4담당

2013. 07. 01. 조직증원 및 소속 이관(조직증원) 1단 4팀 11개 수사센터 → 1단 7
　　　　　　　팀 11개 수사센터
　　　　　　　(소속이관) 본청 자치행정국 → 북부청 안전행정실

2014. 10. 02. 특사경 조직 소속 이관(북부청 안전행정실 → 본청 자치행정국)

2017. 08. 17. 허상구 법률자문검사 복귀(후임검사 미파견)

2018. 10. 01. 특사경 조직 소속 이관 본청 자치행정국 → 안전행정실
　　　　　　　과명칭 변경 및 부서 신설 특별사법경찰단 → 특별사법경찰1과
　　　　　　　특별사법경찰2과 신설(4팀, 39명)
　　　　　　　2과 11팀, 155명(도 61(43,18) 시·군 파견 94(73,21))

2018. 11. 08. 부서 명칭 변경 특별사법경찰 1과 ▶ 민생특별사법경찰단
　　　　　　　특별사법경찰 2과 ▶ 공정특별사법경찰단

2020. 03. 16. 수사팀 확대 8팀 ⇒ 14팀

2020. 06. 01. 신규지명(재난안전법, 도로법, 가축전염예방법 등 21개 법률 추가)

2020. 06. 16. 2020년도 상반기 특별사법경찰업무 최우수기관 선정(전국 최초)

2020. 08. 10. 경기도 특별사법경찰단 사건수리 및 내사처리지침(예규) 공포

---

125) 본 자료는 연구자가 직접 경기도 특별사법경찰단을 방문하여 얻은 자료를 중심으로 정리한 것
　　이다.

2) 경기도 특별사법경찰의 인력과 조직

(1) 특별사법경찰의 인력

경기도 특별사법경찰의 조직은 2013년 말 기준으로 1단 7팀, 11개 수사센터(23개 반)으로 유지하되 인력은 92명(도 25명, 시·군파견 67)으로 유지하고 있다. 경기도 민생특별사법경찰과 공정특별사법경찰의 인력은 2022년 2월 기준으로 정원 165명(일반직 160, 소방직 5), 현원 163명(일반직 158, 소방직 5)이 근무 중이다.126)

(2) 경기도 특별사법경찰의 조직 구성

경기도 특별사법경찰은 2015년 기준으로 총 7개 팀으로 구성되어 있으며, 수사총괄팀이 지명·직무, 인사, 교육, 예산 및 회계, 평가 등 특별사법경찰 운영의 총괄역할을 수행하였다. 그러나 2020년 2월 기준으로 1국, 2단, 12개팀으로 확대되어 운영 중이다.

표 7-117 | 경기도 특별사법경찰의 조직과 인력 현황

(단위: 명)

부서명	정·현원	총계	일반직						소방직			
			계	3급	4급	5급	6급	7급 이하	계	소방령	소방경	소방위
공정국	정원	165	160	1	4	33	67	55	5	1	2	2
	현원	163	158	1	4	33	65	55	5	1	2	2
공정 경제과	정원	25	25	1	1	6	8	9	–	–	–	–
	현원	25	25	1	1	6	8	9	–	–	–	–
조세 정의과	정원	35	35	0	1	7	11	16	–	–	–	–
	현원	35	35	0	1	7	11	16	–	–	–	–
민생특별 사법경찰단	정원	70	65	0	1	14	33	17	5	1	2	2
	현원	69	64	0	1	14	32	17	5	1	2	2
공정특별 사법경찰단	정원	35	35	0	1	6	15	13	–	–	–	–
	현원	34	34	0	1	6	14	13	–	–	–	–

※ 시군 파견인력(정원) 93명 별도(민생특사경 72, 공정특사경 21).
출처: 경기도 공정국 민생사법경찰단, 내부자료(2022. 2).

---

126) 경기도 공정국, 경기도의회 업무보고자료(2022. 2).

정원 外 인력 현황: 35명(시간선택제 27명, 무기계약 8명)
- 공정경제과: 16명(시간선택제 11명, 무기계약 5명)
- 조세정의과: 16명(시간선택제 16명)
- 공정특별사법경찰단: 3명(무기계약 3명)

경기도 특별사법경찰단의 조직기구는 2022년 1월 31일 기준 다음과 같이 1국(공정국)·2과(공정경제과, 조세정의과)·2단(33팀)으로 구성되어 있다. 2단은 민생특별사법경찰단과 공정특별사법경찰단이다([그림 7-30], [그림 7-31] 참조).

그림 7-30 | 경기도 특별사법경찰단의 조직도

출처: 경기도 특별사법경찰단, 내부자료(2022. 3).

그림 7-31 | 경기도 특사경 조직도

출처: 경기도 특사경: https://www.gg.go.kr/gg_special_cop/gg_special_cop-organization

(3) 경기도 특별사법경찰의 수사 12팀에서 총 33개 수사팀으로 개편

경기도 특별사법경찰은 2017년경 수사 12개팀으로 운영하였다가 여러번의 조직 개편을 거쳐 2022년 2월 기준으로 33개 팀으로 대폭 확대되었다. 즉 각 조직별로 그리고 관할지역별로 나누어 각 팀별 관리를 하고 있다. 수사관할지역은 경기도 31개 시군 전지역을 대상으로 하고 있다.

민생특별사법경찰단에는 수사총괄팀, 소방수사팀, 의약수사팀 3개와 별도로 12개의 수사팀을 운영함으로써 총 15개 팀으로 이루어져 있다.

그림 7-32 | 경기도 민생특별사법경찰단의 12개팀별 분포도

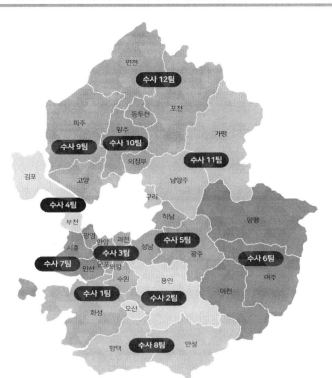

출처: 경기도 특별사법경찰단의 홈페이지, https://www.gg.go.kr/gg_special_cop/gg_special_cop-
intro-localcenter(검색일: 2022. 3. 10).

(4) 경기도 특별사법경찰의 18개 지명 분야

앞에서 언급한 대로 직무분야로는 18개이며 향후에 직무분야를 지속적으로 확대
해 나갈 예정에 있다. 경기도 광역특별사법경찰의 지명직무 18개 분야로 선정된 핵
심 내용은 도민 실생활과 직접 관련이 있는 분야로서 식품, 공중, 원산지 표시, 환경
등이다. 그리고 도민의 건강 확보와 청소년의 건전한 성장을 도모하는 분야로서 의
약, 청소년 보호 분야이다.

그림 7-33 | 경기도 민생특별사법경찰 18개 지명분야

출처: 경기도 특사경 홈페이지; https://www.gg.go.kr/gg_special_cop(검색일: 2022. 3. 2).

　한편 경기도 공정특별사법경찰은 15개 지명분야를 담당하고 있는데 위에서 소개한 민생특별사법경찰과는 달리 금융분야와 관련된 내용들을 주로 분류하여 다루고 있다는 특징을 가진다.

그림 7-34 | 경기도 공정특별사법경찰 6팀 15개 지명분야

출처: 경기도 특사경 홈페이지; https://www.gg.go.kr/gg_special_cop(검색일: 2022. 3. 2).

(5) 경기도 특별사법경찰의 기능

경기도 특별사법경찰의 기능은 도민생활의 위해분야 등 지명 직무에 대한 기획단속·수사이며 도민의 불편사항 등에 대한 정보수집 및 특별사법경찰에 대한 교육·훈련 그리고 직무능력 향상을 위한 지원 등이다.

(6) 경기도 특별사법경찰단의 업무

경기도 특별사법경찰단과 시·군 특별사법경찰 간의 직무범위와 수사 관할 비교에 관한 내용은 〈표 7-118〉과 같다.

표 7-118 | 경기도 민생특별사법경찰단과 공정특별사법경찰의 업무

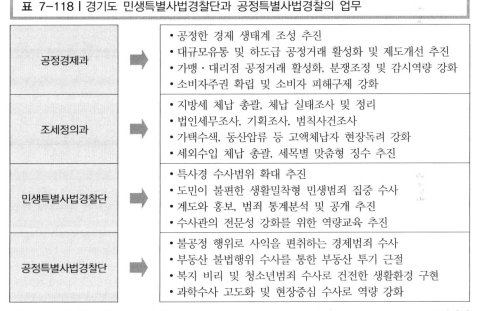

공정경제과	→	• 공정한 경제 생태계 조성 추진 • 대규모유통 및 하도급 공정거래 활성화 및 제도개선 추진 • 가맹·대리점 공정거래 활성화, 분쟁조정 및 감시역량 강화 • 소비자주권 확립 및 소비자 피해구제 강화
조세정의과	→	• 지방세 체납 총괄, 체납 실태조사 및 정리 • 법인세무조사, 기획조사, 범칙사건조사 • 가택수색, 동산압류 등 고액체납자 현장독려 강화 • 세외수입 체납 총괄, 세목별 맞춤형 징수 추진
민생특별사법경찰단	→	• 특사경 수사범위 확대 추진 • 도민이 불편한 생활밀착형 민생범죄 집중 수사 • 계도와 홍보, 범죄 통계분석 및 공개 추진 • 수사관의 전문성 강화를 위한 역량교육 추진
공정특별사법경찰단	→	• 불공정 행위로 사익을 편취하는 경제범죄 수사 • 부동산 불법행위 수사를 통한 부동산 투기 근절 • 복지 비리 및 청소년범죄 수사로 건전한 생활환경 구현 • 과학수사 고도화 및 현장중심 수사로 역량 강화

출처: 경기도 특별사법경찰단의 홈페이지, https://www.gg.go.kr/gg_special_cop/gg_special(검색일: 2022. 3. 10).

즉 경기도 차원에서 특별사법경찰로 지명 받은 자(4~7급)는 도내 전지역에서 광역단속·수사계획 수립, 위법행위 첩보 수집, 기획수사 및 검찰송치, 시·군특별사법경찰 역량 지원, 유관기관 합동 단속 등을 실시하고 있고, 시·군 특별사법경찰은 허가(신고)관리, 행정지도 및 처분, 위반사항 단속 및 과징금·과태료 부과, 감사원 운영 및 지도 등의 직무를 수행하고 있다. 이들이 단속한 후 처분활동은 전자가 체포, 구속·구금, 행정처분(요청)을 할 수 있으며, 후자의 경우는 현장 단속·수사, 경찰이첩, 검찰송치 및 행정처분을 취할 수 있다.

3) 경기도 특별사법경찰의 예산

경기도 특별사법경찰단의 총예산은 〈표 7-119〉에서 보는 바와 같이 2009년 8억 7,000만원, 2010년 8억 2,800만원, 2011년 8억 2,100만원, 2012년 8억 4,900만원으로 계속 감소 추세를 보이다가 2013년 10억 5,300만원으로 증가하였다. 2014년에는 9억 5,300만원 그리고 2015년에는 9억 9,600만원으로 10억원을 넘지 않는 정도이다.

표 7-119 | 경기도 특별사법경찰의 재원별·연도별 예산 현황

(단위: 백만원)

구 분		2009년	2010년	2011년	2012년	2013년	2014년	2015년
계(도비)		870	828	821	849	1,006	953	996
예산액	본예산		828	821	772	1,053	953	996
	1회추경	92			77	△ 47		
	예비비	778						

출처: 경기도 특별사법경찰단, 내부자료(2015. 6).

경기도 공정국 특별사법경찰단의 2015년 예산은 9억 9,600만원에서 대폭 확대되어 2022년 예산 규모는 무려 171억원으로 증가하였다. 다음의 내용은 주요 사업별 현황을 보여준다.

- (공정경제과) 동반성장 사업 추진   702백만원
- (공정경제과) 소비자권익 활성화 지원   890백만원
- (공정경제과) 소비자 정보센터 운영   459백만원
- (공정경제과) 공정거래지원센터 운영   192백만원
- (조세정의과) 지방세, 세외수입 체납자 실태조사 지원   6,969백만원
- (조세정의과) 지방세, 세외수입 체납징수활동 지원   1,950백만원
- (민생특사경) 민생안전사법경찰활동 활성화 지원   1,963백만원
- (공정특사경) 공정특별사법경찰 활성화 지원   487백만원

〈표 7-120〉에서 볼 수 있듯이 경기도 특별사법경찰단의 부서별 예산은 171억원 정도인데 93억 1,500만원으로 가장 큰 비중을 차지하고 있다. 두 번째는 공정경제과로 40억 2,400만원의 예산을 가진다. 그 다음은 민생특별사법경찰단이 22억 2,100만원의 예산을 확보하였다.

표 7-120 | 경기도 특별사법경찰단의 부서별 예산현황

(단위: 백만원)

구 분	2022년 본예산(A)	2021년 예산		전년대비 증감액(A-B)
		본예산(B)	추경포함	
계	17,139	21,580	21,578	△4,441
공정경제과	4,024	4,200	4,306	△176
조세정의과	9,315	13,940	13,898	△4,625
민생특별사법경찰단	2,221	2,055	2,072	166
공정특별사법경찰단	1,579	1,385	1,302	194

출처: 경기도 민생특별사법경찰단, 경기도의회 보고서 내부자료(2022. 2).

주요 사업별 예산을 보면 공정경제과 39억 2,200여만원이다. 조세정의과는 91억 9,900만원이다. 민생특별사법경찰단은 20억 3,300만원이다. 공정특별사법경찰단은 14억 9,400만원이다.

표 7-121 | 주요 사업별 예산현황

(단위: 천원)

부서명	세부사업명	예산액
공정국	합 계	16,650,764
	소 계	3,922,795
	공정경제 사업 추진(자체/직접)	230,200
	동반성장 사업 추진(자체/직접)	702,000
공정경제과	도민 불공정 피해조사 추진(자체/직접)	280,000
	프리랜서 지원 정책 사업(자체/직접)	35,000
	소비자권익 활성화 지원(자체/직접)	890,000
	소비자 정보센터 운영(자체/직접)	459,149

	경기도 소비생활센터 근무자 인건비(국비/직접)	30,357
	소비자안전지킴이 운영(자체/직접)	350,000
	경기도 소비자전문가 양성(자체/직접)	100,000
	공정거래지원센터 운영(자체/직접)	191,500
	공정거래 활성화 지원(자체/직접)	30,000
	중소상공인 협상력 제고 지원 사업(자체/직접)	60,000
	가맹정보등록 운영 및 정보제공 사업(자체/직접)	126,000
	유통분야 공정거래 기반조성(자체/직접)	54,000
	공정거래 상시 모니터링단 운영(자체/직접)	92,689
	공정거래 자문 및 조정위원회 등 운영(자체/직접)	61,400
	하도급분야 공정거래 기반조성(자체/직접)	109,000
	납품단가 조정지원사업(주민참여예산)(자체/직접)	121,500
	소 계	9,199,255
조세정의과	지방세정업무의 효율적인 수행(자체/직접)	64,000
	지방세, 세외수입 체납자 실태조사(자체/직접)	17,400
	지방세, 세외수입 체납자 실태조사 지원(자체/지원)	6,968,665
	숨은세원 발굴 및 체납징수 포상금(자체/직접)	80,000
	지방세, 세외수입 체납징수활동 지원(자체/지원)	1,950,000
	세무조사 및 지방세 범칙행위 조사활동 지원(자체/직접)	27,000
	광역 체납징수(자체/직접)	46,150
	지방세, 세외수입 전산운영관리(자체/직접)	46,040
	소 계	2,033,834
민생특별사법 경찰단	민생안전사법경찰활동 활성화 지원(자체/직접)	1,962,834
	수사정보 및 범죄통계의 체계적 관리를 위한 전산시스템 운영 (자체/직접)	71,000
	소 계	1,494,880
공정특별사법 경찰단	공정특별사법경찰단 활성화 지원(자체/직접)	486,760
	디지털포렌식 센터 운영 및 고도화(자체/직접)	162,600
	공정특별사법경찰 수사 지원(자체/직접)	845,520

※ 기타: 행정운영경비(489백만원)

출처: 경기도 민생특별사법경찰단, 경기도의회 보고서 내부자료(2022. 2).

4) 경기도 특별사법경찰의 분야별 단속수사 실적

경기도 특별사법경찰의 분야별 실적 현황은 2011년부터 2014년까지 1,142건부터 1,435건으로 꾸준하게 증가 추세를 보이고, 2021년에는 1,295건으로 특히 환경분야에서 적발 건수가 가장 많으며 두 번째는 식품분야가 많은 적발실적을 보여주고 있다.

표 7-122 | 민생특별사법경찰단 수사실적 현황(2021. 12. 31)

(단위: 건)

직무분야	형사처벌		
	소 계	수사중	검찰송치
소 계	1,295	143	1,152
식 품	242	19	223
환 경	516	76	440
원산지표시등	177	3	174
의 약	34	12	22
공중위생	37	7	30
소 방	52	-	52
수 산	16	-	16
해 양	9	1	8
동물보호	13	4	9
개발제한구역	71	4	67
하 천	5	-	5
관 광	17	2	15
농약(비료)	29	1	28
종자관리	-	-	0
가축방역	3	-	3
산림보호	70	14	56
공원관리	4	-	4
안 전	-	-	0

출처: 경기도 민생특별사법경찰단, 내부자료(2022. 3. 10).

5) 경기도 특별사법경찰의 보유 장비 현황

경기도 특별사법경찰의 장비도 타 특별사법경찰기관들과 비교해서 큰 차이는 없어 보이는데, 소지할 수 있는 장비의 기준이 공히 동일한 규정을 적용받기 때문으로 인식된다. 수갑 24개를 비롯해서 휴대용전등, 적외선온도계, 녹음녹화기(볼펜형), 쌍안경, 영상녹화장비, 무전기, 휴대용녹음기, 아이스박스, 레이저거리측정기, 노트북컴퓨터, 디지털 카메라, 음주측정기 정도가 사실상 전부이다. 모든 장비의 합계는 33종 697개에 달하지만 행정범 중에서도 유단자나 범법자가 있을 수 있으며, 비상시 반항에 대비한 장비가 전혀 없다는 점(예, 방검복과 까스총 등)은 우려가 예상되는 만큼, 이에 대한 대비책이 조속히 마련되어야 할 과제로 보여진다.

표 7-123 | 경기도 특별사법경찰의 장비·물품 현황(2015. 5. 31)

(단위: 천원)

구분	품 명	수량	소요예산액('09~'15)	수량	소요액	수량	소요액	수량	소요액	수량	소요액	수량	소요액	수량	소요액	수량	소요액
		합 계 (33종 697개)		2009년 구입장비 (19종 389개)		2010년 구입장비 (7종 48개)		2011년 구입장비 (4종 36개)		2012년 구입장비 (2종 31개)		2013년 구입장비 (4종 65개)		2014년 구입장비 (9종 72개)		2015년 구입장비 (2종 26개)	
	총계(33종)	697	325,487	389	232,431	48	8,331	36	6,242	31	7,293	95	33,124	72	22,067	26	15,999
	소계(25종)	346	160,832	94	83,775	48	8,331	36	6,242	31	7,293	65	33,124	72	22,067		
	계(16종)	311	115,094	92	81,431	46	6,348	31	4,750	31	7,293	53	7,703	58	7,569		
	수갑	24	2,040			10	920							14	1,120		
	휴대용전등	25	1,426			14	854							11	572		
	적외선온도계	25	3,909	1	634			2	304			11	1,585	11	1,386		
	녹음녹화기 (볼펜형)	14	3,136			7	2,065							7	1,071		
	쌍안경	12	2,736											12	2,736		
	영상녹화장비	12	54,000	12	54,000												
	무전기	24	3,600					24	3,600								
	휴대용녹음기	14	2,002	14	2,002												

구분	품목														
	아이스박스	26	1,867	13	1,009	13	858								
	레이저 거리측정기	17	2,691	1	211			5	846			11	1,634		
	노트북컴퓨터	14	11,060	14	11,060										
	디지털카메라	14	2,226	14	2,226										
	디지털캠코더	14	9,751	12	8,100	2	1,651								
	음주측정기	14	4,060							14	4,060				
	차량용 블랙박스	31	4,484									31	4,484		
	내비게이션	31	6,106	11	2,189					17	3,233			3	684
수사장비	계(9종)	35	45,738	2	2,344	2	1,983	5	1,492			12	25,421	14	14,498
	PH 측정기	1	1,156	1	1,156										
	조도계	1	1,188	1	1,188										
	적외선야시경	1	1,103			1	1,103								
	압수보관용 냉장냉동고	1	880			1	880								
	휴대용프린터	5	1,492					5	1,492						
	카메라 (DSLR)+ 렌즈	12	25,421									12	25,421		
	방사선측정기	6	2,940											6	2,940
	ATP측정기	6	10,770											6	10,770
	적외선 야외녹화기	2	788											2	788
	소계(8종)	351	164,655	295	148,656							30		26	15,999
	복합기	12	7,973	12	7,973										
행정장비	컴퓨터+ 모니터	260	130,244	204	114,245							30		26	15,999
	프린터	29	6,292	29	6,292										
	세단기	13	3,993	13	3,993										
	냉장고	14	6,160	14	6,160										
	지문인식기	11	3,993	11	3,993										
	텔레비전	12	6,000	12	6,000										

※ 행정장비는 2009년에 취득함('13년 행정장비는 사용전환 등으로 취득함)

※ 컴퓨터(모니터 포함) 260개 중 7개는 반납완료, 현재 253개

출처: 경기도 특별사법경찰단, 내부자료(2015).

10. 충청남도 특별사법경찰

1) 충청남도 특별사법경찰제도의 출범

2009년 7월 충청남도의 경우도 대전지방검찰청과 협력하여 서민생활보호 및 법질서확립을 위한 특별사법경찰 관련 업무협약을 체결했다. 이어서 충청남도 및 16개 시·군을 중심으로 특별사법경찰을 출범시켰다. 충남의 특별사법경찰의 주요 활동 분야는 원산지표시단속 등 도민생활 보호와 직결되는 식품·보건·위생·환경·청소년보호 등 5개 민생 분야에서 본격적인 단속활동을 전개하게 되었다. 충남도청과 대전지방검찰청은 2009년 7월 전국 최초로 광역자치단체 및 16개 기초자치단체 모두에 특별사법경찰 전담조직과 인력 구축을 완료한 곳이다. 이들은 원산지표시단속을 포함하여 충남도민의 생활보호와 직결되는 식품·보건·위생·환경·청소년보호 등 5개 민생 분야를 우선적으로 선정하여, '서민생활보호 및 법질서확립을 위한 특별사법경찰 전담인력 출범식'을 갖고 본격 단속활동을 전개한 지방자치단체로서 굉장히 적극적이었다.

한편 2022년 2월 기준 충청남도 도청 재난안전실 사회재난과 산하에 민생사법경찰 조직은 다음과 같이 조직되어 있다.

그림 7-35 | 충청남도 재난안전실 사회재난과 민생사법경찰(2022. 2)

출처: 충남도청 홈페이지; http://www.chungnam.go.kr/dept/content.

한편 충청남도 특별사법경찰 운영체계의 특징을 보면, 타 광역시도와 사뭇 다르게 충남과 관내 16개 시·군 등 충남지역 광역 및 기초자치단체 모두에 개별적으로 특별사법경찰 전담조직과 인력을 갖추어서 출범한 독특한 케이스라는 점이다. 이러한 토대 위에서 필요시에는 합동으로 단속 및 조사활동을 펼칠 수 있도록 이원적 체제를 유지하고 있다.

또한 충청남도 및 16개 시·군 특별사법경찰은 각 개별적 전담조직을 통해 원산지 표시 외에 식품, 보건, 위생, 환경, 청소년 보호 등 6개 분야(2022년 2월 현재)를 선정하여 집중단속 하는 것 이외에도 공동으로 명예 홍보·감시단의 활동을 강화하여 충남도민 모두가 동참할 수 있는 이른바 "서민생활보호 및 법질서 확립"에 대한 공감대 형성 및 사회적인 동참 분위기를 조성하기 위해 홍보와 계도활동도 함께 전개하고 있음이 돋보인다.

2) 충청남도 특별사법경찰의 예산

충청남도 특별사법경찰의 2020년 예산은 8,530만원이었으며 2021년에는 5,640만원으로 대폭 줄었다. 그리고 2022년에는 5,660만원으로 근소하게 증액되었다.

표 7-124 | 충청남도 특별사법경찰의 예산액

(단위: 천원)

구 분	2020년	2021년	2022년	비 고
특별사법경찰 예산액	85,306	56,495	56,620	

출처: 충청남도 특별사법경찰, 정보공개청구 내부자료(2022. 3).

3) 충청남도 특별사법경찰의 직무 분야와 실적

충청남도는 자치행정국의 민생사법경찰팀이 총괄 업무를 담당하는 체제로 운영되고 있다. 이것을 다시 지역특성에 적합하게 충남도 내의 지리적 사회적 여건 등을 심층적으로 고려해 3개 시·군씩 5개 권역으로 구분하여 권역별로 도 특별사법경찰을 사무장으로 정하여 집중적으로 단속을 펼쳐 나왔다.

표 7-125 | 충청남도 특별사법경찰 지원 담당부서의 업무분장(2014년 1월 기준)

직급(위)	분장사무
팀장 행정 5	• 특별사법경찰업무 총괄 · 조정 • 「특별사법경찰」 업무 관련 유관기관 업무협조
지방 농업주사	• 「특별사법경찰」 운영관련 업무계획 수립 　- 시책구상, 주요 업무보고 등 • 특사경 관련 도의회 업무전반 • 법무행정협의회, 대검찰청회의 관련 자료작성 • 농수산물 원산지분야 단속 업무 • 분담단속반 상황유지(공주, 청양)
지방 수의주사	• 「특별사법경찰」 5개분야 합동단속계획 수립 및 운영 • 언론 보도자료 제공 및 관리 • 축산물 원산지분야 단속 업무 • 분담 단속반 상황유지(천안, 아산)
지방식품 위생주사	• 특별사법경찰 직무교육계획 수립 운영 　- 검찰직무, 워크숍, 간담회 등 추진 • 식품위생분야 단속 업무 • 특별사법경찰 일반서무 　- 주간업무, 주무계 지원업무 등 • 분담 단속반 상황유지(논산, 계룡, 부여, 금산)
지방 보건주사보	• 「특별사법경찰」 실적 평가분석 및 추진상황 점검 • 특별사법경찰 및 단속반 관리 　- 특별사법경찰 지명, 재지명, 단속반 운영 • 특별사법경찰 활동 홍보 · 계도계획 수립 추진 • 공중위생, 청소년분야 단속 업무 • 분담 단속반 상황 유지(보령, 서천, 홍성, 예산)
지방 환경서기	• 특별사법경찰 예산관리(일상경비 등) • 환경분야 단속 및 유관부서 단속지원 • 특별사법경찰 단속 일일보고 정리 및 보고 • 분담 단속반 상황 유지(서산, 태안, 당진)

출처: 한국자치경찰연구원, 자치경찰의 특별사법경찰 사무수행 범위에 관한 연구, 연구보고서, 2015,
　　p. 49.

즉, 5개 권역은 동북부권(천안 · 아산 · 예산), 백제권(공주 · 청양 · 부여), 서북부권
(서산 · 당진 · 태안), 대둔산권(논산 · 계룡 · 금산), 서남부권(보령 · 서천 · 홍성)으로 구
분하여 행정법 위반사범들을 단속하고 있다.

무엇보다 충남 특별사법경찰은 「원산지 표시에 관한 법률」의 개정으로 2012년 4
월부터 음식점 원산지 표시 대상을 수산물 분야로까지 전격 확대하여 원산지 표시

준수에 대한 단속을 강화해 나가고 있다.

위에서 살펴본 내용은 2014년 당시의 현황이고 2022년 2월 기준으로 충청남도 특별사법경찰팀의 조직을 살펴보면 다음과 같다.

표 7-126	충청남도 재난안전실 사회재난과 민생사법경찰 인력현황(2022년)	
송○○	민생사법경찰팀장	• 특별사법경찰 민생6대분야 단속 및 총괄 • 민생6대분야 수사업무 총괄
박○○	주무관	• 민생6대분야 합동단속계획 수립 및 운영 • 특사경 주요업무 추진계획 수립 • 특사경 활동 우수사례 경진대회 운영
허○○	주무관	• 민생6대분야 합동단속계획 수립 및 운영 • 축산물 원산지 및 위생분야 단속업무 • 특사경 관련 도의회 업무지원 • 월간 단속실적 및 위반업소 처리현황 보고 • 특사경 직무성과 계약과제 추진
임○○	주무관	• 민생6대분야 합동단속계획 수립 및 운영 • 환경분야 단속업무 및 유관기관 단속 지원 • 특사경 직무교육 계획 수립 및 운영(검찰직무, 간담회 등) • 특사경 워크숍 계획 수립 및 추진 • 특사경 표창 계획 수립 및 운영 관리
최○○	주무관	• 민생6대분야 합동단속계획 수립 및 운영 • 식품위생분야 단속업무 추진 • 「특사경」활동 평가분석 및 추진상황 점검관리 • 특사경 활동 도민 체감만족도 설문조사 • 특별사법경찰관리 신청 및 운영관리
이○○	주무관	• 민생6대분야 합동단속계획 수립 및 운영 • 공중위생 및 청소년보호분야 단속업무 • 특사경 예산관리(일상경비 등) • 범죄사건부 관리 및 수사업무추진(송치) • 민생사법경찰팀 일반서무 및 조사실 관리 • 기타 서무업무(주간업무 등)

출처: 충남도청 홈페이지: http://www.chungnam.go.kr/dept/content.

한편 충청남도의 경우는 재난안전과장 산하에 민생사법경찰팀장이 5명의 팀원을 이끌고 있다. 충청남도의 규모에 비해서 6명으로 이루어진 민생사법경찰팀은 매우 작은 조직으로 평가된다. 특히 민생6대분야의 민생특별사법경찰 분야의 업무를 담당해야 하는 입장에서 볼 때 인력충원이 시급한 과제로 분석된다.

충청남도 특별사법경찰의 인력 수는 2019년 283명이었으며 2020년에는 287명으로 4명이 증원되었다. 그리고 2021년에는 무려 315명으로 28명이 증원되었다.

표 7-127 | 충청남도 특별사법경찰의 인력 수

(단위: 명)

연 도	인력 현황	비 고
2019	283	
2020	287	
2021	315	

출처: 충청남도 특별사법경찰. 정보공개청구 내부자료(2022. 3).

4) 충남 민생사법경찰팀의 단속 실적 현황

충남 민생사법경찰팀의 단속 실적 현황을 보면 2020년의 경우 단속조치는 3,609건이었고 송치는 336건에 달했다. 그리고 2021년의 경우는 3,254건을 단속하여 308건을 송치하는 실적을 올렸다.

표 7-128 | 충청남도 특별사법경찰 단속 실적(2021. 12)

(단위: 건)

연 도	단속 조치	송 치
2019	3,884	417
2020	3,609	336
2021	3,254	308

출처: 충청남도 특별사법경찰. 정보공개청구 내부자료(2022. 3).

11. 제주자치경찰단 특별사법경찰

1) 제주자치경찰제의 조직 분야 분석

제주자치경찰사가 보여주듯이 제주자치경찰단(민생사법경찰 직무 포함)이 창설된 것은 2006년 7월 1일이다. 당시 우리나라의 섬지역인 제주특별자치도는 국내에서 유일하게 자치경찰제를 시행하여 2022년 7월이면 만 16년이 된다. 제주도지사는 제주자치경찰단을 출범시키고 국가경찰로부터 38명을 이관받아 자치경찰제를 본격 시행하게 되었다. 그 다음 해인 2007년 2월 21일 제1차 신임자치경찰순경 45명을 직접 선발하여 신규 임용하였다. 그리고 2008년 1월 18일을 기해 부서 명칭을 변경했는데, 즉 경무팀을 경찰정책팀(단)·경찰행정팀(대), 그리고 관광환경팀을 수사기획팀(단)·수사팀(대)으로 변경한 것이 바로 그것이다. 2008년 3월 5일에는 제주도청에 있던 교통 ITS센터를 자치경찰단으로 전격 이관하여 조직이 확대되었다. 이뿐만 아니라 2008년 7월 1일 제주특별자치도는 제주행정시와 서귀포행정시의 주정차 단속사무를 자치경찰단으로 전격 이관했다.

이어서 제주자치경찰순경을 채용하기 위한 2차 시도가 있었는데, 2010년 11월 8일 신임순경 12명을 새로 임용한 것이 바로 그것이다.[127] 또한 2011년 1월 18일 행정시 교통시설사무를 역시 이관하고 부서명칭도 변경했다. 다시 말해 ITS를 교통정보센터로, 공항팀을 관광안전팀으로 변경했다. 2011년 11월 7일에는 3차 신규 자치경찰공무원 교육생 14명도 추가 임용했다(교육은 '11.11~'12.3까지 시행). 이어서 2012년 1월 9일을 기해 통합 자치경찰단이 출범(1단, 4과, 1지역대, 1센터, 11담당)하였으며, 자치경찰단은 행정시장 산하에 있다가 제주도지사 직속기구로 전격 이관되는 큰 변화를 겪었다.[128]

이 밖에도 제주자치경찰단은 여러 차례에 걸쳐서 자치경찰단의 조직이 변경되었으며 신임자치경찰 직원들도 증원되어 169명의 정원으로 증원되었다.

한편 2022년 2월 기준 제주자치경찰단 소속의 공무원 169명 모두는 애초부터 사법경찰직무법에 따라서 전원 모두가 특별사법경찰이라는 직위를 애초부터 부여받았다. 제주자치경찰단 직원 전원이 애초부터 특별사법경찰의 자격을 가지고 있다는 이야기이다.

문재인 정부는 검찰개혁을 통해 수사종결권을 국가경찰에게 부여하면서 국민의 인권침해를 예방하기 위한 방안으로 국가경찰의 권한을 분산해야 하는 과제를 안고 있었다. 이를 위해 국가경찰(경무, 정보, 보안, 외사)과 자치경찰(생활안전, 여성청소년,

---

127) 신현기, 제주자치경찰제의 실태분석과 박근혜정부의 자치경찰제 도입 방향, 한국경찰연구학회, 「한국경찰연구」, 제14권 제2호, 2015, p. 259.

128) 신현기, 제주자치경찰제의 변화와 박근혜정부 자치경찰제의 전망, 한국자치경찰학회, 「자치경찰연구」, 8(1), 2015, p. 10; 신현기, 제주자치경찰제의 실태분석과 박근혜정부의 자치경찰제 도입 방안, 한국경찰연구학회, 「한국경찰연구」, 제14권 제2호, 2015, p. 261.

교통) 및 국가수사본부(수사, 형사)로 나누었다. 이에 따라 전국 17개 광역시도에 18개의 시도자치경찰위원회를 설치하여 시도경찰청장을 지휘 감독하는 방식으로 자치경찰업무를 시행하고 있다. 이에 따라 제주특별자치도에는 2021년 7월부터 1일부터 제주자치경찰위원회가 설치되어 자치경찰업무와 기존의 제주자치경찰단 2개를 모두 지휘 감독하게 되었다.

아래에서는 제주자치경찰단에 대해 간략하게 살펴보기로 한다. 특별사법경찰 업무는 수사과에서 담당하고 있다.

2) 제주자치경찰단의 인력 분야 분석

2022년 2월 기준으로 제주자치경찰단의 조직기구는 단장(경무관) 밑에 1관, 3개과와 1개 지역경찰대 및 1개 교통정보센터로 이루어져 있다([그림 7-36] 참조). 〈표 7-129〉에서 보는 바와 같이 제주자치경찰의 인력을 보면 총원이 169명 정도로 유지되고 있으며 부여받은 업무는 많지만 인력의 부족으로 인해 어려움을 겪고 있다.

민생사법경찰의 경우 인원의 변동이 자주발생하고 있다. 특히 매년 전체 인력을 인사 이동시키는 시스템으로 운영되고 있다. 즉 생활안전 담당자치경찰이 1년에 한 번씩 순환보직으로 인해 갑자기 민생사법경찰이나 주차지도과 등으로 발령을 받고

그림 7-36 | 제주자치경찰 기구

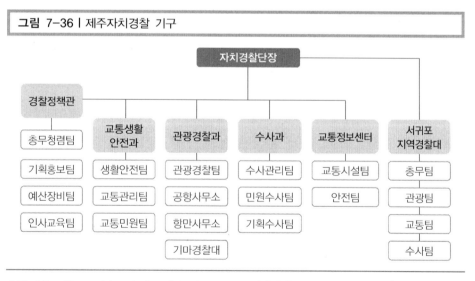

출처: http://www.jeju.go.kr/jmp/intro/number.htm(검색일: 2022. 3. 1).

직무를 수행하는 일이 비일비재하여 직무상의 전문성이 이루어지지 못하고 있다는 비판을 받고 있다.

표 7-129 | 제주자치경찰의 부서별 현원 현황(2021년 자치경찰단 외 인력포함)

구 분		계	특정직 (정원 151, 현원 148)									일반직 (정원 18, 현원 19)					
			소계	자치경무관	자치총경	자치경정	자치경감	자치경위	자치경사	자치경장	자치순경	소계	6급	7급	8급	9급	공무직
계	정원	169	151	1	1	5	17	28	28	38	33	18	1	7	−	2	8
	현원	167	148	1	1	6	18	27	33	37	25	19	1	8	−	1	9
자치경찰단	정원	156	138	1	1	5	14	22	25	37	33	18	1	7	−	2	8
	현원	151	132	1	1	6	14	23	30	34	23	19	1	8	−	1	9
경찰정책관 (위원회 준비단 포함)	정원	16	15	1	1	−	3	3	3	3	1	1	−	1	−	−	−
	현원	23	22	1	1	1	5	6	2	3	3	1	−	1	−	−	−
수사과	정원	19	16	−	−	1	3	5	3	4	−	3	−	3	−	−	−
	현원	16	15	−	−	1	2	3	5	3	1	1	−	1	−	−	−
교통생활 안전과	정원	36	34	−	−	1	2	4	6	11	10	2	−	−	−	−	2
	현원	37	33	−	−	1	2	3	8	11	8	4	−	1	−	−	3
관광경찰과	정원	48	42	−	−	1	4	7	7	10	13	6	−	−	−	−	6
	현원	37	31	−	−	1	1	6	5	11	7	6	−	−	−	−	6
서귀포 경찰대	정원	29	29	−	−	1	2	3	6	8	9	−	−	−	−	−	−
	현원	25	25	−	−	1	3	4	8	6	3	−	−	−	−	−	−
교통정보 센터	정원	8	2	−	−	1	−	−	−	1	−	6	1	3	−	2	−
	현원	13	6	−	−	1	1	1	2	−	1	7	1	5	−	1	−
도 본청 및 행정시 등	정원	13	13	−	−	−	3	6	3	1	−	−	−	−	−	−	−
	현원	16	16*	−	−	−	4	4	3	3	2	−	−	−	−	−	−

* 코로나19 대응 현장기동감찰팀 인력 추가 지원(청렴혁신담당관 2명 2020. 12. 31.~별명시까지). 자치경찰제 원활한 추진을 위한 한시적 파견(행정안전부 1명, 2021. 1. 28.~4. 30.) 등이다(출처: 제주자치경찰단 내부자료, 2021년 2월 기준).

출처: 신현기, 『자치경찰 -제주자치경찰제도의 체계적 접근-』, 파주: 법문사, 2021, p. 147 재인용.

제주자치경찰 운영예산에서 대부분의 예산은 인건비로 사용되고 있다는 점도 크게 눈에 띠는 대목이다. 즉 시설 투자 부문이 차지하는 비율이 그만큼 상대적으로 적을 수밖에 없다. 이러한 현상은 국가경찰의 예산에서도 쉽게 찾아볼 수 있다. 제주자치경찰단은 〈표 7-130〉과 같이 2021년 재정과 재원을 확보하게 되었다. 특히 전국 17개 광역시도가 광역시도자치경찰위원회를 창설하여 생활안전, 교통, 여성청소년 업무들을 「국가경찰과 자치경찰의 조직 및 운영에 관한 법률」과 같은 자치경찰사무를 국가경찰공무원이 수행해 나가게 되었는데 반해 기존의 제주자치경찰은 2006년 7월 1일부터 향후에도 계속해서 「제주특별법」에서 부여된 자치경찰업무를 기존처럼 독자적으로 수행해 나간다는 특징을 지니고 있다. 2021년도 제주자치경찰단의 분야별 예산현황을 보면 17,307,994,000원이다.[129]

표 7-130 | 제주자치경찰단의 2021년 재정과 재원별 현황

(단위: 천원)

분야별	2021년	기정액	증 감
계	17,307,994	21,818,093	△4,510,099
도민과 관광객이 함께하는 자치경찰 확립 (공공질서 및 안전 분야)	3,154,381	3,465,819	△311,438
쾌적한 첨단교통체계 운영 (교통 및 물류 분야)	12,627,380	16,994,700	△4,367,320
행정운영경비	1,523,143	1,357,574	▼165,569
재무활동	3,090	0	▼3,090

출처: 신현기, 『자치경찰 -제주자치경찰제도의 체계적 접근-』, 파주: 법문사, 2021, p. 147 재인용.

12. 국가사무인 특별사법경찰 업무 수행 권한

1) 제주자치경찰과 지방자치단체의 특별사법경찰업무 지정

2006년 7월 1일 제주특별자치도가 자치경찰제를 도입 시행했고 2007년부터는 기존에 지방자치단체들이 보유하고 있던 식품, 환경, 위생, 건축 등 17종의 특별사법경

---

129) 신현기, 『자치경찰 -제주자치경찰제도의 체계적 접근-』, 파주: 법문사, 2021, p. 147.

찰사무를 본격적으로 수행하게 되었다. 제주특별자치도가 자치경찰제를 도입할 때, 「사법경찰관리의 직무를 수행할 자와 그 직무범위에 관한 법률」(약칭: 사법경찰직무법)을 수행할 수 있도록 법적으로 보장받았다. 이에 따라 제주특별자치도의 관할구역 내에서 일어나는 범죄들 중 식품·보건·환경 관련 범죄에 대해 자치경위 이상은 사법경찰관의 직무를 그리고 자치경사 이하는 사법경찰관리의 직무를 수행하게 했다. 제주자치경찰은 특별사법경찰 사무로서 환경·위생·보건·건축 등 총 17종을 부여받았다.[130] 6개 사무는 실익이 없어서 초창기에 부여받지 않았지만 몇 년전에야 추가로 일부를 더 부여받아 수행 중에 있다.

2) 제주자치경찰단의 민생사법경찰(특별사법경찰)의 운영 근거

일명 제주특별자치도법 제106조부터 제110조까지의 내용은 자치경찰기구의 설치, 사무, 자치경찰기구, 자치경찰단장의 임명, 국가경찰과의 협약체계에 관한 내용이 규정되어 있다. 이에 따라 동법 제108조, 즉 자치경찰의 모든 사무 중에서 4호「사법경찰관리의 직무를 수행할 자와 그 직무범위에 관한 법률」에서 제주자치경찰공무원의 직무 중 하나로 규정하고 있는 사법경찰관리의 직무를 제주특별자치경찰의 매우 주요한 사무 중 하나로 수행하고 있다.

3) 제주자치경찰의 특별사법경찰 조직

제주자치경찰단은 자치경무관인 단장 1인[131]과 경찰정책관, 그리고 각 과들을 설치하여 운영해 나가고 있다. 이 중에서 경찰정책관(자치총경) 소속으로 민생수사 1, 2팀이 운영 중이다. 또한 서귀포 지역경찰대에서도 교통관광 및 민생수사를 담당하고 있다.[132]

---

130) 한국자치경찰연구원, 자치경찰의 특별사법경찰 사무수행 범위에 관한 연구,「연구보고서」, 2015, p. 39: 원래 지방자치법에는 총 26개 분야가 주어져 있는데 이 중에서 현실적으로 수행하기 어려운 법률 6개를 제외하고 17개만 부여되었던 것이다.

131) 제주자치경찰단장은 2015년 국회에서 제주특별법을 개정하여 기존의 단장계급 자치총경을 한단계 올린 자치경무관으로 승격시켰으며, 이를 바탕으로 제주도의회는 향후 제주특별자치도의 조례를 개정하여 시행에 들어갈 예정에 있다. 이뿐만 아니라 자치경감의 근속승진, 즉결심판 청구권한 부여, 음주측정권한 부여까지 확대되는 법적 근거를 마련했는데, 이는 제주자치경찰에게 큰 제도상의 발전이라는 평가가 나오고 있다.

132) 하지만 2020년 제주자치경찰의 조직도를 보면 기존과는 달리 특별사법과(자치경정 과장)에 특별사법경찰 1팀, 2팀, 3팀을 각각 설치 운영하고 있다. 독자적인 과체제로 운영될 만큼 조직이

4) 제주자치경찰단 민생사법경찰의 조직 체계

2015년 6월 19일 기준으로 경찰정책관 소속의 민생 수사 1과 2팀은 제주자치경찰단 소속 특별사법경찰과에서 실제 특별사법경찰의 업무수행 인력은 단지 17명(특별사법경찰과 본부의 11명, 서귀포 6명을 비롯해 총 17명이며, 이 중에 2명은 제주도청에서 파견 나온 일반공무원 신분임)으로 구성되어 있었다. 이들은 제주전지역에서 특사경 업무를 담당해야 하는데도 불구하고 상당히 담당인력이 부족한 실정이었다.133)

한편 앞에서 언급했듯이 우리나라 지방자치법에 보면 23개 분야의 특별사법경찰 사무를 수행할 수 있도록 규정되어 있다. 그러나 제주자치경찰제가 시행되던 2006년에 국가는 17개 사법경찰사무만 허용해 주었고 6개 분야는 보류하였다. 향후 전국적으로 자치경찰제가 도입될 경우에는 지방자치법이 규정한 23개 분야의 특별사법경찰 사무를 모두 부여하는 것이 바람직하다고 본다. 왜냐하면 오늘날 행정범죄는 1차, 2차, 3차산업 분야까지 지속적으로 확대되고 있는 추세를 보이고 있어 민생을 위협하고 있기 때문이다. 한편 17개의 특사경 법률 부여 영역은 〈표 7-131〉과 같다.

표 7-131 | 제주자치경찰단의 민생사법경찰사무의 직무범위

연번	17개 분야	직무범위(50개 법률)
1	산림 (5)	산지관리법위반(무허가산지전용, 무허가 토석·자연석 채취 등) 산림자원조성및관리에관한법률위반(무허가 임목 벌채, 무허가 임산물 굴취) 산림문화휴양에관한법률위반(지정산림문화자산에 소훼, 절취 등 단속) 사방사업법 위반(무허가 입목 벌채, 토석채취, 사방시설 훼손·변경 등) 소나무재선충방제특별법 위반(감염목 등 반출금지 위반 등 단속)
2	식품위생 (3)	식품위생법위반(무허가 식품제조 가공 행위, 유해업소 출입, 무허가 식품접객업 행위 등 단속) 보건범죄 단속에관한특별조치법(식품위생에 관한 범죄 단속) 건강기능식품에관한법률(허위과대광고, 식자재 원재료 허위표시 등)
3	의약품 (2)	약사법(무자격자 조제행위, 무자격자 판매행위 등 단속) 보건범죄 단속에관한특별조치법(약사에 관한 범죄단속)
4	문화재 (2)	문화재보호법(무허가 수출 등, 허위지정 등 유도, 손상 또는 은닉 등 단속) 매장문화재보호및조사에관한법률(무허가 발굴 등 단속)

확대되기도 했으며 역시 업무도 또한 증가하였다고 이해된다.
133) 본 연구자는 2015년 6월 19일 제주자치경찰단 민생사법경찰과를 방문해 관련 사항들에 대해 인터뷰를 진행하고 본 내용을 확인할 수 있었다.

5	공원관리 (1)	자연공원법(공원시설훼손, 공원내 금지행위 위반 등 단속)
6	수산업 (3)	수산업법 위반(무허가 미등록 수산업 행위 등 단속) 어업자원관리법 위반(무허가관할수업 어업행위 등 단속) 수산업관리법 위반(불법어획물의 판매 등의 금지 등 단속)
7	공중위생 (1)	공중위생관리법(공중위생업소, 숙박업소, 먹는물 등 단속)
8	환경 (27)	대기환경보전법(무허가 판금도색 등 단속) 수질및수생태계보전에관한법률(사업장 폐수무단배출 등 단속) 소음진동규제법(생활소음·진동의 규제기준을 초과한 자에 대한 조치명령위반 등 단속) 유해화학물질관리법(심사없이 신규화학물질 제조·수입 등 단속) 폐기물관리법위반(무허가 폐기물 처리, 사업장 폐기물 무단투기·매립, 처리기준 위반 단속) 가축분뇨의관리및이용에관한법률위반(가축분뇨 무단배출·투기 등 단속) 환경분쟁조정법(조사방해 행위 등)/ 환경범죄의단속에관한특별조치법 자연환경보전법(자연생태·자연경관 훼손행위 등 단속) 환경영향평가법(환경영향평가서 거짓작성 등 단속)/ 폐기물의국가간이동및그처리에관한법률 하수도법(공공하수도의 운영·관리 및 손괴·방해행위 금지위반 등) 환경기술개발및지원에관한법률/ 먹는물관리법(인증표시 위반 등 단속) 토양환경보전법(오염토양 정화조치명령 불이행 등 단속) 폐기물처리시설설치촉진및주변지역지원등에관한법률 자원의절약과재활용촉진에관한법률/ 다중이용시설등의실내공기질관리법 수도법(상수원보호구역오염행위)/ 하수법(지하수오염방지명령 위반) 보건범죄단속에관한특별조치법/ 야생동식물보호법(밀렵행위 등 단속) 악취방지법(사용중지명령 불이행 등)/ 건설폐기물의재활용촉진에관한법률, 습지보전법/ 독도등도서지역의생태계보전에관한법률 / 제주도특별법 제358조(환경훼손행위 단속)
9	도로 (1)	도로법[제38조(무단도로점용), 제45조(도로상 금지행위), 제52조(도로보전입체구역 행위제한), 제58조(통행금지·제한), 제59조(차량운행제한), 제62조(전용도로통행제한), 제64조(교차방법·연결)]
10	관광 (2)	관광진흥법(무등록 여행업, 무허가 관광호텔업), 제주도특별법 제356조(관광분야)
11	청소년 (1)	청소년보호법(미성년자 주류판매, 고용행위 등)
12	농축수산물 (6)	농수산물의 원산지 표시에 관한 법률(원산지 허위표시, 미표시 판매행위 등), 농수산물품질관리법 위반(유전자변형농수산물 거짓표시 등) 인삼산업법(미신고 인삼판매), 양곡관리법(미신고 양곡판매), 축산물위생관리법(축산물유통, 위생, 부정축산물 등), 침환경농어업육성 및 유기식품 등의 관리지원에 관한 법률

13	대외무역 (1)	대외무역법(원산지표시 위반 등)
14	농약·비료 (2)	농약관리법(불법 농약판매 등 단속), 비료관리법(미등록 생산, 판매, 무상유통 등 단속)
15	하천 (1)	하천법(불법하천부속물점용 유사사용, 토지점용 등)
16	가축방역 (1)	가축전염병예방법(오염가축 운반행위 등)
17	자동차 (2)	자동차관리법(무등록자동차정비업·자동차무단방치) 자동차손해배상보장법(강제보험미가입자동차운행)에 관한 범죄

위의 내용은 2006년 제주자치경찰에게 법적으로 부여해 주었던 제주자치경찰단 민생사법경찰사무의 직무범위를 보여주고 있다. 하지만 안타깝게도 제주자치경찰단에는 특별사법경찰 사무를 담당할 인력이 충분하지 않은 실정이다. 인력부족으로 인해 5~6개 정도의 법률만 취급하는 정도에 그치고 있는데, 그 근본 이유는 인력뿐만 아니라 부족한 재정문제도 원인이 된다. 또 하나는 제주자치경찰의 실정에 맞지 않는 법률도 부여되었다. 예를 들어 독도지역에서 불법어획활동을 단속하는 권한까지 부여받고 있다. 하지만 이는 인력과 중량급 단속선을 확보하지 못한 관계로 독도까지 단속을 나갈 수 없음은 주지의 사실이다. 이는 사실상 전혀 실천에 옮길 수 없는 게 현실이다. 따라서 제주자치경찰단의 특별사법경찰관들은 본 법률을 집행해 보는 것이 불가능에 가까웠을 정도다.

5) 제주자치경찰단 특별사법경찰(특사경)의 수사활동

제주자치경찰단의 특사경 사무와 관련하여 법적 권한이 추가로 부여되었다. 즉 2016년 말 기준 22개 분야 69개 법률을 담당할 수 있도록 권한이 확대된 것이다. 하지만 자치경찰인력의 부족으로 인해 39개 법률은 손을 대지 못하는 실정이었다. 그럼에도 불구하고 2016년에 환경과 산림사범들을 139건이나 적발하였는데, 이 중에서 10명을 구속하기도 했다. 식품위생 분야에서도 265건을 적발하는 실적을 올렸다. 제주도에서 1차 산업인 감귤 생산 분야에서 비상품 유통 관련 불법행위 80건을 적발하는 성과를 올리기도 했다.

표 7-132 | 제주특사경의 수사활동 현황

연도	환경사범	산림사범	농수산물위 반사범	식품위생위 반사범	공중위생위 반사범	자동차위반 사범	기타
2016	66	73	25	165	42	1,223	24

출처: 이동규, "제주자치경찰 운영 현황 및 제도상 한계", 서울시, 시민과 함께하는 바람직한 자치경찰제 방향모색 포럼, 2017, p. 65.

│제3절│
└─≫ **행정범죄의 수사와 제주자치경찰의 특별사법경찰권**

1. 제주자치경찰단 특별사법경찰과의 제도적 취지와 연혁

1) 제도적 취지

제주특별자치도는 전국 17개 광역시도 중 자치경찰단 내의 특별사법경찰팀(2006. 7. 1)을 중심으로 활발하게 특별사법경찰의 직무를 수행해 나가도록 지원하고 있다. 이미 1956년도부터 우리나라 광역 및 기초자치단체에서는 관할 지방검찰청 검사장으로부터 특별사법경찰(약칭 '특사경')의 지명을 받아 특별사법경찰업무를 수행해 왔다. 물론 대부분의 국가기관(외교부, 교육부, 통일부 제외)과 17개 광역시도 및 모든 하부 기초자치단체인 226개 시·군·자치구들은 환경, 위생, 건축, 산림 등의 많은 분야에서 1956년 사법경찰직무법(특사경법)의 제정 이후 수많은 특사경이 활동해 오고 있다.[134]

특별사법경찰제도가 시행된 지는 꽤 오래되었지만 그 단속을 통한 성과는 그렇게 크지 않았던 것도 사실이다. 그 가장 큰 이유는 검사장으로부터 특사경으로 지명 받은 해당 특별사법경찰관들(행정직공무원)이 원래 주어져 있는 자기 고유의 행정업무를 처리하기도 바쁘다. 그러나 추가로 업무와 관련된 범법자도 적발하여 검찰에 송치해야 하는 특별사법경찰업무까지도 수행해야 하는 부담도 매우 컸던게 사실이다.

---

134) 우리나라 특사경의 지명자 수는 이미 2018년 기준 거의 20,000여명에 육박했다.

이뿐만 아니라 행정공무원들이 특별사법경찰권을 부여받았지만 사실상 지니고 있는 법률적 기초지식의 부족으로 인해 특별사법경찰 업무를 수행하는 것이 버거울 수밖에 없었던 것이 또한 사실이다. 이러한 특별사법경찰제도를 활성화하기 위한 일환으로 2008년 1월 서울특별시(시장 오세훈)에서는 제주특별자치도의 뒤를 이어 전국 17개 광역시도 중 두 번째로 시청 차원에서 특별사법경찰단을 출범시키는데 심혈을 기울였다.

이들은 행정 업무는 안하고 오직 수사업무만 전적으로 하는 이른바 전문수사관제를 발족시킨 것으로 상당한 의미와 상징성을 지니게 되었다. 처음에는 서울시청 행정국장 소속으로 소위 특별사법경찰과(4급 과장 체제)를 독자적으로 출범시켰다. 서울시 산하 25개 자치구 소속 행정공무원들에게 특별사법경찰로 지명되어 있던 수백 명이 환경, 위생, 건축, 산림 등 행정법 위반 행위자들을 적발하여 검사의 지휘를 받으며 형사소송법에 따라 수사 후 검찰에 송치하는 역할을 수행한다. 또한 이들은 각 구청에 근무하는 행정직공무원 중 특사경으로 지명받은 기초자치단체 소속의 특사경들이 스스로 수사하기 어려운 사건들을 추가로 이관받아 처리하는 경우도 있다. 물론 광역자치단체인 서울시청 소속의 특사경이 자체적으로도 적발하여 수사하는 건수가 90% 이상 차지하고 있다.135)

좀더 부언하면 원래 서울시의 경우는 산하 25개 구청에 관할 지방검찰청 검사장의 지명을 받아 수백명의 특사경이 단속업무를 진행하고 있었다. 하지만 사실 2008년 이전까지는 그렇게 주목받을 만큼 활성화되지 않았었다. 바로 2008년부터 늘어나는 서울시의 행정범들을 단속하여 서울시 민생을 보호하고자 서울시청 차원에서 직접 특사경 제도를 강화하게 된 것이다. 물론 본 제도의 강화를 위해 서울시는 검찰로부터 부장검사를 파견받아 특사경 전문수사관제도를 상당히 강화시켰다.

그러나 서울시는 초창기에 전문수사 인력을 확보하기가 수월치 않았다. 이 때문에 서울시는 초창기에 특별사법경찰과 소속의 전담 수사관들을 대부분 산하 25개 자치구에서 파견받아 운영했다. 점차적으로 예산을 확보한 서울시 특별사법경찰단

---

135) 그때나 지금이나 서울시의 경우 25개 구청에 수백명의 특별사법경찰들이 지명되어 있었지만 법지식의 부족과 함께 처리해야 하는 행정 업무도 과다한 나머지 행정법 위반자인 행정범들을 검사의 지휘를 받으며 수행하는 데는 일정한 한계에 부딪혀 있었다. 이를 개선하고 기대효과를 높이기 위해 서울시장은 서울시청에 직접 특사경과를 설치하게 된 것이며 오늘날에는 완전하게 정착되었다.

은 시청 소속 공무원 50%와 25개 구청 소속 공무원 50%씩 부담하여 전문수사관 조직을 구축하는 과정을 거쳐 최근에는 시청 소속 공무원들로 구성된 수사관 비율이 훨씬 많아지고 있는 추세다.

2008년 이러한 서울시의 특사경제도는 전국 광역시도로 급속히 확대 되었다. 추가로 부산광역시 특별사법경찰과, 인천광역시 특별사법경찰과, 대구광역시 특별사법경찰과, 대전광역시 특별사법경찰팀, 충남도청 특별사법경찰팀, 인천광역시 특별사법경찰과(2009), 경기도 특별사법경찰단(2009), 경남도청 특별사법경찰담당(2012), 광주광역시 특사경과, 강원도 특사경과, 경남 특사경과 등 전국적으로 17개 광역시도가 2008~2013년까지 모든 광역시도가 광역 단체장 직속으로 전문수사관 중심의 특사경 조직을 갖추고 관할 검사의 지휘를 받으면서 행정범들을 집중 단속해 오고 있다.

한편 제주특별자치도의 자치경찰단에 설치되어 있는 특별사법경찰의 경우는 애초에 법으로 정해져 있는데, 즉 모든 자치경찰공무원들이 제주자치경찰단 산하 특별사법경찰과에 전보될 경우 누구나 특별사법경찰직무를 수행할 수 있다. 모든 제주자치경찰들이 특사경이 될 수 있다는 이야기이다. 다른 시도의 특사경과 다른 점은 제주자치경찰공무원이 특사경으로 전보될 때, 타 광역시도의 경우처럼 관할검찰청 검사장으로부터 지명을 받을 필요가 없다는 점이다.136)

제주자치경찰단에서 특별사법경찰 조직이 처음부터 빠른 시간 내에 체계를 잡을 수 있었던 이유는 국가경찰에서 특별임용된 38명의 직원들 중에는 이미 국가경찰조직에서 수사업무를 경험했던 인력들이 많았기 때문으로 분석된다.

2) 제주자치경찰단 특별사법경찰의 연혁

전장에서 일부 언급했던 바와 같이 2006년 7월 1일 제주자치경찰이 창설되었을 때 제주특별자치도는 국가경찰공무원을 대상으로 특별임용을 실시하여 단장(자치총경)을 포함해 총 38명을 선발하였고 다음 해인 2007년 2월 21일 제1차 신임자치순경 45명을 추가로 공개모집하여 임용했다. 2008년 1월 18일을 기해 제주자치경찰단은 부서 명칭을 경무팀에서 경찰정책팀으로 변경하기도 했다. 제주도청은 2008년 3월

---

136) 특히 제주자치경찰단 소속의 특별사법경찰은 2006년 7월 출범시부터 17개 종류의 특별사법경찰 관련 법률들을 부여받아 취급해 왔다는 점이다.

5일을 기해 도청의 교통관리센터 기능을 수행하는 ITS센터를 제주자치경찰단으로 전격 이관하였다. 이뿐만 아니라 2008년 7월 1일 제주행정시 산하의 주·정차 단속 업무도 자치경찰단으로 모두 이관되었다. 제주자치경찰단은 2010년 11월 8일 제2차 신임자치순경 12명을 공개 모집했으며 2011년 1월 18일을 기해 제주도청의 행정시 교통시설사무도 제주자치경찰단으로 이관시켰다. 이러한 변화들과 함께 제주자치경 찰단의 일부 부서명칭들이 조정되기도 했다. 즉 제주도청에 있던 ITS를 교통정보센 터로 그리고 공항팀을 관광안전팀으로 전격 변경한 것이 그 좋은 예이다.

2. 법적배경 및 유형

우리나라 특별사법경찰제는 1956년에 제정됨으로써 그 법적 근거가 마련되었다. 즉 특별사법경찰제란 「형사소송법」 제245조의10에 따라 일반 행정직 공무원을 대상 으로 관할 지방검찰청 검사장이 지명하는데, 그 지명자에게는 동시에 수사권이 주어 지는 제도이다.[137] 물론 특사경으로 지명된 행정직 공무원들은 특정한 직무의 범위 내에서 단속계획을 수립하는 동시에 행정법 위반자들을 대상으로 검사의 지휘를 받 으면서 단속, 조사, 송치 등의 업무를 수행하는 권한을 행사한다. 1956년부터 시행된 우리나라 특별사법경찰제는 2021년 기준으로 어느덧 65주년을 맞이하게 되었다. 무 엇보다 이 제도는 전문성이 부족해서 일반사법경찰관리들은 그 특정 분야의 직무를 수행함이 불충분하기 때문에 탄생했다는 특징을 지닌다.[138]

우리나라 특별사법경찰제도에 관해 좀 더 부언하면 다음과 같다. 즉 특별사법경 찰제는 일반사법경찰관리의 수사권이 미치기 어려운 철도, 해사, 전매, 세무, 교도소, 환경, 위생, 건축, 산림 업무 분야가 대표적이다. 이 밖에도 특정지역과 시설에 대한 수사나 조세범, 마약범, 관세사범 수사시 전문가에게 수사권을 위임해 수사업무를 수행하도록 법적 수사 권한을 부여하고 있다. 이 경우 그 종류와 영역이 무려 46가 지에 달한다는 특징도 가지고 있다.[139]

---

137) 부언하면 전문적 지식에 정통한 각 부처의 행정직 공무원에게 사법경찰권을 부여해 준 제도에 해당한다. 이에 따라 행정직 공무원은 신속하게 행정법법자들을 대상으로 수사활동을 신속하게 펼칠 수 있게 법적으로 제도화되었다.
138) 신현기, 2012, pp. 48-49; 이상원·이승철, 2009, p. 237; 이재상, 2000, p. 171.
139) 신현기, 2012, p. 50.

한 발짝 더 들어가서 보면 우리나라 특별사법경찰관리의 종류는 크게 3가지로 나누어진다. 첫째 법률이 직접 대상자에게 사법경찰권을 부여하는 특별사법경찰리가 있다. 둘째 관할 검사장에게 단지 특사경의 명단만 보고하는 특별사법경찰이 있다. 셋째 관할 검사장의 지명이 반드시 필요한 특별사법경찰리(사법경찰관 4~7급) 및 사법경찰리 8~9급이 있다.

이 중에서 제주자치경찰단 특별사법경찰은 바로 "법률이 직접 사법경찰권을 부여한 특별사법경찰리"로서 그 법적근거를 가지고 있다. 즉 이들은 법률에 따라 원천적이며 자동적으로 특사경 직무를 부여받은 케이스이다.

법률이 직접 사법경찰권을 부여한 특별사법경찰리는 다음과 같다.

6. 제7조의2(국립공원관리공단 임직원)
7. 제8조(국가정보원 직원) 국가정보원장이 지명하는 국가정보원직원
8. 제9조(군사법경찰관리) 군사법경찰관리로서 지방검찰청검사장의 지명을 받은 자
9. 제10조(자치경찰공무원) 「제주특별자치도 설치 및 국제자유도시 조성을 위한 특별법(일명, 제주특별법)」에 따른 자치경찰공무원 중 자치총경·자치경정·자치경감·자치경위·자치경사·자치경장·자치순경

한편 제주자치경찰단의 특별사법경찰이 자신들의 업무를 수행하기 위해 취할 수 있는 법적근거는 다음과 같은 법률들이다. 현행 지방자치단체들이 수행할 수 있는 영역은 지방자치법에 총 26개 사무가 부여되어 있다. 이 중에서 2006년 7월 1일 제주자치경찰단 특사경에게는 6개 사무는 제외하고 나머지 17개 사무만 부여되었다.140) 즉 산림분야에서는 소나무 재선충병, 산지관리법, 산림자원 조성법 등이다. 환경분야에서는 가축분뇨, 폐기물, 수질 및 수생태계환경범죄 관련 등이다. 관광분야에서는 관광진흥법 및 특별법 제358조(관광분야)이다. 식품·위생분야에서는 식품위생과 건강기능식품 관련 분야 등이다. 특히 「사법경찰관리의 직무를 수행할 자와 그 직무범위에 관한 법률」에 권한이 부여되어 있다. 2012년 4월에는 특별사법경찰 업

---

140) 나머지 6개 특사경 사무는 저작권 침해, 개발제한 구역, 해양환경, 부정경쟁행위(상표법 등), 여객 화물운수사업자, 품종보호권 침해 등을 말한다(신현기·안영훈, "자치경찰의 특별사법경찰 사무수행 범위에 관한 연구", 대통령 소속 지방자치발전연구소 보고서, 2015).

무에 친환경농업육성법과 축산물위생관리법이 추가되었다. 이 밖에도 제주자치경찰단 특별사법경찰의 수사 관련 직무의 범위는 「제주특별자치도 설치 및 국제자유도시 조성을 위한 특별법」(제특법)에 규정된 「사법경찰관리의 직무를 수행할 자와 그 직무범위에 관한 법률」에 활동 근거를 두고 있다.

3. 특별사법경찰의 사무

제주자치경찰의 특사경 관련 사무는 법률상 주어진 고유사무 및 업무협약체결사무로 구분되어 수행 중이다. 위에서 언급했듯이 제주자치경찰은 17종의 특별사법경찰업무를 수행하고 있으며, 추가적으로 법률상 고유사무라고 할 수 있는 교통안전시설에 관한 사무가 주어져 있다. 그리고 제주도지사와 제주지방경찰청장 간 업무협약의 체결에 따라 맡게 된 사무로서 다음과 같은 종류들이 있다. 바로 주요 관광지에서 관광객 보호 및 위반사범의 예방, 제주국제공항 내 교통관리, 관광객 보호, 단속, 단체관광객, 한라산 등산객 보호 및 자연보호 등 수송안전활동, 민속 5일장 질서유지 및 교통관리, 지역사회에서 문화 활동 등의 경비를 비롯해 교통관리 등을 수행해야 하는 것 등이 바로 그것이다.

제주자치경찰단 특별사법경찰도 물론 위와 같은 법률의 범위 내에서 직무를 수행한다. 2006년 7월 출범시부터 제주자치경찰이 수행해 오고 있는 직무들은 바로 식품단속, 의약품단속, 산림보호·국유림경영, 문화재의 보호, 어업감독, 공중위생단속, 공원관리, 환경단속, 관광지도, 청소년보호업무, 차량운행제한 단속 및 도로시설관리, 농약 및 비료단속, 대외무역법상 원산지표시 단속, 자동차 무단방치 및 강제보험 미가입 자동차운행 단속, 농·수산물 원산지·유전자변형 농수산물표시, 무등록자동차정비업, 하천감시, 가축방역·검역 등이 그 핵심이다.

이 밖에 추가로 2012년 4월 18일자로 제주특별사법경찰 업무에 추가되어 수행 중인 법률은 친환경농업육성법과 축산물위생관리법 등이 있다. 결국 이를 종합해 보면 제주자치경찰단 소속의 특별사법경찰이 수행할 수 있는 수사권한은 다음과 같다. 즉 애초부터 주어져 있던 법률상 고유사무라고 할 수 있는 관광, 환경, 산림을 비롯해 총 17종 59개 법률 분야가 바로 그것이다. 특히 제주특별사법경찰이 수행하고 있는 특별사법경찰업무는 역시 그 무게가 가볍지 않다. 일반사법경찰업무 못지 않게 그

난이도가 상당히 고도화된 분야임이 틀림 없다. 따라서 주무관청뿐 아니라 검찰은 물론이고 기타 자치단체들과도 긴밀하게 유기적인 협조 관계를 가질 필요가 있다.

표 7-133 | 제주자치경찰단 특별사법경찰의 사무(2018년)

특사경 직무수행자	직무 범위
산림보호 · 국유림경영	산림, 그 임산물과 수렵에 관한 범죄
식품단속	식품위생법 · 보건범죄단속에 관한 특별조치법 중 식품위생에 관한 범죄
의약품단속	약사법 · 보건범죄단속에 관한 특별조치법 중 약사에 관한 범죄
문화재의 보호	문화재보호법에 규정된 범죄, 동법상 지정구역 내 경범죄처벌법에 규정한 범죄의 현행범
공원관리	자연공원법에 규정된 범죄, 경범죄처벌법에 규정된 범죄의 현행범
어업감독	수산업에 관한 범죄 및 어업자원보호법 위반 범죄
공중위생단속	공중위생관리법에 규정된 범죄
환경단속	대기환경보전법, 수질환경보전법, 소음 · 진동규제법, 유해화학물질관리법, 폐기물관리법, 오수 · 분뇨및축산폐수의처리에관한법률, 환경분쟁조정법, 환경범죄의단속에관한특별조치법, 자연환경보전법, 환경 · 교통 · 재해등에관한영향평가법(환경영향평가에 관한 범죄에 한정), 폐기물의국가간이동및그처리에관한법률, 하수도법, 환경기술개발및지원에관한법률, 먹는물관리법, 토양환경보전법, 폐기물처리시설설치촉진및주변지역지원등에관한법률, 자원의절약과재활용촉진에관한법률, 다중이용시설등의실내공기질관리법, 수도법(제61조제1호), 지하수법(제37조제7호), 보건범죄단속에관한특별조치법(제4조), 야생동 · 식물보호법, 악취방지법에 규정된 범죄
차량운행제한단속 및 도로시설관리	도로법(40, 47, 50, 50의4, 53, 54, 54의4, 54의6) 위반범죄
관광지도	관광진흥법에 규정된 범죄
청소년보호업무	청소년보호법에 규정된 범죄
농 · 수산물 원산지 · 유전자변형 농수산물표시	농산물품질관리법 · 수산물품질관리법에 규정된 원산지표시 · 유전자변형농수산물표시에 관한 범죄
대외무역법상 원산지표시 단속	대외무역법에 규정된 원산지표시에 관한 범죄
농약 및 비료단속	농약관리법, 비료관리법에 규정된 범죄
하천감시	하천법에 규정된 범죄
가축방역 · 검역	가축전염병예방법에 규정된 범죄

무등록자동차정비업, 자동차 무단방치 및 강제보험 미가입 자동차운행 단속	자동차관리법에 규정된 무등록자동차정비업, 자동차무단방치에 관한 범죄, 자동차손해배상보장법에 규정된 강제보험미가입자동차운행에 관한 범죄
농약 및 비료단속	농약관리법, 비료관리법에 규정된 범죄
축산물위생관리단속, 친환경농업육성단속	축산물위생관리범죄, 친환경농업육성범죄

출처: 신현기, 『경찰조직관리론』, 파주: 법문사, 2018, p. 54.

4. 제주자치경찰단 특별사법경찰의 조직

2006년 7월 창설 이후 제주자치경찰단은 단장(자치총경) 1인과 경찰정책과, 주민생활안전과, 특별사법경찰과, 서귀포 지역경찰대, 교통정보센터 등으로 조직되어 운용되고 있다. 이와 같은 조직 개편은 창설 6년이 지난 2012년 1월 9일에 와서야 이루어졌는데, 그 이전까지 특별사법경찰의 사무는 관광환경팀에서 맡았다. 17종의 특별사법경찰 관련 사무 중 제주행정시와 서귀포행정시에서 수행하는 계량분야와 소방분야를 제외한 나머지 15개 분야에 대해 기획, 단속, 합동수사를 진행해 왔다. 그리고 제주시와 서귀포시 자치경찰대 소속의 관광환경팀도 역시 특별사법경찰업무를 수행해 나왔다. 사실상 직원별 업무구분 없이 그때마다 주어진 사안에 따라 위반사범에 대한 조사는 물론이고 수사업무까지도 전담해 왔다.[141]

하지만 이렇게 이루어져 왔던 모든 업무들은 2012년 1월 9일을 기해 기구가 전면 개편되었고 이에 따라 새로이 조직된 특별사법경찰과(수사담당, 공항안전담당)에서 과장(자치경정)의 책임하에 업무가 진행되었다.

특히 제주자치경찰단의 조직은 여러 차례에 걸쳐서 개편이 있었는데 특별사법경찰과의 경우는 독자적인 과체제로 운영되다가 혹은 경찰정책과로 이관되었다가 2020년 12월 현재는 또다시 독자적인 특별사법경찰과로 운영되고 있다.

---

141) 신승균·이종수, 2008, pp. 22-23.

5. 제주자치경찰단 특별사법경찰과의 소속별 인원배치 현황

1) 현 황

2012년 7월을 기준으로 제주자치경찰단 산하 특별사법경찰과에서 직무를 수행하는 직원은 자치순경부터 자치경정(과장)까지 약 31명이었다. 특별사법경찰과장 1명을 비롯해 수사담당에 소속되어 근무하는 직원이 15명(서귀포 지역사무소 4명 포함)이었고 특별사법경찰과 소속이면서 제주공항에 파견되어 근무 중인 소위 공항안전 담당 자치경찰 직원이 12명이었다. 이 밖에 출입국관리업무를 담당하는 무기계약직 4명을 모두 포함해 총 31명이 업무를 수행했다.

표 7-134 | 제주자치경찰단 특별사법경찰 인원

(단위: 명)

계급	경정 (과장)	경감	경위	경사	경장	순경	무기계약직(7명) (출입국담당 – 외국인 통과영역)
인원	1	2	3	2	8	11	4
총원	27						4

2) 문제점

애초 제주자치경찰 출범시 제주자치경찰단 직원의 법정 수는 총 127명이었다. 그러나 예산상의 이유로 한 때는 20명이 부족한 107명의 자치경찰공무원이 직무를 수행하기도 했다. 그러나 제주자치경찰의 예산부족으로 인해 신속하게 직원들이 충원되는 것은 쉽지 않아 보이기도 했다. 2006년 7월 제주자치경찰 창설시에 국가경찰 38명이 특별임용 된 이후 경찰청은 이들을 위한 인건비와 운영비(연금 포함)지원 예산으로 매년 약 30억원 정도를 국고지원해 주고 있다. 애초에 약속된 대로 제주특별자치도는 이때까지 69명의 자치순경을 자비로 신규채용해 왔다. 여기에 그치지 않고 추가로 20명의 자치순경을 충원하는 계획이 진행되고 있다. 계속해서 충원되는 신규 자치순경들의 모든 비용은 물론 100% 제주특별자치도가 스스로 부담해 오고 있다.

한편 2012년을 기준으로 볼 때 제주특별자치도를 찾는 관광객의 숫자는 지속적으로 늘어나는 추세를 보여주었는데, 이 당시 제주자치경찰공무원의 인력 부족으로 인해 어려움이 많았다. 이 때문에 제주자치경찰 인력이 시급하게 증원되어야 한다는 주장들이 설득력을 얻기도 했다. 특히 항공기뿐만 아니라 심지어는 여객선을 이용해 제주항의 여객터미널로 입도하거나 출도 하는 관광객의 숫자 역시 빠르게 증가하고 있음에도 불구하고 이를 담당해야 할 자치경찰공무원이 부족해 제대로 직무수행이 이루어지지 못하고 있다는 지적이 많았다.142)

6. 제주자치경찰단 특별사법경찰의 업무분담 분석

위에서 언급했듯이 2012년 1월 9일 제주자치경찰단의 기구가 전격 개편된 후 이에 따라 새로 조직된 특별사법경찰과는 크게 2가지로 구분되어 업무가 진행되었다. 그 중에 하나는 수사담당 영역이고 다른 하나는 바로 공항·항만안전담당이었다.

1) 수사담당

이 당시 특별사법경찰과 소속의 수사담당 직원들은 특별사법경찰과장을 비롯해서 그 산하에 수사담당 경감 1명과 총 15명이 행정법 위반 범죄를 수사하는 업무를 담당했다. 특별사법경찰과장은 법상 주어지게 되는 특별사법경찰과의 고유 업무를 총괄 지휘하게 된다. 그리고 직원들에게 주어진 고유의 분야별 담당업무들을 보면 다음의 사항 등이다. 우선 과장은 특별사법경찰업무를 총괄한다. 경감 1명은 특사경 수사 총괄과 수사외근활동을 맡는다. 경위 1명은 특별사법경찰관리 직무와 자기 소속과장이 지정하는 제반 업무를 수행한다. 그리고 나머지 특별사법경찰 12명의 직원들은 무보험 운행자, 무단방치행위자 수사, 무보험, 무단방치차량 전담수사, 합동 단속 및 민원 처리, 환경과 관광 관련 직무의 범위 내에서 위반사범의 수사, 수사 관련 업무, 서무 등을 처리한다. 서귀포지역은 자치경찰단이 제주시에 소재하고 있기 때문에 직원들의 출근이 어렵다. 따라서 서귀포 지역에 있는 서귀포자치경찰대 건물 사무실을 활용해 근무하는데 서귀포지역에서 적발되는 특사경 업무를 검사의 지휘

---

142) 이 당시에는 제주자치경찰 인력의 부족으로 항만에는 나갈 경찰인력이 사실상 없는 실정이었다. 다행히 인력이 증원되어 2020년 12월 현재는 4명의 자치경찰관이 제주항에 나가서 여객선 및 화물선을 단속 관리하고 있을 만큼 발전하였다.

를 받으며 처리하고 있다.

한편 최근 제주자치경찰과 소속 직원 4명이 제주항에 나가서 근무하고 있는데 이들은 육지에서 제주항에 배가 들어올 때는 나가서 단속을 하고 한가할 때는 제주항 주변의 주요 관광지인 산지천에 가서 순찰근무를 수행하기도 한다.

2) 공항안전담당

전장에서도 간략히 소개한 바와 같이 공항안전담당의 경우도 인력이 넉넉하지는 않다. 애초부터 제주공항과 제주항만안전담당으로 조직이 만들어져 있는데 오래전부터 자치경찰단의 인력부족 때문에 제주국제공항에서만 20명이 근무하고 있다. 위에서 살펴보았듯이 최근에 제주자치경찰단의 교통과 소속으로 4명의 인력을 추가로 확보해 제주항에도 나가서 직무를 수행하게 된 것은 매우 바람직한 발전으로 평가된다.

한편 제주자치경찰단의 특사경과 직원 20여명이 제주국제공항에 나가서 상주하면서 무비자로 제주에 입국했던 외국인 관광객들이 불법으로 육지로 이탈하는 것을 사전에 방지하기 위한 업무를 수행하고 있는데, 이에 관한 운영조직의 구조를 살펴보면 다음과 같다.

최고 책임자는 경감이며, 그는 공항사무소 업무와 외국인 검색 업무를 총괄한다. 경위 1명은 공항의 근무지도와 단속계획 수립 및 언론홍보를 담당하고 있다. 그리고 1명의 경사와 1명의 경장은 제주국제공항에서 호객행위와 교통위반 사범 지도·단속을 맡고 있다. 또한 1명의 경장은 제주공항 국내선에서 외국인 검색 업무와 무사증 이탈자를 적발해 인계·인수하는 업무를 담당한다. 그리고 나머지 6명이 제주국제공항에서 호객행위 및 교통위반 사범을 지도·단속 한다. 이 밖에도 직원들은 제주공항에서 각종 기초질서 위반 사범을 지도·단속하고 있다. 끝으로 이들은 지정된 순찰차의 운영뿐만 아니라 추가로 지정된 공항 주변의 권역순찰 근무까지도 훌륭하게 소화해 내고 있다.

3) 출입국 담당(무기계약직)

익히 알려진 바와 같이 오늘날 제주특별자치도 라는 명칭은 제주특별법의 토대 위에서 도민들의 투표에 의해 1995년에 생겨난 것이다. 이를 바탕으로 2006년 7월

1일 제주자치경찰단도 전격 창설되었다. 특히 노무현 참여정부(2003. 2~2008. 2)는 제주도를 홍콩처럼 관광특구로 개발하여 발전시키겠다는 구상을 내놓았다. 이러한 구상의 기본 토대가 된 것이 바로 제주특별법을 제정한 것으로 이해된다. 같은 맥락에서 노무현 참여정부는 이러한 목표를 달성시키기 위해 정부 차원에서 여러 가지 정책을 펼치기도 했다. 무엇보다 많은 관광객들을 제주도에 유치하기 위한 노력에 심혈을 기울였다. 구체적인 예로 제주특별자치도에 국제학교도 유치하고 외국인들의 무비자 관광입국을 비롯해 5억원 이상 투자자들에 대해 영주권도 부여하는 제도적 기본 틀도 마련했다. 이와 같은 정책에 부응하여 중국인과 일본인 등을 위시하여 많은 관광객들이 제주를 찾음으로써 관광 활성화에도 적지 않은 기여를 한 것으로 평가된다.

이처럼 제주의 관광객 수를 늘리는데 일정 기여를 한 무사증 입국제도는 비자(사증) 없이 외국인 관광객들이 제주도에 입도하여 최고 30일 동안 합법적으로 자유롭게 체류하는 것이 허용되는 것이다.143)

구체적으로 중국인에 대한 무사증제도가 전면적으로 시행된 것은 2008년 2월 26일이었다. 하지만 초창기에 우려했던 대로 외국인 관광객들이 제주도에 입도 후 법이 허용한 기간 내에 떠나지 않고 제주도에서 이탈하는 방문객이 1,000명 이상 나타나는 등 많은 부작용도 속출하였다. 즉 두 가지 차원에서 문제가 불거졌다. 하나는 제주특별자치도에서 항만이나 항공기를 통해 육지로 불법 입국하는 예이다. 다른 하나는 그대로 제주특별자치도에 불법체류자로 남게 되는 케이스이다.144) 이미 2016년 제주도에 불법체류자 수는 8,500여명을 기록할 정도였다.

그렇지 않아도 이 법을 시행하기 전에 일각에서는 제주에 온 무비자 이탈자들이 항공기나 항만의 선박 등을 이용해 육지로 불법 입국할 가능성을 우려하기도 했다. 이러한 우려 때문에 제주도의 출입국관리사무소의 업무가 매우 중요시됨은 물론 큰 관심의 대상으로 떠올랐다. 이 때문에 제주특별자치도는 본 업무를 수행하게 될 무

---

143) 제주 무사증 실시 이후 제주를 방문하는 외국인 관광객 중 대다수는 중국인이 차지했다. 2019년 무사증 입국자 중 중국인은 약 79만 7,300명이었다. 이는 전체 외국인 관광객 중 98%에 해당한다. 2020년 중국 춘절 연휴 기간(1월 24~27일)에만 중국인 8,900여명이 무비자로 제주를 찾았다(문화일보, 2020. 3. 2. 월요일).

144) 임병도, 인터넷신문, 진실의 길, '외국인 범죄와의 전쟁' 제주도, 불법체류자만 8천5백명, '외국인 범죄 54.4% 증가, 범죄자의 70%는 중국인'(2016. 10. 15) 참조.

기계약직 4명을 추가로 모집하여 제주국제공항에 나가 있는 자치경찰팀에 배치시켰으며 오늘에 이르고 있다.

본래 본 업무는 오래전부터 제주도청 관광정책과에서 무기계약직 3명과 공익근무요원 3명을 포함해 6명의 직원들이 수행해 오던 고유 업무였다. 2011년 9월부터 본업무는 제주자치경찰단 소속 특별사법경찰과의 담당 업무로 이관된 것이다. 그 후에는 무기계약직 4명(공익근무요원의 참여는 폐지)만으로 운영해 왔다. 그러나 2019년 2월에 위 인원은 7명으로 증가하게 되었으며 이 중에서 1명은 서무를 담당하고 있다. 그리고 나머지 6명은 2명씩 3교대 체제로 근무하고 있다. 전장에서 언급했듯이 이들 직원은 제주국제공항에서 제주를 방문하거나 떠나는 외국인들을 위한 출입국 관리 서비스를 제공하고 있다.

한편 중국 우한에서 2019년 12월 일명 신종 코로나바이러스 감염증-19의 세계적 대유행이 발생했고 우리나라에도 2020년 1월 중순 이 바이러스가 전국을 덮치기 시작했다. 이 때문에 제주에 있던 중국인 불법체류자들이 중국으로 귀국하기 위해 제주출입국·외국인청에 몰려들기도 했다.[145]

즉 2020년 3월 3일 제주특별자치도에서 그동안 숨어살던 불법체류자들이 자진 출국 신고를 한 후 떠나도록 했는데, 이러한 방침에 따라 자진 신고자들이 점점 늘어났다. 중국인 불법체류자들은 2020년 3월 2일 100여명이 제주출입국·외국인청에 신고했고, 3월 3일은 250여명 그리고 3월 25일까지 176명이 추가로 신고 대기 중이었다. 법무부는 2020년 1월부터 자진해서 출국하기를 원하는 불법 체류자들에게 범칙금을 면제해 주었다. 특히 제주출입국·외국인청은 자진해서 신고한 불법체류자들에게는 추후 재입국 기회를 부여하기도 하는 등 추가로 자진 출국을 유도했다.

위의 사례에서 보여주었듯이 불법체류자들이 지속적으로 발생하는 문제에 대해서는 국가-제주특별자치도 차원에서 제주특별법 등을 개정하거나 혹은 관련 법률을 새로 제정한 후 이를 바탕으로 근본적인 대책을 마련해 나가야 할 것으로 본다.

---

145) 뉴스엔뷰, 제주도, 불법체류자 자진 출국 '북새통', 2020. 3. 3 참고.

7. 제주자치경찰단 특별사법경찰의 예산에 대한 분석

1) 예산현황

2012년 제주자치경찰단의 예산은 추경 1회를 시행한 액수까지 모두 합쳐 총 149억 9,600여만원 정도였다. 본예산 중에는 경찰청에서 내려 보낸 금액이 포함되어 있다. 경찰청은 제주특별자치도 산하 제주자치경찰단으로 특별임용 되어 근무 중인 38명에 대한 인건비와 운영비에 대해 그들 38명이 모두 퇴직할 때까지 지급하기로 애초에 약정되어 있다. 2012년 경찰청은 이들 38명의 인건비와 운영비 등을 모두 합쳐 총 38억 8,300만원의 국비를 내려 보내 주었다. 엄밀한 의미에서 보면 2012년에 경찰청은 38명에 대한 인건비와 운영비로 약 30여억원만 지원하는데 그쳤던 것으로 분석된다. 그 이외의 나머지 8억 8,300여만원은 예외의 예산이었다. 즉 국비와 지방비로 보조되는 어린이보호구역사업 등에 사용하라는 예산으로 국비가 내려간 1회성이었기 때문에 38명의 운영비 등과는 거리가 먼 것이었다.

물론 2013년도에도 경찰청은 국가경찰에서 이관된 38명의 인건비로 전년도 규모와 비슷하게 30여억원을 배정하였다. 애초에 경찰청은 제주특별자치도와 38명에 대한 인건비와 운영비만 이들이 퇴직할 때까지 지급하기로 약속했던 것에 기인한다. 따라서 이와 관련된 예산의 증액은 사실상 기대하기 어려운 실정이다. 이렇게 볼 때, 제주자치경찰단의 거의 모든 예산은 제주특별자치도가 스스로 부담하는 지방비라고 볼 수 있다. 구체적으로 2012년도의 경우 제주자치경찰의 총예산 중 지방비가 차지

표 7-135 | 2012년 제주자치경찰단의 예산(1회 추경 포함)

(단위: 천원)

구 분	계	국 비	지방비	비 고
계	14,996,063	3,883,000(26%)-어린이보호구역설치 등 국비와 지방비 포함	11,113,063(74%)	
자치경찰단	9,688,588	1,680,858	8,007,730	부서예산
자치경찰인력 지원	5,307,475	2,202,142(43%)	3,105,333(57%)	경찰인건비

출처: 제주특별자치도 자치경찰단(http://jmp.jeju.go.kr), 내부자료 참조.

한 액수는 무려 111억 1,300여만원이며, 이는 전체 예산액 중 무려 74%를 차지하는 수치다.

제주자치경찰단의 총 예산을 세부적으로 살펴보면 다음과 같다. 우선 자치경찰운 영분야에서 경상적 경비의 경우는 16억 8,500여만원과 사업비 26억 5,700여만원이 었다. 이를 모두 합하면 총 19억 5,100여만원에 달했다. 특히 교통시설 운영분야에 서는 크게 경상적 경비와 사업비로 나누어진다. 즉 교통시설 운영분야에는 총 27억 4,300여만원이 책정된 바 있다. 대부분이 경상적 경비로 사용되고 있다. 그리고 교통 시설 분야에 국비가 보조금으로 지원되는 총액은 약 8억 5천 400여만원이었다. 교통 정보센터와 주차관리 운영분야에도 인건비와 경상적 경비 및 사업비로 49억 9,300 여만원이 보조되었다.

한편 제주자치경찰단 산하 특별사법경찰 직원 31명을 위한 예산은 별도로 배정되 어 있지 않았으며 전체 자치경찰단의 총예산에서 지출이 이루어지고 있다.

2) 예산상의 문제점

제주자치경찰단의 총예산 중에서 매년 가장 많은 비율을 차지하는 영역은 직원들 의 인건비 영역이다. 이렇게 인건비가 차지하는 비율이 높다 보니 자치경찰의 제도 발전에 사용할 예산이 열악할 수밖에 없다. 따라서 향후에는 이를 개선하기 위한 예 산확보가 매우 중요한 실정이다.

8. 제주자치경찰단 특별사법경찰의 범죄수사 분석

1) 특별사법경찰의 분야별 수사전문 전담반 운영

(1) 제주시 지역

제주자치경찰단 소속 특별사법경찰과는 제주시 지역에 3개 반을 운영해 왔다. 제 1반의 경우는 1개조 2명이며 주로 한라산을 위시한 산림·환경을 단속하는 전담반 이다. 이들이 직무를 수행하는데 있어서 그 법적근거가 되는 것은 산지관리법, 가축 분뇨의 관리 및 이용에 관한 법률, 폐기물관리법 등이다. 제2반의 경우는 1개조 2명 인데 주로 식품·위생 분야를 주로 담당하는 전담반이다. 제2반이 수행하는 직무영 역은 청소년보호법, 식품위생법 및 공중위생관리법 분야에서 환경·산림 영역을 제외한 나머지 모든 부분이다. 제3반은 역시 1개조 2명인데 시내권 전담반이라고도 불린다. 이들 제3반은 청소년보호활동을 주로 맡고 있다. 무엇보다 이들은 시내권이라는 특수성을 감안해 청소년보호활동과 원산지 거짓표시와 같은 범법행위들을 중점적으로 단속하는 게 주요 임무이다. 이 밖에 특별사법경찰관 2명이 자동차관리법 및 자동차손해배상보장법 분야를 집중적으로 전담해 왔다. 제주특별자치도에서 한해에 무려 1,500여건을 상회하여 접수되는 자관·자손법위반 사건에 대한 신속 업무처리를 위해 특별사법경찰 전담반을 별도로 운영해 왔다.146) 2011년도 제주자치경찰단 특사경에서 처리한 사건수를 보면 1,488건에 달한다.

(2) 서귀포시 지역

서귀포지역의 경우 제주자치경찰단에서는 3명으로 이루어진 특별사법경찰 1개조를 운용했다. 위 3명의 특별사법경찰은 서귀포시를 동서지역으로 나누었으며, 이것을 지역별 격일제 방식에 따라 단속활동을 펼쳐왔다. 이들은 수사관별로 관광, 위생, 산림, 환경 영역으로 구분해 맡는 전담제로 운영했다. 하지만 이러한 운영방식은 2012년 1월 제주자치경찰단 산하 특별사법경찰과의 조직개편에 따라 자치경위 1명과 자치경장 3명 등 총 4명의 직원이 서귀포지역경찰대에서 특별사법경찰 직무를 수행하는 것으로 변경되었다.

2) 제주자치경찰단 특별사법경찰의 범죄적발에 관한 실적

제주자치경찰단이 2006년 7월 1일 공식 출범한 후 그 이듬해인 2007년 3월부터 제주자치경찰은 본격적으로 업무를 개시하였다. 이 당시 제주자치경찰단 소속 특별사법경찰은 다음과 같이 많은 행정법 위반 관련 범죄자들을 적발하여 수사후 검찰에 송치함으로써 민생을 안정시키는데 많은 기여를 했다는 평가를 받았다. 제주자치경찰에게는 환경, 산림, 관광을 비롯해 17종 분야의 수사사무를 부여받아 수행하고 있다.

제주자치경찰단 소속 특사경에 따르면 환경, 산림, 관광분야의 경우 지역별, 계절별로 그때마다 상황에 따라서 기획수사를 펼치고 있다. 2006년 7월 제주자치경찰이 출범한 후 2012년 6월 말까지 자료에 나타난 자치경찰의 수사성과는 다음과 같다.

---

146) 자관·자손법은 자동차관리법과 자동차손해보험법을 의미한다.

즉 산림분야 303건, 관광분야 170건, 환경분야 260건, 비상품감귤 단속 분야 2,005
건, 식품위생분야 309건, 교통을 비롯해 자동차 관련 사건(손배법/자관법) 분야
7,696건 등의 성과를 보여주었다. 이 범죄사건들을 통털어서 보면 특사경 직원들은
총 10,743건의 사건을 처리한 것으로 나타났다. 참고로 제주자치경찰이 창설되기 이
전에 제주도청 산하 특별사법경찰이 단속했던 2004년과 2005년의 연평균 사건 송치
실적은 323건 정도였다.

표 7-136 | 자치경찰단 특별사법경찰과의 테마별 사건 단속

(단위: 건)

구 분	계	환경분야	산림분야	관광분야	식품·위생분야	비상품감귤단속	자동차관련사건(손배법/자관법)
계	10,743	260	303	170	309	2,005	7,696
'12. 6월 말	631	26	11	22	23	-	549
'11	1,828	68	44	54	63	111	1,488
'10	1,927	34	61	28	83	58	1,663
'09	3,287	31	51	11	35	1,123	2,036
'08	2,558	46	49	14	62	443	1,944
'07	463	44	67	34	36	270	12
'06	49	11	20	7	7	-	4

출처: 제주자치경찰단 내부자료(2012. 7).

단 소속 특별사법경찰공무원들이 이전 도청 소속 특별사법경찰들에 비해 얼마나
많은 실적을 올려주었는지를 한눈에 잘 보여주고 있다.

┌─ 제4절 ─────────────────────────────────
│ ≫ **제주자치경찰의 교육 및 재교육**
└────────────────────────────────────

1. 특별사법경찰의 직무교육 현황

제주자치경찰관들을 위한 교육은 중앙기관에서 받게 되는 직무교육의 경우 경찰대학, 경찰수사연수원, 경찰교육원(현 경찰인재개발원), 중앙경찰학교 등에서 이루어지고 있다. 그리고 기타 교육으로는 제주지방경찰청 교육센터, 제주인재개발원 및 자체 직장교육훈련 등이 주류를 이루고 있다. 교육대상을 보면 기본교육과정으로 자치경사 이상의 자치경찰공무원에게 제공하는 과정이 설치되어 있다. 그 밖에 기타 실무교육과정도 마련되어 있는데, 예를 들어 자치경정이하 자치경찰공무원이 바로 그 핵심 대상이 된다. 2012년의 경우 특별사법경찰을 위한 직무교육과정은 경기 용인 소재 법무부 산하 법무연수원이 있었고 국가경찰기관 산하의 경찰수사연수원 등에서 시행하는 수사기법 프로그램에 위탁 참여하는 방법을 많이 활용하였다.

교육과정별 수요를 보면 다음과 같다. 즉 기본교육과정을 위해 경찰청 교육계획에 따라 경사 1명, 경위 1명, 경감 2명으로 이루어진 바 있다. 경위 이하 기본교육을 미이수한 직원은 그 현황을 정확히 파악한 후 경찰청과 교육인원을 재협조 요청해 이루어지도록 했다. 기타 과정은 각 과별 및 교육과정별로 수요현황을 파악한 후 관계기관과 협조해 교육을 실시하기도 했다. 그리고 제주자치경찰단의 소속 특별사법경찰 중 경기 용인 소재 법무연수원 특사경 교육센터와 경찰수사연수원 수사교육과정(특별사법경찰(민생사법경찰))에 참여하였다. 이 당시 모두 14명이 신청해서 직무교육을 받은바 있다.147)

무엇보다 제주자치경찰 기관에 소속된 자치경찰의 경우 예산을 확보하여 가급적이면 많은 직원들이 직무를 수행하는데 있어서 많은 노하우를 축적할 수 있도록 이전보다 더많은 기회를 줄 필요가 있다. 이러한 직무교육의 확대는 결국 수사관들이

───────────────────────────

147) 제주자치경찰의 경우 예산과 직원들의 시간 부족으로 인해 많은 수를 직무교육에 보내지 못하고 있는 실정이다.

신속하고 정확하게 행정범을 단속하여 민생안전에 기여할 수 있는 법적토대 마련에 도움이 되는 것이다. 그리고 치안 안전에서 얻어지는 이익은 큰 그림에서 볼 때 고스란히 도민과 시민에게 되돌아가는 등 선순환이 이루어질 것으로 본다.

2. 제주자치경찰단 특별사법경찰의 재교육 훈련상 문제

범죄가 나날이 고도로 지능화되어 가는 오늘날 제주자치경찰단 산하 특별사법경찰의 경우 그 규모가 작은 관계로 자체적으로 직무교육을 실시하는 것은 사실상 불가능하다. 강사진과 시설을 준비하고 프로그램을 만들기 위해서는 많은 예산이 필요하기 때문이다. 따라서 이를 위한 대안 중 하나로 경찰청 산하 부속기관인 경찰인재개발원(구 경찰교육원), 법무연수원, 경찰수사연수원, 경찰대학 등 국가경찰 교육기관의 수사교육 프로그램 등에 자치경찰 직원들을 위탁 교육시키는 방법이 활용되면 시너지 효과가 나타날 것으로 본다.

국가 및 지방자치단체 소속의 특별사법경찰관들은 지금까지 거의 모두가 법무연수원에서 직무교육을 받고 있으며, 부분적으로 경찰수사연수원의 수사교육 프로그램에도 참여하고 있는 게 보통이다. 직무교육과 관련하여 제주자치경찰단 산하 특별사법경찰들은 시간과 비용의 문제들로 인해 직무와 관련해 다양한 영역의 프로그램에 참여하지 못하고 있다는 점이 하나의 아쉬움으로 남는다. 제주특별사법경찰 직무자들이 민생의 안정을 위해서는 충분한 직무교육훈련을 충분히 받고 법지식을 충분히 갖추어야 하는데 이는 아무리 강조하여도 부족하지 않다. 어느 조직을 막론하고 직무교육이란 그 자체조직의 발전을 위해서 매우 중요한 요소 중 하나이며 제주자치경찰조직에 있어서도 예외일 수 없다고 본다.

한편 제주자치경찰의 주요 업무는 순찰이지만 이와 더불어 특별사법경찰업무가 또한 중요한 핵심 업무로 부여되어 있다. 이와 같이 특별사법경찰 업무가 주요 영역임에도 불구하고 현재 제주자치경찰은 인력, 시간, 예산의 불충분으로 인해 충분한 재교육의 기회를 부여받지 못하는 아쉬움이 많았다. 이 문제는 다음과 같이 3가지 차원에서 진단이 가능할 것으로 본다. 첫째, 다양한 프로그램을 발굴하여 직원들에게 제공해 주어야 한다. 집행부에서는 기획을 잘 세워서 바람직한 프로그램을 개발하고 특사경 직무교육을 위한 예산을 지속적으로 확보해 나가야 한다. 이를 실현하기 위한 집행부의 강한 의지가 필요하다. 둘째, 물론 직원들이 직무교육 프로그램에 참여할 의지를 잘 보이지 않을 수도 있다. 하지만 제주자치경찰단에서 이 문제를 해당 직원들에게 의무화하면 어느 정도는 해결될 것으로 본다. 셋째, 직원들의 직무교육을 위한 충분한 예산을 확보하는 일이 무엇보다 중요하다. 직무교육을 통해 직원들이 충분한 실력을 갖추어 놓는 일은 매우 중요한데, 이것은 주민들의 생명과 재산을 지키기 위해 매우 중요한 중앙정부와 지방정부의 핵심과제라는 차원에서 심층 접근해야할 문제라고 본다.[148] 또한 현재 제주자치경찰단의 예산이 100억원이 넘는다는 차원에서 볼 때, 예산의 부족보다는 오히려 제도상의 문제 혹은 집행부의 시행 의지에 달려 있는 문제라고 본다.

다행히 2019년 전반기에 취임한 고창경 제주자치경찰단장 이후에는 많은 개선 노력을 보여주고 있다. 그는 취임 후 국가경찰의 수사기관들과 많은 교류협정을 맺었으며 직무와 관련해서 여러 가지 새로운 직무교육 관련 프로그램도 계획하는가 하면 실제로 직무교육에 참여 수도 늘리면서 눈에 띄는 변화도 보여주고 있는 점이 바로 그 좋은 예이다. 또한 제주자치경찰단 자치경찰 직원들이 타 기관의 온라인 교육 프로그램 등에 참가하여 이수할 수 있는 기회도 확대해 나가고 있는데, 이는 직원들의 직무 개발 능력을 위해 매우 바람직한 결과로 평가된다. 이에 대한 최신 발전적 변화와 발전 결과들에 대해서는 다른 장에서 추가로 소개하였다.

| 제5절 |
≫ 민생사법경찰 분야

제주자치경찰은 자치경찰·행정·도민이 함께하는 특사경(민생사법경찰)의 추진

---

148) 이 경우는 서울특별시 특별사법경찰의 경우도 매우 흡사한데 주로 법무연수원 혹은 자체교육원에서 특사경(특별사법경찰) 강사를 불러 기초교육을 하는 정도이다. 이에 반해 철도특별사법경찰대의 경우는 국토해양인재개발원, 경찰, 법무연수원, 코레일인재개발원, 조달청, 행정안전부 정보화, 감사교육원, 국가정보대학원, 기획재정부, 행정안전부 보훈교육연구원, 국가권익위원회, 국가기록원, 한국인터넷진흥원, 국립국어원, 공무원연금관리공단, 중앙공무원교육원 등 매우 다양한 교육원들을 통해 직원들에게 재교육기회를 제공해주는 것에 비해 대조적이다.

실적, 제주특별자치도의 1차산업이 감귤산업이다. 이에 대한 경쟁력을 최대한 끌어
올리기 위한 활동지원 등 3가지를 제주특별자치도의 청정 가치를 수호하는 목표달
성을 민생사법경찰활동의 핵심 업무로 정해서 수행하였다.

1. 자치경찰 · 행정 · 도민이 함께하는 특사경(민생사법경찰)의 추진실적

제주자치경찰은 법에 따라서 창설시부터 직원들이 특별사법경찰로 지명받을 수
있도록 했다. 자치경찰 중 특별사법경찰의 직무를 수행하는 직원(민생사법경찰)들은
2017년에 다음과 같은 분야에서 집중적으로 직무를 수행했다. 즉 '청정과 공존' 가치
를 수호하기 위한 산림 · 환경훼손 사범에 대한 강력단속, 가축분뇨 불법배출(양돈농
장 대표 4명 구속, 19명 불구속) 및 투기목적으로 대규모 산림을 훼손한 기획부동산 업
자(2명 구속), 그리고 도민생활과 관광제주의 이미지 향상을 위한 민생 · 관광사범의
척결 등이었다.

표 7-137 l 제주 특별사법경찰 추진실적						
구 분	계(건/명)	환경사범	식품공중위생	관광사범	산림사범	자동차관련
대비	-303건	+8건	+3건	-186건	-26건	-103건
2017년	1,500/1,634	74/119	213/243	45/60	47/60	1,120/1,152
2016년	1,803/1,974	66/128	210/238	231/244	73/121	1,223/1,243

출처: 내부자료, http://www.jeju.go.kr/jmp/index.htm(검색일: 2019. 2. 5).

제주자치경찰의 분석평가를 보면 산림 및 환경훼손사범의 구속수사 등 강력단속
에 따른 '청정과 공존' 가치의 수호, 그리고 사회적 이슈사건 발생시 조기해결을 위
한 전담반의 구성 및 운영으로 신속 대응은 물론 안전제주의 브랜드가치를 높이는
수사 활동으로 도민과 관광객의 공감대 형성 등을 달성했다.

2. 제1차산업 경쟁력 확보로 감귤산업 안정을 위한 활동지원

제주자치경찰은 2017년에 변화되는 감귤유통 정책에 발맞춘 선제적이고 광역적

인 단속활동을 전개하였으며, 동시에 제주도 외 도매시장, 온라인 등 전방위 단속, 비상품 감귤 유통 차단 등을 실시하였다. 또한 유관기관과의 지속적인 협업체계의 구축, 비상품 감귤 유통행위의 원천 차단(2017. 12. 31. 기준) 등을 실시하고 이를 성과로 제시하기도 했다.149)

표 7-138 | 감귤생산유통조례위반 단속(건) 현황

구분 연도	감귤생산유통조례위반 단속(건)				
	계	강제착색	비상품감귤 (스티커 미부착)	품질검사 미이행	원산지 허위표시
2017년산	79	–	77	2	–

출처: 내부자료, http://www.jeju.go.kr/jmp/index.htm(검색일: 2019. 2. 5).

제주자치경찰은 2017년 소과·대과 10브릭스 이상 상품출하 가능, 감귤 출하 기준의 변경으로 비상품 유통 감소, 그리고 도내·외 도매시장 대상의 선제적 단속으로 비상품 감귤 관련 유통 의식의 전환을 성과로 내놓았다.150)

3. 제주자치경찰의 선택과 집중을 통한 도민 접점 수사 활동 전개

2018년 제주자치경찰단 민생사법경찰팀은 도민생활과 밀접한 환경, 식품 전담수사반을 운영했다. 이를 통해 민생안정을 위한 다음의 영역에서 집중적인 노력을 기울였다. 다음의 내용들이 바로 그것이다.

- 가축분뇨 불법배출 1년 경과, 엄정수사로 의식변화 등 새로운 전환기 마련
  - 배출량 대비 처리량 30%이상 차이 140여개 농가 조사(구속 4, 불구속 26)
  - 59개 농가 악취관리지역 지정 고시 등 축산정책의 새로운 패러다임 제시
- 투기·지가상승 목적 부동산 개발, 대규모 산림훼손 구속원칙 엄정수사

---

149) 내부자료, http://www.jeju.go.kr/jmp/index.htm(검색일: 2019. 2. 5).

150) 원래 제주도의회는 조례를 만들어 감귤의 경우도 일정 크기의 감귤만 육지로 출하할 수 있도록 했다. 즉 아주 커다란 감귤은 당도가 낮고 상품가치가 떨어지기 때문에 동물사료로 사용하거나 퇴비로 사용하도록 했다.

- 100억대 시세차익 불법개발, 매장문화재 훼손사범 5명 영장신청, 불구속 87건
- 식품위생전담수사반 편성, 기업형 불법숙박 및 야간파티 등 특별수사
  - 기업형태 불법·변종 숙박영업 6건, 게스트하우스 등 불법영업 36건
- 강제착색 등 비상품감귤 유통 선제적 단속활동 감귤가격 안정화 기여
  - 강제착색, 기한경과 풋귤유통, 품질검사 미이행 등 4건(4.7톤)
- 추석·설 명절 전후 원산지 위반행위 특별단속 식품안전문화 조성 기여
  - 수입산 돼지고기 제주산으로, 수입산 돔 국내산으로 거짓표시 등 30건 등이다(제주 자치경찰단, 내부자료, 2018).

그 결과 환경·산림분야 전담반 편성운영, 부동산 투기 등 지능범죄의 선제적 수사 활동을 적극 전개하였고, 도민생활과 밀접한 식품위생분야 전담수사, 도민불편해소 및 생활안정에 기여한 것으로 평가된다. 또 하나는 2018년 경우 전문 수사체제 구축에 따른 사회적 이슈사건에 대한 신속 엄정수사를 진행하였다. 핵심 업무는 다음과 같다.

- 수사 전담체제 개편, 전문 수사 인력 보강을 통한 지능범죄수사 체계적 대응
  - '18. 8. 28. 수사과, 수사3팀 신설(2담당 → 1과, 3팀)
  - 보건의료·사회복지 분야 전담수사체제 운영, 기획수사 첩보수집중
- 해안가, 중산간, 국립공원 등 절·상대보전지역 훼손행위 특별수사활동
  - 공간정보시스템상 보전지역 연도별 형상변경 추적, 위반사항 5개소 적발
  - 측량전문업체 의뢰 훼손면적 측정 등 증거자료 확보, 형사입건 수사중
- 사건전산관리시스템 구축 완료, 범죄사건 분석을 통한 효율적 수사 가능
  - 연도별 발생사건 유형, 통계 등 데이터 분석후 지능범죄수사에 적극 활용 등이 바로 그것이다(제주자치경찰단, 내부자료, 2018).

이에 관련된 2018년 성과에 대한 평가는 다음과 같이 전문수사인력의 보강을 통한 기획수사전담반 운영, 사회이슈사건 등 신속 대응이었다. 이는 사건전산관리 시스템상 범죄사건 분석의 활용, 효율적·체계적 수사활동을 가능하게 하는 큰 성과를 얻기도 했다.[151]

---

151) http://www.jeju.go.kr/jmp/index.htm(검색일: 2020. 11. 20).

4. 검경 수사권 조정에 따른 자치경찰의 책임수사

2020년 1월 13일 수사권 조정법안(일명, 형사소송법 및 검찰청법)이 국회 본회의를 통과하여 2021년 1월부터 본격적으로 시행에 들어가게 되었다.

표 7-139 ┃ 검경 수사권 주요 개정 내용		
형사소송법	➡	✓ 검찰의 경찰에 대한 수사지휘권 폐지 ✓ 경찰의 1차 수사종결권 부여 ✓ 송치사건 보완수사 요구권 신설(검사) 등
검찰청법	➡	✓ 자치경찰공무원 검사 지휘·감독 사항 삭제 * 지명특사경은 검사 지휘 현행유지

출처: 내부자료, http://www.jeju.go.kr/jmp/index.htm(검색일: 2020. 2. 5).

위와 같은 법적 토대를 기반으로 제주자치경찰도 국가경찰의 수사권 조정 관련 대응상황을 심층 연구 및 대비해야 하는 입장이다. 그리고 국가경찰의 수사권 조정 관련 대응상황은 다음과 같이 정리가 가능하다.

> • 책임수사를 위한 4대 추진전략 및 80개 추진과제 수사개혁 로드맵 발표('19. 10. 21.)
>   - 영장 심사관 확대, 수사 심사관 신설, 사건 심사 시민위원회 설치, 수사민원상담센터 확대
> • 책임수사 추진본부 발족('20. 1. 16.)
>   - 형사소송법 개정에 따른 대통령령 제정, 국가수사본부 추진, 개혁 과제 발굴·추진 등이 바로 그것이다.152)

이에 따라 제주자치경찰도 수사 관련 자치법규의 제정 및 수사관의 역량 강화를 통한 공정한 수사 체계를 구축해야 하는 과제에도 직면하게 되었다.

---

152) http://www.jeju.go.kr/jmp/index.htm(검색일: 2020. 2. 5) 참조.

5. 첨단범죄 신속 대응을 위한 디지털포렌식 시스템 구축

2020년에 제주자치경찰에서도 첨단범죄의 신속 대응을 위한 디지털포렌식 시스템을 구축하기로 했다. 날로 지능화되고 은밀화되어 가는 각종 첨단 범죄에 적극 대처하기 위해 제주자치경찰도 디지털포렌식 시스템을 구축하게 되었는데, 이는 다소 늦은 감이 있지만 이제라도 신속하게 구축한 것은 큰 의미가 있다고 본다. 제주자치경찰단에 구축하는 디지털포렌식 시스템의 사업기간은 '20. 1.~'20. 5.(5개월)까지이며 사업비는 약 322,960천원 규모였다. 제주자치경찰이 수사의 과학화를 위해 구축하게 된 이른바 디지털포렌식 시스템 구축의 주요내용은 다음과 같다.

- 압수수색 데이터 채증 및 분석을 위한 현장 지원용 디지털포렌식 장비
- 데이터수집 분석을 위한 디지털포렌식 전용 서버(워크스테이션) 및 저장장치
- 디지털 증거자료 분석실 및 피압수자 참여권 보장을 위한 참관실의 설치

이러한 주요 사업을 성공적으로 구축하기 위해 제주자치경찰은 분석관의 배치와 담당자의 교육을 〈표 7-140〉과 같이 계획하고 시행했다. 즉 전문인력의 배치는 2명이며 다음과 같은 디지털포렌식 직무교육을 받도록 했다.

표 7-140 | 제주자치경찰의 디지털포렌식 교육 과정(2020)

교육기관	교육내용	교육기간	횟 수
대검찰청	디지털포렌식 전문가 과정	3개월	8월
경찰수사연수원	디지털포렌식 과정	2주	연 4회 예정(2, 5, 8, 10월)

출처: 제주자치경찰 내부자료, http://www.jeju.go.kr/jmp/index.htm(검색일: 2020. 2. 5).

제주자치경찰은 디지털포렌식 수사기법을 새롭게 구축함으로써 향후 수사경찰들(특별사법경찰 포함)은 압수수색 현장에서 신속하게 디지털증거자료를 확보해 수사성과를 극대화 할 수 있으며 수집된 증거자료가 법정 증거능력을 크게 인정받을 수 있을 것으로 기대된다.

제주자치경찰단은 다음과 같이 디지털포렌식 수사체계를 구축함으로써 그 기대효

과를 더 한층 높이게 되었다. 즉 민생침해 범죄에 대한 신속대응과 과학수사체계를 훌륭하게 갖추게 되었다. 그동안 제주자치경찰단 민생사법경찰팀에서 행정법 위반 관련 범죄를 적발해 수사를 진행하면서 그 디지털 증거분석을 위해 他 기관(제주지방청)에 의뢰함으로써 많은 불편함을 겪었다. 그동안 제주자치경찰단이 제주경찰청 과학수사팀에 디지털 증거분석을 위한 의뢰 횟수는 9회(2017년 1회, 2018년 3회, 2019년 5회)에 달했다. 이제 스스로 제주자치경찰은 신뢰성 있는 디지털 증거 확보를 위한 과학수사 시스템의 구축을 완성하게 되었다.

그림 7-37 | 제주자치경찰 디지털포렌식의 워크스테이션과 업무용 PC

워크스테이션: 디지털 정보 추출, 분석장비
(모바일 디바이스 등)

업무용 PC: 압수 증거물의 봉인 개봉 등
증거 채증을 위한 PC

출처: 제주자치경찰단, 내부자료(2021); 신현기, 「자치경찰 -제주자치경찰제도의 체계적 접근-」, 파주: 법문사, 2021, p. 257.

그동안 제주자치경찰은 디지털포렌식 센터 구축을 위해 조달청 계약(2020. 5.)을 진행하고 디지털포렌식 센터의 리모델링 공사를 완료(2020. 5.)한 다음, 디지털포렌식 시스템 구축의 완료 및 시범운영(2020. 6.)을 진행했다. 그리고 디지털 증거분석 전담을 위한 인력풀을 구성한 후 운영(8명, 수사과 6, 서귀대 1, 관광과 1)하게 되었다.

제주자치경찰은 최종 사업비로 총 32,269만원(지방비)을 투입했으며 스마트 폰, 태블릿 PC 등의 모바일에 대한 데이터 채증 및 분석 장비 설치, 디지털포렌식 전용 서버(워크스테이션) 및 저장장치(NAS)의 설치, 디지털 증거자료 분석실 및 피압수자 참여권 보장을 위한 참관실의 설치 등이 마련됨으로써 명실공히 과학수사체계를 완성했다.153)

그림 7-38 | 제주자치경찰의 디지털포렌식 관련 현장지원 노트북과 소프트웨어

현장 지원 노트북 및 프린터 등: 디지털 정보 추출 및 분석 장비(현장용 모바일 및 하드디스크 등)

디지털포렌식 소프트웨어 등: 삭제 파일 복원 및 데이터 추출 및 분석 소프트웨어 등

출처: 제주자치경찰단, 내부자료(2021); 신현기, 「자치경찰 -제주자치경찰제도의 체계적 접근-」, 파주: 법문사, 2021, p. 257.

최근 신종범죄가 고도화되면서 과학적인 수사가 매우 중요시되고 있는 만큼 제주자치경찰에서도 디지털포렌식 기초과정을 도입해 본격적으로 인프라를 구축했다는 점에서 볼 때, 이는 매우 바람직한 대안으로 평가된다. 제주자치경찰 중 선발된 직원들이 대검찰청과 경찰청 인재개발원에 가서 디지털포렌식에 대한 장비 사용법 관련 제반 기술을 습득하였고 후임직원들이 지속적으로 양성되는 계획도 착실히 추진되고 있다. 특히 이에 대한 후속작업으로 제주자치경찰은 다음과 같이 디지털포렌식 사용법 등에 관한 기초교육과정도 마련함으로써 향후 과학적 수사를 위한 토대를 구축해 나가고 있다.

6. 제주자치경찰 특사경의 직무교육 실태

한편 제주자치경찰제에서 유일하게 수사권을 행사할 수 있는 사무영역은 바로 특별사법경찰 분야이다. 제주자치경찰은 이른바 특사경법에 따라 모든 자치경찰공무원에게 특사경으로 발령을 받을 수 있게 법이 정하고 있기 때문에 자치경찰이 특사

---

153) 제주자치경찰단 내부자료(2020).

경과로 전보되면 곧바로 특사경 업무를 담당하게 된다. 다시 말해 자치경찰 직원이 특사경팀의 업무담당자로 전보되면 곧바로 직무를 수행하는데 어려움이 많이 상존하는 만큼 형법, 형사소송법, 수사 관련 직무교육이 필수적이다. 전장에서도 간단히 언급했듯이 그동안 주로 용인 소재 법무연수원 특사경 센터에 가서 한 주일씩(월~금) 직무교육을 받아왔는데, 이는 너무 적으며 충분하지 않은 시간이라고 다방면에서 지적되어 왔다.154)

따라서 제주자치경찰단은 자체적으로 특사경의 직무교육을 마련해 시행함으로써 그동안 부족했던 수사직무 방식을 보완해 나갈 수 있는 좋은 대안이 마련된 것은 매우 바람직한 제주자치경찰단의 적극적 기획 노력으로 평가된다. 특히 특사경 직무분야는 행정법 위반자인 행정범들을 수사하여 검찰에 송치하는 인권 문제를 다루는

표 7-141 | 제주자치경찰단 특사경 실무과정 현황

구 분	과목명	시 간			
		계	공개강의	참여	기타
합 계		14	10	3	1
교양분야 영역	소 계	2	2		
	기본교양교육	2	2		
전문직무분야 영역	소 계	11	8	3	
	특별사법경찰제도에 대한 개관	2	2		
	수사실무 Ⅰ - 범죄인지 - 참고인조사 - 피의자 심문	3	3		
	수사실무 Ⅱ - 결과보고서 - 의견서	3	3		
	전담별 수사실무 관련 사례의 연구	3		3	
등록과 수료	소 계	1			1
	등 록	0.5			0.5
	설문조사와 수료식	0.5			0.5

출처: 제주자치경찰단, 내부자료(2020).

154) 신현기, "특별사법경찰 교육훈련제도의 개선방안에 관한 연구", 한국경찰연구학회, 「한국경찰연구」, 2013, 12(1), pp. 14-17.

것인 만큼 특사경 직원들의 수사직무 관련 교육은 많으면 많을수록 나쁘지 않다고 본다.

제주자치경찰단 특사경 실무과정에서 크게 소양분야와 직무분야로 나누어 시행하는데 우선 소양교육 분야에서는 기본 2시간 정도만 할애하는데 그치고 주로 직무분야에서 11시간을 할애하고 있다. 이는 매우 바람직한 프로그램이라고 평가된다. 특사경 제도에 관한 개관과 수사실무 1과 수사실무 2에는 가장 많은 3시간씩 분담했다. 하지만 한 가지 지적할 것은 용인 소재 법무연수원에 대검 형사2과에서 설치한 특사경센터의 프로그램도 이와 비슷하게 짜여져 월~금까지 5일간 직무교육을 진행하고 있다. 이렇게 짧은 시간 내에는 그 복잡하고 수많은 특사경 직무요령과 업무 매뉴얼을 충분히 취득할 수 없다는 아쉬움과 지적이 적지 않다. 이곳 제주자치경찰 중 특사경 지명자들도 대부분 용인 소재 법무연구원 특사경센터에 가서 한주간 직무교육을 받고 오지만 이는 충분하지 않은 교육시간이기 때문에 자체 특사경 프로그램에서 시간을 점차 증가시킬 필요가 있다고 본다.

제6절

≫≫ 제주자치경찰단 민생사법경찰의 위상 측면

1. 민생사법경찰의 현황

전장에서 언급했듯이 제주자치경찰단에서 유일하게 수사권을 행사하는 부서는 특별사법경찰팀뿐이다. 나머지 다른 부서 직원들은 수사권 없이 대부분 순찰직무에 집중하면서 범죄예방 업무에 초점을 맞추고 있다. 이처럼 수사권을 행사할 수 있는 특별사법경찰팀은 행정법위반자인 행정범들을 인지 및 수사하고 그 결과를 검찰에 송치해 준다.

원래 2006년 7월 제주자치경찰의 창설 시에 특별사법경찰은 지방자치법에 따라 23개 분야의 업무를 부여받을 수 있었다. 하지만 제주자치경찰은 출범 초기에 17개 분야의 업무만 취급할 수 있는 법적 권한을 가지게 되었다. 6개 영역은 그 당시 제주자치경찰이 담당하기에는 너무 큰 영역이거나 사실상 인력이나 예산상의 어려움으로 인해 부여되지 않았던 것으로 이해된다.

이처럼 17개 분야의 특사경 업무를 부여받았지만 이마저도 제주자치경찰에게 주어진 예산(재정) 및 인력의 절대 부족으로 인해 모두 다루는 것은 불가능한 것이 현실이다. 이 때문에 초창기에 제주자치경찰의 특사경팀은 극히 제한된 5~6개 분야 정도에서만 업무를 수행해 오기로 했다. 하지만 이는 다음에서 보는 바와 같이 더욱 확대되어 2022년 2월 기준 19개 분야에 90개 법률로 확대되었다.

한편 향후 전국적으로 자치경찰제가 시행될 경우를 대비해 23개 모든 법률 분야를 확대하여 적용하는 것이 가능한지에 대한 검토 보고서를 보면 많은 인력과 예산의 확대 없이는 여전히 쉽지 않다고 결론 내리고 있다.155)

구체적인 예를 들면 제주자치경찰단에 부여된 17개 분야 특별사법경찰의 권한 중에는 심지어 독도지역에서 불법어로 행위에 대해서도 단속하는 법적 권한도 주어졌다. 그러나 제주자치경찰의 특사경팀은 예산상 독도에 가서 불법어로 행위를 단속할 수 있는 대형 감시선을 구매하는 것은 물론 인력을 확보하는 것도 쉽지 않다. 사실상 이는 법률적 권한만 부여 받았을 뿐 현실적으로는 단속에 나서기가 불가능한 영역이라고 볼 수 있다.

2. 민생사법경찰 업무 범위의 증가

위에서 살펴본 바와 같이 제주자치경찰단 민생사법경찰은 2006년 7월 1일 자치경찰 창설 시에 17개 분야의 업무를 부여 받아 수행해 오다가 2020년 11월 현재 기준으로 2개 분야를 추가로 부여받음으로써 총 19개 분야로 늘어났다. 그 직무 수행과 관련해 무려 86개 법률을 취급하게 되었다.156) 이 업무 분야는 법률을 다루는 수사직무이기 때문에 국회 소위원회, 법사위원회 및 본회의를 통과 후 제주 특사경에 부여되는 절차에 따른 것이다. 이것이 「제주특별자치도 설치 및 국제자유도시 조성을 위한 특별법」 제90조 「사법경찰관리의 직무를 행할 자와 그 직무범위에 관한 법

---

155) 상계보고서, p. 60.

156) 2015년도에 제주자치경찰단 특별사법경찰은 17개 분야의 업무를 수행했었다. 2022년 2월 기준으로는 19개 분야에 86개 법률을 가지고 특사경 업무를 수행하고 있다. 이는 특사경법 §6에 근거해서 19개 분야 86개 법률을 다루고 있는 것이다.

률」제10조에 따라 관광·환경·산림·식품위생 등 19개 분야 90개 법률을 수사하게 되었다. 이를 「사법경찰관리의 직무를 수행할 자와 그 직무범위에 관한 법률」(2020.8.28. 시행기준)에 따라 진행되고 있는데, 그 세부 내용을 살펴보면 〈표 7-142〉와 같다.

표 7-142 | 제주자치경찰 특사경 수사 직무범위

조항 (§6)	분야 (19개)	직무범위(90개 법률)
5호	산림	관할 구역 임야에서 발생하는 산림·임산물과 수렵에 관한 범죄 산지관리법, 산림자원조성및관리에관한법률, 산림문화휴양에관한법률, 사방사업법, 소나무재선충방제특별법, 산림보호법, 목재의지속가능한이용에관한법률
6호	식품, 위생	식품위생법, 수입식품안전관리특별법, 보건범죄단속에관한특별조치법(식품위생 범죄), 건강기능식품에관한법률
7호	의약품	약사법, 화장품법, 의료기기법, 의료법, 식품의약품분야시험검사등에관한법률, 보건범죄단속에관한특별조치법(약사 범죄)
11호	문화재	문화재보호법, 매장문화재보호및조사에관한법률, 구역 내 경범죄처벌법상 현행범
13호	공원관리	자연공원법, 구역 내 경범죄처벌법상 현행범
15호	수산업	수산업법, 어업자원보호법, 수산자원관리법, 어선법, 내수면어업법
18호	공중위생	공중위생관리법, 정신건강증진및정신질환자복지서비스지원에관한법률(§84~§88), 사회복지사업법(§53,§54,§56)
19호	환경	대기환경보전법, 물환경보전법, 소음진동관리법, 화학물질관리법, 폐기물관리법, 가축분뇨의관리및이용에관한법률, 환경분쟁조정법, 환경범죄등의단속및가중처벌에관한법률, 자연환경보전법, 환경영향평가법, 폐기물의국가간이동및그처리에관한법률, 하수도법, 환경기술및환경산업지원법, 먹는물관리법, 토양환경보전법, 폐기물처리시설설치촉진및주변지역지원등에관한법률, 자원의절약과재활용촉진에관한법률, 실내공기질관리법, 수도법(상수도보호구역오염행위), 지하수법(지하수오염방지명령위반), 보건범죄단속에관한특별조치법(§4), 야생동물보호및관리에관한법률, 악취방지법, 건설폐기물의재활용촉진에관한법률, 습지보전법, 독도등도서지역의생태계보전에관한특별법, 제주특별법(§437), 환경보건법, 석면안전관리법, 화학물질의등록및평가등에관한법률, 생물다양성보전및이용에관한법률, 환경분야시험검사들에관한법률, 잔류성유기물질관리법, 환경오염피해배상및구제에관한법률, 환경오염시설의통합관리에관한법률
21호	도로	도로법(§40〈접도구역 건축물〉, §46〈도로보전입체구역 위험행위〉, §49〈자동차전용도로 통행 위반〉, §52〈도로와 다른 시설 연결〉, §61〈무허가 도로점용〉, §75〈도로 파손 등〉, §76〈통행금지, 제한 위반〉, §77〈차량운행제한 위반〉, §78〈적재량 측정 방해〉)
22호	관광	관광진흥법, 제주특별법(§356, 미등록휴양펜션업)

24호	청소년	청소년보호법
25호	농축수산물	농수산물의원산지표시에관한법률, 농수산물품질관리법, 인삼사업법, 양곡관리법, 축산물위생관리법, 친환경농어업육성및유기식품등의관리지원에관한법률
26호	대외무역	대외무역법(원산지표시에 관한 범죄)
28호	농약, 비료	농약관리법, 비료관리법
29호	하천	하천법
31호, 45호	질병	가축전염병예방법, 식물방역법, 수산생물질병관리법
32호	자동차	자동차관리법(무등록자동차정비업, 무단방치, 자동차소유권 이전등록 미신청), 자동차손해배상보장법(의무보험미가입자동차운행)
41호	석유	석유및석유대체연료사업법
42호	경제	대부업등의등록및금융이용자보호에관한법률
43호		방문판매등에관한법률
44호		할부거래에관한법률
46호		자본시장과금융투자업에관한법률
제주특별법		제주특별법제471조(관광분야벌칙), 제주특별법제473조(환경분야벌칙) 제477조(마수범 등), 제478조(양벌규정) 【1】
특정범죄가중처벌법		제9조(「산림자원의 조성 및 관리에 관한 법률」 등 위반행위의 가중처벌) 【1】

출처: 제주자치경찰단(김충신), 내부자료(2022. 3).

특히 제주자치경찰단은 관광 및 환경 특별수사반을 운영하면서 기획수사를 활용해 부동산사범 및 가축분뇨를 무단 배출한 양돈업자를 집중적으로 단속하면서 지금까지 구속 4명과 불구속 36명이라는 단속실적을 올렸다. 그리고 식품·공중위생 민생안전 전담반을 운영하면서 제주 1차산업의 핵심인 감귤의 허위 원산지표시사범 등을 집중단속하고 있다. 제주자치경찰단의 특사경은 청정지역 제주의 특수한 여건에 알맞는 이른바 맞춤형 수사활동을 전개해 나가면서 많은 성과를 보여 주었다. 이러한 시너지 효과들을 통해 2019년 기준으로 제주지방검찰청의 관광, 환경, 민생분야 기소사건 중에서 무려 75%(438건/584건)를 제주자치경찰단에서 전담처리 하는 기염을 토했다.157) 이러한 결과는 바로 제주자치경찰단 산하 특사경 수사팀이 열심히 직무에 임하고 있다는 증거가 된다.

---

157) 고창경, 제주자치경찰의 존치 필요성과 지속적인 발전 방안, 2020년 10월 세미나 발표자료 참조.

제8장

미래 남북한 특별사법경찰조직의 설계방향

제1절

>>> 미래 남북한 특별사법경찰의 통합방향

우리나라도 특별사법경찰 분야에서 통일 이후를 대비한 미래설계가 시급하게 요구되고 있다. 1989년 11월 소련의 붕괴로 인해 공산권 국가의 결속이 급속히 와해되는 과정에서 동독이 중심을 잃고 붕괴됨으로써 이듬해인 1990년 10월 3일 동서독이 통일을 이루었듯이 한반도에서 북한의 붕괴도 어느날 갑작스럽게 찾아올 수 있음을 대비해 나가야 한다. 오랫동안 거듭되는 식량난 문제, 폐쇄국가유지로 인한 국제사회로부터의 고립과 원조의 감소, 경제난으로부터 북한 정부에 대한 인민들의 반체제 운동 관련 단체의 출현, 수년전 화폐개혁의 실패로 인한 북한 민심의 이반현상 문제와 탈북자들의 증가를 비롯해 사회적 불안이 가속화되고 있어 점차 한반도에 통일이 다가올 가능성과 기대가 높아지고 있다.

이러한 상황이 지속된다면 그만큼 남북한의 통일 가능성이 커지는 동시에 이를 준비하는 민관의 노력이 중요시되는 것 또한 사실이다.

그동안 독일의 사례를 교훈삼아 정치, 경제, 사회, 문화, 법, 군사, 교육, 경찰 분야에서 적지 않은 연구들이 이루어져 온 것이 사실이지만 유독 특별사법경찰분야에 관한 연구는 아직까지 행정부처나 지방자치단체 차원에서 논의조차 전무한 상황이라고 해도 과언이 아니다. 오늘날 북한 지역 행정부처와 지방자치단체 차원에서 특별사법경찰제도가 도입 및 시행되고 있는지에 관해서는 정확하게 알려진바 없다. 일단 언제인가 남북한이 통일이 된다고 가정했을 때, 그 통합의 시점과 사회행정이 안정을 이루는 과도기에 극심한 혼란이 나타날 것이며 행정분야에서도 많은 범죄가 야기될 가능성이 크다고 본다. 이러한 혼란을 사전에 방지하기 위한 특별사법경찰 분야의 법적토대 구축이 필요한 실정이다.

본 장의 논의방향은 남북한의 통일시 남한이 북한을 흡수통일 하는 상황을 가정하는 동시에 남북한의 특별사법경찰의 통합을 전제로 북한지역의 특별사법경찰조직 설계를 위해 단계적인 운영시스템을 마련하고 특별사법경찰의 조직적 차원에서 구체적인 토대를 제시하는데 두고 있다. 특히 여기서 가정하는 통일특별사법경찰이란 한국특별사법경찰이 통일특별사법경찰의 업무를 준비하는 주체가 되며 북한지역에 특별사법경찰제도가 현재까지 알려지지 않은 관계로 이를 가정하여 북한지역 행정부처에 새로이 설계하는 것을 전제조건으로 하여 궁극적으로는 남한의 특별사법경찰조직에 편입시킨다는 것을 전제로 한다. 아무튼 여기서는 남한의 특별사법경찰과 그 연구의 대상이 되는 북한 특별사법경찰조직을 이른바 통일특별사법경찰이라고 정의하고자 한다. 하지만 향후 통일특별사법경찰에 대한 조직의 설계기준이나 구체적인 운영방안 등은 어디까지나 국가가 주체가 되어야 하기 때문에 본 연구에서는 주관적인 시각에서 단순한 몇 가지 아이디어 제공이라는 차원에 한정됨을 밝혀둔다.

특히 본 저서에서 통일특별사법경찰제를 설계하는데 있어 가장 큰 아쉬움이라 할 수 있는 것은 1990년 통일을 이룬 동서독의 경우 우리에게 참고나 도움이 될 특별사법경찰에 관한 통합모델이 별로 존재하지 않는다는 사실이다. 이러한 사실은 독일의 경우 특별사법경찰제도가 존재하지 않았고 통일 이후에도 역시 특별사법경찰제를 시행하지 않고 있는데 기인한다. 다시 말해 만일 독일에 특별사법경찰제가 존재한다면 우리 통일특별사법경찰제를 설계하는데 좋은 모델로 활용될 수 있겠으나 이러한 제도가 독일에 존재하지 않음으로써 본 저서에서는 우리의 남북상황을 비교 분석하면서 새로운 특별사법경찰설계에 관한 아이디어를 내놓아야 하는 입장이다.

선행연구를 검토해보면 다음과 같다.

독일의 사례에서처럼 언제인가 갑자기 찾아올지도 모르는 남북한 통일에 대비해 통일특별사법경찰제를 구축하는 일은 국민의 생명과 재산을 지켜야 하는 법정신에 입각해 매우 중요한 일이다. 따라서 통일특별사법경찰에 관해 그 법적 및 제도적 토대를 구축하는 과제가 매우 시급한 시점에 이르렀다고 본다. 하지만 지금까지 이에 대한 대검찰청의 준비는 거의 없는 상황이며 심지어 학계에서조차 이에 대한 연구가 전무한 실정이다. 이에 반해 일반사법경찰의 통합에 관한 연구는 독일의 통일경찰을 참고로 수십여편의 연구논문들이 발표되어 있고 지속적으로 관심의 대상이 되고 있다. 더구나 일반사법경찰의 경우 통일에 대비해 이른바 통일사법경찰통합이 그 구조상에서 어느 정도는 공통점이 있어 기술적 문제와 예산 및 인력이 준비될 경우 충분히 해결할 수 있는 문제로 보여진다. 이에 반해 특별사법경찰은 대검찰청의 총괄 관리 구축과 지명문제, 일반행정부처의 직원 중 특별사법경찰 지명체제의 구축문제 등을 준비하고 구축해야 할 과제들이 일반사법경찰 기관의 통합 과제보다 훨씬 많이 산적해 있다.

1. 통일특별사법경찰의 설계 방향

1) 조직설계의 결정요인 분석

일반적으로 조직을 설계하는데 있어서 중요한 과제 중 하나는 매우 다양한 환경요인들의 요구에 맞게 그리고 즉각적으로 여러 변화들에 대응할 수 있도록 설계되어야 한다고 본다. 조직을 설계하는데 있어서 중요한 영향을 미치는 요인은 조직환경, 규모, 전략, 기술 등인데 이를 하나씩 살펴보면 다음과 같다.

첫째, 조직환경 요인이다. 통일특별사법경찰조직의 환경도 그저 단순하게 예측만 할 뿐이고 과도기적 상황이므로 불확실성이 매우 높다고 볼 수 있다. 따라서 통일특별사법경찰조직의 설계도 통일된 북한지역 행정부처와 지방자치단체 행정범들의 범죄를 적발하고 처벌하며 그 수치를 줄여나가고자 하는데 궁극적인 목적이 있다. 따라서 통일특별사법경찰조직의 설계는 남북한이 통일 시점은 물론이고 통합해 나가는 과도기적 과정들에서 나타날 수 있는 여러 가지 제반 환경에 큰 영향을 받을 수밖에 없을 것이다.

둘째, 규모의 요인이다. 이 규모야말로 조직의 복잡성, 조직의 공식화, 집권화의 측면을 예측하는 매우 중요한 요인이다. 남북한이 통일되고 과도기를 지나는 동안 일련의 과정들 속에서 북한지역의 행정부처와 지방자치단체의 숫자 및 인구를 감안할 때 어느 정도의 통일특별사법경찰인력수준이 적절한지를 판단하는 결정은 매우 중요한 과제이다. 부언하면 북한지역의 행정부처나 지방자치단체들에 기준을 두고 진행하는 것이 합당한지 아니면 남한의 현재 특별사법경찰의 규모와 숫자를 기준으로 삼아야할지, 혹은 전혀 새로운 결정기준을 마련해야 하는 것인지는 통일특별사법경찰의 규모를 결정하는데 있어서 매우 중요한 변수로 작용할 수밖에 없을 것이다.

셋째, 전략의 요인이다. 통일특별사법경찰조직을 새로이 설계해야 하는 과정에서 조직의 의사결정구조, 조직의 규모, 조직의 지역적 분산, 인력의 배치, 북한 지역의 일반사법경찰의 재배치와 교육훈련, 행정부처의 규모, 공무원의 수, 예산의 확보와 수립 및 지출, 특별사법경찰의 장비와 장구 확보의 규모, 남한과의 행정시스템의 일치화 정도, 전산시스템의 현대화 등 일련의 전략적인 문제들은 중요한 요인으로 작용하게 될 것이다.

넷째, 기술적 요인이다. 흔히 기술이란 일련의 조직 내에서 투입물을 산출물로 전환시키는 과정 혹은 방법이라고 이해된다. 다시 말해 기술(technology)이란 지식, 능력, 기법, 원자재, 기계, 컴퓨터, 기술(skill) 및 장비들의 결합체로 이해된다. 따라서 통일특별사법경찰조직의 경우도 일상적 기술보다는 비일상적 기술이 훨씬 더 요구될 가능성이 크며 조직을 설계함에 있어서도 위와 같은 기술요인의 영향을 많이 받을 수밖에 없을 것으로 본다.

이상과 같이 통일특별사법경찰에 관한 조직설계는 위에서 언급한 환경, 전략, 기술, 규모 등과 매우 밀접한 연계성을 지니고 있으며 동시에 조직설계에 당연히 영향을 미친다고 볼 수 있다. 위와 같은 이론적 배경에 바탕을 두고 통일특별사법경찰의 조직설계를 남북한이 통일되기 전, 통일된 후 과도기, 통일 후의 통일특별사법경찰 단계로 구분해 통일특별사법경찰의 조직설계를 가정해 보면 다음과 같다.

2) 통일전 준비단계로서 조직의 설계

우선 통일전의 준비단계는 남북한의 통일을 가정해 통일시 일련의 환경변화와 북한지역의 지리적 여건 및 전체 인구규모를 기준으로 남한지역의 행정부처와 지방자치단체의 신설 기준을 참조하여 특별사법경찰조직의 규모를 결정하고 기술과 전략 수준을 결정할 수 있을 것이다. 여기서 중요한 과제 중의 하나는 남북한의 통일시에 특별사법경찰의 근간이 되는 법적, 행정제도적 장치들을 심층 연구하여 관련 법안이나 특별사법경찰제도의 구체적인 방향을 세워 놓는 일이다. 통일은 동서독에서 보여주었듯이 어느날 갑자기 올 수도 있기 때문이며 이것이 준비되어 있지 않으면 통일특별사법경찰제도가 정착되기까지 과도기 상황에서 시행착오가 그만큼 커질 수밖에 없을 것이다. 따라서 지금부터 우리나라 특별사법경찰을 총괄 관장하고 있는 대검찰청 형사2과는 통일특별사법경찰을 대비해 얼마의 인력과 공간, 장구와 장비, 각종 설비 등을 예측하여 조직 및 예산의 설계를 구축해 놓아야 할 중요한 시점에 서있다고 본다. 특별히 예산의 설계와 준비노력은 미래에 발족하게 될 통일특별사법경찰 조직의 탄생에 있어 매우 중요한 과제이다.

2. 통일과도기 통일특별사법경찰의 조직설계

남북한이 통일된 후 과도기라 함은 북한지역이 혼란상황을 극복하고 안정된 상태에서 행정부처와 지방자치단체가 행정범을 적발 및 처벌할 수 있기 전까지 기간을 의미한다. 이러한 과도기적 기간에서 통일특별사법경찰의 조직설계는 여러 국가기관들과 긴밀하게 협력치안을 유지하는 단계로 여러 가지 임시적인 조치들도 포함된 설계가 이루어져야 하는 과정이다.

우선 1단계로 비상계엄 상황을 상정하고 군이 경찰업무를 대행해야 하는 상황을 가정하며 특별사법경찰조직을 설계해야 할 것이다. 공공행정기관들이 안정을 찾기 전이므로 언제든지 신속하게 설계가 수정 및 보완될 수 있는 단계에 해당된다.

2단계는 드디어 완전하게 통일된 상태를 위한 통일사법경찰을 운영하기 위한 법적, 제도적, 예산의 차원에서 수정 및 보완된 조직설계에 따라 수정하여 조직과 운영 설계를 완성하는 단계이다.

3단계는 일정수의 남한특별사법경찰인력을 북한지역 행정부처와 자치단체내 특별사법경찰 설치부서에 긴급배치하는 문제와 남한특별사법경찰인력의 수급계획이 가미된 특별사법경찰인력설계가 요구될 것이다.

4단계는 특별사법경찰의 총관리기관인 대검찰청 형사2과에서 독립된 특별사법경찰과가 설치되어야 하고 인원을 대폭증원, 남한 행정부처들의 특별사법경찰과 연계된 컴퓨터망 구축, 특별사법경찰 관련 장비와 무기 및 기타 필요한 설비 등을 갖추는 준비가 이루어지는 단계이다.

한편 통일특별사법경찰의 설계완성에 따른 적용은 다음과 같이 제시할 수 있다고 본다. 즉 통일특별사법경찰의 설계완성단계에서는 북한지역도 상당히 안정된 상태에 놓여 있음을 의미한다. 따라서 이 때는 통일특별사법경찰들이 하나의 대검찰청 특별사법경찰과 산하에 연결되어 하나의 특별사법경찰법률과 조직시스템을 가지고 운영할 수 있는 시기인 것이다. 또한 이 때는 북한지역의 행정부처에 특별사법경찰 지명자들의 임용문제와 특별사법경찰의 교육 및 재교육 문제, 남한특별사법경찰의 북한지역특별사법경찰의 일정기간 동안 교류근무체계, 특별사법경찰의 업무수행을 위한 청사나 사무실의 구축과 개선, 특별사법경찰이 필요로 하는 물품의 준비완료, 그리고 기타 필요한 설비의 신설 등이 갖추어져야 한다. 이 밖에 이 때는 통일특별 사법경찰이 상호 통일을 이루는 상황이므로 통일특별사법경찰에 알맞은 법률이 수 정 및 보완됨으로써 통일특별사법경찰의 면모를 갖추는 단계가 될 것이다. 특히 이 경우는 남한의 형사소송법 제197조 「사법경찰관리의 직무를 수행할 자와 그 직무범 위에 관한 법률」에 근거해 통합된 것을 근거로 해야 하기 때문에 관련 법률적 근거 들을 이미 수정하고 보완한 단계인 것이다.

제2절
≫ 통일특별사법경찰의 단계적 조직화 방안

1. 통일전 준비단계

우리나라 통일을 대비하고 각 행정부처에 통일특별사법경찰을 준비하는 주체가 될 대검찰청 형사2과 산하의 남한특별사법경찰과 관련된 제반 환경들과 새로운 특 별사법경찰조직의 설계 대상이 되는 북한특별사법경찰과 관련된 중요한 환경적 상 황들이 존재한다. 이러한 양자의 특수한 상황들을 분석하면서 미래 대한민국의 통일 특별사법경찰에 관해 논의해 보고자 한다.

2. 남한특별사법경찰조직의 환경

독일의 통일과정을 보면 서독의 경우는 물론 오래전부터 재통일을 위한 준비작업을 진행해 왔지만 동독의 경우는 전혀 그렇지 못했다. 어느날 갑자기 동독의 붕괴로 인해 전혀 뜻하지 않게 스스로 무너져버린 동독과 재통일을 이루는 과정에서 우리가 얻은 교훈은 사전의 준비가 매우 중요하다는 점이었다. 서독의 경우 이를 감당할 경제력이 어느 정도 뒷받침되었기에 그 혼란을 수습하는 능력을 발휘할 수 있었던 것이다. 제일 중요한 일은 통일세와 같은 새로운 제도의 도입을 통해 예산을 준비하고, 각 행정부처 간의 통합을 이루는데 혼란을 극복하고 자연스럽게 기구를 통합하기 위한 사전준비작업이 철저해야 한다고 본다. 상호 체제가 다른 두 개가 하나로 통합되는데 있어서 법적·제도적·인적·조직적·예산적 차원에서 준비가 제대로 갖추어지지 않는 통일은 상당기간 시행착오와 혼란 및 비효율을 감수해야 한다는 사실을 예멘과 부분적으로 독일의 사례가 잘 보여주었다. 이는 물론 정부가 핵심 주체가 되어 총론적 차원에서 준비해 나가되 각 행정부처들이 각론적 차원에서 조직을 어떻게 통합해 나갈 것인가에 관해 법적·제도적으로 조직을 통합하는 기초연구에 착수하고 구체적인 방안들을 강구해 두어야 한다. 이러한 상황 분석적 차원에서 볼 때 통일특별사법경찰을 어떻게 통합할 것인가에 대해 조직설계를 시급히 준비해야 하는 당위성을 어렵지 않게 찾을 수 있는 것이다. 통일독일의 교훈에서 우리의 관심을 끄는 것은 중앙정부의 협상과 합의 절차 등 이른바 정치적 노력들도 매우 중요하지만 이에 못지않게 중요한 것이 남북한 상호간에 지방자치단체들의 파트너 협력을 통해 경제협력을 도모하고 동시에 제도통합을 위한 공통점들도 찾아나가야 할 것이다. 독일의 경우 양자간 행정자치단체들 간에 수많은 상호협력이 통일 전에도 그리고 통일 후에도 밀접하게 진행되었다. 행정부처가 상호 잘 통합될 때 통일특별사법경찰체제도 그 행정부처의 조직 속에서 자연스럽게 통합되고 혹은 새로이 제도가 구축될 수 있을 것이다. 따라서 가장 기초가 될 수 있는 행정자치단체 간 파트너 제도가 이루어질 수 있도록 정부차원에서 환경을 조성해 나가는 일도 중요한 시작 중 하나가 된다.

3. 북한특별사법경찰조직의 환경

북한에서 식량난이 날로 심각해지고 이로 인한 탈북자가 증가하고 권력투쟁 등으로 인해 언제 붕괴될지도 모르는 환경이 지속되고 있는 만큼 소위 통일특별사법경찰조직의 설계도 서둘러야 하는 상황에 와 있다고 본다.

4. 통일특별사법경찰의 규모설계

통일특별사법경찰의 규모를 얼마 정도로 할 것인가에 대해 본격적인 설계를 하기 위해서는 기본적으로 북한지역의 행정구역과 부서의 수, 북한의 인구규모, 남한의 특별사법경찰 조직 등이 기준이 될 것이다. 현재 예측해 볼 수 있는 것은 남한의 정부부처와 외청 및 지방자치단체들에 설치 및 운영 중인 특별사법경찰제를 기준으로 북한지역에도 동일방식으로 적용해 보는 것을 기준으로 삼아 볼 수 있을 것이다.

1) 북한의 인구와 면적

북한 인구는 세계보건기구(WHO) 발표에 따르면 2011년 24,346,000명을 넘어섰고 유엔경제사회이사국에서도 북한의 인구를 24,340,000명으로 추정한 것을 기준으로 볼 때 2012년 현재 북한인구는 CIA 발표대로 대략 24,580,000명 이상으로 추정하면 어느 정도 신빙성이 있을 것으로 본다. 따라서 2012년 5월 말 기준으로 남북한 인구는 최소한 75,400,000명이 넘었을 것이라는 추정이 가능하다.[1]

하지만 본 저술에서는 자료확보의 어려움으로 인해 연합뉴스에서 발간한 「2011년 북한연감」 자료를 가지고 활용하고자 한다. 국내자료이므로 더 신빙성이 있을 것이라는 가정하에서 활용하고자 한다. 그러나 이 자료는 2008년 기준이므로 현재와 수치상 차이는 크게 나타날 수 있음을 미리 밝히고 추후 보완하고자 한다.[2]

표 8-1 | 북한의 인구와 면적

직할시 · 도	면적(㎢)	인구(명)
평양직할시*	1,100	2,500,000
남포특별시	361	790,000
나선특별시	945	191,000
개성특급시	436	300,000

---

1) http://kin.naver.com/qna/detail.nhn?/(검색일: 2012. 11. 10).
2) 연합뉴스, 북한연감, 2011.

강원도	11,092	1,681,000
양강도	13,888	727,000
자강도	16,765	1,313,000
평안남도	12,720	4,063,000
평안북도	12,680	2,777,000
함경남도	18,616	3,113,000
함경북도	16,745	2,226,000
황해남도	8,450	2,238,000
황해북도	9,464	2,133,000
1직할시 2특별시 1특급시 9도	123,262	24,052,000

* 평양직할시는 2009년까지 평양시 면적은 2,600㎢, 인구는 325만5,288명이었으나 2011년 현재는 축소되었다.

출처: 통일부, 정세분석국 자료(2009년 5월 기준); 연합뉴스, 2011 북한연감, pp. 16-154에서 재구성; 이영남, "통일경찰을 위한 단계적 조직설계와 추진체계에 관한 연구", 한국경찰연구학회, 「한국경찰연구」, 제10권 제4호, 2011, p. 180에서 재인용.

유엔에 따르면, 북한의 인구는 1950년 1,054만명에서 한국전쟁의 여파로 1952년 996만명으로 감소한 이후, 2019년 2,567만명으로 증가했다.[3]

표 8-2 | 북한의 인구 변화

연 도	인 구	15세 미만 (%)	15~24세 (%)	25~64세 (%)	65세 이상 (%)	중위 연령 (세)
1950	10,549,472	43.4	19.6	33.9	3.1	18.0
1970	14,410,400	41.6	15.8	39.5	3.2	21.0
1990	20,293,054	27.1	23.0	45.6	4.3	25.0
2000	22,929,075	25.9	15.3	52.8	5.9	29.4
2005	23,904,167	24.7	15.8	52.1	7.4	31.5
2010	24,548,836	22.6	15.9	52.7	8.8	33.0
2015	25,183,833	20.9	15.7	53.6	9.7	34.1
2020	25,778,816	19.8	14.8	56.0	9.4	35.3

출처: https://ko.wikipedia.org/wiki/%EC%A1%B0%EC%84%A0(2022. 3. 15).

---

3) https://ko.wikipedia.org/wiki/%EC%A1%B0%EC%84%A0%EB%AF(검색일: 2022. 3. 15).

2) 북한의 행정구역

한편 북한의 광역시도는 12개에 달한다. 그리고 시는 24개, 군은 147개를 보여주고 있다.

표 8-3 ┃ 북한의 행정구역 수

구 분	시	군	구역	구	지구	읍	리	동	로동지구	도 소재지
평양직할시	-	4	19	-	-	4	118	284	10	
나선특별시	-	-	-	-	-	-	12	20	-	
남포특별시	-	5	-	-	-	-	15	36	-	
평안남도	5	14	-	1	1	19	381	157	31	평성시
평안북도	3	22	-	-	-	22	484	88	31	신의주시
함경남도	3	15	7	1	1	15	465	160	35	함흥시
함경북도	3	12	7	-	-	12	253	134	44	청진시
황해남도	1	19	-	-	-	19	419	26	11	해주시
황해북도	3	15	-	-	-	15	332	78	8	사리원시
강원도	2	15	-	-	-	15	379	61	7	원산시
자강도	3	15	-	-	-	15	229	68	23	강계시
량강도	1	11	-	-	-	11	143	25	67	혜산시
합 계	24	147	33	2	2	147	3,230	1,137	267	

출처: 연합뉴스, 북한연감 2011, p. 16; 이영남, "통일경찰을 위한 단계적 조직설계와 추진체계에 관한 연구", 한국경찰연구학회, 「한국경찰연구」, 제10권 제4호, 2011, p. 180에서 재인용.

북한의 경우 2011년 현재 1직할시, 9도, 2특별시, 24시, 33구역,4) 147군, 2구, 2지구, 147읍, 3,230리, 1,137동, 267노동자구5)의 행정구역으로 구성되어 있다. 즉, 1개 평양직할시, 2개의 남포/나선특별시, 1개의 특급시, 9개의 도가 위치하고 있다. 다시 말해 북한에는 총 1직할시, 2특별시, 1특급시, 9도가 존재하는 셈이다.

---

4) '구역'은 대도시(평양, 남포, 청진)에, '구·지구'는 도(평안남도, 함경남도)에 소속된 행정구역으로 시·군의 기능을 수행하는 행정단위임.
5) '노동자구'는 광산, 임·수산사업소, 공장, 기업소 등에 인구가 집중되어 일종의 취락형태를 갖추게 되면서 별도로 설치된 행정구역으로 1952년 12월 행정구역 개편 시 신설됨.

미래 남북한 특별사법경찰의 현황과 조직설계의 추진 체계

1. 남북한 행정부처의 비교

1) 남한의 중앙부처

남한의 박근혜 정부는 2013년 2월 25일 출범시 17부 3처 17청/2원 5실 6위원회

그림 8-1 | 남한 문재인 정부의 중앙부처 기구

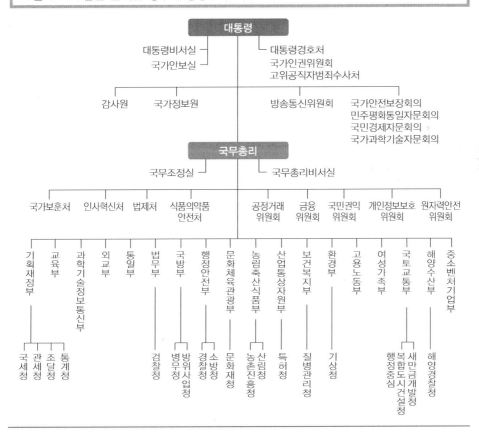

출처: https://www.gov.kr/portal/orgInfo(검색일: 2022. 3. 5).

(50)로 구성되어 있다. 2015년 초 특이점은 세월호 사건으로 인해 해양수산부에 소속되어 있던 해양경찰을 없애고 이 조직을 국민안전처를 신설하여 해양안전본부와 소방안전본부를 귀속시켰다. 2017년 5월 10일 취임한 문재인 정부는 이를 다시 해양경찰청과 소방청으로 개편하였다.

2) 북한의 중앙부처

북한 통치체계의 경우 헌법상 국가를 대표하는 최고인민회의 상임위원장과 행정의 집행과 관리를 담당하는 내각총리 등이 있으나, 2009년 개정헌법에서 국방위원장의 지위를 '최고영도자' 및 '최고 사령관으로 명문화하였다. 북한은 300여만 명의 조선노동당 조직, 119여만 명의 조선인민국 조직, 입법부, 사법부, 행정부를 포괄하는 정부조직 등 3개의 거대한 관료조직을 보유함으로써, 이들을 통한 국가주의적 통치를 실시하고 있다.6)

북한의 노동당은 당대회시에 당대표자회의 산하에 도(직할시·특별시) 당위원회에서 중심이 되어 개최하는 조직체계를 가지고 있다. 전국의 각 도별로 당위원회가 설치되어 있고 이 조직이 일사불란하게 당대회를 준비함은 물론 함께 참여하고 있다.

북한의 당기구는 김정은이 조선노동당 제1비서이면서 당중앙군사위원회 위원장도 겸직하고 있다. 당중앙군사위원회는 막강한 권력통치기구로서 전체 북한 노동당을 지배하고 있다.

북한의 김일성 헌법은 1998년 강화되었다. 본 헌법은 국가주석직과 중앙인민위원회를 폐지한 다음, 국방위원회, 최고인민위원회 상임위원회, 그리고 내각의 역할을 더한층 강화시켰다. 이처럼 헌법개정을 통해 중앙인민위원회를 폐지한 이유는 공산당의 타 기관과의 협의 채널을 폐지함으로써 당-정-군이 각기 명확하게 분리할 수 있도록했다. 이로써 수령의 직할 통치 및 당-정-군의 역할분담을 명확하게 구조적으로 가능토록 체계화 했다. 이러한 국가기관의 정비를 통해 김정일은 당총비서와 국방위원장 및 최고사령관의 직위를 명확하게 직할통치하게 되었다.7)

---

6) blog.naver.com.
7) https://thenorthkoreaherald.tistory.com/53(검색일: 2022. 3. 5).

그림 8-2 | 북한 노동당 조직체계(당)

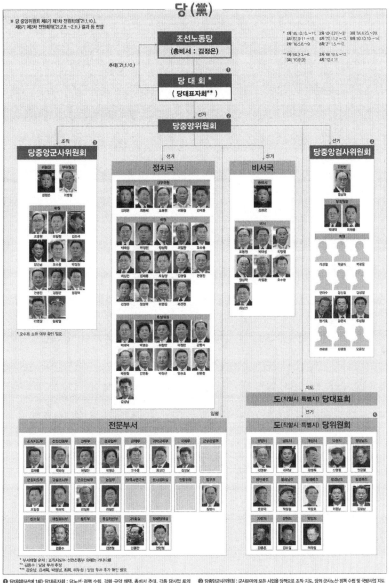

출처: http://www.onews.tv/news/articleView.html?idxno=68617(검색일: 2021. 12. 15).

그림 8-3 | 북한의 권력지휘 체계(정)

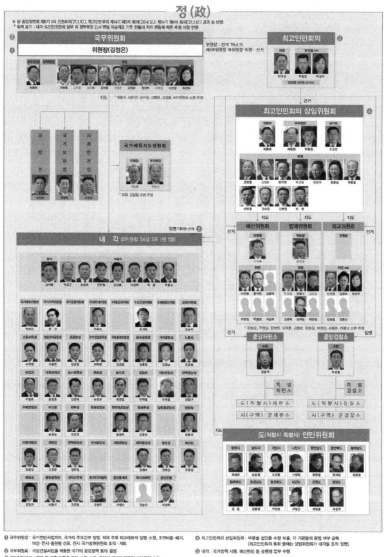

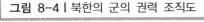

그림 8-4 | 북한의 군의 권력 조직도

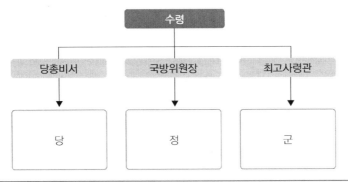

출처: https://thenorthkoreaherald.tistory.com/53(검색일: 2022. 3. 5).

2. 지방자치단체

전장에서 살펴본 바와 같이 북한에는 2011년 기준으로 총 1직할시, 2특별시, 1특급시, 9도 및 24시, 33구역,8) 147군, 2구, 2지구, 147읍, 3,230리, 1,137동, 267노동자구가 지방자치단체로서 존재하고 있다.

이에 반해 남한에는 1특별시, 6광역시, 9개도가 설치되어 있어 총 17개의 광역시도가 운영 중이다. 북한의 13개의 광역시도가 운영 중이라 남한의 광역시도에 비해 3개가 적은 행정구역체제를 가지고 있다.

종합해보면 남한에는 2012년 4월 11일에 세종시가 추가되어 광역자치단체(시, 도)는 16곳, 기초자치단체(시·군·구)는 228곳이 되었다.

1) 통일특별사법경찰조직의 규모

남한의 중앙행정부처는 17개 부로 구성되어 있다. 이에 반해 북한은 당중앙위원회 산하 비서국 밑에 14개 부를 두고 있다. 남북한이 통일되었을 때를 가정하면 통합된 부처는 전체 인구와 행정단위의 확대로 인해 중앙정부의 부처수가 훨씬 증가해야 할 것이다. 이러한 조직의 증가와 관계없이 기존의 남한에서 활용하고 있는 부

---

8) '구역'은 대도시(평양, 남포, 청진)에, '구·지구'는 도(평안남도, 함경남도)에 소속된 행정구역으로 시·군의 기능을 수행하는 행정단위임.

처벌 특별사법경찰제를 기본으로 통일특별사법경찰조직을 설계한다면 많은 혼란을 줄일 수 있을 것이다.

2) 행정부처 규모

우선 통일특별사법경찰의 조직설계에서 기구의 비교와 지역적 인구 등의 통계를 근거하여 결정할 일은 몇 개의 행정부처를 정할 것이냐이다. 정부부처와 기구는 인구나 행정부서들의 치안수요 등을 고려하여 남한의 기준을 따라 정할 것인가? 아니면 북한지역 특수성을 고려하여 50대 50으로 할지 아니면 차이를 둘지에 관해 정해야 할 것이다. 만약 이것이 정해지면 그 다음으로 어느 부처와 지방자치단체에서 특별사법경찰제를 시행할 것인가를 정해야 할 것이다. 현재 남한에는 특별사법경찰제를 시행하고 있기 때문에 이를 바탕으로 참고하되 통일 당시 파악된 과학적 자료에 근거하고 당면한 다양한 변수들을 참작하여 결정해야 할 것이다. 이러한 일련의 규모설계가 마무리되면 대검찰청의 (가칭)특별사법경찰과에서 업무의 조정과 지시, 특별사법경찰의 지명하에 행정부처 특별사법경찰들이 업무를 개시할 수 있도록 해야 한다.

3. 통일특별사법경찰의 전략과 기술

1) 통일특별사법경찰의 인력배치 설계

통일특별사법경찰조직구조와 규모가 정해진 후 이것이 제대로 기능하고 효율성이 극대화되도록 하기 위해서는 기술적인 측면을 감안해 전략적인 요소들을 설계하는 일이 중요하다. 이들 요소들 중 중요한 것은 바로 특별사법경찰의 법적·제도적 장치, 특별사법경찰의 인력, 관련 장비, 공간배치, 각종 관련 설비 등이다. 남한 중심적 통일특별사법경찰조직이 설계되는 것이므로 우선 남한 특별사법경찰인력에 대한 조직설계를 진행해야 한다. 우리나라 특별사법경찰이 조직되고 지명되어 있는 부처나 행정단체의 특별사법경찰들 중에 9급에서 4급까지 인력 중 북한지역의 행정부처나 지방자치단체에 파견해야 하는지에 대해 결정해야 한다. 남한에서 파견되는 특별사법경찰이 북한에 가서 근무를 할 경우 파견근무에 대한 대우조건은 얼마 정도여야 하는지를 정해야 하고 역시 파견인원은 어느 정도인지 그리고 파견기간에 관해서도 정해야 한다. 북한으로 특별사법경찰들을 파견한 후 부족하게 될 행정공무원을 보충하는 신규채용을 위한 설계가 연이어 이루어져야 하며, 동시에 이들에 대한 교육과 북한지역으로 파견된 특별사법경찰인력에 대한 직무교육(재교육) 기관을 설치하고 시행에 옮기는 기획이 이루어져야 한다.

이처럼 특별사법경찰의 재배치와 신규임용 등을 거쳐 어느 정도 안정이 되면 통일특별사법경찰로서 그들의 직무와 관련된 특별사법경찰 관련 법, 특별사법경찰제도, 사용할 무기, 장비 및 장구의 사용방법 등에 관해 집중적인 교육과 재교육이 필요한데 이러한 교육을 설계해야 한다. 그 구체적인 통일특별사법경찰에 대한 교육 및 재교육 방법은 기존의 남한에 설치 운영 중인 법무연수원 특별사법경찰교육센터에 파견하여 특별사법경찰교육과 실습을 병행하는 방법이 있다. 또 하나는 북한으로 파견된 남한의 특별사법경찰에게 실습과 교육을 병행하도록 기회를 부여하는 방법이 있다. 더 좋은 방법은 현재 남한의 경우 16,000여명이 넘는 특별사법경찰 인력에 대한 전문교육훈련 제도가 미비한 만큼 이를 위해 통일특별사법경찰을 위한 (가칭) 통일특별사법경찰교육원을 신설하는 방안도 설계할 필요가 있다. 이것이 여의치 않을 경우에는 잘 설계되어 있는 경찰의 수사연수원, 경찰교육원, 경찰대학 교육기관, 중앙경찰기관 등의 교육훈련기관을 공동 활용하는 방안도 고려해 볼 필요가 있다. 만일 남북한이 통일을 이루었을 경우에는 일반사법경찰인력도 대폭 증원되어야 할 것이 확실하며 이에 비례해서 경찰교육훈련 기관도 확대될 것이므로 특별사법경찰에 대한 교육훈련도 수용이 가능할 것으로 보여진다.

2) 대검찰청과 행정부처 및 지방자치단체 간 치안설비 설계

우리나라 특별사법경찰은 형사소송법 제197조에 근거하여 시행되고 있고 총괄기관은 대검찰청 형사2과 특별사법경찰팀이다. 2013년 현재 특별사법경찰이 14,000여명인데도 불구하고 아직까지 '팀 체제'로 운영 중이며 '과 체제'조차도 갖추지 못하고 있는 실정이다. 이는 미래 한반도의 통일 이후를 대비해 특별사법경찰과가 별도로 독립된 '과 체제'로 확대될 필요성이 있다. 통일 후에는 통일특별사법경찰 인원이 현재보다 2배수로 증원 지명될 가능성이 매우 크기 때문이다. 특별사법경찰을 지명 받은 행정부서는 대검찰청 및 관할지검과 항상 업무수행과 교육을 위해 밀접한 관계를 유지해야 하므로 법적, 제도적 및 치안설비 등을 잘 구축하는 설계가 중요하다.

3) 통일특별사법경찰의 직무집행법 마련

통일 이후 북한지역은 매우 혼란할 것으로 예측되는 만큼 특별사법경찰들이 활동할 수 있는 직무집행법이 있어야 할 것이다. 일반사법경찰들은 경찰법과 경찰관직무집행법이 있다. 통일특별사법경찰의 경우 기존대로 남한의 특별사법경찰이 행하는 현재 법적인 토대 위에서 원용해 직무를 할 것인지 아니면 어떤 특별법을 만들어 특별사법경찰에 적용할 것인지에 관해 설계할 필요가 있다. 통일과 동시에 북한지역이 혼란할 것을 예측해 남한지역에서 활용하던 특별사법경찰 관련 제도나 법들을 원용하되 특수상황을 참작해 일정 기간 동안은 특별법을 만들어 특별사법경찰제도가 정착될 때까지 활용하는 것도 설계해 놓을 필요가 있다.

4. 통일과도기 설계단계

일반적으로 통일과도기는 통일된 시점부터 안정기에 접어든 시기로서 남북한이 통일되기 이전부터 준비해 두었던 이른바 통일특별사법경찰조직 설계를 처음으로 적용하게 되는 중요한 시기를 말한다.

1) 통일특별사법경찰의 조직환경

남북한이 통일되어 과도기 기간에는 아직까지 군대, 해양경찰, 국가정보기관, 각종 국가기관 등이 합동으로 치안질서를 유지해 나가는 시기에 해당한다. 특히 행정부처나 지방자치단체에서도 혼란기로서 조직의 안정을 꾀하는 시기에 해당되므로 통일특별사법경찰 역시 지명되어 토대를 구축하고 업무에 적응해야 하는 시기이다. 행정이 잘 구축되고 안정을 찾아야 특별사법경찰도 직무가 본격화될 수 있다는 특징을 지니고 있다. 또한 혼란기라고 할 수 있는 통일 과도기에 북한 지역에서 특별사법경찰이 제대로 기능하기 위해서는 상황을 시뮬레이션화 하여 연구하는 등의 노력도 동시에 요구된다.

2) 통일특별사법경찰 규모설계의 수정과 보완

본 단계에서는 남북한이 통일되기 이전 단계에서 통일특별사법경찰조직을 설계했던 것이므로 이전과 이후에 정확성에서 차이가 나타날 가능성이 있을 수 있다. 아무래도 통일 이전에 만든 조직설계는 정확한 정보의 한계로 인해 미비점이 있는 상태에서 만들어질 가능성이 클 것이다. 때문에 통일과도기단계에서 특별사법경찰은 행정부처 내에서 통일특별사법경찰업무를 수행하면서 미래에 통일특별사법경찰단독으로 완전한 업무를 수행해야 한다는 책임감을 가지고 통일특별사법경찰 조직규모의 설계를 보완 및 수정하는 노력도 도모해야 할 것이다.

3) 통일특별사법경찰의 전략과 기술의 수정ㆍ보안 및 일부집행

남북한의 통일과도기에는 통일특별사법경찰 규모의 수정된 설계에 따라서 특별사법경찰의 지명인력, 조직정비, 제도정비, 장비정비, 예사설계의 수정과 보완해 업무의 효율화에 집중해야 한다. 무엇보다 통일 이전에 급하게 설계했던 특별사법경찰 관련법들을 북한지역의 혼란한 특수상황에 제대로 적용하기 위한 개정작업도 점검하고 보완해 나가야 하는 기간이다. 특히 이 시기는 통일특별사법경찰조직의 목적을 수행 및 달성하기 위해 설계되었던 안을 집행하면서 전체적으로 수정과 보완을 해나가는 과정이다.

만일 갑자기 남북한이 통일되었을 때 정부부처나 지방자치단체들이 보유하고 있던 특별사법경찰의 장비나 장구, 무기와 설비 등을 사전에 북한지역의 지방자치단체와 교류협력을 진행하던 네트워크를 통해 지원해 줄 수 있는 법적ㆍ제도적 장치도 마련해 두면 좋은 적용방안이 될 수 있을 것이다. 이를 위해서는 남북한 교류협력의 물고를 트고 미리부터 지방자치단체 간 혹은 부처 간 파트너십을 형성해 동질성도 찾아나가야 할 것이다. 또한 남북한 통일 이전에 마련해 둔 통일특별사법경찰 관련 법안을 수정하여 통일특별사법경찰조직에 알맞은 통일특별사법경찰법을 완성하여 통일시대를 적극적으로 대비해 나가는 작업이 시작되어야 한다.

5. 통일특별사법경찰의 설계완성과 적용단계

이 시기는 통일과도기 상황에 맞게 수정되고 보완된 통일특별사법경찰조직의 설계를 통일특별사법경찰이 스스로 적용하면서 특별사법경찰조직의 발전을 추진해 나가는 단계이다. 특히 안정기로 접어들었기 때문에 남한에서 파견된 특별사법경찰들과 그곳에서 새로이 지명된 공무원들이 이른바 통일특별사법경찰의 대상과 주체로서 자기들의 업무에 최선을 다하려고 노력하는 시기인 것이다. 그동안 미비한 환경에서 통일특별사법경찰 조직의 안정과 인력 등의 확대를 위해 더 많은 예산도 요구하는 등 남한의 특별사법경찰 조직과 비교하면서 노력하는 시기라고 볼 수 있다.

이 시기에서 가장 중요시되는 과제는 통일특별사법경찰이 제대로 행정범을 단속하고 처벌해 나가기 위해서 통일특별사법경찰들의 재교육 환경을 잘 구축하고 집중적으로 직무교육(재교육)의 기회를 부여해 주어야 한다.

6. 행정통합과 특별사법경찰

1차적으로 행정통합이 제대로 이루어져야 하는 일은 가장 중요하다. 왜냐하면 행정기관과 조직 내에서 통일특별사법경찰이 뿌리를 내리고 행정범을 적발해 내야 하는 토대가 되는 곳이기 때문이다. 앞에서도 일부 소개했듯이 독일의 경우 서독 측에서 상당한 경제력과 행정력을 가지고 있었으며 자치단체 간 파트너 협력 및 교류가 활성화되어 있었음에도 불구하고 양자 간 행정통합을 이루는데 장시간이 소요되었음을 볼 수 있다. 독일이 1990년 10월 3일 공식 통일을 이루기 직전까지 동서독의 지방자치단체 간 교류기관들은 40여개였는데 1992년에는 2,000여개로 급속히 증가했다.9) 일단 통일 후 서독의 11개주와 동독의 5개 신연방주 간에 주차원과 각 중소 지방자치단체들 간에 활발하게 지원하는 노력이 있었다. 특히 서독의 11개주 소속의 자치단체들과 도시들이 동독의 5개주에 있는 자치단체들을 집중 지원한 결과 동독의 50,000명 이상의 도시 대다수가 지원혜택을 받은 것으로 나타났다.10)

---

9) 임종헌 · 신현기 외, 『독일통일백서』(서울: 한겨레신문사, 1998), p. 611; 본 저서는 독일어 저서인 Handbuch zur deutschen Einheit를 한국어로 번역한 번역서임.

서독의 파트너 자치단체들은 동독지역에 대해 물적자원, 재교육 실시, 인력파견지원, 상담 등 다방면에서 집중 지원을 통해 동독지역의 행정체제가 구축되도록 도왔다. 초반에는 사무실 설비나 서식용지 등의 물적지원이 중심을 이루었고 1990년대 중반까지 상담이나 세미나 및 직원파견 등을 통해 지원하는 형식을 취했다. 우리나라 통일한국의 창출을 위해서도 지방자치단체 간 파트너십 교류를 활성화 하고 현재 상호간 극한 대립속에 있으므로 점차적으로 비군사적 차원의 행정통합 지원을 넓혀나갈 필요가 있다. 성공적인 행정통합은 바로 통일특별사법경찰이 성공적으로 통일한국에 정착되는데 있어 기본 토대가 되기 때문이다.

7. 통일특별사법경찰 조직설계의 추진체계

오늘날 남한의 특별사법경찰은 미래의 통일특별사법경찰 시대를 준비하기 위해 이른바 통일특별사법경찰 조직설계를 지속적으로 추진해 나가야 한다. 이는 독일이 추진한 자치단체 간 파트너 협력방식이 하나의 방안이 될 것이다. 물론 독일은 서독이 스스로 무너진 동독을 흡수 통일한 상황에서 자치단체간의 자매결연을 통해 집중 지원하는 방식을 취한 것이다.[11] 우리의 경우도 북한이 경제난 등으로 인해 대내외적으로 고립된 상태에 있고 어느날 갑자기 북한붕괴의 가능성도 완전 배제하기 어렵다고 본다. 이러한 이유로 남한 특별사법경찰 혼자서 법적·제도적 준비를 해나가야 하는 어려움에 직면해 있다. 따라서 통일특별사법경찰을 위한 조직설계의 추진체계는 각 지방검찰청마다 통일특별사법경찰 담당부서와 담당자를 정하고 비슷한 특성과 규모를 가진 북한의 지방검찰청을 연계해 북한지방검찰청의 조직설계를 담당하는 게 좋을 것으로 보인다. 통일 후를 대비해 통일특별사법경찰 조직설계의 통일성을 유지하고 예의주시해야 할 사항들을 숙지하고 동시에 보완해야 할 사항들을 서로 공유하기 위해 대검찰청을 비롯한 각 지방검찰청의 담당자들로 구성된 가칭 '통일특별사법경찰협의회'를 두고 정기적인 워크샵을 개최해 나가는 것도 시작할 필요가 있다.

---

10) 손기웅, 사회통합 긍정적 측면-독일통일 20년, 2009, pp. 28-29; 이영남, 통일경찰을 위한 단계적 조직설계와 추진체계에 관한 연구, 한국경찰연구학회, 「한국경찰연구」, 10(4), 2011, p. 187.
11) 임종헌 외, 상게서, p. 613.

아무튼 이러한 노력과 준비를 위한 작업은 주무부서인 대검찰청 형사 2과에서 시작하되 우리나라 특별사법경찰을 집중 연구하고 있는 한국특별사법경찰학회와 공동연구를 진행하는 것도 하나의 좋은 방안이 될 것이다.

우리나라에 오늘날과 같은 지방검찰청이 설치된 것은 1948년 8월이며, 2004년 12월 현재 18개의 지방법원에 대응하여 서울의 중앙·동부·서부·남부·북부 지방검찰청을 비롯하여 의정부·인천·수원·춘천·대전·청주·대구·부산·울산·창원·광주·전주·제주도에 모두 18개의 지방검찰청이 있다.12) 서울지방검찰청은 2004년 2월에 개정된 「각급 법원의 설치와 관할구역에 관한 법률」에 따라 5개로 분리되었고, 의정부지방검찰청도 이때 지청에서 지방검찰청으로 승격하였다. 서울의

표 8-4 | 남·북한 지방검찰청의 연계

북한지방청						남한지방청
구 분	도소재지	인구규모 (명)	면적 (㎢)	시·군· 구역·구	읍·리· 동	
평양시	-	3,159,000	2,629	23	406	서울지방검찰청
라선시	-	191,000	945	-	32	울산지방검찰청
평안남도	평성시	4,063,000	12,720	27	605	부산지방검찰청 창원지방검찰청
평안북도	신의주시	2,777,000	12,680	25	594	대구지방검찰청
함경남도	함흥시	3,113,000	18,535	20	590	광주지방검찰청
함경북도	청진시	2,156,000	15,980	15	399	대전지방검찰청 청주지방검찰청
황해남도	해주시	2,291,000	8,450	20	464	수원지방검찰청 의정부지방검찰청
황해북도	사리원시	2,104,000	9,463	18	425	인천지방검찰청
강원도	원산시	1,681,000	11,092	17	555	춘천지방검찰청
자강도	강계시	727,000	13,880	18	312	제주지방검찰청
량강도	해산시	1,313,000	16,765	12	179	전주지방검찰청
계	-	23,575,000	122,000	195	4561	

* 연계청은 북한의 지방청별 인구규모를 기준으로 정한 청별 연계 안임.
출처: 추영빈. (2011). pp. 142-143; 이영남. (2011). p. 188을 참고하여 재작성.

---

12) http://cafe.daum.net/jh0901/OCKr/1059?q(검색일: 2016. 9. 21).

중앙·동부·서부·남부·북부 지방검찰청과 의정부·인천·수원·춘천 지방검찰청은 서울고등검찰청의 관할이다. 이 밖에 대전·청주 지방검찰청은 대전고등검찰청, 부산·창원·울산 지방검찰청은 부산고등검찰청, 광주·전주·제주 지방검찰청은 광주고등검찰청의 관할이다. 지청은 모두 37개이다.

특별사법경찰이 담당하는 업무이든 일반사법경찰이 담당하는 업무이든 이들 양자 간의 치안분야는 일반행정 기관과는 달리 국민의 생명과 재산을 지키는 분야이므로 법적이고 제도적으로 미리 미리 준비되어야 할 중요한 분야인 것이다. 독일의 사례가 보여주었듯이 어느날 갑자기 찾아올지도 모를 남북한의 통일에 대비해 통일특별사법경찰조직을 설계해야 하는 중요한 과제가 우리 앞에 놓여 있다.[13)

만약 이러한 준비가 철저하게 마련되어 있지 않을 때 발생하는 피해는 고스란히 국민에게 돌아갈 수밖에 없는데, 이러한 사실이 바로 특별사법경찰이 왜 미래의 통일특별사법경찰조직을 설계해야 하는지에 대한 당위성의 근거가 되는 것이다.

우리의 통일특별사법경찰의 조직설계는 지구상에서 가장 폐쇄적인 북한이라는 행정실체를 대상으로 하는 만큼 극히 제한적일 수밖에 없다. 무엇보다 통일특별사법경찰조직이 제대로 설계되려면 특별사법경찰의 주무부서인 대검찰청형사2과와 한국특별사법경찰학회 소속의 전문가, 연구원의 전문 연구자, 통일특별사법경찰 전문가, 지방검찰청별 특별사법경찰 전문공무원, 부처 조직전문가, 지방자치단체 특별사법경찰 실무자 등이 공동으로 참여하는 기회가 마련되어야 할 것이다. 특히 법무부는 통일특별사법경찰의 조직설계를 완성하기 위한 대검찰청 기획과 차원으로부터 집중 연구를 수행할 수 있도록 비용을 마련해 주어야 할 과제 앞에 직면해 있다.

---

13) 추영빈, 북한지역 경찰조직 설계에 관한 연구, 관동대 박사학위논문, 2011.

제 9 장

특별사법경찰의 직무교육훈련과 재교육

│제1절│

>>> **우리나라 특별사법경찰의 직무교육훈련 현황**

1. 일반사법경찰과 특별사법경찰의 직무교육훈련 비교

1) 일반사법경찰의 직무교육훈련 및 방법

일반사법경찰, 즉 국가경찰공무원들은 국민의 생명과 재산을 지키기 위한 경찰직무를 수행하면서 스스로 얼마든지 자신의 능력과 역량을 배양시켜 나갈 수도 있을 것이다. 하지만 이러한 방법만으로 경찰의 교육훈련이 이루어진다면 효과적이고 효율적인 측면에서 볼 때, 많은 시간과 비용이 들어가게 되고 동시에 일정한 한계에 직면할 가능성이 높아질 것이다. 이러한 이유 때문에 경찰교육기관(경찰대학, 경찰수사연수원, 경찰인재개발원 등)으로부터 인위적인 교육훈련과정을 통해 그 능력을 향상시켜 주는 방식을 최대한 활용하고 있다.[1]

일반적으로 경찰조직에서 경찰공무원의 개인적 성장과 능력계발을 위한 전략으로 훈련과 교육프로그램이 대표적으로 활용되고 있다. 경찰공무원을 선발하여 배치시킨 후 직무를 수행하면서 현장의 경험과 실력을 스스로도 터득해 나갈 수도 있지만 과학의 급속한 발달과 자고나면 바뀌는 우리 사회의 끊임없는 변화들, 그리고 그 변

---

[1] 김종오・김태진, 특별사법경찰의 교육훈련 효율성 제고 방안에 관한 연구, 한국공안행정학회, 「한국공안행정학회보」, 20(4), 2011, p. 18.

화 속에서 새롭게 도전해 오는 시대적 환경변화들과 신종범죄에 적극 대처해야 하기 때문에 오늘날 교육과 훈련의 중요성은 더욱 중요시되고 있다.

사실상 경찰교육이란 일반적이고 매우 포괄적이며 잠재적인 경찰개개인의 능력, 가치관 및 태도 등의 잠재능력을 종합적으로 계발해 나가는 것을 의미하고 있다.[2] 이에 반해 경찰훈련이란 경찰공무원이 경찰업무수행에 직결되는 지식, 기술, 방법을 통해 직무수행에 필요한 능력을 보충해 나가는 것을 의미한다. 주지하는 바와 같이 21세기 현대 사회는 급속한 전문화와 기술 및 통신의 지속적인 혁신을 통해 첨단 시대를 걸으면서 인간의 삶이 풍족해졌다. 하지만 이에 반해 고도의 첨단 지능범죄들과 대항해야 하는 새로운 도전에 직면해 있다. 특히 행정기능의 확대, 생산적 복지국가화의 경향, 행정환경의 급속한 변동과 유동성, 직무수행 능력과 변화대처 능력의 습득, 급변하는 공무원사회에 적응능력의 향상을 위해 일반사법경찰이든 특별사법경찰이든 그 모두에게 직무교육훈련에 대한 필요성이 더욱 중요시되고 있다.[3]

우리나라 일반사법경찰공무원들은 오래전부터 시행해 내려오고 있는 교육훈련방법으로 크게 두 가지 방식을 활용하고 있다. 그 하나는 현장훈련이며 또 다른 하나는 현장 이외의 훈련방식이다. 우선 전자인 현장훈련방식의 경우 순환보직, 실무수습, 임시대역 등을 활용하여 시행하고 있다. 그리고 후자인 현장 이외의 훈련방식은 예를 들어 강의, 토론, 사례연구, 감수성 훈련, 역할연기, 모의실험, 분임연구 등을 통해 진행하고 있다. 이 밖에 우리나라 일반사법경찰의 교육훈련에서 또 다른 방법 중 체험식 방법도 활용되고 있다. 그 좋은 예가 바로 OJT, 순환보직, 시찰, 견학을 활용한다. 또한 참여식 방법으로 분임토의, 감수성훈련, 사례연구, 회의, 역할연기, 대집단토의 등을 활용하면서 그 교육훈련의 효과성과 효율성을 극대화하고 있는 것이다. 우리나라 일반사법경찰의 경우 약 12만명의 경찰인력을 교육훈련 시키기 위해 경찰대학, 중앙경찰학교, 경찰인재개발원(경위공채 후보생)[4] 교육 및 일반사법경찰 중 순경~경정까지 경찰수사연수원, 16개 지방경찰청 산하 경찰교육원센터를 설치

---

2) 신현기, 한국과 독일의 경찰간부후보생 교육훈련제도에 관한 비교 연구, 한국경찰연구학회, 『한국경찰연구』, 9(2), 2010, p. 92.
3) Kilpatrick, F. P., et al., The Image of the Federal Service, Washington, D. C.: The Brookings, 1964, p. 245.
4) 이전에는 경찰간부후보생이라고 불렸으나 2022년 이를 경위공채 후보생이라고 명칭을 변경해서 부르게 되었다.

하여 운영 중이다. 이 중에 경찰대학, 중앙경찰학교, 경찰교육원에서는 교육과 직무교육이 이루어지고 있고 경찰인재개발원, 경찰수사연수원, 18개 시도경찰청 산하 경찰교육센터에서는 직무교육(재교육)이 지속적으로 이루어지고 있다. 특히 경찰인재개발원의 경우는 경위공채 후보생 교육과 일반경찰공무원들의 연간 직무교육을 집중적으로 수행해 나가는 두 가지 주요 기능을 담당하고 있는 특징을 지니고 있다.

2) 특별사법경찰의 직무교육훈련

우리나라 특별사법경찰 교육훈련의 현황과 문제점들에 대한 실태를 파악해 보기 위해서는 우선 그 인원에 관한 현황을 파악하는 일이 중요하다고 본다. 그러나 여기서 살펴보는 우리나라 특별사법경찰은 연도에 따라서 그 인원이 다른 통계를 보여주고 있고 동시에 그 인원이 어느 시점에 취합된 것이냐에 따라 다소 차이를 보여줄 수밖에 없다는 한계를 가지고 있다. 우리나라 특별사법경찰의 경우 그 지명자가 2013년 1월 말 현재 약 16,244여명에 달했고, 그동안 지속적으로 증가해 오다가 2011년에는 2010년에 비해 686명이나 감소하기도 했으나 매년 다소라도 증가하는 추세를 보이고 있다.5)

표 9-1 | 특별사법경찰의 지명자 현황

(단위: 명)

소 속	2008	2009	2010	2011	전년대비 증감
중앙부처	-	-	8,920	8,275	645명 감소
광역자치단체	-	-	5,562	5,521	41명 감소
합계	14,050	14,106	14,482	13,796	686명 감소

출처: 신현기, 한국형사정책연구원 보고서 자료(2012).

전장에서도 이미 언급했듯이 2019년에 이미 전국의 특별사법경찰은 20,000여명이 훌적 넘은 것으로 알려져 있다.

---

5) 우리나라 특별사법경찰의 경우 연도마다 정확한 인원을 파악하기 위해서는 일정한 연도가 지나간 다음에야 파악이 가능하므로 같은 해의 정확인 지명 인원을 알기에는 어려움이 있다. 예를 들어 최소한 2년 정도는 흐른 뒤에야 정확한 통계치가 나올 수 있다는 이야기다. 따라서 본 저술은 3년 간의 시간을 가지고 진행되고 있는 만큼 연도별로 새로운 통계가 나올 때마다 업그레이드를 시키는 방식을 취해 나갈 것임을 밝혀둔다.

우리나라 특별사법경찰의 인력문제와 관련해 크게 지적되는 문제는 그 규모에 대한 양적인 측면과 얼마만큼 효과성 및 효율성을 창출해 내느냐 하는 질적인 측면을 살펴볼 필요가 있다. 우선 우리나라 특별사법경찰은 인적 측면에서 볼 때 특별사법경찰제도가 1956년에 만들어진 이후 매년 인력 증가 측면에서 볼 때 엄청난 양적인 증가를 가져왔음을 볼 수 있다. 이처럼 특별사법경찰의 숫자는 규모적 차원에서 많은 증가를 가져왔지만, 또 다른 질적인 측면에서 볼 때, 과연 그 만큼 기대효과를 가져왔느냐 하는 문제에 직면하게 된다. 가장 중요한 문제는 특별사법경찰의 경우 그 규모적 측면에 치중한 만큼 이에 비례하여 질적 향상을 위한 교육훈련 프로그램을 지속적으로 확대 개선하기는 했지만 교수요원과 같은 전문가를 확보하는데 있어서 여전히 일정한 한계를 보여주고 있다. 더 중요한 것은 2013년 기준 16,244명과 2019년 20,000명에 달하는 대규모 특별사법경찰들의 전문성 향상을 위한 시설 측면에서 볼 때, 국가경찰인 일반사법경찰들처럼 충분히 갖추어지지 않고 있어 그 개선이 시급한 실정이다.

위에서 지적한 일반사법경찰의 교육기관과는 달리 특별사법경찰의 경우는 교육훈련기관이라고 하면 무색할 정도로 충분하지 않은 상태에 머물러 있다. 극히 일부 기관에서만 미비하게 자체 프로그램을 가지고 있을 뿐 대부분의 특별사법경찰 기관들은 자체 교육훈련 시설을 전혀 갖추지 못한 채 법무연수원과 같은 타기관이 운영 중인 특사경 교육시설과 교육 프로그램 등에 고작 1주일 정도 참여하는데 그치고 있는 실정이다. 따라서 향후 이에 대한 근본적 개선이 시급하다고 평가된다.

특별사법경찰 수사실무과정에서 운영 중인 2012~2013년 제17차와 18차 교육과정의 참여자들을 상대로 그 소속에 대해 확인해 본 결과, 청소년보호, 식품위생, 환경, 지방자치단체, 식품의약품안전청, 방송통신위원회 중앙전파관리소, 농림축산식품부 검역검사본부, 국립농산물품질관리원, 소방방재청, 산림청, 법무부, 차량등록사업소, 지방고용노동청, 철도특별사법경찰대, 각 지역 소방서 등에서 다양하게 참여하고 있음을 확인한 바 있다.

하지만 용인 법무연수원에서 행해지는 특별사법경찰의 교육훈련과정은 2012년과 2013년 말을 기준으로 볼 때, 시설과 교수와 강사 등 전문인력의 부족이라는 문제에 직면해 있음을 부인하기 어렵다. 즉 2주일 과정으로 이루어지는 기초과정은 연 14회 그리고 1주일 과정으로 이루어지는 심화과정은 연 6회만 운영되고 있었다. 이마저도

1주일로 줄어들었다. 특히 그 수용인원도 2012년 기준으로 각 회당 54명이 최대수용인력이다. 이처럼 수용면에서도 일정한 한계를 지니고 있는 실정이다. 그러나 각 행정부처에 소속된 특별사법경찰 지명자들이 여러 가지 사유로 인해 적극적 참여가 부족해 매번 정원이 채워지지 않은 채 45명 이하로 직무교육(재교육)이 진행되는 경우가 대부분이다.

물론 용인 법무연수원에서만 특별사법경찰의 교육이 행해지는 것은 아니다. 예를 들어 위 법무연수원 이외에 별도로 각 특사경 별로 서울시 인재개발원, 농수산식품연수원 수산인력개발센터 및 고용노동연수원 등 각 기관별로 자체 부속 교육기관을 활용하여 부분적이거나 단편적 1회용의 교육기회를 제공하는 경우도 있다. 이 당시 가장 모범적인 경우는 농수산식품연수원 수산인력개발센터(http://www.fihi.go.kr)로 확인되었다. 자기부처 산하의 특별사법경찰관리를 대상으로 연 1회 19명을 5일 간(2012. 3. 5~3. 9, 합숙) 교육과 재교육을 실시하고 있었다. 이는 그나마 상당히 많은 재교육훈련의 기회를 제공한 독특한 케이스에 해당된다. 그러나 이 교육의 참여인원은 2011년 40명에 비해 2012년에는 19명만 참여함으로써 무려 21명이나 감소했다. 결국 참여율이 대폭 감소한 결과를 보여줌으로써 향후 참여율을 높이는 각종 프로그램들을 개발해 나가는 과제에 직면해 있었다. 이곳에서 특별사법경찰의 직무교육은 지속되고 있었으나 아쉽게도 2020년 1월 우리나라 전역에서도 코로나19가 대유행함으로써 집합교육은 전면 중단되고 2022년 봄에도 여전히 온라인 동영상 직무교육으로 전면 개편되어 진행 중이다.

2. 특별사법경찰 직무교육훈련의 실태분석

전장에서 소개한 바와 같이 2013년 기준 16,244명과 2019년 이미 20,000명을 넘어선 특별사법경찰을 운영하고 있는 정부부처나 지방자치단체 중 법무연수원에서 제공하는 교육훈련에 참여하는 것 이외에 자체적으로 특별사법경찰의 교육훈련 프로그램을 운영하는 곳은 농림축산식품부, 고용노동부, 국토교통부 정도에 그치고 있었다. 이 밖에 2008년도부터 2013년까지 광역지방자치단체인 서울특별시, 인천광역시, 대구광역시, 부산광역시, 경기도에 특별사법경찰을 시작으로 2015년에는 전국 16개 광역시도 전체에 확대 설치되었다. 그 후 세종특별자치시가 광역시가 됨으로써 전국의 광역시도는 17개이다. 이들은 자체 광역시도 교육원이나 법무연수원의 교육 프로그램을 많이 활용하여 직무교육을 진행하고 있다.

이와는 달리 위에서 언급한 바와 같이 기타 국가행정기관에 소속된 특별사법경찰들은 대부분 법무부 법무연수원을 활용하는 추세이다. 부분적으로 국가경찰기관의 부속 교육기관인 경찰인재개발원이나 경찰수사연수원도 활용하고 있지만 그 숫자는 극히 미미한 실정이다. 이처럼 대부분이 다른 국가교육기관들에서 운영하는 교육훈련 과정에만 의존하는데 그치고 있다. 이마저도 불과 1~2주 정도의 매우 짧은 시간에 그치고 있는 실정이다. 그 개선방안으로는 특별사법경찰의 교육훈련이 법무연수원, 각 지방검찰청별, 농림수산식품부 수산인력개발센터, 지방자치단체 인재개발원, 기초자치단체 등의 프로그램을 적극 활용하는 동시에 현장체험 교육을 많이 접할 수 있도록 하는 자체 현장 프로그램을 확대 개편해 나가도록 개선방안을 마련하는 일이 중요하다.

1) 법무부 법무연수원

법무부 산하에 설치 운영되고 있는 법무부 법무연수원 내에 별도로 특별사법경찰의 주무기관인 대검찰청 형사2과 특별사법경찰팀이 특별사법경찰센터를 설치했으며 정부 각 부처에서 특별사법경찰로 지명된 사람들의 연중 교육훈련 프로그램을 진행해 나가고 있다. 중요한 것은 본 프로그램에서 수용할 수 있는 인력이 1회당 교육생 54명 정도만 가능하다는 것이다. 이마저도 참여율이 높지 않아 미달인 경우가 허다한 실정인데, 그 근본 이유는 전문교육인력의 부족에 기인하고 있다. 또 하나는 우리나라 각 부처의 특별사법경찰들이 법적인 규정에 따라 교육에 참여해야 하는 강제의무를 지고 있는 것도 아니라는 점에서도 역시 그 활성화 미비의 원인을 찾을 수 있다.

아무튼 여러 가지 어려움에도 불구하고 2009년 3월 처음으로 경기도 용인시 소재 법무연수원에 대검 주관하의 '특별사법경찰교육센터'가 설치되었다. 이 센터는 오늘날까지 나름대로 의미있는 재교육장의 역할을 수행하고 있는 것이다. 이는 우리나라 특별사법경찰의 교육훈련 역사상 큰 발전이 아닐 수 없다.[6] 이 특별사법경찰교육센

---

6) 우리나라 특별사법경찰을 총괄지휘하고 있는 대검 형사2과가 법무연수원에 특별사법경찰교육센터를 설치한 것은 큰 의미를 지니는데, 중앙정부와 지방정부에서 운영 중인 특별사법경찰들이 이

터는 대검찰청 형사2과에서 직접 설치하고 관리하는 제도로서 의미가 크다. 그러나 향후에는 모든 특별사법경찰관(리)들이 누구나 의무로 참여하는 강제규정도 마련하여 직무교육의 활성화를 가할 필요가 있다고 본다.

이해를 돕기 위해 특별사법경찰 교육훈련의 진행을 총괄하고 있는 주무부서인 대검찰청 형사2과가 어떤 매뉴얼에 따라서 교육훈련을 진행하고 있는지에 관해 간략히 살펴보면 다음과 같다. 즉 대검 형사2과 특별사법경찰팀은 전국 각 특별사법경찰기관에 공문을 보내 교육에 참여하고자 하는 특별사법경찰공무원을 모집한 후 교육장소인 법무연수원 교수진(전임교수 3명 및 외부강사진 다수)에게 인계하는 방법을 활용하고 있다.[7] 이러한 직무교육 체계는 2016년 초까지에도 이전과 거의 변함없이 유지되고 있다.

2012년의 경우를 예를 들어 보면 2주일 기초과정의 경우 총 14회 개설하여 610명을 그리고 이어서 1주일 심화과정에 6회를 개설하여 259명을 교육훈련시킴으로써 총 869명을 교육시켰다. 우리나라 특별사법경찰 지명자가 2013년 기준 16,244여명이라는 기준에 비추어 볼 때, 이러한 직무교육 수치는 매우 저조한 실정이다. 그 이전인 2010년 법무연수원은 서울특별시와 경기도 특별사법경찰의 보수교육에 전문인력을 파견하여 출장교육 9회를 실시해 총 600여명에 대한 교육훈련을 실시한 바 있다.[8] 2012년의 경우 2010년에 비해 270여명의 특별사법경찰이 교육에 더 참여하는 양적 증가를 가져오기는 했지만 여전히 총인원과 교육훈련의 중요성에 비추어 볼 때, 미비한 수치를 나타내 주고 있어 향후 활성화 노력이 시급하다고 보며 이는 미래의 큰 과제로 지적된다.

한편 2012년 수사실무과정 중 기초과정은 2주일간 교육훈련프로그램을 제공하였는데 26과목에 70시간이었다. 이에 반해 심화과정은 1주간으로 고작 5일 정도에 그치고 있으며 15과목에 35시간을 제공해 주었다(〈표 9-2〉 참조).

곳에 와서 전문적이고 체계적인 직무교육의 기회를 받을 수 있게 된 것이다.
7) 정병하·임정호, 특별사법경찰조직의 전문화 방안에 관한 연구, 한국형사정책연구원, 2009년도 대검찰청 연구용역보고서, 2009, p. 219.
8) 김종오·김태진, 특별사법경찰의 교육훈련 효율성 제고 방안에 관한 연구, 한국공안행정학회, 「한국공안행정학회보」, 20(3), 2011, p. 25.

표 9-2 ㅣ 법무연수원 특별사법경찰 수사실무과정 중 기초과정 2주(2012. 12. 31 기준)		
교과목과 시간		**총시간**
교양	검찰청의 이해(1), 분임토의(1), 직렬별 수사사례 발표 및 토의(2), 예체능의 날(4), 체포·호신술(2)	10
기초실무	형법총론 개관(4), 형사소송절차의 이해(4), 특사경제도 개관 및 기본적 수사체계(2), 영상조사기법(1)	11
수사실무	피의자 신문방법(4), 영장신청서 작성방법 및 연습(4), 조사자 법정증언기법(2), 참고인 조사방법(3), 효율적인 압수수색 및 신병확보방안(3), 현장수사와 적법절차(3), 수사지휘건의 및 수사보고요령(2), 신문시작 및 전개(3), 신문과 마무리(2), 의견서 작성방법 및 연습(5), 모의기록 자성 및 연습(7), 직렬별 수사사례 분임토의 및 발표(3), 특사경 수사실무(2)	43
행정기타	등록 및 입교신고(1), 자기소개(1), 책임교수와의 대화(1), 설문조사 및 수료(1)	4
총 26과목		70

출처: 법무연수원, 내부자료 참조(2012).

다음의 〈표 9-3〉에서 보는 바와 같이 법무연수원 특별사법경찰 수사실무과정은 2015년의 경우 14회를 제공하였는데, 매회마다 54명만을 수용해 교육을 실시하였다. 2012년과 2015년 말까지 직무교육의 진행과정에서 눈에 띠게 발전한 내용은 2012년 과정에서는 사실상 이론위주로 거의 100% 진행되었다고 해도 과언이 아니었으나 2015년의 경우는 완전하게 실무와 실습위주의 직무교육 방식으로 전격 전환하였다는 점이다. 이는 매우 바람직한 직무교육 기법을 전면 도입한 것으로 향후 특별사법경찰의 직무교육 전문화에 적지 않게 기여할 것이며, 특히 전체 특별사법경찰 조직과 인력이 발전하는데 있어 긍정적으로 평가된다. 그뿐만 아니라 특별사법경찰의 직무교육도 내용면에서 볼 때, 그 강의 내용이 매우 심플해졌으며 현장에서 근무하고 있는 특별사법경찰들이 가장 필요로 하는 것이 바로 범죄현장에서 바로 적용할 수 있는 현장실무와 실습 위주의 법률적 지식전달 위주로 초점을 맞추고 있다. 아래의 표에서 보는 바와 같이 2주 직무과정에서는 특별사법경찰에게 중요한 지식이 되는 형사법을 살피고 범죄에 대한 인지, 조사, 신문, 체포, 구속, 수사결과 보고, 송치 등 일련의 실무위주의 직무교육을 진행함으로써 직무교육 참여자들이 현장에 돌아가서 바로 적용할 수 있는 능력을 길러주는 데 주력하고 있다.

표 9-3 | 법무연수원 특별사법경찰 수사실무과정 중 2주 기초과정(2016. 1 기준)

시간	1 09:10~ 10:00	2 10:20~ 11:10	3 11:20~ 12:10	4 13:30~ 14:20	5 14:30~ 15:20	6 15:40~ 16:30	7 16:40~ 17:30
월	등록	자기소개	검찰청의 이해	형사법 개관			
화	수사실무(Ⅰ) 〈범죄인지, 참고인 조사, 피의자 신문〉						
수	피의자 조사 role-play			예·체능			
목	수사실무(Ⅱ) 〈체포·구속, 압수수색검증, 통신수사〉						
금	수사실무(Ⅲ) 〈수사결과 보고서, 의견서, 송치서 등 수사서류 작성〉						
월	입교전 질의사항 답변	교육생 수사사례 발표	디지털포렌식 이해		교양(정약용)		
화	수사실무 실습						
수	수사실무 연습			예·체능			
목	기록조제 실습		특사경 수사사례		특사경 수사보완		
금	수사실무 실습 강평		질의·응답		책임교수와 의 대화	설문조사 및 수료	

출처: 법무연수원, 내부자료 참조(2016. 1).

표 9-4 | 법무연수원 특별사법경찰 심화과정 1주(2012. 12. 31 기준)

	교과목과 시간	총시간
교양	예체능행사(4)	4
기초실무	특별사법경찰제도 개관(1), 형법총론 개관(2)	3
수사실무	피의자 신문방법(2), 현장수사와 적법절차(2), 효율적인 압수·수색 및 신병확보 방안(3), 참고인조사방법·영장신청서 등 작성방법(3), 수사지휘건의(1), 의견서 작성방법 및 연습(5), 모의기록 작성 및 연습(7), 직렬별 사례 발표(1)	24
행정기타	등록 및 입교신고(1), 자기소개(1), 책임교수와의 대화(1), 설문조사 및 수료신고(1)	4
총 15과목		35시간

출처: 법무연수원, 내부자료 참조(2012).

한편 심화과정에서는 1주일 동안 교육훈련이 이루어지는데, 본 교육훈련과정에서 가장 큰 문제점으로 지적되는 것은 이론교육 위주의 강의에 치우친 나머지 가장 중요시되어야 할 실습위주의 직무교육(재교육)이 너무 부족하다는 점이다(〈표 9-4〉참조).

위에서 살펴본 2012년 법무연수원 특별사법경찰 심화과정 1주 과정의 경우 역시 이론위주의 특별사법경찰을 위한 교육을 진행하였으나, 2016년의 경우는 완전히 실무와 실습 위주의 직무교육 방식으로 전격 전환한 것으로 확인되었다. 본 프로그램은 비록 1주일 과정이지만 최대한 이론교육에서 과감하게 탈피하여 실습위주로 전환하였다는 점에서 큰 의미를 찾을 수 있다.

한편 이 과정은 연간 5회를 제공하는데 적정인원을 선발하여 그 효과성을 높이기 위해 매회당 54명씩만 선착순으로 접수받아 진행하고 있다. 그러나 특별사법경찰들의 자체적인 인사이동 등 갑작스런 사정으로 인해 매회마다 지원자가 2~3명씩은 합격 후 스스로 취소되는 사정도 왕왕 발생하고 있다.

이 밖에도 법무연수원은 직접 법무연수원 특별사법경찰 교육에 참여하기 어려운 해당 공무원을 위해 이른바 사이버교육 프로그램을 제작하여 제공하고 있다. 본 프로그램은 2개월 과정이며 1,300명씩 연 5회로 총 6,500명의 특별사법경찰공무원에

표 9-5 | 법무연수원 특별사법경찰 수사실무과정 중 1주 기초과정(2016. 1 기준)

시간	1 09:10~ 10:00	2 10:20~ 11:10	3 11:20~ 12:10	4 13:30~ 14:20	5 14:30~ 15:20	6 15:40~ 16:30	7 16:40~ 17:30
월	등록 자기소개		형법총론		수사실무(Ⅰ) 〈범죄인지, 참고인 조사, 피의자 신문〉		
화	수사실무(I)	수사실무(Ⅱ) 〈체포, 구속, 압수수색검증, 통신수사〉					
수	수사실무(Ⅲ) 〈수사결과 보고서, 의견서, 송치서 등 수사서류 작성〉					예·체능	
목	수사실무 실습						
금	기록조제 실습		수사실무 실습 강평			책임교수 와의 대화	설문조사 및 수료

출처: 법무연수원, 내부자료 참조(2016. 1 기준).

게 사이버상의 교육기회를 제공하는 제도이다.9)

하지만 〈표 9-6〉과 같이 일부 과목을 제외하고는 큰 인기를 얻지는 못하고 있는 것으로 분석되었다. 즉 형법총론개관 등 15과목을 47시간으로 제공하는 것만 비교적 인기가 높은 편이다. 이에 반해 선택과목으로 제공되는 아래 4개의 영역은 이마저도 참여인원의 미달을 보여줌으로써 충분한 기대효과를 나타내지 못하고 있다. 이처럼 수강생의 관심과 참여율이 매우 저조한 것은 소방, 식품, 폐기물이라는 특수분야이기 때문에 일반 특별사법경찰들의 관심도가 낮은데서 그 원인을 찾을 수 있다. 2012년의 경우는 과목당 1,000명씩이었으나 2015년에는 300명씩 증원해 각 코스마다 1,300명씩 참여가 가능했다.

표 9-6 l 법무연수원의 특별사법경찰을 위한 사이버교육(2016)

과 목	차수(시간)	구분	인원(명)
형법총론개관 등 15과목	47	기본	1,300
화재의 일반이론 및 화재조사사례	2	선택	1,300
의약품 수사실무	2	선택	1,300
식품사범 수사실무	2	선택	1,300
폐기물 수사실무	2	선택	1,300

출처: 법무연수원, 내부자료 참조(2016).

한편 2016년에도 사이버교육과정을 제공하는데, 교육목표는 사이버교육을 통한 검찰직공무원 기본소양 및 직무역량 강화 그리고 상시학습 교육 수요에 대응하자는데 초점을 두고 있다. 교육대상은 검찰직 소속의 전직급으로 교육과정은 형법총론 등 177개 과정이며, 교육 횟수로는 1개월 과정 11회, 2개월 과정이 10회(2개월 과정: 법과목 및 30차시 이상 과목)이다.

수료합격 기준으로는 진도율이 90% 이상이면서 종합평가 점수 60점 이상을 동시 충족시킨 사람만 가능하다. 이를 위한 평가응시기회는 2회이다. 한편 교육 운영과정은 형법총론 등 177개 과정을 제공하였다.10)

그러나 대체적으로 사이버 강의는 형법총론 등 몇 가지 이외에는 별로 효과가 없

---

9) http://www.lrti.go.kr(법무연수원 사이버강의 제공 관리자와 나눈 인터뷰 참조).
10) 법무연수원 사이버교육센터: https://cyber.ioj.go.kr/front/helpdesk(검색일: 2016. 2. 1).

다는 비판이 적지 않다. 위와 같은 문제점들은 2015년의 경우에도 동일하게 나타났으며 사이버 교육을 통한 방법이 편리하며 시각적인 효과가 있기는 하지만 실제 오프라인 강의방식보다는 현실성 및 상대성 차원에서 수강생들에게 관심도가 떨어지는 것으로 평가되고 있다. 향후 이에 대한 바람직한 대안이 나오도록 해당 기관에서 지속적인 노력이 요구되고 있다.

2) 전국 지방검찰청별 교육프로그램 진행

법무부와 대검찰청은 각 지방검찰청별로 특별사법경찰들에 대한 교육 감독을 위임하여 시행하고 있다. 즉 이러한 위임규정에 따라서 우리나라 전국의 각 지방검찰청들은 지역별로 자기 관할하의 특별사법경찰들에게 연간 1회 이상 자율적으로 교육훈련을 실시하도록 하는 의무를 이행하고 있지만, 사실상 이마저도 제대로 운영되지 못하고 있다는 비판이 적지 않았다. 다시 말해 법무부가 마련한 규정에 따르면 연중 최소의 기준을 정하고 있는바, 매년 1회 정도 특별사법경찰들을 모아놓고 직무교육을 진행하도록 의무지우고 있는 것이다.

그럼에도 불구하고 아쉬운 것은 이러한 권장에 따라 특강형식으로 한 두번 특별사법경찰을 위한 직무교육을 진행하는 정도에 그치고 있다는 점이다. 본 연구를 진행하면서 확인한 결과 아쉬운 점 중에 하나는 용인 소재 법무연수원에서만 우리나라 전국의 특별사법경찰들에 대한 직무교육훈련을 전담하는 시설이 만들어져 있을 뿐, 각 지방검찰청별로 체계적인 프로그램을 만들어 제공하는 경우는 거의 없는 것으로 확인된다. 사실상 그때마다 형식적으로 몇 시간 정도 직무교육을 진행하는 정도가 대부분인 것으로 파악되었다.

무엇보다 법무연수원 특별사법경찰교육센터에서 제공하는 직무교육과정에서만 1~2주 정도 교육을 진행하는 프로그램이 있지만 이것도 모두 참여하는 것은 아니고 자율적이며 수용인원도 몇 백명에 그치고 있다. 이는 전국에서 지명된 특별사법경찰관(리)들이 16,000여명 이상인 점을 감안해보면 매우 불충분 한 것이다. 이미 이러한 문제들이 오래전부터 검증되었기 때문에, 이 부족한 영역을 지방검찰청 차원의 교육에서 일정 시간이라도 보충해 주는 것이 상당히 필요하다. 그럼에도 불구하고 아직까지 그 보완점을 찾아 체계화하지 못하고 있는 실정인데, 이는 결국 예산과 인력의 부족에 기인하고 있는 것으로 평가된다. 이에 대한 보완 대책을 수립하는 일이 2016년에도 매우 중요한 과제로 떠올라 있지만 여전히 큰 변화는 감지되지 않았다.

한편 우리나라 지방검찰청에서 행하고 있는 특별사법경찰의 직무교육에 대한 몇 몇 사례를 살펴보면 다음과 같다.

인천지방검찰청 부천지청도 2012년 5월 7~18일까지 2주일 동안 식품·소방·환경 분야 특별사법경찰 6명에게 피의자에 대한 수사절차의 전반에 관해 심화교육을 실시하였다.[11] 이러한 특별사법경찰들의 직무교육은 매년 반복적으로 2016년까지도 연례 교육행사로 이어졌다.

역시 충청남도와 대전지방검찰청(임석필 도 법률자문검사) 주재로 2012년 11월 15일 태안 리솜오션캐슬에서 도·시·군 특별사법경찰(특사경) 전담요원 58명을 대상으로 '민생 5개 분야 특별사법경찰 단속활동'의 효율성을 높이기 위해 1박 2일 일정으로 단속·수사실무에 관한 워크숍을 개최했다. 이러한 직무교육은 2014년도에도 도와 대전지검이 추진 중인 민생 6개 분야 단속활동의 효율성을 높이고, 특사경의 수사 역량 강화 등을 위해 1박 2일 일정으로 워크숍을 개최했다. 여기에는 대전지검 5개 지청 담당 검사 5명과 수사관 5명, 도와 시·군 특사경 등 모두 52명이 참석했다.[12] 이러한 행사는 2015~2016년도에도 계속 이어지고 있다. 그러나 직무교육은 역시 1박 2일 정도에 그치고 있어서 충분한 교육효과는 기대하기가 어렵다고 평가되었다.

울산지방검찰청의 경우를 하나 더 소개해보면 2014년에 이어서 2015년에도 활발하게 특별사법경찰의 직무교육을 실시한 대표적인 케이스다. 울산시(시장 김기현)의 경우도 2015년 12월 9일 의사당 3층 대회의실에서 시·군·구의 특별사법경찰 77명이 참석한 가운데, '특별사법경찰 수사직무역량 워크숍'을 개최한 바 있다. 지난 2014년에 이어 올해 두 번째로 마련됐는데, 2015년 워크숍에서 송영인 울산지방 검

---

11) 안정진, 특별사법경찰제도의 효율적인 운영방안에 관한 연구, 연세대법무대학원 석사학위논문, pp. 81-82.

12) http://www.bzeronews.com/news/article(검색일: 2014. 10. 23). 워크숍에서는 특별사법경찰 단속활동 강화를 위한 수사 실무, 불량식품과 농축수산물 원산지 거짓표시, 환경법령 위반사례 등에 대한 직무교육이 진행됐다. 임석필 도 법률자문검사는 "이번 워크숍은 단속 활동에 필요한 전문지식 함양은 물론, 검찰과 특사경의 화합을 다지는 계기가 될 것"이라며 "앞으로도 직무교육 기회를 확대하는 한편, 시기·지역별 실정에 맞는 기획단속을 지속적으로 발굴, 서민생활 안정과 법질서 확립에 최선을 다할 것"이라고 말했다.

찰청 공안부 특별사법경찰 담당검사가 금융계좌 추적, 압수수색 절차, 긴급체포, 영장신청 등 수사 실무기법을 강의했다.13)

한편 특별사법경찰의 업무란 사실상 행정실무와는 달리 수사실무의 경우는 평소 일반 공무원이 교육을 받거나 체험할 수 있는 기회가 거의 없어 특별사법경찰 업무를 맡게 되더라도 단기간에 숙달되기 어려운 것이 사실이다. 따라서 지속적으로 직무교육을 지속하는 일이 무엇보다 중요하다고 볼 수 있다. 울산시는 앞으로도 특별사법경찰이 전문 수사지식과 실무경험 부족으로 인한 행정의 사각지대가 발생하지 않도록 수사 직무역량을 강화하는 워크숍을 정례적으로 개최할 계획을 추진하고 있다는 점이 타 지방검찰청의 특별사법경찰과 색다른 점이다.14) 특히 2015년 울산시는 워크숍 외에도 특별사법경찰 수사역량 강화를 위해 직무연찬회(86명, 4월), 호신·체포술 교육(75명, 2~12월 총 16회), 자체 평가회(6월) 등을 가졌으며 모범사례로 평가해 볼 만하다.15)

한편, 서울시는 시민생활 보호를 위해 2008년부터 2016년 초까지 매년 자체적으로 서울시 인재개발원에서 특별사법경찰에 관한 직무교육을 1주일간 개최하는데, 법무연수원 등지에서 전문수사관들을 초청해 실무위주의 강의를 진행하고 있다. 서울시의 경우는 타시도에 비해 남달리 특별사법경찰에 대한 애착이 많고 가장 활발하게 운영하는 모범지역으로 평가해 볼 수 있다. 특히 2015년 11월 23일 특별사법경찰의 직무범위 및 조직을 과 수준에서 행정부시장 직속의 국 수준인 '민생사법경찰단'으로 확대 발족하고 직급도 3급으로 상향 조정했다. 직무 분야도 대부업·다단계판매, 자동차관리, 화장품, 의료기기 등 4개를 추가하여 현재 12개 직무 분야로 확대했다. 이는 행정전문지식을 활용한 특별사법경찰의 민생침해사범 근절 활동이 시민들의 호응을 얻게 된데 기인하고 있다.16)

2020년부터 2022년 현재까지는 코로나19 세계적 팬데믹으로 인해 위의 법무부 법무연수원에서 이루어지는 특별사법경찰의 직무교육과정이 전면 동영상 교육으로

---

13) media.daum.net.

14) 동부연합신문: http://www.dbynews.com/news/article(검색일: 2015. 12. 9).

15) '특별사법경찰'은 「형사소송법」과 「사법경찰관리의 직무를 수행할 자와 그 직무범위에 관한 법률」 등에 따라 청소년보호, 환경, 농수산물 원산지 표시, 식품위생, 공중위생 분야 등에서 위법사항을 적발했을 때 검사의 지휘를 받아 검찰에 송치하는 수사권을 보유한 행정 공무원이다.

16) media.daum.net.

이루어졌다.

3) 해양수산인재개발원(구 수산인력개발센터)의 교육

농수산식품연수원 해양수산인재개발원(http://www.fihi.go.kr)의 경우도 매년 합숙방식으로 농림수산식품부 산하에서 근무 중인 특별사법경찰 직원들을 대상으로 특별사법경찰관리실무과정을 열어주는 등 전문교육의 기회를 제공해 주고 있다. 이곳에서 제공된 주요 직무교육 내용은 Ice Breaking(1시간), 특별사법경찰관련법령 해설(2시간), 형사소송절차의 이해(3시간), 법과인권(2시간), 사건처리절차와 방법(3시간), 미술 인문학을 탐하다(2시간), 남녀 커뮤니케이션 및 갈등해소(2시간), 법학원론(2시간), 사법경찰관의 수사실무(3시간), 형사사법통합망의 이해 및 활용(2시간), 공판중심주의에서 법정진술요령(3시간), 현장체험(5시간), 조서작성요령·송치서작성·구속영장신청·수사서류작성·수사기록작성(5시간) 등 35시간에 달한다.17) 이 경우는 특별사법경찰을 운영하면서 교육기회를 제공하는 타기관과 비교해 볼 때, 상당히 모범적인 사례로 평가되고 있으며 매년 효율적인 직무교육이 될 수 있도록 노력하고 있는 것으로 평가된다.

이곳 농수산식품연수원 해양수산인재개발원(http://www.fihi.go.kr)의 경우도 매년 합숙방식으로 이루어지던 특별사법경찰 직무교육이 코로나19 감염병으로 인해 2020년부터 동영상 교육으로 대체되어 오고 있다.

4) 고용노동부 특별사법경찰의 교육

선진국의 경우처럼 우리나라 고용노동부의 근로감독관은 특별사법경찰로 지명되어 직무를 수행하고 있다. 특히 고용노동부의 근로감독관은 특별사법경찰로서 타기관의 특별사법경찰에 비해 자체교육훈련 제도가 비교적 잘 짜여져 운영되고 있는 편이다. 이러한 교육은 매년 고용노동연수원 시설을 활용해 근로감독관들을 대상으로 진행되고 있다. 본 과정을 통한 프로그램에서 총 10회 283명의 특별사법경찰(근로감독관)에게 총 210시간의 교육훈련을 제공하였다.18)

---

17) 신현기(d), 특별사법경찰 교육훈련제도의 개선방안에 관한 연구, 한국경찰연구학회, 「한국경찰연구」, 12(1), 2013, p. 17.
18) 신현기(d), 상게논문, p. 17.

그 세부적인 내용을 보면 신규근로감독관과정(1회/근로감독관 신규발령자)에 60명이 참여하여 8박 10일로 70시간 동안 근로기준법 총칙, 노동조합 및 노동관계조정법 등을, 그리고 근로감독업무기본과정(2회/제한 없음)에 47명이 참여해 4박 5일간 36시간 동안 노동관계법 수사실무, 강제수사 처리요령, 구속수사 처리요령 등에 관한 교육을 실시한바 있다.19)

특히 근로감독업무심화과정(2회/경력 2년 이상자)에 36명이 참여(사이버교육(9일/2H), 집합교육(4박 5일/35H))에 복수노조와 근로시간면제제도, 퇴직금 위반사건 사례연구 등을 그리고 노동사범수사실무과정(1회/17명)에 사이버교육(9일/2H)과 집합교육(2박 3일/21H)에서 형법총론, 형사소송법 개관, 구속제도, 체포제도 등을 강의했다. 또한 신고사건처리심화과정(2회/47명)을 제공하여 사이버교육(9일/3H)과 집합교육(2박 3일/21H)에서 임금위반사건 토론, 퇴직급여 위반사건 토론, 강제수사 실습 등을 그리고 강제수사과정(2회/76명)을 실시했으며 집합교육(2박 3일/21H)에서는 지방관서별 근로감독관(경력 2년 이상 근로감독관)을 대상으로 형법총론, 형사소송법, 노동사범 수사요령, 구속·체포제도 사례 등의 교육을 실시했다.20) 이는 충분하지는 않지만 그래도 타 국가기관의 특별사법경찰에 비해 굉장한 모범사례로 평가된다.

고용노동부의 근로감독관(특별사법경찰)의 직무교육도 역시 2020년부터 2022년 현재까지 코로나19로 인해 동영상 교육으로 대체되어 오고 있다.

5) 국토교통부의 특별사법경찰

2012년 5월 28일부터 6월 22일까지 총 26일간 국토교통부 국토해양인재개발원(http://tiltm.mltm.go.kr)은 철도특별사법경찰(철도경찰) 30명을 대상으로 철도특별사법경찰실무과정을 열어서 사이버교육을 제공해 주었다.21) 이 경우도 상당히 모범적인 케이스에 해당된다. 본 프로그램 제공은 2013년, 2014년, 2015년에도 제공되었으며 비록 사이버 교육을 통해 이루어지기는 했지만 철도경찰들에게 적지 않은 도움이 되고 있다.

이곳 철도특별사법경찰의 직무교육도 2020년부터 2022년 현재까지 코로나19로

---

19) 고용노동부 교육원의 관리자와 전화인터뷰를 통해 나눈 대화를 중심으로 재정리한 내용이다.
20) 신현기(d), 전게논문, p. 18.
21) 신현기(d), 상게논문, p. 18

인해 동영상 교육으로 대체되어 오고 있는 실정이다.

6) 문화체육관광부 저작권보호과

날로 심각해지는 저작권에 대한 침해를 방지하기 위해 문화체육관광부 저작권보호과는 매년 1박 2일 코스로 저작권보호 유관기관인 검찰·한국저작권위원회, 저작권보호센터 등과 합동 워크숍을 개최하여 좋은 반응을 얻고 있다. 2011년 5월 20일~21일까지 진행되었으며 역시 2012년 5월 17~18일과 그 후 2016년을 지나 2022년 현재까지 지속적으로 진행되고 있다.22)

이곳 문화체육관광부 저작권보호과의 직무교육도 2020년부터 2022년 현재까지 코로나19로 인해 동영상 교육으로 대체되어 오고 있는 실정이다.

7) 광역지방자치단체

특별사법경찰이란 행정직무를 수행하면서 단속과정에서 적발한 위법사항을 검사의 지휘를 받아 검찰에 송치하는 수사권을 보유한 일반행정공무원을 말한다. 우리나라 지방자치단체들은 오래전부터 특별사법경찰제를 운영해 왔다. 그러나 그 역사에 비해 지방자치단체 차원에서 특별사법경찰들의 적발 성과는 매우 미비하였다. 이는 교육훈련의 부족에 기인하였으며, 이에 따라 대부분의 적발 사건들을 일반사법경찰에 고발하는 수준에 머물렀다는 비판에 직면해 있었다. 그러나 2008년부터 광역단위의 특별사법경찰제가 활발하게 도입되어 많은 성과를 보여주고 있다.

광역지방자치단체 중 특별사법경찰의 교육훈련 프로그램을 가장 잘 운영하고 있는 곳은 서울특별시 민생사법경찰과(전 특별사법경찰과/2012년 11월부터 민생사법경찰과로 변경)인데,23) 2014년 1월 7일~1월 18일까지(2주간) 서울시 인재개발원에서 민생사법경찰과 소속 98명을 대상으로 식품, 환경, 청소년, 개발제한분야의 교육을 실시하였다. 서울민생사법경찰은 2013년에도 역시 1월 7일부터 18일까지 2주일간 같은 곳에서 전년도와 같은 프로그램을 가지고 교육훈련을 실시하였으며 2014년과 2015년 및 2016년 1월 말에도 직무교육을 서울시인재개발원에서 진행하였다. 교수

---

22) 신현기(d), 상계논문, p. 18.
23) 서울특별시 민생사법경찰과의 과장은 2015년에 단장으로 명칭을 개명하고 단장의 계급을 4급에서 3급(부이사관)으로 승격시켜 운영하게 되었다.

진은 대검찰청과 서울중앙지방검찰청의 검사와 전문수사사무관들을 초청하여 진행되고 있다. 이러한 과정들은 2022년 현재까지도 여전히 유효한 실정이다.

울산광역시의 경우도 2015년 4월 법무연수원 특별사법경찰센터의 백○○ 교수를 강사로 초청해 현장수사 및 적법절차교육, 피의자신문방법, 수사역량과 전문화 강화라는 주제로 직무교육을 실시했다.24) 울산광역시에는 환경, 식품위생, 공중위생, 농수산물 원산지 표시, 청소년 보호, 자동차 의무이행, 산림보호 등 16개 분야 225명의 특별사법경찰이 지명되어 행정범죄를 단속하였다.

인천광역시 특별사법경찰의 경우도 2011년부터 2015년 까지 매년 식품환경분야(군, 구 소속)의 특별사법경찰을 대상으로 매년 한 차례씩 직무교육을 실시해오는데,25) 이러한 전체 직원들이 참여하는 직무교육 이외에 2012~2013, 2015년도에도 신임 및 기존 특별사법경찰직원들이 꾸준하게 법무연수원 특별사법경찰센터가 제공하는 합숙 전문교육에 참여하여 실무교육을 익혔다.26)

경기도 특별사법경찰의 경우도 직무교육훈련을 인재개발원에서 2013년과 2014년 및 2015년에도 지속적으로 이루어져 오고 있다. 특히 서울특별시 민생사법경찰의 경우는 업무의 효과성과 효율성을 높이기 위해 특별사법경찰 인력을 자주 발령 내는 것을 억제하고 가급적 장기간 근무하도록 하는 방안을 실시하고 있다. 그리고 특별사법경찰의 업무범위도 점차 늘려 나가고 있는데 최근에는 대부업체 단속 영역까지 확대하는 양상을 보여주고 있다.

이 밖에 2015년 11월 세종특별자치시의 경우도 정부세종컨벤션센터에서 유관기

---

24) 뉴스웨이브, 2015. 4. 8: http://www.newswave.kr/sub_read.html?uid=312359(검색일: 2016. 8. 20).

25) 신현기(d), 특별사법경찰 교육훈련제도의 개선방안에 관한 연구, 한국경찰연구학회, 「한국경찰연구」, 12(1), 2013, p. 19.

26) 뉴스통신 인천, http://www.kns.tv/news/articleView.html?idxno=192655. 뉴스통신 인천에 따르면 인천시는 2015년 3월에도 매주 수요일, 시 특별사법경찰과 수사관들에게 수사에 필요한 전문직무교육을 실시해 수사역량을 강화한 바 있는데, 오정돈 시 법률자문검사의 특별사법경찰제도의 개관을 시작으로 매주 수요일마다 다양한 수사기법 및 사례 등을 수사관들에게 교육한 바 있다. 시는 정기적인 직무교육을 통해 전문지식과 수사능력을 겸비한 수사관을 양성함으로써 시민생활과 직결되는 환경 및 식품위해업소 등 민생침해사범을 강력히 단속해 안전하고 시민이 행복한 인천을 구현하겠다는 것이다. 시 특별사법경찰은 2014년에 환경, 식품위생, 수산 등 9개 분야에 24명의 경찰관이 활동하고 있으며, 지난해에는 모두 362건을 입건해 329건을 검찰에 송치했다. 시는 "앞으로 환경, 원산지 표시 등 시민의 생활과 밀접한 분야에서 기획수사, 군·구 합동 단속 등 특별사법경찰 활동을 확대·추진할 계획"이라고 한다(뉴스웨이브 인천, 2015. 4. 8).

관·단체 및 특별사법경찰 업무 담당자 등을 대상으로 직무교육을 실시했는데, 직무교육의 핵심내용은 특별사법경찰의 전문성과 단속 및 수사기법의 향상을 위해 각 분야별 전문가를 초빙하여 수사 실무 등에 관해 교육을 진행한 바 있다. 세종특별자치시는 특별사법경찰 43명이 원산지, 식품·공중위생, 환경 등 10개 분야에서 활동하고 있으며, 2015년에 민생 5개 분야 32건 등 총 141건을 형사입건해 검찰에 송치하는 등 활발하게 단속활동을 펴오고 있다.[27]

┌─┤제2절│────────────────────────────────┐
│ ≫ **우리나라 특별사법경찰 직무교육훈련의 문제점**
└───┘

1. 대검찰청 형사2과 특별사법경찰팀

우리나라 특별사법경찰을 총괄 지휘 및 감독하고 있는 대검찰청 특별사법경찰운영팀의 운영규정 제2조를 보면 다음과 같다. 즉 특별사법경찰 운영팀은 고검 검사급 검사 1명, 사무관 1명, 일반직 2명, 기능직 1명으로 구성한다고 명시되어 있다.[28] 문제는 위의 인원 가지고는 특별사법경찰의 교육훈련이 나날이 중요시되는 시점에서 걸맞지 않다는 것이 지적된다.[29]

특히 대검찰청 형사2과의 특별사법경찰팀은 전국 16,244명의 특별사법경찰들을 기획 및 통계관리하고 있는데, 역부족이다. 전장에서 지적하였듯이 특별사법경찰의 지명자는 점차적으로 증가하고 있는 만큼 특별사법경찰과를 별도로 신설하는 협의를 법무부 및 행정자치부와 지속적으로 추진해 나갈 필요가 있다. 충분한 관리가 이루어지지 않는 상황에서 특별사법경찰의 지명자 수만 지속적으로 늘려 간다면 이는 바람직하지 않은 제도적 모순일 수 있다.[30] 관리할 수 있는 행정인력이 제대로 갖추

---

27) 충청일보, 2015. 11. 12: http://www.ccdailynews.com/news/articleView.html?idxno=838421.

28) 대검찰청 특별사법경찰운영팀 운영규정에 대한 개정 대검훈령 제143호(2009. 11. 24) 참조.

29) 정병하·임정호, 「특별사법경찰 조직의 전문화 방안에 관한 연구」, in: 한국형사정책연구원 연구보고서, 2009; 신현기(d), 특별사법경찰 교육훈련제도의 개선방안에 관한 연구, 한국경찰연구학회, 「한국경찰연구」, 12(1), 2013, p. 20.

30) 국토교통부의 항공특별사법경찰과 문화체육관광부의 사행산업분야 및 금융위원회 분야에서도 이

어져야 한다는 이야기이다.

2. 대검찰청과 특별사법경찰 운영기관 간의 직무교육 관련 공감대 활성화

대검찰청과 특별사법경찰 운영기관들은 2007년 8월부터 특별사법경찰협의체를 구성하여 대검부서장과 지방검찰청 및 특별사법경찰운영기관의 부서장이 연 1회의 합동회의(매년 3월 초)를 개최하고 있다. 본 회의를 전반기뿐 아니라 하반기에도 개최하여 양자간의 공감대 기회를 확대함은 물론이고, 특히 특별사법경찰 활동에 도움이 될 교육훈련 활성화 방안을 지속적으로 도출해 낼 필요가 있다.[31]

특히 본 합동회의를 통해 지휘와 감독을 받는 특별사법경찰 책임자들은 대검 특별사법경찰팀에 대해 그 운영상의 문제점과 개선방안을 건의하게 된다. 반대로 대검 특별사법경찰팀은 이들의 의견을 반영하여 사안별로 그 개선방안을 강구하며 새로운 연중 계획들을 수립하게 된다.

3. 특별사법경찰의 수사교육과 지식 및 경험의 부족

우리나라에서 특별사법경찰의 지명자 수가 2013년 기준 16,244여명과 2019년에 이미 20,000여명에 이르렀지만, 이들을 전문적으로 교육과 훈련을 시켜야 할 교육기관이나 전문교수진이 절대적으로 부족하다는 점은 이미 위에서 언급한 바 있다. 주지하는 바와 같이 우리나라 특별사법경찰의 경우 무려 46개 종류에 930여개 기관에서 운영하고 있는 관계로 그 소속부서들의 경우도 상당히 다양성을 보여주고 있다. 이러한 이유 때문에 특별사법경찰 인력을 총체적으로 관리하고 수사지휘체계를 유지하며 교육훈련을 보다 체계적으로 진행하는 제도적 개선이 시급한 과제로 부각되어 있다.

문제는 행정공무원들 중에서 특별사법경찰이 지명되다보니 자기 행정 담당 영역에서는 전문지식이 매우 풍부한 장점을 가지고 있다. 물론 지방자치단체별로 절반

미 특별사법경찰제도를 도입해야 한다는 주장들이 계속적으로 나오고 있는데, 이러한 현상은 여러 기관들에서 향후에도 계속 나타날 것으로 예견된다.

31) 신현기(d), 특별사법경찰 교육훈련제도의 개선방안에 관한 연구, 한국경찰연구학회, 「한국경찰연구」, 12(1), 2013, p. 20.

정도는 파견인력이 아니고 자체 인력을 전문수사관으로 확보해 나가고 있는 추세다. 그럼에도 불구하고 우리나라 특별사법경찰들은 순환보직변경이 빈번하고 동시에 그에 따른 잦은 이동으로 인해 수사능력을 향상시킬 교육훈련 시간이 절대적으로 부족한 상황에 처해 있는 실정이다. 더구나 행정공무원이 갑자기 특별사법경찰로 지명된 후에 그 직무를 수행하기에 앞서 특별사법경찰의 직무수행을 위한 어떠한 교육을 반드시 받아야 한다는 강제의무 규정도 없을 뿐 아니라, 동시에 수사능력 향상을 위한 보수교육의 기회조차도 충분하지 않다는 점은 큰 문제점으로 지적되어 오고 있다.

이와 같이 수사의 비전문가인 행정공무원이 갑자기 특별사법경찰로 지명된 이후 가장 중요한 것은 바로 교육훈련을 통해서 수사지식과 경험, 수사자료의 해석능력, 긴급체포방식, 영장신청, 강제수사기법 및 형사소송상 절차 등의 역량을 신속하게 갖추는 일임은 재언을 요하지 않는다.32) 따라서 우리나라 특별사법경찰의 총감독기관인 대검 특별사법경찰팀은 이러한 문제를 해결하기 위한 직무교육 훈련상의 제도적 개선방안을 마련하기 위해 지속적으로 특단의 조치들을 마련해야 하는 도전과 과제에 직면해 있다.

4. 특별사법경찰의 직무교육과 재교육 시간의 절대부족

주지하는 바와 같이 행정업무를 수행하던 공무원이 어느날 갑자기 특별사법경찰에 지명되어 충분한 교육훈련을 받지 않은 채 특별사법경찰 업무에 투입되는 경우가 적지 않다. 경우에 따라서는 아주 짧은 시간만 직무교육을 받고 특별사법경찰 업무에 투입되어 직무를 수행하는 경우도 비일비재한 실정이다. 더구나 이런 경우에 해당하는 특별사법경찰들은 행정업무를 처리해야 하는 본연의 직무를 가지고 그것을 수행하면서 동시에 지명 받은 특별사법경찰업무까지 수행해야 하는 2중부담을 안고 있다. 거기에다가 충분한 직무교육도 받지 못한 채 투입되는 경우가 많아 수사능력도 제대로 갖추지 못한 데서 오는 부담이 적지 않다는 것이 문제점으로 크게 부각되고 있다.

---

32) 신현기(d), 상게논문, p. 20.

우리나라 특별사법경찰의 교육의무에 관한 규정을 명시하고 있는 법무부 예규를 보면 다음과 같다. 즉 "특별사법경찰관리지명절차 등에 관한 지침 제9조 1항에 따르면 지방검찰청 검사장과 지청장은 소속 검사 또는 5급이상 직원으로 하여금 관할 특별사법경찰에 대해 매년 1회 이상 직무교육을 실시한다"라고 규정하고 있다.33)

이에 근거하여 전국 55개 지방검찰청과 지청들은 매년 1회 정도 그것도 고작 2시간 정도만 교육을 실시하거나 아예 시행하지 않는 경우도 허다한 것으로 알려져 있을 정도다. 이러한 실상을 실제로 자세히 들여다보면 특별사법경찰의 교육시간이 부족하다 혹은 아니다 라고 논하기조차 어려운 것이 사실이다. 이러한 문제를 풀기 위해 주무부서인 대검 형사2과 특별사법경찰팀은 정부부처와 지방자치단체에서 유지하고 있는 특별사법경찰공무원들에게 왜 교육훈련이 중요한 것이며, 왜 교육훈련의 시간을 대폭 늘려나가야만 하는 것인지에 대해 설득하고 또한 스스로도 심각하게 원점에서부터 다시 고민해 볼 필요가 있다. 우리나라의 전국 지역별 지방검찰청과 각 지청들도 특별사법경찰의 발전을 위한 새로운 교육 프로그램들을 지속적으로 개발해 나가야 한다. 현재와 같이 1년에 고작 1회에 2시간 정도의 특강형식으로 이루어지고 있고, 그 내용도 특별사법경찰의 개념과 법적근거 및 형소법 개념을 소개하는 정도에서 그치지 말고 과감하게 특별사법경찰의 수사업무에 대한 전문화된 기법과 직접 사례중심의 교육방식으로 개선해 나가야 할 것으로 본다.34)

이러한 문제가 해결되지 않는 한 특별사법경찰을 운영하는 행정기관과 관리감독 지도기관인 검찰청은 특별사법경찰제도의 운영상 효율성과 효과성을 제대로 기하지 못하면서 무분별하게 확장만 하고 있다는 비판에 직면할 가능성이 크다고 본다.

5. 특별사법경찰의 직무교육과 재교육을 위한 교육기관의 부족

전장에서 지적하였듯이 우리나라에서 특별사법경찰 관련 직원들에게 자체적으로 특별사법경찰 교육프로그램을 최소한 1~2주 정도라도 실시하고 있는 곳은 고용노

---

33) 김종오·김태진, 특별사법경찰의 교육훈련 효율성 제고 방안에 관한 연구, 한국공안행정학회, 「한국공안행정학회보」, 20(3), 2011, pp. 29-30; 안정진, 특별사법경찰제도의 효율적인 운영방안에 관한 연구, 연세대학교 법무대학원 석사학위논문, 2012, p. 76.

34) 민형동, 특별사법경찰의 현황 및 개선방안, 한국민간경비학회, 「한국민간경비학회보」, (10), 2007, p. 62.

동부, 농수산식품부 농수산식품연수원 수산인력개발센터 및 광역자치단체 정도가 전부이다. 이러한 부처를 제외하고 나머지 대부분의 기관들은 법무부 산하 법무연수원에서 제공하는 교육훈련과정에 전적으로 의지하고 있는 실정이다.35)

하지만 법무연수원은 특별사법경찰을 위한 가장 큰 교육훈련기관인데도 불구하고 연간 기초교육 14회와 심화교육 6회 등 총 20회를 제공하는 정도다. 그나마 매 회수마다 교육인원을 54명 이내로 국한시켜 수용하고 있는 관계로 충분조건을 갖추고 있지는 못하고 있다. 특히 법무연수원의 경우 연중에 총 1,080명을 수용할 야심찬 계획을 세웠지만36) 여러 가지 이유들로 인해 참여인원이 원래 목표치에 미치지 못하고 있다. 무엇보다 이러한 수치는 전체 특별사법경찰의 인원과 대비해 볼 때 턱없이 부족한 시설이다(참여자를 위한 의자가 54개임).

이마저도 교육훈련의 기회를 갖는 실제 참여인원은 연간 약 800여명에 그침으로써 전체 특별사법경찰 16,244명을 기준으로 볼 때, 이는 약 5~6% 정도만 수용하고 있는 실정이다. 물론 추가로 법무연수원은 사이버교육센터를 통해 특별사법경찰e러닝커리큘럼을 특별사법경찰들에게 1회당 2개월 코스로 연 5회를 제공하여 연인원 11,500명이 혜택을 보도록 하는 목표를 시행중이지만 2012년~2015년의 경우 1회당 1,000명씩 5회가 개최되어 총 5,000명이 특사경e러닝 교육훈련에 참여함으로써 목표 달성치는 겨우 43%에 그쳤다. 이처럼 일정한 한계는 남아 있다.

이에 대한 개선방안으로는 규정을 마련하여 모든 특별사법경찰이 법무연수원에서 제공하는 재교육 프로그램에 참여하도록 하는 대책을 세워보는 것도 하나의 방법이 될 수 있을 것이다. 이에 비례하여 교육훈련 프로그램도 이전보다 더 질적으로 향상된 것이어야 한다. 왜냐하면 특별사법경찰은 일반사법경찰의 경우처럼 국민의 생명과 재산을 지키는 동시에 행정범들로부터 각종 위해에 직면할 수 있는 상황에 노출되어 있기 때문에 이에 적극 대처하는 차원에서 그 당위성을 찾을 수 있다.

---

35) 즉 특별사법경찰의 주무부서인 대검찰청은 2009년 3월 18일을 기해 법무연수원 내에 중앙부처 및 지방자치단체 특별사법경찰관(특사경) 교육을 담당할 특별사법경찰관리 교육센터(Special Judicial Police Training Center)를 개설해 특별사법경찰 지명자들에게 국민인권보장과 수사능력을 습득하며 날로 지능화되는 행정범죄자들을 신속히 수사할 수 있는 기법과 지식을 심어주는 기초과정과 수사실무를 습득하게 해주는 심화교육을 제공하고 있다(http://news.naver.com/main/read).
36) 안정진, 특별사법경찰제도의 효율적인 운영방안에 관한 연구, 연세대학교 법무대학원 석사학위논문, 2012, pp. 76-87.

위에서 살펴본 바와 같이 2020년부터 2022년 현재까지 전세계적으로 유행한 코로나19 때문에 모든 기관의 특별사법경찰을 위한 직무교육은 동영상 등으로 대체함으로써 질적면에서 어려움을 많이 겪고 있다.

6. 특별사법경찰의 부대시설 미비

우리나라 특별사법경찰의 시설이나 교육프로그램은 그 제도의 역사에 비해 매우 미비한 실정이다. 일반사법경찰의 경우는 그 인적 및 물적인 측면에서 규모가 매우 크며 동시에 상당히 체계화되어 있다. 우리나라 법체계가 일반사법경찰이든 특별사법경찰이든 모두 검찰의 수사지휘를 받고 있고 각종 범죄로부터 국민을 보호해야 하는 공통 의무를 지고 있는 만큼 그 추구하는 목표가 동일하기 때문에 양자는 상호 정보를 공유하는 동시에 지문, 주민조회 등 수사업무면에서도 밀접한 협조가 필요하다.

또한 특별사법경찰의 경우는 아직 피의자에 대한 유치장 시설들도 갖추지 못하고 있는 실정이다. 따라서 검찰과 경찰이 상호간 교류협정(MOU)을 통해 일반사법경찰이 충분한 시설을 갖추고 있는 수사연수원이나 경찰교육원의 전문 수사프로그램이나 교육시설을 특별사법경찰이 공동 활용할 수 있는 방안을 적극적으로 검토 및 발굴해 나가는 것도 하나의 좋은 방안이 될 수 있을 것이다.

1. 특별사법경찰제도의 실시 관련 장점

특별사법경찰제를 시행함으로써 직접적으로 국가와 국민이 얻을 수 있는 이익은 무수히 많다. 크게 일반사법경찰인 국가경찰은 형법범을 담당하고 특별사법경찰은 일반사법경찰이 잘 알 수 없는 행정분야 내의 행정범들을 적발하여 수사하고 검찰에 송치하는 지역적·사항적 특수성을 지니고 있다.

특별사법경찰은 첫째, 환경문제, 즉 수질, 대기, 유독물 등과 관련해 집중수사가 가능하다는 장점을 가지고 있다. 급속한 산업화 속에서 수질오염물질의 배출사업장들이 비정상적으로 운영하면서 인체에 유해한 대기오염물질 위반에 대해 조사하고 수사활동을 즉각적으로 수행할 수 있다는 장점을 지니고 있다.

둘째, 공단지역과 환경오염 우려가 되는 사업장에서 오염사고를 위한 예방수사가 신속하게 이루어질 수 있는 장점을 가지고 있다. 대규모 산업단지 내에서 화학물질의 관리미비 문제들을 사전에 조사를 통해 예방조치가 가능하다는 장점이 있다. 범법행위 발견시 즉각적인 수사는 물론이다.

셋째, 중앙부처 소속 특별사법경찰의 경우도 마찬가지겠으나 지방자치단체 소속의 특별사법경찰의 경우도 주변 생활환경의 저해사범에 대해 신속한 단속과 수사활동을 할 수 있는 장점을 가지고 있다. 지역내 폐기물 불법처리 행위나 유해 중금속 폐기물 배출사업장 불법매립과 투기 등 추적감시가 수월한 장점이 있다. 예를 들어 환경오염 상수원의 피해, 유해물질 누출 등에 대해 신속한 대응이 가능하다.

넷째, 지역의 안전한 먹거리의 정착과 건강권 보호를 위한 근린수사가 가능하다는 장점이 있다. 박근혜 정부(2013. 2~2017. 5)에서 사회안전을 위해 제시한 4대악 중 불량식품 문제 해결에 있어서 특별사법경찰활동은 주민들의 건강권을 확보하는 데 기여할 수 있을 것이며, 특히 지역적으로 불량의약품 조제나 유통행위를 단속함으로써 지역주민의 건강을 유지하는데 다분히 기여한다.

마지막으로 청소년 생활환경 보호 및 건전한 생활의 조성을 위한 밀착형 수사가 가능하다는 장점이 있다. 특별사법경찰은 국가경찰이 다할 수 없는 청소년 유해환경에 대한 로드맵 작성을 통해 권역별 집중 단속이 가능하다. 지방자치단체 차원의 경우를 예로 들어보면 룸카페, 키스방, 마사지방과 같은 변종업소들에 대해 실시간 단속이 가능하고 유흥업소, 단란주점, DVD방, 멀티방, 노래방에 대해 주야간 단속활동이 가능하다는 점이다.

2. 특별사법경찰제도의 운영상에서 나타나는 문제점

1) 수사기법 관련 전문성 부족의 문제

2008년부터 특별사법경찰의 전문수사관(전담반)제도를 만들어 운영하는 전국 17개 광역시·도지방자치단체의 특별사법경찰과 관련된 운영상의 문제점을 살펴보면 다음과 같다. 즉 일반사법경찰들과는 달리 특별사법경찰은 충분한 전문수사관으로서 교육훈련을 받지 않은 행정공무원들이 대다수이므로 경우에 따라서는 수사력이 다소 떨어질 수 있다. 현대사회는 복잡다기하고 행정부처 각 분야에서 발생하는 행정범죄에 대해 일반행정공무원으로써 특별사법경찰의 직무수행자가 관할 지방검찰청으로부터 지명 받아 특정업무를 수행하는 것이 제도적으로 다소 문제가 있다는 점이 지적된다. 이러한 문제점으로 인해 특별사법경찰관(리)들이 직무상 직무역량이 다소 부족하여 영역별로 행정범죄를 적발하는데 있어 일정한 한계점을 보여주기도 한다.

또한 이전에는 특별사법경찰들이 행정범을 적발해도 법률지식의 부족으로 인해 경찰서의 일반사법경찰이나 검찰에 고발하고 뒤로 빠지는 경우들도 많았던게 사실이다. 그러나 2008년 이후 지방자치단체 특별사법경찰단(과) 조직 등에 대검으로부터 자문검사가 파견되어 법률검토를 해주는 등 제도개선에 본격적으로 나서고 있다(예: 서울, 경기, 인천 특사경). 그리고 서울시의 경우처럼 전문수사관제도를 도입하는 등 적지 않은 발전 노력들도 눈에 띠게 두드러지고 있다.

본 영역에서는 우선 17개 광역시·도지방자치단체 차원에서 문제점을 전반적으로 살펴보고, 이어서 중앙정부기관 및 이를 망라한 전체적인 차원에서 운영상의 문제점과 해결방안들을 제시해보고자 한다.

2) 파견근무 관련 문제

첫째, 중앙부처의 경우는 자체적으로 특별사법경찰들을 운영하고 있으나 서울특별시의 경우를 예로 들어보면 25개 자치구에서 2/3 정도의 인력을 지원받아 특별사법경찰을 운영하고 있다. 이 때문에, 이들은 가급적이면 약 2년 뒤 파견기간의 만료와 동시에 원래 직장으로 되돌아가는 경우가 다반사이다. 특히 잦은 인력교체로 베테랑 특별사법경찰이 부족해 효율성이 떨어질 수 있어 가급적이면 파견인력을 줄이고 자체 행정직공무원으로 채워나갈 필요가 있다고 본다.[1] 다행히 서울시의 경우는 이러한 노력을 지속한 결과 2016년에 자체인력으로 거의 50%까지 채운바 있다. 이러한 현상은 최근 많이 개선되었다. 2022년 2월 기준 서울시 민생특별경찰단의 경우 민생특별사법경찰 인력 85명 중 시공무원이 65명 그리고 25개 자치구 소속공무원이 20명이다. 그동안 노력한 결과 서울시 소속공무원으로 상당히 많이 채워졌는데, 이는 매우 바람직한 현상으로 이해된다.

둘째, 자체적으로 특별사법경찰의 수사와 교육을 담당할 시설이나 장비가 매우 부족하다. 우리나라 중앙정부와 17개 광역시·도지방자치단체 등 전체 특별사법경찰인원이 2013년 말 기준으로 16,244명에 달한 만큼 자체적으로 교육훈련 시설과 장비 등을 늘리고 수사기법 교육에도 개선이 요구되었다. 이러한 문제점들은 다행히 자체 예산을 확보하여 비교적 큰 특별사법경찰단별로 과학수사기법 장비와 수사실을 확보하기도 했다(예: 서울시, 경기도 특사경 등).

---

1) 지방행정연구원(안영훈), 지방자치단체 특별사법경찰 운영실태 및 발전지원방안 연구, 2013-12호, p. 97.

3) 특별사법경찰공무원의 잦은 인사이동과 보직변경 문제

일반적으로 특별사법경찰은 일반행정직공무원 중에서 지명되어 직무를 수행하다 보니 담당자뿐 아니라 계장 및 과장들도 인사이동이 빈번하고 보직의 변경도 잦은 게 사실이다. 이러한 상황에서는 특별사법경찰관(리)가 신속하게 수사에 대응할 능력이 떨어질 수밖에 없다는 문제점에 노출되어 있다. 국토교통부 소속의 철도특별사법경찰은 원래 인사혁신처 주관의 독자적인 직렬 체제하에서 모집이 됨과 동시에 이들은 행정업무 없이 오직 특별사법경찰업무만 전담하기 때문에 큰 문제가 없는 대표적인 조직이다. 하지만 기타 다른 대부분의 행정부처 소속 특별사법경찰은 행정직공무원이면서 특별사법경찰업무를 수행하는 관계로 위에서 지적된 문제범위에서 결코 자유롭지 못한게 현실이다.

4) 수사지원체제의 미흡 문제

(1) 수사인력의 보강

특별사법경찰의 수사인력 보강이 필요한데, 수사업무 진행을 위해 2인 1조로 행정범죄 발생에 대해 현장을 확인하고 피의자를 신문하는 과정에서 인력의 부족현상이 나타난다는 지적들이 있다. 특히 위반한 행정범에 대해 관할검찰청 검사의 지휘를 받아 피의자 신문조서 관련 증거자료들을 다루는데 있어서 인력이 항상 부족한 실정이다.

(2) 특별사법경찰 고유업무와의 중복 및 과다한 업무처리량

특별사법경찰로 지명 받은 행정공무원은 특별사법경찰 관련 고유업무 외에 다른 관련 업무들도 병행하여 수행해야 한다. 따라서 업무처리에 적지 않은 부담이 따르고 있다. 예를 들어 특별사법경찰들은 수사서류도 작성해야 하고 행정업무도 처리해야 하는 관계로 업무에 전념할 시간이 많이 부족한 실정이다. 이러한 문제점을 해소하기 위해 최근 공기관이나 전문가그룹(학계) 등에서 전문수사관(전담반)제도를 도입해야 한다는 목소리가 점차 커지고 있다. 그 좋은 예로 2017년경 서울시 민생특별사법경찰단에서는 10여명의 로스쿨 출신 변호사를 10여명 가량을 전문수사관으로 모집하는 시도가 있었다. 하지만 서울시 민생사법경찰단의 인력이 이 당시에는 110

여명에 달했으나 2022년의 경우 85명 정도로 축소되었다. 25개 자치구에서 파견되었던 특별사법경찰 인력이 복귀하고 후임자를 파견하지 않는 문제도 있다고 본다. 그렇다고 서울시 민생특별사법경찰단이 순수 서울시청 소속 공무원 만으로 특사경 인력을 확보하는 것도 예산상의 문제 때문에 녹록지는 않은 것으로 보여진다. 이러한 문제는 타 국가 및 자치단체 기관의 경우도 동일한 고민사항 중 하나다.

(3) 수사의 전문성과 관련교육 기회 및 시설 등의 부족

특별사법경찰들은 초반에 사건을 정확하게 인지하고 행정범죄 사실들을 법에 근거하여 명확히 수사를 진행함이 중요하다. 그리고 사건 결과를 검찰에 송치해야 최대의 효과성을 높일 수 있는데, 사전에 특별사법경찰을 위한 법지식을 갖추게 하는 직무교육 및 훈련이 부족한 관계로 행정법 위반자에 대한 수사 시 법규적용에 어려움과 수사전문성이 부족하다는 문제점을 지니고 있다. 따라서 이에 대한 보완이 시급한 실정이다.[2]

이러한 문제는 사전에 특별사법경찰들에게 충분한 형사소송법과 행정법 관련 법적 지식을 갖출 수 있도록 교육과 직무교육(재교육)을 통해 보완하지 못했던 데서 기인한 것으로 보이는 만큼 이에 대한 보완 노력이 요구된다.

서울, 인천, 대구 등 시도광역자치단체에 전문 특별사법경찰단(과)이 발족되기 시작한 2008년 이전에는 기초자치단체 공무원으로서 특별사법경찰관(리)로 지명 받은 공무원들이 자체적으로 교육 및 수사장비 등 활동여건이 다소 미흡했다고 지적된다. 이로 인해 직접 수사하지 않고 일반사법경찰이나 검찰에 고발하는 방식으로 운영해 나온 것은 그동안 시급하게 개선해야 할 과제였다. 이는 다행히 2008년 이후부터 17개 광역시·도 차원에 특별사법경찰단이나 특별사법경찰과가 설치됨으로써 상당히 많이 개선되고 있다. 그럼에도 불구하고 일부 지자체에서는 소규모 인력과 예산으로 앞에서 지적한 문제들을 여전히 극복하지 못하고 있는곳도 있는게 사실이다. 실제

---

2) 이는 경찰서의 일반사법경찰의 경우도 비슷한 지적을 받고 있다. 즉 서울경제(2022. 1. 23), "'경찰, 법률 이해도 부족' 70%"라는 기사를 보면 다음과 같이 서울지방변호사회가 설문조사를 실시했는데, 경찰이 2021년 개정 형사소송법에 따라 1차 수사종결권을 가졌는데, 이들이 형사소송법 관련 법률적 지식이 너무 미약하다는 지적이 나왔다. 그리고 경기일보 2022년 3월 3일자 사설에도 "'경찰의 형사소송법 이해가 부족하다' 사실이면 심각한 사법체계 구멍이다"라는 지적이 잇따랐다(출처: https://www.sedaily.com/NewsView/260Z7UOLF5(경기일보, 2022. 3. 3).

사례로서 서울시와 경상남도의 경우를 보면 그 실상들을 이해하는데 큰 도움이 된다.

첫째, 서울특별시 특별사법경찰들이 행정범죄 관련 직무를 수행하면서 환경, 위생, 식품 등과 연관된 범법행위들을 확인하여 이를 증거로 삼기 위해 서울시 보건환경연구원의 협력이 상당히 필요한 실정이지만, 사실 위 연구원에서는 일부 정해진 항목(식품별 규격기준) 외의 검사를 통해 협조를 받는 것은 매우 어렵다는 지적이 여전히 존재한다. 그리고 행정범을 단속 및 수사하여 해당 범죄에 대한 증거를 확보 및 입증하고자 국립과학수사연구원에 의뢰해야 하는데, 의뢰 후 그 결과를 받는데 있어서도 약 1개월 이상의 시간이 필요하다는 것이다.[3)]

일반사법경찰의 경우처럼 특별사법경찰의 업무도 신속한 검사를 통해 증거자료를 확보하여야 하는 수사상의 특수성과 중요성을 지니고 있다. 그럼에도 불구하고, 위에서 언급한 여러 가지 신속하게 해결할 수 없는 난제들 때문에 증거확보가 늦어지거나 실패하는 상황에 직면함으로써 수사상 많은 어려움을 겪고 있다.

둘째, 경상남도 도청의 특별사법경찰 관련 실태를 보면 특별사법경찰이 수사한 후, 검찰 송치사건의 경우에 반드시 신문 문답서를 작성해야 하는데, 이 경우 피의자의 인권을 보호해야 하는 차원에서 현행법상 독립된 조사실을 설치하여 진행해야 한다는 의무를 부여받고 있다. 그러나 대부분의 광역시 · 도의 경우 도청 내에 공간 부족으로 인해 심지어는 감사관실 감사장을 임시로 특별사법경찰 조사실로 사용할 정도였다.[4)]

한편 경상남도 특별사법경찰들의 교육과정 및 시간 등 교육제도 운영 상황을 보아도 어려움이 진하게 묻어난다. 즉 타 광역시 · 도의 특별사법경찰들과 별반 다르지 않게 전문적인 특별사법경찰의 직무수행을 위해 긴요하게 필요한 직무교육(1일)과 실무교육 등에 참여하는 시간들이 너무 많이 부족한 것을 알 수 있다.[5)] 이러한 문제는 비단 경상남도 특별사법경찰에만 국한되는 문제에 그치지 않고 대부분의 지방자치단체 소속 특별사법경찰에 해당하는 공통사항이라고 해도 과언이 아니다.

---

3) 최갑영, 서울특별시 특별사법경찰 추진성과 및 운영현황 보고, 한국특별사법경찰학회, 제1회 춘계학술세미나 발표자료, 2012, pp. 132-133: 한국자치경찰연구원, 자치경찰의 특별사법경찰 사무수행 범위에 관한 연구, 2015, p. 35.

4) 이러한 실상은 본 연구자가 전화 인터뷰를 통해 들을 수 있었다. 경상남도의 특별사법경찰공무원들이 기본적으로 요청하는 사항의 하나가 바로 4~5인 정도가 근무할 정도(30㎡)의 사무공간 및 집기 등의 지원이다. 이를 원하고 있었지만, 녹록지가 않은 실정이다.

5) 한국자치경찰연구원, 자치경찰의 특별사법경찰 사무수행 범위에 관한 연구, 2015, p. 35.

더구나 이러한 문제점들은 궁극적으로 시민들의 안전을 위해 시행 중인 특별사법경찰 업무에 있어서 어려움을 가중시키는 주요 원인이 될 수 있는 만큼 지방자치단체 차원에서 스스로 개선노력이 시급하다고 본다.[6]

표 10-1 | 경상남도 특별사법경찰의 직무교육 현황

주 관	교육과정	교육참여	비 고
계		583명	
법무연수원	위탁교육	29명	연중
경상남도 인재개발원	실무교육	34명	11. 19~11. 21 (3일간)
경상남도 대민봉사과	직무교육	520명	11. 2 (1일간)

출처: 한국지방행정연구원, 지방자치단체 특별사법경찰 운영실태 및 발전·지원방안 연구, 정책연구 2013-12, p. 58.

(4) 파견근무 제도로 인한 문제

통상적으로 중앙정부 부처의 특별사법경찰 인력은 대단위로 운영하지 않고 20~30여명 정도가 대부분이다. 물론 경우에 따라서는 다소 차이가 존재하기는 하는데, 예를 들어 충청남도 민생사법경찰팀 6명 정도에서부터 많게는 철도특별사법경찰 466명(2022. 2), 관세청 특사경 495명(2022. 2) 정도까지 수적 차원에서 다양하다. 중앙정부 차원의 각 부처가 운영하는 특별사법경찰제도의 경우와는 달리 지방자치단체의 특별사법경찰 인력은 광역시·도 이외에 기초시·군·구 단위에도 지명되어 있기 때문에 보통 수백여명에 이른다. 전장에서 밝혔듯이 2008년부터 2013년(이명박 정부 및 박근혜 정부)에 걸쳐 전국 17개 광역시·도 자치단체에 모두 특별사법경찰단(과)를 출범시켰다.[7] 갑자기 광역단위입장에서 공무원 인력을 확보하기 어려운 나머지 대부분 시·군·구 기초자치단체로부터 파견공무원을 2/3 가량 지원받았다. 바로 여기에서 파견근무 수행체제에 대한 여러 가지 문제가 나타나게 되었다.

예를 들어 전장에서 살펴본 것처럼 서울시는 2008년부터 25개 자치구에서 담당

---

6) 서울시 특별사법경찰단의 경우는 수년전에 수사상 실상을 촬영가능한 전속 '특별사법경찰 조사실'을 설치하여 활용하고 있다.
7) 충청남도 6명부터 서울 85명, 경기도 165명 등 지역별로 다양하다.

분야의 특별사법경찰공무원 지명 직원들을 2/3 정도나 파견받아 시청내의 민생사법 경찰단에서 직무를 수행하고 있다. 즉 서울특별사법경찰과에 파견되어 온 특별사법 경찰들의 파견 기간별 문제점을 내용별로 분석해 보면 2012년 6월 기준으로 3년 이 상자가 15명(19%), 3년 미만~2년 이상자가 43명(53%), 그리고 2년 미만이 23명 (28%)이나 되었다. 이 중 3년 미만~2년 이상자가 무려 53%의 높은 분포도를 보여 주고 있으나, 3년 이상자는 최대 15명으로 경험이 많은 직원 수가 급격히 줄었는 데,8) 이는 제도상 인센티브제도가 거의 없기 때문에 대부분 2년 뒤에는 자기 소속과 로 되돌아가는 경향이 높기 때문이다.

무엇보다 위와 같은 파견제도에 따른 운영으로 인한 잦은 인력교체는 새로이 교 육과 직무교육(재교육)을 시켜서 베테랑 수사관으로 만들어 놓으면 특별사법경찰 조 직을 떠나 자기의 원래 소속기관으로 복귀하여 특별사법경찰 업무가 아니라 다른 업무를 수행하거나 혹은 동일한 업무를 수행하되 지속적으로 열악한 시·군·구 기 초자치단체 부서에서 근무함으로써 행정효과가 대부분 저하되고 있다고 분석된다.

이러한 구조상의 문제점을 해결하기 위해 서울시 경우는 구청으로부터 파견 나온 특별사법경찰 인력을 가급적이면 줄이고 자체 시청공무원으로 충원해 나가고자 하 는 노력을 계속한 결과 자체 직원으로 구성된 순수 특별사법경찰관(리)의 수가 과 반수에 육박하고 있는데, 이는 매우 바람직한 현상이다. 이러한 문제를 해결하기 위 한 하나의 방안으로 병무청 특별사법경찰처럼 인사가점제도를 도입하는 것이다. 즉 병무청 특사경은 '특사경 전문직위제'를 도입했다. 특사경 지명자에게 지명후 1년이 지난 시점부터 월 0.04점씩 최대 1점의 인사가점을 부여해 주고 있어 반응이 매우 좋다고 평가된다.9)

(5) 증거불충분으로 인한 수사활동의 지연

특별사법경찰들은 행정범들의 과거 범법행위에 대한 증거확보가 충분하지 않은 관계 때문에 오로지 피의자들로부터 자백에 의존하는 경향이 많아 그들이 고의로 축소진술을 할 경우에는, 그에 대한 반박진술이 부족하여 결국에는 사건결과에 대한

---

8) 한국자치경찰연구원, 자치경찰의 특별사법경찰 사무수행 범위에 관한 연구, 2015, p. 34.
9) 신현기, "병무청 특별사법경찰제의 운영에 관한 실태 분석", 한세대 특별사법경찰연구소, 「특별사 법경찰연구」, 제2권 제1호(통권 제2호), 2022, p. 14.

처분이 미약해지게 된다. 이 문제를 해결하기 위해서는 특별사법경찰 조직에 전문지식을 갖춘 인력을 확보해 수사전담조직으로 구성되어 활성화되도록 해야 한다.

(6) 수사경찰의 수사지원비 부족

특별사법경찰의 수사지원비의 부족문제가 뜨거운 테마로 노정되어 있다. 예를 들어 가짜 건강식품 제조업체 조사 등에서는 2~3주간의 밤샘 잠복근무 등이 필요한 실정인데, 수사비를 지급할 근거가 없는 관계로 이에 대한 열악함을 해결해 주어야 할 과제를 지니고 있다.[10] 이 문제는 2022년 2월 기준으로 당행히 법적 근거를 마련해 개선한 특별사법경찰 조직도 일부 보이고 있어 다행으로 생각한다. 아직 미비한 특사경 조직들은 향후 개선과제로 풀어나가야 할 것으로 본다.

(7) 대응장비의 부족

대응장비의 부족문제가 있다. 향락문화와 결부되어 사각지대로 노출된 청소년 고용 등을 통한 성매매 업소의 단속 등을 수행하는 특별사법경찰들은 단속 시에 흉기 소지자에 대한 대응문제 그리고 반항하는 유단자들의 폭력적 저항에 대응할 장비가 없을 뿐만 아니라 곤봉사용 조차도 제약을 받고 있는 실정이다. 특별사법경찰관(리)들의 단속 및 수사상 안전을 위해서 호신장비를 본부차원에서 철저하게 준비할 필요가 있다.

5) 인사고과와 인센티브 미비

특별사법경찰관(리)에 대한 인사고과나 인센티브의 미비 문제가 큰 비중을 차지하고 있다. 현재 제도적으로 특별사법경찰들에게는 별도의 인사고과 제도가 마련되어 있지 않은 관계로 파견된 특별사법경찰 인력의 경우 자기 소속의 상관으로부터 멀리 떨어져 있다. 이 때문에 특별사법경찰로 파견된 공무원은 자기와 멀리 떨어져 있는 자기 상관으로부터 우수한 고과점수를 받기 어렵다는 문제점에 노출된다. 이러한 이유들로 인해 공무원들이 특사경 부서로의 파견을 꺼리거나 파견자 역시 가능한 한 빨리 원래의 자기부서로 복귀를 희망하고 있어 특별사법경찰 업무의 효율화

---

10) 지방행정연구원(안영훈), 지방자치단체 특별사법경찰 운영실태 및 발전지원방안 연구, 2013-12호, p. 99.

면에서 문제점이 적지 않다.

6) 특별사법경찰들의 이중적 업무부담 문제

특별사법경찰들은 원래 행정직공무원인데, 추가로 특별사법경찰직무까지 지명을 받아 두 가지 직무를 수행해 나가야 하는 관계로 사실상 이중적 부담을 지고 있다. 따라서 직무의 효율성도 떨어질 수밖에 없는 만큼 전문수사관제를 도입하여 행정업무를 벗어나 오직 특별사법경찰 관련 수사업무만 수행하는 제도마련이 긴요한 실정이다.

7) 중앙정부 특별사법경찰과는 달리 지방자치단체의 이해관계자의 행태 문제

중앙부처의 특별사법경찰은 지역의 이해관계자들과 연관 관계가 적지만 전국 지방자치단체의 경우는 사뭇 다르다. 즉 시·군·구의 민선단체장은 선거를 통해 당선되므로, 이것을 의식해서 자체 특별사법경찰을 통해 단속하는 것을 상당히 꺼리는 경향이 클 수밖에 없다. 심지어 시·군의 특별사법경찰들은 경우에 따라 수사업무를 기피하는 현상까지 발생하기도 한다.

8) 행정조사기구와 수사기구의 불명확

지방자치단체가 운영하는 특별사법경찰의 경우 자체적으로 행정조사기구와 수사기구가 엄격하게 분리되어 있지 않은 실정이다. 특히 조사를 위한 조사실도 독자적으로 마련되어 있지 않은 관계로 큰 그림에서 볼 때, 특별사법경찰의 활동결과가 효과적이지 않다는 비판에 직면해 있다. 이러한 문제의 원인은 지방자치단체의 현실을 정확하게 고려함이 없이 특별사법경찰관리 제도상 원래의 취지에 맞지 않게 도입되어 운영되고 있다는데 기인하고 있다.

무엇보다 특별사법경찰이 행정업무상 행정범을 적발한 후, 그 피의자의 소재를 파악하고 이어서 출두명령서를 보낸 다음, 이에 불응하는 경우 지명수배를 내림은 물론, 각종 수사기록 등을 서식에 맞추어 작성하는 데 있어서 절차의 어려움 이외에 기술이 부족하고 더욱이 전문인력도 절대적으로 부족한 상황을 보여주고 있다. 따라서 이러한 문제를 해결하기 위해서는 인력을 파견받아 특별사법경찰인력을 보충하기보다는 순수하게 특별사법경찰업무만을 전문적으로 취급하게 할 (가칭)전문수사관제도를 현재 극소수보다 대폭 확대하여 정착시켜 가는 노력이 병행되어야 할 것으로 본다.

>>> 우리나라 특별사법경찰제도의 전문성 강화방안

1. 제한적이며 신중한 특별사법경찰권의 부여

1) 행정기관의 과도한 수사권 남용을 사전방지 위한 판단기준과 절차 구축

우리나라 정보통신부(정통부)는 정보화·우편·우편환·우편대체·체신예금 및 체신보험에 관한 사무를 종합적으로 관장했었다. 우리나라가 일제로부터 해방되어 1948년 정부를 수립한 이후 체신부가 설립되었고, 그 후 정부조직의 개편에 따라 수많은 변화를 반복하면서 1994년에 와서 급속도로 정보통신의 가치가 중요시되었다. 이러한 시대적 변화의 추세에 따라 체신부는 전격 정보통신부로 개편된 역사를 가지고 있다.[11]

일찍이 우편업무를 비롯해서 정보통신 전반의 모든 업무들까지 통합·관장하게 되었으나, 2008년 2월 이명박 정부가 출범하면서 정부조직법의 개정이 이루어졌으며 이에 따라 지식경제부와 문화체육관광부로 쪼개져서 흡수 분산되었다. 이는 박근혜 차기정부로 이어지면서 조직개편에 따라 문화체육관광부, 지식경제부, 미래창조과학부 등으로 명칭이 변경되는 과정도 걸쳤다.

한편 그 당시 정보통신부가 사이버 범죄의 범람 등으로 인해 마침내 특별사법경찰권을 요구하기에 이르렀는데, 이는 전국적인 범죄현상을 수사기법 혹은 전문적 역량에서 벗어나는 인력을 동원하여 범죄를 억제하려는 행정기관의 과도한 공권력 남용이 일어날 수 있다는 우려와 비판을 동시에 받은 바 있다. 즉 공권력 남용의 문제가 우려된다는 문제에 직면했던 좋은 사례이다.

이러한 정보통신부의 시도는 일반행정기관을 수사경찰화 하는 방향으로 급격히

---

11) http://100.daum.net/encyclopedia/view/b19j1142a(검색일: 2015. 11. 20).

확대될 수 있기 때문에 특별사법경찰관(리) 제도의 근본취지와 상당히 달라질 수 있다는 지적이 일었다. 특별사법경찰제도가 이러한 근본취지에서 벗어나지 않도록 지속적으로 행정기관들에 확대되는 현상들은 국민의 인권이 마구잡이로 침해될 가능성도 그만큼 커지는 것이기 때문에 바람직하지 만은 않은 것으로 이해된다. 무엇보다 가장 중요한 것은 국가기능의 합리적인 배분과 견제와 균형의 원리를 우선해서 이해해 볼 때, 현재와 같이 특별사법경찰의 관할업무와 분야를 확대하는 문제는 보다 신중한 접근이 반드시 필요하다고 본다.12)

최근에는 국토교통부의 항공분야13)와 문화체육관광부에서도 '불법사행산업단속을 위한 특별사법경찰제도 연구용역'을 발주14)하여 특별사법경찰제도를 도입하기 위한 추진이 활발하게 진행되고 있다.15) 그러나 2022년 전반기까지 불법사행산업단속 영역에서 특별사법경찰제도는 도입되지 않은 채 남아 있다.

2) 특별사법경찰의 전속 관할권 부여의 제한 필요성

특별사법경찰의 직무범위에 전속적 관할권이 부여되어 있는 경우에는 비록 수사기관이 발생범죄에 대해 인지(認知)를 한다고 하더라도 이것을 다시 해당 특별사법경찰에게 이첩해 주어야 하는 관계로 수사의 효율성이 저해될 수밖에 없다는 한계가 상존한다. 이와 관계된 좋은 예를 들어보자. 즉 성매매업자가 법적으로 불법에 해당하는 미성년자를 고용해 성매매를 알선 및 강요했다면, 이는 불법고용으로 근로기준법 위반에 해당하므로 신속하게 지방노동청에 이첩하여 조사가 이루어져야 하는 것이므로 이들 관련 수사기관들 간에는 항상 연계체제를 유지해야 하며 협력적 수사활동의 공조를 이루는 일이 중요하다. 우리나라에 비해 일본의 특별사법경찰들 간

---

12) 안영훈. 특별사법경찰의 업무전문성 강화 방안. 제1회 한국특별사법경찰학회 세미나 자료집. 2012, p. 43.

13) 국회 국토교통위원회 소속 새누리당의 하태경 의원은 "공항이나 항공기에서의 테러나 불법행위 발생을 방지하고 전문적이고 공정한 수사와 신속한 사법처리를 위해 항공분야 전문 경찰을 신설해야 한다"고 강조하고 항공 특별사법 경찰제 도입을 위한 법안을 마련하고자 입법조사처 문의와 공청회 등을 준비할 계획이라고 밝혔다. 이에 국토부 장관도 적극 공감을 표했다(연합뉴스, 2015. 9. 15/ http://www.yonhapnews.co.kr/bulletin/2015/09/11 참조).

14) 문체부 산하 사행산업통합감독위원회 불법사행산업감시신고센터에서 2015년 3월에 35,000,000원의 연구용역을 발주하기도 했다. 본 용역을 통해 사행산업통합감독위원회가 특별사법경찰제를 도입하고자 시도한 것이다. 그러나 국회에서 법이 통과되어야 하는데 2016년 초에도 아직 이루어지지 못하고 있다.

15) 일찍이 여성가족부에서도 2009년에 성매매 단속을 위한 특별사법경찰제 도입을 주장한 바 있다.

에는 상호 수사에 상당히 협조하는 제도가 정착되어 있다. 예를 들어 일반사법경찰이 특별사법경찰의 관할 사항에서 수사를 진행해야 하는 경우는 그쪽 지방본부장에게 보고하고 그의 지휘를 받아 수사를 진행할 수 있으며 특별사법경찰의 전문적 조언을 존중하면서 수사를 진행하는 협조체제가 구축되어 있다는 점이 한국에 적지 않은 시사점을 던져준다. 한국에서는 상호 입장을 존중하여 서로 넘나드는 수사를 진행하지 않고 있고, 형법분야는 제외하고 행정범에 대해서만 특별사법경찰이 수사하고 있는 제도가 정착되었다.

3) 행정단속을 활용한 정보제공과 고발의 적극적 활용을 병행

우리나라의 경우 시민이 사이버상의 인터넷 등에서 명예훼손을 당한 경우가 발생하면 문화체육관광부 등에서 이와 관련된 정보를 제공받아 또다시 국가 수사기관에 제공하는 절차에 따르고 있다.

4) 기존 수사기관간의 협력과 공조체제 유지

국가경찰은 전국적 조직망을 가지고 수사를 진행해 오고 있는데, 이러한 수사기관과 특별사법경찰이 전문적인 수사 노하우를 상호 공유하는 것도 좋은 방안인 만큼 국가경찰교육기관의 교육프로그램에 특별사법경찰들이 지속적으로 참여하는 방안을 활성화하는 일도 중요하다고 본다. 범죄에는 일반사법경찰과 특별사법경찰이 상호 협력하여 적극 대처하는 것이 매우 중요하기 때문이다. 이를 위해서는 검찰청과 경찰청이 MOU를 체결하는 토대가 구축되어야 한다. 국민의 생명과 재산을 지켜야 하는 양자의 근본 목적이 달성되기 위해서는 반드시 필요한 일이다.

5) 수사기관의 조직과 기능 및 역량 관련 표준매뉴얼

전장에서 언급했듯이 특별사법경찰권이란 특별사법경찰로 지명받은 행정공무원에게 행정범들을 대상으로 사법경찰권을 행사하는 것이기 때문에 무한정 모든 기관에서 특별사법경찰제를 확대하는 것이 반드시 좋은 것은 아니다. 따라서 이는 주의하고 신중할 필요가 있는데, 특히 그 이유는 인권침해와 연관될 소지가 크기 때문이다. 다시 말해 특별사법경찰은 압수, 수색, 인신구속 등의 강제수사권을 행사하는 직무이기 때문에 중앙정부기관과 지방자치단체들이 특별사법경찰제도를 도입하여 조직과 인원 및 예산 등을 확대하려고 하는, 이른바 단순편의 위주의 정책이 추진되지 않도록 미리부터 공통적인 수사조직과 기능 및 인력운영 방안과 관련된 표준매뉴얼을 정해 그 기준을 제시해 주는 것이 중요하다고 본다.

2. 인권보장을 위한 법적절차와 정보수단 제공 매뉴얼 및 교육확대

일반사법경찰의 경우처럼 특별사법경찰도 검사의 지휘하에 수사권을 행사하고 있기 때문에, 검사는 이들이 제대로 시민을 상대로 한 인권침해 없이 수사를 행하고 있는지 그리고 국민의 인권보호를 위해 감시역할도 수행해야 할 의무가 있다. 특히 수사의 주재자인 검사는 특별사법경찰들이 행정범들을 수사하는 과정에서 인권침해 없이 법적절차들을 잘 준수하고 있는지 여부를 감시하는 일이 중요하다. 나아가서 각 수사기관들 스스로도 법적 절차에 어긋나지 않도록 하는 법적인 제도적 장치를 확고하게 해주는 특별사법경찰 정책이 매우 긴요하다고 본다.16)

이러한 제도적 장치를 마련하기 위해서는 해당 기관들이 각자 가지고 있는 특별사법경찰업무의 처리규정, 예를 들어 「특별사법경찰관리집무규칙」 등을 통해 인권보호를 위한 기본법적 절차와 규정을 제정하도록 하는 일이 중요하다. 그리고 사전에 철저하게 특별사법경찰업무의 매뉴얼을 제작하여 배포해야 할 의무를 지고 있다. 동시에 해당기관의 특별사법경찰관(리)들이 행정범들을 조사 및 수사절차상에서 인권보호를 위한 일련의 절차를 충분하게 인지하도록 하는 교육기회의 제공이 필요하다. 또한 특별사법경찰리에 대한 수사교육, 인권보호 교육 및 보수교육 등도 철저히 이루어지도록 해야 한다.

3. 특정직 자격소지자에 한정한 특별사법경찰제도의 정착화

특별사법경찰제도의 개선방안 중 하나로서 조직 및 인적역량의 개선을 위해서는, 특히 특정직 자격소지자에 한해서만 특별사법경찰관(리) 제도를 운영하는 것이 필요하다고 본다. 미국이나 프랑스의 경우를 보면 전문직 공무원제도를 근간으로 하고

---

16) 안영훈, 특별사법경찰의 업무전문성 강화 방안, 제1회 한국특별사법경찰학회 세미나 자료집, 2012, p. 46.

있는 관계로 국가의 특별지방행정기관과 지방자치단체 공무원 모두가 이른바 특정 직위를 유지한 공무원으로서 특별사법경찰권을 소지할 권리인 공무담임권을 가지고 평생을 전문직에 종사하고 있는 관계로 특별사법경찰권을 부여받거나 혹은 지명을 받아 전문성을 가지고 행정업무를 수행함은 물론이다. 이에 근거하여 한국과 같이 이른바 순환보직제가 아니라 전문직제에 근거한 공무원제도 하에 특별사법경찰권의 자격을 소지하는 제도를 행하고 있다.

가령 미국의 사법권 집행자나 프랑스의 일반 자치단체공무원으로서 특별사법경찰 권을 소지한 공무원은 원래 최초 임용절차부터 특별사법경찰권을 미리 부여받은 직위를 소유한 공무원으로 채용되며, 이들은 퇴직할 때까지 평생 동안 특별사법경찰의 업무를 수행하게 되는 것이다. 결국 미국과 프랑스에서 행해지는 본 제도에 따르면 이들 공무원들의 경우 처음부터 특별사법경찰권을 부여받고 또한 지명을 특별사법 경찰이라고 하는 특정직에 국한시키게 되는 한계가 있기는 하다. 그럼에도 불구하고 특별사법경찰권의 남용을 사전에 예방시킬 수 있는 장점으로도 작용할 수 있다. 이들은 선발 후 철저하게 특별사법경찰로서 교육훈련을 받고 전문가로서 직무에 임하기 때문에 제도의 안쪽에서 투명성이 강하다는 것이다. 지금까지 살펴본 미국과 프랑스의 사례를 볼 때, 이들은 애초부터 특별사법경찰직렬을 만들어서 선발하는 제도이다.

우리나라의 경우도 전장에서 살펴본 바와 같이 미국과 프랑스에서와 같은 방식을 취하는 기관이 서너개가 존재하는데, 바로 철도특별사법경찰(본부는 대전광역시에 소재), 식품의약품안전처 위해사범중앙수사단(2009) 및 환경부 중앙환경사범전담팀 (2016. 2) 등이 대표적이었다. 이곳 철도특별사법경찰은 애초부터 대통령 소속 인사 혁신처에서 특별사법경찰을 공안직렬로 선발하여 국토교통부 산하 철도특별사법경 찰대에 바로 배치 발령(4급~9급까지)하고 있는데, 이들은 법적으로 최고 4급(대장 1 개 자리가 4급)까지만 승진할 수 있다는 한계점을 가지고 있다. 이들의 경우 승진적체 문제가 심각한 편이다. 바로 60세까지 근무가 보장된 정식 국가공무원이다 보니 승진자리가 막혀 있는 관계로 승진할 자리가 부족할 수밖에 없다는 한계에 직면해 있다.

이러한 의미에서 볼 때, 우리나라도 일반행정직에서 이른바 특별사법경찰 직렬을 만드는 방안도 긍정적으로 강구해 볼 가치가 있다고 본다. 우리나라는 일반행정직공무원 중에서 갑자기 특별사법경찰직을 지명받아 본 업무를 수행하는 제도를 시행하다 보니 곤란한 점이 한두 가지가 아니다.

특히 우리나라는 중앙과 지방공무원 중에서 그야말로 획일적으로 4급~9급까지 특별사법경찰을 지명하고 있다. 그러나 프랑스의 경우 특별사법경찰은 중앙부처의 관세국공무원, 지자체의 주차단속공무원 등이 있으며, 특별사법경찰을 지명하는 경우 자격시험에 의한 자격증 부여, 사법부 관할 사법경찰관 지명위원회의 동의, 수사부서의 배치를 위한 교육 등을 철저하게 받은 후 관할지역 상급검사장으로부터 자격부여를 위한 심의가 있게 되는 절차에 따르고 있다.17) 특히 프랑스 형사소송법 제16조 3항과 4항에 따르면 프랑스의 경우 관할지역 검사장의 특별사법경찰권 부여 관련 자격부여 감독권이 이전에 비해 매우 강화되고 있는 실정이다. 이는 한국 특별사법경찰제에도 적지 않은 시사점을 던져주고 있다.

┌─│ 제3절 │
└─≫ **우리나라 특별사법경찰제도의 개선방안**
---

1. 현황 분석

우리나라 특별사법경찰제가 도입된 것이 1956년도인데, 그동안 특별사법경찰 기관들은 수사기관으로서 이른바 '전문성 결여'라는 비판에 직면해 왔다. 이에 대한 대표적인 이유는 첫째, 특별사법경찰은 우선 수사내용면에서 기획수사를 펼쳐야 하는데 사실은 민원처리 수준의 일회성 송치행위가 상당한 영역을 차지한다는 점이다. 그리고 둘째, 중앙정부차원과 지방자치단체 차원의 일부부서에서 특별사법경찰은 단순히 일반사법경찰(국가경찰)이나 검찰에 고발하는 1차적 수사기관화에 머물러 있다는 점이다.18)

---

17) 안영훈, 특별사법경찰의 업무전문성 강화 방안, 제1회 한국특별사법경찰학회 세미나 자료집, 2012, p. 50.

18) 중앙정부 대부분의 특별사법경찰 기관과 기초시·군·구 지방자치단체의 특별사법경찰 기관들이 바로 여기에 해당한다고 볼 수 있다.

본 영역에서는 이러한 문제점에 주목하면서 정병하와 임정호의 선행연구를 토대로 특별사법경찰은 반드시 전문화가 필요하다. 현재 결여되어 있는 전문성에 대한 개선방안 마련 및 특별사법경찰의 역량강화를 위한 대안으로 3가지 차원에서 해결방안을 접근해보고자 한다.[19] 특히 특별사법경찰의 조직과 제도적 측면 및 실질적 운영의 측면 그리고 교육적 측면의 문제점 분석을 비롯해 최종적으로 해결방안을 강구해 보는 것이 바로 그것이다.

2. 특별사법경찰 전문화의 당위성

1) 원래 특별사법경찰제도 도입의 취지와 전문화의 필요성

원래 우리나라에 특별사법경찰제가 도입된 근본 취지는 행정공무원들의 행정적 전문성에서 비롯되었다.[20] 일반사법경찰은 식품, 환경, 보건, 산림, 건축 등 다방면의 행정분야에서 전문성이 부족하기 때문에 이러한 특수분야에서 발생하는 각종 범죄들을 적발하기가 쉽지 않은 것이 사실이다. 이에 반해 행정직 업무를 수행하는 특별사법경찰은 자신들이 근무하는 행정분야에서 발생하는 행정법 위반자인 행정범들을 손쉽게 적발할 수 있어서 본 제도가 오늘날까지 시행되어 오고 있는 것이다.

또 다른 두 번째 입장은 기왕에 만들어져 있는 특별사법경찰제도를 제대로 활용하여 일반사법경찰(국가경찰)이 잘 알지 못하는 전문행정 분야의 범죄에 대해 부족한 부분을 특별사법경찰이 어느 정도 보충해 주자는 점을 강조하는 것이다. 이렇게 그 권한을 특별사법경찰에게 부여해 주고 인정하되, 다만 특별사법경찰의 직무영역은 지역과 수사대상이 전국적이지 않고 극히 제한적이라는 해당 영역에 국한된다.[21]

재미있는 사실은 행정공무원이 그 영역에서 행정범죄를 가장 잘 파악하고 전문가로서 행정범을 적발하는 전문가인데 반해, 모순되게도 특별사법경찰들은 수사상에서는 비전문가라는 지적도 존재한다. 또한 일반사법경찰(국가경찰)은 수사상에서는

---

19) 한국형사정책연구원(정병하·임정호), 특별사법경찰 조직의 전문화 방안에 관한 연구, 2009, p. 174.

20) 신택현·이용상·도정석, 철도산업 치안제도의 효율화 방안에 관한 연구, 한국철도학회 논문집, 제9권 제4호, 2006, p. 426; 한국형사정책연구원(정병하·임정호), 특별사법경찰 조직의 전문화 방안에 관한 연구, 2009, p. 175.

21) 백창현, 전게논문, p. 284.

베테랑인데 행정분야 세계에서는 비전문가라서 행정범죄자들을 적발하기가 다소 어렵다는 문제점을 지니고 있다.

이러한 이론을 정리해 보면 특별사법경찰제도는 일반사법경찰권(국가경찰)을 보유한 자들이 행정기관에서 전문성까지도 함양하는 방식을 따른 것이 아니고, 행정공무원의 지위를 가진 자가 그 직무면에서 특별사법경찰관리의 직무를 수행하게 되는 방식으로 제도화되어 나온 것이 큰 특징이다. 특별사법경찰제도의 시행을 위한 근본적인 취지는 행정적 전문성에 달려있는 것이라고 볼 수 있다.

이러한 차원에서 볼 때, 특별사법경찰제도가 도입된 근본 취지는 국가의 행정업무들이 점차적으로 전문화 및 복잡다양화로 진전되고 있으며 지능화되어 가고 있는 각종 행정범죄들에 대해 효율적으로 대응하자는 데 있다. 그럼에도 불구하고 특별사법경찰들은 전문성이 부족하다는 비판에 직면해 있다. 따라서 문제는 어떻게 하면 행정부처에서 지명을 받아 수사를 행하는 특별사법경찰들이 행정기관으로서 전문성을 유지하면서 동시에 수사기관으로서의 전문성도 충분하게 겸비하느냐가 특별사법경찰제도의 목적을 달성하는 선결 과제인 것이다. 이에 대한 해답은 행정부처에서 특별사법경찰을 지명 받은 사람들이 행정업무와 수사를 함께 수행하는 것이 무리인 만큼, 향후에는 수사만 담당하는 전문수사관제로 전환하는 것이 근본 해결책이라고 본다.

2) 자치경찰제의 도입과 전문화의 필요성

한국은 1956년부터 특별사법경찰제도를 시행해 왔다. 이와는 별개로 1945년 10월부터 우리나라 치안의 근간을 이룬 국가경찰제도22)를 그대로 유지한 채, 이와는 별도로 1991년부터 시행된 지방자치제 정신에 맞도록 이른바 지방분권을 실현하는 차원에서 기초자치단체인 시·군·구에서 자치경찰제를 도입하기 위한 준비가 계속되고 있다.

우리나라는 1991년 전격 지방자치제를 시행하였는데, 국가경찰의 경우는 같은 시기에 경찰법을 만들어 오히려 시·도지사 소속으로 운영되던 것을 경찰청으로 독립

---

22) 우리나라 국가경찰제도의 창설일은 1945년 10월 21일 미군정이 해방된 한국에 국가경찰을 창설했던 날을 기념해 그것을 우리나라 국가경찰의 창설일로 사용해 오고 있는데, 2015년 10월 21일이 70주년 기념일이었다.

하여 완벽한 국가경찰제로 자리를 굳히게 되어 지방경찰화하는 것과는 거리가 더 멀어지게 되었다.

아무튼 2003년 2월에 출범한 노무현 참여정부에서는 국가경찰과는 별도로 기초자치단체 단위에서 자치경찰제를 도입하고자 하는 노력을 경주하였다. 결국에는 2006년 7월 1일 유일하게 섬지역인 제주특별자치도에서만 「제주특별자치도 설치 및 국제자유도시 조성을 위한 특별법」(이하 제주특별법) 제108조에 근거를 두고 시행에 들어갔다. 이 법률에 근거해 제주자치경찰단은 산하에 특별사법경찰과(과장 경정)를 두고 이른바 특별사법경찰 관련 직무들을 수행하게 되었다.23)

이어서 2008년 출범한 이명박 정부에서도 서울시, 대구광역시, 경기도 등 17개 광역시·도들이 연이어 2013년 박근혜 정부 때까지 특별사법경찰과(단)를 출범시켰으며 나아가서 특별사법경찰 직무만을 수행하는 이른바 전문수사관제도까지도 개발 및 정착시키고 있다. 광역시·도 지방자치단체에서는 이렇게 출범시킨 특별사법경찰제를 향후 지방자치단체에 도입될 자치경찰제의 시행을 준비하는 의미로 해석24)하고 있는 것으로 평가된다. 실제로 이러한 증거는 노무현 정부에서 정부안으로 만들었던 「자치경찰법안」 제6조 제1항 4호에서 자치경찰의 사무를 「사법경찰관리의 직무를 수행할 자와 그 직무범위에 관한 법률」(약칭 사법경찰직무법)에서 이를 자치경찰공무원의 직무로 규정한 내용에서도 찾아볼 수 있다. 또한 제주특별법에서도 2006년 7월부터 시행중인 제주자치경찰도 특별사법경찰권을 갖는다고 규정하고 있다.

이명박 정부시절 지방행정체제개편추진위원회 산하 자치경찰제 도입 TFT에서도 이러한 시각에 동의했으며, 2013년에 취임한 박근혜 정부의 대통령 소속 지방자치발전위원회(위원장 심대평) 산하 자치경찰제 TFT에서도 역시 동일한 시각을 유지하고 있다. 2016년 하반기에 동 위원회는 경찰청 미래발전과에 연구용역을 의뢰하여 자치경찰법(안)을 정부입법안으로 완성했다. 이는 기초단위 시·군·구에서 도입하되 자치경찰에게 특별사법경찰권을 부여하는 것이 그 핵심사항이다. 박근혜 정부의 자치경찰제 도입 방안도 역시 이전의 노무현 정부와 이명박 정부의 자치경찰제 모형과 거의 동일하였다.

---

23) 문제는 제주자치경찰단 특별사법경찰(민생사법경찰)과 소속의 자치경찰들이 매년 순환보직으로 인해 다른 부서로 발령을 받기 때문에 특별사법경찰의 전문성이 떨어진다는 우려를 낳고 있다.
24) 한국형사정책연구원(정병하·임정호), 특별사법경찰 조직의 전문화 방안에 관한 연구, 2009, p. 176.

이를 요약하면 박근혜 정부의 자치경찰제 도입 기조도 주민생활의 안정과 직결되는 분야에 치안서비스를 제공하는 것이었다. 동시에 기존에 이미 자치단체들이 보유[25]하고 있던 환경, 식품, 위생, 건축, 산림 등의 수사업무를 제대로 수행하기 위해서는 무엇보다 특별사법경찰 조직의 전문화가 매우 중요하다고 본다. 여기서 말하는 조직의 전문화란 일반행정공무원이 특별사법경찰로 지명되어 수사업무도 수행하고 동시에 자기 고유 행정업무도 수행해야 하는 데서 오는 비효율성을 극복하고 오직 특별사법경찰업무만을 취급하는 전문수사관의 역할만 담당하게 하여야 한다는 것을 말한다.

결국 특별사법경찰 조직의 전문화가 이루어지지 않고 두 가지 직무를 수행하는 기존의 특별사법경찰제에서는 적발과 수사의 전문성을 기대하기 어렵다고 본다. 따라서 향후에는 특별사법경찰들이 행정업무를 겸하기보다는 오직 행정범죄 문제만 취급하는 데 전념할 필요가 있다고 본다.

3. 특별사법경찰 조직의 전담화 필요성

1) 전담화를 위한 현황 분석

어떠한 기관이 제대로 기능하고 효율성을 극대화하기 위해서는 잘 짜여진 탄탄한 조직과 인력 및 예산이 긴요하다. 과거 1956년부터 우리나라에 특별사법경찰제가 도입 및 운용되어 나오면서 그 조직적 차원에서 가장 큰 문제점으로 지적되어 온 것은 바로 특별사법경찰을 효율적으로 관리할 수 있는 이른바 '특별사법경찰 전담체제의 구축'이 너무 미비했다는 점이다.[26] 사실 행정직공무원이 수사업무를 충분한 직무교육 없이 갑자기 지명받아 처리한다는 것이 무리라는 지적에 변명의 여지가 있을 수 없다고 본다. 이러한 특별사법경찰을 기관별로 총괄지휘할 전담체제를 구축하기 위해 본격적인 노력이 이루어졌음에도 불구하고 아직도 요원하다고 평가된다. 사

---

25) 2008년부터 2013년 사이에 모든 17개 광역시·도 차원에서 직접 전속 특별사법경찰을 보유하게 되었고 이미 오래전부터 시·군단위에서는 수천명의 특별사법경찰들이 지명되어 활동해 오고 있었다.

26) 자세한 내용은 이인수, 환경사법경찰제도 현황 및 발전방향, 환경특별사법경찰 교육교재, 환경부, 2003, p. 136; 한국형사정책연구원(정병하·임정호), 특별사법경찰 조직의 전문화 방안에 관한 연구, 2009, p. 177.

실상 만들어진 조직의 경우도 형태만 만들어진 것이지 아직 탄탄하게 체계화를 갖추기에는 많은 시간이 필요한 실정이다.

우선 중앙정부 차원에서 총괄적인 전담체계를 구축한 곳은 상당히 극소수이다. 그 대표적인 기관은 식품의약품안전처(2009. 2. 9) 산하 '위해사범중앙수사단', 국토교통부 철도특별사법경찰대, 환경부 중앙환경사범수사전담반(2016. 2. 17) 정도에 그쳤다.27) 중앙정부 각 부처들이 시행 중인 특별사법경찰제 운용에서 대부분의 특별사법경찰공무원들이 행정 업무를 겸비한 특별사법경찰의 직무를 수행하고 있다는 사실을 여실히 보여주고 있는 것이다. 이에 반해 광역시 · 도 차원의 지방자치단체는 사정이 훨씬 좋은 편이다. 즉 제주특별자치도의 자치경찰단 특별사법(민생사법)경찰과(2006. 7), 서울특별시(2008. 1), 대구광역시(2008. 3), 경기도(2008. 3), 부산광역시(2008. 7), 인천광역시(2008. 8), 충남(2008. 9), 세종특별자치시(2008. 10), 대전광역시(2009. 1), 강원도(2012. 7), 경남(2012. 7), 울산광역시(2013. 1), 충북(2013. 7), 경북(2013. 7), 광주광역시(2013. 8), 전남(2013. 8), 전북(2013. 9) 등 17개 광역시 · 도에서 모두 '특별사법경찰 전담화'를 완성시켰다. 이렇게 광역시도 17곳 모두가 전담화 조직체계를 갖추었다는 사실은 매우 고무적인 일이다.

하지만 조직의 전담화를 갖춘 전국 17개 광역시 · 도자치단체임에도 불구하고 아쉬운 것은 운용 면에서 내실이 중요한 과제인데, 예를 들어 행정범들을 단속해야 하는 영역이 방대한데 특별사법경찰의 인력이 적다는 점, 전담인원이 아니고 과반수이상이 하부조직 단위에서 특별사법경찰의 인력을 파견받아 운영함으로써 전담화 조직체계가 매우 미약하다는 문제점에 노출되어 있다. 이보다 더 큰 문제는 중앙정부 부처 차원의 특별사법경찰조직체들이 업무의 전문성 극대화를 위해 조직의 전담화를 이루지 못하고 있다는 점이고 이는 시급히 해결해 나가야 할 과제이다.

2) 특별사법경찰의 전문화 방안

전장에서도 언급했듯이 우리나라 특별사법경찰의 전문화는 매우 중요한 테마인데, 이를 위한 가장 좋은 방안은 특별사법경찰로 지명된 공무원들이 행정업무를 겸

---

27) 우리나라 중앙부처 중 교육부, 외교부, 통일부를 제외한 나머지 대부분의 부처들은 특별사법경찰제를 운용하고 있다. 예외로 환경부 중앙환경사범수사전담반(2016. 2. 17)은 그 당시 임시로 TFT로 유지되다가 환경부 조직의 감사관실 환경조사담당관 부서에 특별사법경찰을 직접 운영하는 것으로 재정리되었다(2022년 3월 현재 이곳에는 8명의 조사관들이 근무 중이다).

하지 말고 단독으로 특별사법경찰 업무만 수행하도록 해주는 조직을 만드는 일이다. 즉 2006년~2013년까지 지속적으로 출범한 17개 광역시·도의 특별사법경찰 전담 조직처럼 부서를 신설하는 것이 이상적이라고 할 수 있다. 전장에서 소개했던 2009년에 설립된 식품의약품안전처 소속의 위해사범중앙수사단, 국토교통부 소속의 철도특별사법경찰대, 환경부 소속의 중앙환경사범수사전담팀 등이 대표적인 좋은 예가 된다. 특히 2009년에 출범한 식품의약품안전처 소속 위해사범중앙수사단의 경우도 이 당시 전문화되기 전에는 60명 가량의 특별사법경찰관들이 특별사법경찰 업무 이외에 개별적으로 담당 행정업무가 주어져 있었던 관계로 어느 영역에도 집중하기가 어려웠으며 결국에는 단속실적이 미비할 수밖에 없었다. 즉 전담부서도 없으며 전담인력도 아닌 관계로 기획수사를 펼쳐서 단속하는 방식이 아니라 단순히 소비자들의 신고에 의해 민원처리하는 수준을 유지했던 관계로 그 효율성도 낮을 수밖에 없었다. 마침내 2009년 식품의약품안전처 소속 위해사범중앙수사단은 특별수사기획관(검사)과 단장 및 특별사법경찰관(리) 등 80여명으로 출범하게 된 이후 단속 및 수사업무에서 상당한 효율성을 높일 수가 있었다.[28]

3) 전담 수사직렬의 설치

특별사법경찰의 전담조직화를 체계화하기 위한 또 다른 방안으로서 오직 수사업무에만 전념하도록 해주는 소위 수사직렬을 신설하는 것도 좋은 대안일 수 있다. 이는 그러나 간단하지 만은 않고 관련 법규들을 개정해야 하는 과제가 함께 해결되어야 한다. 익히 알려진 바와 같이 현재 전국의 특별사법경찰은 대검 형사2과에서 4명의 직원이 관리한다. 하지만 사실상 이는 일반관리라기보다는 통계관리가 전부라고 해도 지나친 비판은 아니라고 평가된다. 왜냐하면 이마저도 전국의 모든 특별사법경찰들을 직접 관리하는 것도 아니며 각 지역 지방검찰청에 위임하여 지도 감독하게 함은 물론이고 연간 교육까지도 위임하고 있다. 그러나 특히 직무교육도 지방검찰청별로 연간 1~2회에 그치는 정도이다. 이처럼 특별사법경찰의 지명자 수는 지속적으로 증가하고 있는데, 관리기구는 그대로인 만큼 이러한 업무를 총괄하게 될 새로운 조직이나 아니면 대검 형사2과의 인력을 증원시키는 검토가 시급하게 필요한 실

---

28) 한국형사정책연구원(정병하·임정호), 특별사법경찰 조직의 전문화 방안에 관한 연구, 2009, p. 179.

정이다.

4. 특별사법경찰의 운용상 겸직문제와 해소방안

1) 일반행정직의 순환과 겸직

특별사법경찰은 그동안 일반행정직공무원이 갑자기 특별사법경찰의 지명을 받아 수사업무를 수행하다가 다시 순환보직에 따라 일반행정직공무원으로 되돌아가는 순환근무를 반복하고 있다. 그 좋은 예로 2006년 7월 출범한 제주자치경찰단의 민생사법경찰과 직원들은 매년 순환보직에 따라 생활안전과에서 순찰을 돌다가 갑자기 민생사법경찰과에 가서 수사직무를 수행하기도 하고 교통과로 가서 업무를 수행하기도 하는 등 매년 다른 직무를 순환보직받는 실정이다. 이러한 현상은 비단 이곳뿐만 아니라 대부분의 특별사법경찰 조직의 공통점이었다. 모름지기 특별사법경찰은 수사업무가 핵심이다. 그러나 이렇게 빈번한 순환근무가 반복되는 상황에서는 특별사법경찰들로부터 수사의 전문성 확보를 기대하는 것이 무리일 수밖에 없다고 본다.

동시에 특별사법경찰 개인에게도 행정업무와 수사업무라는 두 가지를 행하면서 업무량만 많고 인사승진이나 금전적 보너스가 없는 관계로 회피하게 됨은 물론, 전문성 결여가 반복되는 만큼 특별사법경찰의 수사직렬을 신설하는 법률적 검토도 필요하다고 본다.

2) 관련 기관과의 밀접한 협력 활동

특별사법경찰은 검찰청과 컴퓨터프로그램위원회 및 저작권보호센터 등과 직무상 상호 협조체제를 구축해 나가는 것도 매우 중요한 과제이다. 최근 저작권 특별사법경찰과 (사단법인)저작권보호센터29)가 공동으로 협력하여 저작권불법침해자들의 짝퉁상품을 단속하는 사례라든가 철도특별사법경찰 등 각 관계부처의 특별사법경찰관(리)들이 관할 법무연수원 산하 특별사법경찰교육센터 이외에 경찰청 부속기구인 경찰교육원이나 경찰수사연수원에서 제공하는 위탁교육에 참여해 직무교육을 받는 사례 등도 양 기관 간의 협력에 있어 좋은 사례에 해당한다.

---

29) 저작권보호센터는 국가기관이 아니고 사업자들의 단체에 해당하는 것인데 저작권 특별사법경찰과 공조를 잘 이루면서 공동 단속업무도 수행하고 있다.

3) 특별사법경찰의 총괄본부로서 대검 형사2과

우리나라 특별사법경찰은 지명자가 지속적으로 증가하는 추세에 있으며, 이를 대검찰청 형사2과의 특별사법경찰팀에서 관리하고 있는데, 2013년 기준으로 전국 특별사법경찰은 16,244여명에 달했다. 대검 형사2과는 특별사법경찰의 중앙 관리센터로서 전체 특별사법경찰들을 관리하기 위한 기획과 통계관리를 담당하고 있다. 현재 특별사법경찰 운영팀은 대검찰청 훈령(제130호) 제2조에 따라 고검검사급 1명, 사무관 1명, 일반직 2명, 기능직 1명으로 이루어져 있는데,30) 직원 수가 너무 소수이므로 특별사법경찰만을 담당하는 전문과로 승격하고 직무교육을 의무적으로 참여하게 하는 등 권한 강화가 필요하다고 본다. 예를 들어 대검 특별사법경찰과의 신설에 대한 고려는 특별사법경찰의 기본 임무가 민생문제를 해결해 줌으로써 시민이 편안해질 수 있도록 하는 것이라는 차원에서 접근해 볼 가치가 있다.

5. 특별사법경찰의 운용상 직무범위와 신속한 법률제정 및 개정

일반적으로 특별사법경찰이 행하는 직무범위는 「사법경찰관리의 직무를 수행할 자와 그 직무범위에 관한 법률」에 따라 결정되고 있다. 오늘날 급속하게 변화하는 사회환경 속에서 법을 위반하는 각종 범법행위들이 점차 지능화 및 다양화되는 추세를 보이고 있다.

이러한 각종 범죄들에 대해 일반사법경찰의 수사능력만으로는 일정한 한계를 지니고 있기 때문에, 중앙부처와 지방자치단체의 행정영역에서 발생되는 행정범들을 해당 분야의 내용을 가장 잘 알고 있는 행정직공무원에게 특별사법경찰권한을 부여하여, 이들이 직접 행정법 위반자들을 단속하고 수사하여 검찰에 송치하도록 하는 특별사법경찰 제도를 도입하고자 하는 노력들이 꾸준하게 추진되고 있다. 하지만 그

---

30) 직원들의 임무는 특별사법경찰의 성과관리와 평가, 특별사법경찰 관련 법령정비와 제도개선, 특별사법경찰의 전담검사와 부서관리, 특별사법경찰의 지휘 관련 매뉴얼 개발과 교육 및 지원, 교육시스템 개발 그리고 유관기관과 협조 등 무려 7가지를 구성하고 있는 것이 대검찰청 훈령(제130호) 제6조이다. 위 훈령은 그 밖에 정부부처와 지방자치단체의 특별사법경찰의 운용실태를 평가하고 나아가서 성과지표의 측정, 송치율, 기소율, 전담조직화율 등을 평가하여 통계를 관리하는 업무도 수행해 나가도록 의무사항도 담고 있다.

동안 이러한 행정범죄들에 대해 즉각적으로 대처할 수 있도록 하는 법률개정과 제정이 뒤따라 주지 못하고 있다는 비판이 줄기차게 제기되어 왔다. 예를 들어 특별사법경찰관들이 행정범죄현장에 즉각적으로 개입하여 자신들의 전문 직무영역을 신속하게 설정하기 위해서는 관련 법률들이 제정되고 개정되어 주어야 하는데, 아쉽게도 법적인 뒷받침이 바로 따라주지 못한다는 지적이 적지 않다. 이러한 현상들은 여러 해 전부터 여러 곳에서 감지되고 있는데, 몇 가지만 살펴보면 다음과 같다.

첫째, 기획재정부 소속 관세청의 경우를 보면 국제테러단체 등 범죄조직의 「공중협박자금조달행위의 금지에 관한 법률」에 관한 수사권한을 인정해 달라고 요청한 바 있다. 그리고 2009년 2월 「외국환거래법」 개정이 있었다. 이와 관련된 일부 조사권을 조정해 달라는 요청이 있었다. 또한 「불공정무역행위조사 및 산업피해에 관한 법률」 위반사범에 대한 직무범위를 확대해 달라는 요청도 있었다. 특히 수년전부터 건강보험공단에서는 사무장병원 등을 통해 수천억원이나 새어나가는 건강보험의 재정 누수를 막을 수 있는 방법은 공단에 특별사법경찰권(특사경)을 부여하는 것이라고 지속적으로 주장되어 나왔다. 또한 수많은 학자들과 정치가 및 전문직 인사들도 언론을 통해 수많은 특사경 도입 관련 기고를 쏟아내었다.

관세청은 2015년 현재 456명 그리고 2022년 495명의 특별사법경찰을 지명받아 운영 중이다. 이들은 ‘관세법 등 위반범죄’를 적발하여 검찰에 송치하고 있다.

둘째, 2009년 당시 농림수산식품부(현, 농림축산식품부)31)의 경우도 수산 관련 특별사법경찰의 직무범위에 「어선법」 위반범죄들도 자신들의 단속 직무범위에 포함시켜 이른바 어업행위 이전에 행해지는 불법어업목적의 설명표시 등에 대한 예방지도를 가능하게 해달라는 제안이 있었던 적이 있었다.32)

셋째, 국무총리 소속 식품의약품안전처의 경우도 관장사무 중 누락되어 있는 「의료기기법」과 「화장품법」 위반범죄를 자신들의 직무범위에 포함시켜 달라고 제안한 바 있다. 중앙부처인 식품의약품안전처는 2015년 기준 45명의 특별사법경찰을 지명받아 운영 중인데, ‘식품, 약사, 보건범죄 위반사범’을 적발하여 처리하고 있다.

넷째, 여성가족부도 2009년 성매매단속과 실태조사를 위해 특별사법경찰 수사팀

---

31) 박근혜 정부에서는 해양수산부가 독립되어 있다.
32) 이러한 내용은 한국형사정책연구원(정병하·임정호), 특별사법경찰 조직의 전문화 방안에 관한 연구, 2009, pp. 180-181을 참조.

을 도입하겠다고 건의하고 우선 '여성폭력방지 중앙점검단'[33]을 발족시킨 바 있다. 여성가족부는 2015년 말 기준으로 15명의 특별사법경찰을 운영하고 있는데, 허가된 단속법률은 바로 '청소년보호법 위반범죄'이다.

다섯째, 문화체육관광부 소속 사행산업통합감독위원회를 발족시키고 관련 법률을 개정하여 '사행산업단속을 위한 특별사법경찰제도'를 도입하기 위해 2015년 초 연구용역을 발주하는 노력이 있었으나 아쉽게도 제도 도입에는 실패했다. 이는 2022년 3월에도 아직 도입되지 않고 있다.

여섯째, 국토교통부도 2015년 9월 (가칭)항공특별사법경찰 제도의 도입 건의가 있었는데,[34] 특히 항공기 내에서 벌어지는 사건 사고에 대해 지상에 있는 일반사법경찰권이 미치기 어려운 관계로 그 도입의 타당성은 충분히 있다고 판단된다. 문제는 법무부가 검토해야 하며 국회에 제안한 후, 이를 받아서 관련 법률을 다루어 통과되기까지 수많은 시간이 흐르게 되는 절차가 매우 복잡하다는 점이다.

이 밖에도 중앙정부의 각 부처에서 직무범위의 확대를 위한 특별사법경찰제도의 도입 요청이 증가하고 있는 추세지만 법적인 보완이 매우 늦은 편이다. 다시 말해 위와 같은 문제점들을 신속하게 해결해 나가기 위해서는 국회에서 특별사법경찰제도와 관련된 법률개정과 제정이 시급하다. 아쉽게도 법률이 범죄대처를 위한 기본 토대를 미처 구축해 주지 못하고 있다.

이상을 정리해 볼 때, 무엇보다 현재 시행되고 있는 특별사법경찰제도가 제대로 기능하며 발전하기 위해서는 특별사법경찰들에게 그 직무의 범위를 제때에 잘 정해 주고 법률적 토대를 제대로 구축해 주는 일이 매우 중요하다. 다시 말해 특별사법경찰의 운영상 핵심과제는 전장에서 살펴본 각 중앙부처와 17개 광역시·도 및 기초자치단체들에서 무수히 산재해 있는 특별사법경찰 업무들에 대해, 이에 부합하도록 어디까지가 실질적인 수사권한의 범위인지 그 정확한 직무범위를 확정해 주는 일

---

33) 2009년 여성부(현 여성가족부)는 홍종희 여성부 파견검사가 단장을 맡고 경찰청과 지방자치단체 관계자 10여명으로 구성된 '여성폭력방지 중앙점검단'을 만들어 10월부터 본격적인 활동에 들어가기로 했다(뉴시스, 2009. 5. 19 참조).

34) 이러한 제안은 국회 국토교통위원회 하태경 새누리당 의원이 2015년 9월 11일 국토교통부 국정감사에서 "철도사법경찰·해양경찰처럼 항공분야에도 특별사법경찰제도를 도입하자"고 제안한 것이며, 이에 유일호 당시 국토부 장관이 "공감한다"고 밝혀 앞으로 별도의 항공경찰이 탄생할지 국회가 논의하게 된다(인크루트 신문 http://people.incruit.com/news/newsview.asp?gcd=22& newsno 참조).

이다.

2015년에도 특별사법경찰의 수사권범위와 관련된 법령의 개정이 여러 개 있었다. 우리나라 특별사법경찰의 지명자 수는 지속적으로 늘어나고 있지만, 이를 직접적으로 관리할 전문기구가 현재 대검 형사2과의 조직으로는 감당하기 어려움이 많은 것으로 평가되는 만큼, 이에 걸맞은 전문 관리 기구의 출범도 필요해 보인다. 일반사법경찰과 특별사법경찰이 급변하는 환경 속에서 지속적으로 발생하는 각종 범죄들에 대해 적극적으로 대처하게 해주는 일은 곧 국민의 안위와 직결되는 중대한 국가적 과제에 해당한다.

제11장   결   론

세계적으로 국내외 경기가 얼어붙고 삶이 각박해지면서 형법범뿐만 아니라 여러 가지 질서사범적 성격을 띠는 행정범이 지속적으로 증가하는 추세를 보여주고 있다. 무엇보다 형사범과 행정범은 그 제도적 측면에서 크게 차이를 보여주고 있다. 두말할 필요도 없이 국가적으로 형법범을 예방하고 처벌하기 위한 다방면의 법적·제도적 기반은 아주 체계적으로 마련되어 있다. 하지만 이와는 반대로 여러 가지 질서범적 성격을 지니는 행정범을 예방하고 처리하기 위한 제도적 기반은 상당히 허술하기 짝이 없다. 이전이나 지금이나 형법범을 대상으로 하는 일반사법경찰은 사실상 행정범을 억제, 예방 및 처벌하기 위해 단속과 수사상에 있어서 커다란 한계를 지니고 있다.

일반사법경찰이 행정 분야의 깊은 내막 속에서 벌어지는 행정범죄를 세세하게 파악한다는 것은 지식이나 전문성에서 접근하기 어렵다. 이러한 이유 때문에 행정의 전문성에 바탕을 둔 사법경찰권으로 단속과 수사상의 효율성을 높이는 동시에 적발범죄에 대한 수사를 진행하여 각종 범죄의 정확한 발견과 그 원인이 규명되어야 한다.

위에서 살펴본 일련의 이유들로 인해 그 도입의 필요성에 따라 시행된 것이 바로 특별사법경찰제도인 것이다. 하지만 현재 우리나라에서 시행되고 있는 특별사법경찰제도가 지속적으로 성숙할 수 있도록 해주는 제도상의 추진 및 연구기반들이 튼튼하게 자리 잡히지 않고 있는데, 그 이유는 실무적 차원과 운영상에서 많은 문제점들을 지니고 있기 때문인 것으로 파악된다.

한편 본 저서에서는 특별사법경찰 활동에서 나타나는 각종 갈등상황들을 직무교

육훈련적, 윤리적, 사회적, 형사법적 및 행정법적 관점에서 총 망라하여 학제적 연구
관점에 토대를 두고 문제점을 제시하였다. 종국적으로는 특별사법경찰행정의 범위
가 어디까지여야 할 것인가를 한정하는 동시에 그를 위한 체계적 접근을 시도하고
자 노력했다. 특히 본 연구자가 특별사법경찰론이라는 저서 집필을 시도한 주요 이
유는 특별사법경찰관(리)들의 일련의 직무활동들이 바로 일반사법경찰들처럼 동일
하게 국민의 인신을 구속하는, 즉 인권문제를 다루는 주요한 영역임에도 불구하고
너무나 미지의 연구영역으로 남아 있었기 때문이었다. 또한 이를 토대로 형사법과
경찰학 등 관련 사회과학자들과 실무자들 및 대학원생들이 특별사법경찰론의 저서
를 위해 후속연구들을 진행하며, 나아가서 이 연구 분야를 향후에도 꾸준하게 발전
시키고 더한층 성숙하게 해주는 하나의 단초를 제공해 주는 데 있어서 조금이나마
도움이 될 것이다.

사실 국내에서는 특별사법경찰제도를 1956년부터 도입하여 시행해 오고 있는데,
소수의 학자들로부터 그 개념과 시행상에서 나타나는 문제점들에 대한 실태를 분석
하고 문제점들을 찾아보며 정책제언을 시도하는 등의 노력들이 전혀 없었던 것은
아니다. 하지만 일반사법경찰 연구에 비해서 특별사법경찰연구 분야는 아직 국민들
에게 상당히 낯설고 심지어는 형사법을 다루는 전문 학자들에서도 여전히 별로 연
구되어지지 않은 미지의 영역으로 남아 있었다고 해도 과언이 아니다. 이를 체계적
으로 연구하고 후속연구의 토대를 구축해 주고자 하는 단초를 제공하는 것만으로도
본 저서의 가치가 크다고 본다.

그리고 지금까지 특별사법경찰론이라는 저서는 없었다. 특히 본 저자가 이러한
저서를 집필한 또 하나의 이유는 특별사법경찰 분야의 범위가 제도적, 형사법적, 행
정법적, 조직적, 직무적, 그리고 인적 차원에서 매년 확대일로에 있으며 날로 중요시
되고 있기 때문이다. 또한 이에 대한 학술연구 범위가 확대됨은 물론, 하나의 독자적
인 학문분과로 발전시킬 수 있는 충분한 가치가 있다고 판단했기 때문이다. 그 구체
적인 단서들로는 특별사법경찰관(리)로 지명된 행정직공무원의 지명자 수가 이미 3
년 전에 16,000여명[1]을 넘어섰다.[2]

---

1) 우리나라 중앙정부의 각 부처와 광역 및 기초지방자치단체들에서 지명받은 특별사법경찰관(리)
들의 지명자 수는 이미 2013년에 16,244명을 보여주고 있고 조직이나 그 지명자 수는 향후에도
증가추세를 보여 줄 것으로 보여진다. 문제는 이러한 조직을 총괄 관리하는 것 이외에 충분한 직
무교육을 제공해 줄 수 있는 인프라 구축이 아직은 너무 미비하다는 점이다.

특히 특별사법경찰의 조직 확대 차원에서도 크게 눈에 띠는 것은, 예를 들어 박근혜 정부의 중앙정부 조직의 17개 부와 5처 중에 다수가 특별사법경찰제도를 도입해 운영하였다. 17개 부 중에서 외교부, 통일부, 교육부를 제외하고는 모든 부처들이 특별사법경찰제를 도입하여 시행하고 있으며, 위에서 지적했듯이 추가적으로 현재 국토교통부가 항공특별사법경찰을 그리고 문화체육관광부 소속 사행산업통합감독위원회가 역시 특별사법경찰제 도입을 강력하게 희망하고 있는 실정이다. 이는 2022년 3월까지도 실현되지 않았지만 언젠가는 가능해질지도 모른다는 기대감이 여전히 남아 있다.

이뿐만 아니라 전국 17개 광역시·도지방자치단체는 중앙정부차원에서 도입 운용하는 특별사법경찰제도보다 더욱 역동적으로 본 제도를 활성화시키는 데 많은 노력을 기울이고 있다. 이미 2006년부터 2013년까지 모든 17개 광역시·도지방자치단체들이 도청과 광역시청 내에 특별사법경찰"단"이나 "과"를 출범시켜 독자적인 특별사법경찰 조직의 전문화를 구축하였다. 본문에서 살펴본 바와 같이 시민들의 민생활동을 저해하는 행정범들을 단속하여 수많은 성과를 올리고 있다.

본 특별사법경찰론 저서는 기본연구 체계의 범위를 정하고 기술하면서 다음과 같은 세 가지 관점에서 접근해 보았다.

첫째, 특별사법경찰론의 범위가 윤리학, 범죄학, 수사학, 형사법, 행정법 등과 함께 역시 응용학적인 성격을 가지기 때문에, 결국 이러한 맥락에서 본 저서도 우리의 경제생활에서 끊임없이 발생하는 행정범죄들을 해결하는 관점에서 바라보고자 했다. 또한 특별사법경찰활동의 특수성으로 인해 나타날 수 있는 지역적·사항적 상황들을 살펴보면서 그 해결방안을 형사법적 기본원리와 정신에서 찾아보고자 했다.

둘째, 학제적 접근연구를 시도하고자 했다. 무엇보다 특별사법경찰 업무는 법적·제도적 틀에 근거하여 실행되는 것인데, 이 과정에서 많은 사회적 파장도 낳게 된다. 이와 더불어 특별사법경찰제도가 시행 중인 제도적 틀 안에서 어떤 새로운 대안이나 선택이 가능한지도 적극적으로 검토해 보는 것도 중요하다고 본다. 그러므로 본 저서는 사회과학적 문제 진단에서 출발하여 형사법적, 행정법학적, 사회 및 정치철

---

2) 최근에는 17개 관역시도의 경우를 예로들어 볼 때, 점차적으로 전임 수사관제로 전환하고 있는 추세다. 즉 행정과 수사를 병행하던 것이 최근에는 행정 업무에서 벗어나 전적으로 특별사법경찰 업무만 담당하는 시스템으로 이동하고 있는 추세다.

학적, 윤리학적, 도덕적 차원에서 함께 바라보고자 했다.

셋째, 특별사법경찰 운영사례 연구를 통하여 현실적 상황들과의 접목을 시도하고자 노력했다. 2013년 기준으로 특별사법경찰의 직무분야도 이미 46개 분야에 900여개 종류의 중앙정부 부처와 17개 광역지방자치단체 및 226개 기초자치단체들에서 운영하고 있는 사례들 그리고 특별사법경찰공무원들의 직무교육훈련 영역과 제도적 개선방향까지도 망라하여 구체적인 사례들을 분석하였다.

끝으로 본 저서는 특별사법경찰에 관련된 내용들을 주제별로 탐구하고자 했는데, 예를 들어 특별사법경찰 관련 법적토대, 특별사법경찰의 업무, 선진외국 특별사법경찰의 업무범위, 중앙정부와 지방자치단체 소속 특별사법경찰의 운영사례, 21세기 남북한 특별사법경찰의 통합과제, 그리고 특별사법경찰의 가치분야까지 본 저서의 주제가 되었다.

한편 현행 특별사법경찰제도가 보다 체계적으로 정착되고 기본토대가 구축되기 위해서는 특별사법경찰관(리)의 조직과 정확한 직무범위 그리고 수사권 관할에 관한 법적인 적합성을 정확하게 분석하는 일이 매우 중요하다. 21세기 급변하는 사회환경 속에서 국가 또는 지방행정 업무들은 전문화, 복잡화 및 다양화에 따라 행정범죄들이 지속적으로 증가하고 있는데, 이러한 행정범죄들을 효율적으로 대응하고 민생의 안정을 꾀하기 위해서는 무엇보다 전문적인 특별사법경찰의 수사조직이 체계화되어야 한다. 이러한 수사조직이 체계화되기 위해서는 수사관들이 충분한 직무교육을 받아야 하며 전문성과 수사능력을 갖추어야 함이 중요한 전제조건이 된다. 특히 시민의 생활밀착형 범죄들을 신속하게 적발하여 처벌하는 효율성의 극대화야 말로 바로 특별사법경찰의 중요한 전제 이유가 된다.

전문성 및 수사능력과 관련된 몇 가지를 살펴보면 다음과 같다.

첫째, 우리나라 특별사법경찰 조직이 효율적으로 기능하고 확고하게 정착되기 위해서는 현재의 미약한 직무교육 인프라만 가지고는 안된다고 본다. 즉 직무교육과 현장교육이 더욱 강화될 필요가 있다. 그리고 직무교육도 일회성이 아니라 수시로 보완적인 직무교육 시스템을 구축하고 의무화 및 활성화가 필요하다. 2009년 용인 소재 법무연수원 내에 설치된 대검찰청 산하의 특별사법경찰 교육센터는 주체기관인 대검 형사2과가 노력한 산물로써 높은 가치를 인정받을 만하다. 또한 이곳 특별사법경찰 교육센터에는 중앙정부와 지방자치단체 산하 특별사법경찰들 대부분이 매년 참여하는 등 그 호응도가 증가일로에 있다. 하지만 현재의 직무교육체계와 단기 교육프로그램만으로는 너무나 미약해 보인다. 특히 오프라인으로 참여해 운영되는 직무교육 프로그램이 겨우 1~2주 이내로 짜여져 있으며, 연간 수용인력도 센터 내의 인력과 예산의 부족으로 인해 충분하지 않은 실정이다. 특별사법경찰은 이와 같은 문제점들을 향후 지속적으로 풀어나가야 하는 중요한 과제들에 둘러싸여 있다.

한편 온라인으로 제공하는 사이버직무교육 프로그램도 확대하여 제공하고는 있으나 그것이 성공적으로 이루어지고 있는지에 대한 성공여부의 결과도 아직까지 외부로 검증된 것이 없다. 더 큰 문제는 특별사법경찰의 직무교육이 개인적으로 필요한 경우 자율적으로 참여하는 것으로 강제규정도 없다. 직무교육이 매우 중요하기 때문에 가급적이면 법적규정을 만들어 특별사법경찰 누구에게나 의무적으로 참여하도록 제도화하는 것도 심층 검토할 필요가 있는데, 시민의 인권문제를 다루는 직무이기 때문이다.3)

둘째, 총괄부서로서 대검 형사2과의 기능을 강화할 필요가 있다. 특히 특별사법경찰제도를 도입 및 운용한 후 관할 지방검찰청에서는 법적권한 내에서 특별사법경찰을 계속 지명 및 확대하고 있지만, 이를 집중 관리하고 통제할 인프라를 충분하게 갖추지 못하고 있는 실정이다. 우선 특별사법경찰은 제도적 차원에서 볼 때, 대검 형사2과 특별사법경찰지원팀에서 관리하는데, 전체 관리인원이 최대 4~5명(일반직 2명)에 불과할 정도로 매우 열악하다. 이 인원으로 전국의 20,000여명이 넘는 특별사법경찰 전체를 총괄 관리한다는 것은 사실상 큰 무리가 아닐 수 없다.

대검찰청 훈령에 따라 특별사법경찰을 총괄 관리하는 대검 형사2과 특별사법경찰팀은 매년 중앙정부와 지방자치단체에서 특별사법경찰을 운영하는 기관 900여 곳을 심층 평가해 「특별사법경찰업무처리 현황 및 성과지표 분석보고서」를 발간하고 있다. 그러나 대검 특별사법경찰팀에서는 공식적으로 그 성과에 대한 결과들을 해당기관들에게 발표해 주지는 않고 비공개로 유지하고 있다. 실제로 이러한 평가 결과에서 실적이 전무하거나 미비한 특별사법경찰기관들이 나타나고 있는데, 이 결과를 가지고 지명된 특별사법경찰의 인력을 취소방식을 통해 줄여나가는 것도 지명자의 효율적인 관리를 위해서 필요하다고 본다. 현재 방대한 특별사법경찰인력을 감축해야

---

3) 특별사법경찰의 직무는 시민의 행정행위에서 범죄를 저지른 경우 수사하여 검찰에 송치하는 인신구속 업무이며 경우에 따라서는 인권이 침해될 수도 있는 영역에 해당되고 있다.

하는 이유는 관리가 미진하고 인력은 증원하고 있다는 문제 때문이다.

이를 위한 바람직한 방안 중 하나는 법무부가 승인한 기관(법무연수원 등)에서 특별사법경찰 직무교육을 이수하지 않은 행정공무원은 특별사법경찰관(리)로 지명될 수 없도록 하는 것도 좋은 방안 중 하나가 될 수 있을 것이다. 이는 곧 특별사법경찰의 조직과 인력의 내공을 강하게 하고 직무의 효율성을 극대화하는 긍정적 효과도 기대될 수 있다고 본다.

셋째, 특별사법경찰 수사직렬의 신설(전담조직)도 고려해 볼 가치가 있다고 본다. 중앙정부기관 대부분의 조직에서 운영 중인 특별사법경찰은 지명받고 근무하는 기간이 평균 1~2년에 그치고 있다. 그만큼 특별사법경찰로 지명되어 적응할 만하면 순환보직 발령에 따라 이동하는 경우가 많아 직무의 전문성, 연속성 및 숙련성 확보가 사실상 결여되어 있다. 더구나 특별사법경찰은 보통 파견으로 많이 이루어지고 있는데, 이들은 상관으로부터 멀어져 있기 때문에 근무평정이나 인사고과에서 불리한 점수와 불이익을 받을 가능성도 배제할 수 없다.

수많은 중앙정부기관에서 운영 중인 특별사법경찰의 조직 중 행정업무를 겸하여 수행하지 않고 오직 수사업무만 수행하는 곳은 철도특별사법경찰대, 식품의약품안전처 소속의 위해사범중앙수사단 및 환경부 중앙환경범죄수사팀 정도가 전부였다.4)

그나마 다행스러운 것은 특별사법경찰 업무만 전문적으로 수행하기 위해 2008년부터 2013년 사이에 출범한 17개 광역시·도지방자치단체로부터 그 직무의 효율성이 크게 기대되었다. 하지만 지방자치단체도 충분한 직무교육이 절대 부족한 상태로 수사현장에 투입되고 있어 전문성을 충분하게 확보해야 한다는 차원에서 볼 때, 이는 아직 요원하다고 보여진다. 따라서 이러한 근본적인 문제를 해결하기 위해서는 법무부와 대검이 특별사법경찰제도를 놓고 원점에서 검토해 볼 필요가 있다.

넷째, 특별사법경찰의 조직과 직무교육을 전담하여 총괄관리 할 (가칭)특별사법경찰과를 신설하는 것도 고려해 볼 가치가 있다고 본다. 현재 대검 형사2과 특별사법경찰팀은 900여개가 넘는 기관에서 광범위하게 운용중인 20,000여명이 넘는 특별사법경찰들을 통합하여 이를 체계적으로 관리하고 있으나 소수인원이기 때문에 어려움을 겪었다. 동시에 이러한 대안을 찾기 위한 시도는 빠를수록 좋다고 본다. 더구

---

4) 환경부 중앙환경범죄수사팀은 일시적으로 만들어졌던 TFT였으며 추후 해산되었다. 그리고 환경부 감사관실에 특별사법경찰이 설치되어 오늘날까지 유지되어 오고 있다.

나 각 지방검찰청에는 특별사법경찰을 담당하는 담당검사가 지정되어 있었으며 지금도 서울, 인천 특사경에는 존속하고 있다. 이들은 특별사법경찰들의 직무교육을 진행할 수 있는 권한도 함께 주어져 있지만 여러 가지 사정에 의해 1년에 한두 시간 정도 직무교육을 시행하는 등의 미비점을 보여주는 곳도 많으며 동시에 이는 시민들로부터 비판받고 있다. 이토록 특별사법경찰제도들이 분산되어 자율적으로 운영되다보니 체계화를 통한 효율성을 기대하는 데는 일정한 한계가 있을 수밖에 없다. 따라서 이러한 문제를 해결하기 위한 방안은 위에서 언급한 (가칭)특별사법경찰과를 대검찰청에 설치하여 전국 행정기관에 흩어져 운용 중인 특별사법경찰을 체계적이고 효율적으로 관리하는 동시에 직무교육기관도 활성화하는 일이다.

특별사법경찰의 수사지휘체계가 정착되고 민생 문제 해결에 기여하는 조직체계가 구축되도록 하는 방안도 고려해 볼 만하다. 이는 향후 남북통일 후 남북한 특별사법경찰의 통합을 준비해 나가야 하는 차원에서도 그 의미가 매우 크다고 본다.

끝으로 특별사법경찰의 주무기관은 특별사법경찰의 존재가치를 높이기 위해 대국민을 상대로 지속적인 홍보가 필요하다고 본다. 오늘날 특별사법경찰은 이전에 비해서 많이 알려지고는 있지만, 그럼에도 불구하고 아직까지 국민들 사이에서 특별사법경찰이 대체적으로 무엇이며 또한 무엇을 수행하고 어떤 역할을 감당하고 있는 조직인가에 대해 많은 국민들이 충분히 이해하지 못하고 있는 실정이다. 이는 비단 국민뿐 아니라 사회과학 분야의 전문가 그리고 더욱이 심지어는 법학 전문가들조차도 특별사법경찰이 무엇을 하는지 정확히 파악하지 못하고 있는 것으로 보여질 정도다. 이는 열심히 행정범을 예방하고 수사하는 특별사법경찰들에게도 사기를 향상시켜주기 위해서는 향후 이들이 나서서 특사경에 대한 많은 연구를 진행할 필요가 있다고 본다.

이러한 문제들을 해결해 나가는 데 있어서 본 저서는 하나의 작은 밀알과 같은 역할을 해줄 것으로 기대해 본다.

향후에도 사뭇 더디기는 하겠지만 국민건강보험공단 등을 비롯해서 여러 조직에 특별사법경찰조직이 지속적으로 창설될 것으로 보여진다.

참고문헌

1. 저서 및 보고서

경기개발연구원. (2013). 「광역자치단체 특별사법경찰의 운영 개선 방안」, 정책연구 보고서 2013-13호.

경찰청. (2020). 「2019 경찰백서」. 서울: 경찰청.

경찰청. (2021). 「2021 경찰통계연보」.

고문현. (2009). 「환경특별사법경찰제도 개선방안에 관한 연구」, 환경부.

고인종·강영훈. (2018). 자치경찰제의 효율적인 운영방안에 대한 연구 -제주특별자치도 자치경찰공무원의 인식을 중심으로-, 「한국위기관리논집」, 11(1).

국토해양부 철도특별사법경찰대. (2011). 「2009 철도경찰통계연보」, 대전: 철도특별사법경찰대.

국토교통부 철도특별사법경찰대. (2021). 「2021 철도경찰통계연보」, 대전: 철도특별사법경찰대.

국토해양부(한국형사정책연구원). (2011). 「철도치안 효율화 방안 연구」, 국토해양부 발주 2011 연구용역보고서.

권용수. (2012). 「특허청 공무원의 업무전문성 강화를 위한 조직 및 인적자원관리 개선 방안」, 한국행정학회.

금창호·권오철·하동현. (2012). 제주자치경찰제도의 정책평가와 개선과제, 「한국지방행정연구원 보고서」.

김찬동·이세구. (2009). 「특별사법경찰제도의 장기발전방안」, 서울시정개발연구원 보고서, 2009-PR-51.

김충남. (2008). 『경찰학개론』. 서울: 박영사.

농촌진흥청. (2001). 「특별사법경찰관리 직무교육교재」.

대검찰청. (2010). 「2010년 특별사법경찰 업무처리 현황 및 성과지표 분석 보고서」.

대검찰청. (2014). 특사경회의자료.

박노섭. (2006). "독일의 수사경찰", 『비교경찰론』, 서울: 수사연구서.

백창현. (2007). "특별사법경찰의 현황 및 개선방향", 한국형사정책연구원, 「형사정책연구」, 제8권 제4호.

법무부. (1990). 「각국의 사법경찰제도 II」, 과천: 법무부.

법무부. (2003). 「특별사법경찰관리 지명절차 등에 관한 지침」.

법무연수원. (2010). 「범죄백서」, 법무연수원.

법무연수원. (2011). 「2011 범죄백서」. 용인: 법무연수원.

법무연수원. (2012). 「특별사법경찰 수사실무과정(기초)」, 용인: 법무연수원.

법무연수원. (2015). 「특별사법경찰 수사실무과정(Ⅱ)」, 용인: 법무연수원.

서울시. (2016). 시정현황 자료(2016. 10월 현재).

서울시정개발연구원. (2009). 「특별사법경찰제도의 장기발전방안」.

서울시 행정국. (2009). 행정사무감사 자료.

서울특별시. (2011). 「서울시민의 건강·안전·행복 지킴이 서울시 특별사법경찰」.

손기웅. (2009). 사회통합 긍정적 측면-독일통일 20년.

승재현·전현욱(대검찰청). (2015). 「특별사법경찰 역량강화 및 지휘체계 개선 방안」, 대검연구용역보고서.

신동운. (2008). 『형사소송법』, 파주: 법문사.

신윤창·안치순. (2017). "남북한 치안체제 비교 및 통일대비 통합방안", 「한국비교정부학보」, 21(1).

신현기 외 29인. (2015). 『새경찰학개론』, 서울: 우공출판사.

신현기. (2010). 『자치경찰론(제4판)』, 부평: 진영사.

신현기. (2014). 『비교경찰제도론』, 서울: 우공출판사.

신현기. (2015). 『경찰학개론』, 파주: 법문사.

신현기. (2015). 『경찰학개론(제2판)』, 파주: 법문사.

신현기. (2017). 『자치경찰론(제5판)』, 부평: 진영사.

신현기. (2017). 『특별사법경찰론』, 파주: 법문사.

신현기. (2018). 『경찰조직관리론(제6판)』, 파주: 법문사.

신현기. (2019). 『선거범죄수사론』, 서울: 우공출판사.

신현기. (2021). 『자치경찰론(제6판)』, 부평: 진영사.

신현기. (2021). 『자치경찰 –제주자치경찰제도의 체계적 접근–』, 파주: 법문사.

신현기·김학경·김형만 외. (2021). 『비교경찰제도론(제6판)』, 파주: 법문사.

신현기·남재성·곽태석·박동균·김미호. (2022). 『새경찰학개론(제7판)』, 서울: 우공출판사.

신현기·박경래·승재현·김도우(한국형사정책연구원). (2012). 「특사경 전담조직 활성화 방안에 관한 연구」, 연구총서 12-AB-05.

신현기·박억종·안성률·이상열·남재성. (2012). 『경찰학사전』, 파주: 법문사.

신현기·이상열·남재성·양재열. (2018). 「서울시 특별사법경찰 10년, 자치경찰제도의 전환을 위한 발전방안 연구」, 서울시 연구보고서.

신현기·강문봉. (2021). 『성폭력관련법률 및 판례』, 서울: 우공출판사.

신현기·김창준·진병동. (2020). 『경찰수사지휘론』, 서울: 우공출판사.

신현기·류은희. (2020). 『자금추적수사론』, 서울: 우공출판사.

신현기 · 황정용. (2021).『성폭력사건수사론』, 서울: 우공출판사.

안영훈. (2005).「우리나라 특별사법경찰제도의 개선방안 연구」, 과천: 법무부.

안영훈. (2005).「유럽의 자치경찰제 모형에 관한 연구」, 치안정책연구소.

안용식 · 강동식 · 원구환. (2000).『지방행정론』, 서울: 대영문화사.

양문승. (2001).『지역사회경찰활동론』, 서울: 대영문화사.

양영철. (2008).『자치경찰론』, 서울: 대영문화사.

이성용 외. (2015).『비교경찰론』, 서울: 박영사.

이영돈 · 박창호. (2005).『비교수사제도론』, 서울: 박영사.

이인수. (2003). 환경사법경찰제도 현황 및 발전방향, 환경특별사법경찰 교육교재, 환경부.

이황우 · 김진혁 · 임창호. (2003).『경찰인사행정론』, 서울: 법문사.

임창호. (2013).『지역사회경찰활동』, 서울: 청목출판사.

정균환. (1996).『자치경찰』, 서울: 신유출판사.

정병하 · 임정호. (2009). 특별사법경찰조직의 전문화 방안에 관한 연구, 한국형사정책연구원, 2009년도 대검찰청 연구용역보고서.

조철옥. (2008).『경찰학개론』, 서울: 대영문화사.

지방분권촉진위원회. (2013).「지방분권백서」, 서울: 대통령소속 지방분권촉진위원회.

지방행정체제개편추진위원회. (2012).「새로운 행정수요에 따른 한국적 자치경찰제 실시방안 연구」.

지방행정체제개편추진위원회. (2012).「한국적 자치경찰제 실시방안 연구보고서」.

한겨레신문사. (1989).「독일통일백서」.

한국자치경찰연구원(신현기 · 안영훈). (2015).「자치경찰의 특별사법경찰 사무수행 범위에 관한 연구」, 최종보고서.

한국지방행정연구원(안영훈 · 한부영). (2013). 지방자치단체 특별사법경찰 운영실태 및 발전지원방안 연구, 2013-12, 연구보고서, 2013〈대통령 소속 지방자치발전위원회 연구영역 발주〉.

한국형사정책연구원(박경래, 승재현, 신현기, 김도우). (2012). 특사경 전담조직 활성화 방안에 관한 연구, 연구총서 12-AB-05.

한국형사정책연구원(승재현). (2015). 특별사법경찰 역량강화 및 지휘체계 개선 방안, 연구총서.

홍의표. (2012).「한국적 자치경찰제 실시방안 연구」, 한국법제연구원 수행 제3차 중간보고서.

환경부. (2009).「환경특별사법경찰제도 개선방안에 관한 연구」, 최종보고서.

환경부 · 대검찰청. (2005).「환경사법경찰 특별교육 교재」.

2. 논 문

강선주. (2012). 지방분권 강화를 위한 자치경찰제에 관한 연구, 박사학위논문. 경상대학교

대학원.

강세웅. (2012). 자치경찰제 성공적 정착을 위한 발전방안에 관한 연구, 제주대학교 행정대학원 석사학위논문.

고인종·강영훈. (2015). 자치경찰제의 효율적인 운영방안에 대한 연구 -제주특별자치도 자치경찰공무원의 인식을 중심으로-, 「한국위기관리논집」, 11(1).

고창경. (2020). 제주자치경찰의 존치 필요성과 지속적인 발전 방안, 2020년 10월 세미나 발표자료.

곽영길. (2012). 지방정부의 특별사법경찰제도에 관한 연구. 「한국자치행정학보」, 26(1).

곽영길·이승철. (2019). 자치경찰위원회의 구성 및 운영에 관한 소고. 치안정책연구소, 「치안정책연구」.

권용수. (2012). 특허청 공무원의 업무전문성 강화를 위한 조직 및 인적자원관리 개선방안, 한국행정학회.

김길덕. (2016). 지역사회 안전확보를 위한 자치경찰제도 활성화 방안에 관한 연구, 영산대학교 법무·경영대학원 석사학위논문.

김도훈. (2016). 제주자치경찰제의 발전방안에 관한 연구, 부산대학교 행정대학원 석사학위논문.

김동규. (2017). 제주자치경찰 운영 현황 및 제도상 한계, 「시민과 함께하는 바람직한 자치경찰제 방향 모색 포럼」, 서울특별시 세미나자료(2017. 7. 21).

김민규. (2009). 특별사법경찰제도의 공법적 고찰: 일반행정기관에의 사법경찰권 부여에 관한 법치국가적 타당성 검토, 고려대학교 대학원 석사학위논문.

김병준. (1996). 자치경찰제도 도입의 의의와 도입모델, 「경실련 월간정책자료」.

김봉구. (2014). 제주특별자치도 자치경찰의 효율화 방안, 「법정리뷰」, 31(1).

김상호. (2019). 자치경찰제도 도입에 대한 시민태도 영향요인 분석. 치안정책연구소, 「치안정책연구」.

김선아. (2013). 학교보안관의 업무에 관한 문화기술적 연구, 한국치안행정학회, 「한국치안행정논집」, 9(4).

김성은. (2009). 환경특별사법경찰제도의 현황과 개선방안 검토: 환경감사관 제도의 도입을 계기로, 한국형사정책연구원, 「형사정책연구」, 80.

김성호. (2012). 국가경찰제 구조화에 관한 실증연구 -자치경찰제 도입을 중심으로-, 경기개발연구원, GRI 연구논총, 14(2).

김성호·안영훈. (1998). 「자치경찰제의 준거틀과 모형 설계」, 한국지방행정연구원.

김성훈. (2019). 자치경찰제에 근거한 남북한 경찰통합에 대한 연구, 서울대학교 통일평화연구원, 「통일과 평화」, 11(2).

김수민. (2017). 서울시 여성안심 프로그램의 효과성 분석, 동국대학교 대학원 석사학위논문.

김영택. (2003). 자치경찰제도의 도입방안에 관한 연구, 동국대학교 행정대학원 석사학위 논문.

김원중. (2018). 제주자치경찰의 운영상 문제점과 개선방안, 「법과정책」, 24(2).

김종수. (2009). 한국 자치경찰의 수사기능에 관한 고찰 －특사경 사무를 중심으로－, 「한 국정부학회 동계학술논문발표회」.

김종오. (2011). 소방특별사법경찰의 역할 제고 방안, 한국공안행정학회, 「한국공안행정학 회보」, 20(4).

김종오·김태진. (2011). 특별사법경찰의 교육훈련 효율성 제고 방안에 관한 연구, 한국공 안행정학회, 「한국공안행정학회보」, 20(3).

김찬동·이세구. (2010). 특별사법경찰제도의 장기발전 방안, 서울시정개발연구원 연구보 고서.

김찬선. (2014). 사회안전망과 지역사회주민의 안전생활만족의 관계, 한국콘텐츠학회, 「한 국콘텐츠학회논문지」, 14(6).

김창윤. (2020). "북한의 치안정책에 관한 연구", 한국경찰학회보, 제22권 제4호(통권83호).

김칠성. (2009). MB정부의 지방자치(행정)체제의 광역화 개편 정책과 최적합 자치 경찰모 형의 탐색, 한국치안행정학회, 「한국치안행정논집」, 6(2).

김해룡 외. (2008). 지방분권제도의 실질적 구현을 위한 법제정비에 관한 연구, 서울: 공법 학회.

김해모. (2013). 우리나라 자치경찰 도입 방향에 관한 연구, 전남대학교 행정대학원 석사학 위논문.

남재성. (2010). 자치경찰제에 대한 일선 국가경찰관들의 인식, 「경찰학논총」, 5(2).

노성훈·김학경. (2012). 지하철범죄 예방 전략: 서울 지하철의 성범죄를 중심으로, 「한국 콘텐츠학회 논문지」, 12(3).

노호래. (2004). 지방분권 시대의 경찰사무 배분 방안, 한국경찰학회, 「한국경찰학회보」, 8.

대통령 소속 자치분권위원회. (2018). 자치경찰제 특별위원회안 발표 및 정책토론회 발표 자료, 2018. 11. 13.

명도현. (2013). 경찰의 치안서비스 품질 측정지표 개발과 적용에 관한 연구, 원광대학교 대학원 박사학위논문.

문성호. (2017). 뉴시스와의 인터뷰.

문성호. (2018). "경찰민주화와 자치경찰 전환", 대통령 소속 자치분권위원회, 자치경찰제 도입원칙과 바람직한 정책방향, 2018.5.3. 세미나 자료집.

문재우. (2003). 한국의 자치경찰제 모형 설정에 관한 연구, 한국공안행정학회, 「한국공안 행정학회보」, 15.

민형동. (2007). 특별사법경찰의 현황 및 개선방안, 한국민간경비학회, 「한국민간경비학회 보」, (10).

박경래·승재현. (2012). 특별사법경찰의 운영실태와 현황 및 문제점, 한국특별사법경찰학
    회, 제1회 춘계학술세미나 발표자료.

박경래·이원상. (2009). 「특별사법경찰의 효율적 직무수행 방안에 관한 연구: 수사장구
    사용 및 불심검문을 중심으로」, 2009년도 대검찰청 연구용역보고서.

박성수. (2002). 자치경찰제 도입에 따른 경찰예산확보에 관한 연구, 4.

박성수. (2017). 자치경찰제의 의미와 중요성, 「지방행정」, 10월호.

박억종. (2006). 자치경찰제 도입에 따른 정부법안과 시도지사협의회법안의 비교연구, 한국
    경찰발전연구학회, 「한국경찰연구」, 5(1).

박억종. (2006). 한국형 자치경찰제도의 도입 방안에 관한 연구, 세종대학교 일반대학원 행
    정학 박사학위논문.

박억종. (2008). 경찰과 지역사회의 활성화 방안, 한국자치경찰학회, 「자치경찰연구」, 1(2).

박억종. (2008). 바람직한 한국형 자치경찰제도의 방향, 한국자치경찰학회, 「자치경찰연구」,
    1(1).

박영순. (1993). 우리나라 철도공안행정체제의 제도화를 위한 연구, 대전대학교 경영행정대
    학원, 석사학위논문.

박종승·배정환. (2013). 자치경찰관의 업무특성 요인이 조직성과 인식에 미치는 영향, 치
    안정책연구, 27(2).

박진현. (2000). 우리나라 자치경찰 도입방안에 관한 실증적 연구, 한국공안행정학회, 「한
    국공안행정학회보」, 9.

백윤지. (2017). 여성안전정책이 지역범죄예방에 미치는 효과 분석, 서울대학교 대학원 석
    사학위논문.

백창현. (2007). 특별사법경찰의 현황 및 개선방안 -환경부와 국가보훈처를 중심으로-,
    한국형사정책연구원, 한국형사정책연구원, 「형사정책연구」, 18(4).

서범규. (2005). 참여정부 자치경찰 도입안의 주요 쟁점에 관한 분석, 한양대학교 지방자치
    대학원 석사학위논문.

서울시민생사법경찰단. (2017). 내부자료.

서울연구원. (2017). 시민이 원하는 바람직한 자치경찰제도의 원칙과 방향, 세미나 자료.

서울특별시. (2019). 「자치경찰제의 성공적 안착을 위한 도입방안」.

석기호. (2009). 우리나라 자치경찰의 효율적 운영 방안: 제주자치경찰을 중심으로, 원광대
    학교 행정대학원 석사학위논문.

성수영. (2018). 한국형 자치경찰제 모델에 관한 연구, 석사학위논문, 경북대학교 대학원.

손영택. (1998). 사법경찰관리의 직무를 행할 자와 그 직무범위에 관한 법률: 비공무원에
    대한 사법경찰권의 부여에 관하여, 「법제」, (483).

송병일. (2015). 합리적인 자치경찰제 도입 방안에 관한 연구, 한국자치경찰학회, 「자치경
    찰연구」, 8(1).

송영지. (2015). 자치경찰의 문제점, 「강원법학」, 43.

송하칠. (2013). 제주지역 자치경찰관과 국가경찰관의 직무만족에 관한 비교연구. 박사학위 논문. 가천대학교 대학원.

신상영. (2011). 생활안전 관점에서 본 서울의 도시환경적 특성 연구. 서울시정개발연구원.

신상영·조권중·장현석. (2013). 서울의 범죄위험지역 분석 및 안전증진 방안 연구. 서울 연구원.

신상태. (2014). 사회안전망 구축과 시민문화 및 지역사회 결속의 관계, 석사학위논문. 서 울벤처대학원대학교.

신승균·김종수. (2008). 한국 자치경찰의 특별사법경찰사무 수행에 관한 연구, 한국자치 경찰학회, 「자치경찰연구」, 1(1).

신인봉. (2008). 제주자치경찰의 실시현황 및 개선방안, 한국자치경찰학회, 「자치경찰연구」, 1(2).

신현기 외. (2009). 멕시코 자치경찰제도에 관한 연구, 한국자치경찰학회, 「자치경찰연구」, 2(1).

신현기 외. (2012). 프랑스 군인경찰제도에 관한 연구, 한국자치경찰학회, 「자치경찰연구」, 5(3).

신현기. (2001). 우리나라 자치경찰제 도입에 관한 연구(한세대 교수논총).

신현기. (2001). 지방자치경찰제도 도입의 당위성 분석(한독사회과학논총).

신현기. (2002). "북한 경찰(인민보안성)에 관한 연구," 한독사회과학학회, 「한독사회과학논 총」, 제12권 제2호.

신현기. (2002). 프랑스 경찰제도의 구조와 특징에 관한 역사적 고찰(한세대 교수논총).

신현기. (2003). 절충형 자치경찰제 도입에 관한 연구(한독사회과학논총).

신현기. (2004). 스페인 경찰제도의 구조와 특징에 관한 연구(한세대 교수논총).

신현기. (2004). 이탈리아 경찰제도의 구조와 특징에 관한 연구(한국경찰연구).

신현기. (2004). 프랑스 자치경찰의 특징에 관한 연구(한국경찰연구).

신현기. (2005). 스위스 경찰제도의 구조와 특징에 관한 연구(한세대 교수논총).

신현기. (2006). 미국의 경찰조직체계와 특징에 관한 연구, 한국유럽행정학회, 「한국유럽행 정학회보」, 3(1).

신현기. (2006). 자치경찰과 국가경찰간의 업무협약에 관한 연구, 한세대학교, 「교수논총」, Vol. 22.

신현기. (2006). 제주특별자치도 자치경찰공무원의 선발절차에 관한 연구, 한국유럽행정학 회, 「한국유럽행정학회보」, 3(2).

신현기. (2007). 벨기에 자치경찰의 구조와 특징에 관한 연구, 한국유럽행정학회, 「한국유 럽행정학회보」, 4(1).

신현기. (2007). 제주자치경찰제의 실태분석과 개선방안에 관한 연구, 한국경찰발전연구학회, 「한국경찰연구」, 6(2).

신현기. (2008). 도농복합형 기초자치단체의 자치경찰 운영모형에 관한 연구, 한국경찰발전
연구학회, 『한국경찰연구』, 7(2).

신현기. (2008). 제주자치경찰의 기구개편과 성과에 관한 고찰, 한국자치경찰학회, 「자치경
찰연구」, 1(2).

신현기. (2008). 제주자치경찰의 인력확보 대책에 관한 고찰, 한국경찰발전연구학회, 「한국
경찰연구」, 7(1).

신현기. (2008). 참여정부의 자치경찰법안에 관한 역사적 고찰, 한국자치경찰학회, 「자치경
찰연구」, 1(1).

신현기. (2009). 제주자치경찰의 입직·승진제도 현황과 활성화 방안에 관한 고찰, 한국치
안행정학회, 「한국치안행정논집」, 6(2).

신현기. (2010). 영국경찰제도의 구조와 특징에 관한 연구, 한국유럽행정학회, 「한국유럽행
정학회보」, 7(1).

신현기. (2010). 자치경찰제 모형의 다양성과 제주자치경찰제의 특성에 관한 연구, 한국자
치경찰학회, 「자치경찰연구」, 3(2).

신현기. (2010). 프랑스 리용(Lyon)시 자치경찰에 관한 연구, 한국자치경찰학회, 「자치경
찰연구」, 3(1).

신현기. (2011). 오스트리아 경찰제도에 대한 역사적 고찰, 한국자치경찰학회, 「자치경찰연
구」, 4(3).

신현기. (2011). 자치경찰제의 전국확대실시 가능성에 대한 연구, 한국자치경찰학회, 「자치
경찰연구」, 4(1).

신현기. (2011). 제주자치경찰공무원의 승진현황과 개선방안에 관한 연구, 한국치안행정학
회, 「한국치안행정논집」, 8(3): 1-24.

신현기. (2011). 호주경찰제도의 구조와 특징에 관한 연구, 한국자치경찰학회, 「자치경찰연
구」, 4(2).

신현기. (2012). 제주자치경찰단 특별사법경찰제의 실태분석과 개선방안에 관한 연구, 한국
경찰연구학회, 「한국경찰연구」, 11(3): 143-170.

신현기. (2012). 지방행정체제개편추진위원회를 통해서 본 자치경찰제의 과제와 모델 고찰,
한국자치경찰학회, 「자치경찰연구」, 5(1).

신현기. (2013). 관광경찰제 도입에 관한 실태분석, 「자치경찰연구」, 제6권 제2호(통권 14
호, 2013년 여름).

신현기. (2013). 노무현·이명박·박근혜 정부의 자치경찰제에 관한 실태분석, 한국자치경
찰학회, 「자치경찰연구」, 6(4).

신현기. (2013). 독일자치경찰제도에 관한 연구, 한국자치경찰학회, 「자치경찰연구」, 6(1).

신현기. (2013). 캐나다 자치경찰제도에 관한 연구, 한국자치경찰학회, 「자치경찰연구」,

6(3).

신현기. (2014). 우리나라 관광경찰제의 현황과 미래지향적 제언, 치안정책연구소, 「치안정책연구」, 28(1).

신현기. (2014). 제주자치경찰제에 대한 역사적 고찰, 한국자치경찰학회, 「자치경찰연구」, 7(1).

신현기. (2015). 독일 주경찰단위의 범죄예방 프로그램에 관한 연구 -바이에른주 안전감시제도와 바덴-뷔르템베르크주 자원경찰관제도를 중심으로-, 한국민간경비학회, 「자치경찰연구」, 14(1).

신현기. (2015). 제주자치경찰제의 변화와 박근혜 정부 자치경찰제의 전망, 한국자치경찰학회, 「자치경찰연구」, 8(1).

신현기. (2015). 제주자치경찰제의 실태분석과 박근혜정부의 자치경찰제 도입 방향, 한국경찰연구학회, 「자치경찰연구」, 14(2).

신현기. (2016). 독일 바이에른주와 바덴-뷔르템베르크주 경찰개혁의 현황과 실태분석, 한국경찰연구학회, 「자치경찰연구」, 15(2).

신현기. (2016). 박근혜 정부의 자치경찰제 도입에 대한 실태분석, 한국자치경찰학회, 「자치경찰연구」, 9(2).

신현기. (2016). 자치경찰제 시행을 대비한 서울시 특별사법경찰단의 운영실태와 발전방안에 관한 연구, 한국자치경찰학회, 「자치경찰연구」, 9(1).

신현기. (2016). 제주특별자치도 자치경찰 활동의 목표설정과 평가 분석, 한국자치경찰학회, 「자치경찰연구」, 9(3).

신현기. (2017). 프랑크푸르트시 도시경찰제와 서울시 자치경찰제 도입에 관한 실태 분석, 한국치안행정학회, 「한국치안행정논집」, 13(4).

신현기. (2017). 서울시 자치경찰제도 도입을 위한 원칙과 방향, 서울연구원 2017 분권포럼, 자치경찰 추진을 위한 쟁점과 과제(2017. 11. 21).

신현기. (2017). 일본 광역단위 자치경찰제도에 관한 연구, 한국자치경찰학회, 「자치경찰연구」, 10(1).

신현기. (2017). 자치경찰제도의 도입방향과 모델. 서울시 주최 시민과 함께하는 바람직한 자치경찰제 방향 모색 포럼.

신현기. (2019). 문재인 정부의 자치경찰제 도입 방향과 시범실시, 한국자치경찰학회, 「자치경찰연구」, 12(2).

신현기·김재주. (2016). 제주특별자치도 자치경찰 활동의 목표 설정과 평가 분석, 「자치경찰연구」, 9(3).

신현기·김학배. (2011). 호주경찰제도의 구조와 특징에 관한 연구, 「자치경찰연구」, 4(2).

신현기·이상열. (2011). 오스트리아 경찰제도에 대한 역사적 고찰, 「자치경찰연구」, 4(3).

신현기·이임걸. (2012). 프랑스 군인경찰제도에 관한 연구, 「자치경찰연구」, 5(3).

신현기·이진경·김재주. (2016). 박근혜 정부의 자치경찰제 도입에 대한 실태 분석, 「자치경찰연구」, 9(2).

신현기·임종헌. (2011). 자치경찰제의 전국 확대 실시 가능성에 대한 연구, 「자치경찰연구」, 4(1).

신현기·홍의표. (2011). 자치경찰제의 전국 확대 실시 가능성에 대한 연구, 「자치경찰연구」, 4(1).

심기환. (2007). 지방자치경찰제 실시에 따른 치안서비스 결정요인에 관한 연구 -주민과 공무원 인식을 중심으로-, 건국대학교 대학원 박사학위논문.

심익섭. (2017). 왜 자치경찰제인가?, 「지방행정」, 10월호.

안영훈. (2009). 관광자치경찰제 도입방안에 관한 소고. 한국자치경찰학회, 제4회 정기학술 세미나 자료집.

안재경. (2015). 한국자치경찰제 도입방안에 관한 연구, 조선대학교 대학원 석사학위논문.

안정진. (2012). 특별사법경찰제도의 효율적인 운영방안에 관한 연구, 연세대법무대학원, 석사학위논문.

양영철. (2016). 역대 정부의 자치경찰 도입 정책 추진과 정책적 함의에 관한 연구, 「한국경찰연구」, 14(1).

양영철. (2017). 제주특별자치도 자치경찰제의 운영과 함의, 「지방행정」, 10월호.

양재열. (2015). 제주자치경찰의 특별사법경찰 수사권 효율화 방안, 한세대학교 일반대학원 박사학위 논문.

양재열. (2015). 특별사법경찰조직의 효율적인 운영방안: 서울시 특별사법경찰 전담부서 민생사범경찰과를 중심으로, 한국자치경찰학회, 「자치경찰연구」, 8(2).

양재열. (2015). 환경오염 예방 및 방지를 위한 환경특별사법경찰제도의 합리적 운영방안 고창 -환경부와 광역지방자치단체 환경특별사법경찰을 중심으로-, 한국자치경찰학회, 「자치경찰연구」, 8(3).

양재열·양현호. (2016). 제주자치경찰의 성과 검토와 자치경찰제의 정책방안 연구, 「자치경찰연구」, 9(2).

오세연·곽영길. (2015). 우리나라 관광경찰의 운영실태와 개선방안에 관한 연구. 「한국자치행정학보」, 29(3).

오용래. (1999). 지방자치단체와 지방자치경찰간의 관계정립에 관한 연구, 서울대학교 환경대학원 석사학위논문.

원소연. (2017). 역대 정부의 자치경찰제도 도입방안 비교, 「지방행정」, 10월호.

원소연·홍의표. (2012). 자치경찰제 도입을 위한 주요 쟁점과 시사점, 「인문사회과학연구」, 36.

윤상흠. (2013). 자치경찰법안의 개선방안에 관한 연구, 제주대학교 행정대학원 석사학위논문.

이관희. (2010). "자치경찰제 도입 시 예상되는 쟁점 및 고려사항", 「수사연구」, 5.

이기우. (1998). 지방자치경찰제도 개선방안, 한국지방자치학회, 「한국지방자치학회보」, 22.

이기우. (1999). 지방경찰제와 자치교육제의 개선방안 연구, 「연구보고서」, 19.

이대성·김종오. (2010). 지방자치단체 특별사법경찰의 역할 제고 방안에 관한 연구, 사회과학연구, 1(1).

이민재. (2012). 경기도 특별사법경찰제도의 효율적 운영방안에 관한 연구, 단국대학교 행정법무대학원 석사학위논문.

이상수. (2009). 지방행정체제 개편에 따른 자치경찰제 도입방안 연구, 「책임연구 보고서」.

이상열 외. (2015). 서울시민 안전 확보를 위한 광역자치경찰제 도입 방안, 서울시의회, 「연구용역 최종보고서」, 6.

이상열. (2006). 자치경찰제 도입에 따른 기대 효과, 한국경찰연구학회, 「한국경찰연구」, 5(1).

이상열. (2012). 제주자치경찰제의 실태분석 및 발전방안에 관한 연구, 한국경찰연구학회, 「한국경찰연구」, 11(1).

이상열. (2013). 자치경찰제 도입 방안 – 제주자치경찰제 사례 및 발전방안을 중심으로, 입법&정책, 4.

이상열. (2015). 서울시민 안전확보를 위한 광역 자치경찰제 도입 방안, 서울시의회 연구용역 보고서.

이상열·오종식. (2008). 제주특별자치도 자치경찰제의 발전방안에 관한 연구, 한국자치경찰학회, 「자치경찰연구」, 1(1).

이승준. (2015). 박근혜 정부의 자치경찰 도입방안 검토, 「강원법학」, 44.

이승철·곽영길. (2010). 자치경찰의 도입 및 운영방안에 관한 연구, 한국자치행정학회, 「한국자치행정학보」, 24(2).

이영남. (2004). 자치경찰제 도입방안의 분석과 방향, 「한국경찰연구」, 3(2).

이영남. (2005). 바람직한 한국적 자치경찰제도의 방향, 「한국경찰연구」, 4(2).

이영남. (2008). 제주자치경찰제도의 정착화 방안, 한국경찰연구학회, 「한국경찰연구」, 7(4).

이영남. (2010). 관광경찰의 역할과 기능. 「경찰학논총」, 4(2).

이영남. (2011). 통일경찰을 위한 단계적 조직설계와 추진체계에 관한 연구, 한국경찰연구학회, 「한국경찰연구」, 10(4).

이영남. (2012). 한국의 자치경찰제도의 정립방향, 「한국경찰연구」, 11(4).

이영남. (2013). 한국의 관광경찰제도의 발전방향. 「한국경찰연구」, 12(4).

이영남. (2014). 한국의 관광경찰 활성화에 관한 연구. 「경찰학논총」, 9(3).

이영남. (2017). "자치경찰제도의 도입방향과 모델", 서울특별시, 시민과 함께하는 바람직한 자치경찰제 방향 모색 포럼.

이영남. (2017). 자치경찰제도의 도입방향과 모델. 서울시 주최 시민과 함께하는 바람직한 자치경찰제 방향 모색 포럼.

이영남. (2017). 통합형 자치경찰제도 도입에 관한 연구, 한국경찰연구학회, 「한국경찰연구」, 15(4).

이윤호 · 남재성 · 차훈진. (2006). 독일의 경찰통합 사례에 따른 남북한 경찰조직의 통합방안, 「한독사회과학논총」, 16(2).

이정열. (2009). 자치경찰제 도입의 실천적 문제점 분석, 영남대학교 행정대학원 석사학위 논문.

이종철. (2005). 우리나라 자치경찰제도의 모형정립과 발전방향에 관한 연구, 박사학위논문. 경남대학교 대학원.

이주호. (2013). 여성친화적 안전도시 조성을 위한 생활안전 정책과제, 「한국행정학회 하계 학술대회」.

이현우 · 이미애. (2010). 자치경찰제 도입에 관한 비교연구, 「한국정책연구」, 10(2).

이환범 · 이지영. (2015). 우리나라 자치경찰 사무배분 및 경찰청 조직개편 방안에 관한 연구, 한국조직학회, 「한국조직학회보」, 12(1).

이황우. (1999). 지방화시대에 따른 자치경찰제 도입모형에 관한 연구, 한국공안행정학회, 「한국공안행정학회보」, 4.

이훈재. (2010). 제주자치경찰의 위상제고를 위한 수사기능 강화에 관한 연구, 한국경찰연구학회, 「한국경찰연구」, 16(1).

이훈재. (2010). 캐나다 경찰제도에 관한 연구, 원광대학교 경찰학연구소, 「경찰학논총」, 5(2).

임준태. (2005). 캐나다 경찰에 관한 연구 - 조직과 신규교육과정을 중심으로 -, 치안정책연구소, 「치안정책연구」, 제17호.

자치경찰제 실무추진단. (2006). 외국의 경찰제도 비교.

자치경찰제 실무추진단. (2008). 「자치경찰제 추진 중간보고서」, 61.

장석헌. (2007). 자치경찰제 도입 논의, 국회 행정자치위원회 공청회 자료, 39.

전 훈. (2008). Jean-Marie Pontier, 공공서비스법(프랑스행정법 연구), 파주: 한국학술정보.

전희재. (2006). 자치경찰제 도입방안과 법안에 대한 연구, 한국경찰연구학회, 「한국경찰연구」, 5(1).

정균환. (1996). 「지방자치의 완성을 위한 자치경찰」, 도서출판 신유영사.

제주지방경찰청. (2019). 「제주자치경찰 확대시행 추진 과정」.

조규향. (2009). "자치경찰제도 운영방안에 관한 연구", 조선대학교 대학원 석사학위논문.

조성제 · 한동효. (2017). 여성친화적 안전도시 조성을 위한 자치입법의 과제, 「법학연구」, 25(2).

조성택. (2005). 한국의 자치경찰제 모형에 관한 이론적 탐색, 한국경찰학회, 「한국경찰학회보」, 9.

조성호 외. (2018). 자치경찰제 시행 대비 경기도 도입 방안 연구, 「정책보고서」, 경기연구원.

조준택·박지선. (2016). 범죄율과 범죄두려움이 서울시민의 행복에 미치는 영향, 「서울도시연구」, 17(4).

지방행정체제개편추진위원회. (2012). 새로운 행정수요에 따른 한국적 자치경찰제 실시방안 연구, 연구보고서.

지방행정체제개편추진위원회. (2012). 제주자치경찰제도의 평가와 자치경찰 모델개발방안, 연구보고서.

최 관. (2012). 영국자치경찰과 제주자치경찰의 비교분석을 통한 한국자치경찰제도 발전방안, 「지방행정연구」, 26(1).

최기문. (2000). 한국적 자치경찰제 확립방안에 관한 연구, 동국대학교 행정학 박사학위논문.

최병일. (2010). 자치경찰제 정착을 위한 경찰체제 유형별 비교연구, 한국자치행정학회, 「한국자치행정학회보」, 24(1).

최용환. (2010). 자치경찰제 도입 및 제도정착에 관한 연구, 「충북개발연구원」, 34.

최은하. (2016). 제주자치경찰과 치안서비스의 기능, 「한국경찰학회보」, 18(5).

최응렬. (2017). 바람직한 자치경찰제도 도입방안, 「지방행정」, 10월호.

최종술. (2008). 역대정부의 경찰정책과 이명박 정부의 경찰정책과제, 「한국자치행정학보」, 22(2).

최종술. (2014). 특별사법경찰의 자치경찰화 방안 연구, 한국경찰학회, 「한국경찰학회보」, 16(6).

최종술. (2015). 우리나라 자치경찰제 도입 방안들의 프레임 분석, 「한국경찰연구학회 발표논문집」, 4.

최종술. (2017). 지방자치와 자치경찰의 의의. 시민과 함께하는 바람직한 자치경찰제 방향 모색 포럼.

최진용. (2016). 지방자치 활성화를 위한 자치경찰제 도입에 관한 연구, 연세대학교 행정대학원 석사학위논문.

최천근. (2014). 국가경찰과 자치경찰간의 합리적 사무배분에 관한 연구, 「한국지방자치학회보」, 26(2).

치안정책연구소(안영훈). (2005). 「유럽형 자치경찰제도 모델분석」.

표창원. (1999). 영국경찰의 사례를 통해서 본 우리 실정에 맞는 자치경찰제 정립을 위한 전제조건, 「시민을 위한 경찰발전연구회 학술세미나 자료집」, 80.

표창원. (2002). 영국경찰의 위상과 운영체계에 관한 고찰, 한국경찰연구학회, 「한국경찰연구」, 1(1).

한견우. (1999). 지방자치경찰의 실시에 따른 법적 문제점, 「치안논총」, 69.

한국관광공사. (2013). 관광경찰 도입방안에 관한 연구, 연구용역보고서.

한국법제연구원(원소연, 홍의표, 권영호, 이성용). (2011). 광역자치경찰과 기초자치경찰제에 대한 입법평가 - 제주자치경찰제의 사례와 독일경찰법제의 연구를 중심으로-.

한국자치경찰연구원. (2015). "자치경찰의 특별사법경찰 사무수행 범위에 관한 연구", 연구보고서.

한동효. (2012). 역대 정부의 자치경찰제 도입 실패요인에 관한 연구, 「지방정부연구」, 16(2).

행안부 자치경찰제실무추진단. (2009). 「선진외국 경찰제도 비교」.

행정자치위원회 전문위원실. (2005). 자치경찰.

허경미. (2003). 경찰청 자치경찰제안의 문제점 및 대안, 한국공안행정학회, 「한국공안행정학회보」, 16.

허경미. (2003). 지방자치경찰제의 도입 모형에 관한 연구, 「한국지방정부학회 춘계학술대회 발표 논문집」.

홍의표 · 원소연. (2014). 주민밀착형 자치경찰제 실시 방안 연구, 한국자치경찰학회, 「자치경찰연구」, 7(1).

황문규. (2017). 문재인 정부의 광역단위 자치경찰제에 관한 고찰, 「한국지방자치학회보」, 29(4).

황문규. (2017). 경찰개혁: 경찰을 경찰답게 만들기 위한 경찰조직 재설계, 「법학논총」, 제39집, 숭실대학교 법학연구소.

황문규. (2017). 새정부 자치경찰제 도입의 방향과 과제, 2017년 6개 학회 및 경찰교육원 공동학술대회 자료집(2017. 10. 26).

황문규. (2017). 이른바 촛불혁명으로 탄생한 문재인 정부의 광역단위 자치경찰제, 2017 분권포럼: 자치경찰 추진을 위한 쟁점과 과제, 시민이 원하는 바람직한 자치경찰제도의 원칙과 방향(2017. 11. 21).

황문규. (2018). 현 시점에서 도입 가능한 자치경찰제 모델 구상과 과제, 「한국경찰연구」, 17(3).

황문규 · 최천근. (2013). 자치경찰제 추진에 있어 검경수사권 조정에 대한 고찰, 한국형사정책연구원, 「형사정책연구」, 24(1).

황정익. (2007). 제주자치경찰 현황과 치안업무의 범위, 한국형사정책연구소, 「형사정책연구」, 19(1).

3. 외국자료

Breul, Jonathan D. & Kamensky, John M. (2008). Federal Government Reform: Lessonsfrom Clintons 'Reinvenment' and Bushs 'Management Agenda'

Initiative, Public Administration Review, 68(6)∶ 1009.

Fixler, Jr. & Pool, Jr. Robert W. (1998). Can Police Service Be Privatized?, ANNALS, AAPSS, 498, July∶ 108-118.

Götz, Volkmar. (1995). Allgemeines Polizei- und Ordnungsrecht, 12. Aufl., München.

Götz, Volkmar. (2012). Allgemeines Polizei- und Ordnungsrecht, 16. Aufl., München.

Home Office. (2011). The National Crime Agency, A Plan for the Creation of a National Crime -Fighting Capablilty, Home Office∶ 9-11.

Kearns, A., & Forrest, R. (2000). Social Cohesion and Multilevel Urban Government, Urban Studies, 37(5-6)∶ 995-1017.

Kilpatrick, F. P., et al., (1964). The Image of the Federal Service, Washington D. C.∶ The Brooklngs∶ 254.

Lev-Wiesel, R. (2003). Indicators Constituting the Construct of Perceive Community Cohesion, Community Development Journal, 38(4)∶ 332-343.

Lutz Meyer-Gossner. (2005). Strafprozessordnung, 51. Aufl., 20.

Osterburg, James W. & Ward, Richard H. (2007). Criminal Investigation∶ A Method for Reconstructing the Past, Anderson Publishing Co∶ 5.

Walker, Samuel E. & Katz, Charles M. (2007). The Police in America∶ An Introdution, McGraw-Hill∶ 1-2.

Wallace, P. Harvey., Roberson, Cliff, & Steckler, Craig. (1995). Fundamentals of Police Administration, Prentice-Hall∶ 4.

4. 신문 및 인터넷 자료

https∶//go.seoul.co.kr/news/newsView.php?id=20210316011017&wlog_tag3=daum (검색일∶ 2021. 3. 18).

http∶//www.jeju.go.kr/jmp/index.htm(제주자치경찰단/검색일∶ 2020. 2. 28).

http∶//www.lrti.go.kr(법무연수원 사이버교육센터/검색일∶ 2020. 1. 30).

http∶//www.fihi.go.kr(수산인력개발원/검색일∶ 2020. 1. 5).

http∶//www.seoul.go.kr/main/index.html(검색일∶ 2020. 1. 10).

http∶//tip.daum.net/question/66000031/82966798?(검색일∶ 2020. 1. 24).

http∶//kin.naver.com/qna/detail.nhn?d1id/검색일∶ 2020. 2. 5).

http∶//mail2.daum.net/hanmaillex/ViewMail.daum(검색∶ 2020. 2. 2).

http∶//www.healthmedia.co.kr/news/articleView.html?idxno=18160(검색일∶ 2020. 1. 1).

http∶//www.mediajeju.com/news/articleView.html?idxno=318289(검색일∶ 2020. 1. 1).

http∶//www.jnuri.net/news/articleView.html?idxno=41492(검색일∶ 2020. 1. 28).

http∶//www.jejusori.net(제주의 소리, 검색∶ 2020. 10. 25).

https://www.jeju.go.kr/jmp/index.htm(제주자치경찰단 홈페이지: 2020. 10. 20).

https://www.news1.kr/articles/?4067948(전국 유일 제주자치경찰단, 권총·수갑 등 무기·탄약 관리 '구멍', 검색일: 2020. 10. 20).

http://news.khan.co.kr/kh_news/khan_art_view.html?artid=201908192218005&code=940100경향신문, 원문보기(2019. 8. 25 검색).

http://cafe.daum.net/soulsta/MIpW/17?(검색일: 2015. 12. 20).

https://www.asiae.co.kr/article/2020101409514513516(아시아경제, 검색: 2020. 10. 16).

https://news.v.daum.net/v/20201202221626970?f[KBS 제주] 보도(문준영 기자. 검색일: 2020. 12. 2).

http://www.jeju.go.kr/jejuedu/제주인재개발원/검색일: 2020. 10. 20).

찾아보기

저자의 주요 저서 및 논문

저 서

- 『독일통일백서(공역)』, 서울: 한겨레신문사, 1999.
- 『Korea zur Wiedervereinigung』, 독일 Herbert Utz 출판사, 1999.
- 『Korea zur Wiedervereinigung(제2판)』, 독일 Herbert Utz 출판사, 2018.
- 『남북한 통일정책비교(공저)』, 서울: 숭실대학교출판부, 2000.
- 『남북한 통일정책과 교류협력(공저)』, 서울: 백산자료원, 2001.
- 『베를린 시대의 독일공화국(공저)』, 서울: 엠 애드, 2001.
- 『독일연방정부론(공저)』, 서울: 백산자료원, 2001.
- 『현대행정의 이해(공저)』, 서울: 대영문화사, 2002.
- 『독일행정론(공저)』, 서울: 백산자료원, 2002.
- 『북한정부론(공저)』, 서울: 백산자료원, 2002.
- 『지방행정론(공저)』, 일산: 한국학술정보(주), 2002.
- 『유럽연합정부론(공저)』, 서울: 엠 애드, 2002.
- 『한국행정의 윤리와 부패(공저)』, 일산: 한국학술정보(주), 2003.
- 『독일지방행정론(공저)』, 서울: 엠 애드, 2003.
- 『정책학개론(공저)』, 서울: 웅보출판사, 2003.
- 『경찰학개론(공저)』, 서울: 법문사, 2004.
- 『자치경찰론(초판)』, 서울: 법문사, 2004.
- 『경찰행정학(공저)』, 서울: 법문사, 2005.
- 『비교경찰제도의 이해』, 서울: 웅보출판사, 2006.
- 『경찰조직론』, 파주: 법문사, 2007.
- 『새행정학개론』, 파주: 21세기사, 2008.
- 『경찰학개론』, 파주: 21세기사, 2010.
- 『자치경찰론(4판)』, 부평: 진영사, 2010.
- 『경찰학사전』, 파주: 법문사, 2012.
- 『새경찰학개론(제3판)』, 서울: 우공출판사, 2013.
- 『경찰인사관리론(제4판)』, 파주: 법문사, 2014.
- 『경찰조직관리론(제4판)』, 파주: 법문사, 2014.

- 『비교경찰제도론(제2판)』, 서울: 우공출판사, 2014.
- 『새경찰학개론(제4판)』, 서울: 우공출판사, 2015.
- 『현대행정의 이해(제3판, 공저)』, 서울: 대영문화사, 2015.
- 『비교경찰제도론(제4판)』, 파주: 법문사, 2015.
- 『경찰인사관리론(제5판)』, 파주: 법문사, 2016.
- 『경찰조직관리론(제5판)』, 파주: 법문사, 2016.
- 『특별사법경찰론』, 파주: 법문사, 2017.
- 『경찰인사관리론(제6판)』, 파주: 법문사, 2018.
- 『경찰조직관리론(제6판)』, 파주: 법문사, 2018.
- 『비교경찰제도론(제5판)』, 파주: 법문사, 2018.
- 『행정학개론』, 부평: 진영사, 2019.
- 『선거범죄수사론』, 서울: 우공출판사, 2019.
- 『자금추적수사론』, 서울: 우공출판사, 2020.
- 『성폭력사건수사론』, 서울: 우공출판사, 2020.
- 『경찰수사지휘론』, 서울: 우공출판사, 2020.
- 『비교경찰제도론(제6판)』, 파주: 법문사, 2021.
- 『자치경찰론(제6판)』, 부평: 진영사, 2021.
- 『성폭력관련법률 및 판례』, 서울: 우공출판사, 2021.
- 『자치경찰 －제주자치경찰제도의 체계적 접근－』, 파주: 법문사, 2021.
- 『새경찰학개론(제7판)』, 서울: 우공출판사, 2022.

논 문

- 독일 공공행정과 사기업에서 인력수급계획의 방법에 관한 연구(한독사회과학논총, 1999).
- 정책집행의 전개과정에 관한 연구(한·독사회과학논총, 1999).
- 유엔헌장에 나타난 목적, 기본토대 및 특성의 변화과정 연구(한독사회과학논총, 2000).
- 국제연합 사무국과 사무총장의 기능에 대한 역사적 고찰(한독사회과학논총, 2000).
- Die Sicherheitspolitik der USA in der asiatisch-pazipischen Region(한양대, 2000).
- 지방자치경찰제도 도입의 당위성 분석(한독사회과학논총, 2001).
- 우리나라 자치경찰제 도입에 관한 연구(한세대 교수논총, 2001).
- 사회적 시장경제질서와 독일통일(한국정책학회보, 2001).
- 한국 민간경비와 경찰의 협력방안에 관한 연구(한독사회과학논총, 2001).
- 북한경찰(인민보안성)에 관한 연구(한독사회과학논총, 2002).
- 프랑스 경찰제도의 구조와 특징에 관한 역사적 고찰(한세대 교수논총, 2002).
- 절충형 자치경찰제 도입에 관한 연구(한독사회과학논총, 2003).

- 순찰지구대 운용상의 문제점에 관한 고찰(한독사회과학논총, 2003).
- 한국 기초방범교육의 발전방안에 관한 연구(경찰공제회, 2003).
- 독일 주정부의 경찰제도에 관한 연구(한세대 교수논총, 2003).
- 경찰계급단계의 개선방안에 관한 연구(한독사회과학논총, 2004).
- 이탈리아 경찰제도의 구조와 특징에 관한 연구(한국경찰연구, 2004).
- 유럽연합에서 경찰공조의 현황과 과제(한국경찰연구, 2004).
- 스페인 경찰제도의 구조와 특징에 관한 연구(한세대 교수논총, 2004).
- 경찰공무원 성과상여금제도의 개선방안에 관한 연구(한독사회과학논총, 2004).
- 프랑스 자치경찰의 특징에 관한 연구(한국경찰연구, 2004).
- 국가경찰공무원의 부패원인과 방지에 관한 연구(한국유럽행정학회보, 2004).
- 우리나라 여성경찰제도에 관한 역사적 고찰(한국경찰연구, 2005).
- 지역경찰제의 조기정착화 방안에 관한 연구(한국유럽행정학회보, 2005).
- 스위스 경찰제도의 구조와 특징에 관한 연구(한세대 교수논총, 2005).
- 우리나라 수사경과제의 개선방안에 대한 연구(한독사회과학논총, 2005).
- 학교경찰(School Police) 제도에 관한 연구(한국경찰연구, 2005).
- 미국의 경찰조직체계와 특징에 관한 연구", 한국유럽행정학회, 「한국유럽행정학회보」, 제3권 제1호, 2006.
- 우리나라 경찰근속승진제도의 개선방안에 관한 연구, 한국경찰발전연구학회, 「한국경찰연구」, 제5권 제1호, 2006.
- 우리나라 성폭력범죄의 실태분석에 관한 연구, 한·독사회과학회, 「한독사회과학논총」, 제16권 제1호, 2006.
- 제주특별자치도 자치경찰공무원의 선발절차에 관한 연구, 한국유럽행정학회, 「한국유럽행정학회보」, 제3권 제2호, 2006.
- 조직폭력범죄의 실태분석과 수사상 개선방안에 관한 연구, 한독사회과학회, 「한·독사회과학논총」, 제16권 제2호, 2006.
- 행정부공무원 노동조합 경찰청지부에 관한 연구, 한국경찰발전연구학회, 「한국경찰연구」, 제5권 제2호, 2006.
- 자치경찰과 국가경찰간의 업무협약에 관한 연구, 한세대학교, 「교수논총」, Vol. 22, 2006.
- 벨기에 자치경찰의 구조와 특징에 관한 연구, 한국유럽행정학회, 「한국유럽행정학회보」, 제4권 제1호, 2007.
- 공상경찰관 손해전보체계의 개선방안에 관한 연구, 한국경찰발전연구학회, 「한국경찰연구」, 제6권 제1호, 2007.
- 제주자치경찰제의 실태분석과 개선방안에 관한 연구, 한국경찰발전연구학회, 「한국경찰연구」, 제6권 제2호, 2007.

- 제주자치경찰의 인력확보 대책에 관한 고찰, 한국경찰발전연구학회, 「한국경찰연구」, 제7권 제1호, 2008.
- 도농복합형 기초자치단체의 자치경찰 운영모형에 관한 연구, 한국경찰발전연구학회, 「한국경찰연구」, 제7권 제2호, 2008.
- 경찰청렴도 제고를 위한 정책제언, 한·독사회과학회, 「한독사회과학논총」, 제18권 제2호, 2008.
- 순직·공상경찰관의 보상제도에 관한 연구, 한국경찰발전연구학회, 「한국경찰연구」, 제7권 제4호, 2008.
- 참여정부의 자치경찰법안에 관한 역사적 고찰, 한국자치경찰학회, 「자치경찰연구」, 제1권 제1호, 2008.
- 제주자치경찰의 기구개편과 성과에 관한 고찰, 한국자치경찰학회, 「자치경찰연구」, 제1권 제2호, 2008.
- 경찰관범죄의 위기대책에 관한 연구, 인천대학교 위기관리연구센터, 「위기관리와 안전문화」, 제2권 제3호, 2008.
- 선진국 대도시 지방정부의 지방행정체제 특성에 관한 연구, 한독사회과학회, 「한·독사회과학논총」, 제19권 제1호, 2009.
- 광역경제권 구상과 정부간 관계모델에 관한 연구 －독일광역권 운영기구를 중심으로－, 한·독사회과학회, 「한·독사회과학논총」, 제19권 제3호, 2009.
- 국제반부패논의와 유럽연합과 독일의 대응, 한·독사회과학회, 「한독사회과학논총」, 제19권 제4호, 2009.
- 여자경찰관의 위상과 역할제고에 관한 연구, 한국치안행정학회, 「한국치안행정논집」, 제6권 제1호, 2009.
- 제주자치경찰의 입직·승진제도 현황과 활성화 방안에 관한 고찰, 한국치안행정학회, 「한국치안행정논집」, 제6권 제2호, 2009.
- 멕시코 자치경찰제도에 관한 연구, 한국자치경찰학회, 「자치경찰연구」, 제2권 제1호, 2009.
- UN경찰의 조직과 임무에 관한 연구, 한국자치경찰학회, 「자치경찰연구」, 제2권 제2호, 2009.
- 한국과 독일의 경찰간부후보생 교육훈련제도에 관한 비교 연구, 한국경찰연구학회, 「한국경찰연구」, 제9권 제2호, 2010.
- 프랑스 리용(Lyon)시 자치경찰에 관한 연구, 한국자치경찰학회, 「자치경찰연구」, 제3권 제1호, 2010.
- 자치경찰제 모형의 다양성과 제주자치경찰제의 특성에 관한 연구, 한국자치경찰학회, 「자치경찰연구」, 제3권 제2호, 2010.

- 영국경찰제도의 구조와 특징에 관한 연구, 한국유럽행정학회, 「한국유럽행정학회보」, 제7권 제1호, 2010.
- 경찰시험제도의 개편에 대한 고찰 −일반 순경과 경찰간부후보 채용을 중심으로−, 한국치안행정학회, 「한국치안행정논집」, 제8권 제2호, 2011.
- 제주자치경찰공무원의 승진현황과 개선방안에 관한 연구, 한국치안행정학회, 「한국치안행정논집」, 제8권 제4호, 2011.
- 자치경찰제의 전국확대실시 가능성에 대한 연구, 한국자치경찰학회, 「자치경찰연구」, 제4권 제1호, 2011.
- 호주경찰제도의 구조와 특징에 관한 연구, 한국자치경찰학회, 「자치경찰연구」, 제4권 제2호, 2011.
- 오스트리아 경찰제도에 대한 역사적 고찰, 한국자치경찰학회, 「자치경찰연구」, 제4권 제3호, 2011.
- 지방행정체제개편추진위원회를 통해서 본 자치경찰제의 과제와 모델 고찰, 한국자치경찰학회, 「자치경찰연구」, 제5권 제1호, 2012.
- 특별사법경찰제의 발전과정과 성과에 대한 고찰, 한국자치경찰학회, 「자치경찰연구」, 제5권 제2호, 2012.
- 프랑스 군인경찰제도에 관한 연구, 한국자치경찰학회, 「자치경찰연구」, 제5권 제3호, 2012.
- 철도특별사법경찰제의 실태분석과 개선방안에 관한 연구, 한국민간경비학회, 「한국민간경비학회보」, 제19호, 2012.
- 제주자치경찰단 특별사법경찰제의 실태분석과 개선방안에 관한 연구, 한국경찰연구학회, 「한국경찰연구」, 제11권 제3호(2012 가을).
- 독일경찰대학원의 교육과 연구기능 −독일연방공화국의 경찰행정에 관한 교육, 재교육, 연구의 중심지−, 한국경찰연구학회, 「한국치안행정논집」, 제9권 제1호(2012. 5).
- 서울특별시 특별사법경찰제의 실태분석과 개선방안에 관한 연구, 한국민간경비학회, 「한국민간경비학회보」, 제11권 제3호, 2012.
- 북한이탈주민의 사회일탈 예방을 위한 보안경찰의 역량강화 방안, 한국치안행정학회, 「한국치안행정논집」, 제9권 제4호(2013 2월).
- 특별사법경찰 교육훈련제도의 개선방안에 관한 연구, 한국경찰연구학회, 「한국경찰연구」, 제12권 제1호(2013 봄).
- 서울시 지하철보안관제도의 개선방안에 관한 연구, 한국민간경비학회, 「한국민간경비학회보」, 제12권 제2호, 2013.
- 독일자치경찰제도에 관한 연구, 한국자치경찰학회, 「자치경찰연구」, 제6권 제1호(통권 13호/2013 봄), 2013.
- 관광경찰제 도입논쟁에 관한 실태분석, 한국자치경찰학회, 「자치경찰연구」, 제6권 제2

호, 2013.

- 캐나다 자치경찰제도에 관한 연구, 한국자치경찰학회, 「자치경찰연구」, 제6권 제3호, 2013.
- 노무현·이명박·박근혜 정부의 자치경찰제에 관한 실태분석, 한국자치경찰학회, 「자치경찰연구」, 제6권 제4호(통권 제16호), 2013.
- 경찰공무원 보건안전 및 복지기본법 시행에 대한 실태분석, 한국경찰복지연구학회, 「경찰복지연구」, 제1권 제1호(창간호), 2013.
- 순직·공상경찰관 후원제도의 실태분석과 개선방안, 한국민간경비학회, 「한국민간경비학회보」, 제13권 제1호(2014년 2월).
- 제주자치경찰제에 대한 역사적 고찰, 한국자치경찰학회, 「자치경찰연구」, 제7권 제1호(통권 제17호), 2014.
- 우리나라 관광경찰제의 현황과 미래지향적 제언, 치안정책연구소, 「치안정책연구」, 제28권 제1호(2014년 6월).
- 경찰공무원 보건안전 및 복지증진 제1차 기본계획안의 현황 분석, 한국경찰복지연구학회, 「경찰복지연구」, 제2권 제2호, 2014.
- 독일 주경찰단위의 범죄예방 프로그램에 관한 연구 -바이어른주 안전감시제도와 바덴-뷔르템베르크주 자원경찰관제도를 중심으로-, 한국민간경비학회, 「한국민간경비학회보」, 제14권 제1호, 2015(2월 28일).
- 제주자치경찰제의 변화와 박근혜정부 자치경찰제의 전망, 한국자치경찰학회, 「자치경찰연구」, 제8권 제1호(통권 21호), 2015(3월 31일).
- 제주자치경찰제의 실태분석과 박근혜정부의 자치경찰제 도입 방향, 한국경찰연구학회, 「한국경찰연구」, 제14권 제2호, 2015(6월 30일).
- 경찰인사구조의 개선을 위한 바람직한 방향, 한국자치경찰학회, 「자치경찰연구」, 제8권 제3호(통권 23호), 2015(9월 30일).
- 경찰교육원의 교육과 재교육기능에 대한 연구, 한국치안행정학회, 「한국치안행정논집」, 제12권 제3호, 2015(11월 30일).
- 공익희생자를 위한 선양사업의 현황과 미래지향적 제언 -국가경찰, 국민안전처 소속 중앙소방본부와 해양경비안전본부 해양경찰을 중심으로-, 한국경찰연구학회, 「한국경찰연구」, 제14권 제4호, 2015 (12월 30일).
- 미국과 일본의 순직·공상경찰공무원 보상제도에 관한 연구, 한국민간경비학회, 「한국민간경비학회보」, 제14권 제5호, 2015(12월 30일).
- 자치경찰제 시행을 대비한 서울시 특별사법경찰단의 운영실태와 발전방안에 관한 연구, 한국자치경찰학회, 「자치경찰연구」, 제9권 제1호(통권 25호), 2016(6월 30일).
- 독일 바이에른주와 바덴-뷔르템베르크주 경찰개혁의 현황과 실태분석, 한국경찰연구학회, 「한국경찰연구」, 제15권 제2호, 2016(6월 30일).

- 식품의약품안전처 특별사법경찰운영에 관한 실태분석, 한국민간경비학회, 「한국민간경비학회보」, 제15권 제3호, 2016(6월 30일).
- 북한이탈주민에 대한 신변보호 관리실태의 문제점과 효율적 개선방안에 관한 연구, 한국치안행정학회, 「한국치안행정논집」, 제13권 제2호, 2016(8월 30일)〈장승수/신현기 공저〉.
- 박근혜 정부의 자치경찰제 도입에 대한 실태분석, 한국자치경찰학회, 「자치경찰연구」, 제9권 제2호(통권 26호), 2016(9월 30일)〈신현기/이진경/김재주 공저〉.
- 2016년 경찰맞춤형복지제도의 시행계획, 한국경찰복지연구학회, 「경찰복지연구」, 제4권 제2호, 2016(신현기/양재열 공저).
- 제주특별자치도 자치경찰 활동의 목표설정과 평가 분석, 한국자치경찰학회, 「자치경찰연구」, 제9권 제3호, 2016(신현기/김재주 공저).
- 프랑크푸르트시 도시경찰제와 서울시 자치경찰제 도입에 관한 실태분석, 한국치안행정학회, 「한국치안행정논집」, 제13권 제4호, 2017(2월 30일).
- 국가경찰의 2017년 맞춤형복지제도 시행 계획에 관한 고찰, 한국경찰복지연구학회, 「경찰복지연구」, 제5권 제1호.
- 일본 광역단위 자치경찰제도에 관한 연구, 한국자치경찰학회, 「자치경찰연구」, 제10권 제1호, 2017(6월 30일).
- 제주자치경찰단 관광경찰제의 현황과 미래지향적 제언, 한국치안행정학회, 「한국치안행정논집」, 제13권 제4호, 2017(11월 23일).
- 순직·공상경찰공무원의 복지향상을 위한 공무원 재해보상법, 한국경찰복지연구학회, 「경찰복지연구」, 제6권 제1호, 2018(신현기/김정일).
- 특허, 디자인 및 영업비밀 특사경 운영방안, 특허청 연구용역보고서, 2018.
- 금융감독원 특별사법경찰(특사경)제도 운용 방안, 금융감독원, 「금융감독연구」, 제6권 제1호(2019. 4).
- 오스트리아와 독일 바이에른주 경찰개혁이 한국경찰개혁에 주는 시사점 분석, 한국치안행정학회, 「한국치안행정논집」, 제16권 제2호, 2019(8월 12일).
- 서울시 민생사법경찰조직 운영상의 문제점과 개선방안, 한국경찰학회, 「한국경찰학회보」, 제21권 제5호, 2019(10월 31일).
- 문재인 정부의 자치경찰제 도입 방향과 시범실시, 한국자치경찰학회, 「자치경찰연구」, 제12권 제2호, 2019(12월 30일).
- 자치경찰제를 대비한 경기도특별사법경찰단의 조직과 성과에 대한 고찰, 「자치경찰연구」, 제13권 제1호, 2020(6월 30일).
- 독일 바이에른 주경찰과 안전감시원 간의 치안협력에 관한 실태 분석, 한국경찰연구학회, 「한국경찰연구」, 제19권 제3호(2020 가을).
- 경찰공무원 보건안전 및 복지증진 기본계획에 관한 고찰, 한국경찰복지연구학회, 「경찰

복지연구」, 제8권 제2호, 2020.

- 경찰공무원 보건안전 및 복지증진 기본계획에 관한 실태 분석, 한국경찰복지연구학회, 「경찰복지연구」, 제9권 제1호, 2021.
- 초대 시도자치경찰위원회의 문제점과 향후 발전 방향, 한국자치경찰학회, 「자치경찰연구」, 제14권 제2호, 2021(12월 31일).
- 문재인 정부의 자치경찰제 도입에서 나타난 문제점과 향후 발전 방향, 한국자치경찰연구학회, 「한국자치경찰논총」, 제1권 제1호(창간호), 2022(3월 31일).

[저자 약력]

신 현 기

가평 설악 중·고등학교

국민대학교 법정대학 행정학과 및 동 행정대학원(행정학 석사)

독일 바이에른주립 뮌헨(München)대학교 철학박사(Dr. phil. / 정책학 전공 / 사회학 부전공)

(전) 한세대학교 경찰행정학과장, 경찰복지학부장, 인문사회학부장, 학생처장(2006), 교무처장(2007), 기획처장(2008~2009), 학생처장(2010), 일반대학원장 겸 경찰법무대학원장(2011), 중앙도서관장(2012~2013), 일반대학원장 겸 경찰법무대학원장(2014), 미래지식교육원장 겸 평생교육원장(2015.2~2018.12), 기획처장(2018.7~2020.3), 기획처장(2021.1~2), 경찰청 경찰혁신위원회 위원, 경기지방경찰청 경학교류자문위원회 위원, 치안정책연구소 연구위원, 경찰청 특별승진위원, 행정안전부 행정고시출제위원, 경찰간부후보생 시험출제위원, 제주자치경찰채용시험 출제위원, 신임순경채용시험 면접위원, 한국경찰연구학회장(2004~2008), 한국치안행정학회장(2015~2016), 한국유럽경찰학회장, 한국자치경찰학회장, 한국특별사법경찰학회 회장, 한국경찰복지연구학회장, 한국경찰학회 부회장, 한국민간경비학회 부회장, 한국테러학회 부회장, 대통령 소속 지방자치발전위원회 자치경찰 TFT 위원, 경찰청 치안정책고객평가단 평가위원, 경찰청 성과평가위원, 군포시 정보공개심의위원회 위원, 의왕시 정보공개심의위원회 위원, 노무현정부 자치경찰제실무추진단 위원(2003~2007), 이명박정부지방행정체제개편추진위원회 자치경찰소위원회 위원(2008~2012), 박근혜정부 대통령 소속 지방자치발전위원회 자치경찰소위원회 TFT 위원(2013~2016), 경찰청 경찰공무원보건안전 및 복지증진정책심의위원회 자문위원, 경기남부경찰청 인권위원회 위원 및 위원장(2017~2021), 제34대 전국대학교기획처장협의회 회장(2019) 역임

(현) 한세대학교 경찰행정학과 정교수 겸 특별사법경찰연구소 소장, 경기도북부자치경찰위원회 위원장(정무직 2급), 경찰청 외사국 외사협력위원회 위원, 한국자치경찰연구학회장

특별사법경찰론 [제2판]

2017년 3월 10일 초판 발행
2022년 6월 10일 제2판 1쇄발행

저 자	신	현	기
발행인	배	효	선

발행처 도서출판 法 文 社

주 소 10881 경기도 파주시 회동길 37-29
등 록 1957년 12월 12일 제2-76호(윤)
전 화 031-955-6500~6, 팩스 031-955-6525
e-mail(영업) : bms@bobmunsa.co.kr
　　　(편집) : edit66@bobmunsa.co.kr
홈페이지 http://www.bobmunsa.co.kr

조 판 광 진 사

정가 29,000원 　ISBN 978-89-18-91310-0